北京信息化年鉴2017

北京市经济和信息化委员会　编

图书在版编目（CIP）数据

北京信息化年鉴. 2017/ 北京市经济和信息化委员会编.—北京：方志出版社，2017.10
ISBN978-7-5144-2684-7

Ⅰ. ①北… Ⅱ. ①北… Ⅲ. ①信息工作—北京—2017—年鉴 Ⅳ. ①G203-54

中国版本图书馆CIP数据核字（2017）第281812号

北京信息化年鉴（2017）

编　　者：北京市经济和信息化委员会
责任编辑：刘方圆

出 版 人：冀祥德
出 版 者：方志出版社
　　地址　北京市朝阳区潘家园东里9号（国家方志馆4层）
　　邮编　100021
　　网址　http://www.fzph.org
发　　行：方志出版社图书经销中心
　　电话（010）67110500
经　　销：各地新华书店
印　　刷：北京京都六环印刷厂

开　　本：889×1194　　1/16
印　　张：37
字　　数：828千字
版　　次：2017年10月第1版　　2017年10月第1次印刷
印　　数：001~300册

ISBN 978-7-5144-2684-7　　定价：280.00元

▲4月21日，《京津冀信息化协同发展合作协议》签订

▲12月22日，京津冀大数据综合试验区建设启动大会召开

▲9月12日，“京张‘中国数坝’峰会暨阿里巴巴张北数据中心启动仪式”在河北张北举行

▲5 月 26 日，市经济和信息化委党组书记、主任张伯旭出席 2016 第二十届中国国际软件博览会高峰论坛，发表题为“以大软件驱动大应用，开创赋智发展新时代”的演讲

▲5 月 24 日，2016 北京软件名人论坛热议“大数据 大软件 大应用”

▲ 交控科技自主创新的基于无线通信和列车自动控制（CBTC）系统在我国第一条无人驾驶地铁线路——燕房线示范应用

▲“北京服务您”App 推出“公积金查询”“交通违章罚款缴纳”等多项新服务

▲全面推进“北京通”卡及标准与各领域的融合对接

▶北京市“法人一证通”目前已整合了包括工商、税务、社保、公积金等30个政府部门的800多个网上事项

▲5 月 19 日，第三届物联网感智创新大赛举行

▲11 月 30 日，“北京市个人公共信用信息社会查询服务”正式开通

▲12 月 16 日，北京市获“‘宽带中国’示范城市最佳实践奖——宽带普及示范”称号

▲12 月 8 日，2016 年北京市企业诚信创建活动总结大会召开

▲金山公有云服务平台形成 550PB 的云存储规模

▲12 月 14 日，中华人民共和国最高人民法院“阳光司法 让公正看得见”——“智慧法院”北京行公众开放日活动“睿法官”启动

▲北京出入境启用签注（卡式）自助一体机

▲6月1日，市防汛办与新浪微博签署防汛信息分享传播合作框架协议

▲9 月 25 日，第十三届百万家庭数字生活技能大赛总决赛举行

▲5 月 26 日，北京市民防指挥通信车跨区通信支援演练

▲11 月 24 日，“2016 东城区无线电管理宣传咨询日”活动在交东社区举办

▲1 月 12 日，石景山创新平台石景山区互联网游戏创新创业大赛颁奖典礼举行

▲12 月 28 日，昌平区“虚拟学校”项目在昌平一中正式启动实施

▼5 月 10 日，北京歌华有线电视网络股份有限公司组织召开新产品新服务发布会，正式发布 4K 超清智能机顶盒、“亲情一刻”家庭电视相册云应用和“歌华生活圈”智慧社区云应用

▲9 月，北京浩瀚深度信息技术股份有限公司参加 2016 年中国国际信息通信展览会

▲中企通信助力打造多业态经营的体验式影院生态圈，领跑影院行业新时代

▲5 月 22 日，2016 信息网络产业新业态创新企业 30 新遴选颁奖典礼仪式举行

▲12 月 8 日，达内微软推出“发现杯”中国青少年编程挑战活动

前　言

2016年，北京市大力疏解退出，全面对接协作，京津冀协同发展多点开花。加强顶层设计，签署京津冀信息化协同发展合作协议以及“智能汽车与智慧交通应用示范”部省合作框架协议，深化三地在产业、信息资源、北斗导航位置服务等各领域合作。北京·张北云计算产业基地阿里数据中心投入运营。累计推动20余家北京电商企业落户天津武清。启动建设京津冀大数据综合试验区，三地共同设立大数据产业投资基金，共建大数据协同处理中心和应用感知体验中心。推进京津冀信用体系合作共建，实现三地公共信用信息服务平台对接。

2016年，北京市深化创新驱动，转换发展动能，高精尖产业培育成效渐显。积极推动三大科学城建设，支持中关村智造大街打造创新创业生态圈。完善中小企业公共服务平台网络，成功举办“双创周”北京会场主题展，推动昌平区成为国家小微企业创业创新基地示范区。高效运作高精尖产业基金，已设立15支子基金，管理规模达到135亿元。统筹推进28个市级高精尖重大项目建设，涉及总投资1628亿元。

2016年，北京市加快结构调整，深化融合发展，产业转型升级步伐加快。坚持在调整中提升，制定实施绿色制造实施方案、大数据和云计算行动计划、“互联网+制造”指导意见等政策文件，实施绿色制造升级工程和京津冀联网智能制造示范行动，引导存量企业向绿色化、智能化、服务化升级。推动制造业与互联网融合发展，成立两化融合服务联盟，建成北京工业大数据创新中心，稳步推进北京国际大数据交易中心建设，金山公有云等一批重大云应用加速发展。

2016年，北京市推动汇聚共享，促进信息惠民，智慧城市建设示范引领。初步完成城市副中心智慧城市示范区顶层设计，规划水准达到国内领先。完善全市信息基础设施，实现4G网络城乡覆盖，在395个公共场所为公众提供免费无线上网服务。出台市级政务云管理办法，正式运行六里桥市级政务云，已迁移整合57个政务单位、162个信息系统，实现行政审批等领域数据共享和业务协同。加强智慧便民服务，启动实施路侧停车及车载智能收费管理信息化工程，“北京数字学校”成为中小学生在家自主学习的主平台，全市所有的三级医院和60%的二级医院开通了网上预约或App挂号服务。依托“北京网”和“北京服务您”，整合10大类近千项便民服务，极大方便市民在线办事。

拓展“北京通”卡服务功能，累计发卡1225.9万张，一站式政务App“北京通”上线试运行，融合了20多种政府公共服务功能。累计发放“法人一证通”证书118万张，覆盖全市85%以上的法人用户，有力支撑了“营改增”“五证合一”等业务开展。朝阳区发放首张电子营业执照，企业注册实现“无纸化”。全市累计建设星级智慧社区1672个，占社区总数的58%。加强社会信用管理，基本建成全市公共信用信息服务平台，依法向社会提供了信用信息查询公示服务。建立统一社会信用代码制度和“双公示”机制。推动45个部门签署失信企业协同监管和联合惩戒合作备忘录，深入开展对严重失信主体的联合惩戒。北京已连续4个月在全国城市信用环境状况监测中名列第一。

《北京信息化年鉴（2017）》对2016年北京信息化建设情况进行了客观记录，是一部具有资料性、专业性的工具书。年鉴编写工作得到国家和北京市信息化专家咨询委员会、北京市地方志编纂委员会等众多单位和专家的支持，北京市政府各部门，以及相关事业单位、行业协会和众多企业为年鉴的编写提供了丰富的资料，在此表示感谢。由于时间和水平所限，采编收录内容难免疏漏，恳请读者批评指正。

《北京信息化年鉴》编纂委员会

《北京信息化年鉴》编辑部

编 辑 说 明

一、本年鉴以马克思列宁主义、毛泽东思想、邓小平理论、“三个代表”重要思想、科学发展观、习近平新时代中国特色社会主义思想为指导，坚持辩证唯物主义和历史唯物主义立场、观点和方法，遵循实事求是的原则，科学、客观地反映实际情况。

二、本年鉴全面系统地记述2016年度北京信息化领域发展变化的基本情况和发生的大事、要事、新事及有影响的新建设、新成就、新进展、新经验。为各级领导决策提供参考依据，为各行各业提供有价值的资料，为各方面人士了解北京信息化建设情况提供信息。

三、本年鉴采用文章和条目两种体裁，以条目体为主，设有特载、专文、大事记、信息基础设施、信息产业、信息安全、政务信息化、经济信息化、社会信息化、信息化软环境、区信息化、北京市信息化工作领导体系及附录13个一级栏目。

四、入选本年鉴的文章和条目，由相关供稿单位负责撰写部分内容，由编辑部收集整理。

五、本年鉴主要反映2016年1月1日至2016年12月31日期间情况（部分内容时限略有放宽），因此，书中条目时间前不再加2016年。

目　录

特　载

专　文

大事记

信息基础设施

信息产业

信息安全

政务信息化

经济信息化

社会信息化

信息化软环境

区信息化

北京市信息化工作领导体系

附　录

特载

在2017年全市经济和信息化工作会上的讲话

北京市副市长　隋振江

2017年1月23日

同志们，上午好，今天我们在这里召开全市经济和信息化工作会议。现在进入年终岁末，“两会”刚刚闭幕，这次会议是一个动员会，更是一个落实的会议。我们要把中央经济工作会议、市委十一届十二次全会、市政府第六次全体会议精神和政府工作报告确认的各项重点工作任务，尤其涉及经济信息化方面工作，通过今天的会议进一步贯彻落实、部署下去。

刚才张伯旭同志作了一个很好的报告，北京经济和信息化领域2016年的工作情况和2017年的工作安排都梳理很清楚，各区、各企业、相关政府部门要结合自身工作认真进行对标。今天来参加会议的有不少是各区换届刚分管这项工作的新区长，这个报告也是大家入门的捷径。报告体现了党中央、国务院对北京发展工作的要求，也体现了市委市政府在京津冀协同发展的大前提下如何做好非首都功能疏解。

刚才听了顺义和房山两个区的发言，很有启发。顺义区是城市发展新区，2015年工业经济下行压力很大，2016年通过努力，工业总产值增速达到10.3%，税收也在增加，产业结构也明显提升。房山区2015年受石油、化工产业影响，下降得很厉害，通过2016年的发展也转为正增长了，新的方向、抓手很明显。各区可以围绕抓疏解谋发展过程中如何找到新的着力点、抓到好项目、看清发展方向方面进一步交流。

发言的两个企业也很有特色。一个是国家在光电显示领域的龙头企业京东方，它是引进、吸收、转化、再创新的典型，并开始向原始创新、自主创新转化的典型，拥有7000多个专利。现在北京企业单家申请和获得许可专利，特别是在国际专利方面，京东方是遥遥领先的。专利既是创新的标志，也是企业竞争布局的保障。特别是国际专利上的申请量，决定着企业能不能走出去，同时也证明了我们自身的创新实力，为保护自己、开拓新的市场提供了保障。在新形势下，我们要有信心打造国际级的新型产业集团，不断加强大型集团产业建设，特别是能代表中国在世界产业竞争领域占领龙头地位的企业集团。

另一个企业国联动力是工信部第一个在北京挂牌的创新中心。现在新能源汽车发展很快，最大的瓶颈是电池。电池能效能不能提升，里程能不能提升，电池价格能不能降下来，需要一个培育的过程。政府在新能源汽车的发展中，要打造新的平台，探索新的机制，力争2020年电动汽车电池能效达到350瓦时。这个目标要通过发挥科研院所、全国同行业企业的创新能力以及产业链的打造来实现。

刚才张伯旭同志把今年任务说得很清楚了，我再讲一下今年任务落实中的几个重点要求和意见。

一要进一步深入贯彻落实习近平总书记在中央经济工作会上提出的坚持以疏解北京非首都功能为重点的京津冀协同发展战略。北京的疏解工作是推动京津冀协同发展，实际上也是治理北京大城市病各项工作的“牛鼻子”，这在市委全会、“两会”上进一步提到。在昨天政府工作会上又明确了要求。今天的会议也提到了几项相关工作。一是全市范围要疏解500家一般制造业企业，其中东西城要完全退出。近四年，北京已经陆续退出了1341家一般制造和污染企业，今年要再退出500家。一方面北京确实需要调结构、控人口，另一方面是京津冀协同发展的需要。

疏解工作仍然是今年的工作重点，要在市经济和信息化委统筹下进一步梳理，明确疏解计划。在这个过程中，要区分存量工业中的几类情况。第一类是重点支持发展的高端制造业；第二类是需要提升改造的，确实在北京有优势，而且有新旧替换的；第三类是可以疏解搬迁的；第四类是需要关停的。这四类情况在企业名单上要一一对应，会同各区、目标企业制定具体方法、具体计划，形成总体计划，而不是简单喊一个数，还要继续深化，尤其对重点区、重点行业要深化，尽快会同相关部门研究配套政策、明确任务。这其中会涉及原有的人员安排、土地利用、资金补贴，企业往哪去，怎么走的问题。这里强调一下企业往何处走的问题。首先要积极鼓励企业进行市场化对接。其次要在把存量产业理清以后，根据不同行业，建立政府推进或者是重点支持的主承接平台。例如沧州医药产业园、张北云基地这样的平台，在污水处理、环保设施等方面做好配套，解决好产业链的问题。不是简单的只是统计一个数字，要做好产业园园区链的精准配套，一定要相对集中、集约，行业、区位、资源要集中。重点是国土部门和各区一起，对留下来的资源怎么用等进行统筹。鼓励按照区域规划集中集约力量，鼓励弥补城市功能短板，在这个过程中给企业合理的发展机遇、调整机会或相应的政策性补偿。不提倡完全就地粗放利用的方式，因为现在正在疏解清理包括存量工业、低效粗放利用的产业。疏解工作是一项系统工程，今天任务会进一步明确，节后有关部门要重点汇报。

二要进一步加大治污、减排的城市治理力度。昨天已经下达两个项目，一个是疏解提升十大专项，另一个是治理大气污染项目。治理大气污染还要考察工业锅炉氮排放指标。治理污染里，任务最重的是2570家“散乱污”企业的治理。这项工作牵头是经信部门，落实是各区部门，去年完成了不到3000家，今年是2500家，以南部城区为主。第一，整个清理任务要会同各区，明确到具体的工业大院、产业基地，及其零散布局的企业清单，主体责任任务清单具体落实要明确。节后汇报中，要一一列清500家相关企业具体通过什么手段、什么方式治理。第二，通过联合执法检查工业污染、生活源污染、污水等。第三，检查安全生产许可、工业生产许可。市里相关执法部门、管理部门要听取方案并给予政策支持，各区要加以落实。

在这个过程中，经济和信息化委要进一步梳理、完善禁限目录，我们今年还要进一步会同发改委完善禁限目录的执行情况，已限制的要进一步执行好，需要支持的要进一步支持。基层管理部门要精准管理，鼓励的要说清楚，弄清楚什么情况下要怎么办，不能一听工业就谈虎色变，不能是产业就往这里拉。关键是提高我们的执政能力，首都核心区不能发展一般制造业，但是依托现代制造业成长起来的现代生产性服务业或制造业总部是可以发展的。要合理区分总部中的生产服务、研发服务和一些微制造，这跟规模化一般制造和实体制造不一样。例如，在河北发展医药，把生产环节放到河北，研发、总部、营销、成品药的分包等留在北京。现在国家医药总局有一个研产分离试点，生产地给外地，生产服务给北京，协同发展各有分工，这些都要在今年进一步梳理明确。要让政策落地，使有关区、有关企业之间的渠道更加畅通，真正使企业成为京津冀协同中驰骋的动力。这样的行业有很多，我们要深入梳理禁限目录的执行情况，提高管理的精准性、服务的有效性，使京津冀协同动力越来越强。

三要稳中求进，创新发展。经济和信息化委现在承担着两大产业，第一是工业。现在工业在北京市的经济总量中占 15%—16%，最近蔡市长也要求统计部门分析未来产业结构发展中北京高端制造业应该占有什么样的地位，统计部门的报告我也看过，按北京的产业格局，最底线应该保持在 15% 左右。《中国制造 2025》规划中高端制造业写得很清楚。第一，高端制造业是科技创新重要的牵引，科技成果 70%—80% 依靠高端制造牵引。第二，高端制造业对生产性服务业带动很大。科技服务业、信息服务业、金融服务业三大行业是经济的发展支撑。西城区的金融服务业、海淀区的信息服务业、朝阳区的生产服务业等都很突出。六大城区里面，新区布局高端生产环节，大家一定要重视，要稳住、要不断提升。去年工业增长任务是 2%，大家做得不错，内部统计差不多接近 5%，肯定是超额完成任务。今年目标定在 3%，还要疏解 500 家、治理“散乱污”企业，压力不小，要靠新的增量，要提质增效。

还有一个投资，去年完成 300 多亿元，产业 6%，今年市里下达整个投资还是 6.5%，过去投资不足搞房地产就上去了，现在北京限购、限房价，连年下降，在这样的情况下靠什么补？要依靠基础设施、新机场建设，还有新型产业投资，就是输出去，城中村改造，真正的新动能、新型产业投资很重要。刚才两个区汇报有新项目，两个企业也有新的研发设备投入，符合禁限目录的新项目，今年好好抓一抓，特别是几个发展新区要好好比一比，六城区在“高精尖”比一比，输出去干什么，哪些是高端的，哪些是和谐宜居城市的保障。

同时，要依托全国科技创新中心建设进一步培育、孵化、壮大新产业、新技术、新经济、新模式、新产品。要在北京形成产业规模，需要坚持不懈地推进。刚才，各区都找了一些新项目，各企业都聚焦了新方向。京东方现在是行业龙头，如果没有新产品、新技术支撑，可能明天就要被淘汰。互联网雅虎网站 80、90 年代，是世界上最牛的互联网公司，现在被收购并购后公司名字都改了，由千亿美元企业最后被并购仅仅 40 多亿，先进行业不等于稳定行业，不等于可以一劳永逸。高端行业是依靠不断技术竞争的行业、高风险行业。过去农业是刚需，现在电脑、手机不坏的情况下，苹果公司用新版本促进新的消费。行业要创新，特别是经济和信息化委负责的两大产业，一个是高端制造业、一个是信息服务业。信息服务业和这两个是密切相关的，工业保增长 3%，信息服务业保增长 10%。我们要结合创新中心建设，结合城区对接、三大城市原始创新基地、高技术研发基地，将适合北京的成果转化出来。产业技术成果要有一部分或重点部分落在北京，不管是新注册企业、新生成的平台、新形成的产业高端制造链，只有创新才能协同，没有高度怎么协同，要有高点才能源远流长。

依托创新中心发展，我们的重点行业企业、行业组织，特别是各个区的主体功能区，要进一步梳理创新发展的年度性经济调度安排和长远的产业孵化创新发展具体支撑，现在有什么东西？准备往哪个方向走？现在要引进什么？刚才报告里很多新词要捋一捋，形成任务清单、项目清单，要量化、细化、项目化、具体化。

创新发展不再说了。市政府工作报告有两页篇幅，书记在全会上作了重点部署，去年市科技创新大会上的讲话都是贯彻落实总书记在去年5月份全国科技创新大会讲话精神，大会给北京市具体定位，北京要建设全国科技中心，“2·26讲话”关于北京建设四个中心的要求，要建设北京、上海科技创新中心，支撑科技强国目标的实现。

涉及经济和信息化委报告中的“八大专项”，要进一步明晰靠什么来支撑，要一项一项梳理、落地。市经济和信息化委统筹北京集成电路产业，要在完成国家重大专项的基础上形成对北京、北方和华北地区的主支撑。集成电路现在一年有两千多亿美金进口，要逐步实现进口替代，各地都在布局，北京有自己的优势，也要有自己的规划，要在设计、研发、制造、设备等领域形成突破，不断壮大产业。其他的几个专项，“三四五八”都要有支撑，要尽快整合，要做好京津冀地区的牵引工作，要进一步梳理“八大专项”清单。信息服务业要会同市科委、中关村、发改委结合“互联网+”进一步梳理，保持后续两位数增长。

四是智慧北京建设。现在北京电子政务基础是不错的，但是整体感受，特别是人民群众的感受，与一些先进地区相比还有差距。信息孤岛现象、信息共享的程度和对群众开放的服务平台便利化程度有进步，但是还有差距。去年一年，市经济和信息化委也在不断的集聚力量，我们所有的产业、信息要共享，制度性成本、社会交易化成本、信息成本、服务成本要降下来，“互联网+”是最主要的工具。北京市场做得好，但政府做的还有很大差异，相当一部分政府专项和平台自成体系，与互联网是脱离的，这个要深入梳理。

首先，市经济和信息化委要加强统筹，加强底层整体设计。例如，北京通卡不是简单的一张卡，而是基于各部门的数据共享和服务协同来实现的。信息革命实现、打通了各部门和社会的互联网交互平台，人民群众通过互联网和移动互联网用户端能够使用政府部门授权的公用服务平台和信息共享平台。基于信息加密、身份识别技术，不同平台可以精准识别个人、企业，提供不同的公共服务。“一号、一窗、一网”核心是“一号”，就是身份证号码，法人的几证合一也是一个号，企业进入不同的平台可以精准识别，安全性能也比较高。我们不关注发卡量的多少，卡片本身也不是必须的，我们关注的是卡片背后能够分享连接多少个平台。环保、大气污染、企业数据、房屋租赁销售等等，数据共享，信息获取、服务办理更便捷。市经济和信息化委要加快构建底层技术，考核各平台、各区的链接程度，要实现无卡化。

去年年底，中国的上市公司第一名已经变成了腾讯，原来一直是工商银行，现在工商银行位居第二，第三名是阿里，互联网金融的力量势不可当。整个社会运行的平台化、网络化也是大势所趋，要进一步精细化城市管理。各部门的电子化、数据化是基础工作，考核就考核这个。经济和信息化委要牵头建设顶层平台，仅仅建立不能共享的数据仓库没有意义，主要是功能集中、物理集约、平台化运行，向公共服务窗口提供标准化服务。

今年，北京要形成数字底层标准，各部门、各区的服务都可以在一个平台进行交互。要学习互联网企业无国界、省界、市界的理念。当然互联网安全非常重要，因为政府有政府责任，安全保护、隐私保护就靠技术设计。

基于互联网、大数据应用进一步加强信用体系建设，通过海量数据、痕迹追踪形成信用评价、信用积分。这是经济和信息化委会同工商、很多部门在做的，今后要变成一个优胜劣汰机制。中小企业服务平台要通过各类平台来实现，没有强大的服务平台支撑，中小企业服务也是一句空话。海量中小企业靠几个人，人对人服务，解决一两个问题、个别问题、典型问题可以，但是不能解决公平化服务的问题。这要基于互联网平台、大量社会化平台推送，不能简单靠政府推送。其中涉及通州副中心、未来科技城、临空港、大兴新机场等，经信部门要组织专家进行具体指导，互联互通和互联网安全在建设期就一定要两手抓、两手都要硬。

希望各部门、各区、各行业特别是经济和信息化委全体同志要深入学习总书记系列讲话，特别要进一步深入学习领会总书记“2·26讲话精神”。今年“2·26”马上到了，三年来首都疏解谋发展、转型谋发展取得了突破性进展。首都主体功能性定位进一步明确，建设首都宜居之都更加完善。要加强十八届六中全会精神学习，进一步提高四个意识。我们现在做的很多工作都是符合长远利益的，与各区、部门、个人眼前利益有矛盾的时候，要增强政治意识、大局意识、核心意识、看齐意识。北京谋疏解、构建京津冀协同大产业就要舍得，最后要形成功能更清晰、城市更宜居、产业更高端的北京经济产业形态。同时要加强自身队伍建设，经济和信息化委去年干了一件大事，把内部处室职能从名称到职能进行了重新设置，内部加强交流轮岗。各领域新到位的同志要担当责任使命，要对全市这一领域的工作进行谋划，首先要谋、不是批，要把事谋划好、政策研究好，基层群众、企业、各区发展的问题研究好，研究破解问题的思路，整合联动各部门力量，尤其市级部门要形成整体重心落下去，落到企业、乡镇里去，工作才能落实。进一步改进作风，加强党风廉政建设。通过全面从严治党，通过加强干部队伍作风建设，通过各部门通力合作、各区狠抓落实，来保证全年各项任务的实现。

加快疏解谋发展 深化调整促提升 谱写经济和信息化转型发展新篇章

——在2017年北京市经济和信息化工作会上的报告

北京市经济和信息化委员会党组书记、主任 张伯旭

2017年1月23日

这次会议的主要任务是深入贯彻党的十八大和十八届三中、四中、五中、六中全会，中央经济工作会议，全国工业和信息化工作会和市委十一届十二次全会精神，总结2016年工作，部署2017年重点任务，动员全系统进一步凝心聚力、真抓实干、开拓创新。一会儿，隋振江副市长还要做重要讲话，请大家认真领会落实。下面，我代表市经济和信息化委报告工作。

一、2016年工作回顾

过去一年，在市委市政府的坚强领导下，全市经信系统深入贯彻落实习近平总书记视察北京重要讲话精神，认真落实《京津冀协同发展规划纲要》，牢固树立新发展理念，认真落实首都城市战略定位，积极推动京津冀协同发展，着力推进供给侧结构性改革，坚持以疏解带动协同发展，以创新驱动提质增效，以信息化改善城市治理，圆满完成年度主要发展目标任务，实现了“十三五”良好开局。初步统计，全年规模以上工业增加值同比增长5.1%，软件和信息服务业增加值增长11.3%，均超额完成年度指标，工业和软件信息服务业占全市GDP比重26.4%，同比增长0.1个百分点。规模以上工业万元增加值能耗下降10.7%，利润增长5.7%，全员劳动生产率提高8.2%，达到36.5万元/人，创历史新高。智慧城市总体建设水平持续提升，我市成为全国宽带普及示范城市，连续两年被评为亚太区领军智慧城市，“首都之窗”连续多年位列全国省级政府网站绩效评估榜首。经济和信息化各领域“十三五”规划正式印发，市制造业创新领导小组成立，高精尖产业培育政策措施更加完善，《〈中国制造2025〉北京行动纲要》从政策制定阶段全面转入行动落实阶段。

一年来，我们主要做了以下工作。

（一）大力疏解退出，全面对接协作，京津冀协同发展多点开花。牢牢把握疏解非首都功能是京津冀协同发展“牛鼻子”的要求，细化疏解退出工作方案，会同市财政局出台“疏解整治促提升”引导资金政策。全年关停退出一般制造和污染企业335家，近4年累计关停1341家，提前一年超额完成1200家的任务目标。组织开展违法违规排污及生产经营行为清理整治工作，通州、丰台等区主动扩大清理整治范围，全市共整治“散乱污”企业4477家，超额完成年度任务。全年规模以

上工业从业人员减少5.7万人。加强顶层设计，发布实施石家庄（正定）集成电路产业基地和正定科技新城建设规划，签署京津冀信息化协同发展合作协议以及“智能汽车与智慧交通应用示范”部省合作框架协议，深化三地在产业、信息资源、北斗导航位置服务等各领域合作。推动政策协同和机制创新，生物医药产业异地监管模式正式实施。加强产业对接合作。根据河北方面提供的数据，经初步整理，2014—2016年北京转移投资河北的工业和软件信息服务业竣工、开工项目共计507个，涉及总投资5826亿元。加快合作园区建设。北京（曹妃甸）现代产业发展试验区签约新项目15个，开工建设7个。北京·沧州生物医药园签约北京企业53家，开工建设14家。北京·张北云计算产业基地阿里数据中心投入运营。精进电动年产50万台新能源汽车驱动总成项目在正定高新区落地开工，北京现代沧州四工厂、三元新乐工业园等重大项目竣工投产。累计推动20余家北京电商企业落户天津武清。启动建设京津冀大数据综合试验区，三地共同设立大数据产业投资基金，共建大数据协同处理中心和应用感知体验中心。推进京津冀信用体系合作共建，实现三地公共信用信息服务平台对接。

（二）深化创新驱动，转换发展动能，高精尖产业培育成效渐显。牵头制定创新型产业集群与示范区建设方案，出台高精尖产品目录、工业企业技术改造目录、工业和科研用地项目供地联审工作规则等配套政策，中关村管委会出台了促进智能机器人产业和虚拟现实产业创新发展的政策措施，市统计局研究制定了高精尖产业指标体系，顺义、怀柔等区率先实施产业项目全要素评价，加快推进产业创新发展。探索建设新型产业创新体系，成功争取首个国家级制造业创新中心落户北京，全市国家级产业创新平台达119个、企业技术中心达71个，主动布局3家市级产业创新中心、75家企业技术中心，配合市教委推动高等学校高精尖创新中心建设，规模以上工业企业创新活跃度居全国之首。积极推动三大科学城建设，支持中关村智造大街打造创新创业生态圈。完善中小企业公共服务平台网络，成功举办“双创周”北京会场主题展，推动昌平区成为国家小微企业创业创新基地示范区。高效运作高精尖产业基金，已设立15支子基金，管理规模达到135亿元。统筹推进28个市级高精尖重大项目建设，涉及总投资1628亿元。完成工业重点产业投资约386.5亿元，同比增长4.2%。全球首个5G大规模天线设备、国际唯一脊柱全节段手术机器人系统、打破国外垄断的糖尿病抗体新药等一批高精尖产品集中面世，京东方新产品在国际高端市场占有率接近4成，中芯国际28纳米产品产能达到2万片/月，小米手机核心芯片开发取得重要进展，北汽自主品牌第100万辆车下线，全市纯电动汽车产量增长1.7倍，高精尖产业正逐渐成为发展新动能。

（三）加快结构调整，深化融合发展，产业转型升级步伐加快。坚持在调整中提升，制定实施绿色制造实施方案、大数据和云计算行动计划、“互联网+制造”指导意见等政策文件，实施绿色制造升级工程和京津冀联网智能制造示范行动，推进工业园区生态化建设，引导存量企业向绿色化、智能化、服务化升级。推动制造业与互联网融合发展，成立两化融合服务联盟，建成北京工业大数据创新中心，稳步推进北京国际大数据交易中心建设，金山公有云等一批重大云应用加速发展。支持北人集团盘活腾退厂房，成功举办2016世界机器人大会，推动纺织控股、金隅集团等所属传统企业向文化时尚、科技平台和环保企业转型。推动智能制造发展，支持超同步等企业建设数字化车间和智能工厂。推进军民深度融合，积极参与中国航空发动机总部建设，推动航空发动机研究院在京发展，支持海淀、大兴、顺义等区军民融合园建设。

（四）推动汇聚共享，促进信息惠民，智慧城市建设示范引领。坚持以方便群众生活、提高政府效率、降低社会成本为出发点和评价标尺，加快建设智慧北京。瞄准国际一流，围绕系统级最优目标，汇集众多高端智库和企业团队，初步完成城市副中心智慧城市示范区顶层设计，规划水准达到国内领先。完善全市信息基础设施，实现4G网络城乡覆盖，完成铜缆网络光纤化改造，宽带平均可用下载速率提高31%，在395个公共场所为公众提供免费无线上网服务。出台市级政务云管理办法，正式运行六里桥市级政务云，已迁移整合57个政务单位、162个信息系统，实现行政审批等领域数据共享和业务协同。海淀等区依托自身政务云强化电子政务集约化发展，取得显著成效。加强智慧便民服务，启动实施路侧停车及车载智能收费管理信息化工程，“北京数字学校”成为中小学生在家自主学习的主平台，全市所有的三级医院和60%的二级医院开通了网上预约或App挂号服务。依托“北京网”和“北京服务您”，整合10大类近千项便民服务，极大方便市民在线办事。拓展“北京通”卡服务功能，累计发卡1225.9万张，一站式政务App“北京通”上线试运行，融合了20多种政府公共服务功能。累计发放“法人一证通”证书118万张，覆盖全市85%以上的法人用户，有力支撑了“营改增”“五证合一”等业务开展。朝阳区发放首张电子营业执照，企业注册实现“无纸化”。全市累计建设星级智慧社区1672个，占社区总数的58%。加强社会信用管理，基本建成全市公共信用信息服务平台，依法向社会提供了信用信息查询公示服务。建立统一社会信用代码制度和“双公示”机制。推动45个部门签署失信企业协同监管和联合惩戒合作备忘录，深入开展对严重失信主体的联合惩戒。北京已连续4个月在全国城市信用环境状况监测中名列第一。

（五）坚持依法行政，推进简政放权，“放管服”改革深入推进。清理规范4项非行政许可审批事项并转为行政许可事项，取消10项行政审批中介服务事项，梳理并公布我委7类职权事项权力清单和责任清单。会同市发展改革委、工商局、统计局等部门，出台《关于推进工商登记材料共享促进政府部门协同的工作意见》和《制造业条目工商登记环节有关说明》，实现企业工商登记信息共享，帮助符合条件的企业顺利、便捷注册。配合市政务服务中心建设网上政务服务大厅，实现市区两级工业和信息化项目协同审批管理。强化行政执法培训和队伍建设，积极落实“双随机”工作要求，推进监控化学品、信息安全等领域的监督检查、行政执法和行政处罚，实现新的突破。深入开展涉企收费、涉企保证金清理规范工作。抓好工业和软件信息服务业安全生产指导工作，加强无线电管理，联合相关部门打击“黑广播”“伪基站”。圆满完成重大活动和重要节假日无线电、通信和信息安全服务保障工作。

尤为重要的是，全系统自身建设取得了新的进展。我们深入学习贯彻党的十八届六中全会精神，全面落实从严治党要求，切实增强“四个意识”，压紧压实主体责任，认真开展“两学一做”学习教育，做好市委巡视整改工作，强化党员队伍和基层党组织建设。严格落实中央八项规定，坚决抵制“四风”，深入治理“为官不为”“为官乱为”。从严从实抓好思想教育、源头治理、执纪执法等重点环节工作，落实“一岗双责”，推进廉政建设和反腐败斗争。扎实推进科学决策，加强政务公开，主动接受各界监督。聚焦中心工作，全面加强新闻宣传和舆论引导，外树形象，内聚力量。围绕新形势新任务，主动优化调整内设机构和职能，抓好战略、规划、政策和标准，干部队伍业务素质和管理水平显著提升，全系统凝聚力、战斗力不断增强，整体面貌焕然一新。

这些成绩的取得，是市委市政府正确领导和工信部精心指导的结果，是各兄弟委办局大力支持与帮助的结果，更是各区政府、开发区及广大企业共同努力的结果。在此，我代表市经济和信息化委，对各界的支持和帮助，表示衷心的感谢和崇高的敬意！

同时，我们也清醒地认识到，工作中还存在一些突出的问题和不足。一是产业疏解退出进入攻坚期，成片集中治理任务越来越重，涉及的利益主体和利益诉求更加复杂，亟须有针对性地完善疏解方案和政策机制，加大统筹落实力度，实现更大突破。二是京津冀协同发展迈向政策创新、公共服务和基础设施同步发力的新阶段，需要下更大力气协调保障，优化产业要素资源配置，引导形成内生性的产业协同环境，要在产城融合等方面取得实质性成效。三是稳增长风险加大，战略性新兴产业总量偏小，工业增长主要依靠汽车产业单点支撑，亟需培育发展新动能。四是产业创新体系还不完善，系统整合产业创新资源的能力不够强，有国际影响力的产业化创新成果还不够多，体现供给结构优化的高精尖产品还未形成奔涌之势。五是全系统认识、适应和引领新常态的能力还有待增强，推进供给侧结构性改革、解决深层次发展问题的办法还不够多。我们要本着高度负责的态度，以改革驱动、政策创新为动力，采取有效的措施，切实加以解决。

二、2017 年重点工作安排

2017 年是实施“十三五”规划的关键一年，也是落实《京津冀协同发展规划纲要》的重要一年。全市经济和信息化发展既面临着难得的历史机遇，也存在诸多挑战。我们要深刻领会、认真贯彻落实市委市政府的工作部署，全面落实以疏解非首都功能为重点的京津冀协同发展战略，充分认识到疏解非首都功能，实际上就是供给侧结构性改革，就是调结构、转方式，就是“腾笼换鸟”，就是提升城市发展质量，就是改善人居环境，就是缓解人口资源环境的突出矛盾，就是更好地履行作为国家首都的职责。尤其是对产业而言，疏解就是发展，我们要坚持将疏解与发展一体谋划、一体推动，通过抓疏解更好地推动发展，通过抓发展更好地促进疏解，切实做好在疏解功能中谋发展这篇大文章。要持续统筹落实加强科技创新中心建设战略和《〈中国制造 2025〉北京行动纲要》，聚焦抓好疏解促提升，聚焦培育产业发展新动能，聚焦优化供给结构和提升供给质量，聚焦打造创新型产业集群，坚定不移实施“三四五八”行动计划，确保一张蓝图干到底。要按照量化、细化、具体化、项目化的要求，坚持建首善、创一流、立标杆、树旗帜，不断开创发展新局面。

今年全市经济和信息化工作的总要求是：全面贯彻落实党的十八大和十八届三中、四中、五中、六中全会和中央经济工作会议精神，以习近平总书记视察北京重要讲话精神为根本遵循，认真落实《京津冀协同发展规划纲要》，践行新发展理念，坚持稳中求进工作总基调，以供给侧结构性改革为主线，落实首都城市战略定位，加快疏解功能谋发展，全力推动京津冀协同发展、产业创新、新型智慧城市建设等各项工作再上新台阶，以优异成绩迎接党的十九大胜利召开。

全市经济和信息化发展主要预期目标是：产业结构持续优化，推动实现有序疏解非首都功能取得明显进展，京津冀协同发展取得显著成效。保持经济平稳运行，规模以上工业增加值增长3%左右，软件和信息服务业营业收入增长10%以上。质量和效益不断提升，规模以上工业全员劳动生产率提高3.5%左右，万元工业增加值能耗下降3.5%，工业用新水零增长。信息化服务水平明显提升，“北京通”应用全面推广，智慧城市建设实现新突破。

2017年，我们将着重抓好以下工作。

(一)统筹推进产业疏解，加快京津冀协同发展。落实市政府疏解腾退空间管理使用的政策意见，研究制定一般制造业疏解转移政策，优化调整产业空间布局，强化疏解政策的统筹协调和疏解任务的统筹推进，完成年度疏解退出工作任务和京津冀协同发展阶段性目标。

加快疏解退出步伐。严格执行禁限目录，确保禁限项目“零准入”。修订落实污染行业淘汰退出目录，对目录范围内应退未退的企业开展集中清理，确保按期实现退出。加大工作力度，全年疏解退出500家一般制造企业，引导支持有发展需求的企业向津冀地区转移。完成2570家“散乱污”企业整治任务。会同市规划国土委等部门，全面清理整治镇村产业小区和工业大院。这里特别强调，以上各项工作，各区都肩负着主体责任，要根据全市统一部署，按照属地为主、层层落实的原则，尽快制订完善工作方案，切实抓好落实。特别是南部大兴、通州、丰台、房山四区，要以更大的决心和力度推进相关工作。

健全协同发展政策机制。落实国务院批复的京津冀全面创新改革的试验方案，强化协同创新政策的统筹规划，加强三地产业政策衔接，推动建立汽车改装车公告管理、质检互认等制度，加快药品生产异地监管政策实施，在曹妃甸等重点区域探索推进政策改革试点。统筹建立市区两级和京津冀三地产业协同发展工作机制，加强共建园区和产业转移项目统计监测，主动协调属地政府做好配套服务，实现企业有序转移、精准对接、健康发展。

继续抓好园区共建。完善协同发展产业示范区体系，做大做强一批示范性强的市级共建园区，规划指导一批区级共建产业园区，引导支持一批市场主导的产业新城。推动北京（曹妃甸）现代产业发展试验区签约项目尽快开工，加快城建重工、金隅冀东装备等项目建设步伐，推动曹妃甸产城融合发展。促进北京·沧州生物医药产业园签约项目尽早建成投产。推进北京·张北云计算产业基地建设“中国数坝”。加快石家庄（正定）集成电路产业基地发展，推动京津合作示范区产业发展，支持天津滨海—中关村科技园打造特色化创新服务平台。探索在“4+N”合作平台共建一批创新创业载体。研究出台重点协会联系制度，调动协会商会服务京津冀协同发展。认真做好援藏、援疆、援青等对口支援工作，推进京沈产业合作，加强张承保特定区域的产业扶贫。

推动各领域全面协同发展。加快京津冀大数据综合试验区建设，围绕科技冬奥、环保、交通等重点领域，探索大数据创新应用。持续推进北京国际大数据交易中心建设，推动形成京津冀一体化数据资产交易市场。实施京津冀北斗卫星导航区域应用示范项目，促进北斗导航与位置服务产业联动发展。推进京津冀联网智能制造示范行动。加强政策协调、平台共建，推动京津冀信用体系、中小企业服务和信息化应用协同发展，带动京津冀经济和信息化发展水平整体提升。

（二）推进供给侧结构性改革，加快构建高精尖产业体系。认真落实市政府推进供给侧结构性改革的相关政策措施，以推动产业高端化发展为重点，加快发展高精尖产业，扩大高端有效供给。

加大产业结构调整升级力度。坚决退出低端无效供给，支持首钢集团化解外埠产能，退出处理危险废物以外的全部水泥产能。实施绿色制造工程，支持企业实施100项以上绿色制造技改项目，推动建设10家绿色工厂、10家能源管理中心、1—2家绿色创新中心以及2—3家绿色（生态）设计中心，努力构建绿色制造体系。落实促进总部经济发展的政策措施，加快发展工业设计、销售服务、融资租赁等生产性服务业，推动传统生产企业向总部研发、科技服务和文化创意等企业转型，优化提升总部经济。

加快构建高精尖产业体系。制定高精尖产业分区发展指南，指导推动各区进一步明确特色化、差异化发展方向，优化高精尖产业空间布局。开展八大专项产业领域标准体系研究，加强设计、材料、工艺、检测等标准衔接，创制高品质产品。整合各方资源，主动布局一批科技含量高、辐射带动强的龙头项目。加快推进新能源智能汽车创新园、机器人产业创新基地、集成电路产业园等重点项目建设。高水平筹办2017年软博会，吸引一批龙头软件和信息服务企业落地发展。推动工业文化发展，总结应用第十七届工业和信息化职业技能大赛成果，弘扬工匠精神。各区要结合自身优势和重点发展方向，创新项目落地政策，提前做好空间储备，“一企一策”配套一揽子服务，抓好项目建设。

提升高端有效供给水平。继续落实工业稳增长调结构增效益重点任务分工方案，加强监测分析和精准调度，确保实现年度经济发展目标任务。抓住智慧城市、新机场、城市副中心建设以及大气污染防治等带来的重大市场需求，支持本市企业借势发展。着力推进雾霾防护、污水处理、垃圾消纳等领域的技术成果转化，打造一批价格亲民、群众满意的拳头产品。推动电子信息领域高价值知识产权培育运营工作，支持企业开展公共安全信息领域试点示范和推广应用。编制本市《关于开展消费品工业“三品”专项行动营造良好市场环境的实施意见》，促进消费品工业“增品种、提品质、创品牌”。落实外贸稳增长各项措施，加强工业出口监测调度，帮助企业开拓国际市场。抓住“一带一路”建设契机，探索在沿线国家建设科技和产业园区，推动本市工业和信息服务企业集群式“走出去”。各企业要加强市场分析，紧跟发展变化，主动开发新产品，拓展新市场。

深入推进“放管服”改革。推进简政放权，落实国家要求，取消环评等审批前置条件，加强事中事后监管。继续清理行政审批中介服务事项，提高服务质量和效能。加强市区两级审批项目跟踪监测，完善各区经信部门投资审批项目月报制度，加强协调调度。配合市政务服务中心大力推行网上审批。继续推动减轻企业负担。加大政务公开力度，做好我委权责清单的动态更新和公开工作，实现全系统“双公示”。梳理公共服务事项，编制统一规范的公共服务事项办事指南。

（三）加快产业创新发展，支撑科技创新中心建设。完善落实创新型产业集群与示范区建设工作方案，加快构建新型产业创新体系，强化产业项目组织推动，年内形成2个千亿级高端引领型产业集群、5个市场占有率领先的高精尖产品，让北京的创新资源和重大创新成果切实落地。

培育具有国际竞争力的产业创新体系。搭建企业为主体的创新载体，支持企业集团在京津冀合理布局研发、孵化、制造、售后等环节，形成协同创新产业链。编制北京企业利用全球创新资源分布地图，推动企业开展海外技术并购，形成50个左右海外研发节点。加快产业创新中心建设，在石墨烯、工业大数据等领域创建10家左右产业创新中心，争取新增1家国家级制造业创新中心、2—

3 家国家级企业技术中心，按照新标准创建 100 家企业技术中心。制定市级工业设计管理办法，加强工业设计中心建设。加快国家机器人检验检测等公共服务平台建设。加强中小企业双创服务。推进中小企业公共服务平台网络协同，实现各区窗口平台、产业集群平台互联互通。会同相关部门摸清全市各类创新创业载体底数，优化创新创业载体布局。发布实施《北京市促进小微企业创业创新成长的若干措施》，培育壮大一批中小企业。

优化产业创新要素配置。加强市区两级联动，完善项目落地协调机制，优化土地、人才、资金等要素资源配置，加强对高精尖项目的重点保障。整合政金企智多方资源，促进国有和民营资本融合、产业和金融资本融合，健全支持高精尖产业发展的投融资体系。优化高精尖产业基金布局，统筹高精尖基金、中小基金、工美基金，用好国家和市、区相关产业基金，探索建立满足高精尖企业不同成长阶段、不同资金需求的基金支持体系。围绕重大项目资金需求，研究母基金股权直投方式。聚焦产业疏解和京津冀协同发展，探索与国家相关投资平台、外省市政府引导基金以及北京市各区国有投资公司的联投联动。推进高精尖企业投贷联动试点，推动战略合作银行组建“银团”，为高精尖企业提供信用贷款、企业债、融资租赁等全方位融资支持。

打造具有全球影响力的创新型产业集群。依托龙头企业，以技术创新为核心，以大工程和大项目为牵引，重点推动八大专项创新型产业集群发展。对接强基工程、产融试点、双创示范等国家战略，启动健康大脑、大数据深度学习等 3—5 个引领性大工程，在 14 纳米集成电路工艺装备、汽车动力电池等方向布局 30 个左右重点项目，加速推进重大科技成果产业化。加强“城一区”对接，促进创新链、产业链、资本链在三大科学城与各区之间的良性互动。制定亦庄创新型产业集群发展示范区建设方案，支持创建“中国制造 2025”示范区；支持丰台区建设军民融合创新中心，加快推进轨道交通、应急救援等特色产业发展；支持石景山区打造全国传统工业转型升级示范区和国家绿色低碳示范园区；支持房山区建设中关村新兴产业前沿技术研究院等创新平台和北京圣谷智汇医学检验所（基因测序）等一批高精尖项目；支持通州区汇集高端创新创业要素，为城市副中心高起点、高标准、高质量建设提供支撑，支持顺义区推动中国航空发动机研究院发展，加快中国科学院联动创新产业园和第三代半导体材料及应用联合创新基地等建设；支持延庆区建设冬奥会零碳排放试验区及能源互联网产业示范区。

（四）深化制造业与互联网融合发展，培育壮大新业态新模式。把推进制造业的数字化、网络化、智能化摆在促进制造业创新发展的突出位置，落实好“互联网 + 制造”指导意见，聚焦智能制造主攻方向，培育融合发展新生态，促进新动能发展壮大。

全面推进两化融合管理体系建设。落实工信部即将出台的推进两化融合管理体系工作的指导意见，绘制本市两化融合发展数据地图，组织企业开展两化融合自评估、自诊断、自对标，分行业遴选申报一批贯标示范企业。大力推广工业云、工业大数据、工业电子商务等行业应用示范，加快突破个性化定制、服务型制造、网络化协同的系统解决方案，组织实施重点领域智能化提升、产业组织模式培育、两化深度融合试点示范等六大行动，实现我市两化融合发展水平指数提升 5 个百分点。

推动智能制造创新发展。启动实施“智造 100”工程，支持组建产学研用联合体，组织实施 20

个左右智能制造新模式应用项目。支持标准团队搭建试验验证平台，合作开展10项左右智能制造基础共性、关键技术和行业应用标准研究。高水平筹办2017世界机器人大会，打造具有全球影响力的智能机器人协同创新平台。加快建设亦庄智能机器人、增材制造产业创新基地和海淀智能机器人创新中心。推动京仪集成电路洁净机器人、北航大型金属构件增材制造成套装备等项目建设。

推进军民深度融合发展。贯彻落实中央推动经济建设和国防建设融合发展的总体部署，研究制定相关政策，建立完善工作协调机制，统筹推进军民融合和央地合作。利用好在京军工集团的创新资源和创新能力，不断发掘高精尖技术和产品，促进军工科技成果转化和产业化。加快推进石墨烯、航天云网、超材料等领域项目合作，推动中国航发创新链建设，促进中船工业海洋装备创新园、顺义航天产业园、中车北京基地、中航通飞“爱飞客”综合体等项目实施。

（五）推进新型智慧城市建设，不断加强信息惠民服务。将建设新型智慧城市作为破解“大城市病”、提升市民获得感的重要手段，进一步加强统筹协调和整体推进，在智慧民生等领域实现更大突破。

加快城市副中心智慧城市建设。坚持国际标准、中国特色、高点定位，完成城市副中心智慧城市规划和行政办公区信息化建设总体设计，高质高效实施好副中心智慧城市建设。推动设立智慧城市发展基金，促进政企协同，充分利用社会资源加快智慧北京建设。完成行政办公区政务云中心机房等工程，启动电子政务内网、云计算数据中心建设，做好信息化系统迁移工作，保障首批搬迁行政单位入驻。加快综合管廊、政务大数据、窄带物联网应用等建设，在全国形成新的引领示范，将副中心建成全国智慧城市样板。

全面推进“北京通”实现整合突破。推动各部门、行业领域公共服务与“北京通”深度对接，新增发放“北京通”卡500万张以上。完善“北京通”数据服务平台功能，推进全市各类公共服务数据的后台整合和汇聚，建立健全相关数据采集及服务的标准规范。加强“北京通”卡与“北京通”App的线上线下贯通，建成卡与App融合的服务体系，打造具有北京特色的政务服务。完善法人“一证通”功能，作为法人应用整合接入“北京通”平台，持续推进数字证书服务体系建设。

加快政务大数据管理平台建设。推动印发《北京市政务信息资源共享汇聚管理办法（试行）》，强化政务大数据管理平台功能，加快配套制度体系、工作机制以及相关标准规范建设。重点在交通、环保、人口以及产业发展等领域，实现行业大数据应用的阶段突破，为政府科学决策提供有力支撑。加强对社会数据的采集，通过购买服务等方式，努力营造政企协同、数据融合的大数据生态。切实加强数据管理，加大数据共享、汇聚、开放的考核力度。

深化智慧政务和智慧民生融合发展。编制印发《北京市深入推进“互联网+政务服务”实施方案》，推动“一号一窗一网”全面深入落地，实现80%的涉民服务网上办理。加强六里桥政务云和密云灾备云建设管理，完成通州政务云建设，形成“两地三中心”的市级政务云部署格局。落实好市级政务云管理办法，推动除公安、安全系统外，新建系统全部上云、已建系统加快迁移。深入落实云计算和大数据行动计划，加快实施云计算“祥云工程”3.0版，推进交通、教育、医疗等领域智慧化项目建设。

继续推进“提速降费”。在“全光纤网络城市”基础上，推动宽带平均可用下载速率提高到15兆。

推进4G网络深度覆盖，启动5G试点工作。新增400个公共场所提供免费无线上网服务，推动市级与海淀、亦庄等区级免费上网平台相互认证。结合城市副中心建设和新技术发展等需求，对政务专网进行重新规划和改造，推进政务物联数据专网运营模式改革。

抓好社会信用体系建设。加快社会信用体系建设地方立法，推动《北京市行政机关归集和使用公共信用信息管理办法》颁布实施。完善全市公共信用信息的整合机制，实现与市场监管和审批的重要平台统一对接。扩大公共信用信息征信范围，实现与社会面信用信息的对接协作，逐步形成覆盖社会成员的完整记录，全面开通信息主体申请查询公共信用信息的便民服务。深入推进统一代码制度和“双公示”机制建设，实现存量机构全部换发加载有统一社会信用代码的新照。落实本市联合奖惩制度建设的实施意见，规范各行业领域的典型守信主体红名单和严重失信主体黑名单制度。

做好网络安全监管和保障工作。推进建立信息安全多部门联合检查机制，强化安全风险通报，加强政务云、大数据、城市运行、工控系统以及副中心智慧城市等重点方向的安全支撑和服务保障。开展应急演练，抓好新修订的无线电管理条例落实，确保全市重要政务信息系统和网站不发生重大信息安全事件。全力做好党的十九大等重大活动期间的无线电安全、信息安全和应急通信保障。

做好全年工作，必须切实加强党的领导，抓好自身建设，提高履职水平。一是全面落实从严治党的要求。以党的十八届六中全会精神为指引，切实增强“四个意识”，向核心看齐，严守政治纪律和政治规矩。严肃党内政治生活、强化党内监督，厚植全面从严治党的政治基础。建设忠诚干净担当、为民务实清廉的干部队伍，营造风清气正的政治生态。二是深入推进依法行政。努力提高运用法治思维和法治方式推进各项工作的能力。加强行政执法，各区经信部门要切实担起属地执法责任，实现市区两级经信部门行政执法取得新突破。继续完善全系统安全生产“一岗双责”工作体制，依法依规推动工业和软件信息服务业安全生产指导工作，加强军工与民爆领域的安全生产监管。三是着力加强战略研究。将谋划具体项目与解决深层次问题相结合，将做好本系统工作与服务京津冀协同发展相结合，开展专业化、针对性、综合性的政策研究，提高疏功能、转方式、治环境、补短板、促协同的战略谋划能力。继续举办好推动高端产业发展专题研讨班。四是不断加强工作统筹。牢固树立全市经济和信息化工作一盘棋的思想，推进市区两级创新资源、信息资源、疏解资源的统筹利用、统一布局，形成工作合力。积极采用市场化手段调动社会力量，统筹利用社会资源推进各项工作。五是着力增强担当意识。要担负起新一年任务与责任，必须鼓足干劲、振奋精神，必须保持良好、饱满的精神状态，必须发扬艰苦奋斗的工作作风。各项工作在操作上都要坚持稳中求进，把握好稳与进关系，问题不回避，任务要完成，推进要平稳，将工作做细做到家。六是切实加强宣传引导。注重抓好意识形态工作，积极利用主流媒体，多渠道宣传全市经济和信息化建设成果和典型经验，深入解读重要政策，及时回应社会关切。

同志们，做好今年工作，意义重大、任务艰巨。我们要在市委市政府的坚强领导下，攻坚克难、奋发有为，撸起袖子加油干，谱写经济和信息化转型发展新篇章，为建设国际一流的和谐宜居之都贡献更大力量，以优异成绩迎接党的十九大胜利召开。

以大软件驱动大应用　开创赋智发展新时代

北京市经济和信息化委员会主任　张伯旭

今年是“十三五”的开局之年，也是软件历史上重要的一年。国家“十三五”规划提出要拓展网络经济空间，壮大信息经济，把软件产业发展提升到一个新高度；软件和信息技术自身的演变发展也步入一个新阶段，软件已经全面渗透、支撑和服务着整个经济社会发展。借此机会，我想以“大软件驱动大应用，开创赋智发展新时代”为题，和大家交流几点关于软件产业的思考：第一，基于历史、技术、产业等维度，谈谈对软件产业发展规律的认识；第二，结合当前经济发展，谈谈对软件产业赋能作用的理解；第三，提出一个新的理念，就是软件赋智，探讨软件赋智时代的机遇。

工业革命以来，伴随社会生产力不断发展，“产业”这个词的内涵不断充实，外延不断扩展。直到今天，随着信息技术的全面渗透，制造业在全球范围内分工布局，产业之间深度交叉融合、产业门类与范畴发生着全新的变化，去年迎来了“大变革、大重整、大跨界、大颠覆”的时代。对此，大家都深有体会，十年前普遍使用的邮票如今很少使用了，曾经辉煌的诺基亚手机现在也很少见了，大量的传统行业正在加速洗牌和重组，呈现出新陈代谢的特征；“大众创业、万众创新”推动大批“创客”破茧而出，新主体、新产业、新业态、新产品和新动力正在加快培育。这其中，软件和信息技术的发展对产业的变革起到了非常重要的作用，而且仍将是影响未来产业发展的核心内容。大家想想，这些变化幕后的推动力是什么，是软件。软件和信息技术在改变我们生活的同时，也颠覆了传统的产业发展模式，一批技术效率、商业模式效率、组织效率领先的新型公司大量涌现，正在以颠覆的方式重整各个行业，小米、京东等具有新型特点的企业，就是例证，它们不仅重塑着制造业的产业链条，也在重塑着传统的商业流通体系。

可以说，信息技术与软件是推动产业变革的重要力量。当今，我们的世界已经呈现“计算无处不在、网络无处不在、软件无处不在、数据无处不在”的态势。软件最初是一个工具，但现在已经成为我们工作、生活不可分割的一部分。

特别要强调的一点，就是对于大数据、云计算、互联网、物联网和软件等不同概念之间的关系，我们应该有个清晰的认识。我用人体的组成来描述，“云”可比作大脑，起到信息汇集和处理的作用，“网络”类似血管，“数据”喻为血液，“硬件”相当于“骨骼和器官”等组织，而“软件”是人的心脏和神经系统，发挥着计算、控制、调节等功能，是整个信息系统的核心和基础。这一切可以说是浸泡在软件之中的。

具体说，大数据是数字化世界时代的基础，云计算是存储和处理大数据的手段，物联网是大数据的采集器，互联网和移动互联网是大数据传输的出入口和应用通道，而这些新业态的核心要素与本质内容都是“软件”，所以说软件是“数字化有机体”的核心控制系统，是支撑大数据分析处理、云计算存储计算、互联网和移动互联网各种创新应用（App）的核心要素和构件，与信息经济所有业态密切关联。软件不可忽视，不会过时，会发挥越来越重要的作用。

回顾软件的发展历史，它经历了三个时代的演变。首先是“计算机时代的软件”。在这个时代，软件是计算机的组成部分，这期间的软件历经了从机器语言到高级语言，从操作系统到数据库管理软件的发展。软件架构是主机模式，软件实现了从理论算法到产品化的转化，多以前端显性支撑形态展现。第二个时代是“互联网时代的软件”。在这个时代中，计算机与通信和消费电子开始融合，互联网和移动互联网的兴起，促使软件逐步向各行业全面渗透，软件的交付模式和应用场景也由传统的产品工具向开源化、产业化、平台化升级，软件开始定义世界。第三个时代是“数字世界时代的软件”。在这个时代，随着设备与物联网的普及，各种技术的交叉融合将使一切物质数字化。软件开始具有自我学习、自我优化能力，软件从全面渗透变为全面融合、由定义世界升级到改变世界。可以说，软件日益成为驱动经济社会变革的重要力量。

伴随这三个时代的划分，我着重阐释软件在经济社会发展中呈现的三个层面的不同作用。具体来讲，就是赋值、赋能、赋智三大功能。在计算机时代的软件，起的是赋值作用，主要体现为工具属性，为产业发展提供了增加效率、提高价值的作用。软件的影响主要是以产业层面为主。在互联网时代，软件的作用已经逐步从产业层面跃升到经济发展层面，软件日益体现为经济发展的一种要素资源，成为促进经济增长的一种动力，发挥着提质增效的作用，我们把这个归结为赋能。到了数字世界时代，软件的作用已经由经济层面为主跃升到经济、社会层面并重，对社会运行的影响更加突出，软件与网络、数据、硬件、内容深度结合，软件已经成为社会运行的一种细胞属性，软件将具备智能思考和自我创造的能力，深刻影响社会发展机理，我把这个归结为“赋智”功能，让机器聪明起来。机器能主动感知服务于人，机器变得有灵性，通过网络、神经，联通起来，有序地为人类服务，建立智慧时代、智慧城市。

应该认识到，当前，我们主要还处于软件的赋能时代。软件的功能从前端显性支撑加速向后台隐性驱动转变升级。软件的技术架构加速向面向互联网信息服务和数据服务的架构转变升级；企业从单一技术和产品竞争加速向信息服务运营平台和生态体系竞争转变升级；软件的交付模式和应用场景也由传统的工具向“多化”耦合系统升级。这四个升级使软件的作用无处不在，人人互联，业业互联。

软件赋能已经逐步融入整个经济社会，从软件赋能经济发展的角度看，由软件衍生出各类基于网络的平台，逐步覆盖到全产业链，软件串联起供应链、创新链、产销连，改变了产业要素结构、颠覆了传统行业、加速了制造升级、做强了信息经济。可以说软件起了制造升级的关键作用。概括起来，软件赋能新经济，有四大特征：

一是软件成为经济提质增效的新要素。软件代表了物质计算的能力，它不仅是认知、感知世界的根本，也将是改变世界并创造新供给、激发新消费的新动力。国务院提出改变生产制造模式、供给模式。目前，软件已经广泛渗透到组织的运营和管理、渗透到硬件产品、渗透到各类服务之中。软件的这种全面渗透，深刻改变着生产组织方式和经济运行体系，为经济发展提供数据、信息等新型战略资源。大家知道，信息的对称与不对称与一个企业、一个区域的经济发展息息相关，东部发达，西部落后，信息的不对称，软件的不发达，就是一个重要原因。

第二，软件是“互联网＋”的连接器，关系产业融合发展，推动着互联网创新成果与经济社会各领域深度融合。软件不能停留在实验室，要走向社会。国家已经制定了“互联网＋”行动计划。我们知道“互联网＋”的出现改变了很多行业的传统发展模式，譬如传统集市＋互联网有了淘宝，传统百货卖场＋互联网有了京东，传统银行＋互联网有了支付宝，传统的红娘＋互联网有了世纪佳缘，传统交通＋互联网有了快的滴滴等等，未来这种趋势还会进一步加速发展，这是潮流，新的业态、模式还会大量出现。我们注意到，互联网＋的关键是在软件，纯粹的网络只是辅助作用。滴滴、支付宝、京东，这些新型业务和服务模式的核心都是软件的功能。

第三，软件是中国制造升级的倍增器。智能制造是中国制造2025的主攻方向，前两天国务院发布了制造业与互联网融合发展的指导意见，提出发展制造业互联网双创平台，支持制造业与互联网跨界融合等措施，再次强调了推进“两化”融合、发展智能制造的重要意义。发展智能制造主要是实现企业研发、制造、销售、服务等环节和流程的数字化、智能化，这离不开研发设计、生产控制、管理销售等各类软件的支撑，同样离不开智能制造。智能制造涉及的机器人、传感器和智能服务平台等信息物理系统的构建，系统仿真测试、在线检测服务等各项任务的实施，都是软件在发挥主导作用。概括地讲，软件是智能制造的灵魂中枢，传感器、机器人等智能装备是智能制造的前端采集器、操作载体，所以软件是智能制造发展的核心，是赋予制造业提高资源利用效率、提升组织运行效率、塑造新型竞争优势核心驱动力，起到了发展能级倍增的作用。

第四，软件是“信息经济”的发动机。国家“十三五”规划第一次全面系统地提出发展信息经济的战略。如果把信息经济的产品服务比喻为工业经济时代的汽车，那么信息经济中的“软件”就是汽车的“发动机”。落实国家的信息化重大工程，每一个领域、每一个环节都离不开软件的支撑，都是软件的应用阵地，把软件的作用放大到时候了。

大家都知道，世界是由物质、能量、信息构成的。展望未来的世界，软件将进一步影响世界的三大基本构成，数字化将使物质、能量、信息更加紧密连接。有国外专家认为，经济增长的本质就是信息的增长，软件是促进信息增长的重要手段。我们预见，未来的世界，一切都将是由数字化连接的。无所不在的智慧设备、无处不在的屏幕媒介和无处不在的信息交互，将全面数字化我们的世界。在软件的作用下，人人、物物、业业实现互联，成为一个一切都将连接，一切都趋智慧的无边界的数字世界。它将使很多边界在软件面前都化为无形。

数字世界时代的到来，标志着软件赋智时代的开启。如果说，现在是软件定义网络、定义硬件、定义数据中心、定义架构，那么将来，软件将改变和创造更多“类人脑”的应用，如阿尔法狗、IBM的沃森、自动驾驶汽车等就是这个时代开启的标志。因此，我们认为，软件将逐步由定义世界转向改变世界。

赋智时代的第一个变化，是软件将全面深入地融入经济领域的方方面面，影响经济领域组织结构、生产方式、消费模式和资源配置方式，成为经济系统运行的“控制中枢”。软件通过优化和革新组织管理关系、投入产出关系、要素配置关系，颠覆传统的经济发展模式，助推人类迈向新经济时代。比如，当软件融入经济组织的运营和管理，形成发展产业生态的创新平台，为大众创业、万众创新提供核心载体，形成“大平台＋小前端”的新型经济组织架构。当软件融入有形产品的创造，构建响应定制化、多元化需求的智能制造系统，最终形成“智能制造＋按需定制”的新型生产模式。当软件融入公共服务和社会消费，形成“智慧服务＋电子商务”的新型消费模式。当软件融入社会各类资源的配置和利用，看似“过剩”的“闲置”资源得到重新整合、高效利用，形成“多元共赢＋集约发展”的分享经济形态。新的业态新的趋势，已经初现端倪，并将层出不穷。

第二个变化，就是软件将全面改变城市规划、建设、管理和服务的模式。中央城市工作会议强调提高城市管理、服务、规划水平，软件将大有作为，成为“运行大脑”。围绕大城市病治理、数字社区与社群、新一代智慧型基础设施，利用软件将构建更加精确、精细、精准的城市管理服务体系，推动城市管理精细化、社会治理精准化、交通管理智能化、应急管理信息化。比如，在城市管理领域，建设城市管理数字化平台，以信息化推动网格管理走向精细化，推动社会服务、城市管理、社会治安“三格融合”。在社会治理领域，整合各部门掌握的人口信息数据，建立全市统一的常住人口信息管理系统，推动社会治理精准化。城市是为人服务的，以人为中心。在应急管理领域，加强市级应急指挥平台智能化升级改造，整合多源监控信息资源，完善城市视频监控、安全生产智能监管、食品药品安全监测与溯源系统，强化对突发事件的应急处置能力，推进应急管理信息化。分散的信息能够统一起来，资源配置更加科学合理，整个社会的运行将更加有序。在交通管理领域，以市行政副中心为重点开展智慧交通试点示范建设，应用大数据技术，建设人、车、道路互联互通的智慧交通管理中心，推动北斗导航与位置服务、智能驾驶、智慧路网、便捷停车等智慧交通技术和应用普及，推进交通管理智能化。

第三，软件赋智将促进社会生态的有序运行，全面优化人与自然、社会的互动关系，成为“秩序指挥棒”。纵观人类进化史，人与自然和社会系统的关系从无序到有序，经历了人类社会改变自然、影响自然的过程。在软件赋智的时代，软件将更加高效、更加智能、更加有序地建立起人与自然、人与社会有序的互动关系。谁能把这些人类社会组织和系统结合起来，只有软件和互联网。靠软件，靠脑力，没有办法实施延伸到无边界的广大区域，可以使我们的思想放置到实体空间中。

为迎接赋智时代的到来，我们将在两个层面实现创新。首先是在虚拟现实、数据挖掘、深度学习、机器学习、模糊识别、认知计算等领域进行底层基础创新。面对未来的复制时代，这些都要提升、升级。软件这个神经系统将发挥其作用。其次是在智能制造、文化传播、交通出行、医疗健康等领域进行行业应用创新。技术创新和应用创新相结合，让市场社会认可。这两方面的结合创新，将形成新兴的软件产业格局。未来的软件产业很多将不是一个独立的产业门类，在开发方式、展现形式、交互模式、交付价值和产业业态的创新方面，将使软件公司与市场服务更加紧密结合。抓住未来趋势，否则没有出路。到一定阶段必须转型，在这十字路口不要找错方向。

基于前述大背景的认识，“十三五”时期，北京将聚焦产业链、创新链高端环节和关键领域，提升自主创新供给能力，坚持“创新发展、高端发展、融合发展、协同发展”四大原则，实施“大数据、大软件、大应用”的产业生态战略，做好迎接赋智时代的准备。我到经济和信息化委工作以来，一直在考虑经济和信息化委做什么，主要是要对上当参谋，出政策出方案，对下出思想出方向，整合资源，寻找市场。为官一任，造福一方。

具体来讲，我们将重点实施三大战略。一是实施“云网端”一体化的大数据引领战略。抢占数据制高点，以数据流引领技术流、物质流、资金流、人才流。各种生产要素，技术资金是跟着信息走的。二是实施产业跨界融合升级的大软件驱动战略。要推动“软件＋硬件”“软件＋内容”“软件＋服务”深度耦合，以大软件系统重构传统产业价值链体系，使软件、网络与数据协同成为一个“有机体”。三是服务信息社会建设的大应用带动战略。关注系统性的大应用，解决政府关注的课题，比如大城市病、环境污染等等，归结为数据，分析清楚，才能对症下药，实现软件、网络、数据协同。坚持需求导向，聚焦国家信息安全、大城市病治理、生态环境保护等关键领域，大力发展具有自主知识产权的技术、产品和服务，特别是系统级的，不断扩大规模化商用，为全面推动经济社会的智慧演进夯实基础。

专文

北京市经济和信息化委员会关于印发《北京市“十三五”时期软件和信息服务业发展规划》的通知

京经信委发〔2016〕41 号

各有关单位：

为指导本市软件和信息服务业科学发展，我们编制了《北京市“十三五”时期软件和信息服务业发展规划》，现印发给你们，请结合实际贯彻执行。

特此通知。

附件：北京市“十三五”时期软件和信息服务业发展规划

北京市经济和信息化委员会

2016 年 8 月 12 日

北京市“十三五”时期软件和信息服务业发展规划

北京市经济和信息化委员会

二〇一六年八月

目　录

前　言

历经计算机时代、互联网时代的持续发展，软件和信息服务已经全面渗透、全面支撑和全面服务国民经济和社会发展各个领域，初步形成“计算无处不在、网络无处不在、数据无处不在、软件无处不在”的发展态势，成为经济社会发展不可或缺的要素构成。当前，我们正处于一切都将连接的数字世界智能发展新时代，软件和信息服务的功能作用正在发生全新的变化，开始由产业赋值、经济赋能向社会赋智升级演进。在我国经济发展进入新常态和国家大力推进供给侧结构性改革、推行“一带一路”倡议、实施中国制造 2025、发展信息经济的背景下，结合首都城市定位战略调整要求，强化软件和信息服务业重大战略性支柱产业地位，加强规划引导，是北京全面建设科技创新中心、构建高精尖经济结构的重要内容，对于北京提升经济运行效率、创新社会生活方式和提高城市管理能力具有重要支撑作用。根据市委、市政府关于制定国民经济和社会发展第十三个五年规划的总体部署，贯彻国家和本市关于深入推动信息化发展、加快转变经济发展方式、大力培育发展高精尖产业等相关要求，特制定本规划。

规划编制依据：

1.《中共中央关于制定国民经济和社会发展第十三个五年规划的建议》；

2.《中华人民共和国国民经济和社会发展第十三个五年规划纲要》；

3.《京津冀协同发展规划纲要》；

4.《2006—2020 年国家信息化发展战略》（中办发〔2006〕11 号）；

5.《国务院关于促进云计算创新发展培育信息产业新业态的意见》（国发〔2015〕5 号）；

6.《国务院关于印发〈中国制造 2025〉的通知》（国发〔2015〕28 号）；

7.《国务院关于积极推进“互联网 +”行动的指导意见》（国发〔2015〕40 号）；

8.《国务院关于印发促进大数据发展行动纲要的通知》（国发〔2015〕50 号）；

9.《国务院关于深化制造业与互联网融合发展的指导意见》（国发〔2016〕28 号）；

10.《中共北京市委北京市人民政府关于贯彻〈京津冀协同发展规划纲要〉的意见》；

11.《中共北京市委关于制定北京市国民经济和社会发展第十三个五年规划的建议》；

12.《北京市国民经济和社会发展第十三个五年规划纲要》；

13. 北京市人民政府关于印发《〈中国制造 2025〉北京行动纲要》的通知（京政发〔2015〕60 号）；

14.《北京市人民政府关于积极推进“互联网 +”行动的实施意见》（京政发〔2016〕4 号）。

规划适用范围和实施期限：

本规划适用范围为北京市行政辖区，规划基准年为 2015 年，规划实施期限为 2016—2020 年。

一、发展审视

（一）发展成效

“十二五”时期，北京软件和信息服务业实力不断增强，产业结构持续优化，创新能力显著提升，企业群体快速成长，产业布局日益完善，软件产业已经实现由“独立的软件产品”向“网络化、服务化的软件”再到“基于互联网的软件信息服务融合发展”形态转变，成为提高生产效率、促进经济发展的赋能器。北京被国家工信部授予“中国软件名城”荣誉称号。

产业规模稳健增长，支柱地位更加巩固。初步统计，2015 年，全市规模以上软件和信息服务业实现业务收入 6231.5 亿元，2011—2015 年年均现价增速达到 12.0%；实现增加值 2372.7 亿元，2011—2015 年年均现价增速达到 14.3%；占全市地区生产总值的比重从 2011 年的 9.2% 提高到 2015 年的 10.3%。软件产业不断拓展新的边界，衍生出电子商务、数字媒体、互联网金融、互联网教育等业态，为全市产业结构调整作出了重要贡献。

产业结构优化升级，新兴业态持续增长。产业链优势环节突出，新兴领域全国领先，产业结构以行业应用软件为主升级为行业应用软件、互联网信息服务“双支撑”。行业应用软件、互联网信息服务已接近全行业收入的 2/3，互联网信息服务占比提升达 8 个百分点，行业应用软件延伸为以系统集成为核心的 IT（Information Technology）服务产业链。云计算、北斗导航与位置服务、大数据、移动互联网等新兴业态增长速度约 25%，成为产业发展的新引擎。

优势企业群引领发展，产业集中度进一步提升。年收入十亿元以上企业达到 82 家，占全行业收入53%，比2011年提高10个百分点。33家企业进入中国软件业务收入前百家，43家企业入选中国互联网企业百强，21家企业入选《福布斯》2015中国移动互联网30强，国家安全可靠系统集成重点企业6家，占全国的75%。现有上市企业约140家，总市值比2011年提高近一倍，达1.9万亿元，在资本市场上形成了活跃的“北京板块”。企业投融资活跃，并购成为企业扩大业务布局、获取技术资源、降低交易成本、实施品牌战略的重要手段。

创新能力持续增强，创新生态初步构建。软件著作权登记量持续保持全国第一，2015年北京软件著作权登记量为64532件，占全国的22.1%，2011—2015年复合增长率达16.52%。有效发明专利数逐年增加，平均每家企业拥有2.6件。从单纯的技术创新和产品创新演进为以流量变现和应用服务为核心的商业模式创新，组织、技术、业态、资本多层次协同创新在持续深化。

产业集聚效应显著，区域特色明显。海淀区贡献全市软件和信息服务业六成收入，同时是软件创新创业孵化最为活跃的地区；朝阳区成为跨国总部和通信产业的聚集区；东城区和西城区信息传输业、丰台区嵌入式行业应用软件、石景山区文化创意和游戏动漫产业、亦庄开发区云计算等齐头并进；顺义区大力引进骨干企业，实现突破发展。上下游配套的产业链集聚、龙头企业引领的生态集聚、专业基地为载体的空间集聚态势突出，形成全市共同发展软件和信息服务业的局面。

虽然过去五年本市软件和信息服务业发展取得了良好成绩，为“十三五”领先发展奠定了较为扎实的基础，但与国际发达国家和地区，以及国家信息化战略实施的需求相比，本市产业发展质量和效益仍待进一步提升。一是行业龙头企业与世界级领先企业相比，在产业生态圈构建、新技术变革引领等方面仍存在较大差距，发展后劲不足，在全国的引领地位还有待提升。传统大企业的领域优势逐步弱化，面临业务变革。二是行业自主创新能力仍需提升，特别是关键核心技术有待突破，创新型企业竞争力不突出，原始创新能力、资源整合能力有待加强。三是新业态应用步伐有待加快，以市场应用为导向的产业可持续发展模式还不清晰，云服务行业领域应用不够深入，数据资源有效利用转化不足。四是行业管理需进一步提高效能，产业管理服务、运行监测的手段在新常态下亟需调整跟进，政府与市场的要素资源通道有待贯通，产业公共服务平台服务的深度和广度有待拓展。

（二）面临形势

产业技术演进与竞争格局呈现新的变化特征。软件在新一代信息技术创新中的核心地位更加突出，软件从前端显性支撑加速向后台隐性驱动转变升级；软件的技术架构加速向面向互联网信息服务和数据服务的架构转变升级；软件的交付模式和应用场景也由传统的产品工具向开源化、产业化、平台化升级，企业从单一技术和产品竞争加速向信息服务运营平台和生态体系竞争转变升级，产业竞争格局的变革带来弯道超越新的机遇。

以“互联网+”为特征的产业跨界融合深度发展。软件定义世界日益成为共识，软件改变世界正在蕴育。一方面，软件与经济社会各领域的双向渗透和深度融合使得产业界定愈趋模糊，激发了研发创新、生产制造、营销服务等新的活力和潜能，演绎出新的生产方式、产业形态和商业模式；另一方面，以软件为支撑，以“互联网+”为手段的产业跨界融合加速发展，推动了以工业互联网等为代表的新兴产业发展，培育出以分享经济为代表的新经济增长点，拓展了广阔的市场空间。

信息化成为重大国家战略增强产业发展动能。虚拟现实、数据挖掘、深度学习、模糊识别、认知计算等新一代信息技术加速创新发展；发展网络安全、云计算、大数据等领域上升为国家战略，将为培育新业态和抢占产业发展制高点提供强大动力；智慧城市、中国制造 2025、“互联网 +”将为拓展创新应用和培育消费热点注入新的活力；鼓励创新创业、服务业扩大开放和创新投融资机制将为激活市场主体和提升产业层级增添新的助力。

跨区域协同发展对产业布局优化提出更高要求。国家提出“一带一路”倡议和实施京津冀协同发展战略，将推动区域间产业对接合作、合理分工和联动发展，加速产业要素流动，释放出极大的协同发展活力。北京加快构建高精尖经济结构、调整疏解非首都功能，数据中心等产业将疏解调整，为高端和新兴的产业腾让出新的发展空间。

二、总体思路

（一）指导思想

全面贯彻党的十八大，十八届三中、四中、五中全会和国家、京津冀协同发展及全市规划纲要精神，把发展软件和信息服务业作为经济社会全面数字化、信息化、智能化的战略引擎，以产业提质增效为中心，聚焦产业链、创新链高端环节和关键领域，坚持提升自主创新供给、扩大数据信息消费、壮大信息经济规模，实施“大数据、大软件、大应用”的产业生态战略，使软件、数据和信息作为创新资源要素向各领域加速渗透，夯实软件赋值功能，增强软件对新旧发展动能接续转换的赋能作用，迎接软件赋智时代，率先形成更多依靠创新驱动、更多发挥先发优势的引领型发展格局。

（二）发展原则

创新发展。提升企业自主创新、原始创新、协同创新能力，集聚创新资源，丰富创新载体，创新引导方式和管理手段，健全创新服务体系，释放新需求，创造新供给，以创新构筑竞争优势，全面提升产业创新能力和创新层次。

高端发展。全面实践集约增长模式，瞄准引领前沿的高附加值的产品和服务，抢占产业链高端环节，增强对国际高端业务的承接力，增强对全国市场服务的辐射力，在高起点上发挥引领作用，实现规模增长向质量提升转变。

融合发展。推动软件、互联网、数据纵横整合，推动互联网与传统产业的融合渗透，全面深化软件与硬件、软件与网络、产品与服务、数据与业务之间相互融合，以融合深化行业应用，促进业态创新，拓展产业发展空间。

协同发展。坚持产业国际化的战略视野，合理布局资源链、创新链和价值链，着力推动京津冀区域内产业资源共建共享，支持需求牵引下的产学研用协同创新合作，统筹推动云计算、互联网、大数据等各环节、各领域的协同发展。

（三）发展目标

到 2020 年，进一步巩固并提升软件和信息服务业在全市经济发展中的支柱地位，基本形成与科技创新中心功能定位相适应的创新型产业发展格局，打造“数据引领、软件定义、应用带动”的融合型产业生态，基于互联网的数据服务、信息服务、内容服务走在全国前列，软件和信息服务驱动产业转型升级、改进完善社会服务、提升政府治理能力的引擎作用显著发挥，使北京成为国家新一代信息技术创新中心、先行示范基地和应用辐射之源，成为具有世界影响力的软件创新名城。

产业发展规模和质量双提升。到 2020 年，软件和信息服务业收入突破 1 万亿元，年均增速达到 10% 以上；增加值占全市 GDP 比重超过 11%；产业综合竞争优势进一步强化，围绕平台型企业形成各具特色的产业生态，在全国的引领地位进一步巩固。

产业内部结构更加优化。到 2020 年，互联网信息服务占全行业营业收入比重达到 40%，数据信息服务等新兴业态快速发展；培育 1 家千亿级公司，10 家百亿公司；十亿元以上企业的营业收入所占比重达到 60%；规上企业户均营业收入达到 3 亿元，企业综合竞争能力明显提升。

绿色集约水平显著提升。到 2020 年，全行业总能耗控制在 210 万吨以内，单位增加值能耗下降至 0.08 吨煤 / 万元；严格限制高能耗数据中心建设，必要的数据中心实现绿色化改造；全行业从业人员总量得到有效控制，人均营业收入超过百万元。

创新创业活力大幅增强。到 2020 年，软件著作权登记量达到 8 万件，有效发明专利数达到 1.9 万件，以企业为主体的自主创新体系更加完善；云计算、大数据在经济社会重要领域实现规模化应用，突破一批核心技术；北斗导航位置服务和自主可控的信息安全保障能力明显提高。

融合驱动作用充分显现。到 2020 年，软件和信息服务在促进农业、制造业、服务业等产业转型升级方面取得积极成效，健康医疗、教育、交通等民生领域的互联网和大数据应用更加丰富，涌现一批改变世界的创新应用，切实驱动和支撑分享经济发展与新型智慧城市建设。

三、战略任务

（一）实施“云网端”一体化的大数据引领战略

顺应网络经济空间人人互联、物物互联、业业互联的发展趋势，立足“云网端”的信息基础设施架构，把数据作为塑造竞争优势的新生产要素，围绕政务及公共服务、产业发展、社交生活网络三大领域，开放数据资源、聚合数据资产，构建形成政产学研用多方联动、协调发展的大数据产业生态，以数据流引领技术流、物质流、资金流、人才流。

1. 激活面向公共服务的政务大数据

结合政务信息化发展规划，统筹建设政务大数据基础设施，加快完善政务信息资源数据库，推动数据资源的统一共享和开放，引导对接社会数据资源，加快形成一批满足重点领域应用需求的数据产品、系统和解决方案。面向政府治理，重点提供政策制定、运行监测、风险预警、决策支持等数据辅助服务，提高宏观调控决策科学性、预见性和有效性。面向市场主体，提供信用信息、行政服务、行业监管等数据支撑服务，推进商事服务的公开、便捷和精细。面向社会民生，推动健康医疗、文化教育、交通旅游、社会保障、养老等公共服务数据资源的汇聚整合和便民应用，提升资源配置效率和服务效能。

2. 发展面向业业互联的产业大数据

抓住国家“互联网 +”行动战略机遇，大力促进产业间、产销间、产研间各类数据的整合流动和再生利用，驱动企业转变生产方式、优化组织架构、再造业务流程、变革商业模式，推动基于数据服务的产业迭代创新。发挥互联网平台型企业在连接生产与服务、生产与消费的网络枢纽优势，增强大数据资源的系统整合能力，培育基于大数据的精准营销、定制服务、众筹众包等新兴业态，实现消费互联网向产业互联网转变。发挥传统系统集成商在行业信息化应用的沉淀优势，加快向数据集成服务商升级，增强面向生产环节的智能化服务能力，贯通研发、生产、销售的数据链，培育数据驱动的网络制造、云制造、协同制造等新兴业态。支持企业开展基于大数据的第三方数据分析发掘服务、技术外包服务和知识流程外包服务，着力培育数据采集、挖掘、整理、利用等专业性支撑服务企业。

3. 拓展面向人人互联的社交大数据

围绕移动社交网络的兴起发展，深入发掘用户数据所蕴藏的价值能量，促使社交工具向商务平台、社区平台等方向发展，形成“社群新经济”生态。发挥社交数据在引领消费升级中的导向作用，促进线上线下消费的供需精准对接，发展基于数据行为分析的信用消费，构建以消费者为驱动的社交化商业数据生态。发挥社交数据在推动创新创业中的支撑作用，打通科技创新和成果应用的转化通道，发展基于网络配置资源的新兴服务，构建基于社交关系分析、社交资源共享的创新创业生态。发挥社交数据在加强社会建设中的服务作用，发展基于海量数据挖掘分析的社会发展研究，利用数据预判社会问题和风向，构建大数据支撑的社会服务与治理新体系。

（二）实施产业跨界融合升级的大软件驱动战略

突出软件在促进经济社会全面数字化升级、智慧化发展中的基础地位，强化软件由“定义世界”到“改变世界”的发展理念，深入推进软件向平台化、网络化、移动化延伸，着力推动“软件 + 硬件”“软件 + 内容”“软件 + 服务”深度耦合，支撑“云网端”一体化大数据生态的建设，加快重构产业价值链体系，形成软件、网络与数据协同驱动创新发展的新格局。

1. 创造“软件 + 硬件”的智能科技产品

把软件创新作为抢占智能制造发展高地、推动传统产业转型升级的倍增器，支持互联网企业、软件开发企业与硬件制造企业开展多种形式的战略合作，大力发展具有软硬件综合设计开发能力的产品解决方案提供商，塑造软件牵引的高精尖产品创新集群。面向装备制造领域，重点发展智能仪控系统、三维打印设备、模拟仿真系统、工业机器人、数控机床和智能制造信息应用系统，深入推动两化融合。面向公共领域，重点开发教育、医疗、养老和市政交通、应急救援、资源环境、防灾减灾等行业领域的智能应用产品，切实支撑智慧城市建设。面向居民消费，重点开发可穿戴设备、智能家居等新型信息产品，打造新的经济增长点。

2. 扩大“软件 + 内容”的信息消费供给

把“互联网 +”浪潮下的软件创新应用作为引领内容创作、信息传播和消费变革的重要支撑，加快推进文化产品与服务数字化进程，大力推动传统媒体和新兴媒体融合发展，提高数字内容产业竞争力，助力文化中心建设。创新内容创作模式，支持数字游戏、数字音乐、数字阅读等产品开发应用，搭建基于互联网的创作服务平台，促进数字内容创作向多样性、交互式发展，激发大众创作活力。创新数字内容传播方式，支持建设适应移动互联网发展的数字内容生产、集成、传输分发平台，提供面向各类终端的应用解决方案。创新数字内容消费模式，加大数字内容全产业链整合力度，发展面向消费者的个性化定制服务，鼓励发展慕课教学、互动富媒体、电子书包等新兴业态。

3. 培育“软件 + 服务”的新型服务经济

把软件作为改进业务流程、优化配置资源、提升质量效率的重要工具手段，大力开发推广基于网络互联、信息互通的软件应用产品，培育新兴服务业态，驱动新一轮产业变革。面向制造业领域，优先在智能感知元器件、工业云平台、操作系统等核心环节取得突破，大力发展网络协同研发设计，发展故障预警、远程维护、质量诊断、远程过程优化等在线增值服务，拓展制造业价值链。面向服务业领域，重点围绕电子商务、互联网金融、物流和生活性服务业，普及推广体验式消费、远程服务、在线服务等新服务模式，拓展服务空间，提升服务品质。面向全社会资源，积极探索在旅游、交通、住房、文化体育等生活领域发展基于软件与互联网的分享经济服务，鼓励建立分享经济平台，构建“大平台 + 小前端”的新型经济组织，推进闲置资源社会化利用。

（三）实施服务信息社会建设的大应用带动战略

着眼信息化社会建设战略全局和产业发展竞争格局，加快软件开发方式、展现形式、交互模式、交付价值和产业业态的全面创新，形成面向产业层面、经济层面和社会层面的战略性、系统性、基础性大应用，以软件和信息技术服务创新构建新型组织结构、生产方式、消费模式和资源配置方式。

1. 积极发展智能制造大应用系统

落实国家关于深化制造业与互联网融合发展意见，突出软件的核心支撑作用，科学发挥网络连接作用，加快发展推动生产供应、制造与流通服务的信息化、数据化、智能化进程。面向企业层面，大力发展数字化设计、数字化制造、产品全生命周期管理等智能制造工业软件，创新开发面向智能制造单元、智能生产线、智能车间、智能工厂建设的新型系统解决方案，构建信息物理系统参考模型和综合技术标准体系，支持软件企业与制造企业组织开展行业系统解决方案应用试点示范。面向行业层面，大力推进工业互联网发展，推广行业智能制造系统解决方案，整合产业要素资源，促进全产业链整体优化，发展网络化协同制造等新生产模式，服务并推动制造业从自动化向自主化演进。支持软件和互联网企业与制造企业建设基于互联网的“双创”平台，建设工业云、大数据等技术集成应用大平台，为中小企业提供标准化、专业化的软件与网络系统解决方案。

2. 整合发展智慧城市大应用方案

以城市副中心建设为契机，加强新型智慧城市试点示范建设，推动城市管理精细化、社会治理精准化、交通管理智能化、应急管理信息化，构建完备的大城市病治理应用体系。在城市管理领域，建设城市管理数字化平台，以信息化推动网格管理走向精细化，推动社会服务、城市管理、社会治安“三格融合”。在社会治理领域，整合各部门掌握的人口信息数据，建立全市统一的常住人口信息管理系统，支撑居住证和积分落户等新型人口管理制度的落实。在交通管理领域，以城市副中心为重点开展智慧交通试点示范建设，应用大数据技术，建设人、车、道路互联互通的智慧交通管理中心，推动北斗导航与位置服务、智能驾驶、智慧路网、便捷停车等智慧交通技术的应用普及，提升智能化交通拥堵治理能力。在应急管理领域，加强市级应急指挥平台智能化升级改造，整合多源监控信息资源，完善城市视频监控、安全生产智能监管、食品药品安全监测与溯源系统，强化对突发事件的应急处置能力。

3. 创新发展生态环境大应用技术

面向大气污染、水污染、固体废弃物污染等生态治理关键领域，推广应用环境保护大数据软件，构建开放共享的京津冀一体化生态环境信息系统，促进生态环境保护监管精准化、决策科学化、服务便民化。在生态环境保护监测领域，加强卫星遥感、无人机、物联网、大数据等先进技术的运用，构建对重大污染源、重点企业、重点区域的实时在线环境监控系统，强化企业排污信息资源整合。在生态环境保护决策领域，建立京津冀生态环境保护数据共享系统，实现系统内数据资源整合集中和动态更新，建立互联网大数据舆情监测系统，强化数据信息关联分析和综合研判能力，提升生态环境保护决策科学性和环境应急处置能力。在服务便民化领域，建立生态环境数据开放目录，开发环境质量分析、环境健康评测、环境保护认证、绿色化生产等领域的信息服务产品，满足公众环境信息需求。

四、重点行动

（一）新型产业生态圈培育行动

针对《中国制造2025北京行动纲要》确定的重大专项，以软件应用支撑高端制造和高端服务跨领域、开放式、融合化创新，以智慧的信息流重塑产业链、创新链、服务链、组织链和区域链，合力打造高精尖产业新生态。按照“实施一个专项，打造一个生态，主导一个产业”的思路，支持软件平台型企业做产业生态圈的营造者，和各行业龙头企业互动协作、牵手对接，联合布局建立研发创新基地、建设协同创新机构，开展异地协同开发、云制造平台建设，推进智能化设计、制造、管理和服务。推进闲置工业厂房转型发展“软件+”创客空间，建设软件、大数据、云计算等特色产业园，集聚创新要素资源，形成集群化发展载体，打造知识型产业高地。支持软件和信息服务企业与各行各业企业建设跨界的产业联盟，构建互联互通、智能化、开放型的合作生态，加快推动传统的信息化走向互联网化。

（二）祥云工程3.0升级行动

以祥云工程3.0为抓手，着力建设以云计算、大数据为基础的战略性公有云、混合云平台，将云计算、大数据与人工智能紧密结合，深入挖掘数据价值，形成支撑人工智能发展的基础设施和技术平台，在深度学习、大脑养成、神经网络、GPU与CPU的融合计算等关键核心技术领域形成突破。支持企业建设超大规模深度学习的新型计算集群，搭建人工智能基础资源和公共服务平台。规划云脑基地，推动“祥云工程1.0/2.0”时代的云产业基地升级成为以人工智能为代表的创新产业基地，引进国内外先进技术和人才资源。构建产业链协同发展的人工智能创新生态，实现人工智能与传统产业融合、数据驱动智能的高精尖产业协同创新发展；发展成为全国云计算与大数据解决方案研制中心和服务汇聚中心。

（三）京津冀大数据综合试验区建设行动

以大数据的思维、技术、模式、产品、服务等突破行政藩篱和区域界线，打造京津冀大数据综合试验区，将京津冀区域打造成为国家大数据产业创新中心、国家大数据应用先行区、国家大数据创新改革综合试验区、全球大数据产业创新高地。立足三地各自特色和比较优势，北京强化创新和引导，天津强化带动和支撑，河北强化承接和转化，打造协同发展功能格局。强化数据资源的统筹管理和利用，建立京津冀政府数据资源目录体系；进行公共数据开放共享试验探索，推进公共基础信息共建共享，建立统一的公共数据共享和开放平台体系。进行数据中心整合利用试验探索，加快大容量骨干网络设施建设，扩大基础设施物联网覆盖，推动京津冀地区数据中心向张北等区域集中。瞄准京津冀协同发展重大需求，推动开展大数据便民惠民服务，围绕科技冬奥、环保、交通、健康、旅游、教育等重点领域，探索大数据创新应用、一体化服务协同和产业集聚。开展大数据交易流通试验探索，以数据交易服务推动数据资源的资产化，建立健全大数据交易制度，推动形成京津冀一体化的数据资产交易市场。开展大数据国际交流合作试验探索，深化京津冀大数据产业领域的对外开放合作。

（四）自主可控技术创新行动

着眼信息化社会建设战略全局和产业发展竞争格局，聚焦北斗导航与位置服务、网络与信息安全、人工智能三个关键领域，加快提升产业自主创新能力和主导能力，大力发展具有自主知识产权的技术、产品和服务，不断扩大规模化商用，为全面推动经济社会的智慧演进夯实基础。重点在时空信息服务、高精度定位、多元融合导航、泛在智能位置服务等重大技术领域取得突破。推动产学研用协同创新，大力推进北斗卫星导航产品和服务在智慧城市建设和精细化管理、智能交通、现代物流、重要系统授时、环境资源管理、测量与地理信息系统、精准农业等领域的规模化应用，积极推动京津冀北斗卫星导航应用示范项目。以关键基础安全产品、新兴领域安全技术的研发创新及产业化为核心，发展综合性云安全解决方案和基于大数据的网络安全服务，构建智能制造工业控制系统网络安全保障体系，打造高端可信计算系统等自主网络与信息安全生态体系，在党政军和电信、金融等重点领域，逐步实现从单品突破到全系统替代的规模应用。加大人工智能前沿技术开发和应用，力争在超级计算、类脑智能等关键环节取得突破，支持人工智能实验室、无人车研发工程中心与测试场等建设，着力发展无人驾驶、无人飞行器、机器人等产品，构建产业链协同发展的人工智能创新生态。

（五）两化融合强基行动

围绕工业化和信息化深度融合需求，支持信息网络技术向工业各领域、各环节全面渗透，提升工业软件在两化融合中的支撑作用，加快构筑自动控制与感知、工业云与智能服务平台、工业互联网等制造新基础，推动智能生产线、智能车间、智能工厂试点建设，促进传统工业企业服务化升级。支持重点软件和互联网服务企业牵头建设多种应用服务、多种专业资源服务集合的工业云服务平台，为工业企业提供软件服务、数据服务和资源链接服务，实现制造业资源与互联网平台的全面对接，推动制造业企业共享技术、设备和服务。促进工业企业互联网化发展，支持制造企业利用互联网采集并对接用户个性化需求，开展基于个性化产品的研发、生产、服务和商业模式创新，促进供给与需求精准匹配，构建以用户为导向的个性化设计制造体系和线上线下一体化的销售物流体系。

（六）开源软件系统推广行动

提高政府和企业对开源软件发展理念的认识，培养企业的开源精神，完善开源规则，推动开源软件开发模式和商业运营模式的创新，促进开源软件成为行业技术创新发展的主要驱动引擎。借鉴国际主流开源社区经验，进一步推进开源社区的建设，完善开源社区交流平台、代码托管平台和应用服务平台，大力推广技术成熟的开源软件。引导企业使用开源软件开展商业运营模式创新，鼓励企业积极将自身产品转为开源产品，支持龙头企业牵头组建开源软件企业联盟，建立开源软件企业与产业链上下游的协同发展机制。

（七）知识产权和标准创新突破行动

高度重视知识产权和标准在获得产业主导权中的战略地位，支持软件企业在重点领域关键核心技术，加强知识产权的布局和储备，积极参与和主导国家标准、国际标准的制定，加快构建标准应用为导向的新一代信息技术标准体系。依托现有工作体系成立知识产权信息服务、知识产权运营等基金，在信息安全、人工智能等产业领域支持一批关键核心技术标准创制项目。定期发布软件关键技术和重点领域项目支持指南，引导专利创造方向。鼓励软件版权和服务进入规范的交易市场，探索使用转让、拍卖、入股等知识产权转移模式，激活交易活力，开辟软件知识产权价值实现新路径。加强行业基础共性标准和关键技术标准的创制，构建综合配套的信息技术服务标准体系和应用推广体系，抢占产业发展的主导权。进一步发挥相关学会、协会和联盟在促进产业融合发展中的作用，研究制定数字化营销服务、互联网服务、移动应用服务等领域的团体标准。培育信息技术服务标准示范企业和信息技术服务品牌企业，拓展“ITSS”标准品牌影响力。

（八）产业国际化拓展行动

结合“一带一路”等国家倡议，支持具有竞争优势的软件和信息服务企业抱团出海，共同开拓国际市场，参与国际软件和信息技术服务合作园区建设。支持北京企业积极参与国际合作计划项目。

推动企业积极拓展海外用户，推出适合不同市场文化的产品和服务，构建跨境产业链体系。支持优势企业开展海外运营，开展国际资源并购或引入国际化研发团队。加大对企业国际并购的支持力度，促进北京技术、人才和资本等各项资源与全球充分交互，在境外上市发展。促进国际知名开源社区及组织在京建立分站或分组织，支持跨国软件企业在京设立离岸服务中心、研发中心，支持跨国软件企业与北京企业展开合作，共同打造产业生态链。鼓励中介机构为企业拓展海外市场提供信息咨询、法律咨询、税务中介等服务。

五、实施保障

（一）强化组织建设

完善全市软件和信息服务业发展协调机制，加强跨部门协调力度，形成职责清晰、条块结合、协同推进的工作格局。加强市区两级政府部门协调，引导各区发挥区域特色优势，制定出台符合自身实际的软件和信息服务业发展相关政策措施。组建由行业政策专家、企业家、投资者、产业组织者等组成的软件和信息服务业专家咨询委员会，完善政策咨询机制，提升政府产业决策科学性。大力支持行业协会、产业联盟、公共服务平台等专业性中介服务组织发展，构建全方位、多层次的公共服务体系。

（二）完善产业政策

积极落实国家对软件和信息服务业的扶持政策，用足用好中关村先行先试体制机制创新优势，落实好本市促进软件产业和集成电路产业发展的若干政策，不断优化政策效果。积极探索事中事后监管的新模式、新方法，加强政府部门对软件和信息服务市场的监管职能。针对产业政策体系的空白和薄弱环节进行政策布局，积极开展企业项目申报降低固定资产要求等政策试点，积极推进互联网信息服务业领域的服务业扩大开放综合试点工作。针对自主创新的软件和信息技术产品，建立专项政府采购机制，在关键信息基础设施中实施国产化替代工程，支持扩大国产化自主可控软件产品的市场占有率。

（三）加大金融支持

充分发挥财政资金的杠杆作用和引导作用，充分利用各类财政资金注资政府投资基金，引入社会资本，集中力量重点投资产业生态构建、关键核心技术突破、重大产业应用等方向。鼓励龙头企业和投资机构设立天使、创投、股权和并购等各类基金，主要支持外部性强、基础性、带动性、战略性特征明显的产业领域及中小企业创业成长。制定政府采购软件和信息服务类产品和服务清单，完善政府采购的配套服务措施，遵循市场规律，通过政府采购撬动社会资金，降低企业创新创业成本，提高产业创新活力。拓宽软件企业融资渠道，鼓励企业扩大股权、债券等直接融资，支持具备条件的企业探索发展应收账款融资、公司信用债等新型融资方式。

（四）加强人才培育

鼓励软件企业与学校合作共建人才培养基地和实训基地，建立健全以企业为主体，各类院校和科研机构为支撑，培训机构为辅助的多样化人才培育体系，搭建产学研相结合的创新人才培养平台。加强重点领域的人才培养，支持企业派送人才赴国外深造。面向全球人才市场，重点加强核心领域高端人才的引进和培养。充分利用“千人计划”“海聚工程”“高聚工程”等渠道吸引优秀软件人才在京就业和创业。对行业紧缺型、复合型、领军型人才在人才引进、职称评定等方面给予优先重点倾斜。对长期在企业工作的骨干人员在工作居住证、落户政策方面给予重点支持。优化人才发展环境，在降低生活成本、改善人才待遇、优化生存环境方面出台灵活的激励政策，建立健全创新型人才的激励、评价政策和机制；加大对具有重大社会效益创新成果的奖励力度，加快完善期权、技术入股、股权、分红权等多种形式的激励机制。

（五）抓好落实评估

促进软件产业规划和国家、地方相关规划政策的有效衔接，健全规划政策制定、重大项目协调、形势监测的工作体系。完善规划任务落实监督考核机制，狠抓规划的落实落地，制定年度实施计划，组织开展年度实施的跟踪评估。做好规划的中期评估，优化规划实施方案和保障措施，做好产业风险评估工作，促进规划目标和任务的顺利实现。

北京市人民政府关于印发《北京市大数据和云计算发展行动计划（2016—2020年）》的通知

京政发〔2016〕32号

各区人民政府，市政府各委、办、局，各市属机构：

现将《北京市大数据和云计算发展行动计划（2016—2020年）》印发给你们，请结合实际认真贯彻落实。

北京市人民政府

2016年8月3日

北京市大数据和云计算发展行动计划（2016—2020年）

为深入贯彻落实《国务院关于促进云计算创新发展培育信息产业新业态的意见》（国发〔2015〕5号）《国务院关于印发促进大数据发展行动纲要的通知》（国发〔2015〕50号）《国务院办公厅关于运用大数据加强对市场主体服务和监管的若干意见》（国办发〔2015〕51号）等文件精神，全面推进本市大数据和云计算发展，特制定本行动计划。

一、总体要求

（一）指导思想。深入贯彻落实党的十八大和十八届三中、四中、五中全会精神，深入学习贯彻习近平总书记系列重要讲话和对北京工作的重要指示精神，牢固树立创新、协调、绿色、开放、共享的发展理念，紧紧围绕首都城市战略定位，以夯实发展基础为依托，以推动融合开放为目标，以推进创新应用为核心，以强化安全保障为重点，大力支持大数据、云计算等新一代信息技术发展，释放技术红利、制度红利和创新红利，为疏解非首都功能、构建高精尖经济结构、治理"大城市病"、建设国际一流的和谐宜居之都提供有力支撑。

（二）发展目标。到2020年，大数据和云计算创新发展体系基本建成，成为全国大数据和云计算创新中心、应用中心和产业高地。

——建成国内领先、国际一流的大数据和云计算基础设施，打造具有全国示范水平的基础公共云平台，培育形成完善的大数据和云计算创新创业发展环境。

——公共大数据融合开放取得实质性进展，公共数据开放单位超过 90%，数据开放率超过 60%，数据开放质量和使用效率大幅提升。

——大数据和云计算在经济社会发展中的应用取得良好效果，打造 10 个以上大数据和云计算创新应用示范工程，提升政府治理、城市管理、公共服务、产业转型升级的智能化水平。

——培育 20 家以上面向全球的平台型龙头企业，大数据和云计算从业企业达到 500 家以上，打造千亿元级产业集群，形成首都新的经济增长点。

二、夯实大数据和云计算发展基础

（一）建设高速宽带网络。加快建设“全光网示范城市”，积极发展移动互联网和新一代移动通信，实现第四代移动通信（4G）网络全覆盖，在北京城市副中心、2019 北京世园会园区、北京新机场、2022 年冬奥会场馆等率先开展第五代移动通信（5G）网络商用示范。进一步完善高速、安全、泛在的新一代信息通信基础设施，建成覆盖全市平原地区的政务物联数据专网。（责任单位：市通信管理局、市经济和信息化委，各区政府）

（二）建设城市物联传感“一张网”。加强对传感器、摄像头、电子标签等物联网感知设备的统筹布局和共建共享，对城市运行保障、生态资源环境等状况实施全方位实时监测和感知。全面推广智能停车场、多功能路灯杆等物联感知集成载体应用，实现各类感知信息的汇聚共享和整合应用。（责任单位：市经济和信息化委、市发展改革委、市公安局、市环保局、市规划和国土资源管理委员会、市城市管理委员会、市交通委、市水务局、市安全监管局、市园林绿化局、市民防局、市城管执法局，各区政府）

（三）建设全市统一的基础公共云平台。积极推进市级政务云服务模块化，持续提升政务云服务功能，推动市级各部门的应用系统逐步迁移到市级政务云。全面推进电子政务内网云建设，为电子政务内网应用提供基础支撑服务。组织开展全市重点领域公有云建设试点，为交通、医疗、教育、文化等重点行业提供支撑服务。（责任单位：市经济和信息化委、市密码管理局、市发展改革委、市教委、市财政局、市交通委、市文化局、市卫生计生委）

（四）建设大数据和云计算协同创新平台。支持北京大数据研究院建设，鼓励其研制大数据相关标准和规范。推动实现政产学研用联动，推进政府机构、高校、企业开展大数据和云计算技术联合攻关，支持企业和研究机构共同建设大数据工程技术研究中心、企业技术中心、重点实验室和工程实验室，组建大数据产业联盟，促进多方协同创新。（责任单位：市经济和信息化委、市科委、市发展改革委、市教委、中关村管委会，海淀区政府）

（五）建设大数据和云计算创新创业服务平台。重点在中关村国家自主创新示范区、北京经济技术开发区等产业聚集区建设一批大数据和云计算创新创业平台，支持互联网龙头企业构建数据创客空间。依托北京市中小企业公共服务平台等载体，为大数据领域的中小微企业和创业者提供法律、知识产权、资金等支撑服务。利用开展竞赛、设立基金等形式，激发大数据领域的创新创业活力。（责任单位：市经济和信息化委、中关村管委会、北京经济技术开发区管委会，各区政府）

（六）建设大数据交易汇聚中心。健全数据交易流通的市场化机制，加快北京市大数据交易中心建设，创制数据确权、数据资产、数据服务等交易标准，完善数据交易流通的定价、结算、质量认证等服务体系，规范交易行为，开展规模化的数据交易服务，吸引国内数据在本市流通交易。（责任单位：市经济和信息化委、市工商局、市金融局、市知识产权局）

三、推动公共大数据融合开放

（一）健全融合开放体系。依托市信息资源管理中心的人才和技术优势，建立北京市大数据管理中心，建设市级大数据管理平台和公共数据开放平台，重点推动统计、交通、人口、旅游、规划和国土资源管理、住房城乡建设、医疗、教育、信用信息、农业、商务等领域公共大数据的汇聚融合和共享应用。加快推动区级公共大数据汇聚中心建设。（责任单位：市经济和信息化委、市编办、市网信办、市发展改革委、市教委、市公安局、市财政局、市规划和国土资源管理委员会、市住房城乡建设委、市交通委、市农委、市商务委、市卫生计生委、市旅游委、市统计局、市园林绿化局、市农业局，各区政府）

（二）培育融合开放环境。加强政务数据的一体化采集，完善公共数据与社会数据的融合共享机制。建立公共数据资源开放共享清单，按照依法保障信息安全、逐步分级开放的原则，推动形成以开放为常态、不开放为例外的公共数据开放共享机制。制定公共数据开放计划，优先开放信用信息、交通、医疗、地理、文化、养老、教育、环保、旅游、农业、统计、气象等领域的公共数据，推动公共数据资源集中开放。引导企业、行业协会、科研机构、社会组织等主动开放数据。（责任单位：市经济和信息化委、市网信办、市发展改革委，各区政府）

四、深化大数据和云计算创新应用

（一）在政府治理方面

1. 发展政府决策大数据。建立宏观经济、市场监管、风险预警等方面的大数据决策支撑体系，加强城市运行管理、市场经济行为等各类信息的融合利用，提高决策科学化水平。建立权力运行监管平台，完善基于大数据的权力运行监督体系，依托大数据实现政府负面清单、权力清单和责任清单的透明化管理，推动改进政府治理方式，促进政府简政放权、依法行政。（责任单位：市经济和信息化委、市密码管理局、市发展改革委、市监察局、市工商局，各区政府）

2. 发展市场监管大数据。建立公民、法人和其他组织统一的信用代码库，完善全市公共信用信息服务平台功能，依法向社会提供市场主体公共信用信息查询服务，并实现与国家信用信息共享交换平台互联互通。健全失信联合惩戒和守信联合激励机制，构建以信用为核心的新型服务和监管模式，在工商登记、统计调查、质量监管、税收征缴、金融监管、生活必需品供应、食品安全监管、消费维权等领域率先开展大数据示范应用。支持银行、证券、信托、融资租赁、担保、保险等专业机构和行业组织运用大数据创新服务模式。（责任单位：市经济和信息化委、市工商局、市网信办、市编办、市发展改革委、市民政局、市商务委、市社会办、市地税局、市质监局、市统计局、市金融局、市食品药品监管局，各区政府）

（二）在城市管理方面

1. 发展交通管理大数据。推进交通、规划、公安、气象等跨部门数据融合，充分整合社会数据，通过设计交通仿真模型、模拟真实路况，为制定缓解交通拥堵措施提供科学依据。吸引社会资源，开展综合交通服务大数据创新应用，提供道路出行、交通引导、路侧停车等服务。（责任单位：市交通委、市公安局公安交通管理局）

2. 发展生态环境大数据。利用物联网自动监测、综合观测等数据，开展区域空气质量预测、预报、预警及决策会商，提高联防联控和应急保障能力，有效支撑大气污染防治工作。建立水、林业、土地等资源智能监测管理体系，开展大数据监测评价和分析，加强生态环境保护。（责任单位：市规划和国土资源管理委员会、市环保局、市水务局、市园林绿化局）

3. 发展城乡规划与国土资源管理大数据。建设涵盖居住环境、生态环境、公共安全、经济发展和资源节约等领域的城市环境信息系统。推动大数据应用于城市规划建设、国土资源管理、地理国情监测，向社会提供大数据应用服务。（责任单位：市规划和国土资源管理委员会、市住房城乡建设委）

4. 发展公共安全大数据。建设首都公共安全大数据服务平台，在决策指挥、执法办案、治安防控等领域形成公共安全大数据服务体系，提升应对重大突发公共事件的能力。加强安全生产监管大数据应用，推动重点生产企业建立安全生产智能监测管理系统，提高事故监测预警和隐患排查能力。利用大数据提升山区及农村地区灾害风险预警及安全防范能力。（责任单位：市发展改革委、市经济和信息化委、市公安局、市农委、市安全监管局）

（三）在公共服务方面

1. 发展市民服务大数据。推行“互联网 + 政务服务”，完善全市统一的互联网政务数据服务平台，研究建立互联网以“北京通”号、政务专网以身份证号为身份标识的电子证照库，在确保信息安全的前提下，实现一窗口受理、一平台共享、一站式服务、一网式办理，并与国家互联网政务数据服务平台实现互联互通。深化法人“一证通”在政务服务领域的应用，不断拓展“北京通”在社保、卫生计生、民政、交通、教育、金融等领域的应用。（责任单位：市经济和信息化委、市政务服务办、市发展改革委、市教委、市监察局、市民政局、市人力社保局、市规划和国土资源管理委员会、市住房城乡建设委、市交通委、市卫生计生委、市工商局、市金融局，各区政府）

2. 发展医疗健康大数据。建立电子健康档案、电子病历数据库，建设覆盖公共卫生、医疗服务、医疗保障领域的医疗健康管理和服务大数据应用体系。支持利用社会资源开展预约挂号、分级诊疗、远程医疗、检查检验结果共享、防治结合、医养结合、健康咨询等大数据服务。制定促进医疗健康

大数据共享应用的配套政策措施。（责任单位：市卫生计生委）

3. 发展教育大数据。充分发挥首都教育资源优势，完善教育资源公共服务平台，加强基础教育数据收集共享，创新教育大数据服务产品，提供教育教学个性化服务，提升优质教育资源利用效率。鼓励创新网络教学模式，开展教学大数据创新应用，探索发挥大数据对变革教育方式、促进教育公平、提升教育质量的支撑作用。（责任单位：市教委）

4. 发展旅游文化大数据。建立旅游投诉及评价全媒体交互中心，规范旅游市场秩序，提升服务质量。开展游客、旅游资源智能统计分析，实现重点景区游客流量的监控、预警和分流疏导。加大数字图书馆、数字档案馆、数字博物馆等公益设施的建设力度，构建文化传播大数据综合服务平台，开展个性化文化服务。（责任单位：市旅游委、市文化局、市文资办）

5. 发展社会保障大数据。建立社会保险大数据和云计算服务体系，开展就业和社会保险大数据服务。建立以养老服务、社会救助、社会福利为核心的民政大数据应用体系，支持社会力量对民政大数据资源进行增值开发和创新应用。（责任单位：市民政局、市人力社保局）

（四）在产业转型升级方面

1. 发展工业大数据。推进大数据在新能源智能汽车、集成电路、智能制造、通用航空与卫星等领域的应用。建设工业智能制造云服务平台，提供研发设计、生产、经营等全流程云服务。引导制造业龙头企业开放数据和服务资源，提升产业竞争力。选择重点行业、典型企业开展工业大数据、云计算服务应用创新试点。（责任单位：市经济和信息化委、市科委、市国资委、中关村管委会、北京经济技术开发区管委会，各区政府）

2. 发展农业大数据。推进大数据、云计算、物联网等新一代信息技术在农业领域的创新应用，为农业生产智能化、农业资源环境监测、农业自然灾害预测预报、动物疫病和植物病虫害监测预警、农产品质量安全追溯、农产品产销信息监测预警等提供可靠的数据服务。发展智慧农业，建立面向农业农村的公共信息服务平台，鼓励企业参与智慧乡村建设，为农民生产生活提供综合、高效、便捷的信息服务。（责任单位：市农委、市农业局）

3. 发展服务业大数据。推进大数据在新一代健康诊疗、金融、电子商务等行业的应用，利用大数据支持品牌建立、产品定位、精准营销、质量诚信提升和定制服务等。支持征信机构利用大数据技术开展征信产品创新，鼓励发展信用咨询、信用评估、信用担保和信用保险等信用服务业，为社会提供专业化的征信服务。创新知识产权服务模式，发展知识产权大数据，培育知识产权服务业。积极推进科学大数据和知识服务大数据应用。（责任单位：市商务委、市经济和信息化委、市科委、市工商局、市金融局、市知识产权局、人民银行营业管理部，各区政府）

4. 发展大数据和云计算产业。重点突破海量数据存储、数据清洗、可视化、分析挖掘及人工智能等关键核心技术，建立一批适应各行业的大数据应用模型，探索下一代互联网、第五代移动通信、卫星导航等新技术与大数据、云计算技术的融合创新，形成一批具有国际竞争力的技术和产品。完善大数据产业链布局，在关键核心领域培育龙头企业，发展基于大数据的文化创意、远程教育、健康服务、互联网金融、测绘地理信息服务等新兴服务业态。组织实施“祥云工程 3.0”，充分发挥首都软件企业技术、人才优势，鼓励软件企业创新服务和商业模式，拓展云服务业务。引导并推动大数据、云计算企业与系统集成企业开展战略合作，支持有条件的产业园区建设大数据产业园。（责任单位：市经济和信息化委、市科委、市发展改革委、市网信办、中关村管委会、北京经济技术开发区管委会，各区政府）

（五）在京津冀协同发展方面

立足京津冀各自特色和比较优势，加快大容量骨干网络设施建设，扩大基础设施物联网覆盖范围，推动数据中心整合利用，创建京津冀大数据综合试验区。围绕2022年冬奥会筹办以及环境保护、健康医疗、交通、旅游、教育等重点领域，探索建立大数据一体化协同发展格局。深化京津冀大数据产业对外开放，深入开展大数据国际交流与合作。（责任单位：市发展改革委、市经济和信息化委、市教委、市科委、市环保局、市交通委、市卫生计生委、市旅游委、市统计局、市通信管理局、中关村管委会）

五、强化大数据和云计算安全保障

（一）完善安全保障体系。加强大数据、云计算、物联网的安全问题研究，建立健全具有大数据时代特征的信息安全保障机制，做好政务、金融、交通、能源、电信、公共安全等重点领域关键信息基础设施的安全评估、监测预警、事故处置工作，提高安全防护水平。明确数据采集、传输、存储、使用、开放等各环节网络安全保障范围边界、责任主体和具体要求，完善安全保密管理措施，加强对涉及国家利益、公共安全、商业秘密、个人隐私等信息的保护，切实保障数据安全。（责任单位：市网信办、市经济和信息化委、市密码管理局、市公安局、市科委、市国家保密局，各区政府）

（二）提升安全支撑能力。建设大数据网络安全态势感知系统，推进政府、行业、企业间网络风险信息共享，提高网络安全重大风险识别处置能力。大力推进安全可信产品应用，支持企业开展自主可控软硬件产品研发，提升重点领域关键设备的安全可靠水平。（责任单位：市网信办、市经济和信息化委、市密码管理局、市科委、市公安局，各区政府）

六、支持大数据和云计算健康发展

（一）建立组织推进机制。各区政府、市政府各有关部门要切实加强对大数据和云计算发展工作的组织领导，健全工作机制，明确职责分工，将大数据和云计算发展纳入本地区、本部门、本行业发展规划，制定具体实施方案，狠抓各项工作落实。充分发挥北京市信息化专家咨询委员会作用，为大数据和云计算发展提供决策咨询服务。（责任单位：市经济和信息化委、市编办、市网信办、市发展改革委、市监察局、市财政局、市审计局，各区政府）

（二）加大政策支持力度。充分发挥财政资金的引导作用，完善政府采购大数据、云计算产品和服务的配套政策，加大对政府部门与企业合作开发大数据和云计算产品的支持力度，支持大数据和云计算重点项目的研发和产业化。利用政府引导基金，吸引社会投资参与大数据、云计算相关建设专项和重点项目，为大数据和云计算企业发展创造更加宽松的政策环境。（责任单位：市财政局、市发展改革委、市经济和信息化委，各区政府）

（三）培养高端专业人才。鼓励市属高校、研究机构、中介组织等加强对大数据和云计算专业型、创新型、复合型人才的培养，建立人才激励机制，营造有利于人才创新发展的环境。积极推进大数据和云计算相关国际交流与合作，引进国际顶尖人才团队。引导企业与国际领先企业加强关键技术、产品的研发合作，支持企业参与全球市场竞争。（责任单位：市教委、市人力社保局、市经济和信息化委、市科委、市商务委、市政府外办、中关村管委会、北京经济技术开发区管委会，各区政府）

（四）加快制度标准建设。积极推动《北京市信息化促进条例》修订工作，完善政务云统筹管理制度、政务数据开放共享制度、数据安全管理制度以及政企合作制度，制定个人数据信息保护制度，为大数据和云计算健康发展提供保障。研究制定大数据和云计算的相关标准和行业规范，积极争取国家标准验证和应用验证试点，形成与大数据采集汇聚、开放共享、规范使用、创新应用等相配套的标准规范体系。（责任单位：市经济和信息化委、市质监局、市公安局、市政府法制办，各区政府）

“十三五”时期
北京市信息化发展规划（2016—2020 年）

北京市经济和信息化委员会
2016 年 4 月

前　言

当今时代，新一轮科技革命和产业变革蓄势待发，互联网、大数据等日益成为创新驱动发展的先导力量，信息化正在成为增强民生福祉新方式、推动经济转型发展新动力和提升政府治理能力新途径，促进经济社会智慧发展。国家正在实施网络强国战略、大数据发展战略和“互联网 +”行动计划，发展分享经济，建设智慧城市。“十二五”时期北京市信息化发展实现从“数字北京”向“智慧北京”全面跃升，整体水平达到国内领先、国际先进，进入智慧发展新阶段。

“十三五”时期是我国全面建成小康社会的决胜阶段，也是北京市落实首都城市战略定位、加快建设国际一流的和谐宜居之都、率先建成小康社会的关键阶段。北京市着力疏解非首都功能、治理“大城市病”、保障改善民生、推进城乡一体化、加强供给侧改革、构建“高精尖”经济结构、推动京津冀协同发展，为信息化发展提出新要求、带来新机遇。

为更好地发挥信息化对城市治理、民生服务和经济转型升级的基础支撑、全面促进和创新引领作用，打造“智慧北京”升级版，依据国家发布的宽带中国、大数据、“互联网 +”等相关文件和《北京市国民经济和社会发展第十三个五年规划》，特制定《北京市“十三五”时期信息化发展规划》。本规划是“十三五”时期北京市信息化发展的指导性文件，规划期限为 2016 年至 2020 年。

目　录

一、“十三五”时期北京市信息化发展的形势

（一）“十二五”时期北京市信息化发展回顾

“十二五”时期，北京市信息化实现了从“数字北京”向“智慧北京”的全面跃升，整体发展水平达到了国内领先、国际先进。

公共服务便捷化显著提升。信息化推动公共服务渠道整合，服务能力进一步增强，“首都之窗”

网上服务大厅、新版“北京网”“北京服务您”公共服务移动应用入口、“北京通”市民卡等共性平台提供一站式、一网式、一卡式便捷化服务；开通政务数据资源网，在全国率先开展政务数据开放。社会保障、医疗健康等惠民信息服务不断丰富和普及，发放“北京通”卡 500 万张，社保卡持卡人达到 1690 多万人，星级智慧社区覆盖率达 40%。养老助残等民生信息服务不断创新，特定人群信息服务不断推广，居民信息素养进一步提高，公共服务普惠化取得新成效。“政府引导、市场主体”的公共服务模式初现，互联网公司等社会力量参与提供公共服务，市场化公共服务产品大量涌现。

城市服务保障能力进一步增强。城市网格化精细管理格局初步形成，社会服务管理、城市管理、社会治安实现融合一体的网格化运行、覆盖城乡；建成 PM2.5 监测网络；实有人口管理实现市区两级人—户—房信息关联管理；建成市交通运行监测调度中心；完善食品安全和安全生产等的监控系统；实现对水、电、燃气等 12 个方面 316 项城市运行数据监测分析。市场主体服务和监管水平进一步提升，城市信用环境指数保持全国第一，开通 " 信用北京网 "，建成企业信用信息网、审批信息共享平台和不动产登记系统等，支撑“先照后证”“三证合一”“一照一码”等重点改革。财政管理、审计监察、舆情信访等政务信息化应用不断深化。

产业融合创新发展取得明显成效。信息化助力创新创业成效突出，互联网创新孵化能力引领全国；建成互联网创新创业服务、中小企业服务和知识产权公共信息服务等平台，支撑创新创业和引导企业转型升级。两化融合发展水平处于全国前列，涌现出一批两化融合创新型企业和转型为生产性服务业的企业。电子商务发展水平全国领先，工业电商、北京老字号电商、农产品电商等发展活跃，促进传统产业转型升级。集成电路、平板显示、智能终端制造等领域技术引领全国，互联网金融、数字媒体等新模式新业态快速增长，成为产业创新发展新引擎。电子信息产业稳健增长，软件和信息服务业业务收入突破 6000 亿元，占全市生产总值超过 10%。

信息基础设施服务和安全保障能力快速提升。光网城市基本建成，全市光纤到户覆盖家庭超过 1000 万户，基本实现全光纤网络覆盖，居民家庭接入带宽能力由不足 20 兆提升至 100 兆，宽带平均可用下载速率达 10.6 兆。移动宽带网络发展迅速，移动电话用户数增长 90%，达 4052 万户，其中第四代移动通信（4G）用户超过 1000 万户；无线局域网络接入点超过 20 万个，基本实现重点区域覆盖。互联网普及率由“十一五”末的 69.4% 提高到 76.5%。高清交互数字电视用户达 460 多万户，占比超过 80%。政务专网不断完善，网络通信能力进一步提升。信息安全保障能力日益增强，信息安全制度体系和管理体系更加健全，信息安全基础设施更加完善，有效保障了重要信息系统运行和重大活动举办。

“十二五”期间信息化建设取得了显著成绩，但问题和差距仍存。网络基础设施与世界一流水平差距较大，整体绩效与市民感知度和获得感还有差距，信息惠民能力有待加强，政务数据开放和引导社会开发程度、社会化参与度有待提高，自主创新及创新引领能力有待增强，政务部门信息中心体制机制难以适应发展要求，新技术新业态的标准和制度建设滞后，新技术新应用的信息安全防护能力仍显不足等。

（二）“十三五”时期北京市信息化发展机遇

建设国际一流和谐宜居之都创造信息化发展新空间。北京市围绕率先建成小康社会的发展目标，深入落实首都城市战略定位，全力推动京津冀协同发展，全面加强生态建设，加快实施创新驱动发展，不断提升城市治理能力，着力增强民生福祉，着力实施供给侧结构改革，化解人口资源环境矛盾、“大城市病”、城乡区域发展不平衡等问题，提高经济社会发展质量和效益，需要深入发挥信息化的支撑促进和创新引领作用，为信息化发展提供更多机会和更广空间。

新一代信息技术的深化应用带来信息化发展新动力。互联网、移动互联网与各领域的融合发展已成为不可阻挡的时代潮流，云计算、物联网、大数据、智能硬件、增强现实等新技术不断催生新应用、新业态、生产和管理新方式，基于互联网和数据资源的创新创业更加活跃，两化深度融合、产业跨界融合快速发展，智能制造、协同制造、分享经济等新模式发展势头强劲，为信息化提升城市治理能力、提高公共服务水平、促进产业转型升级提供了更强的动力。

市场主体参与提供公共服务带来信息化发展新方式。国家大力推进基本公共服务供给方式创新，政府不再直接承办通过购买服务能够提供的公共服务，鼓励市场主体参与提供公共服务。互联网迅猛发展为信息化创新发展提供更加丰富的产品和服务，云计算等新技术新业态为政企深入合作提供更有力的支撑。“北京网”建设率先采用政企合作模式，探索积累了经验。政企合作为解决各级政府在信息化建设中的资金和技术难题提供新的方式，为信息化发展提供新动力。

市行政副中心信息化集约建设模式推动信息化发展新突破。优化提升首都核心功能，高起点规划、高水平建设市行政副中心，加快配置公共服务设施，健全互联互通的交通体系，构建城市综合服务体系，优先突破行政体制限制，建立健全统筹协同管控机制。为支撑行政副中心建设，推行信息化建设的“大集中”模式，将有力破解集约、共享、开放等信息化难题，推动全市信息化内涵式、集约化发展。

（三）“十三五”时期北京市信息化发展挑战

增强综合竞争力，达到国际一流信息化发展水平的挑战。与国际城市的信息化发展水平差距明显，网络基础设施、电子政务等在国内相对领先的发展优势正在缩小，公共服务、两化融合等领域信息化发展面临国内更多省市的赶超，继续保持国内领先的信息化整体发展水平、达到国际一流水平面临激烈的竞争压力。

增强信息服务能力，切实保障率先全面建成小康社会的挑战。运用信息化解决人口过快增长、交通拥堵、环境污染等问题的成效还不够显著，在推动产业转型升级中的作用还不够明显，新兴技术的迅猛发展和应用引发新的“数字鸿沟”，信息化绩效与市民感知度和获得感还存在差距，支撑全面建成小康社会的整体信息服务能力有待加强。

增强改革创新动力，建设与时俱进的信息化发展环境的挑战。政务公开、数据开放和社会化开发利用的体制机制和政策保障还不健全，信息化治理的体制机制难以适应新兴技术发展要求，新兴技术标准和制度建设滞后，构建有利于新模式新业态的信息化发展环境面临深层次的体制机制制约。

增强安全保障能力，打造可信可控可管信息安全体系的挑战。网络安全上升为国家战略，电子政务敏感领域、云计算、大数据、物联网等新兴信息技术应用和新业态领域的安全隐患剧增，北京是信息安全攻防的制高点，面临着建立健全高标准信息安全保障体系的迫切难题。

总体而言，北京市信息化发展处于大有可为的战略机遇期，既面临艰巨任务和不少难题，又有良好基础和有利条件。必须准确把握发展的阶段性特征，抢抓机遇，改革创新，着力推动信息化更加有效支撑疏解非首都核心功能、缓解“大城市病”、保障改善民生、构建“高精尖”经济结构和促进京津冀协同发展，不断开拓信息化发展新格局、新境界。

二、“十三五”信息化发展思路和目标

（一）指导思想

深入贯彻党的十八大和十八届三中、四中、五中全会精神及习近平总书记系列重要讲话精神，坚持“创新、协调、绿色、开放、共享”的发展理念，立足首都城市战略定位，以建设“智慧北京”升级版为主线，坚持问题导向、需求牵引和政府引导、市场驱动，夯实提升信息基础设施，推进大数据、物联网等新一代信息技术与城市治理、民生服务、产业转型升级的深度融合和创新应用，强化网络空间安全，助力京津冀协同发展，为我市建设国际一流的和谐宜居之都、率先全面建成小康社会提供有力支撑和保障。

（二）发展原则

统筹兼顾、协调发展。坚持整体筹划、顶层设计、合理布局、突出重点，统筹好条块结合、城乡一体化、京津冀协同的发展格局，处理好政府、市场和公众之间的关系，加强规划、建设和运维的闭环管理，促进信息化科学发展。

创新驱动、融合发展。发挥北京在信息化方面的资源优势，推动新一代信息技术与各领域全面渗透，支撑创新创业。引导传统产业与互联网、大数据深度融合，培育发展新应用、新模式和新业态，实现信息化与经济社会的全面融合发展。

开放共享、普惠发展。坚持信息基础设施及共性平台集约建设和共享开放，政府不再直接承办市场能够提供的信息化服务，以政府购买服务和政企合作吸引市场主体广泛参与信息化，引导政务数据和社会数据的融合利用，促进形成城乡一体、惠及全民的信息服务新生态，释放信息化发展红利。

夯实基础、安全发展。大力发展自主创新的技术、产品和服务，加快构建安全可控的信息基础设施，建立健全适应于统筹集约、可信可控的政策法规、标准规范和产业支撑体系，推动安全与发展同步提升，确保信息化安全发展。

（三）发展目标

到 2020 年，建成智慧北京升级版，信息化创新引领智慧发展的政策制度环境更加完善，信息

化整体发展水平保持全国领先、迈入国际一流行列。信息化成为经济社会各领域融合创新升级发展的引擎，成为建设小康社会的重要助推器，使北京成为全球互联网创新中心、两化融合创新中心和智慧城市示范高地，全面迈入信息社会。

——建成国际一流的新一代信息基础设施。全面建成光网城市，政企用户宽带接入能力达到千兆，百兆宽带成为主流。4G实现全覆盖，用户突破2000万户。市行政副中心、冬奥会场址等重点区域率先实现第五代移动通信（5G）试商用。重点公共场所实现免费无线宽带上网服务。互联网普及率持续增长。有线电视数字化及高清交互普及率接近90%。物联网感知设施和云计算、大数据基础设施更加完善，形成万物互联、人机交互、天地一体的网络空间。

——数据惠民服务便捷化普惠化显著增强。一站式、一网式、一卡式便捷化多渠道公共服务格局基本形成。体验式消费、线上线下融合服务等新模式更加普及。数据惠民服务供给能力有效提升，政务数据开放单位覆盖率突破90%，行政审批网上办理覆盖率超过95%，教育、健康、公用事业等大数据服务更加丰富便捷，优质教育资源网络共享程度和居民电子健康档案覆盖面显著提升，社会化公共服务成为主流。养老助残、益农等特定人群信息服务广泛普及。

——基本形成精细化智能化城市治理体系。信息化支撑非首都核心功能疏解和“大城市病”治理取得显著成效。公共交通全面实现准点预报，环境监测水平和雾霾预报时效进一步提升。社会服务管理、城市管理、社会治安“三网融合”一体化运行、城乡全覆盖，城市生命线、公共安全、空间规划调控、市场监管等的智能感知和精准管控能力显著加强，基于大数据的监测预警和决策支撑服务体系基本形成。

——引领产业融合创新发展实现转型升级。信息化促进创新创业能力显著增强，新一代信息技术新产品、新模式和新业态以及跨界融合型企业大量涌现。金融、商务、制造、文化、能源等领域互联网、大数据应用水平大幅提升。智能制造和服务型制造成为制造业创新发展的主流，企业智能化生产、数字化管理和网络化服务水平大幅提升。两化融合发展水平继续保持全国领先，电子商务交易规模达到3万亿元，信息产业规模超过1.4万亿元。

——支撑京津冀协同发展和网络安全重要战略实施取得显著成效。市行政副中心成为高标准智慧城市示范区，建成智能感知基础设施和综合运行管理服务平台，实现政务数据大集中。京津冀一体化信息基础设施基本形成，交通、环保、科技、教育等重点领域实现资源互联互通和开放共享，京津冀大数据综合试验区基本建成，区域协同制造模式初步形成。“智慧冬奥”建设取得明显进展。重要网络基础设施、重要信息系统和关键数据资源的安全保障能力全面提升。

三、打造新一代信息基础环境，提升智慧发展支撑能力

坚持统筹集约，优化升级网络基础设施，推进城市物联网、大数据和云计算基础设施建设，加快信息基础设施由“网”向“云”、由管道向服务转变，打造国内领先、国际一流的物联感知、高速泛在、融合智能的新一代信息基础环境。

（一）优化升级网络基础设施

全面提升公共网络服务。加快建设城乡一体化、快速高效的全光纤网络，具备全网千兆接入的扩展能力，实现本市用户签约带宽最低 50 兆、普及 100 兆。推动本市电信企业进一步提速降费，创建良好体验的移动宽带网，4G 实现有效面积全覆盖，在市行政副中心、北京大兴国际机场、延庆世园会园区和冬奥会场址等开展 5G 建设示范，推进移动互联网发展。通过政府购买服务的方式，在城乡重点公共场所为公众提供免费无线宽带上网服务。统筹推进互联网演进升级，加快下一代互联网部署，推进未来网络试验设施建设，推动空天地宽带互联网系统研究和试点。持续推进有线电视高清交互网络系统的优化和扩容，构建融合智能的下一代广播电视网络。

升级改造政务网络。根据市行政副中心行政办公区域的设置，对市级有线政务专网和 800 兆无线政务专网进行网络布局调整，同时提高专网设备国产化率，提升网络服务能力。研究 800 兆无线政务专网与分时长期演进（TD–LTE）宽带数字集群业务的融合方案，实现二者业务互通。

（二）完善优化物联网感知设施

完善城市智能化运行的物联网感知设施。完善燃气、热力、供水、排水、电力等城市生命线的地下管线智能感知监测体系。优化城市公用设施、建筑、重点公共场所等的视频监控设备布局。加强对城市环境秩序感知和自动监测设备的建设，完善对大气、水、噪声、辐射、土壤、生态等环境要素的物联网监测。推进智能停车场、多功能路灯杆、综合管廊等新型物联网集成载体的建设。完善北斗地基增强系统，推进以北斗为主体的多模导航和位置服务的终端布局和平台建设。推进物联管理对象和感知设备的统一编码和数据接口规范管理，实现各类感知数据的共享汇聚和整合应用。

引导市场建设智慧生活的智能感知设施。推动基于数字电视的智慧生活综合服务云平台和终端设施的建设，整合公共事业、政务、便民生活等服务资源。推动基于互联网和智能硬件的智慧生活服务设施的建设。支持企业在社区、公共场所、办公楼宇等区域部署智能服务终端和可穿戴设备的应用环境，支持智能机器人、智能支付、虚拟现实等智能化应用。

（三）加强大数据和云计算基础设施建设

统筹集约建设云服务设施。建设全市统一的电子政务云平台，推动全市各部门应用系统迁移上云。加强市行政副中心党政机关信息化集约建设，加快建设全市统一的电子政务内网数据中心。统筹建设政务数据中心体系，形成以市行政副中心、市政务服务中心、数字北京大厦为核心节点，以多个领域数据中心和区级数据中心为支撑的发展格局。推动交通、医疗、教育文化等重点行业的战略性公有云服务平台建设。大力发展养老、健康、家政、旅游休闲、住房等民生服务领域的公有云服务。培育发展工业智能制造云服务。

加强数据资源体系建设。统筹建设基层一体化采集数据库，在区级统筹集聚数据，优化完善区级、市级业务数据库，加快建设区级、市级的横向关联的主题数据库。完善人口、法人、空间地理等基础库，实现与国家基础库对接。基于政务信息资源共享交换平台，实现信用、交通、城管、环保、医疗、教育、旅游、质量、工业、养老等重点领域数据汇聚整合，建设完善重点领域数据库。加强互联网信息资源的采集处理，实现与各领域信息资源的整合。

推动数据资源共享开放和融合利用。建立政务数据共享开放目录，明确政务数据共享范围和方式，完善数据资源共享开放机制，推动政务部门和事业单位间数据共享和公共数据开放。基于政务信息资源共享交换平台，建设统一的大数据汇聚融合平台。完善政务数据资源网，建设全市大数据开放平台，优先推动交通、信用、医疗、卫生、就业、社保、文化、教育、质量、食品药品安全、养老等领域的政务数据统一汇聚和集中开放。引导企业、行业协会、科研机构、社会组织等主动采集并开放数据。加强政务数据与互联网等社会大数据融合汇聚。

打造“六个一”的数据资源应用服务平台。建设完善市行政服务中心统一接件、受理、监督、反馈的“一站式”行政审批服务信息平台，完善“首都之窗”网上政务服务大厅。升级完善“北京网”“一网式”市民生活服务综合平台。推广普及“北京通”市民卡在社保、卫生、民政、交通、教育、金融、养老等领域的“一卡式”应用。建设完善统一的“北京服务您”公共服务移动应用“一入口”。大力推进北京法人“一证通”应用。完善“12345”“一号通”市民热线服务。

四、完善数据惠民体系，提升民生福祉的获得感

加强整合开放，构建城乡一体的、多渠道数据便民惠民服务体系，充分发挥社会力量和数据资源价值，丰富教育、医疗、养老等民生服务内容，推进政务服务集约化和民生服务普惠化，提升市民的感知度和获得感，让市民充分共享信息化发展红利。

（一）构建多渠道便捷化集成服务格局

推进智慧社区建设全覆盖。推进社区公共服务综合信息平台建设，推动水电气热缴费、PM2.5预警、交通诱导等各类公共服务进家入户。鼓励社会力量建设社区服务线上线下融合（O2O）电商平台，规范智能菜柜、智能快递柜等智能服务终端部署应用，引导社区居民自营微店，推进社区周边教育、医疗、餐饮、超市、娱乐等服务资源线上集聚。鼓励企业建设线下智慧生活体验店，打造社区“一刻钟”商圈。

推进智慧乡村建设。完成1000家益农信息社、200个智慧乡村和500家智能农场试点示范的建设与运行，促进信息化与农村经济社会各领域的深度融合。探索打造以企业为主导、多方共建的智慧乡村公共服务平台，推进信息进村入户。完善北京移动农网、12316和12396服务热线、村级信息服务站及农村党员干部远程教育平台等农村信息服务体系。

（二）深化民生服务智慧应用

促进教育资源共享开放。继续推进“三通两平台”建设和应用，推动北京优质义务教育资源学区共享。推动北京优质高等教育资源开放共享。推动“互联网+”教育深度融合，搭建教育资源大数据公共服务平台，带动社会力量基于教育大数据创新网络教育教学模式，提供针对不同受教育人

群的便捷化、个性化、优质化服务。加快智慧校园建设。

专栏 1 智慧教育提升工程

推动网络课堂建设。继续推进数字校园网络平台和数字教育资源服务云平台建设。推动校企合作研发和推广市场化的网络教育产品。完善教育应急机制，鼓励教育机构、互联网企业利用网络化手段创新教学方式，切实保障雾霾等极端天气条件下教学工作的顺利开展。

推广定制化的智能学习服务。建设完善个性化自主学习云平台和个人学习档案，推广基于大数据技术的个性化、智慧化教学服务，推动网络教育工具、优质教育资源的深度融合。

促进多形式的继续教育服务。鼓励互联网企业与高校合作，建设北京开放大学，加强《京学网》建设力度，推广网课、慕课等各类形式的开放式在线学习服务，探索线上线下相结合的学分互认和转换机制。推进个人学籍信息共享平台建设，探索建立个人学习账号和学分累计制度，畅通终身学习通道。

普及智慧化健康医疗服务。完善公共卫生医疗信息化体系，全面实现城镇基本医疗保险和新型农村合作医疗的患者持卡就医、实时结算。完善社区卫生服务综合信息平台，实现电子健康档案覆盖所有居民。统筹建立市区两级人口健康信息平台，推动医疗卫生机构间信息共享。实施数字化医院建设，建设北京人口健康云。支持企业建设和推广基于互联网和智能硬件的健康管理产品和医疗健康服务。

专栏 2 智慧健康提升工程

推进医疗健康大数据的开放利用。以市民电子健康档案为核心，整合对接医疗相关系统和数据资源，形成涵盖医疗、医保、医药、健康管理、医疗救助、公共卫生等内容的医疗健康云平台。探索开展医疗健康云与社会医疗健康数据的整合利用，支持企业培育发展基于医疗健康大数据的新产品、新业态。

推广信息化诊疗协同服务。推进数字化医院建设，在二级以上医院推广院内诊疗导航、自助缴费等服务。建立跨医院的医疗数据共享交换标准体系，实现医院间电子病历、电子健康档案和药品目录的共享，实现检验检查结果共享互认、专家服务资源优化分配，支持基于影像资源的远程会诊、双向转诊、远程培训和医疗费用一站式结算。

建立私人医生式的医疗服务体系。依托医疗共同体内的优质医疗资源，以社区卫生平台为支撑，以社区医生为核心，打造私人医生式的医疗服务体系，使公众不出社区即可享受到健康管理、预约挂号、分层就诊等基本医疗服务。

推进智慧化旅游和文化服务。加强博物馆、图书馆、文化馆、电影院等公共文化设施数字化建设。发展新媒体服务渠道，搭建文化云平台，推进数字文化资源服务进社区入家庭。打造网上文化交流共享平台，促进北京与全国、世界文化交流互鉴。鼓励发展基于互联网的文化艺术产品交易、影视作品众筹，培育形式多样的新型文化业态。完善“北京旅游网”，推进智慧旅游建设，助力打造特色化的景区文化和发展多种形式的首都工业旅游。加强旅游市场信息化监管。建设2019年世界园艺博览会信息平台，建成“智慧世园”，全面支撑办会和服务。

（三）推进服务均等化普惠化

发展智慧养老服务。建设统一的养老服务平台和老年人口数据库，建立医疗、养老、健康服务一体化的养老服务体系，实现老龄大数据的开放共享。推广普及面向居家养老的老年人手机、可穿戴设备和急救呼叫设备，加强老年人健康管理服务。探索养老机构与医院的远程医疗合作模式，试点开展定制化养老医疗健康服务。

普及特定人群基本公共服务。推进民政、卫生、社保、残联等业务信息系统数据对接和交换共享，支撑劳动就业和社会救助等业务服务向社区（村）延伸，向城乡劳动者和特定人群提供就业帮扶、社会救助等信息服务。推进助残信息化产品应用，推动政府网站和社会媒体的无障碍建设和信息交流。加强流动人口信息化服务，多种途径实现面向流动人口的购房、子女教育、摇号、婚孕等信息推送和在线服务。

加强数据消费能力建设。加强新一代信息技术及应用的科普，提高市民对数据便民惠民新模式的接受程度，重点培养各行业人员利用物联网、大数据等技术提高工作、生产和服务效率的意识。加强信息化志愿者服务和“数字扶贫”，重点帮扶老年人、农民工等提高信息技能。多种途径加强市民在“互联网+”时代的网络空间安全意识和法制观念。

五、推进城市智慧管理，提升现代化治理水平

加强共享协同，充分发挥物联网信息感知和大数据价值挖掘的作用，促进市政设施、人口、交通、环境、安全应急等重点领域运行智能感知和精准管控，提升城市治理和服务水平，实现城市有序建设、适度开发、高效运行。

（一）加强城市精细化管理

推进城市网格化综合管理。推广网格化管理模式，加强市政设施、环境、应急等运行管理，推进社会服务管理、城市管理、社会治安“三网融合”一体化运行、城乡全覆盖。统筹建设城市管理数字化平台和综合性城市管理数据库，实现感知、分析、服务、指挥、监察“五位一体”，推进平台与首都之窗、微信、微博等公共平台对接，形成开放式网格管理系统。统筹建设“多规合一”信息管理平台，发挥信息化对全市生产、生活、生态空间管控的支撑约束作用。

加强精准化人口管理。推动落实居住证制度和常住人口积分落户制度，以居住证为载体建立全市联网、部门联动的实有人口信息系统，加强人口信息共享，深入推广以业控人、以房管人、以证管人的人口规模调控，支撑促进人口转移。建立人口管理宏观决策服务平台，支撑城市人口、产业空间、交通设施、能源资源等规划决策。

加强智能化交通管理。完善交通数据的多渠道采集和汇聚整合，形成全市统一的交通大数据应

用和服务平台。加强交通数据开放共享和多元化融合利用，支撑拥堵收费、路侧停车、出行导引、畅通道路微循环等政策制定和实施，促进缓解交通拥堵。支持企业发展移动交通服务，稳妥推进网络约车等定制交通和分享经济模式发展。推进重要交通枢纽信息服务设施建设，增强综合交通安全运行和保障极端天气下交通顺畅等能力。

专栏 3　智慧交通提升工程

推进智慧停车服务。建立停车场统筹管理信息平台，有效支撑机动车差别化停车收费和拥堵收费管理。推进全市停车资源共享平台和停车诱导系统建设，动态管理停车资源信息，通过可变情报板、地图标注等多种途径提升停车诱导服务水平。支持企业建设停车服务云平台，开展停车资源网上约租，提高停车资源使用率，缓解停车难问题。

推广交通出行信息服务。采用政企合作模式建设交通服务云，推动各类交通信息的整合、共享和开放，建成轨道交通、地面公交、出租车、两客一危、公租自行车等的实时交通大数据，完善多种出行方式信息服务对接和一站式服务，支持移动交通信息服务发展，通过多种渠道为公众提供路况、公交信息和准点预报等综合交通信息服务。

加强交通综合运行智能化管理。加快推进市区环线和重要道路交通设备的智能化改造。统筹推进首都外环线、北京大兴国际机场等重大交通工程的信息基础设施和信息系统建设。强化交通运输信息采集、汇聚、共享和挖掘分析，为优化交通运输设施规划与建设、安全运行控制、交通运输管理决策提供支撑。利用互联网、大数据加强对交通运输违章违法行为的智能化监管。

加强生态环境监测与治理。实施网格化生态环境监管，推进生态环境数据互联互通和开放共享，促进环境治理业务协同。推动企业环境信用信息的应用，加强环境信用监管。建设完善大气、水、森林等实时在线环境监控系统，整合多部门、多渠道、多元化环境信息资源，建立环境资源信息中心，推进生态环境大数据的综合分析和预测预警应用。强化危险化学品和固体废弃物等垃圾污染物监测、风险防范和应急管理。建设自然资源资产管理信息系统，加强对林地、农田、草地、水面、荒山荒地等资源资产登记和管理。建设用能权、碳排放权、排污权、水权等生态产权交易平台。

专栏 4　智慧环境提升工程

强化大气环境监测和联合治理。完善全市大气质量监测网络建设布局，开展对重点工业企业排放、工地扬尘、机动车尾气、建筑垃圾运输、餐饮油烟排放等大气污染防治数据的监测。推动京津冀及周边地区大气污染防治信息共享平台建设，提高京津冀及周边地区大气污染联防联控能力，大幅提升 PM2.5 等大气质量预警能力和水平。鼓励企业、社会组织开发并运行污染地图数据，推动环境信息公开、建设公众参与的信息通道，促进环境治理机制的完善。

完善水污染监测和联合治理。建设汛情、水资源、水环境、水生态监测平台，实现对地表水、地下水、再生水、雨洪水、外调水等的动态监控。加强对污水排放动态监控，实现从河道水质监测向排口监测转变。完善水污染源企业监测管理平台，促进企业污染源全面达标排放。创新水质监测方式，开发方便市民收集、转换以及发布个人自测水质数据的开源软件、工具和工艺，实现水质的开放式监测。

加强垃圾污染监测和治理。建设完善垃圾处理监管信息系统。发展固体废弃物电子商务，促进固体废弃物处理和绿色回收资源化利用。建设完善危险化学品和固体废弃物监管信息平台，加强危险化学品、危险废物、持久性有机污染物等的全生命周期动态监控和风险分析预警，支撑重金属、噪声污染等治理和土壤环境治理修复。

加强城市安全与应急管理。加强市综合应急指挥中心建设，构建首都核心功能区和市行政副中心统一的综合应急指挥系统，提升综合协调指挥能力。围绕“人、地、物、事、组织”等基础信息要素和“吃、住、行、消、乐”等基本活动轨迹建立首都立体化社会治安防控体系。构建集情报研判、社会防控、应急处置于一体的反恐维稳与应急处置技术体系。加强公共视频监控资源整合、共建共享和融合分析利用。完善安全生产智能监管网络建设，提升监管能力。建立电梯应急处置物联网信息平台，提升安全监管和应急救援能力。建立食品药品安全风险监测数据库和信用共享平台，健全流通环节食品药品安全电子监管体系。完善人防工程安全使用监管体系，实现地上地下统一管理、整体联动安全防控。建设完善地下管线信息综合管理系统，推进城市管廊等基础设施共建共享。

专栏 5　城市综合运行管理提升工程

推动城市视频监控资源共建共享和整合利用。开展全市视频监控资源大核查，建立视频监控资源清单。推进跨部门视频监控网络互联互通、公共视频监控资源整合和共建共享。深化多源视频监控数据的整合利用，提升人流动态感知和人脸识别能力，加强与业务数据和互联网数据的融合分析挖掘，支撑保障维稳处突等应用。

建设“多规合一”信息管理平台。完善统一地理空间规划底图，统筹整合各类空间性规划的专题信息，搭建统一的规划数据库和规划综合审批平台。有效对接各部门、各区业务管理系统，加强各类规划指标的信息采集和监测预警，实现规划实施的科学决策、综合协调和指标控制。

建设完善市级综合应急指挥系统。加强市综合应急指挥中心建设，在首都核心功能区和市行政副中心建设相互依托、异地备份的应急指挥场所和信息平台，形成由综合应急指挥中心、应急决策指挥平台、应急联动工作平台组成的综合应急指挥系统格局。整合对接各专业应急指挥平台及12345 非紧急救助服务平台、网络舆情监测平台和城市运行监测平台等资源，支撑重大突发事件和巨灾、重大案事件的处置、重大活动保障以及全市各相关部门联合值守应急，支撑京津冀三地远程会商和协同应急。

（二）加强精准化经济调控

运用大数据加强市场监管。完善“三证合一、一照一码”综合审批服务平台。推动政务部门和企业的市场数据开放共享，构建大数据监管模型，加强事中事后监管，推动形成全社会共同参与监管的环境和机制。完善基于信用信息的市场监管机制及技术平台。利用物联网等信息技术，建立食品、药品、农产品、日用消费品、特种设备等重要产品的质量追溯体系。加强互联网交易监管，推行网络经营者身份标识制度，完善交易行为的监督管理手段和机制，推广应用网站可信标识，推进电子商务可信交易环境建设。

推进信用信息共享应用。加快全市统一社会信用代码库建设，完善市公共信用信息服务平台，实现与国家信用信息共享交换平台的互联互通。促进实施信用承诺、行政许可和行政处罚等信息7日公示、经营异常名录、严重违法失信企业名单以及各行业“黑名单”等制度。强化执法处罚数据与信用数据库的对接，强化前端审批管理和末端执法处罚的数据对接。推动信用记录在行政审批、财政资金补贴、政府采购、政府购买服务、科技项目立项等领域的共享应用。引导征信机构加强服务产品创新，依法提供专业化的征信服务。

专栏6　信用北京提升工程

加快建设完善市公共信用信息服务平台。加快建立公民、法人和其他组织的统一社会信用代码制度，建设全市统一信用代码库。整合公安、民政、交通、税务等部门以及公共企事业单位的公共信用信息，实现与国家和天津、河北统一信用信息平台的互联互通。依托“信用北京”网，实现政务部门间公共信用信息的共享和应用，依法向社会提供公共信用信息的查询服务，强化信用监管与社会化应用。

加强经济调控大数据应用。完善市宏观经济基础数据库，建立健全与“高精尖”经济结构相适应的经济调控数据体系，及时发布有关统计指标和数据。加强互联网数据资源与政务数据资源的关联分析和融合利用，支撑财政、金融、税收、统计、消费、投资、进出口、产业运行、劳动就业、质量安全、节能减排等领域运行动态监测和预测预警。

（三）促进政务治理现代化

加强科学决策能力。建立健全适应大数据、物联网等新技术新理念的国民经济和社会发展相关数据采集制度，推动政务部门购买和利用社会大数据服务，强化“用数据说话、用数据决策、用数据管理、用数据创新”，形成大数据决策支撑体系。加强综合决策支持、运行监测、风险预警和执行监督的大数据应用，支撑非首都功能疏解、重大改革创新等的政策制定和分析评估。

完善政民互动平台。加强首都之窗建设，整合政务网站信息资源，打造统一的政务信息公开平台、政策发布解读和舆论引导平台、便民服务平台。推动政府负面清单、权力清单和责任清单的透明化管理和信息化运行。鼓励政务部门委托第三方机构开展基于大数据的政务绩效评估。完善基于移动互联网和大数据的公众参与平台和权力运行监督体系，推进市民参政议政、民主监督。运用微博、微信等社交网络新模式密切各级党政部门与人大代表、人民群众的互动联系。

促进政务效能提升。推广“互联网+政务服务”，全面推进政务公开。加强新一代信息技术在党委、人大、政府、政协、法院、检察院系统的业务深度融合应用，提升综合办公、立法、参政议政、监督、司法等的水平和效率。依托统一行政审批平台、公共资源交易平台以及相关执法电子化系统，实现市级层面各类审批、执法、备案数据的融合，形成全市行政监察大数据，实现行政审批事项的全流程监察和行政执法留痕。进一步推进联网实时审计监督平台建设，实现审计部门对财政资金和公共资金的实时监控。建设以案件处理为核心的司法全过程追溯平台。

专栏7　市行政副中心智慧城市示范工程

建设城市综合运行管理服务平台。以统一的空间地理数据为基础，整合房屋建筑、道路交通、市政管理、城管执法、园林绿化、公共安全、应急指挥、社会管理等行业数据，建设综合性城市管理数据库和城市管理数字化平台，支撑城市运行监控和决策，推动城市管理向数据化、网络化、智能化转变。

打造国际水平的智慧城市示范区域。统筹建设行政办公区域配套的智能楼宇和社区，在智能会议管理、安防和视频监控、地面交通管控、停车服务管理等方面，采用国际先进水平的方案、产品和服务，全面促进市行政副中心的绿色、宜居、人文、智慧发展。

建设重点信息化示范应用。围绕2022年冬奥会和2019年延庆世园会服务保障需求，以5G试商用、交通、环境、安保、医疗等为重点开展智慧城市应用示范建设。结合北京大兴国际机场建设，打造智能交通应用示范，推动新机场临空经济合作区等产业合作平台建设。

六、构建融合创新生态，提升高精尖经济发展驱动力

强化创新引领，以信息化支撑和促进创新创业，加快向工业、服务业和农业的渗透融合，促进产业转型升级发展，大力发展大数据、物联网等产业，打造跨界融合的创新创业格局和信息产业创新发展生态，促进形成高精尖经济结构。

（一）支撑和促进创新创业

发展网络众创空间和开放式创新。推进首都科技资源在线开放，鼓励第三方机构以市场化方式运营科技资源，加大国家重大科研基础设施和大型科研仪器等的网络化开放力度，为创业者和中小企业提供低门槛的、便捷的科技资源服务。鼓励互联网企业等向创新创业主体开放技术、管理等资源。支持网络众创空间和创新型孵化器发展，整合互联网资源和行业资源，提供设计、测试、生产、融资、运营等创新创业服务。鼓励运用互联网技术和平台进行创新创业，鼓励创业群体围绕互联网跨界融合发展需求开展创业活动。培育发展众创、众包、众扶、众筹等新模式新业态。

加强自主创新和安全可控。重点支持核心芯片、元器件和设备的自主研发和产业化，推进形成自主硬件供应链体系。研发具有自主知识产权的操作系统和中间件等核心软件及集成开发环境，建立开放、安全、云端融合的应用服务支撑平台，实现规模应用和商用推广。鼓励企业基于国产的软硬件产品进行适配与优化，研发领域应用框架、构件和工具，形成领域应用平台。加强对密码安全、数据安全、可信计算、访问控制等领域关键技术和产品的自主研发，发展信息安全产业，推动信息安全与云计算、大数据的融合发展，在政务、金融、工业控制系统等重点行业领域部署安全解决方案。

（二）推动信息化与产业融合升级

聚焦制造模式创新推进信息化与工业深度融合发展。推动新一代信息技术在工业领域的深度融合应用，培育发展新产品、新工艺、新模式、新业态，实现“在北京制造”到“由北京创造”的转型。重点推进芯片、传感器、智能仪控系统等核心装置和高档数控机床、智能机器人、增材制造设备等高端智能装备的研发和产业化。支持企业开展智能工厂、数字化车间建设，进行产业链整合和全流程再造，发展个性化定制、众包、网络制造、云制造、协同制造等制造模式。推进工业互联网、工业云、工业大数据和工业电子商务的建设和应用。鼓励发展产品监测追溯、远程诊断维护等在线服务新模式，加快生产型制造向服务型制造转变。支持中小微企业广泛应用工业云服务资源提升信息化应用水平。

促进跨界融合创新引领服务业转型升级。推进服务业扩大开放综合试点，推动生产性服务业、现代金融、电子商务、物流、文化、旅游等重点服务业创新服务内容和模式，实现提质增效。重点支持互联网金融发展，扩大第三方支付和移动支付应用，稳妥推进个人对个人（P2P）小额借贷交易、众筹等业务发展，推进互联网金融资产交易平台和安全风险防控平台建设。推动线上线下融合等消费新模式发展。鼓励和支持新型电商发展，拓展生活服务领域电商应用，巩固发展企业对个人（B2C）电子商务，加快发展企业对企业（B2B）电子商务，打造全国领先的网上大宗商品交易平台，大力促进跨境电子商务发展。建设北京公共物流信息服务平台，促进物流业与制造业、电子商务共同发展。

发展智慧农业推进农业发展方式转变。深化应用物联网、大数据、北斗导航、智能设施设备等新一代信息技术，推动农业改造升级，实现农业生产、经营、管理和服务的精准化智能化。发展农业农村大数据，推进数据资源开放共享，鼓励社会资本深度开发利用数据资源，增强农业综合信息服务能力。构建农产品质量安全追溯公共服务平台，引导新型农业生产经营主体实现农产品“从农田到餐桌”的全过程可追溯。开展鲜活农产品、休闲农业电子商务试点，引领农业生产由生产导向向消费导向的转变。

（三）推动信息产业创新发展

推进物联网、移动互联网产业发展。加强智能传感器和工业控制芯片、物联网芯片、移动通信芯片等的研发与产业化，加快传感器网络、智能终端、可穿戴设备、仪器仪表、智能分析软件等软硬件技术和产品研发。推进物联网与新一代移动通信、下一代互联网、卫星通信等的融合发展。发展物联网、移动互联网应用及软件等相关产业，构建完善的物联网、移动互联网产业链。探索物联网、移动互联网、智能硬件产业链上下游协作共赢的新型商业模式，支持企业发展专业服务和增值服务，推进服务外包。

推进大数据、云计算产业发展。加强大数据、云计算等核心技术攻关，重点突破海量数据存储与管理、数据清洗、数据可视化、分析挖掘和人工智能等核心技术，支持相关软硬件产品发展，带动芯片、操作系统等核心基础产品发展。大力发展金融、交通、医疗、教育等重点行业云平台和大数据解决方案，鼓励企业和机构深化大数据的开放和利用，支持企业开展外包服务，加快建设完善计量、标准化、检验检测和认证认可等产业公共服务支撑体系，完善大数据、云计算产业链。继续实施祥云工程。

培育信息产业发展新增长点。推进基于互联网、大数据的产业组织创新、商业模式创新和业态创新，培育“互联网 +”生态体系，发展分享经济，扩大产业增长空间。加快人工智能、认知计算、增强现实、5G、未来网络、空天地一体化网络等前沿的共性关键技术攻关和产业化，培育产业发展新潜力。加快车联网、工业互联网、能源互联网等标准研制、推广应用和产业化，培育一批具有国际竞争力的行业领军企业。培育发展移动互联网、北斗卫星导航产品、云终端、新一代健康诊疗等信息消费新热点。

专栏 8 祥云 3.0 工程

加快云服务应用推广。扩大交通、医疗、教育文化等重点行业云应用的规模效应。发展涉及制造业研发设计、生产、经营等全流程的智能制造云服务。支持软件企业开展软件即服务（SaaS）业务，推动云计算、大数据企业与系统集成企业开展战略合作。支持企业建设大数据处理平台，大力发展面向个人生活、娱乐的公有云和大数据服务。

加快云计算的标准化工作。鼓励骨干企业、科研机构、高等院校集中力量突破弹性计算、资源监控管理与调度、安全控制管理、数据中心绿色节能、虚拟整合等关键技术，在重点领域形成合理的专利布局。鼓励龙头企业积极引领和参与国家云计算相关的标准制定，开展基于云计算平台的业务和数据安全、涉密信息系统保密技术防护和管理等方面的地方标准研制。

七、推进重要战略专项，提升区域协同和安全保障能力

贯彻国家战略，推进京津冀信息基础设施互联互通、数据共享、业务协同和公共服务对接，助推产业对接协作，支撑筹办 2022 年冬奥会，促进京津冀协同发展。完善信息安全基础设施和服务，以新技术新应用、重要信息系统和关键数据资源、工业控制系统为重点，加强网络空间安全保障。

（一）促进京津冀协同发展

推进京津冀信息基础设施互联互通。推动建设京津冀一体化的信息基础设施。统筹规划新一代宽带无线移动通信网和下一代互联网试点建设，推动重点协同区域无线政务网的互联互通。推进京津冀云计算数据中心统筹规划布局和共建共享，鼓励开展异地灾难备份应用。

推进京津冀数据共享、业务协同和公共服务对接。推进京津冀人口、法人、空间地理等基础数据共享。建设京津冀人口动态监测与信息共享平台、人口健康信息协同管理平台和远程医学影像与病理会诊中心。推进京津冀全路网交通信息共享，促进各种交通方式及其支付体系的互联互通。推进京津冀自然资源资产和生态环境污染防治信息共享，构建统一的大气、水、国土、地质资源环境、动植物疫病、固体废弃物等区域监测预警平台，打造京津冀生态环境监测网络。支持在京高校、医院、养老机构等利用互联网平台拓展服务半径，实现基本公共服务对接。

助推京津冀产业对接协作。建立信息化支撑的产业对接协作平台和协同创新平台，促进科技创

新资源和成果开放共享，助力打造区域协同创新共同体。加快张北云计算产业基地和京津冀大数据综合试验区建设，形成具有国际竞争力的信息资源聚集服务区。建设京津冀产权信息共享及交易平台，推动区域产权市场一体化。探索“互联网 +”协同制造模式，推动形成覆盖区域的生产性服务业辐射圈，促进制造资源的共享协同和优化配置。鼓励金融机构利用互联网、大数据等创新金融服务模式。推进京津冀历史文化遗产共同保护利用的数据开放共享，推动形成京津冀大旅游格局。推动京津冀物流信息共享，促进物流一体化发展。建立京津冀农业农村信息共享机制，建设区域性农产品监测结果互认和质量可追溯体系，推广普及精细化农业。

支撑筹备冬奥会。京冀协同推动“智慧冬奥”建设，保障冬奥会信息服务，支撑冬奥会的筹备和举办。推进冬奥会信息基础设施、综合信息平台和服务体系建设，开展冬奥会无线电管理专项建设。制定冬奥会期间保障信息服务的各种方案和预案。制定涉冬奥地区综合信息服务设施的建设和服务标准，研究制定冬奥会期间保障信息服务的各项规章制度，建立冬奥会信息化保障协同工作机制。

（二）加强网络空间安全保障

完善信息安全基础设施和服务。按行业领域建设面向云计算、大数据、物联网、移动互联网和工业控制系统等的信息安全监测平台和测试床，完善安全威胁资源库、漏洞资源库、监测数据库，建设全市统一的网络安全态势感知系统，实现网络安全信息汇聚共享，开展数据挖掘分析，提高信息安全态势感知和事件识别能力。完善信息安全事件应急响应机制，加强应急队伍建设，提高网络安全事件应急处置能力。建设基于云计算的信息安全容灾备份体系，加强云上信息系统和数据的备份。提升巨灾条件下的应急通信保障能力。依托国家电子政务网络信任设施，进一步完善身份认证、授权管理和责任认定等政务信息共享的安全服务。

加强新技术新应用的网络空间安全保障。加强云计算、大数据、物联网、移动互联网等新技术新应用的网络空间安全问题和技术研究，开展安全评估、安全定级备案和安全测评工作，制定新技术新应用的安全管理规范，妥善处理发展创新与保障安全的关系，建立健全安全保障体系。

加强重要信息系统、关键数据资源和工业控制系统的安全保障。明确将党政部门、金融、交通、能源、电信、公共安全、公用事业等重点领域的网络基础设施、重要信息系统、关键数据资源和重要工业控制系统纳入网络安全重点保护对象。采用安全可信产品和服务，提升重点保护对象关键设备安全可靠水平。明确重点保护对象的管理、建设、运维主体责任，加强安全监管，开展联合检查、安全监测、等级测评和风险评估，加强隐患排查和整改。完善信息安全事件应急预案，建立应急技术队伍，加强应急演练，提高网络安全监测、风险发现和应急处置能力，确保重点保护对象的安全。

八、加大信息化推进力度，切实保障规划实施

（一）加强规划实施的组织领导和统筹协调

强化市、区信息化工作领导小组领导决策与协调机制。建立健全京津冀信息化协同发展联动机

制。发挥市信息化专家咨询委员会等高端智库的决策咨询作用。结合市行政副中心建设，研究推进政务部门信息中心体制机制创新。成立市大数据管理中心，建立数据共享的跨部门协调机制。完善信息化项目全流程管理机制，推动全市信息化建设和运维模式向购买服务和政企合作方向转型，推进基于云平台的集约化发展。建立健全以数据生产、共享、开放和融合利用为核心的电子政务绩效考核机制。建立以数据开发利用评估为核心的规划落实督查考评机制，制定年度实施计划，组织开展年度检查与跟踪评估。各部门、各区加强组织领导，结合实际制定政策措施和行动计划，依职责分工抓好规划落实。

（二）完善政府与市场开放合作的政策法规和标准规范

贯彻执行推进信息化建设的政策法规制度，加强信息化行政执法力度。以信息安全和隐私保护等为重点，修订《北京市信息化促进条例》等地方性法规。研究出台有关大数据制度措施及政府采购大数据、云计算、信息安全等服务的相关政策制度和标准规范。鼓励政务部门和公共事业单位购买社会化专业服务，大力推广政企合作（PPP）模式，引导社会资源参与信息基础设施、公共服务平台等建设。研究制定有利于“互联网+”融合创新的包容性市场监管制度，探索形成以信用数据为导向的行业自律监管模式。完善政务数据共享标准规范体系，推动电子政务项目贯标应用。制定完善重点行业信息安全标准规范和跨部门、跨区的网络安全应急处置预案。修订《电子政务信息化项目网络安全基本要求》。

（三）加大信息化创新创业的财政资金和人才队伍保障

统筹利用现有财政专项资金，加大对大数据、云计算等新兴技术的自主可控产品研发和产业化、公共服务平台、试点示范应用等项目的支持。支持小企业使用创新券在国家级、北京市重点实验室、工程（技术）研究中心等开展技术研发活动和科技创新。充分利用政府引导资金，吸引社会投资，设立创投扶持基金，支持新一代信息技术领域的创新创业。用好“千人计划”“海聚工程”等国家和北京市的人才政策，完善人才引进、使用和激励政策，集聚国内外信息技术和产业领域的优秀人才。鼓励企业、高校、研究机构共建联合实验室，加强信息化相关领域学科建设和人才培养，重点加强云计算、大数据等复合型人才的培养。

（四）加强信息化领域国际交流和开放合作

建立健全国际技术交流合作机制，推动5G国际标准化，积极参与大数据等信息技术相关国际标准的研制工作，提升国际标准话语权。鼓励高校院所加强与国际科研学术机构的交流合作，开展人才交流、联合设立实验室和召开国际学术会议。支持本地企业参加国际知名展会，支持在京举办高水平国际性会议。鼓励信息技术企业通过海外并购、联合经营、设立海外研发中心、海外产业园区等方式开拓国际市场。

《智能制造发展规划（2016—2020 年）》

智能制造是基于新一代信息通信技术与先进制造技术深度融合，贯穿于设计、生产、管理、服务等制造活动的各个环节，具有自感知、自学习、自决策、自执行、自适应等功能的新型生产方式。加快发展智能制造，是培育我国经济增长新动能的必由之路，是抢占未来经济和科技发展制高点的战略选择，对于推动我国制造业供给侧结构性改革，打造我国制造业竞争新优势，实现制造强国具有重要战略意义。

根据《中华人民共和国国民经济和社会发展第十三个五年规划纲要》《中国制造 2025》和《国务院关于深化制造业与互联网融合发展的指导意见》，编制本规划。

一、发展现状和形势

全球新一轮科技革命和产业变革加紧孕育兴起，与我国制造业转型升级形成历史性交汇。智能制造在全球范围内快速发展，已成为制造业重要发展趋势，对产业发展和分工格局带来深刻影响，推动形成新的生产方式、产业形态、商业模式。发达国家实施“再工业化”战略，不断推出发展智能制造的新举措，通过政府、行业组织、企业等协同推进，积极培育制造业未来竞争优势。

经过几十年的快速发展，我国制造业规模跃居世界第一位，建立起门类齐全、独立完整的制造体系，但与先进国家相比，大而不强的问题突出。随着我国经济发展进入新常态，经济增速换挡、结构调整阵痛、增长动能转换等相互交织，长期以来主要依靠资源要素投入、规模扩张的粗放型发展模式难以为继。加快发展智能制造，对于推进我国制造业供给侧结构性改革，培育经济增长新动能，构建新型制造体系，促进制造业向中高端迈进、实现制造强国具有重要意义。

随着新一代信息技术和制造业的深度融合，我国智能制造发展取得明显成效，以高档数控机床、工业机器人、智能仪器仪表为代表的关键技术装备取得积极进展；智能制造装备和先进工艺在重点行业不断普及，离散型行业制造装备的数字化、网络化、智能化步伐加快，流程型行业过程控制和制造执行系统全面普及，关键工艺流程数控化率大大提高；在典型行业不断探索、逐步形成了一些可复制推广的智能制造新模式，为深入推进智能制造初步奠定了一定的基础。但目前我国制造业尚处于机械化、电气化、自动化、数字化并存，不同地区、不同行业、不同企业发展不平衡的阶段。发展智能制造面临关键共性技术和核心装备受制于人，智能制造标准 / 软件 / 网络 / 信息安全基础薄弱，智能制造新模式成熟度不高，系统整体解决方案供给能力不足，缺乏国际性的行业巨头企业和跨界融合的智能制造人才等突出问题。相对工业发达国家，推动我国制造业智能转型，环境更为复杂，形势更为严峻，任务更加艰巨。我们必须遵循客观规律，立足国情、着眼长远，加强统筹谋划，积极应对挑战，抓住全球制造业分工调整和我国智能制造快速发展的战略机遇期，引导企业在智能制造方面走出一条具有中国特色的发展道路。

二、总体要求

（一）指导思想

深入贯彻党的十八大及十八届三中、四中、五中全会精神，牢固树立创新、协调、绿色、开放、共享的发展理念，全面落实《中国制造 2025》和推进供给侧结构性改革部署，将发展智能制造作为长期坚持的战略任务，分类分层指导，分行业、分步骤持续推进，“十三五”期间同步实施数字化制造普及、智能化制造示范引领，以构建新型制造体系为目标，以实施智能制造工程为重要抓手，着力提升关键技术装备安全可控能力，着力增强基础支撑能力，着力提升集成应用水平，着力探索培育新模式，着力营造良好发展环境，为培育经济增长新动能、打造我国制造业竞争新优势、建设制造强国奠定扎实的基础。

（二）基本原则

坚持市场主导、政府引导。充分发挥市场在配置资源中的决定性作用，强化企业市场主体地位，以需求为导向，激发企业推进智能制造的内生动力。发挥政府在规划布局、政策引导等方面的积极作用，形成公平市场竞争的发展环境。

坚持创新驱动、开放合作。建立健全创新体系，推进产学研用协同创新，激发企业创新创业活力，加强智能制造技术、装备与模式的创新突破。坚持互利共赢，扩大对外开放，加强在标准制定、人才培养、知识产权等方面国际交流合作。

坚持统筹规划、系统推进。统筹整合优势资源，加强顶层设计，调动各方积极性，协调推进。针对制造业薄弱与关键环节，系统部署关键技术装备创新、试点示范、标准化、工业互联网建设等系列举措，推进智能制造发展。

坚持遵循规律、分类施策。立足国情，准确把握智能制造的发展规律，因势利导，引导行业循序渐进推进智能化。针对不同地区、行业、企业发展基础、阶段和水平差异，加强分类施策、分层指导，加快推动传统行业改造、重点领域升级、制造业转型。

（三）发展目标

2025 年前，推进智能制造发展实施“两步走”战略：第一步，到 2020 年，智能制造发展基础和支撑能力明显增强，传统制造业重点领域基本实现数字化制造，有条件、有基础的重点产业智能转型取得明显进展；第二步，到 2025 年，智能制造支撑体系基本建立，重点产业初步实现智能转型。

2020 年的具体目标：

——智能制造技术与装备实现突破。研发一批智能制造关键技术装备，具备较强的竞争力，国内市场满足率超过 50%。突破一批智能制造关键共性技术。核心支撑软件国内市场满足率超过 30%。

——发展基础明显增强。智能制造标准体系基本完善，制（修）订智能制造标准 200 项以上，面向制造业的工业互联网及信息安全保障系统初步建立。

——智能制造生态体系初步形成。培育 40 个以上主营业务收入超过 10 亿元、具有较强竞争力的系统解决方案供应商，智能制造人才队伍基本建立。

——重点领域发展成效显著。制造业重点领域企业数字化研发设计工具普及率超过 70%，关键工序数控化率超过 50%，数字化车间 / 智能工厂普及率超过 20%，运营成本、产品研制周期和产品不良品率大幅度降低。

三、重点任务

（一）加快智能制造装备发展

聚焦感知、控制、决策、执行等核心关键环节，推进产学研用联合创新，攻克关键技术装备，提高质量和可靠性。面向《中国制造 2025》十大重点领域，推进智能制造关键技术装备、核心支撑软件、工业互联网等系统集成应用，以系统解决方案供应商、装备制造商与用户联合的模式，集成开发一批重大成套装备，推进工程应用和产业化。推动新一代信息通信技术在装备（产品）中的融合应用，促进智能网联汽车、服务机器人等产品研发、设计和产业化。

专栏 1　智能制造装备创新发展重点

创新产学研用合作模式，研发高档数控机床与工业机器人、增材制造装备、智能传感与控制装备、智能检测与装配装备、智能物流与仓储装备五类关键技术装备。重点突破高性能光纤传感器、微机电系统（MEMS）传感器、视觉传感器、分散式控制系统（DCS）、可编程逻辑控制器（PLC）、数据采集系统（SCADA）、高性能高可靠嵌入式控制系统等核心产品，在机床、机器人、石油化工、轨道交通等领域实现集成应用。

依托优势企业，开展智能制造成套装备的集成创新和应用示范，加快产业化。促进智能网联汽车、智能工程机械、智能船舶、智能照明电器、服务机器人等研发和产业化，开展远程无人操控、运行状态监测、工作环境预警、故障诊断维护等智能服务。

到 2020 年，研制 60 种以上智能制造关键技术装备，达到国际同类产品水平，国内市场满足率超过 50%。

（二）加强关键共性技术创新

围绕感知、控制、决策和执行等智能功能的实现，针对智能制造关键技术装备、智能产品、重大成套装备、数字化车间/智能工厂的开发和应用，突破先进感知与测量、高精度运动控制、高可靠智能控制、建模与仿真、工业互联网安全等一批关键共性技术，研发智能制造相关的核心支撑软件，布局和积累一批核心知识产权，为实现制造装备和制造过程的智能化提供技术支撑。

专栏2　智能制造关键共性技术创新方向

建设若干智能制造领域的制造业创新中心，开展关键共性技术研发。整合现有各类创新资源，引导企业加大研发投入，突破新型传感技术、模块化/嵌入式控制系统设计技术、先进控制与优化技术、系统协同技术、故障诊断与健康维护技术、高可靠实时通信、功能安全技术、特种工艺与精密制造技术、识别技术、建模与仿真技术、工业互联网、人工智能等关键共性技术。引导企业、高校、科研院所、用户组建智能制造创新联盟，推动创新资源向企业集聚。

加快研发智能制造支撑软件，突破计算机辅助类（CAX）软件、基于数据驱动的三维设计与建模软件、数值分析与可视化仿真软件等设计、工艺仿真软件，高安全高可信的嵌入式实时工业操作系统、嵌入式组态软件等工业控制软件，制造执行系统（MES）、企业资源管理软件（ERP）、供应链管理软件(SCM)等业务管理软件，嵌入式数据库系统与实时数据智能处理系统等数据管理软件。

到2020年，建成较为完善的智能制造技术创新体系，一批关键共性技术实现突破，部分技术达到国际先进水平；核心支撑软件市场满足率超过30%。

（三）建设智能制造标准体系

依据国家智能制造标准体系建设指南，围绕互联互通和多维度协同等瓶颈，开展基础共性标准、关键技术标准、行业应用标准研究，搭建标准试验验证平台（系统），开展全过程试验验证。加快标准制（修）订，在制造业各个领域全面推广。成立国家智能制造标准化协调推进组、总体组和专家咨询组，形成协同推进的工作机制。充分利用现有多部门协调、多标委会协作的工作机制，形成合力，凝聚国内外标准化资源，扎实构建满足产业发展需求、先进适用的智能制造标准体系。

专栏3　智能制造标准提升专项行动

组织开展参考模型、术语定义、标识解析、评价指标、安全等基础共性标准和数据格式、通讯协议与接口等关键技术标准的研究制定，探索制定重点行业智能制造标准。强化方法论、标准库和标准案例集等实施手段，以培训、咨询等方式推进标准宣贯与实施。推进智能制造标准国际交流与合作。

到2020年，国家智能制造标准体系基本建立，制（修）订智能制造国家标准200项以上，建设试验验证平台100个以上，公共服务平台50个以上。

（四）构筑工业互联网基础

研发新型工业网络设备与系统，构建工业互联网试验验证平台和标识解析系统。推动制造企业开展工厂内网络升级改造。鼓励电信运营商改良工厂外网络，开展工业云和大数据平台建设。研发安全可靠的信息安全软硬件产品，搭建面向智能制造的信息安全保障系统与试验验证平台，建立健全工业互联网信息安全风险评估、检查和信息共享机制。

专栏 4　工业互联网建设重点

研发融合 IPv6、4G/5G、短距离无线、WiFi 技术的工业网络设备与系统，构建工业互联网试验验证平台及标识解析系统、企业级智能产品标识系统。开发工业互联网核心信息通信设备、工业级信息安全产品及设备。支持工业企业利用光通信、工业无线、工业以太网、SDN、OPC−UA、IPv6 等技术改造工业现场网络，在工厂内形成网络联通、数据互通、业务打通的局面。利用 SDN、网络虚拟化、4G/5G、IPv6 等技术实现对现有公用电信网的升级改造，满足工业互联网网络覆盖和业务开展的需要。面向智能制造发展需求，推动工业云计算、大数据服务平台建设。推动有条件的企业开展试点示范，推进新技术、产品及系统在重点领域的集成应用。

到 2020 年，在重点领域制造企业建设新技术实验网络并开展应用创新。

（五）加大智能制造试点示范推广力度

在基础条件好和需求迫切的重点地区、行业，选择骨干企业，围绕离散型智能制造、流程型智能制造、网络协同制造、大批量定制、远程运维服务、工业云平台、众包众创等方面，开展智能制造新模式试点示范，形成有效的经验和模式。围绕设计、研发、生产、物流、服务等全生命周期，遴选智能制造标杆企业，在相关行业进行移植、推广。

专栏 5　智能制造试点示范及推广应用专项行动

第一阶段，聚焦制造过程关键环节，在基础条件较好、需求迫切的地区和行业，遴选一批智能制造试点示范项目，总结形成有效经验和模式。第二阶段，围绕产品全生命周期，研究制定智能制造标杆企业遴选标准，在实施智能制造成效突出的企业中，遴选确定一批标杆企业，在相关行业大规模移植、推广所形成的经验和模式。

到 2020 年，建成 300 个以上智能制造试点示范项目，数字化车间 / 智能工厂试点示范项目实施前后实现运营成本降低 20%，产品研制周期缩短 20%，生产效率提高 20%，产品不良品率降低 10%，能源利用率提高 10%；遴选确定 150 个以上智能制造标杆企业。

（六）推动重点领域智能转型

围绕《中国制造 2025》十大重点领域，试点建设数字化车间 / 智能工厂，加快智能制造关键技术装备的集成应用，促进制造工艺仿真优化、数字化控制、状态信息实时监测和自适应控制。加快产品全生命周期管理、客户关系管理、供应链管理系统的推广应用，促进集团管控、设计与制造、产供销一体、业务和财务衔接等关键环节集成。针对传统制造业关键工序自动化、数字化改造需求，推广应用数字化技术、系统集成技术、智能制造装备，提高设计、制造、工艺、管理水平，努力提升发展层次，迈向中高端。加强传统制造业绿色改造，推动产业间绿色循环链接，提升重点制造技术绿色化水平。

专栏6　重点领域智能转型重点

围绕新一代信息技术、高档数控机床与工业机器人、航空装备、海洋工程装备及高技术船舶、先进轨道交通装备、节能与新能源汽车、电力装备、农业装备、新材料、生物医药及高性能医疗器械、轻工、纺织、石化化工、钢铁、有色、建材、民爆等重点领域，推进智能化、数字化技术在企业研发设计、生产制造、物流仓储、经营管理、售后服务等关键环节的深度应用。支持智能制造关键技术装备和核心支撑软件的推广应用，不断提高生产装备和生产过程的智能化水平。在基础条件较好的领域，开展数字化车间 / 智能工厂的集成创新与应用示范。支持地方、园区、龙头企业等建设一批公共服务平台，开展技术研发、产品设计、软件服务、数据管理、测试验证等服务。

到 2020 年，量大面广、有基础、有条件的重点领域数字化研发设计工具普及率达到 70% 以上，关键工序数控化率达到 50% 以上，数字化车间 / 智能工厂普及率达到 20% 以上。

（七）促进中小企业智能化改造

引导有基础、有条件的中小企业推进生产线自动化改造，开展管理信息化和数字化升级试点应用。建立龙头企业引领带动中小企业推进自动化、信息化的发展机制，提升中小企业智能化水平。整合和利用现有制造资源，建设云制造平台和服务平台，在线提供关键工业软件及各类模型库和制造能力外包服务，服务中小企业智能化发展。

专栏7　中小企业智能化改造专项行动

支持第三方机构提供分析诊断、创新评估等服务，鼓励系统集成商、装备供应商、软件供应商等，针对中小企业实际需求，研究制定简便易行的智能化改造方案，推广一批成熟使用的单元装备和先进技术。推进“互联网 +”小微企业，推广适合中小企业发展需求的信息化产品和服务，促进互联网和信息技术在生产制造、经营管理、市场营销各个环节中的应用。推进云制造，构建云制造平台和服务平台。推动中小企业与大企业协同创新，鼓励有条件的大企业搭建信息化服务平台，向中小企业开放入口、数据信息、计算能力。

到 2020 年，有基础、有条件的中小企业生产自动化程度大幅提高，管理信息化和数字化水平明显提升。

（八）培育智能制造生态体系

面向企业智能制造发展需求，推动装备、自动化、软件、信息技术等不同领域企业紧密合作、协同创新，推动产业链各环节企业分工协作、共同发展，逐步形成以智能制造系统集成商为核心、各领域领先企业联合推进、一大批定位于细分领域的“专精特”企业深度参与的智能制造发展生态体系。加快培育一批有行业、专业特色系统解决方案供应商；大力发展具有国际影响力的龙头企业集团；做优做强一批传感器、智能仪表、控制系统、伺服装置、工业软件等“专精特”配套企业。

专栏 8　智能制造系统解决方案供应商培育专项行动

支持以技术和资本为纽带，组建产学研用联合体或产业创新联盟，鼓励发展成为智能制造系统解决方案供应商。支持装备制造企业以装备智能化升级为突破口，加速向系统解决方案供应商转变。支持规划设计院以车间 / 工厂的规划设计为基础，延伸业务链条，开展数字化车间 / 智能工厂总承包业务。支持自动化、信息技术企业通过业务升级，逐步发展成为智能制造系统解决方案供应商。研究制定智能制造系统解决方案供应商标准或规范，发布智能制造系统解决方案供应商推荐目录。

到 2020 年，主营业务收入超 10 亿元的智能制造系统解决方案供应商达到 40 家以上，系统集成能力明显提升，基本满足制造业智能转型的需要。

（九）推进区域智能制造协同发展

打造智能制造装备产业集聚区。积极推动以产业链为纽带、资源要素集聚的智能制造装备产业集群建设，完善产业链协作配套体系。加强规划引导，提升信息网络、公共服务平台等基础设施水平，促进产业集聚区规范有序发展。

促进区域智能制造差异化发展。结合《中国制造 2025 分省市实施指南》，紧密依靠本区域智能制造发展基础，聚焦重点。大力推进制造业发展水平较好的地区率先实现优势产业智能转型，积极促进制造业欠发达地区结合实际，加快制造业自动化、数字化改造，逐步向智能化发展。

加强区域智能制造资源协同。搭建基于互联网的制造资源协同平台，不断完善体系架构和运行规则，加快区域间创新资源、设计能力、生产能力和服务能力的集成和对接，推进制造过程各环节和全价值链的并行组织和协同优化，实现区域优势资源互补和资源优化配置。

（十）打造智能制造人才队伍

构建多层次人才队伍。大力弘扬工匠精神，突出职业精神培育。加强智能制造人才培训，培养一批能够突破智能制造关键技术、带动制造业智能转型的高层次领军人才，一批既擅长制造企业管理又熟悉信息技术的复合型人才，一批能够开展智能制造技术开发、技术改进、业务指导的专业技术人才，一批门类齐全、技艺精湛、爱岗敬业的高技能人才。

健全人才培养机制。创新技术技能人才教育培训模式，促进企业和院校成为技术技能人才培养的“双主体”。鼓励有条件的高校、院所、企业建设智能制造实训基地，培养满足智能制造发展需求的高素质技术技能人才。支持高校开展智能制造学科体系和人才培养体系建设。建立智能制造人才需求预测和信息服务平台。

四、保障措施

（一）加强统筹协调

发挥国家制造强国建设领导小组作用，有效统筹中央、地方和其他社会资源，协调解决智能制造发展中遇到的问题，形成资源共享、协同推进的工作格局。发挥国家制造强国建设战略咨询委员会作用，为把握技术发展方向提供咨询建议。加强规划与其他专项、工程有机衔接。

（二）完善创新体系

在智能制造领域研究建立若干制造业创新中心，建立市场化的创新方向选择机制和鼓励创新的风险分担、利益共享机制，解决技术研究与产业化应用的鸿沟。围绕重点领域智能制造发展需求，建设重大科学研究和实验设施。支持智能制造公共服务平台建设，增强为行业服务能力。鼓励企业加大研发投入力度，加强智能制造关键技术与装备创新。

（三）加大财税支持力度

充分利用现有资金渠道对智能制造予以支持。按照深化科技计划（专项、基金等）管理改革的要求，统筹支持智能制造关键共性技术的研发。完善和落实支持创新的政府采购政策。推进首台（套）重大技术装备保险补偿试点工作。落实税收优惠政策，企业购置并实际使用的重大技术装备符合规定条件的，可按规定享受企业所得税优惠政策。企业为生产国家支持发展的重大技术装备或产品，确有必要进口的零部件、原材料等，可按重大技术装备进口税收政策有关规定，享受进口税收优惠。

（四）创新金融扶持方式

发挥国家财政投入的引导作用，吸引企业、社会资本，建立智能制造多元化投融资体系。鼓励建立按市场化方式运作的各类智能制造发展基金，鼓励社会风险投资、股权投资投向智能制造领域。搭建政银企合作平台，研究建立产融对接新模式，引导和推动金融机构创新产品和服务方式。依托重点工程项目，推动首台（套）重大技术装备推广应用，完善承保理赔机制。支持装备制造企业扩大直接融资，发展应收账款融资，降低企业财务成本。

（五）发挥行业组织作用

发挥行业协会熟悉行业、贴近企业优势，推广先进管理模式，加强行业自律，防止无序和恶性竞争。各相关行业协会要指导企业深化改革、苦练内功，抓好技术创新、人才培养，及时反映企业诉求，反馈政策落实情况，积极宣传和帮助企业用足用好各项政策。鼓励行业协会、产业联盟提升服务行业发展的能力，引导企业推进智能制造发展。

（六）深化国际合作交流

在智能制造标准制定、知识产权等方面广泛开展国际交流与合作，不断拓展合作领域。支持国内外企业及行业组织间开展智能制造技术交流与合作，做到引资、引技、引智相结合。鼓励跨国公司、国外机构等在华设立智能制造研发机构、人才培训中心，建设智能制造示范工厂。鼓励国内企业参与国际并购、参股国外先进的研发制造企业。

五、组织实施

规划是指导未来 5 年智能制造发展的纲领性文件，工业和信息化部、发展改革委、科技部、财政部联合印发的《智能制造工程实施指南（2016—2020 年）》明确的重点任务是规划的核心内容。工业和信息化部、财政部负责规划的组织实施，加强领导，精心组织，及时解决规划实施过程中遇到的问题，推动各项任务和措施落到实处。建立规划实施动态评估机制，适时对目标和任务进行必要的调整。

各地工业和信息化、财政主管部门要按照职责分工，抓紧制定与规划相衔接的实施方案，落实相关配套政策，做好信息反馈工作。相关行业协会和中介组织要充分发挥桥梁和纽带作用，协同推动本规划的贯彻落实。

（2016 年 12 月 8 日 来源：工业和信息化部）

北京信息化年鉴

大事记

1 月

1 月 8 日，国家科学技术奖励大会举行，闪联信息技术工程中心有限公司获国家科技进步奖二等奖。北斗导航芯片项目首获国家科技进步奖。

1 月 10 日，北京软件和信息服务业协会开通北京软件企业一站式服务平台。

1 月 12 日，由石景山区人民政府和微软（中国）共同举办的“石景山区互联网游戏创新创业大赛”结束，全国近 40 支游戏团队参加，共评选 8 个奖项、10 名获奖者。

1 月 12 日，达内教育与阿里云联合宣布双方达成战略合作，共同研发面向阿里云认证考试的培训课程，面向终端用户推广阿里云的培训和认证产品。

1 月 14 日，北京高精尖产业发展基金发布会举行。

1 月 15 日，北京市“12316”热线在大兴区召开“北京三电合一暨 12316 三农服务热线工作总结会”，对 2016 年北京市进村入户工作进行了部署安排。

1 月 18 日，“基于宽带移动互联网的智能汽车与智慧交通应用示范”合作框架协议签订。

1 月 21 日，北京市公共卫生信息中心组织召开北京市电子病历共享工程项目竣工验收专家评审会，完成项目终验。

1 月，北京旅游网微信获“中国旅游好微信 TOP10”称号。

1 月，市十四届人大四次会议期间，代表议案建议管理系统首次上线试运行。

1 月，按照北京市民防局、天津市人民防空办公室、河北省人民防空办公室联合印发的《京津冀人防无线通信协同训练实施方案》，建立无线通信协同训练长效机制。从 1 月开始，每月定期组织开展京津冀三地人防无线通信协同训练，由京津冀三地人防部门轮流组织，每年轮换一次。

1 月，石景山中小企业公共服务窗口平台完成国家级和北京市级项目验收。

1 月，北京赛思信安技术股份有限公司通过中关村高新企业及国家高新企业认证。

1 月，由北京元心科技有限公司、展讯通信有限公司、北京中科虹霸科技有限公司、中科院信息工程研究所等单位打造的紫潭安全解决方案正式发布。

2 月

2 月 1 日，中关村云计算产业联盟举办“互联网 + 文化产业深度融合”主题研讨会。

2 月 1 日，北京歌华有线电视网络股份有限公司与朝外街道合作打造的智慧社区电视云服务应用“朝外生活圈”上线。

2 月 1 日，北京歌华有线电视网络股份有限公司“街景地图”云应用上线，可为用户提供在电视上找房、查看景点及旅游线路等地图、导航、街景功能。

2月8日，达内教育集团旗下子品牌“童程童美”携手微软、中国下一代教育基金会、中国创造学会创造教育专业委员会、校外宝教育科技在中关村创业大街召开新闻发布会，联合推出“发现杯”中国青少年编程挑战活动。

2月21日，博雅软件股份有限公司入选“信息系统集成及服务资质重点联系企业”。

2月24日，达内教育集团在北京总部召开发布会，宣布推出“因材施教、分级培优”创新教学模式。

2月25日，顺义区委组织部开通“12380”短信举报平台。

2月26日，中芯国际首推28纳米SoC芯片。

2月，北京浩瀚深度信息技术股份有限公司被北京市经济和信息化委员会认定为“北京市企业技术中心”。

2月，北京信息化协会召开第五届会员代表大会，北京北咨信息工程咨询有限公司总经理李东被选为监事长、公司被评选为2011—2015年度第四届优秀会员单位奖。

2月，北京人力资源和社会保障局正式批准北京泰豪设立博士后科研工作站。

3月

3月4日，北京市档案局档案异地备份数据恢复验证工作完成。

3月7日，怀柔区完成怀柔信息网“双公示信息”专栏的建设工作，并正式上线运行。

3月10日，北京赛思信安技术股份有限公司发布分布式分析型数据库产品——赛思iDriller。

3月16日，怀柔区用水量远程监控系统进入试运行阶段。

3月19日，中关村云计算产业联盟在花园饭店举办“让世界目光为你的设计聚焦”UI设计大会。

3月22日，中关村云计算产业联盟与中关村协同创新服务平台举办“大健康”沙龙之基因解码及打造儿童健康生态圈主题沙龙。

3月23日，世界气象日高端访谈聚焦“十三五”气象事业发展。

3月25日，北京赛思信安技术股份有限公司国家安全部某局大数据分布式业务系统建设通过验收。

3月25日，首都地质资源环境承载力监测预警演示平台开发完成。

3月29日，密云水库洪水预报调度系统项目完成竣工验收。

3月31日，歌华有线高清交互数字电视平台上线“炫佳卡通”栏目。

3月，门头沟局与北师大水科院共建“气象水文观测站”。

3月，安全即时通信系统YuanXin_SIMS_V1.0获得军用信息安全产品认证证书军C+级。

3月，北京元心科技有限公司获中国保密协会会员单位证书。

3月，朝阳局与中科院大气物理所合作深入开展雾霾监测实验。

3月，完成计划生育信息互联互通平台开发。在全员人口数据库的基础上，开发完成了出生人口信息、计划生育信息互联互通信息化平台。通过此平台向国家卫计委上报数据。

3月，北京市旅游发展委员会召开旅游团队管理系统电子行程单试运行工作推进协调会。

3月，新版石景山中小企业网正式上线。

3月，北京市新社区卫生服务综合管理信息系统完善推广项目通过市经济和信息化委组织的验收，投入使用。

3月，石景山区政府网站设立“石景山区行政许可和行政处罚结果信息公示”专栏，有效推进本区社会信用体系建设相关工作。

4月

4月1日，科技部考察门头沟区智慧城市建设情况。

4月7日，北京歌华有线电视网络股份有限公司网上营业厅微信支付缴费渠道上线。

4月12日，《北京市无线电管理“十三五”规划》通过专家评审。

4月21日，《京津冀信息化协同发展合作协议》签订。

4月21日，14家北京企业入驻曹妃甸现代产业发展试验区。

4月21日，第四届（2016）中国智慧城市年会在京召开，东城区智慧商务综合服务平台获“中国智慧城市创新奖”。

4月25日，北京市园林绿化局建成全市统一绿地台账系统，新增绿地台账3.6万条。

4月25日，北京市防汛综合指挥平台建设项目通过专家鉴定。

4月26日，“12345”市长热线有关怀柔区问题的派单直接进入区网格化系统平台，由区网格化指挥中心按照闭合处置流程统一受理派遣，完成正式对接上线。

4月27日，“互联网＋时代的微警务之路2016网警网上巡查执法北京论坛”召开。

4月29日，北京市防汛抗旱信息网正式上线。

4月29日，北京法院智汇云平台启动仪式暨新闻通报会在市高级人民法院举行。

4月，“数字民政”二期建设项目通过竣工验收。

4月，北京住房公积金管理中心完成云服务基础设施项目建设工作并通过专家评审。

4月，通州区突发事件预警信息发布中心获批成立。

4月，北京区域环境气象数值预报系统通过业务准入。

4月，北京浩瀚深度信息技术股份有限公司被中关村科技园区管理委员会评为“重点瞪羚企业”。

4月，北京赛思信安技术股份有限公司中标甘肃省公安厅警务云大数据项目。

4月，在保证医师注册工作正常进行的前提下，开始在全市按照行政区域划分，分批开展医师电子化注册。

5月

5月1日，北京市实现跨省异地缴纳交通违法罚款。

5月4日，北京市发展改革委正式批准《北京数字档案馆（电子文件中心）初步设计概算》。

5月4日，中科院软件中心中标北京市平谷区科学技术协会数字科普馆二期建设项目。

5月4日，农业部办公厅印发《以消费趋势为导向的生猪全产业链数据监测试点工作方案》（农办市〔2016〕11号），北京市农业局信息中心开始承担试点工作。

5月10日，北京歌华有线电视网络股份有限公司召开新产品新服务发布会，正式发布融合有线直播、回看、时移和互联网电视内容的4K超清智能机顶盒，同时发布“亲情一刻”家庭电视相册云应用和“歌华生活圈”智慧社区云应用。

5月13日，企业所得税优惠备案功能在网上办税服务厅上线。

5月17日，中关村云计算产业联盟与台湾云端产业协会进行对接交流，并考察中关村云计算企业发展情况。

5月19—22日，以“‘智’能高精尖，‘慧’普你我他”为主题的第十九届科博会“智慧北京展”开幕。

5月20日，第三届物联网感智创新大赛举行新闻发布会暨启动仪式。

5月20日，门头沟区经济和信息化委员会召开《门头沟区智慧城市顶层设计》项目专家验收会。

5月20—29日，市国税局完成资产清查软件的安装部署、数据迁移等工作，并成功上线。

5月26日，“北京交警”App上线试运行。

5月26日，在2016第二十届中国国际软件博览会高峰论坛上，市经济和信息化委党组书记、主任张伯旭发表了题为“以大软件驱动大应用，开创赋智发展新时代”的主题演讲。

5月26—28日，2016第二十届中国国际软件博览会召开。以“促进两化深度融合，服务制造强国建设”为主题，集中展示软件支撑“中国制造2025”“互联网+”等发展取得的标志性成果。

5月23日，“2016信息网络产业新业态创新企业30新”遴选活动在北京裕龙国际酒店举行颁奖典礼。

5月，北京市卫生计生委移动办公系统（一期）完成项目终验。

5月，顺义区天竺镇互联网移动办公平台上线。

5月，北京首钢股份有限公司硅钢—冷轧智能工厂项目入选工业和信息化部、财政部“2016年智能制造综合标准化与新模式应用项目”。

5月，元心移动YX802终端通过公安部安全防范报警系统产品质量监督检验测试中心检测并进入公安部采购网名录。

5月，北京市工商行政管理局完成《北京市“十二五”以来企业主体发展分析》并报送北京市政府。

5 月—7 月，北京市旅游发展委员会开展 2016 年清理网络虚假旅游信息专项整治工作暨“清网行动”，在百度搜索引擎上推出“北京出游安全提示”。

6 月

6 月 1 日，北京市防汛办与新浪微博签署防汛信息分享传播合作协议。

6 月 3 日，北京赛思信安技术股份有限公司获国家军工二级保密资质认证。

6 月 6 日，北京市在平谷区首发居民健康卡——北京通基本卡。

6 月 8 日，《2016 年京津冀社会信用体系合作共建工作要点》签订。

6 月 14 日，为“绿色城市”助力——中科院软件中心签订北京市公共自行车一系列合同。

6 月 14 日，北京市石景山区经济和信息化委员会基本建成全区电子政务外网链路资源动态监测机制。

6 月 17 日，昌平区发布《政府投资信息化建设项目管理办法》。

6 月 17 日，北京国税电子外管证项目正式上线。

6 月 21 日，出口退税网上申报服务平台更新后上线，此次更新为无纸化申报试点企业提供了技术保障，优化了申报流程。

6 月 29 日，基于北京互联网交通安全综合服务管理平台（bj.122.gov.cn）的 12123 手机 App 上线运行。

6 月，北京浩瀚深度信息技术股份有限公司的网络可视化分析系统 V2.1 版本发布，并在年内成功申请软件著作权。

6 月，北京市获 2016 中国旅游城市数字资产 TOP10。

6 月，北京市统计局人口动态监测系统上线运行。

6 月，北京市石景山区经济和信息化委员会完成铜缆光纤化改造工作，提前建成北京城六区首个“全光网区”。

6 月，石景山区 6 个行政服务办事大厅开通“-MyBeijing-”免费无线上网服务。

7 月

7 月 2 日，赛思分布式数据库管理系统通过北京市科委创新资金项目验收。

7 月 7 日，北京市水务局组织召开节水综合信息平台升级改造项目（一期）终验验收会。

7 月 20 日，赛思信安大数据技术创新东莞立体化治安防控体系。

7 月 22 日，中关村云计算产业联盟举办“3D 打印梦想，创新、创造”沙龙活动。

7 月 23 日，中关村制造大街开街。

7 月 23 日，工业和信息化部、北京市政府签署《关于共同推进建设北京市人工智能与智能硬件创业创新平台的合作框架协议》。“北京市人工智能与智能硬件创新中心”授牌。

7月29日，北京·沧州渤海新区生物医药产业园企业获首张异地生产许可证，标志着京冀首个以“共建共管共享”创新思路打造的产业园区从蓝图走向现实。

7月，北京市旅游发展委员会召开全市旅游网站工作视频会议。北京旅游网信息服务频道开通试运行。

7月，北京短临预报添“利器”——RMAPS-IN。

7月，在第二届中国智慧城市国际博览会上，国研科技集团公司获得“智慧城市社会治理服务优秀解决方案供应商”称号，并加入发展改革委小城镇中心智慧城市发展联盟学组。

8月

8月1日，“平安北京”全新开通“网易新闻”客户端、“一点资讯”客户端以及“腾讯企鹅媒体”客户端3个新媒体账号。

8月1日，创新引领行业发展——中科院软件中心签署北京朝批“互联网+智能物流平台系统”建设项目。

8月4日，中科院软件中心助力京津冀一体化带动区域经济发展，“唐山港网上业务大厅系统”完成验收。

8月8日，金税三期核心征管系统正式上线运行。

8月8日，“2016全国信息消费示范应用城市行”启动仪式首站在北京举行。

8月18日，房山区首个文创微信公众号“创意房山”正式注册上线。

8月18日，歌华有线高清交互平台“爱八角生活圈”智慧社区电视云服务在八角居民服务大厅举行上线仪式。

8月19日，京津冀三地六局税务协调会召开，会上整理京津冀纳税服务平台需求，启动平台建设。

8月25日，中关村云计算产业联盟在新华1949园区举办“聚智文韵之VR·现在·未来”主题沙龙活动。

8月27日，北京市园林绿化局联合中国风景园林学会、中国科技产业促进会新型智慧城市研究院共同举办“2016年北京智慧园林高峰论坛”，提出智慧园林要实现人与自然“互感、互知、互动”。

8月30日，北京赛思信安技术股份有限公司中标工业和信息化部数据中心系统大数据平台建设项目。

8月，石景山区经济和信息化委与中国铁塔北京市城西分公司就石景山区区域内通信基站等基础设施的资源开放共享达成战略合作协议。

8月，北京首钢股份有限公司信息安全体系通过外审认证，成为首钢集团首家通过信息安全体系认证的公司。

8月，北京浩瀚深度信息技术股份有限公司的HDT5000接口芯片逻辑软件V1.1和HDT5000

主芯片逻辑软件 V1.0 获得软件著作权。

8 月，石景山区在光明网、新华网、网易等主流媒体发布《北京市石景山区“互联网 +”三年行动计划（2016—2018 年)》方案。

8 月，《怀柔区“十三五”时期信息化发展规划》印发。

8 月，北京市气象局城市所研究项目获气象科学技术进步成果二等奖。

8 月，北京市成立两化融合服务联盟。

8 月，首都之窗主站及相关 20 余个系统率先平稳迁入北京市级政务云平台。

8 月，北京住房公积金管理中心综合信息系统升级改造项目《总体技术方案》《总体实施方案》《技术标准规范》和《安全等级保护定级》通过专家评审。

8 月，北京市工商行政管理局完成《北京市大众创业情况研究分析》并报送北京市政府。

9 月

9 月 2 日，迎接“G20 峰会”——中科院软件中心为央视打造新闻直播平台。

9 月 8—9 日，2016 新一代互联网基础设施论坛召开。

9 月 12 日，“京张‘中国数坝’峰会暨阿里巴巴张北数据中心启动仪式”在河北张北举行。

9 月 19 日，怀柔区召开“怀柔区智慧城市建设方案专题研讨会”。

9 月 20 日，北京歌华有线电视网络股份有限公司旗舰营业厅正式对外营业。旗舰营业厅以产品展示、业务宣传、用户体验为主，附加缴费服务和业务办理。

9 月 23 日，《北京市东城区“十三五”时期信息化发展规划》正式发布。

9 月 26 日，北京市中小企业公共服务枢纽平台开展“专家问诊中小企业劳动关系”专项服务活动。

9 月 26 日，北京全面实行“五证合一、一照一码”登记制度改革，全新的登记注册系统升级改造完成并上线运行。

9 月 26 日，滴滴出行以数千万美元战略投资共享单车平台 ofo。

9 月，中企网络通信技术有限公司通过可信云认证。

9 月，北京经济技术开发区发布《北京经济技术开发区宽带无线城市 2016—2018 年行动计划》和《北京经济技术开发区宽带无线城市建设及服务规范 v1.0》。

9 月，北京市成立市防空警报试鸣活动领导小组，在北京市五环路以外区域组织防空警报统一试鸣，全市除东城区、西城区外，共 14 个区参加此次防空警报试鸣。

9 月，北京浩瀚深度信息技术股份有限公司的高性能业务感知流量控制网关 HDT5000-6 和 HDT5000-16、顺水云网络业务感知分析系统、顺水云网络业务资源分析系统获北京市新技术新产品认定。

10月

10月1日，全市户籍派出所正式受理居住证申领。

10月1日，“北京110”App正式开通，上线试运行。

10月10日，福田汽车集团在北京与百度签署战略合作协议，就车联网、大数据、智能汽车和无人驾驶展开全面合作，共同打造面向未来的智能互联网商用汽车。

10月12日，第二届全国大众创业万众创新活动周北京会场主题展在中关村国家自主创新示范区展示中心举行。

10月17日，昌平区发布“互联网+”行动实施方案。

10月20日，昌平区北京通居民健康卡项目启动。

10月19日，《综合档案馆档案数字资源管理规范》（DB11/T 1357—2016）标准发布。

10月20—25日，以“共创共享共赢，开启智能时代”为主题的2016世界机器人大会在亦创国际会展中心举办。

10月25日，2016政府网站精品栏目建设和管理经验交流大会在太原召开，东城区获“数字政府领先城市奖”，数字东城网站“数说东城”和“在线访谈”栏目分别获“2016政府网站信息公开精品栏目奖”“2016政府网站政民互动精品栏目奖”。

10月27日，西郊砂石坑蓄洪工程自动化系统完成初步验收。

10月27—30日，第十一届文博会在北京工艺美术展举办，累计接待超过20万人次参观，线上线下成交额大幅提升。

10月31日，博雅软件股份有限公司获首届“中国软件和信息技术服务综合竞争力百强企业”。

10月，由北京中关村高新技术企业协会创办的“2016中关村高成长企业TOP100年度评选活动”在石家庄举行。北京浩瀚深度信息技术股份有限公司获“2016中关村高成长企业TOP100”奖。

10月，北京元心科技有限公司在2016移动智能终端峰会上获墨提斯奖。

11月

11月1日，十三陵镇推动农村电商培训基地建设。

11月1日，中关村云计算产业联盟在北京市文化经济政策服务平台举办“国家政策导向及文化创意产业发展专项资金项目解读”政策宣讲会。

11月2日，门头沟区经济和信息化委员会举行“智慧门城”建设战略合作框架协议签约仪式。

11月5日，依托市政务云平台，北京市统计局完成全国第三期农业普查综合试点、清查数据处理工作。

11 月 8 日，北京软件和信息服务业协会发布 BSIA 软件无限平台。

11 月 8 日，中关村石墨烯产业联盟成立，助推本市高精尖产业发展。

11 月 11 日，工商全程电子化登记平台在海淀区正式开通运行。

11 月 11 日，北京纳税人网“六能”平台在电子政务举办的 2016 年政府网站评选中获“网上办事类精品栏目奖”。

11 月 17 日，北京市水务局组织开展全局网络与信息安全培训。

11 月 17 日，第三届世界互联网大会“一带一路”信息化论坛在乌镇举办。

11 月 17 日，ofo 共享单车在京召开城市战略发布会，宣布正式开启城市服务，推出新一代小黄车 ofo3.0，并启动“城市大共享”计划。

11 月 24 日，“房山农事通”手机 App 在琉璃河镇中粮智慧农场举行开通仪式。

11 月 28 日，石景山区政府门户网上办事平台二期项目启动，助力区网上政务服务体系建设。

11 月 29 日，石景山区经济和信息化委员会组织开展了石景山区地理空间基础库数据更新工作。

11 月 30 日，“北京市个人公共信用信息社会查询服务”正式开通。

11 月 30 日，以“新应用、新平台、新技术”为主题的“2016 信用北京暨（第二届）信用中关村高峰论坛”召开。

11 月 30 日，北京市统计局信息化三期项目初步设计报告通过北京市发展改革委专家评审。

11 月，全市完成 96 套电声警报器的新建、78 套电声警报器的更新、200 套电声警报器控制终端的更新。

11 月，石景山区经济和信息化委员会协调歌华有线公司启动石景山区平房区有线电视用户数字化转换工作。

11 月，北京市工商行政管理局完成《北京市禁限产业目录实施效果分析》，并向北京市政府进行报送。

11 月，北京赛思信安技术股份有限公司承担工业和信息化部国家互联网金融安全技术专家委员会官网建设。

11 月，北京软件和信息服务业协会 30 周年纪念活动在京举行。北京浩瀚深度信息技术股份有限公司获“2016 北京软件和信息服务业综合实力百强企业”。

11 月，北京中医医院顺义医院开通新农合直报患者的支付宝扫码付费功能。

11 月，北京高精尖产业发展基金荣列中国政府引导基金 TOP20。

11 月底，石景山区完成未实名制手机停机工作。

12 月

12 月 1 日，门头沟区经济和信息化委员会召开“门城通”及便民服务应用服务项目评审会。

12 月 8 日，2016 年北京市企业诚信创建活动总结大会召开，共筛选出 508 家诚信创建企业。

12月14日，“智慧法院”北京行公众开放日活动在北京市高级人民法院举办。

12月20日，石景山区电子政务内网二期项目通过初验，标志着石景山区电子政务内网基础建设实施工作已基本完成。

12月21日，北京数字档案馆（电子文件中心）建设项目初步验收完成。

12月22日，北京市企业信用信息公示系统的整体设计完成，配合国家工商总局完成全国各省市统一上线工作。

12月22日，京津冀大数据综合试验区建设启动大会召开。

12月23日，ofo共享单车率先发布海外战略，在美国旧金山、英国伦敦展开试运营。

12月28日，昌平区启动“虚拟学校”项目。

12月28日，北京路侧停车电子发票系统正式上线，第一张停车电子发票在石景山开出。

12月30日，“京津冀一体化指挥平台”正式启动运行。

12月31日，北京市司法行政系统监管安全2017零点报告行动举行，标志着北京市监狱教育矫治系统实现连续20年监管安全“四无”目标，社区矫正工作实现“四个不发生”的工作目标。

12月，北京元心科技有限公司通过高新技术企业认定。

12月，由北京市科委组织开展的2016年度北京市战略性新兴产业科技成果转化基地授牌仪式在北京创业大厦举行。

12月，以“提升服务能力，融合创新发展”为主题的2016年中国通信网络运营维护服务年会在北京召开。

12月，2016中国质量评价协会科技创新奖评选结果揭晓，北京浩瀚深度信息技术股份有限公司的“面向电信运营商的网络流量数据服务平台”获2016中国质量评价协会科技创新奖成果优秀奖，“面向移动统一DPI的流量监控设备”获产品优秀奖。

12月，2016中国通信学会科技进步奖评选结果揭晓，北京浩瀚深度信息技术股份有限公司的“高性能互联网DPI系统及大数据的应用”获中国通信学会科技进步奖二等奖。

12月，北京浩瀚深度信息技术股份有限公司被中关村科技园区管理委员会授予“中关村前沿技术企业”。

12月，北京市民防局研制出地下有限空间音视频采集和接力传输系统，具备双路高清视频传输能力，有效解决了地下有限空间人防工程事故现场的音视频实时传回至指挥部的问题。

12月，平谷区预警信息网格发布平台正式并网运行。

12月，“@气象北京”获最具影响力气象微博并入驻气象微博内容众创平台机构。

12月，密云区水量远程监控系统二期建设项目通过验收。

12月，完成全员人口系统政务云迁移升级改造项目方案申报工作。

截至年底，2016年石景山区共有7家企业获得北京市中小企业创新融资项目支持，实现集合信托、融资租赁、私募债等创新融资总额16600万元，累计获得市级贴息奖励支持301万元。

截至年底，海淀区2598个区域实现无线网络覆盖。

年内，市园林绿化局开发建设了京津冀林业数据资源协同共享发布平台，实现三省市综合管理、林业资源、林业产业、绿化工程、行业发展和空间信息六大类 136 种业务数据的有效共享。

年内，在 2016 年全国大众创业万众创新活动周期间，在北京市中小企业公共服务枢纽平台举办“让企业成长更简单”主题双创系列活动，吸引超过 3500 家企业 1 万余人次参加。

年内，丰台区信息化项目管理平台开发完成。

年内，顺义区天竺镇三项措施稳步推进“智慧天竺”建设。

年内，“开放北京”公共信息服务平台上线运行。

年内，市商务委加快推进“互联网 + 政务服务”深化商务领域放管服改革。

年内，北京市商务委员会网站改版。

年内，北京商务服务业运行监测与公共服务平台建设完成。

年内，北京总部企业管理服务信息系统建设完成。

年内，北京经济技术开发区启动智慧灯杆建设试点工作，在 6 条市政道路周边建成 140 处智慧灯杆，智慧照明、无线 Wi–Fi、移动微基站和 LED 电子屏 4 项功能同时上线。

年内，延庆区实现区域“全光网络”，光纤宽带网络覆盖所有城区、376 个行政村及所有政企用户，光纤宽带网络接入覆盖率达到 100%。

年内，延庆区制定完成《北京市延庆区信息化“十三五”发展规划（2016—2020 年）》，分析“十三五”时期延庆区信息化发展形势，明确发展目标和重点工程。

年内，海淀区政务云平台共部署 56 家单位 163 个业务系统。

年内，顺义区医院微信支付功能在自助挂号缴费机上投入使用。

年内，北京浩瀚深度信息技术股份有限公司被北京市发展和改革委员会认定为“国家规划布局内重点软件企业（北京市）”。

年内，东软华北大区中标“中国文联文艺资源中心——文艺移动社区和知识管理资源平台项目”。

年内，Gartner“Market Guide for Enterprise Application Services，China”报告出炉，东软作为关键服务商代表登上 Gartner 报告。

年内，东软集团（北京）有限公司中标东城区物联网应用平台南锣应用示范项目。

年内，第六届中国信息技术服务产业年会在北京召开。

年内，“开放北京”公共信息服务平台上线运行。

信息基础设施

【概述】 年内，完善全市信息基础设施，全力推进铜缆网络光纤化改造工作，完成铜缆网络光纤化改造。督促基础电信运营商免费提速，为本市网络大幅提速奠定坚实基础。实现4G网络城乡覆盖，组织北京铁塔公司与各区信息化主管部门对接，通过属地协调加大基站建设力度。宽带平均可用下载速率提高31%，在395个公共场所为公众提供免费无线上网服务。

（市经济和信息化委信息化基础设施处）

重大规划与工程

【概述】 年内，结合城市副中心搬迁、政务云应用、数据共享、移动办公等新需求，启动有线政务专网规划工作。组织完成了《通州行政副中心电子政务信息基础设施及政务应用共性平台总体方案设计》的研究工作。对区级政务外网建设管理情况进行调研，给各区起草文件，推动政务外网全程全网。研究政务物联数据专网改革思路。根据工业和信息化部要求，通过大量调研，制定政务物联数据专网改革思路，推动网络的市场化运营。

（市经济和信息化委信息化基础设施处）

信息基础设施规划

【通信业首次纳入北京五年规划】 7月28日，经北京市政府批准，北京市通信管理局与北京市发展和改革委员会正式印发《北京市"十三五"时期信息通信业发展规划》，这标志着信息通信业发展规划首次被纳入北京市五年发展规划体系中。《规划》全面回顾和总结了"十二五"期间北京市信息通信业发展取得的成绩，科学设定"十三五"时期北京市信息通信业建设的发展思路和目标。《规划》提出，到2020年，北京市电信业务收入超过4000亿元，其中基础电信业务收入超过600亿元，增值电信及互联网业务收入超过3400亿元。固定网络宽带接入用户将达到800万户，移动互联网普及率超过90%，宽带家庭普及率达到85%。

（江欣）

【支持城市副中心信息化规划建设工作】 年内，为基建办信息化部做好委内处室联络工作；组织完成了《通州行政副中心电子政务信息基础设施及政务应用共性平台总体方案设计》课题研究工作；组织制定办公区域无线局域网建设招标方案的技术部分；完成了基建办通州办公地址与六里桥政务云机房的光纤直连协调工作。

（市经济和信息化委信息化基础设施处）

信息基础重大工程

【重要信息系统基础数据库管理系统通过终验】 4月8日，由北京圣博润高新技术股份有限公司承担的重要信息系统基础数据库管理系统通过公安部十一局组织的专家终验。系统建设内容包括信息安全等级保护过程工作和数据管理，用于部、省、市三级公安机关网络安全保卫部门的日常等级保护工作管理，由定级备案数据管理系统、政策法规标准数据管理系统、应急演练管理系统、监测预警管理系统、通报与事件管理系统、监察检查数据管理系统、信息安全产品管理系统、灾备建设管理系统、建设整改数据管理系统、级保护队伍管理系统、级测评数据管理系统、数据分析与统计管理系统等组成，可供网安专网内部、省二级部署，部、省、市三级使用。

（韩洋洋）

【公共场所免费无线上网工作有序推进】 年内，共计开通公共场所254个，开通AP设备2247台，注册用户超过7万人，上网人次达55.62万，上网流量40336GB，上网时长46.48万小时。

（市经济和信息化委信息化基础设施处）

【800兆无线政务专网网络管理】 年内，印发《北京市800兆无线政务网运行维护费用决算管理暂行办法》修订版、《北京市800兆无线政务网设备更新改造管理办法》。通过网络管理系统对全网沉默用户进行统计和清理，提高网络使用效率；组织专家研究2022年冬奥会集群保障技术路线，明确了语音集群将以TETRA技术为主。

（市经济和信息化委信息化基础设施处）

【推广重大技术装备示范应用】 年内，广利核研发的我国首套自主核级数字化仪控系统（DCS）设备——和睦系统通过验证。京仪博电的双峰滤光器在“神舟十一号”载人飞船搭载，保障了“神舟十一号”与“天宫二号”成功交会对接。天智航和积水潭医院、北航联合开发的可以开展全节段脊柱手术的骨科机器人系统“天玑”上市。柏惠维康神经外科导航定位机器人已在301、天坛、宣武等多家医院参与近200例神经外科手术。

（市经济和信息化委装备产业处）

信息网络基础设施

【概述】 年内，固定网络提速明显。出台市级政务云管理办法，正式运行六里桥市级政务云，已迁移整合57个政务单位、162个信息系统，实现行政审批等领域数据共享和业务协同。启动市级和区级免费无线上网平台互认证工作，市民在不同部门免费无线上网区域间无须再次注册即可享受免费上网服务。

（市经济和信息化委信息化基础设施处）

固定通信网络

【固定网络提速明显】 5月，北京联通启动光纤用户50兆起步且签约速率免费翻倍活动，北京电信也于8月1日起启动光纤用户百兆起步且签约速率免费翻倍活动。截至10月底，北京市累计完成光改710万户；50兆及以上宽带用户占比由2015年底的22%提高到约69%，百兆用户占比超过12%；宽带用户平均带宽由2015年底的23.86兆提高到约45.42兆，提高了90%，提前一年实现国家要求的提速指标；可用下载速率提升到12.85兆，同比提高了31.26%。

（市经济和信息化委信息化基础设施处）

【获“宽带中国”示范城市最佳实践奖】 12月16日，在国家宽带发展联盟主办的“宽带，让城市更美好，2016‘宽带中国’城市发展市长论坛暨‘宽带中国’示范城市建设成果展”大会上，北京市获国家宽带发展联盟发布的“‘宽带中国’示范城市最佳实践奖——宽带普及示范”称号。宽带普及是一个城市和地区宽带发展水平的综合体现，在《中华人民共和国国民经济和社会发展第十三个五年规划纲要》中，将固定宽带家庭普及率和移动宽带用户普及率作为“十三五”时期我国经济社会发展的主要指标之一。

（江欣）

移动通信网络

【签订“基于宽带移动互联网的智能汽车与智慧交通应用示范”合作框架协议】 1月18日，“基于宽带移动互联网的智能汽车与智慧交通应用示范”合作框架协议签约会在北京经济技术开发区举行。来自工业和信息化部相关司局、市交通委、北京经济技术开发区等有关部门，20余家企业，5所高校科研机构以及60余家新闻媒体，共计200余人参加会议。市经济和信息化委委员姜广智主持媒体发布会。会议向媒体详细介绍了方案提出的绿色用车、智慧路网、智能驾驶、便捷停车、快乐车生活、智慧管理等六大应用示范内容，并发布了《“基于宽带移动互联网的智能汽车与智慧交通应用示范”北京市2016—2020年行动计划》。

（市经济和信息化委电子信息处）

【5G综合验证平台及256大规模天线发布】 4月25日，大唐电信科技产业集团“5G综合验证平台及256大规模天线”发布会在京举行。5G综合验证平台，可通过灵活配置支持各种典型5G场景的多技术组合验证，支撑5G技术的标准化和产业化。在平台上，大唐电信集团展示超大规模天线（Massive MIMO）技术、非正交多址接入（PDMA）技术和车联网技术。其中，256大规模天线拥有128独立数字通道，可以实现20流数据并行传输，传输速率超过4吉兆；PDMA针对低功耗、广覆盖物联网场景，重点解决每平方千米部署100万物联网大规模低成本、大覆盖业务需求；5G综合验证平台不仅能够模拟V2X自主安全驾驶，在99.999%的传输可靠性下将时延缩小到毫秒级，还支持多种场景的防碰撞检测与告警，验证车联网方案中算法和设计的有效性、可靠性。

（大唐电信）

【4G网络实现城乡覆盖】 年内，组织北京铁塔

公司与各区信息化主管部门对接，通过属地协调加大基站建设力度。截至年底，北京市4G基站累计达5.73万个；比上年增长1.08万个，北京移动公司的4G网络基本实现了城乡全覆盖，北京联通和北京电信也在年底前实现4G网络城乡覆盖；全市移动用户近4000万户，其中4G用户约2178万户。

（市经济和信息化委信息化基础设施处）

有线电视网

【改造建设有线电视网络】年内，北京歌华有线电视网络股份有限公司实施网络改造建设40万户。实施DOCSIS 3.0升级工程，覆盖200万户以上，提升了支持开通家庭高带宽业务的能力；启动了光纤到户技术试点工程建设，完成8个光纤到户试点，共计5000余户，试点区域网络报修量明显下降，光纤到户试点取得良好效果。

（歌华有线）

【有线电视频道入网情况】年内，北京歌华有线电视网络股份有限公司大网中传输了59套模拟电视节目，其中中央电视台节目15套、北京电视台节目10套、中国教育台节目2套、外省卫视节目32套；平移网中传输了181套数字电视节目和18套数字广播节目，181套电视节目中含标清数字电视节目148套（中央电视台节目16套、北京电视台节目10套、中国教育台节目3套、外省卫视节目34套、卡通频道节目4套、购物频道节目12套、区县节目4套、付费频道节目64套、歌华自办节目1套）、高清数字电视节目33套（含3D试验频道1套，歌华自办节目1套）；平移网中模拟电视节目数量25套，包含中央电视台节目6套、中国教育台节目1套、北京电视台节目9套（含区县自办1套）、省级卫视9套。

（歌华有线）

【高清交互数字电视系统建设】年内，北京歌华有线电视网络股份有限公司继续推进传输承载网和网络运营支持系统建设工作，实施了互联网出口缓存测试、系统割接上线和互联网出口资源建设，完成了HFC网管等系统的功能优化和软件升级工作。开发上线iBOSS移动端，满足了维护人员上门服务处理业务的移动便捷性需求。

（歌华有线）

【用户数量实现稳定增长】截至年底，北京歌华有线电视网络股份有限公司有线电视注册用户达到580万户；高清交互累计推广数量达到483万户，较上年增长23万户；家庭宽带用户达到50.6万户，较上年增长超过9万户。

（歌华有线）

三网融合

【不断丰富高清交互数字电视内容】年内，北京歌华有线电视网络股份有限公司高清交互数字电视传输181套数字电视节目（含标清数字电视频道148套、高清数字电视频道33套）和18套数字广播节目。年内新增“BTV影视”高清、“BTV新闻”高清、“四川卫视”高清、“福建东南卫视”高清、“金鹰纪实”高清、“环球购物”高清等6套高清频道入网播出，新增“中国交通”频道，丰富了网内付费频道内容；提供直播、院线、点播、回看、新闻、综艺、教育、文化、健康、游戏、生活、政务、电视营业厅等应用。平台在线视频点播类节目数量突破12万小时，其中高清节目近6万小时。

（歌华有线）

【北京市场首推4K超清智能机顶盒】年内，北京歌华有线电视网络股份有限公司在北京市场首推4K超清智能机顶盒，融合了有线直播和互联网电视，提供基于城域网的互联网电视服务，以及有线数字电视的直播、回看和时移。提供近200部4K大片并每周更新；节目总储备量超过120万小时，包括英超、NBA全场次比赛直播与回看，以及大量来自海内外的优质影片。

（歌华有线）

无线电管理

【概述】年内，北京市无线电管理局按照《2016年全国无线电管理工作要点》和《2016年北京市工业和信息化工作要点》的要求，认真开展各项工作，较好地完成了无线电安全保障任务；认真开展两大专项打击行动，遏制非法无线电设台增加趋势；全力抓实3项基础任务，认真落实无线电管理职责；扎实做好4个保障，为中心任务完成打下坚实基础。

（北京市无线电管理局）

无线电频率台站

【无线电台站管理】年内，对频率占用费进行重新核对，对查明注销和新增台站进行了更新；对逾期6个月（截至2016年12月31日）未缴费的，按照有关规定予以注销。全年完成设置无线电台的行政审批99件、办理台站年审451家、收缴频率占用费598万余元。为业余无线电爱好者核发A类操作技术能力资格证2039人、B类155人，共换发操作技术能力资格证书247人，发放执照3041个。

（李书亮）

【无线电频率管理】年内，完成1.4GHz频段宽带数字集群专网综合规划方案，落实1.8G无线接入系统频率需求调研工作，推进200MHz频率管理工作，实地调研协调冬奥会海坨山气象雷达及首都新机场雷达微波。完成日常使用频率申请行政许可43份，使用频率延期申请行政许可34份。办理进口无线电设备核准12件，办理临时进口无线电设备核准34件，进口设备数量26787台。办理无线电设备型号核准初审共计176件。处理外国元首访华用频44批次。办理业余电台呼号行政许可4批次。完成频率协调9次。

（李书亮）

电磁环境和设备

【电磁环境测试和设备检测】年内，共完成21家单位、53个通信网、56个测试点的电磁环境测试。完成23家单位、23个通信网的台站技术验收。完成26家单位的设台验收，测试设备131台。共签署入关检测协议及方案10份，涉及进口设备224343台。共检测业余电台3109台。

（李书亮）

无线电管理技术设施建设

【完成技术设施建设工作】年内，北京市无线电管理局监测设施建设情况：完成上年新建固定监测分站、信号截获分析处理系统等建设项目的建设及验收工作。完成监测网及其辅助技术设施的运行维护项目。完成新建8个固定监测分站的相关建设工作。完成技术审查上年的3个项目建设和验收工作。完成上年的广播电视现场检测系统、数字微波（地球站）现场检测系统、伪基站检测系统建设项目的验收工作。技术设施建设项目顺利实施，工作效果明显。

（李书亮）

无线电安全保障专项

【保障重大考试无线电安全】年内，应各级考试主管部门的要求，完成2016年全国职称外语考试、高等教育自学考试、成人本科学士学位英语考试、同等学力申请硕士学位考试、二级建造师考试、高考等16次考试的无线电安全保障工作。累计安排周末节假日保障30多天，出动保障车辆100台次，累计监测400多小时。

（李书亮）

无线电发展环境

【完成电磁频谱评估和监测工作】年内，北京市无线电管理局完成公众移动通信的电磁频谱评估工作，提高了资源使用效益。根据国家无线电办公室关于打击“黑广播”的要求，充分发挥无线电固定监测网的作用，及时、准确地做好对“黑广播”的发现、监测和定位工作。重点收集“黑广播”设备占用正常电台频率，扰乱无线电管理秩序、危及航空安全的证据。针对北京市通州地区、中关村地区和天通苑地区等“黑广播”重点高发区域，监测网保持实时的监测，区域性集中打击。完成SMOS卫星干扰信号专项监测工作、完成全市多项重大考试保障监测工作；完成200MHz数传频段监测、丝绸之路国际汽车拉力赛用频监测、外国元首访华专项监测工作。共完成11份监测频谱统计报告，累计监测时长35660小时。

（北京市无线电管理局）

信息产业

【概述】年内，以云计算、大数据、企业互联网、安全自主可控、北斗导航、虚拟现实等为重点方向，加强政府资金引导，促进新兴领域示范项目加速落地，取得新的突破。一批重大云应用落地，建设乐视广电全媒体云平台，云平台节点超过200个，新一代P2P+CDN和Letv UI支撑系统上线并在多屏终端中运营；搭建包括弹性云计算、分布式海量存储、视频多媒体处理等的金山公有云服务平台，已具备对外提供38000个云主机服务的能力，服务规模化企业2100家；有序推进北京国际大数据交易中心建设；用友企业互联网运营平台取得积极进展，已与390多家创新创业企业开展合作；推进北京可信开放高端计算系统产业化（TOP）项目建设，TOP新云服务器1—10月累计销售1.7亿元，已获得软件著作权18项，已受理发明专利1项，完成数据库产品1.6版本、数据库迁移工具1.0版本的研发。中国网安信息产业示范基地重点突破可信增强技术，研制的国产自主高安全专用终端采用安全与系统全面融合的一体化设计方案。积极推动北斗区域示范项目建设，应用北斗终端9.4万台/套，北京成为全国北斗应用最广泛、终端推广量最大的城市之一；北斗导航与位置服务产业公共平台完成公共运营中心及创新创业服务中心建设，运营平台实现千万级用户规模，并发处理能力达100万/次。

（市经济和信息化委软件处）

电子信息制造业

【概述】年内，北京电子信息制造业低位开局，全年呈缓慢回升态势。电子信息产业处紧扣产业创新和京津冀协同发展主题，积极推进疏解非首都功能、京津冀协同发展和构建“高精尖”经济结构，坚持将构建“高精尖”产业结构作为主攻方向和突破口，加快推动由全面发展向产业高端环节、核心和尖端领域聚焦发展。

（市经济和信息化委电子信息处）

【推进车联网产业创新发展】1月，为推动信息通信、集成电路、智能汽车等3个万亿级产业的融合发展，加快推进京冀协同，工业和信息化部、北京市、河北省联合签订“基于移动互联网的智能汽车与智慧交通应用示范”部省合作框架协议，三方共同加快智能车联产业创新中心、车联网产业基金、产业联盟与应用示范区建设，打造北京在智能汽车与智慧交通产业的领先地位。千方科技、北汽新能源、乐视、百度、大唐、长城汽车等优势企业联合组建北京智能车联产业创新中心，一期注册资本6000万元，着力开展车载毫米波雷达、智能驾驶等技术产品研发和智能车联封闭测试场建设，封闭测试场已完成设计方案专家评审。总规模10亿元的北京未来车联网产业基金已通过评审。车联网关键系统应用示范项目，已完成车载终端设备的技术选型、路侧控制设备的初步设计，完成了6个车联网应用场景的研发设计工作，已完成10KM的智慧路网开放道路示范区“P”形路由选择，并已完成路侧设备安装位置选点工作，正在对后续具体部署和安装方案进行评估。

（市经济和信息化委电子信息产业处）

【中关村智造大街启动】7月23日，中关村国际创新周开幕式暨中关村智造大街启动仪式在海淀区举办。工业和信息化部副部长怀进鹏，工业和信息化部电子信息司司长刁石京、副司长乔跃山，北京市副市长隋振江，北京市政府副秘书长刘印春，市经济和信息化委主任张伯旭、委员姜广智，北京市科委主任闫傲霜，中关村科技园区管委会主任郭洪，海淀区委书记崔述强，海淀区委副书记、区长于军等出席启动仪式及相关活动。张伯旭对中关村智造大街的发展提出要求。中关村智造大街位于海淀区五道口，北起双清路，南至成府路，全长380米。

（市经济和信息化委电子信息产业处）

【贯彻落实产业政策】年内，电子信息产业处贯彻国家战略，积极落实产业政策。根据《国家集成电路产业发展推进纲要》和《〈中国制造2025〉北京行动纲要》，研究制定了《"十三五"北京集成电路产业发展规划》，明确了发展思路、产业重点和实施路径。根据《关于软件和集成电路产业企业所得税优惠政策有关问题的通知》，会同市有关部门规范、高效地开展政策宣贯和落实工作，完成14家集成电路企业所得税备案资料核查工作。落实京津冀协同发展战略，会同中关村管委会、经济技术开发区管委会、石家庄市政府共同推进石家庄（正定）集成电路产业基地及正定科技新城建设，已签约11个高科技合作项目。会同北京海关积极推进北京集成电路设计企业保税监管新模式试点工作，帮助企业解决增值税资金占压问题，不断提高产品通关效率。根据《工业和信息化部 国家知识产权局关于做好军民融合和电子信息领域高价值知识产权培育运营工作的通知》（工业和信息化部联财〔2016〕259号）要求，会同有关委办局初步拟定了《电子信息领域高价值知识产权培育运营实施方案》，加强知识产权布局，开展知识产权风险预警和防控，加强知识产权运营基础数据支撑，提高知识产权运营效益和产业保障能力。

（市经济和信息化委电子信息产业处）

【组织北京企业申报工业和信息化部《中国制造2025》重大项目库项目征集工作】年内，电子信息产业处组织北京企业申报工业和信息化部《中国制造2025》重大项目库项目征集工作，经初审，共有21个项目被推荐入库。组织工业和信息化部工业转型升级项目申报工作，共推荐项目5个，涉及总投资35424万元。组织工业强基项目申报工作，获得批准1项，获得财政支持1171万元。组织02专项2016年地方配套项目7项，支持资金2.2亿元。组织申报高精尖产业发展资金，2016年共支持市级项目15项，涉及总投资127286万元，财政资金支持12118万元。组织申报中关村现代服务业项目，共推荐项目8项，涉及总投资70660万元，申请财政资金支持7800万元。乐视智能终端生态并购基金、北京未来车联网产业基金已通过专家评审、公示环节，北纬信息通信产业基金已基本完成投资人尽职调查。

（市经济和信息化委电子信息产业处）

【开展项目跟踪、验收管理工作】年内，电子信息产业处完成各类项目验收25项。其中，北京市工业发展资金项目7项，涉及总投资95606万元，财政资金支持3379万元；中小企业发展专项资金项目4项，涉及总投资6060万元，财政资金支持570万元；统筹资金项目1项，涉及总投资51924万元，财政资金支持596万元；中关村现代服务业项目1项，涉及总投资4598万元，财政资金支持413万元；工业和信息化部电子发展基金项目12个。通过严格遵守验收标准和流程，有效监督项目单位按照合同要求使用财政资金，确保财政资金安全有效发挥创新引领作用。

（市经济和信息化委电子信息产业处）

计算机产业

【联想集团“云笔记本”电脑问世】3月17日，联想集团有限公司在京举办以“新势力鹿头角”为主题的联想小新春日 Family Day，发布云笔记本产品小新 Air13 和小新 Air12。小新 Air13 具有高颜值、高性能、高价值三大特色；小新 Air12 具有随时随地轻松上网功能。新产品将设备和云服务进行融合，实现跨设备的同步共享，满足用户在各场景应用的需求。小新 Air 系列云笔记本为每位用户提供 100 吉兆大容量云盘，网络同步速度不设限。联想云盘能实现文件实时编辑，任何编辑修改都会自动同步上传到云端，还能在多个设备之间同步共享。联想云服务配备照片大师软件，除可实现常规的修图功能外，还能通过联想云服务，将移动设备中的照片，自动极速同步到软件图库中，不必担心出现照片丢失的问题。通过联想云服务的“一键冲印”功能，用户可在小新 Air 上完成照片冲印。同时，联想集团还首次在 PC 行业为用户带来“一键换机”的功能，只需动动手指，用户就可以将旧电脑上的常用软件、个性化设置迁移到小新 Air 当中。

（徐建）

【“神威·太湖之光”成为世界最快计算机】6月20日，在德国法兰克福举行的国际超算大会发布了超级计算机 TOP500 榜单，由国家并行计算机工程技术研究中心研制的超级计算机“神威·太湖之光”以其峰值性能 12.5 亿亿次 / 秒、持续性能 9.3 亿亿次 / 秒，以近 3 倍于第二名的运算速度排名第一。“神威·太湖之光”采用国产核心处理器“申威 26010”，“申威 26010”是国际首款万亿次异构众核处理器，面积约 25 平方厘米，集成 260 个运算核心，内置数十亿晶体管。单芯片运算能力为每秒 3 万多亿次。超级计算机由 40 个运算机柜和 8 个网络机柜组成，搭载 40960 块“申威 26010”处理器，主要应用于涉及天气气候、航空航天、船舶工程、海洋环境、石油物探、生物信息、药物设计、电磁仿真、动漫渲染、核物理、新能源、新材料等 10 余个重要领域，实现数百万核的超大规模并行运算。《华尔街日报》评论称：“神威·太湖之光”是中国首台未使用美国芯片技术且运行速度排名世界第一的计算机。

（中国科技网）

【推进人工智能与智能硬件创新中心建设】6月，工业和信息化部、北京市签订关于共同推进建设人工智能与智能硬件创新中心合作框架协议，提出顶层设计行业发展路线，广泛调动政产学研用创新资源，指导和建设人工智能和智能硬件创新中心，打造产业创新发展新高地；突破关键共性技术，推进高端产品产业化，建设场景式体验中心，开展行业应用示范；探索政策机制创新，打造制造业创新中心、公共服务平台、产业基金、产业联盟，构建人工智能与智能硬件产业生态体系。年内，联想、京东、中科院微电子所、中科创达等 20 家单位共同编制“人工智能与智能硬件创新中心”实施方案，并邀请李德毅等多位院士担任创新中心的战略咨询专家。中科创达、联想、中科院微电子所等单位达成组建人工智能与智能硬件创新中心投资意向。

（江欣）

【米家扫地机器人发布】8 月 31 日，在小米生态链 2016 秋季沟通会上，小米科技有限责任公司发布米家扫地机器人。产品可通过米家 App 远程操控，其采用 NIDEC 无刷电机，具备 1800 帕斯卡风压；浮动主刷设计，可以根据地面的高低上下浮动，紧贴地面；通过即时定位与地图构建算法实时构建房间地图，进行清扫路径规划，然后根据路径清扫；在清扫墙边缝隙的过程依靠沿墙传感器，可与墙精确保持约 1 厘米的距离，配合边刷的工作将墙边缝隙的灰尘清理干净；配备 5200 毫安锂电池，续航 2.5 小时，充满电一次可清扫 250 平方米。

（杜玲）

【AI 写稿机器人推出】8 月，北京大学计算机所万小军团队与今日头条实验室李磊团队联合推出 AI 写稿机器人——奥运 AI 小记者 Xiaomingbot。Xiaomingbot 是利用大数据分析、自然语言处理与机器学习技术的人工智能写稿机器人，可以基于实时赛事数据与知识库生成比赛简讯，还可以基于体育比赛文字直播精炼合成长达上千字的比赛总结报道。

（市经济和信息化委电子信息产业处）

【全国工业机器人技术应用技能大赛举办】11 月 25—27 日，由工业和信息化部、人力资源和社会保障部、教育部共同举办的“2016 年中国技能大赛——‘埃夫特 · 栋梁杯’全国工业机器人技术应用技能大赛”在北京举办。由 6 名选手组成的北京代表队在大赛中取得 1 个一等奖、3 个三等奖、团体总分奖的优异成绩。

（江欣）

液晶显示产业

【京东方集团 8K 显示产品转播里约奥运会】8 月 5—21 日，第三十一届夏季奥林匹克运动会在巴西里约热内卢举行。奥运会期间，巴西环球电视台在明日博物馆特别设立“体验未来：电视的演变”展览，采用京东方科技集团股份有限公司生产的 98 英寸 8K 超高清电视转播奥运会现场赛事。电视显示屏分辨率 7680×4320，画面中有 3300 万个像素点，是普通高清电视 200 万像素点的 16 倍，在显示效果上是 4K（UHD）显示屏的 4 倍。

（杜玲）

【首台中国自主研发的 OLED 电视发布】11 月 16 日，深圳创维集团有限公司、京东方科技集团股份有限公司和海思半导体有限公司在深圳发布首台中国自主研发的 OLED 电视——创维 M1。三方共同研发 OLED 电视的核心技术，自主生产最为关键的显示屏和“核高基”芯片，实现 OLED 电视纯国产，打破韩国企业对 OLED 核心技术的长期垄断。电视的 OLED 面板来自京东方科技集团合肥 G8.5 代液晶面板生产线，尺寸 55 英寸，4K 分辨率，亮度可视角度 160 度，色度可视角度 120 度。

（张毅）

【多举措助推重大项目】年内，电子信息产业处多举措助推重大项目，为产业发展提供新动能。深入实施国家“910”工程，全力推动并保障中芯北方项目建设，推动 B2 项目资本金全部到位，产线建设进展顺利，28nm 工艺规模量产，月产能达到 18000 片；瞄准 14nm 工艺研发及产业化，落实 B3 项目资金来源，已完成项目立项，集成电路厂房已封顶。联合相关部门积极协调各方资源支持小米海淀科技创新园、燕东 8 英寸特色工艺线、纳微矽磊 8 英寸 MEMS 生产线、华卓精科集成电路装备关键零部件、屹唐集成电路标准厂房等一批项目开工建设，项目用地及资金已基本落实。三是支持北京集成电路设计业在处理器、存储器等方面的研发，龙芯中科新一代 CPU（3A3000）研制成功并小批量生产，联想集团、汉光舞等公司积极探索 SSD 存储技术，并取得进展。以北京集成电路产业基金、亦庄国投等资本平台引领社会资本，积极推动一批国际并购项目落地。

（市经济和信息化委电子信息产业处）

集成电路产业

【中国集成电路知识产权联盟成立】 1月20日，由工业和信息化部电子知识产权中心主办的“中国集成电路知识产权高峰论坛”在北京万寿宾馆召开，中国集成电路知识产权联盟宣布成立。论坛围绕“技术创新 & 知识产权运用”这一主题，针对现阶段存在的制约中国集成电路产业发展的固有问题展开研讨。工业和信息化部科技司、电子司，国家发展和改革委，国家知识产权局，国家海关总署等有关部门领导出席论坛并致辞，与会 200 多位领导和嘉宾共同见证了联盟成立。与会专家分别围绕“技术创新与知识产权运用”“技术研发、标准必要专利与知识产权运营管理”“滥用知识产权的反垄断规制”主题展开分析和探讨，并分享了他们的经验与思考。

（江欣）

【2016 北京微电子国际研讨会暨中国新能源汽车电子高峰论坛举办】 9月27日，“2016 北京微电子国际研讨会暨中国新能源汽车电子高峰论坛”在亦庄亦创会展中心举办。研讨会的主题是“联动融合，创新共赢，推动产业跨越发展”。研讨会每年定期在北京举办一次，此届是第 17 届。国际半导体设备及材料协会（SEMI）、美国华美半导体协会（CASPA）、高通、仙童半导体、恩智浦、中芯国际、京东方、北方微电子等百余家国内外知名微电子及新能源汽车电子相关单位参加研讨，并举办“集成电路和汽车电子展览”。此次会议针对信息产业感知、互联、智能的新特点，围绕中国集成电路产业发展与资本运作、创新创业环境营造、产业高端要素整合以及新能源汽车电子关键技术创新等话题，邀请国内外嘉宾对我国及北京市集成电路与新能源汽车电子产业发展建言献策，共商合作发展大计。

（江欣）

【京津冀协同中关村集成电路产业基地推进】 11月16日，由石家庄市人民政府、北京市经济和信息化委员会、中关村科技园区管理委员会主办的 2016 京津冀协同发展石家庄（正定）中关村集成电路产业基地暨正定科技新城“十三五”发展推介会在中关村国家自主创新示范区展示中心召开。在推介会上，石家庄中关村协同发展有限公司成立启动仪式和京津冀协同发展合作项目签约仪式也同时举行，总投资 244.1 亿元的 11 个京津冀合作项目进行了集中签约。

（江欣）

【利用央企资源加速推动产业发展】 年内，电子信息产业处结合国家战略，充分利用北京资源优势，争取央企在京投资。北京市与国家集成电路产业投资有限责任公司积极开展合作，引入国家资本支持北京集成电路产业发展。合作的项目主要包括中芯北方项目引入国家集成电路产业基金 6.36 亿美元，七星华创与北方微电子整合引入国家基金6亿元，世纪金光、燕东微电子等项目引入国家基金工作正有序推进。同时，全力支持央企在京开展研发及产业化工作，分别支持了国网智能研究院、中电科45所、中国钢研科技集团、中科院光电研究院、大唐电信集团等央企在京研发及产业化项目资金约1亿元。积极组织中国移动、中国电信、工业和信息化部电信研究院、普天通信、中科院微电子所等单位申报“新一代宽带移动通信网络”国家重大科技专项。

（市经济和信息化委电子信息产业处）

【营造产业环境】年内，积极营造有利于项目合作、技术交流、产业培育的良好环境。协助成立中关村集成电路设计园公司，计划总投资40亿元在海淀北部建设集成电路设计企业聚集区，为集成电路设计企业提供融资担保、政策支持和服务；围绕即将实施的“芯火”创新计划，重组成立了中关村芯园公司，为中小微集成电路设计企业提供EDA平台、IP核等“一站式”技术服务，促进设计企业的创新创业；组织中芯国际、京东方牵头与上下游企业结成产业联盟，制订高端制造业装备与材料国产化规划，带动国产供应链配套；主办2016年北京国际微电子论坛及新能源汽车电子高峰论坛、承办了第14届中国通信集成电路技术与应用研讨会，不断加强技术交流，活跃产业氛围。

（市经济和信息化委电子信息产业处）

移动通信产业

【中国电信与中国联通达成战略合作】1月13日，中国电信与中国联通在北京举行“资源共建共享 客户服务提质”战略合作协议签约仪式。根据协议，双方将在5个方面开展战略合作：一是深入推进网络共建共享，加快网络覆盖，提升网络的服务能力；在重大灾害、突发事件及重要保障情况下互相协助业务恢复，提升双方应急通信保障能力。二是丰富终端品类，更好地满足用户多样化需求，共同推动六模“全网通”成为国家标准。三是提高网络互联质量，提升用户服务感知。四是采用新机制和市场化运作开展创新业务合作。五是联合与境外运营商开展国际漫游业务合作，提升国际漫游服务质量。

（江欣）

【卫星导航与移动通信协同发展论坛举办】5月17日，由TD产业联盟与中国卫星导航系统管理办公室学术交流中心联合主办的第七届中国卫星导航学术年会——卫星导航与移动通信协同发展论坛在长沙市举办。来自TD产业联盟成员单位以及相关领域的专家等200余人参加。论坛汇聚政产学研用多方观点，共同研讨卫星导航与移动通信技术协同发展的成果及发展前景，推动产业链企业增强通信技术、导航技术、传感技术、大数据技术等相关技术的融合集成能力，促进卫星导航和移动通信更好地协同服务于消费电子领域和行业应用市场。

（陈岩）

【光纤覆盖率达到94%】年内，随着北京市10个郊区陆续完成光纤改造，北京市郊区通信全面迈入“全光网络时代”。全光网络通信，指的是区域内光纤到户的宽带用户占比超过90%，所有的传统公共交换电话网络（PSTN）设备下电“退休”。北京区域光纤宽带覆盖率已经达到94%。

（江欣）

【第四代移动通信系统关键技术与应用获奖】年

内，由中国移动通信集团公司等14家单位完成的“第四代移动通信系统（TD–LTE）关键技术与应用”项目获2016年度国家科学技术进步奖特等奖。项目围绕TD–LTE技术创新与规模应用，取得物理层核心技术创新、产业能力创新及商用运营关键技术创新，实现“1G空白，2G跟随，3G突破，4G引领”的网络强国战略。在“新一代宽带无线移动通信网”重大专项的支持下，项目攻克TD–LTE物理层设计、智能多天线等关键技术，构成TD–LTE标准的基础技术；系统性解决时分双工（TDD）技术规模应用的干扰消除、网络覆盖等关键技术，形成大规模运营的技术体系；克服多频多模终端芯片设计与集成电路开发技术瓶颈，实现多频多模网络、芯片、终端、仪表等全产业链的群体突破。项目攻克中国通信产业在芯片、仪表等薄弱落后环节，使中国移动通信行业跻身国际先进行列；构建公共试验验证平台，推进产业链整体研发和产业化进程；克服规模组网应用中的挑战，构建全球领先的TD–LTE精品网络，推动TD–LTE在全球规模应用，首次实现由中国主导的移动技术标准走向世界。中国主导的TD–LTE在与美国主导的WiMAX的全球4G产业竞争中胜出，成为全球两大主流4G标准之一，使无线移动通信成为中国少数具有国际竞争力的高科技领域之一。

（马媛月）

软件和信息服务业

【概述】年内，全市经信系统认真落实《京津冀协同发展规划纲要》，牢固树立新发展理念，认真落实首都城市战略定位，积极推动京津冀协同发展，着力推进供给侧结构性改革，坚持以疏解带动协同发展，以创新驱动提质增效，以信息化改善城市治理，完成年度主要发展目标任务，实现了“十三五”良好开局。初步统计，全年规模以上工业增加值同比增长5.1%，软件和信息服务业增加值增长11.3%，均超额完成年度指标，工业和软件信息服务业占全市GDP比重26.4%，同比增长0.1个百分点。规模以上工业万元增加值能耗下降10.7%，利润增长5.7%，全员劳动生产率提高8.2%，达到36.5万元/人，创历史新高。

（市经济和信息化委经济运行处）

【会见美国苹果公司全球副总裁】4月5日，北京市副市长隋振江会见美国苹果公司全球副总裁戈峻一行，就深化软件与信息服务领域务实合作交换了意见。戈峻介绍了苹果公司在京业务发展情况，表示愿意借助北京的创新优势，将新业务、新资源引入北京，在大数据、整合研发资源等方面进一步加强互利合作。隋振江希望苹果公司充分利用北京丰富的创新资源，进一步深化软件和信息服务产业领域的合作，特别是在产业研发方面开展深入合作，北京市将积极做好各项服务保障工作。市经济和信息化委主任张伯旭参加会见。

（市经济和信息化委软件处）

【《2016北京软件和信息服务业发展报告》发布】5月26日，北京市经济和信息委员会在

2016 软博会上发布了《2016 北京软件和信息服务业发展报告》，以更好地了解当前产业发展情况，研判产业未来发展趋势。报告在继承历年行业发展报告的研究方法上作了新的探索，主要通过定量分析和定性研究相结合、静态分析和动态分析相结合、统计调研和文献整理相结合、结构化的方法与依赖经验创造性的方法相结合、吸引专业研究机构等方式共同开展研究。报告紧密围绕国家、北京市新的战略和自身业务工作需求，对产业历年数据进行了收集与整理，多要素、多维度对产业发展的关键要素和领域进行了深入分析。报告采用图文结合方式增强了可读性，主要框架由产业全景、高端领域、人才情况、投融资、双创效应等构成。

（市经济和信息化委）

【加强产业分析研究】 年内，北京软件与信息服务业促进中心编写完成《北京软件和信息服务业发展报告：2016》，并获得 2016 北京软博会优秀信息发布奖。参与撰写各类汇报、交流和调研材料 40 余篇，包括市政府办公厅约稿、北京市服务业扩大开放试点互联网和信息服务领域工作情况、工业和信息化部年鉴供稿、全国信息化和软件服务业工作座谈会会议材料等。编写完成《关于 2017 年北京软件和信息服务业发展预测的报告》。整理两化融合政策文件汇编及专家库。撰写的《一季度本市软件和信息服务业运行情况面临的主要困难及政策建议》（《昨日市情》特刊第 69 期）得到主管市长的批示。

（北京软件与信息服务业促进中心）

软件业

【8 家软件企业参与项目获国家科技进步奖】 1 月 8 日，2015 年度国家科学技术奖励大会在人民大会堂举行。北京市北京百度网讯科技有限公司、闪联信息技术工程中心有限公司、北京九五智驾信息技术股份有限公司、北京四通智能交通系统集成有限公司、中国移动通信集团公司、中国电信股份有限公司北京研究院、北京超图软件股份有限公司、和芯星通科技（北京）有限公司共 8 家软件企业参与的 6 个项目获得国家科技进步二等奖。项目数量占国家科技进步奖的 3.2%。其中，北京市北斗企业和芯星通科技（北京）有限公司独立承担的《多系统多频率卫星导航定位关键技术及 SoC 芯片产业化应用》项目涉及我国北斗卫星导航系统核心技术，是首个入选国家科技奖的北斗芯片科技成果。

（市经济和信息化委软件处）

【国产工业软件优秀解决方案对接会首站举行】 1 月 19 日，在工业和信息化部信软司和市经济和信息化委指导下，由北京软促中心具体承办的国产工业软件优秀解决方案对接系列活动第一站北京专场举行。信软司副司长陈英致辞并开启活动，中国工业软件产业发展联盟常务副秘书长杜京哲介绍了活动宗旨，会议安排了政府政策解读、专家观点分享、解决方案介绍、用户实践交流和现场参观等内容，来自北京各区经信部门、工业软件解决方案提供商、装备制造企业用户代表 100 多人参加。对接会还发布了《2016 年度国产工业软件优秀解决方案白皮书》，设立了来自 7 家优秀国产解决方案的展台，参观了数字工厂的典型代表——北京石油机械厂。

（市经济和信息化委软件处）

【召开软件企业“一带一路”暨经济运行座谈会】 1 月 26 日，由市经济和信息化委软件处组织、北京软促中心承办的软件企业“一带一路”暨经济运行座谈会召开。工业和信息化部情报所李彬介绍了“一带一路”倡议下的国际分析及重点产业布局、国家开发银行北京分行评审处专家朱箐介绍了国开行“一带一路”政策、亚信国际业务负责人张昊分享了走出去经验，各企业代表介绍了企业运行情况，石化盈科、小米、全路通等20家重点企业负责人参加。

（市经济和信息化委软件处）

【2016第二十届中国国际软件博览会召开】5月26日，由工业和信息化部主办，北京市人民政府等单位大力支持的2016第二十届中国国际软件博览会在北京展览馆开幕。此届软博会以“促进两化深度融合 服务制造强国建设”为主题，集中展示软件支撑“中国制造2025”“互联网+”等发展取得的标志性成果，以及软件促进大众创业万众创新、保障信息安全等方面的新产品、新技术、新模式，展现软件产业在供给侧结构性改革、经济提质增效等方面发挥的核心作用。工业和信息化部部长苗圩、副部长怀进鹏，北京市副市长隋振江，市经济和信息化委主任张伯旭等领导出席开幕式。

（江欣）

【获“2016第二十届中国国际软件博览会”优秀组织奖】5月26日，软博会在北京展览馆开幕，其中9号馆北京馆是由市经济和信息化委指导、北京软件和信息服务业协会主办，以“大数据大软件大应用”为主题，集中展示用友、太极、华胜天成、东华软件、VMware、神舟航天、数字冰雹、易麦克、金蝶中间件、正版化展区等特装企业及金山云、立思辰、博彦科技、同方孵化企业、VR企业等新领域新业态特色。工业和信息化部部长苗圩、北京市副市长隋振江在市经济和信息化委主任张伯旭、委员姜广智的陪同下参观了北京馆，并对北京馆给予好评。市经济和信息化委在软博会上积极开展工作，获得组委会的支持和肯定，获“2016第二十届中国国际软件博览会优秀组织奖”。

（市经济和信息化委软件处）

【33家企业入选第15届中国软件业务收入前百家企业名单】7月28日，工业和信息化部最新公布的2016年（第15届）中国软件业务收入前百家企业（简称软件百家企业）名单，北京市航天信息、同方股份等33家软件企业入选，入选企业数量与上年持平，居全国首位。中电普华、高德、华宇软件3家企业新入围。此届软件百家企业名单由工业和信息化部根据2015年全国软件和信息技术服务业年报数据最终核定，入围门槛为软件业务年收入13.3亿元，比上一届提高了2.8亿元，增长26.7%。

（市经济和信息化委软件处）

【9家软件企业入围2016德勤高科技高成长中国50强】11月16日，2016德勤高科技高成长中国50强公布，北京共有10家企业入选，其中今日头条、宜人贷等9家为软件和信息服务企业。云测、玖富2家企业已连续两年入选。（“德勤高科技高成长50强”评选项目1005年创办于美国硅谷，被誉为“全球高成长企业的标杆”，旨在发掘并表彰高速成长、持续创新的卓越企业。）

（市经济和信息化委软件处）

【召开软件企业所得税优惠政策专题培训会】12月13日，由市经济和信息化委软件处组织，北京软促中心、北京软件和信息服务业协会承办的软件企业所得税优惠政策专题培训会召开。市财政、市国税、市地税部门负责人，北京软件企业代表240多人参加。市经济和信息化委总结通报了2016年软件企业所得税备案材料核查工作，包括核查结果、第一时间政策培训、建立核查质量保障体系、市级部门协同合作等内容。市税务部门肯定了年度核查工作，介绍了企业所得税申报注意事项。软促中心详细讲解了软件企业所得税优惠政策和备案材料要求，北京软协列举了备案资料常见问题与方法。会议还现场解答了企业提问。此次会议，是落实财税〔2016〕49号文的结果，旨在将产业新政策第一年的经验和教训及时通告企业，方便软件企业更好地享受国家政策。

（市经济和信息化委软件处）

【运行统计分析】年内，北京软件与信息服务业促进中心按照委运行会要求，收集和整理产业动态素材，撰写月度产业运行情况报告、汇报材料以及重大项目进展情况报告共计30多份。完成2015年产业年报数据整理、上报和审核，共约2.6万条数据。组织2016年中国软件业务收入前百家北京企业推荐工作，入选企业33家，居全国首位。完成委基础数据手册软件领域的数据整理。建立重点企业统计监测制度，6月开始进行月报表上报工作，约70家企业按月上报。协助工业和信息化部运行局完成重点企业月报催报，制作“软件和信息技术服务业主要指标月报”及产业运行情况20份。上报产业运行信息28条。

（北京软件与信息服务业促进中心）

【服务软件企业】年内，北京软件与信息服务业促进中心组织编写了《北京软件企业办事指南2016》，并向重点企业发放，受到多方好评。组织国产工业软件优秀解决方案对接会活动，企业及用户代表100多人参加，信软司副司长致辞并开启全国活动。组织北京市落实信息技术服务标准（ITSS）五年行动计划宣贯培训会，90多家企业的130多位代表参加，工业和信息化部信软司巡视员出席并讲话。组织编写完成ITSS应用示范城市申报书，已报工业和信息化部。召开高新软件出口确认工作会，支撑处室完成取消高新软件出口确认工作，简政放权，方便企业。

（北京软件与信息服务业促进中心）

【软件企业总裁班举办】年内，北京软件与信息服务业促进中心组织开展了第五期软件企业总裁班，国家信息中心信息化部主任张新红、大型纪录片《互联网时代》的顾问余晨分享了“互联网+”、互联网哲学等主题报告，BAT等企业负责人介绍了云计算、大数据、人工智能、共享经济、工业互联网等实践思考，近60家重点软件企业负责人参加。

（北京软件与信息服务业促进中心）

互联网信息服务业

【北京名列全国“互联网+”总指数市级排名榜首】6月16日，在北京举行的中国“互联网+峰会”上，腾讯研究院与京东大数据研究部、滴滴研究院、携程研究团队等互联网企业代表共同发布了《中国“互联网+”2016》报告，这份在海量大数据基础上形成的报告全面反映了2015年线上中国经济图景的数字GDP及“互联网+”战略在全国351个城市的落地情况。报告显示：北京在全国“互联网+”总指数市级排名中名列第一；在“互联网+”服务业10个细分行业指数排名中，北京在零售、金融、交通物流、医疗、教育、文化娱乐、商业服务、生活服务等8个行业指数排名均位列第一。此外，报告发布的四大分指数城市20强榜单中，北京在“互联网+基础”“互联网+产业”“互联网+创新创业”这三大榜单中位居榜首。

（北京软件与信息服务业促进中心）

【首都“高精尖”产业发展论坛召开】7月4日，由市经济和信息化委与市侨办、市科委联合主办的中关村华侨华人创业大会首都“高精尖”产业发展论坛在北京召开，来自海内外的华人华侨与政、产、学、研代表共同探讨了首都“高精尖”产业发展。市经济和信息化委副主任王学军出席论坛并致辞。王学军指出，北京将继续深入贯彻制造强国战略，推动制造业创新发展，力争率先实现产业发展动能转换，形成创新驱动的发展格局，并欢迎海内外华侨华人踊跃来京投资创业，共同推动首都产业创新发展。

（市经济和信息化委软件处）

【2016年中国互联网企业百强名单出炉】7月12日，在中国互联网协会、工业和信息化部信息中心联合发布的2016年中国互联网企业100强榜单中，北京市百度、京东、奇虎等28家互联网企业入选，前10位中有4家入选，前20位中有11家入选。新美大、恒诚科技、小桔科技、寺库商贸、六间房、猎豹移动共6家公司新入围。入选企业业态覆盖综合门户、垂直门户、电子商务、互联网金融、网络视频、网络游戏、网络安全、本地生活、分享经济等主要互联网业务领域。

（北京软件与信息服务业促进中心）

【北京在“互联网+公共服务领先城市”榜单中名列第一】7月19日，中国电子政务理事会在云南昆明举办“2016·新常态下电子政务建设经验交流大会”，旨在交流经验、表彰先进个人和推进电子政务应用的先进单位，构建中国电子政务知识共享平台。会议发布了中国电子政务发展主题报告，颁发了“互联网+公共服务领先城市”“互联网+公共服务先进单位”“中国电子政务年度人物”“电子政务优秀案例”等奖项。在各奖项榜单中，北京在多个榜单中均名列前茅。

（市经济和信息化委电子政务处）

【第三届世界互联网大会“一带一路”信息化论坛召开】11月17日，由工业和信息化部主办的第三届世界互联网大会“一带一路”信息化论坛在乌镇举办。论坛以“网络互通促进民心相通”为主题，来自中国和“一带一路”沿线国家信息通信主管部门、知名企业、研究机构和院校以及国际组织的嘉宾与会，共商“一带一路”信息化建设。工业和信息化部副部长陈肇雄出席论坛并致辞，指出携手共建“一带一路”是中国政府顺应地区和全球合作潮流，契合沿线国家和地区发展需要提出的重大倡议；网络互联互通是共建“一带一路”的重要内容，动员沿线各国高度重视、合力推进各方合作。

（江欣）

【推进经济和信息化委系统信息化建设】年内，按照全市推进市级政务云应用有关要求，市经济和信息化委内所有系统全部迁移至六里桥。完成委门户网站、公文、项目等机关办公应用的迁移工作，升级改造公文、项目、督办、档案等4个机关办公系统，实现委内信息系统平稳迁移和安全运行。顺应未来移动办公的大趋势，探索完成移动PAD版建设，为公文办理、手写签批、日程和文件资料查看提供信息化支撑。按照国务院办公厅《关于加强政府网站信息内容建设的意见》要求，全面改造委网站内容架构和页面设计，新建“经信动态”“政策解读”“经信数据”“专题专栏”4个一级栏目；针对京津冀协同、产业疏解、“高精尖”、产业开放创新、智慧北京等五大重点领域工作，首页上开设专区。优化企业网上办事、咨询等功能模块，细化事项分类，为用户提供场景式导航服务，方便企业办事。新建“新能源汽车备案信息”“企业技术中心名单”等15个主题库，为公众和企业提供高质量的数据服务。完成2016年度软件正版化检查和保密检查工作，为全委公文、信息、会议、纪检等涉密终端提供安全稳定的信息化支撑。

（市经济和信息化委办公室）

【开展对外投资专题研究】年内，市经济和信息化委对外交流合作处与赛迪智库世界工业研究所合作，跟踪国外工业信息化领域最新技术，完成了9期《国外工业和信息化最新技术产业化专题汇编》，为工业和信息化战略规划及对外交流合作、企业技术创新和成果转化提供参考。开展《北京市工业领域国际产能合作研究》课题，针对国际形势和目标市场，分行业深入研究国际产能和装备制造合作的机遇和挑战。

（市经济和信息化委对外交流合作处）

【编制北京市人民政府关于积极推进“互联网+”行动的实施意见】年内，经济社会信息化处为贯彻落实《国务院关于积极推进“互联网+”行动的指导意见》（国发〔2015〕40号），会同市发展和改革委、市商务委和中关村管委会等，联合编制《北京市人民政府关于积极推进“互联网+”行动的实施意见》（京政发〔2016〕4号）（简称《实施意见》）。为落实《实施意见》重点工作任务，结合市经济和信息化委中心工作，以及各处室职能，对涉及市经济和信息化委1项牵头任务、13项协办任务以及9项共同负责任务进行了分解，并经主任办公会议审议通过，形成了《实施意见》重点工作委内任务分工，共60项工作任务，覆盖到市经济和信息化委18个处室。

（市经济和信息化委经济社会信息化处）

新技术应用

【概述】年内，市经济和信息化委不断推动京津冀三地加强合作，在云计算、大数据、北斗导航等领域取得成果。联合张家口市张北县共建数据中心产业基地，建设“中国数坝”。总投资200亿元的阿里巴巴集团张北数据中心1号园区、2号园区两个项目正式投入运营。联合津冀两地共建京津冀大数据综合试验区，已获得国家发展和改革委、工业和信息化部和中央网信办的批复，三地将共同打造成为国家大数据产业创新中心、国家大数据应用先行区、国家大数据创新改革综合试验区、全球大数据产业创新高地。积极推动京津冀北斗一体化协同发展，组织三地企业联合签署《京津冀北斗导航位置服务合作协议》，编制《京津冀北斗协同发展一体化实施方案》，打造京津冀北斗导航位置服务运营平台。

（市经济和信息化委软件处）

物联网

【物联网感智创新大赛创投对接沙龙举办】3月22日，物联网感智创新大赛组委会联合多家投资机构，在中关村创业大街3W咖啡举办了第二期“感智物联未来·启航创业梦想”创投对接沙龙活动。市经济和信息化委、市科研院及北京市计算中心等多家组织单位参与此次活动。此次活动的路演项目种类丰富、科技含量较高且基本服务于民生领域，每个创业者均会针对各自项目的最新进展、技术改进、市场推广等方面进行展示和路演，并与现场的物联网行业专家、投资人进行深入交流。专家和投资人共同对创业者路演项目的设计改进、市场定位、商业计划、市场运营、项目孵化落地等多个方面与创业者进行深入沟通及指导。

（市经济和信息化委电子政务处）

【中国物联网产业“十三五”加速发展路线图发布】 4月8日，由中关村物联网产业联盟主办的“中国物联网产业‘十三五’加速发展高峰论坛暨物联网联盟年会”在北京唯实大厦举行。来自全国400多家联盟会员单位代表及物联网领域的嘉宾出席了大会。会上，中关村物联网联盟正式发布了“中国物联网产业‘十三五’加速发展路线图”，包括一个愿景、三条路线和六大行动计划。一个愿景指“美丽中国，改变世界”。三条路线指的是技术创新路线图、商业模式创新路线图和投资金融创新路线图。六大行动计划包括物联网加速、真环保加速、投融资加速、全国加速器成长、产业生态共创、商业模式加速等六大加速行动。此次论坛同期举办了物联网加速发展10×10计划启动仪式和重庆—中关村物联网公共服务平台揭牌仪式，对中关村物联网产业过去一年优秀的组织和个人进行了嘉奖。此外，“第四届智慧北京大赛”颁奖活动同期发布优秀的获奖项目，角逐出10项优秀解决方案和10项优秀示范应用。市经济和信息化委电子政务处相关人员参加会议并介绍了北京市“十二五”期间在物联网建设方面的主要成绩和“十三五”期间信息化发展构想。来自全国10余家企业界嘉宾从不同角度分享了“物联网+”智慧城市方面的建设经验。

（市经济和信息化委电子政务处）

【第三届物联网感智创新大赛开启】 5月20日，第三届物联网感智创新大赛新闻发布会暨启动仪式在第十九届中国北京国际科技产业博览会（简称“科博会”）“智慧北京与信息技术创新应用成果展”（简称“智慧北京展”）展区现场开启。市经济和信息化委主任张伯旭、副主任毛东军以及市科研院相关领导出席并启动第三届大赛。第三届大赛是在市经济和信息化委、市知识产权局、团市委、市科研院等单位指导下，由北京科学技术研究院科学技术协会主办，北京市计算中心承办的一项物联网领域专业赛事。大赛赛期为一年，旨在推动高等院校及科研机构的技术创新和成果转化，培养综合型科技人才，结合“大众创业，万众创新”契机，广泛集聚优质设计资源，推动区域产业转型升级。此次参展的获奖项目涵盖医疗健康、食品安全、环境保护、虚拟现实、3D打印等众多与社会、民众生活息息相关的领域。

（市经济和信息化委电子政务处）

【物联网遥感大数据联合研究中心成立】 5月24日，清华大学—致生联发信息技术股份有限公司物联网遥感大数据联合研究中心揭牌仪式在清华大学举行。市科委、中关村管委会等单位的相关负责人以及清华大学相关院系师生代表等参加了揭牌仪式。联合研究中心由致生联发公司与清华大学共同成立，是清华大学在遥感大数据领域首家校级校企联合科研机构，研究方向集中在海洋生命科学、国土资源、防灾减灾、军民融合、智慧城市五大产业领域。清华大学教授洪阳任联合研究中心首任主任。

（朱文利　张晔）

云计算

【第四届中国国际云计算技术和应用展览会暨论坛开幕】 4 月 12 日，第四届中国国际云计算技术和应用展览会暨论坛（Cloud China 2016）在北京开幕，工业和信息化部副部长刘利华出席会议并致辞。北京市副市长隋振江、中国电子信息行业联合会会长王旭东出席会议。工业和信息化部信息化和软件服务业司、地方工业和信息化主管部门有关负责人，骨干企业、研究机构、用户单位代表参加了会议。Cloud China 2016 由工业和信息化部指导，国际经济技术合作中心、中国国际贸易促进委员会电子信息行业分会主办，会议以“创新驱动、融合发展、云领未来”为主题，旨在为供需双方合作搭建市场推广和行业应用的平台。

（江欣）

【百度云计算战略发布】 7 月 13 日，风云际会——2016 百度云计算战略发布会在京举行。中国工程院院士倪光南等专家以及合作伙伴的代表等参加。百度在线网络技术（北京）有限公司发布其“云计算 + 大数据 + 人工智能”三位一体发展战略。百度开放云作为百度公司基于其技术积累提供的云计算服务，同时也是其技术的输出平台，致力于将百度公司的先进技术，包括大数据、人工智能等向全社会、各行业，以及企业和开发者开放输出，助力企业创新，推动人工智能和全行业的结合。百度公司还发布智能大数据平台——天算、智能多媒体云平台——天像、智能物联网平台——天工，其中包含众多行业解决方案和产品。三大智能平台连同百度云服务，共同构成百度开放云产品矩阵。

（杜玲）

【“公共服务云平台服务项目”中期评审会举行】 7 月 18 日，“公共服务云平台服务项目”中期评审会举行。“公共服务云平台服务项目”是市经济和信息化委为了有效解决中小微企业创业过程中研发成本及信息化成本高的问题，2015 年 12 月底采取公开招标的方式，采购了“云主机及云存储服务”，共计 200 个服务包，作为信息化基础服务提供给中小企业使用，试点用户可得到一年期免费云服务平台服务。该项目已为 200 家初创、中小微科技型企业提供免费的优质云服务，从而实现了中小微企业与云计算产业双赢。

（市经济和信息化委软件处）

【积极开展系统迁云工作】 年内，北京市信息资源管理中心落实全委统一工作部署，开展中心现有主要信息系统向政务云的迁移工作。充分依托政务云，强化系统运行环境保障，针对网络及安全设备，定期进行安全巡检工作，组织对中心重要信息系统进行漏洞扫描及安全整改，保障信息系统安全稳定运行。完成元旦、春节、清明、“五一”、端午等节假日运维应急值守保障。

（北京市信息资源管理中心）

【推动政务云服务质量】 年内，政务云通过 3 个统一管理持续提高服务质量。在业务开展的第一年且业务量快速增长的背景下，北京市民卡管理中心通过建设统一的技术支撑平台汇总云平台和用户数据，进而促进运维管理和服务比对；统一的业务流程管理确保工作有序开展，进而促进管理规范性；统一的信息发布平台及时发布信息加强各方沟通，进而促进公开透明。

（北京市民卡管理中心）

【促进业务系统入政务云工作】 年内，北京市民卡管理中心协助市经济和信息化委组织政务云相关培训 2 次，接待委办局调研或提供培训等活动 21 次；协助评审中心参与项目申报联审联评工作 77 项。

（北京市民卡管理中心）

【为家具企业对接工业云搭建平台】年内，市经济和信息化委都市产业处支持曲美、金隅天坛、黎明文仪、世纪京泰、强力、东方万隆等北京知名家具企业，与北京铭龙天同科技有限公司、北京数码大方科技股份有限公司等工业软件和工业互联网公司开展对接，为家具行业与工业云对接合作搭建平台，重点围绕工业云服务、行业案例、解决方案等领域开展合作。

（市经济和信息化委都市产业处）

北斗导航

【《京津冀信息化协同发展合作协议》签署】4 月 21 日，为贯彻落实《京津冀协同发展规划纲要》《“十三五”时期京津冀国民经济和社会发展规划》等相关文件精神，北京市、天津市、河北省三地信息化主管部门在北京签署《京津冀信息化协同发展合作协议》。北京市副市长隋振江、天津市副市长何树山、河北省副省长张杰辉出席签约仪式并致辞。签约仪式上，京津冀三地有关管理部门和企业机构还签署了 4 个细项合作协议：一是工业云共建合作协议，推进建设标准统一、互联互通的工业云，发展互联网协同制造，推动产业转型升级；二是政务信息资源共享和利用协议，促进政务数据共享和开发，为信息系统业务协同奠定基础；三是电子证书结果共享和互认协议；四是北斗导航应用服务合作协议，由北斗导航位置服务（北京）有限公司、中电科卫星导航运营服务有限公司、天地图（天津）有限公司代表共同签署了《京津冀北斗导航位置服务合作协议》，共同开展北斗卫星区域示范应用，推动北斗导航产业发展。

（市经济和信息化委软件处）

【北斗导航农机自动驾驶系统通过鉴定】4 月 28 日，中国卫星导航定位协会在京召开合众思壮“慧农”北斗导航自动驾驶系统产品鉴定会，由北京合众思壮科技股份有限公司研发的拥有完全自主知识产权的北斗导航农机自动驾驶系统通过专家鉴定。系统采用以北斗导航为主线的多项自主知识产权核心技术，开发一种全新的以北斗为主的 GNSS 定位定向和 MEMS 传感器融合的导航自动驾驶系统；采用前向、停止、后向连续自动驾驶技术，实现了连续控制，小于 15 米快速入线（快速倒车入线小于 10 米）；使用分段线性化技术，在保证精度情况下，首次实现极简化校车流程；开发适合于多种应用场景的算法模型，实现对角线作业模式在农业自动驾驶系统上的首个应用。“慧农”系统作业直线精度 2.5 厘米，交接行精度 2.5 厘米，中途停车起步无起步弯，倒车入线距离小于 10 米。专家组一致认为，项目立项正确及时、创新性强，成果整体达到国际先进水平。其中，北斗/GNSS 高精度定位与低成本 MEMS 传感器融合技术实现快速入线居于国际领先。

（徐建）

【调研北斗技术在冬奥会应用】12 月 12 日，市经济和信息化委与北京冬奥组委共同赴北控集团就北斗技术在北京冬奥会相关应用进行调研。北京冬奥组委副部长喻红、北斗卫星导航专家李冬航、北京北控智慧城市科技发展有限公司总经理张颖芝、北京市政交通一卡通有限公司副总经理胡环平等人出席了会议。会上，企业负责人主要汇报了北斗在形变监测、地下管线、气体危险源等 8 方面的应用，以及智慧用卡项目情况。

（市经济和信息化委软件处）

【北京北斗导航与位置服务产业公共平台通过验收】年内，中关村现代服务业绩效考评小组组织专家对由北京北斗导航位置服务（北京）有限公司（简称北斗公司）承担的中关村现代服务业试点项目——北京北斗导航与位置服务产业公共平台进行了结项绩效考评。该项目2012年立项，是北京市现代服务业试点项目第一批试点及股权投资最大的项目。项目评价专家组听取了北斗公司对项目执行情况的汇报，审查了相关材料，观看了现场成果演示，经质询和讨论，验收专家组认为该项目完成了规定的主要任务和指标，一致同意通过结项验收。

（市经济和信息化委软件处）

【整合航天技术能力助力科技冬奥建设】年内，航空航天处会同软件处、电子政务处，共同研究推动卫星遥感、导航、通信等技术在冬奥会中的深度融合式应用。组织北京大学开展了遥感和北斗技术在冬奥会中的融合应用研究，提出赛事保障、人流监控、智能物流、综合安防、消防安保、气象监测、人员健康管理等多个领域的初步应用方案。对接北京冬奥组委、科技部、公安部等单位，探索卫星应用技术服务保障冬奥的可行性，提出了初步方案。组织安华北斗等企业打造卫星应用技术创新中心，通过基金等手段，支持冬奥示范应用技术进一步挖掘市场需求，实现产业化发展，结合卫星应用技术形成一批“高精尖”产品，为保障冬奥、构建“高精尖”经济结构和智慧北京建设奠定基础。

（市经济和信息化委航空航天处）

大数据

【“一带一路”大数据综合服务门户网站运行】2月26日，在“一带一路”大数据综合服务门户暨系列合作签约仪式上，“一带一路”大数据综合服务门户网站（www.bigdataobor.com）上线运行。网站由国家信息中心与亿赞普（北京）科技有限公司共同建设，是“一带一路”大数据中心的对外信息传播、服务、合作的窗口，包括信息、服务、合作三大核心板块，将面向政府和社会的“一带一路”综合信息服务平台及相关“互联网＋信息”服务体系，提供机制化、个性化、可视化的大数据服务。（2015年12月8日，国家信息中心、克拉玛依市政府、亿赞普集团共同发起成立国家信息中心“一带一路”大数据中心。）

（韩洋洋）

【2016大数据技术与应用推进大会举办】5月12日，由中国电子信息产业发展研究院主办，《中国工业评论》杂志社、北京赛迪出版传媒有限公司承办的“2016大数据技术与应用推进大会”在北京国宾酒店举办。活动主题分别为“大数据引发的竞争与变革”与“技术驱动大数据应用创新”。论坛上，中国电子信息产业发展研究院副院长黄子河代表主办方致辞。国家信息中心专家委员会副主任宁家骏作了推进大数据应用的主题报告。中国农业大学教授、国际信息处理联合会农业信息处理分会主席李道亮分享了他对中国农业大数据的挑战与出路的思考。中国联通集团公司信息化事业部数据中心产品运营处经理许波从运营、产品、平台规模3个方面介绍了中国联通大数据应用探索与展望。中国电信云计算中心主任赵慧玲介绍了国内大数据技术和行业应用的热点发展趋势。中国移

动苏州研发中心大数据产品总经理钱岭就中国移动在大数据的应用和平台实践方面作了报告。专家学者们就技术领域的创新与应用发表了看法和观点。

（江欣）

【北京工业大数据产业发展联盟成立】8月1日，由清华大学、北京大学等院校，冶金自动化研究设计院、中国机械研究总院等行业院所，金风科技、台达电子、昆仑数据等工业和大数据企业共同发起，50家企事业单位联合组建的北京工业大数据产业发展联盟正式成立。联盟以中关村示范园区内企业为基础，积极遴选和吸纳优质企事业单位、科研院所和龙头企业成为联盟成员，聚集工业大数据研发与应用的中坚力量，建设国家级工业大数据产业发展合作与促进平台。

（江欣）

【《北京市大数据和云计算发展行动计划（2016—2020年）》发布】8月19日，北京市人民政府新闻办公室和北京市经济和信息化委员会联合举办《北京市大数据和云计算发展行动计划（2016—2020年）》（简称《行动计划》）新闻发布会。市经济和信息化委副主任毛东军、新闻发言人任世强出席发布会，对《行动计划》进行了详细解读并回答记者提问。该《行动计划》旨在落实国家相关会议精神和贯彻习近平总书记系列重要讲话以及对北京工作的重要指示，结合首都城市战略定位实际需求而制定，提出了“夯实基础、融合开放、创新应用、保障安全”四大任务及4项保障措施。北京市将以此文件为指导，全面推进北京市大数据和云计算技术及服务业态快速发展。

（市经济和信息化委电子政务处）

【北京市大数据和云计算发展行动计划微访谈举办】8月22日，北京市政府新闻办官方微博“北京发布”联合市经济和信息化委官方微博“北京经信委”共同举办“《北京市大数据和云计算发展行动计划（2016—2020年）》”微访谈。市经济和信息化委主任张伯旭、副主任毛东军作为嘉宾，在线对《行动计划》的主要目标、重点任务等进行了政策解读，对网友提出的问题进行了解答。此次微访谈共回答网民提问22个，覆盖人数超过100万人次，同时在新浪、人民、腾讯三网微博平台以及微信、今日头条等渠道进行了发布。微访谈作为“北京微博发布厅”的品牌栏目，自上线以来已举办60余场活动，邀请了近200位政府部门领导、新闻发言人和专家与网友在线交流，解疑释惑，传播范围达千万人次。

（江欣）

【开展大数据行动计划和共享开放管理办法编制】年内，北京市信息资源管理中心支撑政务处开展政策文件的研究与编制工作。支撑完成《北京市大数据和云计算发展行动计划（2016—2020）》的编制发布及相关工作，包括行动计划全市分工、委内分工等文件的编制及发布，大数据行动计划新闻发布会、微访谈等活动的筹备和 图读懂、宣传册、媒体报道素材等编制工作；支撑开展了北京市政务信息资源共享开放管理办法的编制工作，并根据各方意见进行修改完善；支撑开展了《北京市深入推进“互联网+政务服务”实施方案》《关于推进智慧北京建设和发展的意见》等文件编制工作。

（北京市信息资源管理中心）

【建设大数据管理平台】年内，北京市信息资源管理中心推进大数据平台建设与应用，根据实现“一次汇聚、多次共享”，努力构建“一对多”新格局等要求，进一步明确了大数据管理平台的定位。大数据管理平台包括共享交换平台和汇聚融合平台。其中，共享交换平台已建成，年内新增 3 个前置交换节点，升级 53 个前置交换节点，新增 160 项资源交换，完成 1089 项资源交换的运维工作，完成已对接的 300 项信息资源的运维工作；开展 111707.1 万条数据的共享交换工作，累计交换量达 1729737.95 万条。完成汇聚管理相关产品的测试，开展了数据汇聚相关功能的建设工作，年内基本实现了 100T 数据汇聚的能力。支撑开展数据汇聚共享工作，根据市政务服务中心的建设需要，已支撑政务服务中心和 10 多个委办局累计开展了 1000 多万条数据的交换，并为反恐维稳、社会信用等工作提供了支撑。

（北京市信息资源管理中心）

北京信息化年鉴

信息安全

【概述】年内，市经济和信息化委认真开展“两学一做”活动，学习贯彻习近平总书记关于网络安全和信息化系列讲话精神，贯彻落实中央、市委市政府有关文件精神及要求，着眼北京市应急通信保障和信息安全工作，全力保障纪念全民族抗战爆发79周年、G20峰会等重要活动举办，加强日常值守，做好通信保障调度，全年未发生较大以上信息安全事件，完成通信保障任务等各项任务。

（市经济和信息化委信息安全处）

【2016中国互联网安全大会举行】8月16日，在中央网信办网络安全协调局、工业和信息化部网络安全管理局、公安部网络安全保卫局联合指导下，由中国互联网协会、中国网络空间安全协会和360互联网安全中心共同主办的第四届中国互联网安全大会在北京召开。会议主题为“协同联动，共建安全命运共同体”。工业和信息化部网络安全管理局局长赵志国出席大会并致辞。来自全球70多家相关机构和企业的代表发表演讲，共同探讨网络安全话题，3万余名网络安全行业人士围绕世界网络安全形势、网络空间战略、网络安全攻防实战、网络空间国际合作、产业方向及趋势、技术发展和人才培养等方面展开讨论。

（江欣）

信息安全管理

【概述】年内，北京信息安全测评中心全力保障市经济和信息化委信息化工作，为北京市政务信息安全监管工作提供技术支撑，中心于年初增设了安全技术部，加强了安全管理部，从管理和技术两个层面强化对委机关安全监管工作的支撑力度。强化服务意识，注重提供信息安全服务水平。强化创新意识，持续提升技术支撑能力。云计算、大数据、物联网、移动互联网等信息新技术已在电子政务领域广泛使用，作为北京市政务信息安全的基础设施，北京信息安全测评中心力争成为政务信息安全技术保障工作的组织者、标准规范的制定者和产业发展的推动者。

（北京信息安全测评中心）

【北京网络信息安全技术创新产业联盟成立】6月3日，北京网络信息安全技术创新产业联盟成立大会在中关村软件园召开。市科委、海淀区政府等单位的相关负责人，网络安全专家以及来自全市网络信息安全行业的代表等100余人参加会议。中科院信息工程研究所副所长荆继武当选为联盟首任理事长。联盟由北京软件产品质量检测检验中心牵头，联合北京金山安全管理系统技术有限公司、北京安天电子设备有限公司、北京天融信网络安全技术有限公司等企业自愿发起成立的行业性、非营利性社会团体法人。联盟成立后，主要开展网络安全产业的技术研究，搭建信息交流、应用推广、教育培训、展览展示的平台，承接北京市及国家重大创新项目，并探索和建立科技成果转化基金；维护联盟会员的合法权益，维护网络安全产业从业者的利益；协助政府相关部门制定网络安全产业政策，协调起草相关技术标准；推动技术交流、产品与服务的推广，探索和建立科技成果转化基金，筹备网络安全科技金融服务平台，搭建科技中介服务平台，推动网络安全科技孵化器的建设。

（孙志勇）

加强安全管理规范

【2016 电子政务安全应用论坛举办】 4 月 28 日，“共创政务新安全 助力智慧新城市”电子政务安全应用主题论坛召开。此次论坛是 2016 年第三届“首都网络安全日”系列活动的组成部分，由市经济和信息化委和北京市公安局共同主办。来自中国工程院、中国信息安全研究院、北京信息安全测评中心、北京邮电大学等专业机构的知名专家，与北京市网信办等各委办局、各区政府信息化部门的参会代表以及国内知名信息安全厂商代表，就北京市电子政务在新技术、新模式驱动下的电子政务安全问题进行研讨。

（江欣）

【电子政务信息安全持证人员培训会举办】 6 月 23—24 日，市经济和信息化委在北京会议中心组织召开 2016 年度电子政务信息安全持证人员提高培训暨信息安全保障工作部署会。市政府各部门、各区信息化主管部门负责人和信息安全岗位持证人员近 200 人参加了此次培训。会上，中国信息安全研究院副院长左晓栋、国家信息技术安全研究中心副总工程师宫亚峰就落实 4 月 19 日网络安全与信息化工作座谈会精神和网络安全形势及对策对参会人员进行培训。信息安全测评中心和市电子政务信息安全应急处置中心的负责人和技术骨干分别介绍了北京市 2015 年政务信息安全态势、2016 年重要政务网站与信息系统安全性测试情况、政务信息系统入云安全指南、信息系统应用安全检测平台及其使用、政务信息安全应急保障与演练指南，并就常见漏洞攻击原理和防护方法进行了现场演示和讲解分析。

（江欣）

【“云计算安全技术研讨会”举办】 9 月 22 日，按照北京市“国家网络安全宣传周”活动统一部署，由北京市委网信办和市经济和信息化委主办、北京信息安全测评中心承办，举办了“云计算安全技术研讨会”。就云计算安全技术进行了多层次、多方位的探讨。通过举办论坛，一方面向北京市各级政务部门和工作人员普及了政务网络与信息安全知识，另一方面促进了电子政务安全应用率先示范，引领北京市智慧城市网络安全建设全面推进。

（市经济和信息化委信息安全处）

【规范公文管理和档案管理】 年内，办公室完成 OA 系统流转公文共 3650 件，同比增长近 30%。密办文 495 件，同比增长 22%。共完成发文 2413 件，同比增长约 10%。完成机要交换发件 5682 件，同比增长 12%。完成机要文件收取 482 件，共计 3001 份。针对 2016 年公文处理呈现的“量大、事急、要求高”等特点，办公室优化办理流程，提高办理效率，利用电话、短信、邮件、专人督办等各种方式催办，确保当日完成所有公文在 OA 系统流转。严格公文把关，对报出公文在文字内容、格式、盖章等各环节严格核稿，尤其针对报送市政府的上行文，由办公室领导直接把关，业务负责人认真登记，分类发出，确保无差错。严格办理涉密文件，对所有涉密发文编号管理，确保不失密泄密；借阅涉密文件要求“当日借，当日还”，全流程登记管理。对遗留历史档案进行整理和归档，建设完善新档案库房和管理系统，完成凯富大厦约1万盒遗留档案的整理、搬迁工作。

（市经济和信息化委办公室）

【支撑经济和信息化委机关安全监管工作】年内，为了进一步做好支撑工作，北京信息安全测评中心增设了安全技术部，加强了安全管理部，从管理和技术两个层面强化对委机关安全监管工作的支撑力度。在管理方面，一是配合委信息安全协调处，以电子政务网络与信息系统安全检查为总抓手，协调市委网信办、市委机要局、市公安局、市国家保密局等职能部门，开展2016年度信息安全检查工作，在组织全市各单位自查的基础上，对其中16家委办局单位和46个区县开展现场抽查；二是积极配合委信息安全协调处，在“4·29首都网络安全日”活动中举办了“2016电子政务安全应用论坛”，就本市电子政务在新技术、新模式驱动下的电子政务安全问题进行探讨；三是在“第三届国家网络安全宣传周”活动中承办“云计算安全技术研讨会”，有效提高了市区两级各有关部门的领导对云安全的认知和重视程度；四是组织北京市83家单位189人参加电子政务信息安全持证人员提高培训；五是配合委信息安全协调处开展本年度信息安全检查工作，并对北京市12家委办局和4个区县开展现场抽查工作；六是全年办理信息系统安全等级保护定级备案40个；七是发布《信息安全情况通报》12期，发布国内外信息360条。在技术方面，会同委信息化项目评审中心，完善信息系统从“方案设计”到“验收”的全生命周期安全管理，修改完善了市信息化项目网络安全审查标准，并按照新标准审查项目23个，涉及金额6亿多元；组织对市农委、市水务局、市地税局、市交通委等35家重点委办局的150余个重要信息系统的安全测评工作，较准确地掌握这些重点信息系统的安全现状，为各项安全管理政策的制定提供了一手基础数据。经北京信息安全测评中心测评并及时整改的信息系统尚未发生过重大信息安全事件。结合安全检查，组织国家专控队伍模拟“黑客”对全市200个政务网站和重要信息系统开展了两轮远程安全性测试，先后发现漏洞230余个，其中高危漏洞71个。

（北京信息安全测评中心）

【推进政府部门信息安全基础性工作】年内，信息安全处结合电子政务信息化项目审查，推进新建信息化项目信息安全系统的同步规划，已建信息系统的等级保护备案和测评整改工作，为党政机关做好信息系统等级保护测评提供服务和支撑工作，促进各单位形成定级、备案、建设和整改的全流程安全管理体系。组织编制完成政务应用系统迁入政务云安全指南，为政务信息系统在电子政务云平台上部署提供技术指导。为进一步贯彻落实国家和北京市关于重要信息系统应依托北京市统一建设的容灾备份资源开展异地灾备工作的政策要求，做到应备尽备。年内，容灾中心共为26家委办局的重要信息系统提供了介质备份、集中式数据容灾备份或系统托管备份业务的资源和服务。

（市经济和信息化委信息安全处）

【强化图像信息系统依法管理】年内，北京市公安局组织开展公共安全图像信息系统备案工作，全市备案探头累计达到646712个；组织局属单位对重点区域图像信息系统进行安全检查，共检查社会单位、繁华场所和重点公共区域9818个，填写检查笔录6278份，开具限改通知书133份；督导局属单位加大对违反市政府185号令的处罚力度，共开展行政处罚67件；开展技防立法调研工作，编写完成《〈北京市公共安全技防范管理条例〉立法调研报告》。

（林彬）

【完成经济和信息化委信息安全技术支撑工作】 年内，北京信息安全测评中心为市经济和信息化委的其他信息化建设、安全保密工作和主办承办重点活动提供信息安全技术支撑。对委产业援建平台、电子政务全流程（三期）、工业和信息化高端人力资源平台系统等7个重要信息系统开展了安全测评；在市经济和信息化委承办的大众创业万众创新活动周和机器人大会等大型活动开展前，对相关信息化技术平台进行渗透测试和安全测评，确保系统安全可靠；支撑委办公室对机关各处室与互联网逻辑隔离的办公计算机终端进行了安全保密技术检查，及时发现潜在的安全隐患和违规问题。

（北京信息安全测评中心）

【打造军民融合信息安全创新中心】 年内，在推进信息安全产业园建设中，北京市加强与战略支援部队的沟通协调，提出了借助军方技术、人才优势，共同打造军民融合信息安全创新中心的工作思路。航空航天处组织相关单位编制了创新中心建设方案，初步确定了创新中心的发展目标、主要功能、组织架构、运行机制、产业领域，为后续产业园的建设发展明确了方向。

（市经济和信息化委航空航天处）

【开展北京市政务网络安全政策体系研究工作】 年内，信息安全处与北京信息安全测评中心在认真梳理一段时间内国家和北京市网络安全政策法规文件的基础上，启动了新形势下北京市政务网络安全政策体系研究工作。其研究成果《北京市电子政务信息安全政策法规汇编（2016版）》已发北京市各部门；《北京市政府部门网络安全全生命周期管理》与《北京市政务网络与信息安全政策体系研究》已经完成，并达到了预期目标。

（市经济和信息化委信息安全处）

【开展应急演练】 年内，信息安全处单独或指导各成员单位先后开展应急演练。市经济和信息化委先后组织开展了“6·14”地铁8号线800兆基站故障快速抢修应急演练、“8·5”800兆无线政务网防汛应急通信演练、官厅地区“0616”防汛应急通信保障演练等应急通信演练，组织开展了“8·09”政务网站遭黑客攻击信息安全应急演练、“5·26”首都之窗网站网页防篡改及遇突发事件端口快速封闭应急演练等政务信息安全应急演练。市公安局网安总队组织开展G20峰会“中青在线”遭受网页篡改的应急演练、民生银行客服系统AG灾备切换应急演练、北京金银建公司“银建车辆监控报警调度系统机房断电和防病毒及服务器故障演练”、门头沟区妇幼保健院HIS医院信息管理系统瘫痪应急演练。市通信管理局结合全年的保障任务和G20、中国共产党十八届六中全会通信保障等重点工作，组织电信运营商于7月15日共同开展了通信行业联合应急演练；组织移动、联通、电信、铁塔公司分别开展遭受大规模DDoS攻击应急处置、演练，重点域名被篡改DNS系统应急恢复，地震应急通信保障演练，电源系统突发故障应急演练，网页防篡改应急演练，VPN业务全阻应急演练，固网IMS端局通信保障、防汛应急通信保障等应急演练。市广电局先后开展广播电视网络安全播出指挥调度应急处置、广播电视事故应急处置等应急演练，指导所属电视台、歌华有线等单位开展了针对播出系统“制播传”各环节的专项应急演练。市无线局针对G20峰会、2016世界机器人大会、中国共产党十八届六中全会等重点保障工作开展了黑广播和非法设台查找应急演练。参加市应急办在通州永乐店收费站和河北官厅服务区分别组织2016年京津冀冰雪灾害天气交通保障应急联动综合演练、第二次全要素演练和市核应急指挥部在延庆组织的核应急演练。通过有针对性地组织开展和参加应急演练，完善了相关预案、检验了应急联动机制运转的可靠性、锻炼了队伍、优化了突发事件处置流程、提高了应急能力。

（市经济和信息化委信息安全处）

【加强涉密关键环节管理】年内，市经济和信息化委军工综合处牵头组织各处室进行多次保密检查，对包括涉密载体、网络安全、定密管理等进行了全方位的检查，重点检查了30余台计算机和办公自动化设备，针对发现问题隐患，及时进行了整改完善，防止安全保密问题的发生。加强涉密载体管理。在制作、收发、传递、使用、复制、维修和销毁等关键环节加大管理力度，确保各环节责任清晰、管理到位。及时清理销毁了一批涉密载体，更新了一批保密设备，如涉密传导盒、碎纸机、光盘粉碎机等，提高技术防控水平，避免产生新的隐患。加强涉密载体复印、刻录等重点环节的管理，严格审批程序，严格制作流程，严格控制载体的流向和知悉范围，确保载体的安全。

（市经济和信息化委信息安全处）

等级保护

【支撑政务信息系统向政务云迁移】年内，随着六里桥政务大厅正式启用和政务云数据中心的上线运行，北京市重要政务信息系统陆续迁入，安全问题日益凸显。为了全面支撑政务信息系统向政务云迁移，北京信息安全测评中心及时组织技术力量，对政务云（太极承建部分）进行了等级保护测评，并根据测评结果指导建设运营单位做好管理和技术方面的整改，使其基本符合国家信息系统安全等级保护三级要求。配合公服中心，组织编制了《北京市政务信息系统入云安全指南》，为各系统入云的安全防护提供了技术规范。将首都之窗政府门户网站作为典型上云系统，协助首都之窗运行管理中心做好上云前、上云后的安全测试工作。

（北京信息安全测评中心）

【健全和完善应急保障体系】年内，市经济和信息化委信息安全处不断提升通信和信息安全保障能力及突发事件应对水平。一是根据指挥部办公室领导要求，对网络与信息安全突发事件信息报送流程、对象进行了优化与调整，使事件信息能第一时间上报北京市应急办和市委网信办。二是编制完成《政务信息安全应急预案编制指南》和《政务信息安全应急演练编制指南》，并发北京市各政务部门，为北京市各政务部门信息安全应急预案编制和应急演练开展提供理论指导；组织应急中心完成了《政务信息安全案例汇编》的起草编制工作,形成了《案例》初稿。三是深化指挥部办公室应急预案体系建设,市通管局完成了《北京市通信保障应急预案》的修订工作，并报市应急办同意，将该预案由部门预案调整为市级专项预案，市经济和信息化委启动了《北京市网络与信息安全事件应急预案》和《北京市应急通信保障预案（专网)》2个市级专项预案的修订工作，并对相关部门预案修订工作进行了部署。四是强化了信息安全应急队伍建设，起草了《政务信息安全社会应急队伍管理办法》，为下一步开展社会信息安全应急队伍聘用和管理奠定了基础。五是推动北京市容灾备份业务有效开展。2016年，市应急处置中心通过主动上门服务等形式积极推动北京市信息系统灾备业务的开展，推动北京市28家、51个重要政务信息系统（其中等保三级以上的35个，占北京市总数的47%）进驻灾备中心；在调研的基础上编制了《北京市级政务灾备云建设方案》，为下一步推动政务灾备云建设、形成通州城市副中心政务云、六里桥政务云、密云灾备云两主一备的建设格局打下基础。六是结合重大活动和重要节假日保障实际对指挥部应急值班制度进行调整与完善，对相关应急值班人员进行了培训。

（市经济和信息化委信息安全处）

政务网络信息与安全监控预警

【组织电子政务安全应用主题论坛】4月28日，由市经济和信息化委、市公安局共同主办，北京信息安全测评中心、北京信息产业协会承办的“共创政务新安全 助力智慧新城市”电子政务安全应用主题论坛举办。中国工程院院士倪光南等知名专家学者，以及来自国内信息安全知名企业的代表，就北京市电子政务在新技术、新模式驱动下的电子政务安全问题进行了研讨，北京市政府各部门、各区、信息安全企业等300余名代表参加了论坛。

（市经济和信息化委信息安全处）

【开展电子政务信息安全年度检查工作】5—11月，市经济和信息化委信息安全处对北京市电子政务网络与信息系统安全进行检查。重点检查政府部门信息安全管理基本情况、信息安全等级保护开展情况、信息技术服务外包安全管理情况、密码技术和产品的使用情况以及信息安全事件应急处置情况等。11月，在前期两轮远程技术测试并把发现的问题及漏洞第一时间通知给相关部门进行立即整改的基础上，对北京市16家委办局、区及8家党委系统单位进行现场检查。通过现场检查、当面交流，进一步促进了受检单位对信息安全的重视程度，强化了安全意识，提高了问题整改、安全防护技术能力。

（市经济和信息化委信息安全处）

【组织公共安全领域信息产品示范应用需求对接】年内，市经济和信息化委联合市科委、中关村管委会等单位组织中科院自动化所、旷视科技、智芯微、中兴通讯等单位，与市公安部门对拥有自主知识产权、先进适用的技术和产品开展需求对接，第一批梳理了身份证件现场查验系统、掌纹掌脉识别系统、跨场景以人搜人32项技术和产品，通过分类指导，一项一策，创新政策支持方式，建立常态化协调服务机制，加快推广应用电子信息产品，积极帮扶企业拓宽市场渠道。

（电子信息产业处）

【强化监控预警】年内，信息安全处将监控的重要政务网站由100家增加至300家，外围监控网站增加至1000家，通过对北京市政务外网汇聚节点、重要系统、政务用户互联网接入和北京市政务网站进行持续监控。截至年底，共发现、妥善处置信息安全事件611起，其中接第三方通报安全事件211起，进行现场处置或提供支援的信息安全事件17起；通过监控系统SaaS平台向各政务部门发布重要舆情信息497条，发布信息安全黄页警报3份；针对Struts2高危漏洞，组织力量对监控范围内的1507个网站及信息系统进行多次排查，共发现37个系统存在该漏洞；完成监控日报、周报、月报393份。

（市经济和信息化委信息安全处）

【完成保密和密码管理工作】年内，办公室为确保电子政务内网通信系统可靠运行，坚持每天对密码设备和公文传输系统的巡检不少于2次，定期检查密码电报。加强《保密法》《保密法实施条例》及《保密十条提示》等法规的宣贯，发放了《红色往事》等学习资料，提升干部职工的保密意识。组织机关各处室和直属单位签订了《2016年保密工作责任书》和《保密工作承诺书》，组织15家单位召开网站保密检查布置会和保密工作布置会。组织60余名机关干部、直属工作人员开展了保密培训。重新确定各处室涉密人员，并进行审查和备案；根据人员变化，更新了定密责任人和处室承办人；组织开展了办公计算机、涉密载体专项检查，累计完成143台办公终端的检查整改。落实保密工作标准化管理要求，全面梳理2009—2016年各类文件、台账、检查记录等档案资料。通过中央密码工作督查和全市保密工作检查。

（市经济和信息化委办公室）

信息安全服务

【组织完成政府部门信息安全人员持证上岗培训】6月23—24日，在向北京市政府部门和各区县信息化主管部门下发《关于召开2016年度政府部门信息安全持证人员提高培训暨信息安全保障工作部署会的通知》的基础上，市经济和信息化委在北京会议中心召开了由83个部门及区189人参加的信息安全人员持证上岗培训。通过开展信息安全保障体系建设、等级保护、监测预警、应急容灾、数字认证等培训，提升了信息安全岗位人员业务能力，提高了政府部门信息系统安全防护水平。

（市经济和信息化委信息安全处）

【开展关键信息基础设施网络安全检查工作】6月，北京市委网信办下发了《关于转发〈关于开展关键信息基础设施网络安全检查的通知〉的通知》（京网办通〔2016〕2号），市经济和信息化委按照北京市关键信息基础设施网络安全检查统一部署，组织了政府部门和工业制造领域的关键基础设施网络安全检查工作。通过召开培训会议，监督、指导有关单位和企业完成关键基础设施材料填报工作，汇总材料已报市委网信办。

（市经济和信息化委信息安全处）

网络与信息安全保障

【开展网络与信息安全事件应急处置工作】年内，信息安全处在强化网络信息安全监测预警的基础上全力做好全年网络与信息安全突发事件的处置与应对工作，确保了基础信息网络和重要信息系统的安全稳定运行。一是市经济和信息化委对第三方通报或监控发现的611起信息安全事件中的市食药局统一认证系统网站页面被篡改事件、北京卫生职业学院网站被篡改信息安全事件、市地税局信息系统遭受DDOS攻击事件、石景山电子报网站系统被植入恶意木马暗链事件等17起信息安全事件进行了现场应急处置或技术支援，有效控制了事态发展，减少了损失，降低了影响；二是网安总队对市版权资源中心等270余起信息系统被攻击、网站被篡改、被植入后门、地铁信号系统故障等网络与安全事件进行了处置与应对；三是市通管局和市新闻广电出版局分别组织三大电信运营企业和歌华有线公司对本领域内网络与信息安全事件进行了快速响应和成功应对，确保了公用通信网和新闻广播网络的安全稳定运行；四是市无线电管理局利用多种手段和监测设备对4起“黑广播”事件进行了快速查处，为维持无线电秩序正常提供了可靠保障。

（市经济和信息化委信息安全处）

【完成重大活动和重要节假日通信和信息安全保障】年内，信息安全处着眼北京市应急服务保障工作大局，结合年度重大活动保障特点，加强对指挥部应急通信和信息安全应急资源的统筹领导和综合协调。全年共参与各种重大活动、重要节假日、敏感时期及突发事件现场处置等各种应急通信和信息安全保障50余次，共投入现场和外围保障人员6.9万余人次、应急保障车辆16500余车次，动用保障设备2000余台次，为市应急办、市红十字会和东城、西城、朝阳、海淀、丰台、石景山等23家委办局及区办理卫星频率资源使用申请140单次，分配中星6A卫星频率资源2536兆小时，市无线电管理局出动无线电监测及执法车辆30余车次，开启固定监测站时长400余小时。一年来，先后完成了全国“两会”、市“两会”“4·3”中央领导植树、纪念全民族抗战爆发79周年活动、烈士纪念日向人民英雄敬献花篮仪式、G20峰会、中国共产党十八届六中全会、2016世界机器人大会、2016年丝绸之路拉力赛北京阶段收车仪式无线电安全保障等重要大型活动应急通信和信息安全保障任务；完成元旦、春节、“五一”“十一”等重大节假日及“6·4”“7·5”等敏感时期的应急通信和信息安全保障任务；完成了汛期抢险、防汛应急演练和汛期防汛应急通信保障及应急视频运维保障任务。

（市经济和信息化委信息安全处）

【强化值守应急和信息报送】年内，信息安全处在做好日常应急工作的基础上，着重抓好重大活动、重要节假日和敏感时期的值守应急与信息报送工作，确保各种应急指令的畅通和突发事件的快速响应及应对。一年来，坚持实行局级、处级和值班员每日7×24小时领导带班、值班员值班制度，启动战时应急机制期间，带班领导、值班干部和值班员24小时吃住在单位，并保持通信畅通；各应急通信队伍、信息安全应急队伍在指定地点备勤，遇突发事件，迅速启动应急预案，及时妥善处置，同时按流程和要求迅速上报，确保了各种突发事件的成功应对。市公安局、市新闻出版广电局、市通管局、市无线局等主要成员单位均坚持24小时应急值守，每日向指挥部办公室报送信息，指挥部值班员每天向市应急办报送值班日报并抄送指挥部各主要成员单位，同时坚持按周、月将《信息安全舆情周报》《信息安全舆情月报》及时报送市应急办。

（市经济和信息化委信息安全处）

计算机病毒防治

【中标国家信息中心系统总集成项目】 6月8日，国家信息中心对外公示，亚信安全中标国家信息中心系统总集成项目，国家公共资源交易服务平台将确定采用亚信安全服务器深度安全防护系统（Deep Security），力保云计算和大数据管理与应用安全。平台建设包括“一网、两门户、五库、八系统”配套的标准规范和基础设施，并在此基础上实现全国范围内电子政务运行系统数据的互联互通和信息共享。亚信安全服务器深度安全防护系统（Deep Security）是专门为大规模虚拟化环境而生的服务器主机安全系统，可以从虚拟化操作系统的底层向上，对每台虚拟机自动提供保护，在管理效率上完全符合国家信息中心的要求。此外，该平台采用了独特的“无代理”设计，有效降低虚拟机并发全盘扫描、病毒库更新时对物理主机的资源消耗。该产品不仅囊括了防恶意软件、Web信誉、防火墙、入侵阻止、完整性监控和日志检查等模块化功能，更可以通过深度封包检查技术（Deep PacketInspection，DPI）检查虚拟化底层的流量通信，既负责侦测，又负责预防。

（亚信科技）

【天珣内网安全风险管理与审计系统推出】 10月14日，启明星辰信息技术集团股份有限公司推出天珣内网安全风险管理与审计系统（移动版）。该系统针对移动终端木马病毒泛滥、数据遗失、身份认证及数据传输风险等主要安全问题，通过灵活配置、稳定规范、易扩展的服务端架构以及丰富的内容展现为移动终端提供从网络层、接入层、协议层到应用层等多层次的安全保障措施，让移动终端像PC一样安全。

（科技报）

【万兆防火墙设备助力载人飞行任务】 11月18日，神舟十一号飞船返回舱着陆，天宫二号与神舟十一号载人飞行取得成功。任务实施过程中，启明星辰集团全资子公司北京网御星云信息技术有限公司自主研发的万兆防火墙设备作为中继卫星系统中的关键产品，运行稳定、可靠，保障了天基测控与数据中继过程零间断，实现了数据的可靠传输，保证了航天员安全返回地球。万兆防火墙是一款集防火墙、漏洞扫描、主动防御、入侵检测与防护系统、防网络病毒等功能于一身的多威胁统一管理的产品，可实现多重立体式安全防护网关解决方案，保障网络安全控制，保密安全数据传输，保护网络不受攻击。

（网御星云）

安全风险评估与容灾备份

【开展政务信息安全监控工作】 年内，北京市政务信息安全应急处置中心组织编写了《政务信息安全事件应急预案编制指南》《政务信息安全事件应急演练指南》，协助委信息安全协调处制定了《社会应急队伍管理办法》草案，并积极筹建政务信息安全社会应急队伍；指导协助10家政务单位开展了应急预案修订、安全隐患排查、应急演练、安全知识培训等工作，进一步提高了各单位信息安全响应能力，协助委信息安全协调处开展全市政务信息安全检查工作，规范市属政务单位信息安全体系建设。

（北京市政务信息安全应急处置中心）

【进行现场和远程巡检】年内，为了保障监控预警系统正常运行，北京市政务信息安全应急处置中心除了根据日常监控运维工作编写监控日报、值班记录、监控周报及监控月报外，还组织力量对分布全市67个监控节点的300余台设备进行现场和远程巡检，并完成监控设备配置变更177次、设备升级61次、数据备份7次，共发现处置设备及系统故障75起，组织编写及修订管理体系文件20余份。

（北京市政务信息安全应急处置中心）

【涉密机房和内网灾备系统建设】年内，北京市政务信息安全应急处置中心协助市机要局进行涉密机房建设和内网灾备系统建设并负责现场施工管理，建成后可为全市涉密系统提供容灾备份服务。完成涉密岗位人员选配及上岗培训，积极配合市机要局开展涉密系统灾备工作。

（北京市政务信息安全应急处置中心）

【推动全市信息安全容灾备份工作】年内，北京市政务信息安全应急处置中心积极推动全市信息安全容灾备份工作，探索政务灾备云建设。截至年底，为28家政务单位总计51个重要信息系统提供容灾备份服务。其中，介质备份业务18项，出入库介质710件，累计为用户递送96次；集中式数据容灾备份业务10项，全年累计备份数据量307.2TB；系统托管备份业务18项，总计托管机柜89架，协助用户调试托管系统故障57起；对10余家政府单位开展主动上门服务；组织12家用户在灾备中心开展灾难恢复应急演练工作。

（北京市政务信息安全应急处置中心）

【探索政务灾备云建设】年内，北京市政务信息安全应急处置中心积极探索政务灾备云建设，通过与云服务商、政务云管理部门、政务云意向用户分别交流、讨论，先后组织编写了《灾备云技术调研报告》《灾备云建设运维模式调研报告》《北京市级政务灾备云建设方案》。政务灾备云建设方案已与委信息安全协调处达成共识。

（北京市政务信息安全应急处置中心）

整治、打击网络犯罪

【打击“黑广播”行动】1月，北京市无线电管理局配合公安、空军等部门，组织对干扰专机的“黑广播”设备进行检测，协调国家无线电监测中心检测中心，进一步开展检测工作。全国“两会”期间，与市安全局联手在顺义区打掉94.3MHz“黑广播”发射窝点，依法查扣涉案发射设备。4月，接到委交办的人大代表建议，协调市文化执法总队、市新闻出版广电局会办，与人大代表见面沟通情况，起草回复意见。回复意见已按程序交人大代表，并获得认可。5月，接到工业和信息化部无线电管理局交办的106.1MHz受扰案件，定位干扰源位于河北省境内，将情况报告工业和信息化部无线电管理局，协调河北省无线电委员会开展排查。

（北京市无线电管理局）

【打击整治网络侵犯公民个人信息犯罪】自4月开始，公安部部署全国公安机关开展打击整治网络侵犯公民个人信息犯罪专项行动以来，至9月，全国公安机关网络安全保卫部门累计查破刑事案件1200余起，抓获犯罪嫌疑人3300余人，其中抓获银行、教育、电信、快递、证券、电商网站等行业内部人员270余人、网络黑客90余人，查获信息290余亿条，清理违法有害信息42万余条，关停网站、栏目近900个。

（搜狐新闻）

信息安全技术与产品

【大唐微电子公司指纹安全处理芯片获奖】3月24日，在2016年中国半导体市场年会暨第五届中国集成电路产业创新大会上，大唐微电子技术有限公司自主研发的指纹安全处理芯片（DMT–FAC–CG4P）获“第十届（2015年度）中国半导体创新产品和技术奖”。芯片是国内首批支持国密算法的指纹安全处理芯片，采用高安全、高性能、低功耗的32位CPU，主频高达120兆赫以上，SRAM128千字节以上，配置512千字节Flash，集成国际常用加密算法、国密安全算法及指纹处理算法，支持USB2.0、SPI、UART等多种接口，可灵活应用于移动终端系统，实现指纹图像的处理和数据信息安全加密功能。安全方面，芯片内部集成独立的安全协处理器，运用多种芯片安全技术，达到EAL4+、国密二级等金融级芯片安全水平。同时，独立的安全协处理器可为敏感数据的处理提供安全的运行环境及存储环境，有利于实现高安全的指纹识别方案。结合配套的指纹传感器，大唐微电子公司可提供基于安全芯片的指纹KEY、指纹盾、指纹仪、手机终端指纹识别等一体化解决方案，具有集成度高、便于二次开发、开发周期短等特点，可支持客户快速完成产品化。

（徐建）

【推广爆炸物品安全监管新技术应用】3月，北京市公安局推行爆炸物品施工现场安全监管新技术，并在全市各爆破现场推广应用。该技术即对爆破作业现场采取实时视频监控，通过无线网络传输到爆破现场作业信息管理平台和手机的App客户端上，公安机关监管人员可通过信息管理平台或手机随时查看爆破作业现场人员、物品的相关信息以及通过视频查看领药、装药等工作情况，实现爆破作业现场全程可视化安全监管。

（马辉）

【可视化网络安全技术联盟正式成立】7月26日，由中国科学院信息工程研究所主办、太极计算机股份有限公司协办的首届可视化网络安全技术论坛（VNSTech）在北京中关村软件园召开。此次论坛的主题为“看透安全 体验价值”。来自中国科学院、北京市海淀区经济和信息化办公室、公安部信息安全等级保护评估中心、公安部信息安全产品检测中心、中国电子科技集团等相关单位信息安全领域的专家领导等上百人参加了论坛。众多专家发表了专题演讲，共同探讨可视化网络安全技术与各行业应用深度融合。会上，由太极计算机股份有限公司联合发起的可视化网络安全技术联盟正式成立。

（太极）

【加强提供信息安全服务】年内，为促进全市信息安全水平的整体提升，北京信息安全测评中心在加强监管工作支撑的基础上，注重提供信息安全服务。一是主动走进各委办局和区县开展上门服务，讲解宣贯信息安全政策、标准，提供安全咨询服务。年内已上门服务20余次，如8月北京信息安全测评中心到市委机要局为全市机要系统建设电子政务内网讲解了分级保护测评工作流程，10月到昌平区信息中心讲解了国家和北京市在网络安全方面的政策和机制体制。二是在政务外网上搭建了信息系统应用安全检测平台，面向各委办局提供免费、自助的源代码安全扫描服务，对在云计算环境下政务系统应用安全服务方面进行了有益的探索。三是收集国内外信息安全情报，为领导和相关部门了解北京市信息安全整体概况、制定政策和应对措施提供支撑。为全市电子政务用户和社会用户提供全方位的普遍服务。截至年底，在市经济和信息化委门户网站信息安全服务平台发布信息安全信息312篇，发放《信息安全观察》12期、《信息安全一周动态》42期、《信息安全快讯》92期、《信息安全专题》16期。

（北京信息安全测评中心）

【完成政务信息安全技术保障工作】年内，北京信息安全测评中心通过举办电子政务安全应用和云安全高层论坛，搭建沟通平台，引导信息安全专家、企业与政府用户共同研究解决方案；积极参与前沿国家标准的制定，牵头承担了《信息安全技术 个人信息安全规范》《信息安全技术 物联网感知设备安全技术要求》等国家标准的制定工作，其中《个人信息安全规范》是全国信安标委大数据特别工作组2016年度的重点标准；结合北京市信息化的实际需求，特别是针对政务云面临新的安全问题，组织主流企业编制了政务云（IaaS）云计算平台安全技术要求、安全服务接口规范、安全监管接口规范等系列技术文件，推动政务云完整的安全技术体系；利用中心自筹资金，搭建内部技术验证云平台、安全测评自动化工作平台等技术基础设施，提升中心技术人员研究能力和工作效率。

（北京信息安全测评中心）

【开展信息安全相关标准规范的研制工作】年内，北京市政务信息安全应急处置中心开展信息安全相关标准规范的研制工作，加入国家安标委《网络安全事件应急演练通用指南》的编制队伍。编制的《政务部门信息安全应急预案编制指南》已正式立项，编制的《信息技术灾难恢复系统成本效益评估规范》和《电子政务信息安全监控数据规范》已作为地方标准正式印发，并在2016年度全市信息安全员培训会上进行了宣贯。

（北京市政务信息安全应急处置中心）

政务信息化

【概述】年内，完成《北京市政务信息资源共享使用管理办法》文件框架及《北京市移动电子政务管理办法》征求意见稿。启动北京市政务信息资源共享开放白皮书编制研究工作；完成北京市电子政务顶层设计方法论、政务数据资源资产化管理关键问题、大数据环境下政务信息资源管理体制机制研究；完成政务数据开放共享文件需求调研，开展政务大数据管理相关研究；完成北京市政务大数据平台整体架构设计方案。“首都之窗”连续多年位列全国省级政府网站绩效评估榜首。

（市经济和信息化委电子政务处）

信息资源开发利用

【概述】年内，北京市信息资源管理中心紧密围绕市经济和信息化委中心工作，以“落实大数据行动计划、构建大数据管理中心、创新推进大数据时代的资源共享开放”为主线，积极推进各项重点工作，完成2016年度各项重点应用推进及信息系统运维工作：以应用为导向，积极开展数据汇聚共享，为重大应用提供支撑；积极建设大数据平台和数据开放平台，为构建大数据阶段共享开放新格局提供支撑；积极支撑开展制度研究，强化各项保障措施支撑。

（北京市信息资源管理中心）

政务信息资源公开共享

【支撑信用信息在公共服务和联合惩戒等方面的应用】年内，北京市信息资源管理中心推进信用信息汇聚共享与应用工作。完成个人信用系统年度改造工作，已为市检察院等16个委办局开通了个人信用信息查询服务，为联合惩戒工作提供支撑；完成了个人信用信息面向社会服务的功能开发，提供了线下、线上面向社会的服务；支撑信用处完成了个人公共信用信息公众查询暂行规范等的编制；完成信用北京网的年度改版工作，提供京津冀三地数据、黑名单、企业信用等查询服务；开展信用平台的建设和信用数据的汇聚共享工作。截至年底，个人信用信息方面已归集了公安、法院、交通等约20个部门和水、电、气等事业单位共约1.3亿条信息记录；法人信用信息方面，已归集了约7500万条企业信用和约1万条社团信用信息，并向商务委、卫计委、百度等相关政府和社会的应用平台提供了数据支撑；完成信用平台与国家信用平台的对接。

（北京市信息资源管理中心）

【建设法人证照信息共享服务系统】年内，根据国家、北京市关于简化优化公共服务流程、实施“五证合一”、推进“互联网＋政务服务”等文件要求，北京市信息资源管理中心开展法人证照信息的汇聚与共享服务系统的建设工作。依托法人基础信息共享查询系统初步完成了法人证照信息共享服务系统核心功能的开发，正在开展测试；积极开展法人证照信息的梳理和共享工作，结合“五证合一”、反恐维稳、信用等工作初步梳理了100多项法人证照信息清单；结合“放管服”“五证合一”工作需要，对工商、地税、统计、社保、质监等单位进行调研，梳理数据共享清单，协商汇聚共享方案。

（北京市信息资源管理中心）

【开展空间、法人等数据共享服务】年内，北京市信息资源管理中心持续开展空间、法人等数据共享服务，不断提升数据质量和服务效果。实现了历年航拍影像（2001—2015年）、政务信息图层（来自近40个委办局的350个业务图层）、地址门牌、卫星影像等海量数据的集中管理、更新和共享服务，地理空间信息共享服务支撑了54个部门110个系统的在线共享服务，日均访问量超过60万次；继续开展法人基础信息共享服务，新增向门头沟区提供区法人数据交换，以接口调用形式支撑市环保局、市高法、市安监等委办局业务开展，年度接口调用超过800万次；支撑一证通项目，查询接口调用2464.1万余次。

（北京市信息资源管理中心）

【打造数据开放平台】年内，北京市信息资源管理中心推进数据开放平台的建设与数据开放工作。通过政务数据资源网新增、更新共计290余项开放数据；为“第三届全国研究生技术与创意设计大赛”提供开放数据支撑，在与相关委办局积极沟通协调的基础上，通过政务数据资源网，面向参赛人员定向开放了来自市环保局、市交通委等单位的400多个数据集，包括实时路况数据、交通指数信息等共计7400余万条数据；开展网站改版工作，完成公路气象等动态数据的API接口开发上线工作，拓展了网站的服务模式。

（北京市信息资源管理中心）

【推进反恐维稳数据汇聚共享工作】年内，市信息资源管理中心推进反恐数据共享工作。印发《关于印发〈北京市反恐维稳数据共享实施方案〉的通知》（京信办发〔2016〕1号），部署相关工作；完成26个部门的调研，梳理19个部门334类可共享给市公安局、服务于反恐维稳工作的数据清单；梳理拟汇聚到市大数据管理平台的228类共享数据清单，完成市工商局等12类数据的汇聚，开展市住建委、公积金中心等部门34类数据汇聚工作，积极探索“一次汇聚、多次共享”新模式。

（北京市信息资源管理中心）

政务信息资源开发利用

【完成平台网络验收工作】年内，中小企业处根据工业和信息化部、财政部相关要求，会同市财政局开展了北京市中小企业公共服务平台网络项目的整体验收工作，对市级枢纽平台及16个区、31个产业集群共47家窗口平台进行了验收。

（市经济和信息化委中小企业处）

【强化平台网络服务功能】年内，中小企业处强化平台网络服务功能，完成16家区级联网窗口分平台的升级改版工作，初步实现了平台网络间通知公告、热点信息、活动信息、政策咨询的互联互通；平台与重点合作机构在知识产权、技术转移和成果转化等专业性强的技术服务方面达成合作，完善平台系统服务功能的同时引入专业模块。

（市经济和信息化委中小企业处）

【推动政务公开工作】年内，按照国务院、北京市政府关于政务公开工作的部署，办公室牵头开展了市经济和信息化委内政务公开清单编制工作，成立工作领导小组，编制工作方案。在推进委内公开的基础上，探索建立全市经信系统政务公开协调机制，下发《北京市经济和信息化委员会关于建立全市经信系统政务公开工作联系和协调机制》（京经信委发〔2016〕67号）等文件，组织各区经信部门开展政务公开工作培训，建立了协作工作机制。积极创新政务公开形式，针对2016年“十三五”规划发布比较集中的特点，办公室采用制作图解、视频，发布微信等多种形式，及时直观地向社会解读《关于加快应急产业发展的实施意见》《北京市鼓励发展的高精尖产品目录》《北京市大数据和云计算发展行动计划（2016—2020年）》等系列重点政策规划，取得了良好的政务公开效果。

（市经济和信息化委办公室）

政府门户网站与信息公开

【概述】 年内，首都之窗运行管理中心响应市经济和信息化委提出的围绕委重点任务，处、事业单位协同工作，聚焦核心职能以及市委、市政府关于政府信息公开等要求，积极推进“互联网+政务服务”、一证通、深化网站服务等工作，推动政务信息公开。

（首都之窗运行管理中心）

【配合“互联网+政务服务”相关工作】 年内，配合电子政务处开展《北京市深入推进“互联网+政务服务”的实施方案（征求意见稿）》的编制工作，提出全市“互联网+政务服务”的总体要求和总体目标，明确了提升自然人服务便捷度、深化法人服务应用、完善行政审批服务、建立统一的政务服务渠道、建设“互联网+政务服务”共性支撑平台等5项主要任务。配合市政务服务中心开展业务信息系统的对接工作，逐步推进网上申报服务的统一应用。已与40家单位就对接工作进行沟通，分批次开展网上申报服务需求调研、申报表单搭建、联调测试等相关工作。市经济和信息化委10个事项、市档案局10个事项、市统计局2个事项的网上申报服务正式上线。

（首都之窗运行管理中心）

【推进法人一证通项目】 年内，完成一证通平台升级改造，通过云认证模式向各部门应用系统提供证书验证服务，应用系统可借助一证通平台实现证书登录验证，本地无须重复部署证书验证系统，降低建设成本；一证通平台已与36个部门的49个应用系统实现对接；全市建成一证通服务网点114个，覆盖税务、工商、社保、公积金等各类面向法人提供办事服务的政府部门；完成《北京市法人一证通服务管理暂行办法》的起草和第一轮意见征集工作。

（首都之窗运行管理中心）

【作为试点完成首都之窗云迁移】 年内，作为六里桥政务服务中心互联网云的首批试点单位，首都之窗运行管理中心精心组织，周密筹划，分步有序实施。通过制定标准化流程，采取全局负载、云监控等技术确保20余个系统的迁云工作完成。迁云后，物理服务器数量减少

77.5%、系统数量减少25%。中心还结合迁云工作实际编写《北京市市级应用系统政务云迁移工作手册》，形成可供迁移单位参考的全过程模板材料，并编辑成册；编写《北京市党政机关网站运维安全管理指南》，提出有针对性的抵御威胁的防护对策和整改措施，最大限度力保网站、系统和数据的安全；重点系统实现双机房双活备份，实现发生故障时秒级切换，确保服务稳定。

（首都之窗运行管理中心）

政府门户网站

【“北京网”获城市服务政务人气奖】1月14日，由国家互联网信息办公室指导、中国互联网发展基金会主办的“2016全民互联网嘉年华”在北京国家会议中心举行。活动为期3天，包含FUTURE高峰论坛、科技体验展等多个环节。在高峰论坛的颁奖活动上，市经济和信息化委获得“2015城市服务政务人气奖”，获奖提名项为首都城市综合信息服务平台，即新“北京网”。

（市经济和信息化委电子政务处）

【首都城市综合服务平台获“移动政务服务十佳”奖】6月20日，由人民日报社主办的“2016移动政务峰会”在北京举行。峰会首次推出了中国移动政务影响力榜单，北京成为2016移动政务影响力榜“十佳省区市”之一。出席峰会的有中宣部副部长、国务院新闻办主任蒋建国，人民日报社社长杨振武，中央网信办副主任、国家互联网信息办公室副主任徐麟，工业和信息化部副部长陈肇雄。此外，市经济和信息化委凭借“首都城市综合服务平台”项目获得“2016移动政务服务十佳”奖。

（市经济和信息化委电子政务处）

【实现政务信息的“一站式”发布】年内，“北京网”已整合交通违章缴罚、生活缴费、公积金查询、图书查询等共十大类130项便民服务，覆盖20余家与百姓生活密切相关的政府部门和公共事业单位；“北京服务您App”集成了36项服务，陆续推出应急通知、违章缴罚等特色服务，以及出行预警等集多个部门服务于一体的融合服务。通过信息整合，实现政务信息的“一站式”发布，成为公众获取政务信息的重要渠道。通过跨部门服务融合，实现政务服务和公共服务的“一站式”办理。通过个性化聚合，增强用户移动化体验，为公众办事带来便利。平台运行安全稳定，运营工作稳步推进。

（北京市民卡管理中心）

【首都之窗各频道完成改版上线】年内，首都之窗各频道完成改版上线。改版后各频道形成自有独立的精品服务体系，能够更有针对性地开展贴合用户需求的服务策划，使网站服务能力得到整体提升。网站流量稳步提升，用户数呈现5年来最高值，日均访问独立IP达15万，微信公众号订阅人数持续以每周500~1000人的速度攀升。

（首都之窗运行管理中心）

【进一步拓展政府信息传播和服务推广渠道】年内，通过开展全站网页可见性优化，首都之窗在国内省级政府网站Aleax排名已由第三位上升至第一位，百度索引数据较优化之前增加了1万余条，首都之窗网站在各搜索引擎的权重均有不同程度的提升。在开通微信公众号的基础上，又分别在网易号、头条号、一点资讯等社会化新媒体平台开设公众账号，各平台订阅用户数累计超过7万人，日均用户阅读数超5万人次。

（首都之窗运行管理中心）

政府信息公开

【初步搭建全市“政策解读”平台】年内，落实市政府年度重点工作宣传解读工作任务，配合市政府办公厅工作安排，推出“政策解读”专栏，建立了各单位报送政策解读信息保障机制，并基于解读平台，逐步建立政策及解读服务体系，基本实现政策文件信息“架构清、家底儿明、响应快、数据同源、相关内容推荐精准”的目标，为公众提供政策查询及涵盖官方解读、政策问答、专家解读、媒体解读等分类信息服务。

（首都之窗运行管理中心）

【开展政民互动建设】年内，市经济和信息化委办公室强化政民互动工作，及时办理“市长信箱”转来信件，细致回复群众关心关注的热点问题。用好“北京市网上信访信息系统”，对网上信访问题细致办理，共收到6条信访问题，均已稳妥办理。安排专人负责官网“政民互动”专栏。年内，共解答群众关心的软件产品登记、电动汽车备案、申请中小企业资金等热点提问260条。加强“政民互动”精细化管理，实行处长负责制，每件问题按规定时间办结后需处长签字确认，做到答复及时、有效、无误。加强综治维稳工作，在节假日、全国“两会”、全市试鸣防空警报等重要活动和其他重大事件期间，对委系统各办公区和直属单位多次进行安全巡检抽查、发现问题及时责令整改。完成永定河跨河管线防汛工作，锻炼了应急防汛队伍，提高了应急防汛处置能力。建设综合视频监控统一监控平台，更新老化摄像头、在关键部位增设监控摄像头，完善了办公区域安防监控系统。加强内保安全巡查，提升内部安全防控能力。安排专人处理来访事项，年内共接待群众来访213人次，收寄信件21件，针对来访人员所反映的问题，分类转交相关处室梳理情况，由法制办把关答复。

（市经济和信息化委办公室）

电子政务运维

【概述】年内，电子政务处紧密结合三定职责和年度重点任务开展工作，主要包括编制并印发《北京市大数据和云计算行动计划》和《北京市信息化“十三五”时期发展规划》；组织编制“互联网＋政务服务”实施方案、“政务信息资源共享开放管理办法”以及“通州城市副中心智慧城市规划”；编制“智慧北京建设和发展意见”；完成政务云管理体系的建设。市级政务云平台运行稳定，运维管理逐步趋于规范，入云用户和系统数量持续增加。完成北京市政务服务中心数据中心及局域网运维工作。

（市经济和信息化委电子政务处）

电子政务工作推进

【召开全市电子政务工作培训会】1月14日，市经济和信息化委组织召开全市电子政务工作培训会。北京市90余家单位200余人参加培训。会上，市经济和信息化委电子政务处相关负责人介绍了北京市信息化“十三五”规划及促进大数据应用发展思路，就“十三五”时期打造“智慧北京升级版”的六大目标、四大战略任务、七大保障等内容进行了详细阐述；对《关于加强政府投资信息化项目全流程管理的通知》进行解读，并对相关要求进行了详细解释，同时对信息化项目评审技术规范进行了简要介绍。此外，重点介绍了政务云概况、政务云使用中的职责分工、责任边界、使用管理等内容。北京市公共信息服务中心就政务云项目申报及使用案例进行了介绍。3家政务云服务商简要讲述了各公司服务内容。市经济和信息化委副主任毛东军在讲话中提出3点意见：一是应高度重视信息化规划的编制工作，为“十三五”布好局、开好头；二是坚决推行信息化项目的闭环管理，为统筹绩效把好关、服好务；三是有序推进市级政务云的全面应用，为整合集约奠好基、铺好路。

（市经济和信息化委电子政务处）

【召开北京市电子政务服务企业培训会】3月4日，市经济和信息化委在北京市政务服务中心多功能厅召开“北京市电子政务服务企业培训会”，来自全市各委办局推荐的102家IT企业的200余名代表参加了培训。会上，电子政务处专题介绍了北京市五大类20余项电子政务基础设施及共性平台的建设情况、使用流程及应用成效，北京市公共信息服务中心详细介绍了市级政务云平台的建设现状、未来规划及政务云平台给IT企业带来的挑战和机遇。在培训的互动环节，与会企业填写了“企业调查表”，反馈了企业可入云的产品信息，以及对北京市信息化“十三五”规划的建议。

（市经济和信息化委电子政务处）

【召开全市电子政务培训大会】12月28日，市经济和信息化委在北京会议中心召开北京市电子政务培训大会，全市80余家委办局和各区的近200名信息化领域负责人及相关人员参加培训。市经济和信息化委副主任毛东军出席并讲话，对2017年工作作了指示。会上，市经济和信息化委智慧城市处、市信息资源管理中心、首都之窗运行管理中心、市公共信息服务中心、市信息化项目评审中心等单位的负责人，分别就《北京市“十三五”时期信息化发展规划》《北京市大数据和云计算发展行动计划（2016—2020年）》、政务信息资源共享汇聚管理办法等信息化领域的新政策、新思路、新方向进行了解读，对政务信息资源汇聚共享与开放、“法人一证通”建设、市级“政务云”建设及应用、“北京服务您”建设推广情况等全市委办局和各区关心的信息化领域建设工作进行了介绍，并针对政府投资信息化项目全流程管理进行了详细讲解。

（智慧城市处）

【开展数字证书服务体系建设】年内，电子政务处为81万北京市法人用户发放数字证书，累计为120万法人用户发放数字证书，占比超过90%；开设证书服务网点达到113个，覆盖全市16区。北京市法人网上统一认证系统建设项目通过竣工验收，一证通平台运行良好，已实现对接36个政府部门的49个业务系统。起草了《法人一证通服务管理暂行办法》，并开展了两轮面向全市各级行政机关的意见征求工作。

（市经济和信息化委电子政务处）

【编制并印发北京市大数据和云计算行动计划等】年内，电子政务处编制《北京市大数据和云计算发展行动计划（2016—2020年）》和《北京市信息化“十三五”时期发展规划》。两个文件均经北京市政府常务会议审议通过，并以北京市政府名义印发实施，是北京市“十三五”时期信息化发展的纲领性文件，提出了未来5年北京市大数据、云计算等产业发展的总体任务、目标方向和具体举措。

（市经济和信息化委电子政务处）

【加强移动政务平台运维管理】年内，北京市信息资源管理中心移动政务管理平台共接入37家委办局共15085个终端号码，支撑移动办公、移动执法等业务开展，其中2016年新接入单位7家、增加用户数量单位12家，共增加1678个终端号码；支撑市应急办移动应急应用系统、市经济和信息化委移动办公系统、市国土局国土资源综合监管移动平台、市城管执法局城管通系统、市司法局社区矫正系统等的应用。

（北京市信息资源管理中心）

【组织编制“互联网+政务服务”实施方案等】年内,电子政务处组织完成“互联网+政务服务”实施方案、“政务信息资源共享开放管理办法”以及“通州城市副中心智慧城市规划”重点文件、方案的初稿编制工作。

（市经济和信息化委电子政务处）

【初步完成政务云管理体系建设】年内，电子政务处制定并向北京市印发了《北京市市级政务云管理办法（试行）》、《北京市级政务云服务指南》（包含迁移指南、入云安全指南等10个附件）等系列文件；在市经济和信息化委内制定了《市级政务云运行管理委内工作规则》及相关工作流程、《网站运维安全管理手册》、“政务云评审机制”等，初步完成政务云管理体系的建设。已有45家委办局及1个区级单位的138个业务系统迁移入云，正式对外服务系统57个。支撑北京交警App、人大选举系统等重要系统的迁移入云并稳定运行。组织完成首都之窗主站及相关20余个系统平稳迁入政务云，物理服务器数量减少77.5%，系统数量减少25%。

（市经济和信息化委电子政务处）

【完善“北京网”和“北京服务您App”】年内，电子政务处根据绩效任务要求,按月陆续在“北京网”和“北京服务您App”上推出了公积金查询、违章缴罚、生活缴费、健康气功、应急预警、京津冀旅游气象、北京通实名等新的便民服务应用。在完成绩效任务的基础上，又根据公众关注热点，整合了博物馆游览预约，挂号预约，车务预约，食品、药品及化妆品安全信息查询等服务，共整合了交通出行、房产服务、文娱体育、劳动就业、婚育服务、教育服务、社区服务、度假旅游、医疗保健、政府办事十大类近千项便民服务。在融合账单服务、京津冀LBS出行预警等服务中开展了跨多个委办局的融合服务试点，取得了较好效果。“北京网”页面访问量达到1.8亿，用户访问量约4000万。“北京服务您App”下载注册用户达95万以上，月活动用户约为20万，业务办理总数超过573万。

（市经济和信息化委电子政务处）

【开展政务App现状调查】年内，电子政务处开展了北京市政务App现状调查，调研样本覆盖2300余位北京市市民和95家市级政府部门和公共事业单位，形成了《北京市移动政务和公共服务调研报告》；起草了《“北京服务您App”管理办法（征求意见稿）》《“北京服务您

App”接入指南》《“北京服务您 App”服务接入技术规范》等文件；进一步完善“北京网”和“北京服务您”的应急预案，组织完成多次安全应急演练，对系统的核心开发代码进行了漏洞扫描并完成整改，确定了平台的安全保护等级为二级。

（市经济和信息化委电子政务处）

【推进网上政务服务大厅建设】年内，电子政务处开通市经济和信息化委、市档案局、市统计局的 22 项事项的网上申报服务，市住房城乡建设委、市水务局等 17 项事项完成网上申报服务建设。

（市经济和信息化委电子政务处）

政府部门信息化建设

【概述】“十二五”时期，北京市信息化实现了从“数字北京”向“智慧北京”的全面跃升，整体发展水平达到国内领先、国际先进。“十三五”时期是中国全面建成小康社会的决胜阶段，也是北京市落实首都城市战略定位、加快建设国际一流的和谐宜居之都、率先建成小康社会的关键阶段。北京市着力疏解非首都功能、治理“大城市病”、保障改善民生、推进城乡一体化、加强供给侧改革、构建“高精尖”经济结构、推动京津冀协同发展，为信息化发展提出新要求、带来新机遇。北京市经济和信息化委员会制定《北京市“十三五”时期信息化发展规划》，指导市政府各部门信息化发展。

（市经济和信息化委电子政务处）

北京市档案局

【概述】2016 年是“十三五”开局之年，北京市档案局（馆）围绕市委、市政府中心工作，按照北京市“十三五”时期档案信息化发展规划要求，以“北京数字档案馆”“新馆信息化”建设为抓手，大力推进全市档案信息化建设，档案信息化工作成效显著。

（袁焕磊）

【完成“十二五”期间档案数据的全流程备份、数据恢复验证工作】3 月 4 日，北京市档案局（馆）在市信息安全容灾备份中心完成档案异地备份数据恢复验证工作。此次恢复验证的数据是 2013 年 1 月送往陕西省档案局的第一批档案异地备份数据，共计 40 块硬盘、34 盘磁带，容量约 97TB，这是继 2014 年档案同城备份数据恢复验证完成后，市档案局（馆）完成的档案异地备份数据的恢复验证工作。3 月 24 日，完成对全市 16 个区档案局（馆）同城和异地两套备份介质退还工作，至此，“十二五”期间档案数据的全流程备份、数据恢复验证已全部完成。

（袁焕磊）

【北京数字档案馆（电子文件中心）建设项目进入工程实施阶段】5 月 4 日，北京市发展改革委正式印发了《关于批准北京数字档案馆（电子文件中心）初步设计概算的函》[京发改（审）

〔2016〕207 号]，北京数字档案馆（电子文件中心）建设项目全面进入工程实施阶段。

（袁焕磊）

【北京数字档案馆（电子文件中心）开展试点工作】7 月，北京市档案局（馆）印发了《关于开展北京数字档案馆试点工作的通知》，明确了试点目标、试点范围、工作步骤和任务安排以及工作要求。北京数字档案馆（电子文件中心）试点工作正式开始。

（袁焕磊）

【综合档案馆馆藏档案数字资源全流程管理标准发布】10 月 19 日，北京市档案局（馆）组织起草的《综合档案馆档案数字资源管理规范》，由北京市质监局正式发布成地方标准（DB11/T 1357—2016）。该标准规范了综合档案馆馆藏档案数字资源整理、建库、存储、利用、维护、传输和安全等工作的全流程综合管理。

（袁焕磊）

【北京市档案馆新馆信息化系统建设通过评审】12 月 2 日，北京市档案馆新馆弱电工程项目通过市经济和信息化委的专家评审，新馆信息化系统建设包括：计算机网络系统、用户电话交换系统、虚拟桌面系统、计算机机房工程、视频监控系统、出入口控制系统、武警执勤系统、入侵报警系统、无线对讲巡更系统、能源计量系统、信息导引及发布系统、公共广播系统、会议系统，共计 13 个。

（袁焕磊）

【北京数字档案馆（电子文件中心）建设项目完成初步验收】12 月 21 日，北京数字档案馆（电子文件中心）建设项目通过初步验收。项目完成了机房建设、软硬件采购集成、应用系统功能开发、1 个标准体系及 8 个标准规范的起草、档案资源分类设计方案与资源库建设以及约 80TB 历史数据的清理等主要工作。

（袁焕磊）

【推进档案数字资源建设】截至年底，北京市区两级档案馆馆藏数据资源总容量约 483.5TB。其中市档案馆馆藏数据资源总容量约 332.75TB，区档案馆馆藏数据资源总容量约 150.76TB。

（袁焕磊）

【推动档案执法“双随机”工作机制开展】年内，北京市档案局启用北京市档案系统行政执法“双随机”信息管理系统，开展档案行政执法工作。将市级单位和区档案局（馆）共 201 家单位、市区两级档案行政执法员共 75 人纳入该系统，实现对 39 家单位“双随机”档案执法检查。

（袁焕磊）

北京市地质矿产勘查开发局

【概述】北京市地勘局信息中心成立于 2015 年 4 月。信息中心为地勘局所属正处级财政补助事业单位，纳入公益一类，主要职责是：承担本局机关信息化方面的建设、管理和技术保障工作；承担有关信息的统计、收集、整理、利用工作；承担《城市地质》的编辑、出版、发行工作。

（李佳）

【首都地质资源环境承载力监测预警演示平台开发完成】3 月 25 日，首都地质资源环境承载力监测预警演示平台开发完成。该平台主要以演示 DEMO 为主，系统采用微软公司 Windows 平台上的 Visual Studio 2010 作为开发工具，使用 Microsoft SQL Server 2008 R2 作为后台数据库，并使用 ArcGIS Server 10.3 发布地图服务。

平台已开发完成地下水环境、地面沉降、突发地灾展示服务系统，集成了地下水环境、地面沉降、地下水动态、地下水资源专业分析系统，实现了资料检索、共享发布、三维应用、制图服务、重大项目成果展示等功能，为未来平台的全面建设奠定了基础。

（李佳）

北京市高级人民法院

【概述】年内，北京市高级人民法院贯彻落实最高人民法院关于加快建设“智慧法院”的工作部署，运用“互联网+”思维，通过信息技术深化改革举措，围绕“四个服务”，推进信息化建设转型升级。全年共下发《北京法院诉讼服务中心信息平台技术规范（试行）》等4个全市法院信息化工作规范。北京法院信息化顶层设计和统筹集约工作得到市经济和信息化委肯定。全年共研发上线智汇云等20个信息化应用系统，获得了北京法院大数据服务平台、北京法院智汇云平台、北京法院移动办公办案平台、北京法院诉讼服务综合系统等4个软件著作权。将全市1200个法庭全部建成高清数字法庭，基本完成全市法院绿色机房和安全等保三级建设。

（叶欣）

【召开务虚会研究部署信息化工作】1月21日，北京市高级人民法院召开工作务虚会，研究、谋划2016年信息化工作总体思路和工作任务。信息技术处处长佘贵清主持会议。会议梳理出2016年信息化工作在应用系统建设、大数据分析、基础设施和安全建设、质效型运维管理体系建设以及信息化调研、项目建设与评审、制度规范等方面的五大类110余项具体工作任务。会议提出了坚持务虚会新机制、坚持问题导向和需求导向、加强队伍建设等三方面工作要求，明确了各项工作任务的负责人和工作时间表。

（叶欣）

【视察12368语音诉讼服务中心】2月19日，中共中央政治局委员、中央政法委书记孟建柱来到北京市高级人民法院，考察12368语音诉讼服务中心、宪法大厅等场所，并主持召开座谈会调研北京刑事案件速裁工作。国务委员、公安部部长郭声琨，北京市委常委、政法委书记张延昆，北京市高院党组书记、院长杨万明，北京市检察院党组书记、代检察长敬大力参加调研。在12368语音诉讼服务中心，孟建柱实地查看了语音诉讼服务平台，询问了北京法院综合诉讼服务体系运行情况。孟建柱指出，语音诉讼服务平台架起了群众和法院、法官之间沟通的桥梁。北京法院12368语音诉讼服务运行良好，成效突出，体现了北京法院的实干和创新精神。他强调，北京法院系统要继续运用好信息化手段，进一步完善“面对面”窗口服务、“线连线”语音服务体系，为公众特别是当事人提供更加便利高效的司法服务。

（叶欣）

【被评为全国法院先进集体】2月23日，在最高法院组织的全国法院先进集体评选表彰活动中，北京市高级人民法院信息技术处被评为全国法院先进集体。该处共有人员11人，负责全市法院信息化规划、建设、应用和管理工作。该处还曾获北京市政府颁发的北京市科学技术奖三等奖，连续多年被评为全国法院及北京市信息化工作先进单位、电子政务工作优秀单位，并获电子政务绩效突出奖等。

（叶欣）

【举办智汇云平台视频培训会】4月12—13日，北京市高级人民法院组织召开了智汇云平台视频培训会。北京市高级人民法院党组成员、副院长孟祥出席并作动员讲话，全市法院信息技术人员、运维服务人员及全市法院干警分别在高院主会场和各院分会场参加了培训会。孟祥充分肯定了智汇云平台上线的重要性，并就具体落实智汇云平台上线应用提出五点要求。

（叶欣）

【举办全市法院院级领导智汇云视频培训会】4月22日，北京市高级人民法院举办全市法院院级领导智汇云平台视频培训会，北京市高级人民法院党组书记、院长杨万明出席会议并作重要讲话，全市各法院院级领导及中层领导干部分别在高院主会场和各院分会场参加了培训会。北京市高级法院党组成员、副院长孟祥主持会议。杨万明充分肯定了前一阶段高院信息化工作成果，并就如何具体推进落实智汇云系统平台的使用以及坚持“四个服务”，深化应用实效，为促进审判体系和审判能力现代化提供强大的科技保障提出三点意见。

（叶欣）

【举行智汇云平台启动仪式暨新闻通报会】4月29日，北京法院智汇云平台启动仪式暨新闻通报会在市高级法院举行，北京市高级人民法院党组书记、院长杨万明，党组成员、副院长孟祥，办公室、审管办、研究室、干部处、组宣处、教培处、司法行政处、新闻办、后勤服务中心、档案处、信息技术处等部门领导，智汇云项目研发团队共同参加了启动仪式。通报会由孟祥主持。通报会上，杨万明与北京华宇软件股份有限公司董事长兼总经理邵学共同启动了智汇云平台。孟祥在讲话中指出，智汇云平台是北京法院贯彻最高法院院长周强对信息化工作的指示，通过信息化手段深化改革举措，落实人民法院信息化3.0版的具体体现，既是《北京市法院信息化建设五年发展规划（2016—2020）》的重要内容，也是北京法院信息化工作的新坐标。

（叶欣）

【举办2016年信息化工作会暨智汇云培训班】5月5—6日，北京市高级人民法院教育培训处、信息技术处在国家法官学院北京分院联合举办北京市法院信息化工作会暨智汇云培训班，市高级法院党组成员、副院长孟祥出席会议并作了题为“开拓创新攻坚克难 推动首都法院信息化工作再上新台阶”的讲话。孟祥在讲话中全面阐述2016年全市法院信息化建设的工作思路，强调对于当前的信息化建设要着重做好四方面工作：一是强化应用实效，促进审判体系和审判能力现代化，切实抓好网上办公工作，大力推进网上办案工作，继续完善数据分析与服务；二是强化业务融合，推进司法为民公正司法，要继续深化司法公开和诉讼服务平台建设，重构以审判为中心的业务系统，以信息化提高执行工作质效；三是强化“三个保障”，提升信息化持续发展能力，深入推进安全等保建设，全面升级全市法院信息机房，加强运维管理体系建设；四是强化队伍建设，建立信息化发展长效机制，要贯彻落实好《五年规划》，全面提升队伍整体素质，完善绩效考核机制。

（叶欣）

【举办诉讼服务平台新增功能操作培训班】5月24—25日，北京法院2016年诉讼服务平台新增功能操作培训班在国家法官学院北京分院举办。为进一步深化诉讼服务平台建设，有效避免“给大法官留言”及12368人工语音接听工作中出现的留言答复超期、派发工单可操作性不强以及处理方式不当等问题，市高级法院诉讼服务办公室与信息技术处通力合作，新增了

“给大法官留言”转交办理系统，升级了12368人工语音接听系统。

（叶欣）

【运用远程视频系统与新疆高院交流】 5月26日，北京市高级人民法院运用远程视频系统与新疆高院召开了“点对点”信息化工作交流会。新疆高院常务副院长杜建锡出席会议，新疆高院政治部、信息技术处及市高级法院信息技术处相关人员参加会议。

（叶欣）

【接待调研指导执行信息化工作】 6月3日，中国工程院院士、国家信息化专家咨询委员会委员、中国联通科技委主任刘韵洁到北京市高级人民法院执行局调研指导执行信息化工作。市高级法院党组成员、副院长孟祥接待了刘韵洁并主持召开座谈会。

（叶欣）

【接待调研指导信息化工作】 6月27日，中国社会科学院法学研究所法治国情调研室主任、研究员，法治蓝皮书主编，最高人民法院信息化专家咨询委员会委员田禾一行9人到北京市高级人民法院调研指导信息化工作，为下一阶段中国社科院开展全国法院信息化工作第三方评估收集实践资料。市高级法院党组成员、副院长孟祥全程陪同调研。田禾对北京法院信息化工作给予高度评价。

（叶欣）

【听取信息化工作进展情况汇报】 8月31日，北京市高级人民法院党组书记、院长杨万明在党组成员、副院长马强的陪同下，在信息中心会议室听取了信息化工作进展情况汇报。市高级法院审委会专职委员、审管办主任袁远，研究室主任张农荣，信息技术处处长佘贵清参加会议。杨万明对信息化工作突出做好“四个服务”给予充分肯定，并结合司法改革要求和北京法院实际工作，对近期各项信息化重点工作提出了具体意见。

（叶欣）

【接待调研智汇云】 9月2日，最高人民法院信息中心主任许建峰一行6人到市高级法院专门调研北京法院智汇云。北京市高级人民法院党组书记、院长杨万明会见了许建峰，市高级法院党组成员、副院长马强出席调研会议并致辞。信息技术处处长佘贵清主持会议。许建峰对北京法院智汇云从建设理念到应用成效给予了高度评价，并提出六点意见：一是智汇云实现统一用户登录，体现了信息化的集成与整合思想；二是智汇云突出个性化服务，实现了从“千人一面”向“千人千面”的转变；三是智汇云实现了网间互联互通，达到了“一云贯通，一网打尽”的目标；四是智汇云数据服务动态化，为领导决策和审判管理提供了实时的信息支撑；五是智汇云服务“零距离”，精准的信息关联和信息推送服务让干警感受性更强；六是智汇云技术架构先进，为法院信息化的不断进步打下了坚实基础。

（叶欣）

【头版头条报道北京法院信息化工作】 9月17日，《法制日报》以《北京法院启动“智汇云”打通办案管理服务全平台 法官拿着手机随时随地办公办案》为题，在头版头条报道北京法院信息化工作。文章指出，北京法院智汇云率先实现法院专网、互联网和移动网络技术“三网融合”，将以往“各自为政”的司法审判、司法行政、司法人事等多个应用系统全面打通，实现网上办公、网上办案、数据分析、信息服务、即时通信和日程管理六大服务功能，同时突破内外网壁垒，让法官们拿着智能手机就能随时随地办公办案。

（叶欣）

【举办2016年北京法院信息技术培训班】 9月20—21日，北京市高级人民法院信息技术处在国家法官学院北京分院举办2016年北京法院信息技术培训班，在培训中，市高级法院信息技术处分别就全市法院信息化项目统筹建设规定、司改配套应用、网上办公系统进行了深入细致的讲解和培训。参训人员围绕“2016年信息化工作意见建议”等议题进行分组讨论。华宇信息技术公司服务中心总经理米坤就ITSS进行了有针对性的培训。

（叶欣）

【听取信息化工作汇报】 10月27—28日，北京市高级人民法院党组成员、副院长马强在信息中心会议室专门听取北京法院信息化工作汇报。就重点工作提出4项具体要求。一是要做好服务，网站改版要注重内容的时效性，及时更新热点关注问题，简化页面设计，突出放大重点板块内容；数字审委会系统要加强对案件情况及承办人办理同类案件履历的分析，更好地为领导决策提供服务。二是要做好保障，深化内网网站应用实效，一方面辅助领导决策，另一方面便利干警办公办案；完善数字审委会系统对列席人员的标注，为防范泄露审判工作秘密做好信息化支撑。三是要加强沟通，拓展数字审委会系统的后期应用，进一步加强与研究室等部门的沟通协作，为统一裁判尺度研究提供信息化支持。四是要确保完成，力争在2017年1月1日初步完成上述两项工作，上线试运行，选取试点法院推广系统，并在试运行阶段不断完善和升级系统应用。

（叶欣）

【举办“智慧法院”开放日活动】 12月14日，最高法院“阳光司法　让公正看得见”——“智慧法院”北京行公众开放日活动在市高级法院阳光大厅举办。最高法院党组成员、副院长景汉朝，北京市委常委、政法委书记张延昆，北京高院党组书记、院长杨万明，最高法院信息中心总工程师孙福辉，北京高院党组成员、副院长安凤德，北京高院党组成员、副院长马强等领导出席。活动由最高法院新闻宣传工作领导小组办公室副主任王玲主持。杨万明代表北京高院致欢迎辞。活动中，安凤德开启了“司法大数据之门”，百度公司在线管理部总经理、大数据舆情中心主任秦健发布了《2016年1至11月网民司法搜索专题报告》。全国人大代表、北京天达共和律师事务所主任李大进开启“司法为民之门”，北京高院信息技术处余洋介绍了北京全市法院信息化建设情况。马强开启“智慧法院之门”，北京高院信息技术处孙冰介绍了北京法院“睿法官”系统。景汉朝、张延昆、杨万明共同触摸启动球，宣布北京法院“睿法官”系统正式开通上线。

（叶欣）

【制定信息化项目管理规范】 年内，北京市高级人民法院研究制定了《北京法院信息化项目管理规范》。该规范符合《北京市市级信息系统升级改造项目验收管理办法》（京信息办发〔2008〕15号）和《关于加强政府投资信息化项目全流程管理的通知》（京经信委发〔2016〕1号）示范单位的需要，对全市法院信息化项目进行统筹规划、全流程管理，覆盖了需求调研、规划立项、申报与评审、招投标、建设管理、验收、绩效考核等项目建设全流程。

（叶欣）

【建成智汇云平台】 年内，北京市高级人民法院依托全市三级法院统一的审判信息资源库，整合司法审判、司法人事、司法行政、共享数据等多类数据资源，建成将北京全市法院审判业务、行政事务进行集中、统一服务与管理的智汇云平台。该平台实现了全市三级法院的网上办公办案一体化和北京法院专网、互联网云平台、移动平台的互联互通，按照不同角色提供个性化服务和全面数据支撑服务。智汇云提供网上办公、网上办案、数据服务、智能检索、日程管理、即时通信等 6 项功能。

（叶欣）

【建成一体化诉讼服务平台】年内，北京市高级人民法院推进一体化诉讼服务平台建设，组织研发适用于全市三级法院的诉讼服务中心应用系统，实现诉服中心各项职能的信息化全覆盖，并与审判业务系统、审判信息网、12368 系统、移动诉讼服务 App、诉讼服务自助终端等服务渠道无缝对接，做到“司法公开日常化、诉讼服务一体化”。该平台被电子政务理事会授予“互联网 + 政务创新应用奖”和“政府网站大数据应用奖”。

（叶欣）

【深化大数据应用】年内，北京市高级人民法院立足于法官办案的核心需求，推进以大数据研究，服务裁判尺度和法律适用统一，研发上线北京法院智能研判系统——“睿法官”，提供案件多维度分析报告，自动关联八类信息，主动推送与案件相关的数据信息和定向分析，在立案、合议、庭审、诉讼服务等各环节为法官提供审判辅助和决策支持，帮助法官自动生成法律文书，促进“同案同判”。

（叶欣）

北京市工商行政管理局

【概述】年内，北京市工商行政管理局信息化工作全面贯彻落实市委市政府的各项精神，深入推进信息化建设，有力提升工商履职现代化水平。坚持以党建工作统领全局，着力提高首都工商信息化队伍建设水平；坚持以信息化工作为抓手，积极服务非首都功能疏解、城市治理和供给侧结构性改革，深入推动商事制度改革、事中事后监管和消费环境建设，为首都经济平稳健康发展和社会和谐稳定营造良好的市场环境，以优异成绩迎接“十三五”规划的开局之年。

（柳胜杰）

【推进信息化项目申报进程】年内，北京市工商行政管理局向市经济和信息化委、市财政局申报了登记全程电子化项目、数据中心升级改造项目（含数据分析系统升级改造）、OA 办公系统升级改造项目、购买数据服务。其中，购买数据服务项目已完成招标工作；OA 办公系统升级改造项目已经完成招投标及合同签订工作，进入具体实施阶段；登记全程电子化项目和数据中心升级改造项目已经通过市经济和信息化委及市财政局的项目评审，将启动项目招标工作。按照总局国家法人库建设要求，启动地方配套项目，现已完成可研报告编制，提交总局申报。同时完成登记系统验收工作。

（柳胜杰）

【推进“全国一张网”工程建设】年内，北京市工商行政管理局按照《工商总局关于国家企业信用信息公示系统格式规范的通知》（工商办字〔2016〕207 号）、《关于更新国家企业信用信息公示系统格式规范的通知》的要求，完成了北京市企业信用信息公示系统的整体设计，与总局进行联调测试，确保系统于 12 月 22 日全国统一上线。通过与国家企业信用信息公示系统联动，构建政府部门间企业信息开放共享机制，促进企业信息资源的互联、互通、互用，打破信息“孤岛”，推进实现部门间的联合惩戒和协同监管，夯实社会主义市场经济的基础。

（柳胜杰）

【加强数据资源开放和共享】年内，北京市工商行政管理局开放数据资源，服务工商各部门业务需求。以每天两次的频率向总局增量更新数据，涉及传输120余张数据表单内容。通过接口共向11个区分局，13个内部系统，28个委办局共享数据，共享接口数共计346个，共享数据超过1.67亿条，其中通过接口向各分局共享数据超过880万条，向内部业务系统共享数据1亿条，向委办局提供数据5900万条。向北京市投资促进局、金融局、国税局、地税局等18个委办局提供一次性批量查询数据服务，累计查询数据量近7000万条，极大促进了工商数据的影响力，助推了经济发展。

（柳胜杰）

【推进京津冀一体化数据协同建设工作】年内，北京市工商行政管理局通过总局大力支持，实现了京津冀三地工商数据在北京的落地，满足了在三地工商部门之间数据共享互联的需求。通过大数据共享，初步建立了工商京津冀一体化数据平台，每月从总局获取数据，定时更新。同时，完成《2016年京津冀三地企业投资分析》，并向北京市政府进行报送。

（柳胜杰）

【推出信息服务产品】年内，北京市工商行政管理局坚持用数据说话、用数据管理、用数据决策、用数据创新，持续推出信息服务产品。抓住北京发展关键问题和关键区域，围绕经济和产业发展热点、要点，重点撰写《“十二五”以来企业主体发展分析》《北京市大众创业情况研究分析》《北京市禁限产业目录实施效果分析》等专题报告，呈报副市长程红、市委研究室、市政府研究室等领导和部门，得到了领导的圈阅批示。同时，定期为市银监局、市科委等部门提供行业数据定制分析产品。

（柳胜杰）

【推进“五证合一、一照一码”信息化建设】年内，北京市工商行政管理局严格执行总局信息中心编制的行业标准《GS49—2016五证合一、一照一码数据规范（暂行）》《“五证合一、一照一码”登记制度改革信息化技术方案》，在2015年“四证合一”的基础上，进一步对系统进行升级改造，优化审批流程、完善数据共享、扩大合办范围、畅通应用渠道，落实了国务院和工商总局开展“五证合一”的部署和要求。

（柳胜杰）

【全面推进个体工商户“两证整合”信息化建设】年内，北京市工商行政管理局严格执行总局信息中心下发的《个体工商户“两证整合”工商税务信息共享技术方案》《个体工商户“两证整合”信息化技术方案》和《个体工商户“两证整合”数据规范》，配合登记注册部门对现有系统环节进行相应调整，确保北京两证整合改革的技术支撑。

（柳胜杰）

【推进企业登记全程电子化及电子营业执照系统改造工作】年内，北京市工商行政管理局深化商事制度改革，落实总局《关于推行企业登记全程电子化试点工作的指导意见》，依托企业信用网和网上登记服务系统，以企业需求为导向，建成全程电子化登记平台，自11月1日起在海淀区正式开通运行。海淀区内资科技类有限公司通过全程电子化平台申请设立登记，领取电子营业执照，办理营业执照时间由之前的两到三周缩短为3个工作日。

（柳胜杰）

【推进监管信息化建设】年内，北京市工商行政管理局按照《工商总局关于新形势下推进监管方式改革创新的意见》要求，完成北京市市场主体综合业务监管系统的整体设计。以信息化建设支撑监管改革创新，以系统应用贯穿市场监管各领域、各环节，积极推进市场监管机制和方式创新，促进市场监管与经济社会发展相适应、相协调。以信息化保障“大监管”格局，打破现有业务分割，通过统一的监管业务平台实现信息资源的互联共享，将监管执法、商品检测、合同监管等巡查纳入“双随机”之下。将相关信息归集到企业名下，充分发挥信息的预警提示作用，强化各业务部门的协同监管，构建联动响应、协调配合的一体化市场监管机制，适应市场监管的新形势、新要求。

（柳胜杰）

北京市公安局

【概述】年内，北京市公安局在局党委的坚强领导下，紧紧围绕市委、市政府建设“智慧北京”“平安北京”，公安部“金盾工程”“科技强警”“四项建设”的总体要求，以及北京市公安局“四个第一”工作理念，强力推进科技信息化建设和应用再上新台阶。围绕市局中心工作，立足首都公安警务科技信息化实战需求，围绕各项重大安保任务，深化警务改革创新理念，全力保障首都重大安保任务的重点科技建设和应用，进一步发展政务公开，强化局内外部资源共享和综合应用的效能，大力提升警务科技信息化保障能力，为全市信息化建设和应用提供支撑。

（连晓敏）

【全面推进执法办案管理中心信息化建设】1月13日，北京市公安局召开全局执法办案管理中心建设现场推进会。会上，公安部副部长、北京市副市长、公安局局长王小洪讲话，就推进执法办案管理中心信息化建设提出明确要求，作出了强化信息化手段、全面推进执法办案管理中心建设的重要决策部署。年内，全局各单位创建以“一站式办案、合成化作战、智能化管理、全流程监督”为特点的执法办案信息化监督管理新机制，全面提速执法办案管理中心信息化建设。同时，全局办案管理中心信息系统打造“智能中心”，安装具有人脸识别功能的智能摄像头，将嫌疑人面部特征与信息系统相关数据比对，迅速、准确查验身份及前科，办案区实现24小时全程监控无死角、嫌疑人从进入办案管理中心到离开办案区的全部案件流转和人员动态转场的智能信息化管理，通过一体化整合，对嫌疑人基本信息、人身检查、随身物品保管及出区、入区进行信息动态管控。

（李润琪）

【消防移动作战指挥系统应用凸显成效】1月，北京市公安局消防局组织召开作战指挥体系信息化应用推进现场会，打造了机关作战指挥中心、前沿现场指挥部、一线指挥员三位一体的新型信息化灭火救援作战指挥体系，全面启动移动作战指挥系统的深度应用，实现了灭火救援战斗可视化、扁平化远程指挥。12月，该系统获得公安部全国公安机关改革创新大赛决赛金奖。

（司伟）

【完成强化安防行业监督管理】2月，按照公安部科技信息化局要求，北京市公安局正式停止安全技术防范产品生产登记受理和审批，进一步加强安全技术防范产品事中事后监管工作，调整全局技防产品监管方式；进一步强化安防行业引领，加强北京安全防范行业协会监督管理，积极筹备安防协会第三届理事会换届，组织北京地区安防工程企业设计施工维护能力评价，并就安防协会与行政机关脱钩事宜开展调研筹备工作。

（林彬）

【确定市图像办组织架构体系】2月，经北京市领导批示同意，北京市公安局组织34个委办局和16个区政府建立了“市图像办”工作领导体系，健全了领导机制，确定了市领导小组及图像办人员组成，进一步强化了北京市视频工作的组织领导。

（林彬）

【“平安北京”及时通报回应网络事件】4月5日，网传“朝阳区和颐酒店女子被拖拽”事件引发社会关注，“平安北京”及时回复网民热帖评论，并分别于4月6日、8日和9日连续发布3条情况通报，积极回应网民关切。微博阅读量达5200万余次，获得网民点赞10万余次。

（赵峰）

【“互联网+时代的微警务之路2016网警网上巡查执法北京论坛”召开】4月27日，“互联网+时代的微警务之路2016网警网上巡查执法北京论坛”召开。公安部网安局、法制局、刑侦局相关领导，全国各省市网警巡查执法账号负责人，警务新媒体代表，互联网企业及法律传媒领域专家等300余人参加了此次论坛。全国各地190余家网警围绕如何提高网警巡查执法账号线索核查、流转效率、加强协作等方面进行了交流，进一步探讨网警巡查执法工作的发展趋势；新媒体代表、互联网企业代表就如何加强警企合作、预防打击网络违法犯罪、维护网民利益献计献策。首都网警首次提出网警“微警务”理念，“首都网警”执法账号采取“面对面”的形式，对网络轻微违法犯罪直接警示教育违法网民，维护网络秩序。

（连晓敏）

【完成北京跨省异地缴纳交通违法罚款工作】5月1日，北京市实现跨省异地缴纳交通违法罚款。外埠驾驶人在北京发生的现场交通违法，被交通警察现场发现并处以罚款处罚的，违法当事人或者其委托的代理人凭北京公安机关交通管理部门出具的《公安交通管理行政处罚决定书》或者《公安交通管理简易程序处罚决定书》可到北京确定的代理银行全国各营业网点缴纳罚款。此外，当事人还可以通过代理银行的网上银行、手机银行、银行自助服务终端等缴款。北京确定的代理银行有11家，分别为工行、建行、交行、中信、光大、农行、中行、招商、邮储、兴业、平安。

（苏鑫）

【编制科技发展“十三五”规划】5月，北京市公安局结合市局实际，经起草、论证、征求意见、调整完善4个阶段，编制完成了《北京市公安局科技发展“十三五”规划》并印发全局，指导全局开展规划“十三五”期间科技建设工作。

（韩冬）

【开展应急通信保障和三台互备技术演练】6月21日，北京市公安局组织北京移动、北京联通、北京电信和110、119、122三个报警服务台共同开展110应急通信保障和三台互备的技术演练。此次演练重点对链路互备保障机制、三台互备应急保障机制以及链路抢修拉动组织能力进行检验，促进参演单位应急响应能力建设，提升紧急报警电话通信保障能力。

（田昊）

【开展12123手机App应用和推广工作】6月29日，基于北京互联网交通安全综合服务管理平台（bj.122.gov.cn，简称互联网平台）的12123手机App上线运行。12123手机App具备互联网平台的全部功能，为用户提供掌上移动办理交管业务的新渠道。截至年底，平台用户注册 20 万人，在线办理考试预约 25 万次，车辆检验预约 718 次，违法处理 6.9 万余次。

（苏鑫）

【京津冀一体化指挥平台正式上线运行】6 月，北京市公安局结合“京津冀”一体化区域警务合作机制，将“扁平化指挥系统”延伸到“京津冀”地区。12 月 30 日，京津冀警务协同发展经验交流会议召开，正式启动运行“京津冀一体化指挥平台”。

（张剑锋）

【搭建京津冀一体化视频会商平台】7 月，北京市公安局会同天津市公安局、河北省公安厅，依托北京市公安局 IP 视频指挥系统，开通三地视频会商功能，为三地联合指挥作战提供技术支撑。

（叶林）

【“平安北京”全新开通 3 个新媒体账号】8 月 1 日，在“平安北京”平台开通 6 周年之际，“平安北京”全新开通“网易新闻”客户端、“一点资讯”客户端以及“腾讯企鹅媒体”客户端 3 个新媒体账号。

（赵峰）

【召开全市图像信息系统建设工作部署会】8 月 25 日，北京市公安局组织召开全市图像信息系统建设工作部署电视电话会。会议由市政府副秘书长王晓明主持。会上，市发展改革委主任卢彦传达了 9 部委关于加强公共安全视频监控建设联网应用工作的部署要求。市政法委副书记、首都综治办主任闫满成传达了南宁“全国综治和平安建设信息化现场推进会”精神，并对《北京市公共安全图像信息建设联网应用实施方案（2016—2020 年）》中重点工作进行了专项部署。东城、通州、延庆区领导分别作了交流发言。最后，公安部副部长、北京市副市长、市公安局局长王小洪做总结讲话。

（曹志刚）

【全市户籍派出所正式受理居住证申领】9 月 28 日，北京市公安局会同北京市人力资源和社会保障局、北京市住房和城乡建设委员会、北京市工商局、北京市教育委员会、北京市规划和国土资源管理委员会六部门，联合会签并公布了《北京市办理暂住登记和居住证实施细则（试行）》，规范和指导来京人员办理暂住登记，申领《北京市居住证》。自 10 月 1 日北京市公安局组织全市户籍派出所和受公安机关委托的流管站正式启动居住证（登记卡）受理工作以来，共为来京人员办理居住证（登记卡）420.7 万件，有力推动了居住证制度的实施。

（陈雷）

【完成 2016 国家“雪亮工程”示范城市（区）项目申报】9 月，按照中央综治办下发的《关于印发 2016 年公共安全视频监控建设联网应用工程示范城市（区）项目申报评选办法的通知》中示范城市（区）申报条件，北京市公安局组织召开“北京市 2016 年公共安全视频监控建设联网应用示范区评审会”，择优推荐东城区和通州区作为全国第一批公共安全视频监控建设联网应用工作示范区，申报材料报中央综治办、国家发展改革委、公安部后获得批复同意。

（陈飞）

【消防应急救援地理空间数据管理系统研制及应用项目获奖】9 月，北京市公安局消防局与中科院地理所共同承担的北京市科委重大项目“消防应急救援地理空间数据管理系统研制及应用”，获 2016 年公安部消防局科学技术奖科技进步三等奖。系统应用自主空间数据库技术解决了防时空多媒体数据一体化存储与管理、119 综合应急救援辅助决策信息快速汇总、数据同步更新以及系统核心部位的信息安全问题，有效提高了各类视频图像、灭火作战预案、消防水源、社会联动力量等辅助接处警资源检索汇集的速度。

（司伟）

【“北京 110”App 开通上线试运行】 10 月 1 日，“北京 110”App 正式开通上线试运行，开启了北京 110 互联网报警时代。“北京 110”App 共设置“我要报警”“附近派出所”“常见问题”和“个人中心”4 个功能模块，具备图片和视频信息快速报警、定位及附近派出所查询导航、110 常见问题解答等功能。

（金京）

【市领导到公安局执法管理中心调研指导】 11 月 24 日，北京市委常委、市委政法委书记张延昆到北京市公安局海淀分局执法办案管理中心调研，并主持召开北京市司法体制改革领导小组专题会。公安部副部长、北京市副市长、市局局长王小洪，市检察院检察长敬大力，市高级人民法院院长杨万明参加会议。张延昆一行参观了海淀分局执法办案管理中心，先后来到犯罪嫌疑人等候区、医疗救助室、讯问室、案件管理办公室、未成年人询问室、检察室、北京超越青少年社工事务所、合成作战室，听取包括办案管理中心信息化建设在内有关情况介绍。

（李润琪）

【完成上海合作组织首都警务执法合作会议科技系统保障及演示工作】 11 月 28 日，上海合作组织首都警务执法合作会议在北京会议中心开幕。北京市公安局交通管理指挥调度集成系统在会议期间进行了功能演示和应用介绍，其中，巴基斯坦、蒙古、哈萨克斯坦、吉尔吉斯斯坦 4 个国家的首都警方代表团专程到展位了解该系统的运行效果，并表示希望以此次会议为契机，加强首都警方的科技应用交流往来，进一步加深友谊、扩大合作。

（苏鑫）

【完成轨道交通 16 号线安防系统建设】 12 月 31 日，北京市轨道交通 16 号线北段正式开通运营。北京市公安局公共交通安全保卫总队依托《城市轨道交通安全防范技术要求》地方标准，督促轨道交通建设单位完成了 16 号线安防系统建设，实现了安防系统与轨道交通同步规划、同步设计、同步施工、同步验收、同步投入使用。

（戚程远）

【研发试用新型移动警务终端】 12 月，北京市公安局交管局与中国电信北京分公司联合开发的 100 台试用版新型移动警务终端上线运行。新型移动警务终端上端硬件运行依托现有平台，结合公安部和市局相关要求和局业务特点，适当扩容搭建。运营商提供了终端设备、通信流量、应用 App 程序开发、通用上端管理平台软件及相应支撑管理软件、日常运维服务。试用功能除包括原有执法、查询功能外，还增加非现场违法停车信息采集及录入、文书补打、GIS 位置信息展示等功能。同时，为了方便民警录入，简化操作，在各录入环节提供车辆号牌及证件扫描识别功能，有力提高民警工作效率。通过试用，积累了经验，为下一步全警应用奠定了坚实的基础。

（苏鑫）

【推进公安部科技应用创新项目研究】 年内，北京市公安局完成公安部科技应用创新项目“医院安防效能评估工具研发及示范应用”研究工作。成果包括构建评估模型、建立评价体系、建立动态评估场景、开发应用软件、开展 2 个医院示范应用、获取软件著作权 1 项、发表科研论文 2 篇。12 月初，课题通过公安部验收，获得与会专家“填补医院安防体系效能评估的空白，在安防系统效能评估方面处于国内领先水平，对其他行业领域开展安全防范效能评估具有积极的指导意义和推广价值”的高度评价。

（林彬）

【完成"北京交警"App 项目研发推广工作】年内，"北京交警"App 是北京市 28 个重点服务民生项目之一。1 月，公安部副部长、北京市副市长、市局局长王小洪专题听取设计汇报后，北京市公安局成立了"北京交警"App 研发建设工作专班。5 月 26 日，"北京交警"App 上线试运行。系统建设的服务、办公、交流三大平台包含"进京证办理""违法查缴""事故 e 处理"和"意见建议"等 15 个功能模块。系统开通后运行平稳，软件用户注册和访问量不断攀升，业务办理数量级不断突破。截至年底，App 软件注册用户达到 378 万人，首页访问总量 2.3 亿次，日均访问量始终在百万级，日均业务办理量约 29 万笔，已办理业务 5800 余万笔，在全国同类手机软件排行榜上稳居前列，实现"用小手机带动大服务"，成为市民交通出行密不可分的"掌上交管局"。

（苏鑫）

【标准化建设不断推进】年内，北京市公安局不断推进全局标准化工作。组织完成 2017 年行业标准申报项目 2 项；北京市地方标准申报项目 5 项，立项 4 项；完成《易制爆危险化学品存放场所安全防范要求》等 3 项地方标准的终审。

（李晓波）

【制定城市副中心警务科技"十三五"规划】年内，按照北京城市副中心规划工作的总体部署，北京市公安局研究制定《北京城市副中心警务科技"十三五"规划》，并邀请公安部、市发展改革委、公安部一所、公安大学等专家论证，正式印发全局执行。

（姜思思）

【新技术引进和警企合作】年内，为落实市领导在公安系统推广北京市具有自主知识产权、先进适用的技术和产品的指示精神，北京市公安局成立公共安全信息技术警企对接工作专班，推动建立公共信息安全领域技术和产品推广应用长效工作机制，形成与市经济和信息化委、北京科学技术委员会就建立警企合作推动公安实战和产业发展机制的意见，组织开展实地调研，了解先进技术应用现状，基于可行性及安全性论证情况，组织筛选出适合一线实战的成熟技术并逐项形成具体应用意见和工作方案。

（姜思思）

【积极利用各方资源强化非现场执法工作】年内，北京市公安局积极协调利用区县政府、公安分局、社区街道等各方资源，强化非现场执法工作。共享接入分局和社会视频资源 782 处，协调区县政府投资自建并接入固定式交通技术监控设备 761 套。同时，根据交通管理实际需求，动态迁移调整局建违法监测设备 145 套。

（苏鑫）

【开发建设交通积水点监测系统】年内，北京市公安局完成积水点交通段监测系统的开发工作。该系统综合集成电视监控、单兵警力、GPS 警车、122 报警、交通流等资源信息，利用电子地图技术，将 96 处积水点段相关的积水探测数据、积水点段周边监控视频及环路周边监控视频等资源融合展示，并将相关视频监控设备的实时视频接入系统网络实现实时调看，对积水点段进行全程监控，并提前预置各项积水点段处置预案。

（苏鑫）

【开展交通信号管理专项工作】年内，北京市公安局开展交通信号"大排查大整治"专项工作和"我的信号我做主"主题活动。交通信号"大排查大整治"专项工作对全市灯控路口现状进行摸排，摸清交通信号设施底数，完善灯控路口底档信息，并征集基层警区执勤民警及交通协管员对信号灯管理应用的具体建议与意见，制定解决措施并落实。同时，对全市灯控口进行电子二维码编码。“我的信号我做主”主题活动通过成立“红绿灯兴趣小组”、组织“走出去、请进来”座谈交流等专项活动，吸收基层民警对交通信号信息化优化的建议，选拔优秀人才组建专业团队，提升交通信号信息化管理水平。

（苏鑫）

【推动公安部支持北京创新发展20项出入境政策落地】年内，北京市公安局出入境管理总队会同中关村管委会等部门开展专题调研，组织完成信息化项目建设，为公安部推出支持北京创新发展20项出入境政策奠定坚实基础。新政实施以来，正式受理申请1594人，办理量月均递增达30%，社会效果初步显现。特别是出入境新政已产生溢出效应，全年共受理外国人永久居留申请598人，是2015年受理量的2.7倍。此外，共接待各类咨询9000余人次。《人民日报》、中央电视台、新华社、《中国日报》《北京日报》、北京电视台等国内主流媒体，以及境外媒体予以报道，社会反响热烈。亚投行、俄罗斯驻华使馆等对总队的优质服务表示感谢。

（高智奎）

【推出出入境便民举措】年内，北京市公安局新增派出所出入境证件受理点40个，全市受理点总数达到62个，网点布局更加合理，申请人申办证件更加便利。整合出入境证件和人口证件照片采集系统，自主设计研发、集中投入使用37台港澳台签注（卡式）自助一体机，集受理审批、签注打印、缴费发证于一身，将办证等候时间由2小时缩短至5分钟。在全国首创北京市户籍居民港澳台旅游签注再次办理免费上门取证服务，实现申请人足不出户办证。全年，为申请人免费速递证件105万余件，向申请人发送证件到期短信提示12万余条。正式启用外国人签证证件网上预约申请，与卫生检疫、人社部门建立信息共享机制，对在京外国人首次申请工作居留许可不重复收取体检证明。

（高智奎）

【“平安北京”持续开展网络“辟谣”】年内，针对北京市出现的“‘7·20’大雨北京市多地被淹”“小学门口有人拿100元当感谢费，让学生上车带路”“公共自行车车桩漏电有人被电击”等不实消息，“平安北京”及时开展网络“辟谣”，并呼吁网民不信谣、不传谣。

（赵峰）

【开展警用直升机空中巡逻监控工作】年内，北京市公安局警务航空总队出动警用直升机，配备使用图像传输系统，完成党的十八届六中全会、“两节”、全国“两会”、清明节、“五一”、端午节、国庆节和“汽车拉力赛”“北京国际马拉松”等重大活动、节假日以及大型体育赛事的空中巡逻飞行和图像采集任务；开展了空中监测交通量、大人流、火险、禁毒等工作；与市环保局建立战略合作关系，作为北京市空气重污染指挥部成员单位，协助开展大气环境监测执法等工作。

（连晓敏）

【持续推进科技创安重点建设】年内，北京市公安局强化科技创安组织领导，完成科技创安专项组及办公室成员调整；研究制定全年工作要点及考核细则，组织开展重点地区视频监控系统补点，持续推进全市城乡社区技防系统改造建设，推进全市公共交通、轨道交通技防系统建设运维，全力深化首都外围治安查控防线、城市运行重要基础设施、高校及中小幼、市属三级及以上医院的技防系统建设。指导各区开展科技创安社会宣传活动，涌现出一批“平安南礼”社区等建设示范的先进典型。

（林彬）

【完成全年重大活动安保通信保障任务】年内，

北京市公安局完成“两会”“领导人植树”“涉军访”等重大安保通信保障任务。搭建临时指挥部、无线通信临时组网，利用卫星、3G 图传、单兵设备等技术，多种手段并用，将现场处置图像传回市局，为各级领导的指挥调度提供保障。共牵头组织通信保障警力 665 人次、通信指挥车 45 车次，调用全局单兵 91 次，对全年重大活动安保工作提供了全程通信保障。

（韩成烨）

【推行开锁业名录制治安管理新模式】年内，北京市公安局在全市推行开锁业名录制治安管理新模式。公安机关将符合条件的开锁经营单位和开锁技工，纳入开锁业名录，核发《开锁业备案登记证明》和《开锁技工备案登记卡》，在政务网站北京公安局民生服务平台和微信公众号“北京开锁业名录”上公示开锁经营单位名称、经营地址、联系电话，开锁技工姓名、照片、编号等信息，方便群众网上查询，就近选择开锁经营单位，对开锁技工信息进行核实。

（马辉）

【开展 4G 高清布控设备采购及联网建设】年内，北京市公安局消防局开展 4G 高清布控设备采购及联网建设，实现了 119 作战指挥中心和救援现场的统一调度和操控，满足在高层建筑、石油化工、地下空间和大跨度建筑灭火救援以及危化物现场使用，大大降低参战人员的危险性。

（司伟）

【开展“两个文书”网上公开工作】年内，北京市公安局依托“网上北京市公安局”警务公开栏目，全面推进“两个文书公开”，完成公开版文书模板、对外展示和部分单位的试点工作。不断增强行政处罚及行政复议工作的透明度，保障人民群众的知情权、参与权和监督权；不断完善行政执法活动信息化监督机制，进一步增强公安机关执法公信力。

（李润琪）

北京市广播电影电视局

【概述】年内，北京市新闻出版广电局完成了局综合业务服务平台和网站系统的维护和功能完善；完成各类设备和系统的信息安全检查，加强安全培训，做好各项信息安全应急保障任务。完成局综合业务服务平台与市政服务中心系统的接口开发，重新梳理并确定了局 87 项行政服务事项的对接方式。

（田杰鹏）

【做好综合业务服务平台维护】年内，局综合业务服务平台共支撑全局 42 项行政审批事项和其他政务事项的审批功能。截至年底，通过审批系统受理的广电业务事项为 5619 件，新闻出版（版权）业务事项共 982896 件。上半年，为配合市政服务中心系统的建设，重新梳理并确定了局 87 项行政服务事项的对接方式，完成接口开发并已投入正式运行。根据局业务工作需要，不断完善局综合业务服务平台的公文审批环节，增设“招标公示”和“巡视整改动态”栏目，整合新闻出版业务系统的短信接口。年内，通过综合平台共办理各类公文 3271 件。

（田杰鹏）

【做好网站栏目维护和安全测评】年内，完成网站信息发布管理工作。注重网站信息公开，提升信息的时效性，为行业机构和公众提供准确的服务数据。局网站（包括新闻出版政务信息和广播影视政务信息）共计发布信息 1851 条。

完成网站专题栏目的建设工作。局网站首页增设了“职权信息”“权力清单”和“责任清单”等栏目。9月下旬，按照《北京市社会信用体系建设联席会议办公室关于深入推进行政许可和行政处罚等信用信息公示工作的通知》精神，完成局行政审批系统和局网站系统的数据接口开发和调试，进行了10余次的源代码安全扫描、修改和加固，在有效保障信息安全的基础上，按时完成功能建设，并部署上线运行。完成局新网站的方案设计和申报工作。在完成对全局38个处室和单位需求调研的基础上，进一步完善了技术方案、信息资源建设方案和信息安全保障方案，并正式向市经济和信息化委提交了项目申报材料。同时，加强网站系统信息安全管理工作。局网站管理人员每月前往全市政府网站统一托管机房进行两次实地检测和数据备份，每逢重大节假日期间进行漏洞扫描检查，并根据检测报告及时整改，完成一年一度的网站系统专项安全测评。年内，进行网站访问日志分析48次，月数据备份24次。

（田杰鹏）

【做好信息安全管理工作】年内，完成朝内办公区数据机房的安全运维工作。对朝内办公区期二期机房进行了专项检查，邀请机房设备与应用领域的专家重点针对机房温湿度、综合布线、防火防雷、UPS电源以及精密空调进行排查，完成整改，全面保障局信息化基础设施的安全运行。完成UPS电池更换和网络设备的应急维修更换工作。更换朝内办公区机房UPS电池组，保障机房的安全供电环境，排除安全运行隐患；更换建外办公区机房的审批业务防火墙，保障与位于六里桥的市政务服务中心的数据传输稳定。完成朝内办公区网络安全加固工作。增加安全审计设备、堡垒主机、部署应用防火墙等设备，进一步加强DMZ区域主干链路、网络边界和各业务系统的安全防护能力，强化外网访问用户的安全审计能力，规范运维人员的操作行为，全面提升信息系统及办公区网络的安全性和稳定性。认真开展信息安全专项检查。对两个办公区的所有信息安全设备和网络基础设备进行了全面的安全检查，全力防范安全事件的发生。组织全局开展信息安全培训。组织信息安全管理领域专家，对全局工作人员进行信息安全教育，以大量的实际案例和数据向全体人员进行事件识别、安全防范和安全意识方面的培训，全局共计100余人参加此次培训。

（田杰鹏）

【完成局属事业单位自建网站整改工作】年内，针对局属事业单位的9个自建网站系统进行了2次摸底调查，组织各事业单位一把手召开10余次整改部署会议。集中开展整治工作，联系市公安局网安大队，寻求技术指导，委托专业技术公司进行了2轮网站系统信息安全测评。落实“信息安全等级保护”制度，做好等级保护自定级、备案和测评工作；加强安全运维工作，与具备维护资质的单位签订安全运维合同；定期进行渗透测试和漏洞扫描，及时修复系统漏洞；全面梳理各系统的使用情况，形成系统备忘清单；严格执行值守制度，确保重大保障时期的网络信息安全，坚决防止发生重大网络安全事件。

（田杰鹏）

【完善信息化相关制度】年内，起草《北京市新闻出版广电局局域网网络信息安全管理办法》和《北京市新闻出版广电局信息化项目管理办法》，为进一步加强网络信息安全监管力度、落实信息安全主体责任、强化网络信息安全责任追究、严格把关信息化项目全流程环节管理、全方位保障网络信息安全提供了制度保障。

（田杰鹏）

北京市国家税务局

【概述】年内，按照北京国税局工作的总体要求，信息中心紧紧围绕“税收现代化”战略布局，以“互联网 + 税务”行动计划为引导，在强化信息管税、切实发挥信息化支撑、全力推进北京国税现代化建设新跨越方面积极开展工作，较好地完成了国税局金税三期上线、电子税务局一期、数据仓库一期、营改增等重点项目。

（马俊峰）

【金三数据迁移实施并投放】4 月 21—24 日，金三数据迁移实施并投放。对全新预生产环境（正式环境）初始化数据 V0416 版的罐装工作，共涉及 87 张代码参数表（共计 358667 条数据）和 316 张工作流表。

（马俊峰）

【金三初始化 / 迁移数据验证、比对】4 月，进行金三初始化 / 迁移数据验证、比对工作。解决前期业务测试过程中决策一包相关问题；根据数据校验结果，对初始化数据校验不通过的进行修正，将修正的数据重新导入采集环境数据库；为解决业务测试过程中遇到的问题，重新导入旧预生产环境中定期定额 7 张代码表。

（马俊峰）

【企业所得税优惠备案功能在网上办税服务厅上线】5 月 13 日，企业所得税优惠备案功能在网上办税服务厅上线。具体包括优惠备案、撤销备案、跨地区经营汇总纳税企业总机构报送分支机构优惠备案事项清单、按税务机关要求报送留存备查资料 4 项内容，现已开始受理纳税人优惠备案事项。另外税收优惠备案的比对功能也已在数据仓库中部署，可以查询已申报享受优惠但未备案、已申报享受优惠且已备案、已备案未申报享受优惠 3 种情况的企业清单。

（马俊峰）

【对发票自助售卖机售票功能进行测试】5 月 18 日，北京市国税局对发票自助售卖机售票功能进行测试。此次测试范围广、程度细，覆盖金税三期工程自助售票全量票种，每种票种涉及的航信金税盘、航信报税盘、百旺金税盘、百旺报税盘、用户卡设备无一遗漏。同时对金税三期核心征管系统、金税工程增值税防伪税控系统、税控收款机系统、货物运输业增值税专用发票税控系统间购票数据进行同步情况测试，增值税专用发票中文三联电脑版、增值税专用发票中文六联电脑版、通用机打发票税控折票、通用机打发票税控卷票、增值税普通发票五联版、增值税普通发票二联版、机动车统一销售发票电脑版、国际货物运输代理业专用发票、通用定额发票、新版出租车汽车专用发票 10 种票种，同步测试通过 6 种，对未通过的通用机打发票税控折票、通用机打发票税控卷票、机动车统一销售发票电脑版、国际货物运输代理业专用发票进行测试结果分析，并第一时间将定位的问题反馈至相关组别解决。

（马俊峰）

【推进北京市电子发票与电子会计档案综合试点协调会召开】5 月 24 日，北京市国税局副局长郑怀远带领货劳处、直属三分局相关负责人及信息中心技术人员参加在北京市商务委员会召开关于推进北京市电子发票与电子会计档案综合试点协调会。会上，各部门对电子发票作为报销凭证与电子会计档案试点工作方案进行研讨，并结合各个部分特点提出以下几点具有建设性的意见和建议。一是为保证个人消费者领取电子发票的积极性，建议政府组织相关部门研究有奖电子发票问题。二是针对电子发票报销入账问题，建议政府可运用行政手段对一定规模企业或政府部门、事业单位实行电子发票入账报销。三是电子发票从开具到入账的中间环节，建议北京市商委协调相关部门进一步研究政策解决方案。郑怀远表示，要进一步加大电子发票的推行力度，强调在推进过程中要不断完善，逐步实现用票控制收入的目的，同时，对该试点工作方案表示肯定。

（马俊峰）

【营改增第二阶段零点申报保障及结果上传工作完成】5 月 31 日，营改增第二阶段零点申报保障及结果上传工作完成，截至 6 月 1 日 1 时 30 分，北京国税营改增一般纳税人网上申报 21 户，网上申报总税额 3280262.27 元，大厅申报 49 户，大厅申报总税额 5053944.65 元，税库银缴款正常，税库银缴款总税额 1971186.43 元。

（马俊峰）

【召开数据中心全面检测项目测评会】7 月 13 日，北京市国税局在市局监控指挥中心召开数据中心全面检测项目测评会。邀请东城、西城、朝阳、海淀、丰台等区国税局信息中心主管安全的副主任作为参评小组成员，为参与投标的几家专业机构进行打分测评。

（马俊峰）

【完成防伪税控系统（税务局端）补丁升级工作】7 月 28 日，北京市国税局完成防伪税控系统（税务局端）补丁（FWSK_V7[1].00.16_ZS_20160720）升级工作，增加可自开专用发票小规模纳税人标识，实现小规模纳税人自开专用发票的查询统计功能；实现按季申报纳税人清卡功能；优化红字专用发票开具流程和修改红字信息表内容。

（马俊峰）

【金税三期上线】8 月 8 日，北京国税金税三期核心征管系统正式上线运行。金税三期特色软件车辆购置税系统、机动车摇号国税内部审核系统、发票自助售卖机系统、自助代开终端、电子档案系统、金库对账系统、内网办税管理平台、网上申报系统、网上办税服务厅系统正式上线运行。

（马俊峰）

【完成增值税发票管理新系统补丁升级工作】8 月 25 日，北京市国税局完成增值税发票管理新系统（增值税发票选择确认平台）补丁升级工作。此次升级实现增值税发票选择确认平台可获取金税三期工程核心征管系统或综合征管系统的申报结果信息。取消原有“征期结束前 2 日，不能勾选确认操作”的限制。

（马俊峰）

【完成商品和服务税收分类与编码等补丁升级工作】8 月 30 日，北京市国税局完成增值税发票管理新系统中商品和服务税收分类与编码等补丁升级工作。此次升级对税收分类编码进行优化，增加了对第六类编码的支持；对代开接口进行优化，确保代开完税凭证是否已开具状态显示准确；对增值税电子普通发票增加开具收购发票的支持。

（马俊峰）

【获“2016 年度应用示范单位”称号】11 月 11 日，北京市国税局参加 2016 中国软件估算大会，获工业和信息化部行业标准《软件研发成本度量规范》“2016 年度应用示范单位”称号。

（马俊峰）

【进行海关稽核系统功能测试工作】12 月 12—16 日，北京市国税局根据《国家税务总局电子税务管理中心、货物和劳务税司关于开展海关稽核优化完善功能测试工作的通知》（税总电税便函〔2016〕343 号）的相关要求进行了海关稽核系统功能测试工作。测试内容主要包括海关稽核系统中接收进口增值税海关缴款书第四联信息，信息接收准确性；数据稽核比对功能，新增海关缴款书第一联“纳税人名称”与第四联“缴款单位名称”的比对功能。

（马俊峰）

【北京路侧停车电子发票系统正式上线】 12 月 28 日，北京路侧停车电子发票系统正式上线，第一张停车电子发票在石景山开出。北京市国税局与北京市交委充分利用信息资源共享机制，建立了及停车识别、智能支付、发票开具于一体的停车信息共享平台，方便停车企业实时开具、下载电子发票。

（马俊峰）

【对增值税发票管理新系统进行升级】 12 月 29 日，北京市国税局按照《国家税务总局电子税务管理中心 货物和劳务税司关于开展增值税发票管理新系统补丁升级的通知》（税总电税便函〔2016〕372 号）文件要求，对增值税发票管理新系统进行了升级工作，包括：增值税发票网上统一受理平台、防伪税控系统（税务局端）、货运发票税控系统（税务局端）、增值税发票交叉稽核系统、抵扣凭证审核检查管理系统、增值税发票电子底账系统。主要实现功能：1. 支持对按季申报的增值税一般纳税人，每季度前两个月自动清卡，最后一月进行一窗式比对后清卡功能。2. 支持增值税卷式发票网上申领功能。3.2016 年 7 月 1 日起，停用货运专用发票，对于 7 月 1 日后需要红冲停用前开具的货运专用发票，可开具红字增值税专用发票。4. 提供接口，支持开具红字增值税专用发票对货运专票进行红冲的条件判断。

（马俊峰）

【完成所得税汇算清缴前期准备工作】 12 月 29 日，北京市国税局完成所得税汇算清缴前期准备工作。根据业务要求，此次所得税汇算清缴工作涉及 1 主 43 张附表，为保证 2 月汇算清缴工作顺利开展，所得税处提出针对小微企业年报强制监控、申报内容与备案事项勾稽比对、分支机构资产损失年报表采集、非营利组织免税收入白名单等多项业务需求。下一步需要针对提出的需求进行细化分析，以保证系统正常上线。

（马俊峰）

北京市国土资源局

【概述】 年内，北京市国土资源信息化工作围绕新时期首都城市战略定位和北京市国土资源重点工作，在委党组及网络安全和信息化工作领导小组的指导下，以“两学一做”学习教育活动为主线，深入学习贯彻习总书记系列讲话，全面推动国土资源信息化工作不断深入，在不动产统一登记、三屏融合办公新方式、辅助决策体系建设、创新网站服务、地灾应急防治、网络安全防控和全面管理信息化等方面取得了明显进展，打造形成“覆盖市、区、所三级的全面感知、动态监管和智能服务”的智慧国土发展框架。11 月 29 日，全国国土资源信息化工作会召开，北京作为典型单位发言，《科技日报》《国土资源报》等多个媒体报道了北京市国土资源信息化应用成效。

（谢俊奇　尹岷）

【开创三屏融合无纸化办公新模式】 1 月 6 日，北京市规划和国土资源管理委员会印发《关于市局公文实施无纸化办理的通知》，市局公文全部在线电子批转审核，实现公文办理无纸化；监测指挥中心大屏、国土政务本移动屏、PC 终端屏“三屏”融合，数据实时交互，不同岗位高效协同，通过北京市国土资源综合监管移动平台，整合移动局长桌面、移动一张图、移动地灾、移动执法、移动OA和移动一点通等12个应用模块，关键岗位全覆盖，业务办理突破空间、时间限制，开创无纸化移动互联办公新模式。

（黎维军　樊雅婷）

【国土资源“一张图”和数据资源建设成效显著】 6月，北京市规划和国土资源管理委员会新版一张图采用扁平化设计理念，对菜单分类、图层管理等15个组件样式进行改版，对视频附属信息、附件关联查询等10项功能进行升级。年内，完成第一、二、三季度遥感影像，2013年耕地质量等别数据，开发区土地集约利用评价等76项、3.2T数据的接收、质量检查和入库工作。加大对海量、多源、异构的空间数据的集中、分类、管理和利用，对6.36G数据进行坐标转换。新增了城市副中心等现势性强的数据，提供11大专题，1558个图层的在线浏览服务。耕保处、规划中心等9个处室开展耕地质量等别调查评价、土地利用总体规划调整、执法监察视频监控等23个项目的数据加工利用；执法总队、利用处等10家单位完成首都环线数据、视频执法摄像头点位、征地划拨出让数据审计等17次统计分析。协助审计署、昌平检察院等6家单位完成卫星影像图等59幅专题图的制作；完成17T国土资源重要数据的异城备份工作；完成日常案卷处理1449卷，网上电子报盘审核126卷，后期案卷处理1939卷，公文扫描6627份，协执案卷处理879份，为综合监管平台的正常运行提供了数据支撑。

（黎维军　武瑞芳）

【深化不动产登记信息化工作】 年内，北京市不动产登记系统受理不动产登记申请130.1万件，发放不动产权证100.8万本，落宗登簿123.5万件，回复网上问答10505条，接听电话咨询10026人次。10月，北京不动产数据接入国家级平台；实现将非涉密的军产、武警产、央产、市产等房屋纳入统一管理；开发房源核验功能，自动推送市住建委存量房网签信息，保障了存量房交易安全；网站群不动产登记频道上线运行，整合了市住建委原房屋登记的8个栏目，移植历史数据22828条；与地税、法院、人保等10多家政府和金融部门开展数据共享和协同。

（黎维军　谢骞）

【综合监管平台应用深化】 年内，北京市规划和国土资源管理委员会深化综合监管平台应用，形成集地政管理、矿政管理、地质环境管理、综合事务管理和门户服务“五位一体”的综合监管平台3.0，实现网上审批100%、带图作业100%、党政办公100%，做到了全领域、全要素、全流程信息化；落实“放、管、服”要求，实现行政审批改革突破。土地划拨、出让等业务全面实施“三审制”，减少审批层级，缩短审批时限；批后监管系统，监测出让项目1176个、划拨项目185个，监测率达到90%以上；实现了从外网申报到内网审批的全程网上运行，以及全业务的流程闭合、数据档案闭合，全年系统共受理案卷5062条，办结案卷4473条。

（黎维军　郭虎）

【信息公开和信息服务取得新突破】 年内，北京市规划和国土资源管理委员会行政审批事项全部提供网上申报服务；新版“集体土地征收及农用地转用”栏目上线，以批准文号为主线公开了2008—2016年共两千多个征地项目全流程信息；开通分局不动产频道、职权信息、矿业权价款评估结果公示等54个栏目；优化调整初始登记公告、证书作废公告、土地招拍挂项目、压覆重要矿产资源审批等栏目；对接北京市投资项目在线监管平台，推送审批事项办理环节信息6980条、证照信息32290条；对接市政服务大厅固定资产投资系统，推送1772宗审批信息、共享审批材料7039件；为法院提供查封、解封裁定等协助执行信息数据943条；向社会公众提供依申请公开服务，公开了全市4787个违法用地位置，标点定位每块违法用地，曝光了各违法用地点的位置村、违法主体、处理进展和案件来源等信息。

（石帅　王晨）

【地灾应急防治工作稳步推进】年内，北京市规划和国土资源管理委员会通过监测指挥中心应急指挥系统，接入市地勘局地灾监控摄像头，在汛期调取各隐患点雨情及灾情，实时对4496处地质灾害隐患点进行预警预报。年内，市区两级共发布预警信息57次，完成汛前巡查任务1988个、日常巡查任务142个，完成了全市4736个地质灾害隐患点和1094个险村险户避险场地台账的更新工作，通过官网向社会公布。年内，开展地质灾害应急决策指挥系统及一张图数据更新，截至年底，完成66起突发地质灾害的数据更新工作；地质灾害应急决策指挥系统新增“‘5·12’专题”模块，与市应急办合作在市政务外网应急门户上制作“地质灾害防治”专题。保障了汛期地质灾害应急响应，连续5年实现安全度汛。

（张克锋　林传祥）

【保障网络基础设施运维工作】年内，北京市规划和国土资源管理委员会完成不动产登记中心接入局业务网工作，建设了覆盖全国土资源系统市区所三级的VPN内网，覆盖所有山区国土所；国土部主干网和市政务外网实现数据汇交和横向协同共享应用。基础设施按照“分域、分层、分区、分池”总体思路，形成了弹性虚拟主机环境、主从数据库集群环境、大数据分布式并行处理环境，开展了市政务云测试工作。建设了“监、管、控”一体化的运维管理系统，对异常和突发情况可实现24小时自动报警。共解决5310次运维请求，完成服务器主机设备日常巡检207次，数据库日常巡检206次，完成备份工作4971次，排除数据库告警19次，排除纵向VPN网络故障51次，排除服务器主机故障12次，召开各类视频会议69次。

（龚力　王岩）

【完善网络信息安全体系建设】年内，北京市规划和国土资源管理委员确立“等级保护、动态防控、安全可控＋关键信息基础设施重点保护”的总体工作思路，在等级保护基础上，对不动产登记系统和政务网站群实行重点保护，保障了各项业务工作稳定开展。召开网信领导小组办公室专题会议，集体学习习总书记在网络安全和信息化工作座谈会上讲话和国家、北京市相关文件精神，会议确定将网络安全工作放在国土资源信息化工作最为重要的位置，要求所有新建和升级改造系统，通过软件测试和安全测试方可上线运行。对综合监管平台、外网网站和丰台、房山分局网络系统开展了信息安全测评。全年组织应急演练2次，漏洞扫描14次，渗透测试18次，正版化检查1次。积极配合保密办开展保密检查工作。加强网络安全意识培训，组织信息安全形势及信息系统等级保护工作学习交流，参加电子政务信息安全员持证上岗培训、“首都网络安全日”活动、网络安全标准技术与应用等14次学习。在内网办公门户设立专题栏目，学习《网络安全法》等内容。

（李建林　魏立力）

北京市交通委员会

【概述】 年内，在北京市交通委员会领导及相关部门的支持和帮助下，北京市交通信息中心围绕委重点工作，以缓解交通拥堵为核心，以精准化服务为标准，以立足基层、面向全局、开拓创新、服务百姓为工作思路，经过全体员工的共同努力，完成了全年工作任务。

（葛启彬）

【“移动互联网时代公众出行政策研究”课题通过验收】 1月26日，北京市科协组织召开了北京市交通信息中心承担的“移动互联网时代公众出行政策研究”课题验收评审会。专家组一致认为课题研究内容符合当前发展前沿形势，课题成果对于当前移动互联网时代背景下公众出行政策的研究与制定具有重要参考意义。

（葛启彬）

【开展数据挖掘技术交流】 3月1日，北京市交通信息中心召开交通预测预报专题交流会，阿里巴巴集团资深数据挖掘专家闵万里作了主题演讲，介绍了高速公路和城市道路两个场景下交通预测预报研究的最新进展，北京市专业气象台、北京大学、北京工业大学、北京师范大学等单位派代表参加了交流和研讨。

（葛启彬）

【北京市综检站治超监管系统示范工程项目验收】 4月18日，“北京市综检站治超监管系统示范工程”已完成项目全部建设工作，北京市交通信息中心会同委治超组织召开“北京市综检站治超监管系统示范工程”项目竣工验收评审会。会上，承建单位就项目的建设情况和试运行情况进行了汇报，并通过大屏向与会专家及10个远郊区县交通局的有关工作人员进行了系统演示和介绍，治超处用户代表发表了用户意见，与会专家审阅了相关文档，经过讨论和质询，一致同意项目通过竣工验收。会后，三方出具了项目竣工验收报告，项目最终验收工作完成。

（葛启彬）

【北京市交通委员会门户网站在全国直辖市交通行业网站评比中排名第一】 4月，交通运输部发布了2015年交通运输行业政府网站绩效评估情况的通报，在对32个地方交通运输部门、6个部直属机构和14个直属海事机构政府网站绩效进行的测评中，北京市交通委员会门户网站在全国直辖市交通行业网站评比中排名第一，在全国地方交通行业网站评比中排名第四，并获2015年度交通运输行业优秀政府网站称号。北京市交通委员会门户网站于2015年改版完成，新版网站在信息公开、政策解读、便民服务、回应社会关切、引导舆论的能力和水平方面均有明显提升。

（葛启彬）

【“北京综合交通规划实施评估及对策”项目获二等奖】 6月16日，北京市交通信息中心参与的“北京综合交通规划实施评估及对策”项目，在2015年度北京市优秀城乡规划设计评选中获得二等奖。该项目由北京市城市规划设计研究院牵头，北京市交通信息中心承担了对北京市近10年来交通整体发展情况和运行状况的全面分析和评估工作，总结了交通各子系统10年来的规划实施情况及发展变化，为《北京市总体规划（2004—2020年）》的修改工作提供了坚实的数据基础和编制依据。

（葛启彬）

【承办博士后交流活动】 6月27日，北京市交通信息中心博士后科研工作站承办了“2016年北京博士后系列交流活动——走进北京交通运行监测调度中心”。20 多名在站博士后围绕首都交通发展需要，开展了交流和研讨。

（葛启彬）

【“核高基”课题成果入选国家“十二五”科技创新成就展】 6 月，北京市交通信息中心牵头实施的国家科技重大专项“核高基”课题——“特大城市重大活动综合交通应急保障系统应用研究与示范”成果入选国家“十二五”科技创新成就展，在北京展览馆展出。课题开展重大活动交通保障关键技术研究，研发特大城市重大活动交通保障数据采集、信息发布和集成平台，形成了基于国产安全可靠基础软硬件的特大城市重大活动交通运输应急管理的典型应用解决方案。课题成果在“第九届中国(北京）国际园林博览会”“2014 年中国 APEC 峰会”“2015 北京世界田径锦标赛”等重大活动中，为综合交通运行监测提供了保障，对于推动国产基础软件的规模推广应用和产业化发展具有重大意义。

（葛启彬）

【新版运输局网站正式上线】 7 月 11 日，新版运输局网站正式上线。新版运输局网站由“名片型”转向“服务型”，整合运输局服务资源，在首页面突出公交、省际客运、出租、租赁等 9 个行业共 11 项特色服务，同时将行政许可办事服务、留言信箱等功能整合到北京市交通委员会网站，实现统一入口、统一管理。下一步，中心将会同运输局办公室，继续完善网站建设，做好运行维护工作，同时将继续做好路政局、执法总队门户网站的改版建设工作。

（葛启彬）

【获“2015 年互联网 + 公共服务先进单位”称号】 8 月 9 日，在“2016· 新常态下电子政务建设经验交流大会”上，北京市交通信息中心依托“‘互联网 +’北京市智慧公交出行”项目，获“2015 年互联网 + 公共服务先进单位”称号。此外，在电子政务理事会正交付出版的《中国电子政务年鉴》中，收录了年度一批“互联网 + 公共服务”成果。中心的“‘互联网 +’北京市智慧公交出行”案例入选全国“互联网 + 公共服务”的优秀应用案例，被编入该年鉴。该项目于 2013 年开始，借助已有的公共交通基础设施及运营数据体系，建设基于海量交通数据的公共交通信息服务系统，通过研制公共交通信息服务终端软件，提供一体化公共交通信息服务。

（葛启彬）

【组织开展北京公共自行车服务满意度问卷调查工作】 8 月，为了建立和完善科学的公共自行车服务质量评价指标体系和监管机制，保障公共自行车高效运行，北京市交通信息中心组织开展北京公共自行车服务满意度问卷调查工作。此次调查在北京市城 6 区与 6 个郊区范围内选取了 200 多个（大于全市网点总数 10%）公共自行车网点，每个网点样本量不低于 20 份问卷。调查内容包括公共自行车的规划建设、运营服务、用户特征和公众建议等方面，覆盖全市所有开展公共自行车服务的行政区，调研时间包含工作日、周末及高峰、平峰各时段。此次调查结果用于支持公共自行车服务质量评价指标和监管机制的研究，将有助于促进公共自行车服务质量的全面提高。

（葛启彬）

【举办国家级高级研修班】 10 月 9—14 日，经国家人力资源和社会保障部批准，举办了由北京市交通委员会和市人力社保局主办，北京市交通信息中心、市智能交通协会承办，北京交通大学协办的“综合交通协同运行与绿色智慧交通运输体系”国家级高级研修班。143 名学员报名并参加培训。北京市交通信息中心已连续第五次承办国家级高研班。此次国家级高级研修班围绕“综合交通协同运行与绿色智慧交通运输体系”主题，采取集中授课、沙龙讨论、实地考察、现场教学相结合的研修方式开展培训；利用微信平台建立沟通渠道，及时传递培训信息，方便学员间沟通交流，促进成果积累和工作转化。

（葛启彬）

【获全国中心城市交通改革与发展研讨会论文评选一等奖】10月18—20日，北京市交通信息中心参加了在兰州召开的2016年第33届全国中心城市交通改革与发展研讨会。由北京市交通信息中心配合北京市交通委员会综合运输处完成的《基于供给侧结构性改革的北京市综合运输顶层设计研究》一文经过专家评审获得了会议论文一等奖。

（葛启彬）

【新版路政局网站正式上线】10月24日，新版路政局网站正式上线。新版网站调整了现有栏目、优化了网站架构、实现了网站的精细化管理，在体现自身特色的同时将民意征集、留言信箱、办事大厅等功能整合到委网站，实现统一入口、统一管理。下一步，北京市交通信息中心将做好运行维护工作，进一步完善交通委网站群系统功能。

（葛启彬）

【获中国智能交通协会科学技术进步二等奖】11月22日，中国智能交通协会组织召开“第十一届中国智能交通年会”，并举办了2016年度中国智能交通协会科学技术奖及个人荣誉颁奖仪式。其中，北京市交通信息中心申报的“不利天气条件下道路交通运行综合保障平台研发与应用”“轨道交通安全防范物联网应用示范工程”获中国智能交通协会科学技术进步二等奖；主任黄建玲获2016中国智能交通协会突出贡献专家称号；副主任刘浩获2016中国智能交通协会优秀青年专家称号。

（葛启彬）

【“北京实时公交”App新增及调整39条公交线路】12月1日，“北京实时公交”新增及调整39条公交线路，示范线路达到835条。“北京实时公交”自2013年11月发布示范服务以来，得到北京市民的广泛关注和认可，到12月止，下载量超过300万次，日均活跃用户10万余人。新版软件在交通委网站开设专题并提供下载链接，方便市民下载使用。

（葛启彬）

【“公交客流IC卡及GPS数据清理及分析”项目验收】12月9日，北京市交通信息中心组织召开了“公交客流IC卡及GPS数据清理及分析”项目验收评审会，该项目利用IC卡数据和GPS数据，进行数据清理及初步分析工作，为公交客流特征相关指标计算及研究工作提供支撑。会上，专家认为该项目提交资料齐全、内容完整，具备验收条件，同意通过验收评审。

（葛启彬）

【北京市行政许可、执法及电子监察系统升级改造项目验收】12月27日，北京市行政许可、执法及电子监察系统升级改造项目组开展了项目竣工验收工作，北京市交通信息中心、路政局、运输局、执法总队相关成员参加了验收评审会。受邀专家组听取了承建单位工作汇报、监理单位监理意见、建设单位用户意见等内容，审阅了相关文档，经过质询和讨论，认为该项目完成了路政行政许可、执法，运输行政许可，交通执法处罚，交通影响评价，电子监察，网上办事及综合统计分析，共用基础软硬件设备集成等系统建设内容和工作任务，达到了预期目标。

（葛启彬）

【完成“综合交通运行监测与服务北京重点实验

室”三年评估】12 月 30 日，北京市交通信息中心完成了“综合交通运行监测与服务北京重点实验室”（2013—2015）评估工作，获得评审专家组和科委领导的认可，通过评审。作为重点实验室的依托单位，北京市交通信息中心将根据评审专家的意见与建议，延续成功的举措，同时改进不足，力争建设更好的重点实验室，发挥重点实验室在科技创新和新技术的“产学研用”的重要作用。

（葛启彬）

北京市教育委员会

【概述】年内，北京市教委紧紧围绕市委、市政府关于建设“四个中心”的战略定位，认真贯彻落实北京市《“十三五”时期教育改革和发展规划》和教育部《教育信息化“十三五”规划》，巩固深化首都教育综合改革，大力发展教育信息技术，持续提升教育信息化水平，深入推进教育领域业务信息系统建设，进一步加强教育行业信息安全工作，以信息技术促进首都教育现代化发展。

（刘帅）

【组织教育信息化评比交流活动】3 月，组织北京市第十七届中小学师生电脑作品评选活动和新指南培训会，共收集学生电脑作品 1364 件，评选出优秀作品 150 余件并上报中央电教馆参加全国中小学生电脑作品制作活动。5 月，北京市 171 中学组织北京市第 17 届机器人比赛活动，共有 167 支代表队 500 余师生参加机器人竞赛活动，94 支代表队获奖并推荐 15 支优秀代表队参加暑期全国夏令营活动。7 月，组织北京市中小学生赴河南参加全国夏令营活动，100 余名学生入围全国评选活动，91 名学生获得个人荣誉奖，15 支队伍参加竞赛类项目并获奖，机器人项目获奖数在全国名列前茅，北京市获得优秀组织奖。9 月，收集整理教师作品 200 余件，上报参加全国第二十届教育教学信息化大奖赛，参赛教师获得较好成绩，一等奖教师参加现场交流展示活动，北京教育网络和信息中心获“第二十届全国教育教学信息化交流展示活动优秀组织奖”。

（覃祖军）

【组织参加全国中小学信息技术创新与实践活动】4 月，市教委收集整理教师和学生作品 1623 件，参加全国中小学信息技术创新与实践活动（简称 NOC 竞赛活动），参赛和获奖数名列前茅，北京教育网络和信息中心获中央电化教育馆、中国教育技术协会、中国发明协会共同颁发的第十四届“全国中小学信息技术创新与实践活动”组织工作先进单位荣誉证书。

（覃祖军）

【开展“十三五”网管教师继续教育培训】4—5 月，开展两期“十三五”网管教师继续教育骨干讲师培训，共培训骨干讲师 104 人次。6 月，开展全市网管教师的在线学习和面授辅导，针对全市 17 个区网管教师开展“十三五”继续教育专业必修课《中小学校园网网络安全教程》培训，共培训网管教师 1000 余名。

（王华辉）

【中小学数字校园星级学校评估工作部署暨应用培训会召开】5 月 19 日，市教委组织召开“2016 年度中小学数字校园星级学校评估工作部署暨应用培训会”，全市各区教委中小教科及区信息化主管部门以及全市 100 所中小学数字校园实验校校长参加此次会议。会上，市教委发布《2015 年度基础教育信息化发展报告》，并对 2016 年基础教育信息化工作进行了部署。会议重点总结了全市数字校园实验校自2015年取得的阶段性成果，在教与学、学生成长、教师发展等方面取得了明显成效，这些成果为本市基础教育改革积累了宝贵经验，作出了有益探索。会上正式启动2016年度数字校园星级学校评估工作，并提出相关要求。

（顾忆岚　宋洁）

【“一师一优课”在线教研活动全国直播】6月22日、9月22日、12月23日，在北京教育网络和信息中心分别进行了由中央电教馆委托北京市组织的“一师一优课”在线教研活动全国直播。北京市生物、物理和语文的教研人员及教师与全国各地的教师就信息技术在教学中的应用进行了交流互动，三期直播主题分别为“基于数字课程资源的生物学科教学”“物理教学的基本特征”“信息技术与语文阅读教学的融合”。

（马东）

【开展2016年度数字校园实验校应用评估与星级评定】6月，为进一步巩固数字校园实验项目成果，市教委开展“2016年度实验校应用评估与星级评定”工作。评估工作以《数字校园实验校信息技术应用水平评估指标》（2016版）为依据，围绕信息化与“教与学”核心业务的深度融合，从信息化“应用情况”“实际效益”和“持续发展水平”三个视角切入，以常态化支撑水平和融合创新能力为核心考察点，开展对31类指标的量化打分和综合考评。评估的对象涵盖第一、二批共61所实验校，分6个环节开展，经过前期学校自评、区级选送、专家预评，以及现场评估、师生满意度调查后，由专家组综合评议形成最终结果，共评定五星级学校20所、四星级学校22所、三星级学校19所。

（李磊）

【完成教育部第一批教育信息化试点项目验收】6月，全国教育信息化试点项目中28个北京市试点单位全部通过专家验收，信息化建设成果显著，为本市教育信息化的加速演进提供了理念、技术、应用、机制等方面的有益经验。

（刘帅）

【北京市第十七届中小学师生电脑作品评选活动】10月31日，市教委表彰第十七届中小学师生电脑作品评选活动优秀作品和代表。全市共有167支代表队参加了机器人竞赛，共收到3185件电脑作品，其中学生作品1364件、教师作品1821件。评选出94支获奖代表队，1800件获奖作品，其中545件学生获奖作品、1255件教师获奖作品。

（李磊）

【北京市中职学籍系统投入使用】10月，北京市职业教育业务综合管理系统开发完成；11月，组织北京地区各中职及高职学校负责学籍的教师进行学籍系统的使用培训，11月中下旬开展2016年新生学籍备案工作。至年底，所有备案工作已完成，系统共备案新生10488人，已全部提交至全国中职系统。

（刘宇光）

【召开年度数字校园应用与绩效评估现场评审会】11月23—24日，市教委召开北京市中小学数字校园实验校应用与绩效评估现场评审会，重点评估学校数字校园建设与应用取得的实际效益、学校数字校园的可持续发展能力、学校数字校园建设与应用的特色与创新点等。共评定五星级学校20所、四星级学校22所、三星级学校19所。

（李磊）

【在全国职业院校信息化教学大赛中再创佳绩】11月，在教育部主办的2016年全国职业院校信息化教学大赛上，北京市中高职代表队获19个一等奖、11个二等奖、8个三等奖，一等奖数量和奖项总成绩在 37 个省市（含单列市）中排名第二，一等奖数量创历届新高，北京市教委获最佳组织奖。

（吕轮超）

【举办北京市教育行业信息安全培训会】 12 月 22—23 日，市教委举办 2016 年度北京市教育行业信息安全培训会。市教委分管领导，市委教育工委安全稳定工作处、市教委科学技术与研究生工作处和北京市教育考试院有关领导出席培训动员会，并对本市教育行业信息安全工作提出了具体要求。此次培训深入贯彻落实教育行业信息安全标准要求，重在提升人员能力素质，完善健全制度体系，进一步提高本市教育行业信息安全意识、责任意识、风险意识。培训特邀教育部科技司信息化处舒华、中国信息通信研究院张健、中国人民大学信息技术中心沈晓春等专家，对信息安全等级保护政策、近期网络安全形势、高校优秀实践经验、数据安全防护、网络安全应急处置、正版化建设、网络安全保障等内容进行专题讲座。北京市各区教委、市属高校、委属院校、民办院校和市教委直属单位负责信息安全工作的领导、工作人员共计 150 余人参加此次培训。

（陈昊）

【完成北京市中小幼教育教学视频评优】 12 月，市教委完成 2016 北京市中小幼教育教学视频评选评优。各区教委共送交 446 部作品参加评比，其中教育教学类 123 部、专题类 103 部、校园电视类 43 部、文艺类 76 部、摄影类 101 部。通过专家评委严肃认真的评比，评出教育教学类一等奖 6 名、二等奖 16 名、三等奖 39 名，专题类一等奖 4 名、二等奖 13 名、三等奖 34 名，校园电视类一等奖 32 名、二等奖 6 名、三等奖 12 名，文艺类一等奖 4 名、二等奖 8 名、三等奖 27 名，摄影类一等奖 5 名、二等奖 10 名、三等奖 24 名。

（马东）

【推进行业信息安全、等级保护工作】 年内，落实市公安局要求，完成市教委及信息中心的网络安全自查工作，同时面向 17 个区、25 所市属高校及 25 家直属单位开展网络安全检查工作。落实市委网信办要求，完成市教委及信息中心关键信息基础设施网络安全自查工作，面向全市教育行业开展关键信息基础设施网络安全检查。面向北京高校下发《关于进一步做好高校网络安全工作的通知》，制定《2016 年“G20 会议”技术保障方案》，确保首都教育行业网络安全。积极开展国家网络安全宣传周、首都网络安全日教育行业活动的计划、组织。

（陈昊）

【教育督导信息化水平进一步提升】 年内，推进建立北京市教育督导信息管理和应用系统，形成与首都教育现代化发展目标相适应的教育督导信息化体系。创新采用基于地理信息技术的督导网格化管理，开展北京市教育督导业务应用整合，建设督政服务、学校督导、督学队伍服务、专项督导服务、评估与监测等功能模块。建设北京市教育督导 OA 系统，研制数据采集平台，研发“全市教育工作满意度”“全市教育发展状况质量监测”“全市学生课业负担监测数据”等专项指标数据采集功能，实现与督导系统内外部数据的对接。研发“学生课业负担挖掘模型”“学校办学条件挖掘模型”，支持基于挖掘模型的数据分析，实现数据的高效管理与科学分析，为教育督导决策提供科学指导。

（刘宇光）

【推进百所数字校园实验校建设工作】 年内，市教委针对百所实验校开展各类主题培训交流会，为实验校提供有针对性的专家指导咨询服务。通过调研 17 个区及部分实验校，完成第二批38所数字校园实验校的项目验收工作，进一步掌握各区各实验校数字校园的建设推进情况。通过下校指导、定期召开市级监理大会等方式，有效指导第三批实验校开展数字校园的建设工作。

（顾忆岚　宋洁）

【数字校园优秀成果总结提炼与宣传推广】年内，为发挥实验校成果的“示范引领”和“辐射带动”效应，市教委组织专家开展系统性的成果提炼梳理和总结凝练。本阶段实验校成果凸显出“混合课堂模式助力信息技术生根教与学”“教师研修和资源建设逐步融入教与学”“协同办公推动集团校管理效率大幅提升”“多元协作成为数字校园领域的联合军”“大数据分析、数据体系建设先行”等五大特点，形成了一套能够充分彰显首都教育信息化特色的数字校园典型案例体系，促进了经验成果的交流共享，充分展现了数字校园的集成效益，这些成果为北京市基础教育改革积累了宝贵的经验。

（顾忆岚　宋洁）

【依托高校思政课平台促教学改革】年内，建设完成北京高校思想政治理论课开放研修平台及“名家领读经典”系统。自秋季学期开始，充分利用平台，全市35所高校875位思政课教师参与教师研修，发布课程378节，选课6102人次。16位名家通过“名家领读经典”管理系统开展大型领读13次，8所试点高校301人参加，共参与3913人次。

（刘宇光）

【中小学信息技术教师核心课程建设】年内，完成“中小学校园网安全教程”“通用机器人技术”“优质教学课程制作方法”“数字科学家”等4门课程的建设工作。每门课程需要录制20小时视频课程，共计80课时，录制视频课程已在www.wgpx.bjedu.cn上发布。每门撰写了约40万字的文字教程，采购1000册正式出版的本文字教程。整个系列课程组织培训约2000人次。网络直播20场，并且制作了80多小时的课堂实录。

（季茂生）

【继续开展教师在线服务】年内，继续向北京市11个区（含燕山）和石景山3万中小学教师提供教师在线服务。由教师在线专业的服务团队，通过互联网远程桌面、热线电话、视频培训、微信等服务方式，面向北京市郊区中小学教师，提供个性化全天候的信息化教学支持服务、信息化教学应用技能提升服务、IT基础维护服务，及时解决一线教师在教学过程中遇到的技术问题，帮助教师运用信息技术手段提升教育质量，促进教育公平。服务平台共发放3.2万个服务账号，解决一线教师在教育教学过程中遇到的技术问题，账号激活率67.79%。截至11月，共为教师提供65352次服务，首次解决率达到99%以上，教师满意度98%以上，平均服务时长小于25分钟。

（季茂生）

【进一步巩固市级数字资源整合与汇聚成果】年内，市教委为满足一线教师的检索需求，对市级资源共享交换平台中教材版本数量、资源检索路径、资源分类体系进行了优化完善，通过对平台已有资源的“去粗存精”，提升了资源的检索效率及资源的质量。同时，为进一步丰富资源的整合与汇聚成果，向上对接了国家教育资源公共服务平台中北京地区教育资源3万余条，向下对接了北京数字学校9000余节微课程，并整理入库2016年度电脑作品评资源和相关微课大赛获奖作品。通过进一步丰富充实、优化完善市级资源共享交换平台中的数字资源，为一线教师提供更加优质的资源供给服务。

（顾忆岚　宋洁）

【完成各区网络运维支持及协助工作】 年内，协助各区教委排查解决网络故障，及时通知并督促有关区、学校及高校用户处理基于教育网 IP 的各类安全事件。指导 16 个区教育信息中心完成 2016 年高考远程电子巡查系统网络保障工作，监控考点 101 个、考场 4277 个；指导北京教育考试院完成中考、会考、成考、自考、社考、司法及研究生招生等考试工作。

（陈昊）

北京市科学技术协会

【概述】 年内，在北京市科学技术协会党组的领导下，在分管副主席的具体指导下，在各部门的大力支持下，北京市科协紧紧围绕服务市科协中心工作大局和 2016 年重点任务，认真贯彻落实《市科协“十二五”信息化建设发展规划》，按照“信息化建设服务业务工作，信息化手段创新科普形式，信息化应用推动成效”的工作思路，实施信息化平台升级改造，全力做好蝌蚪五线谱网站建设运营工作，打造网站品牌特色，成立专家委员会，保障科普内容权威专业。切实加强门户网站内容建设，不断提升信息质量和水平，努力组织好信息化科普活动，提升公民信息素养和能力，完善网上服务平台建设，不断提升网上服务水平，为“提高科普传播水平，加快推进科普信息化”提供技术服务，为科协事业发展提供信息化保障。主要特色工作有：2016 年蝌蚪五线谱网站、2016 年北京青少年信息学奥林匹克竞赛、2016 年北京百万家庭数字生活技能大赛活动、2016 信息能力培训活动等。

（张孝军）

【第十三届北京百万家庭数字生活技能大赛】 6月，第十三届北京百万家庭数字生活技能大赛以“互联网＋我们家”为主题，由北京市科学技术协会、市经济和信息化委、市妇联主办正式启动，并持续到 12 月结束。此次活动具体包括 E 家起跑线、E 家科学课和 E 家英雄会三个板块。大赛活动自 6 月 6 日启动以来，共有 265217 人参与网上知识竞赛，在全市社区、街道以及活动现场张贴宣传海报 2000 份，发放宣传折页 12000 张，通过传统媒体、网络媒体、微信、楼宇电视、户外大屏等多种渠道展开宣传。

（张孝军）

【组织提高全民信息能力科普活动】 年内，北京市科学技术协会为推动全民信息能力科普活动，紧跟社会信息化发展步伐，利用先进的信息技术手段定制针对市民，特别是有需求人群的系列培训课程课件，通过按需定制提高培训课件内容的针对性、实用性、趣味性、系统性，使课件具有让学习者简单易学，让讲授者易于上手的特点。并通过联合社会培训机构、科普示范社区等向北京市民推广，以期达到切实提高市民，特别是有需求群体的信息化水平。

（张孝军）

【北京青少年信息学奥林匹克竞赛】 年内，在北京市科学技术协会和北京市教育委员会的领导下，在各有关单位和学校的大力支持下，北京市青少年信息学奥赛活动取得丰硕成果，北京选手在各项竞赛中均取得优异成绩，共获得 5 枚金牌、10 枚银牌、2 枚铜牌，团体总分第六名，其中 5 名金牌选手全部入选国家集训队，14 名获奖选手签约保送或预录取清华大学、北京大学、复旦大学、上海交通大学等全国著名高校。

（张孝军）

【蝌蚪五线谱网站建设】年内，北京市科学技术协会科技热闻频道独家策划了119期专题。全年采访专家50余位，成立“蝌蚪五线谱专家委员会”。科学辟谣栏目发布辟谣文章51篇。科知故事全年发布图文数量近500篇。百科探索频道策划制作探索解密52期专题；发布百科文章共计615篇。科幻世界栏目发布科幻小说130部、科幻资讯100篇、科幻画150幅、科幻名家50篇，与科幻产业相关的介绍和分析200余篇。同时，蝌蚪五线谱在今日头条、一点资讯、搜狐、腾讯、网易和百度知道等自媒体平台注册开通的账号大部分已累积1000万以上的阅读量，各账号的阅读量还在以每周10万左右的数量增长。各媒体平台上蝌蚪五线谱的粉丝也均达到1000+级别。精选文章单篇阅读量超过10万，留言互动超过100条，传播力和影响力都胜于同类科普号。2016年，除了蝌蚪找真相网站外，还开设了蝌蚪找真相微信公众号，目前关注人数已经破千。蝌蚪五线谱网站在3—4月期间，相继在北京妇产医院、北京医学会等机构的支持下，拍摄完成《高龄孕妇生育风险的评估与预防》等7部“健康‘大家’谈”科普报告会视频作品。全年总计发文2000篇，阅读总量达到109623次。策划开展了第五届“科幻小说大赛”原创征文活动。新增科幻长篇重要奖项，为科幻出版、影视创作做好基础铺垫。此届的光年奖共收到长篇12篇；短篇90篇；微小说76篇；剧本16篇。共194篇320万字，共选出22部获奖作品。策划开展了第四届“和院士一起做科普”十佳新锐科普创客大赛。内容主要包括作品征集、科创集训、科研基地考察实习等。此届科普创客大赛尝试与社会各界开展多元化的合作。获得中科院学部工作局的支持，引荐了刘嘉麒、武向平、陈润生等院士。在活动内容方面，与中国科学技术出版社合作，增设2016年新媒体融合创作特别奖。2016年蝌蚪之夜的四期专题活动均为院士科普专题系列。举办吴岳良院士科普专题报告《极小粒子与极大宇宙的内在统一——21世纪基础科学的革命性突破》；在中国古动物馆举办周忠和院士科普沙龙活动《地球生命的故事》；在中国地质博物馆举办刘嘉麒院士科普专题报告《漫谈地球科学》。其中大约有200多名北大师生参加了在北京大学举办的蝌蚪之夜活动；在中国地质大学举办的蝌蚪之夜活动的人数则达到700余人。蝌蚪五线谱网站目前微博粉丝193347人、微信关注人数117117人。

（张孝军）

北京市科学技术委员会

【概述】年内，北京市科学技术委员会紧紧围绕“建设全国科技创新中心”“实施北京技术创新行动计划”“促进京津冀协同创新发展”等全委中心工作，发挥自身优势，加强信息化统筹管理，促进信息系统深入应用，在制度体系建设、业务系统应用、信息安全保障等方面成效比较明显。

（康沂）

【推进市科委政务网站升级改造】年内，北京市科学技术委员会按照市政府《北京市2016年政务公开工作要点》（京政办发〔2016〕26号）和《2016年市政府重点任务宣传解读工作方案》的要求，加强网站管理和技术、安全运维保障，强化网站政务公开和政务服务内容建设。根据北京加强全国科技创新中心建设总体方案，结合北京市“十三五”科技规划和北京市科委职责，发挥顶层设计优势，重点推进了网站升级改造，包括：网站内容架构的改版、升级改造网站内容管理系统、升级改造网上办事平台、升级改造网站互动交流平台、升级改造网站搜索系统、建设网站无障碍系统等。全年主动公开政府信息987条；同时公布2016年预算批复情况，财政拨款基本支出预算公开细化到经济分类款级科目，预算情况说明中增加政府采购预算情况，并说明“三公”经费预算财政拨款情况；对市科委出台的规章政策、规范性文件以及与社会公众密切相关的重要政策等，均已通过门户网站予以发布，新增法规文件类信息13条，对相应的政策文件进行了解读。

（康沂）

【完成北京市科技计划项目管理信息系统升级改造】年内，北京市科学技术委员会依据北京市财政局、市科委、市财政评审中心对预算经费科目改革和预算评审工作的要求，对北京市科技计划项目管理系统（简称MIS系统）进行了一系列升级改造工作。依据市财政局关于中关村间接费用科目调整，将16种科目变为12种科目，涉及MIS系统中所有的经费科目处理，并保证之前16种科目的项目、课题（任务）正常运行。梳理和完善当前MIS系统的预算申报和评审管理流程，查漏补缺，完善当前流程中没有覆盖的节点，通过流程扩展和优化提升MIS系统处理预算申报和评审的能力，同时确保历史预算申报与评审补充材料、专家评审汇总意见等结果的追溯。该系统已成为市科委用于科技项目管理的核心业务系统，实现了从项目申报、立项、预算安排、监督检查到结题验收等全流程管理，并结合科技信用、科技专家、高校储备、成果追踪等相关的管理措施及信息系统，实现了对北京市科技计划项目的全流程、精细化管理。

（康沂）

【完成北京市科技人才库全流程信息化管理任务】年内，北京市科学技术委员会根据首都科技人才选拔和培养工作的业务需求申报并建设了北京市科技人才管理信息系统。通过该项目的建设，实现了北京市科技新星计划、首都科技领军人才培养工程、北京市科技新星计划交叉学科等人才培养计划从申报、形式审查、评审、过程管理到结题验收、数据统计分析等相关全流程信息化管理。系统自年内开始建设并同年投入试运行，完成了2017及2018两个年度科技新星、领军人才等计划的申报、评审等工作。通过北京市科技人才管理信息系统项目的实施和信息数据积累，建立科技人才库，对历史入选项目、人才数据等相关信息能够准备储存，方便进行查阅、统计、分析等工作，为实现北京市科技人才申报评审、管理服务全面信息化打下了坚实的基础。

（康沂）

【增强市科委廉政风险信息化综合防控】年内，北京市科学技术委员会以探索数据驱动的有为监督之路为目标，申报并建设市科委廉政风险信息化综合防控平台。截至年底，平台的运行效用已经初见成效：平台从业务与风险两个角度，提供有效的数据参考，协助落实主体责任；各处室自我监督意识开始形成；助力纪检实现再监督，履行监督责任。

（康沂）

【完成市科委信息安全工作】年内，北京市科学技术委员会进一步加强信息安全工作，实现“安全检测、修复、再确认”的闭环工作模式，服务与保障能力进一步增强。根据《市科委电子邮件管理办法》《信息安全月报》《信息安全预警通报》等安全管理制度，严格执行日常信息安全保障工作，保障了市科委 60 余个信息系统的稳定安全运行，确保了“两会”、G20 峰会等重大活动期间的零事故运行。对委内 22 个重要信息系统定期开展安全扫描，组织发布了《市科委信息系统安全月报》10 期、《信息安全预警通报》30 期，对信息系统进行漏洞检测 4 次，漏洞或安全事件预警通知 15 次，保障了委内信息化工作安全运行。年末组织针对委内重要系统如 MIS 系统、科教网、科委网站等系统的应急安全演练工作；开展委内 15 个系统的信息安全等级测评、风险评估及整改措施等。

（康沂）

北京市粮食局

【概述】年内，在“粮安工程”和“智慧北京”的大背景下，北京市粮食局按照《国家粮食局关于印发〈大力推进粮食行业信息化发展的指导意见〉的通知》要求，认真落实市委、市政府的工作部署，积极推进北京市粮食行业信息化的发展，助推做好稳运行、保安全、强产业等重点工作，利用市、区县两级储备粮油的吞吐轮换机制和北京市粮食购销竞价交易平台调节市场供求和价格。发布粮食供求和价格信息，稳定市场预期。加强应急保障机制建设，合理分布 714 个应急供应网点。开展全市范围内的粮食和食用油库存检查工作，实现了“守底线，保安全，惠民生、促发展”的工作目标。

（周欣晴）

【北京粮食安全实时监测管理信息系统（一期工程）项目完成竣工验收】10 月 25 日，北京粮食安全实时监测管理信息系统（一期工程）项目完成项目竣工验收工作，这标志着（一期工程）项目建设及试运行过程的结束，项目进入质保阶段。在竣工验收会议上，与会专家听取了项目情况介绍、项目建设情况报告、用户单位意见和监理意见，审阅项目文档，经过质询和讨论，认为该项目各项功能够满足粮食流通管理业务需求，系统运行稳定、可靠，项目管理规范，文档齐全，达到了竣工验收要求，同意该项目通过竣工验收。

（周欣晴）

【完成北京市粮食局政务网站入云及等级保护的申报工作】年内，北京市粮食局深入落实北京市建设“智慧北京”发展战略规划，依据《北京市经济和信息化委员会关于印发〈北京市市级政务云管理办法（试行）〉的通知》（京经信委函〔2016〕4 号）精神，按照“上云为常态、不上云为例外”原则，拟对北京市粮食局政务网站进行升级改造后，迁移至政务云服务平台。在购买服务的建设新模式下，节约资源、集约建设，建设成为高效、便民、可信、可靠的政务网站。2016 年度完成北京市粮食局政务网站迁入政务云并实现通过信息系统安全等级保护二级的测评申报工作，已经收到市经济和信息化委允许建设的复函。

（胡月婷）

北京市旅游发展委员会

【概述】年内，北京市旅游发展委员会充分发挥信息化对旅游产业发展的支撑与引领作用，有效整合和开发旅游信息资源，以资源整合带动服务整合，加速旅游产业转型升级，推动旅游产业综合竞争力提升，努力把北京建设成为国际一流旅游城市。北京旅游网及北京旅游信息网面向社会，宣传报道北京旅游重点工作，信息及时、正确更新，做好企业游客信息服务工作。开展“清网行动”，治理网络虚假旅游信息，进一步净化网络环境，维护游客合法权益，共同打造首都良好的旅游市场环境。针对旅游业发展新需求，运用信息化推进旅游生产方式、管理模式、营销模式和消费形态的转变，全面提升产业质量效益和核心竞争力，实现旅游经济稳步增长、综合效益显著提升。

（程仲）

【召开旅游团队管理系统电子行程单试运行工作推进协调会】 3月17日，北京市旅游发展委员会在金龙建国温泉酒店召开了旅游团队管理系统电子行程单试运行工作推进协调会，市旅游委委员赵广朝、市交通委运输管理局副局长常乐民、市公安局天安门分局副局长李东山出席会议。电子行程单系统历时两年筹备、调研及评审，于2015年年底初步建成。2016年年初开始试运行。截至2016年3月17日，北京市共有141家旅行社填报了电子行程单业务，共填报1976个团队信息，涉及团队游客56122人次。全市17家旅游客运企业中13家已经购买了配合电子行程单使用的数字证书。天安门广场原有的景区预约系统已经与电子行程单系统实现了完全对接。

（程仲）

【北京市获2016中国旅游城市数字资产TOP10】 6月30日，“2016数字话旅游——中国目的地旅游与国民形象论坛”在清华大学举办。此次活动由清华大学国家形象传播研究中心主办，来自中国互联网发展基金会、部分地区旅游管理部门、知名旅游目的地代表、旅游专家学者及媒体记者出席了此次活动。论坛期间发布了2016年旅游业6个数字品牌榜单。北京市获2016年中国旅游城市数字资产榜TOP10的第一名。同时，北京故宫和天安门获2016年中国旅游景区数字资产榜十佳称号。

（程仲）

【召开全市旅游网站工作视频会议】 7月8日，北京市旅游发展委员召开了北京市、区旅游网站工作视频会议。市旅游委信息中心相关负责人、全市各区旅游委网站主管领导和具体负责人、北京旅游网承建单位及网站群效能分析项目执行单位相关人员参加了会议。市旅游委副主任曹鹏程到会并讲话。市旅游委2015年网站群效能分析项目的执行单位汇报了项目的概况和分析结果，分析了本市网站群的可提升空间，并分享了国外知名旅游网站的经验。北京旅游网承建单位汇报了网站的建设运营现状，介绍了北京旅游网为各区旅游委提供的服务及今后工作计划。曹鹏程充分肯定了过去一年全市旅游网站群取得的成绩，并对今后网站建设工作提出三点要求。一是要提升对旅游网站工作重要性的认识。二是要用好网站效能分析的成果，坚持分析成果市区共享，分析报告指出的问题要拿出措施，及时整改，共同推进全市旅游网站群建设迈向新台阶。三是要用好市旅游委建设的北京旅游网，形成良性互动。

（程仲）

【北京旅游网信息服务频道开通试运行】 7月28日，“旅游信息服务频道”正式在北京旅游网（www.visitbeijing.com.cn）上开通试运行。“旅游信息服务频道”将为方便游客旅游、出行、消费，提供在本网站登记的吃、住、行、游、购、娱等正式在主管部门登记注册的相关商家的一站式引导信息，这是北京市旅游委推出的又一项便民旅游服务新举措。

（程仲）

【在百度搜索引擎上推出“北京出游安全提示”】 7月，北京市旅游发展委员为了规范北京旅游市场环境秩序，引导游客选择正规旅游企业参加旅游，在前期通过市网信办与百度、360、搜狗三家搜索引擎公司建立相应工作机制，大力整治网络虚假旅游信息的基础上，针对外地来京游客在网上，尤其是通过百度搜索引擎搜索报名网站的需求量较大这一特点，为更好预防游客上当受骗，市旅游委在百度搜索引擎上推出了“北京出游安全提示”。“北京出游安全提示”主要是在游客使用百度搜索引擎搜索“北京一日游”“北京二日游”等触发词时，屏幕右侧显著位置会出现一个蓝体字，显示“百度温馨提示”，提示语内容为“网上可能存在虚假旅行服务和旅游信息，请谨慎选择旅行机构和产品，核查对方营业信息，谨防‘冒牌’旅行社侵犯自身权益。”

（程仲）

【开展2016年清理网络虚假旅游信息专项整治工作暨“清网行动”】 年内，北京市旅游发展委员制定了2016年“清网行动”工作计划，按照工作计划部署，5—7月，委派专业网络监测公司每周对百度、360、搜狗三大搜索引擎中搜索“北京旅游”“北京一日游”“北京两日游”等关键字，显示结果比对市旅游委官方网站上发布的北京市正规旅行社网站网址（“白名单”），对不符合的网站信息进行登记，并由执法人员进行核实，对最终确定为非法旅游网站的，转市网信办对其予以关停。

（程仲）

北京市民防局

【概述】 年内，北京市民防局认真贯彻京发〔2015〕16号文件精神，以“第七次全国人民防空会议”精神为指导，制定《北京市“十三五”时期民防信息化建设发展规划》，紧紧围绕“战时防空、平时服务、应急支援”使命任务，首都城市战略定位和京津冀协同发展，立足信息化条件下首都人民防空建设需要，大力加强民防指挥控制手段和信息通信能力建设，为构建和提升基于信息系统的人民防空体系防护能力提供支撑和保障；以通信和信息系统建设作为体系防护能力提升的抓手，把握重点环节，深入推进京津冀通信协同训练常态化，建立了长效机制；继续开展北京市民防指挥通信车跨区通信支援演练，按照《京津冀人防无线通信协同训练实施方案》，自1月起每月组织开展京津冀三地人防无线通信协同训练。经市政府专题会和市委常委会研究决定，确定自2016年起每年在全民国防教育日（9月的第三个星期六）组织防空警报试鸣。北京市防空警报试鸣工作取得突破性进展。

（言芳）

【建立京津冀人防无线通信协同训练长效机制】 从1月开始，每月定期组织开展京津冀三地人防无线通信协同训练，由京津冀三地人防部门轮流组织，每年轮换一次。年内，北京市民防局组织三地共47家单位，参加卫星、短波训练各11次。根据训练情况编制了《京津冀人防无线通信协同训练简报》，及时将训练情况和存在的不足向天津市、河北省人防办通报，及时沟通并改进。三地人防部门随着京津冀人防通信系统互联互通常态化和协同训练常态化的实现，跨区支援时通信装备到达现场开机即可进网工作成为现实，达到了装备不需要进行临战转换即可遂行跨区支援任务、到达现场快速通联的要求。

（言芳）

【组织全市民防指挥通信车跨区通信支援演练】 5月23—27日，按照《京津冀人防协同发展的意见》和《京津冀人防通信协同发展和跨区支援备忘》的约定，针对自然灾害和战争破坏范围常常超出行政区波及较大区域的特点，灵活运用上两年跨区支援通信演练和京津冀无线通信协同训练积累的经验，北京市民防局组织开展了第三次跨区支援通信演练。此次演练成立了行动指挥组、装备保障组、新闻报道组、后勤保障组、演练考核监督组等8个小组，共计76人参与了演练，跨区支援通信分队先后抵达秦皇岛、唐山等演练地域，行程730余公里。将来自16个区民防局、防空防灾信息中心、人防通信站和北京民防短波通信志愿者大队共40余名参演人员混编成6个指挥通信车组和1个前进指挥部。依托民防自有装备建立通信联络，完成了快速集结、长途开进、通信枢纽和指挥所开设、通信综合组网、单车组派出支援等全部预定演练科目。在秦皇岛市、唐山市演练场分别进行了综合演练，行军途中在昌黎服务区进行了短停联络课目演练，北京市、天津市、河北省三地人防部门协同默契、组织严密，区域一体、联演联训，各通信要素开通迅速、联络准确，人员操作熟练，人员、装备安全，按时、保质地完成演练课题，演练取得成功。

（言芳）

【推进全市警报试鸣】 经8月29日市政府专题会和8月31日市委常委会研究决定，自2016年起每年在全民国防教育日（9月的第三个星期六）组织防空警报试鸣。北京市成立了市防空警报试鸣工作领导小组，于9月17日在本市五环路以外区域组织了防空警报试鸣，全市除东城区、西城区外，共14个区参加防空警报试鸣。在房山区、大兴区、顺义区部分学校和社区，组织1000多人进行人员疏散掩蔽演练。参加试鸣的666台防空警报器鸣响率为99.7%，统控率为93.69%，警报试鸣达到了预期效果，有效检验了北京市防空袭警报保障方案和防空警报系统的完好率，基本掌握了五环路以外区域警报音响的实际覆盖情况。通过社会调查表明，警报网点分布合理、音量适中，87.1%的受访市民表示支持警报试鸣。

（言芳）

【指挥信息平台建设】 年内，市民防局注重加强市、区、街道（乡镇）三级指挥平台和通信信息装备设施配套建设，指导各区民防局开展指挥所信息系统建设，编制《“十三五”街道（乡镇）指挥所建设发展规划》，新建街道（乡镇）指挥所13个。

（言芳）

【警报报知系统建设】 年内，按照国家人防对城市警报音响覆盖率和统控率的要求，完成新建96套电声警报器、更新78套电声警报器、更新200套电声警报器控制终端。

（言芳）

【通信系统建设】 年内，开展为期3年（2015—2017）的第三代短波电台建设和短波网管系统建设工作。购置2套短波收信机、16套短波电台，进一步提升了应急情况下的通信保障能力。

（言芳）

【人防高点监控系统建设】 年内，全市范围内新建12处高点监控点，提高了人民防空高点覆盖范围，增强了对全市应急管理的支撑力度。

（言芳）

【北京市民防日常业务信息系统推广应用项目启动】 年内，在西城区和通州区试点应用基础上，市民防局为其他14个区配套部署服务器等相关设备、设施，并安装部署民防日常业务信息系统一期开发的软件系统。民防日常业务信息系统在全市部署，为市、区两级民防系统之间协同办公和应急处置提供统一的网络平台。

（言芳）

【开展便携式无线应急传输系统建设】年内，针对北京市人防工程等地下空间规模巨大、地下空间信息采集传输难且事故救援较地面更加复杂情况，研制了地下有限空间音视频采集和接力传输系统，具备双路高清视频传输能力，有效解决了地下有限空间人防工程事故现场的音、视频实时传回至指挥部的问题。该系统可用于城市地铁、地下商业街等人员密集、电磁信号传输困难场所的信息采集、传输。

（言芳）

【开展无人机信息采集系统建设】年内，为进一步提高人民防空指挥保障能力，北京市民防局装备4架无人机，其中1架任务机、3架训练机。无人机能将从空中采集的视频信息实时传输回指挥部，丰富了现场实时信息获取渠道和手段。

（言芳）

【强化民防专业队伍训练制度】年内，市民防局采取分期分批集中培训与各区县自行训练相结合的方式，狠抓专业训练和培训制度化管理，按照国家人防办颁发的《人民防空专业训练与考核大纲》要求，开展应急指挥通信车常态化的日常训练，组织全市民防系统开展短波电台、警报报知系统训练与培训，完成了短波志愿者大队集训和考核比武。

（言芳）

【人防应急指挥通信车联合演练】年内，房山区、大兴区与天津市静海区人防进行应急指挥通信车联合演练并签订了人防通信协同发展和跨区支援备忘录，并与河北省阜平人防、山西省原平和灵丘人防办进行了联合演练；延庆区与河北省张家口市人防进行为期3天的应急指挥通信车联合演练，并参加了市应急办组织的为期5天的京津冀冰雪天气交通保障应急联动综合演练。

（言芳）

北京市民政局

【概述】年内，全市民政系统主动作为、勇于担当，积极应对职能增多、服务对象增多、群众需求增多、改革进入深水区、民生保障政策密集出台带来的新任务新变化，牢记总书记在视察四季青敬老院时指示的“北京民政要在全国干得最好”的嘱托，树立政治意识、大局意识、核心意识、看齐意识，贯彻落实党中央、民政部和市委、市政府决策部署不走样不变形，坚持改革创新主题主线不放松不动摇，大力推进民政“四化”建设，实施了系列新的重点改革，出台了系列新的惠民政策，全面完成了承担的104项重点任务，民政事业发展取得新成效。年内，北京民政信息化建设紧紧围绕民政事业改革中心工作，依照《首都民政信息化顶层设计》的总体思路，在机制创新、项目建设、信息共享、“互联网+”和大数据研究等工作领域，扎实推进全市民政信息化、科技与标准化工作，取得显著成效。

（蔡晋昌）

【建设社会组织信用信息公示系统】1月，北京市社会组织信用信息公示系统建设完成并上线运行。该平台将全市社会组织的基础、绩效、荣誉和失信四大类数据作为信用信息纳入公示范畴，涉及登记、年检、评估等多项社会组织管理工作，为北京市社会组织信用体系的初步搭建提供了有效的数据和技术支撑。

（蔡晋昌）

【“数字民政”二期建设项目通过验收】4月，经过6个月的试运行，“数字民政”二期项目系统运行稳定、数据完整有效，项目通过竣工验收。“数字民政”二期项目建设工作涉及北京市社会福利、社会救助、执法监查、殡葬管理、对外公共服务、数据中心建设、领导决策平台、综合办公等多个业务领域；共新建业务信息系统26个，升级改造子系统8个，并对民政基础信息网络与信息安全设施进行了较大幅度的升级。

（蔡晋昌）

【绘制《北京市老年人口及养老服务设施分布图》】6月，为配合北京市社区养老服务驿站的建设工作，市民政局依托空间地理信息平台技术，根据目前掌握的全市常住老年人口信息与养老服务设施情况，绘制了《北京市老年人口及养老服务设施分布图》并面向全市各区老龄部门发布，初步显示出北京市各区常住老年人口的密度分布及辖区养老服务设施布局情况，为全市养老服务驿站选址工作提供了科学有效的数据支撑。

（蔡晋昌）

【推进“互联网+”婚姻登记工作】7月，借助与阿里、腾讯等互联网公司的合作，婚姻登记预约服务先后入驻支付宝和微信城市服务频道，实现了传统婚姻登记工作的“互联网+”；自上线以来，截至月底，通过微信和支付宝服务完成婚姻登记预约的新人已超过18000对，预约总量占比接近1/3，月均预约量超过3000笔。同时，引入电子签章和电子证照技术，通过婚姻证件的电子化，使纸质的“婚姻登记记录证明”逐渐退出历史舞台。

（蔡晋昌）

【推行“养老助残卡”和“民政一卡通”】年内，在上年面向全市80岁以上老年人发放“养老助残卡”的基础上，依托“北京通”工程，启动了面向全市40万民政对象发放“民政一卡通”，面向280万65岁以上老年人发放“养老优待卡”工作。通过全市统一的数据共享体系，集成了金融、公交、医疗、养老、缴费等20多项政府公共服务功能，提高老年人和民政对象享受政府服务的便利化水平，加速民政管理模式从粗放式向精细化的转变，进一步提升首都民政管理服务规范化、科学化水平。同时，对于打破部门壁垒、促进服务整合、强化业务监管也发挥了积极的推动作用。

（蔡晋昌）

【推行“无纸化”年检】年内，依托电子档案技术，通过面向全市社会组织登记机关、业务主管单位、社会组织、第三方审计单位配发具备电子签章功能的数字证书，实现全市近万家社会组织的无纸化网上年检工作，优化了办事流程、节省了行政成本、提高了工作效率、方便了服务对象。

（蔡晋昌）

【推动全民政业务向移动化办理迁移】年内，按照《北京市“十三五”时期“智慧民政”信息化发展规划》的总体目标，到“十三五”末期，要基本完成民政全部业务管理系统向手机移动端的迁移工作，基本实现全业务的移动办公。市民政局以公文流转和大额审批为切入点，率先在综合类业务领域启动移动化工作流程。通过引入电子签章、网上工作流引擎等相关技术，初步实现了机关公文签批和资金审批业务的移动化。年底，系统完成上线部署和试运行工作，于2017年1月正式投入使用。

（蔡晋昌）

【依托死亡人口数据库破解业务难题】年内，为解决由于死亡人员信息核实难造成的骗保、冒领等业务难题，市民政局依托与人口、卫计、宗教等部门及商业银行等社会单位的跨部门、多渠道的信息资源共享，搭建死亡人员信息基础数据库。通过与业务系统的实时对接、比对，发现身份状态不符的情况2000余例，实现了死亡人员信息预警，并通过后续统筹建立的核实、追缴等规范化措施，及时堵塞管理漏洞、完善监管体系，创造了良好的经济效益和社会效益，最大程度做到应保尽保。

（蔡晋昌）

【推动北京民政网站管理体制改革】年内，市民政局对所属网站群进行了梳理并整改，将分散建设、分散管理的26个网站缩减为4个。对同质同类网站归并整合，利用门户网站对分散资源进行整合迁移，集中提供服务；对于保留的网站进一步加强网站信息发布审查力度，落实安全责任，强化信息安全防护措施，规范备案手续；对于内容更新频率低、网站访问量低、技术安全防护不达标的网站果断关停。逐步探索建立统一规划、统一建设、统一管理的集约化模式。

（蔡晋昌）

【开展基于大数据的养老事业科学决策研发与应用】年内，市民政局会同市科委，利用大数据处理、计算机仿真、动态可视化等信息技术开展了北京市养老事业科学决策系统的研发与应用课题研究工作。该课题基于全市534万余条老年人基础数据，200万余条民政相关业务数据，1784万余条老年人行为数据，412家养老机构及1.4万余机构养老人员数据进行大数据分析，并通过与民政相关系统的数据对接，完成了对全市16个区县的机构养老资源评估、50万老年人的养老需求预测、40万次养老服务的质量监测，以及海淀区全部22个街道的养老服务商资源评估。

（蔡晋昌）

【开展“互联网+”民政社会化服务体系研究工作】年内，市民政局开展了“互联网+”民政社会化服务体系课题研究工作。该课题以“互联网+”思维重新审视民政工作，改造传统理念和工作模式，借助高校研究机构、互联网企业等社会力量，自外而内的提出业务工作的改革思路和方案。11月，课题完成全部研究工作并通过解题验收，经过前期调研、案例分析和业务痛点挖掘，对民政社会化服务中的工作模式进行了探索、初步提出了实现路径和解决方案，并结合前期基础针对民政公共服务、养老、殡葬、慈善和救灾等重点工作领域提出了“互联网+”工作思路。

（蔡晋昌）

【加强统筹协同管理能力】年内，市民政局在强化信息化工作领导小组的统筹协调职能的同时，在工作管理体制上积极创新，设立标准与信息化处，统筹负责北京市民政局的信息化、标准化、科技、信用体系建设4项工作。将标准与信息化处作为全局综合管理部门来定位，从行政管理层面进一步加强对四项工作的统筹集中管理，使之成为促进民政各业务领域改革创新的重要支撑。

（蔡晋昌）

北京市农业局

【概述】年内，北京市农业局着眼“互联网+”“大数据”等农业信息化发展的新形势、新机遇，紧密围绕首都农业调转节的重点任务部署、推进各项工作，开拓首都农业新的发展空间。

（金娟）

【全国 12316 热线成立 10 周年宣传推介视频会议召开】 3 月 16 日，农业部市场与经济信息司召开全国 12316 热线成立 10 周年宣传推介视频会议。北京市农业局总农艺师陶志强参加并结合要求研究部署下一步工作。

（金娟）

【北京市昌平草莓生态休闲节启动仪式举办】 3 月 29 日，以“红动京郊 莓香倾城”为主题的“农业部信息进村入户工程——2016 北京市昌平草莓生态休闲节启动仪式暨 2016 昌平草莓安全生产自律公约发布仪式”在昌平温都水城会议中心举行。北京市农业局总农艺师陶志强、农业部市场与经济信息司信息化推进处处长王松等出席了启动仪式。

（金娟）

【召开 2016 年京冀农产品市场信息会商会】 3 月 31 日，北京市农业局与河北省农业厅联合召开了 2016 年京冀农产品市场信息会商会，就加强两地农产品市场监测预警体系建设，开展统一规范的产销基础数据采集，实现产销数据共建共享等工作进行了交流研讨。北京市农业局总农艺师陶志强、河北省农业厅副厅长康森参加了会商。

（金娟）

【完成软件正版化工作】 4 月，北京市农业局在 65 家市级政府机关的软件正版化工作成果评比中名列前茅，取得了综合评分第二名的好成绩，完成 2015 年软件正版化工作。

（金娟）

【承担生猪全产业链数据监测试点工作】 5 月 4 日，农业部办公厅印发《以消费趋势为导向的生猪全产业链数据监测试点工作方案》（农办市〔2016〕11 号），北京市农业局信息中心开始承担试点工作。

（金娟）

【论文获奖】 5 月，北京市农业局信息中心完成的《北京市设施农业物联网应用模式构建》文章获得中国农业工程学会第二届（2009—2015 年）特别优秀论文。

（金娟）

【北京农业生态环境质量评价系统（二期）完成验收】 5 月，北京市农业局承担的北京农业生态环境质量评价系统（二期）完成验收。该系统首次实现了大规模的农业生态环境质量定量评价，其评价指标的数量和评价模标准的复杂性在全国处于领先地位。

（金娟）

【承担蔬菜全产业链分析预警试点】 6 月，农业部办公厅印发《全产业链农业信息分析预警第二批试点方案》（农办市〔2016〕17 号），北京市农业局信息中心开始承担蔬菜全产业链分析预警试点，由北京市农业局信息中心赵安平担任省级分析师，组建了分析员队伍。

（金娟）

【“畜禽产品市场风险研究与防控示范”项目完成验收】 6 月，北京市农业局信息中心主持的市科委绿色通道项目——“畜禽产品市场风险研究与防控示范”项目完成验收。该项目对猪肉、鸡肉、鸡蛋产品的市场风险进行研究，开发畜禽市场风险预警及管理系统，为应对农产品市场风险、保障市场稳定提供决策支持。

（金娟）

【“优农佳品”平台获奖】 10 月，在中国电子政务理事会主办的“2016· 政府网站精品栏目建设和管理经验交流大会”上，“优农佳品”平台获全国“一站式”公共服务先进单位。

（金娟）

【“菜篮子”一小时物流圈调研】11 月，北京市农业局信息中心、河北省农业厅市场信息处、北京市农林科学院农业科技信息研究所联合完成京津冀区域“菜篮子”均衡供应及保障机制研究——基于环京一小时物流圈的调研。

（金娟）

【组织召开“2016 年京冀农产品市场监测预警总结会”】12 月 27—28 日，北京市农业局信息中心、河北省农业厅市场信息处联合组织召开“2016 年京冀农产品市场监测预警总结会”。会上对两地推进市场信息协同工作进行总结，对两地优秀信息员进行表彰，并成立京冀农产品市场监测预警专家团队。

（金娟）

【开发完成“北京市农业生产空间管理系统”】12 月，北京市农业局全面完成北京市 150.7 万亩粮田、菜田划定及数据采集、核实工作，开发完成“北京市农业生产空间管理系统”。

（金娟）

【北京市农业局信息中心获得市级奖励】12 月，北京市农业局信息中心申报的“北京市智慧农场综合服务平台建设与运营”成果获得北京市农业技术推广一等奖。

（金娟）

北京市气象局

【概述】年内，北京市气象局信息化工作紧密围绕率先实现气象现代化建设任务和重大活动保障，继续积极推荐服务器及网络升级改造工作，努力提升信息网络对业务的支撑能力和服务水平。完善市局及区县突发事件预警信息发布系统及平台，积极探索气象探测技术、预报技术以及气象服务软件平台的开发，利用多种新媒体渠道助力气象服务保障，全面提高了气象服务信息化保障水平。

（田东晓）

【“气象北京”官方微信获腾讯政务民生飞跃奖】1 月 18 日，北京市气象局官方微信“气象北京”获 2015 年全国优秀政务新媒体民生飞跃奖。“气象北京”官方微信自 2014 年 1 月 1 日开通上线以来，凭借权威、高质量的信息发布和服务功能，受到了众多网友的关注。“气象北京”官方微信以订阅号的形式每天向用户推送一条天气资讯，包含空气污染气象条件预报、热点天气、生活气象信息等，同时通过下拉菜单跟踪发布实况、预报、科普、专题等内容。2016 年 1 月，官方微信的“掌中天气”功能开通，用户通过点击即可查询北京的天气实况、一周天气、生活指数等信息。权威的天气解读、接地气的服务，不断的改进和完善，“气象北京”将服务民生做到实处。

（田东晓）

【召开日光温室蔬菜寡照天气指数保险产品（创新型保险产品）交流研讨会】1 月，北京市气候中心会同中华联合保险公司、中国农业再保险共同体公司召开日光温室蔬菜寡照天气指数保险产品（创新型保险产品）交流研讨会。会上，气候中心副主任叶彩华就该保险产品的开发背景和意义、开发思路、产品设计及未来工作展望等内容进行了详细汇报。该创新型保险产品属于新型天气指数保险产品的一种，主要针对近年来频发的连阴寡照天气对设施蔬菜产量的影响开展，通过分析连阴寡照天气对设施蔬菜产量的影响确定产量损失和产品价格，最终确定保险条款。该产品的推出将会规避恶劣天气对设施农业生产带来的严重损失，将会是设施农业的一大重要保障措施。

（田东晓）

【海淀区突发事件预警信息发布系统项目通过区委常委会审议】2月17日，海淀区气象局局长段欲晓列席该区十一届区委常委会第181次会议，会上研究了2016年度智慧海淀建设项目有关工作，“区突发事件预警信息发布系统项目”被列入2016年智慧海淀建设项目中的“城市治理和民生服务”分项，批准投资概算420.05万元，拟实现网格化区域预警信息分灾种、分区域、分群体、分时段发布。2月1日，在北京市气象局指导下，海淀区气象局经过前期多方努力，经第172次区政府常务会议审议原则通过“海淀区突发事件预警信息发布系统项目”被列入2016年度“智慧海淀”项目建设库。

（田东晓）

【首档明星播天气节目开播】3月14日18点54分，由北京市气象局声像中心与北京电视台联袂打造的首档明星播气象节目《气象星播报》，正式登陆BTV—影视频道与观众见面。节目邀请影视明星通过耳目一新的播报形式和语言，为观众送上全新的影视气象服务“大餐”。该节目打破了以往常规的仅由气象主持人为观众播报天气，采用气象与影视频道特色相结合的全新手段，邀请当红影视明星张含韵等人为观众送上最新的天气资讯。通过借助明星效应，提升气象影视服务的影响力和传播力，更好地开展首都气象影视服务。该节目内容还通过微博、微信等新媒体渠道，以图文＋影视的网络模式呈现给观众。

（田东晓）

【使用互联网多媒体多种手段宣传世界气象日】3月21日，北京市气象局联合腾讯·大燕网共同制作的“2016年世界气象日”宣传板块在腾讯·大燕网正式上线。专题围绕2016年“直面更热、更旱、更好的未来”的世界气象日的主题，通过头条新闻、参观日指南、气象资讯、直播现场、最新进展、热点视频、世界气象日介绍、北京气候概况、气象事业在京津冀一体化下谋求发展、高清组图10个部分对市气象局开展的一系列世界气象日科普宣传活动，以及北京气象事业的发展、北京地区气候特征等内容进行宣传。活动当天，腾讯·大燕网以“周末去哪玩？带孩子来北京市观象台”为主题，对气象科普馆开馆仪式、气象科普馆参观活动、专家咨询、气象知识竞答、参观观测设备等活动进行全程的图文、视频直播。

（田东晓）

【世界气象日高端访谈举办】3月23日，在第57个世界气象日来临之际，北京市政府新闻办官方微博（@北京发布）联合市局官方微博（@气象北京）围绕“北京市十三五时期气象发展事业”这一主题联合举行微访谈活动。北京市气象局局长姚学祥，北京市气象台台长季崇萍，京津冀环境气象中心主任乔林，北京市气候中心副主任王冀应邀出席微访谈，与网友互动，回答网友关心的气象方面的问题。在1个小时的直播访谈中，共回答网民提问53条，在新浪、人民、腾讯三网微博平台及微信、今日头条和人民日报客户端共获得1274万网友的关注。北京电视台等官方微博对此次微访谈进行报道。

（叶芳璐）

【门头沟区气象局与北师大水科院共建“气象水文观测站”】3月，门头沟区气象局局长房志玲陪同北师大水科院院长及专家学者，对双方共建的“气象水文观测站”拟选地址进行了逐一勘察，初步确定在东山自然坡面建立山坡降雨径流观测点，近期将逐步开始仪器安装等工作。未来将依托此观测站长期开展数字流域技术野外实验研究合作工作。该站建成后可以提供强降雨等灾害性天气较为准确的位置及强度，提高对门头沟区强降雨天气的预报、预警水平，提高门头沟区对气象灾害、山洪灾害的综合监测能力。

（田东晓）

【开展雾霾监测实验】3月，朝阳区气象局与大气物理研究所CERN大气科学分中心合作，深入开展雾霾监测实验。此次实验选取了大气所、CBD和奥林匹克公园为实验站点，分别在距离地面8米、100米和235米的高度上安装采样仪，观测不同高度上质量浓度和化学组分的分布情况，建立清洁天气和重污染天气情况下PM2.5三维空间的分布特征。

（田东晓）

【世界气象日科普宣传短片面世】3月，由北京市气象局办公室组织策划、声像中心配合摄制完成的世界气象日科普宣传短片已通过全市公交、户外大屏等媒体广泛传播。据局办公室杜春燕介绍，该视频已覆盖全市640余条线路两万多部公交移动电视，遍布政府机关、企事业单位，涵盖有关发改委、财政部、环保部等部委和市委、市政府、市人大和银行、医院、写字楼、商超、高校等系统的7500块楼宇电视，世贸天阶、王府井工艺美术大楼等人员密集的7处户外大屏。该片中，两位北京气象科普大使张崇伟和尹姝对本年度世界气象日“直面更热、更旱、更涝的未来”的主题进行解读，呼吁公众更加关注气候变化，参与到应对气候变化的行动中。

（田东晓）

【推进风廓线雷达建设工作】4月21日—6月7日，北京市气象局探测中心完成平谷和上甸子风廓线雷达设备拆除、场地选址、基础施工、供电改造、防雷及配套基础设施建设、雷达吊装、设备安装、系统调试等工作。截至6月7日，平谷和上甸子站风廓线雷达都已达到最大探测高度6公里以上，探测数据正常并上传至北京市气象信息中心。

（田东晓）

【通州区突发事件预警信息发布中心成立】4月，通州区气象局收到北京市通州区机构编制委员会办公室《关于设立北京市通州区突发事件预警信息发布中心的批复》文件，标志着通州区突发事件预警信息发布中心正式获批成立。文件明确指出，通州区预警中心为北京市通州区人民政府办公室所属，由区气象局和区政府办双重管理。

（田东晓）

【北京区域环境气象数值预报系统通过业务准入】4月，北京区域环境气象数值预报系统（简称BREMPS V2.0）通过了业务准入评审会。BREMPS V2.0是基于V1.0升级建立的区域环境气象模式预报系统，对预报区域、水平分辨率、垂直分层、城市地表分类、排放源清单等进行了更新，可提供京津冀地区96小时预报时效内逐小时、3公里分辨率的污染物浓度、能见度、雾霾和相关气象要素等综合预报产品，自2015年8月试运行以来，整体预报性能较V1.0有了明显提高，成为区域环境气象预报业务的重要支撑。来自中国气象局预报与网络司、中国气象科学研究院、国家气象中心和预报处、气象台、城市所、信息中心的评审专家围绕系统研发取得的成果、产品效果评估、运行维护等进行了评审，认为该系统整体流程设计合理，技术成熟先进，符合相关开发技术标准，作业流程都实现了自动化运行和可视化监控，自业务试运行以来满足现有业务环境运行要求、运行稳定，一致同意业务化准入。

（田东晓）

【防汛宣传片登陆北京电视台】 6月22日，北京市气象局制作的防汛宣传片登陆北京电视台文艺、科教、影视等频道，呼吁公众加入汛期气象防灾减灾的行列，以有效防灾避险。该宣传片邀请赵忠祥、方琼、马丽等多位群众熟悉、热心公益事业的名人出镜，向电视观众科普如何应对汛期多发的暴雨、短时大风、冰雹、雷电等气象灾害和城市内涝、山体滑坡、泥石流等衍生灾害。入汛后，市气象局每天通过“气象北京”微博、微信科普各类汛期气象防御知识，强化公众防灾减灾的意识。

（田东晓）

【海淀区气象预报预警智慧发布再添新手段】 7月13日，海淀气象局利用区应急广播系统，实现全区500个应急广播对接播放海淀区气象台发布的预警信息。该套应急广播系统为国内领先的应急广播系统,可以实现实时对讲、智能广播、实景显示等功能。广播系统已经覆盖中关村创业大街、首都体育馆（冬奥场馆）等海淀区大型购物中心、交通枢纽、居住区和人员密集场所等重点地区，海淀区已经完成预警信号MP3录制工作，做好了利用500个应急广播播放预警信息的准备工作。

（田东晓）

【预警中心与腾讯·大燕网座谈研讨深度合作事宜】 7月，腾讯·大燕网总编辑耿小勇一行应邀来到北京市突发事件预警信息发布中心，双方就去年一年中双方的合作成果进行了总结，同时就移动互联网时代预警信息发布创新开展深入探讨。市预警中心主任崔继良、副主任李津参加座谈。据悉，继去年5月12日，双方签约合作后，加快建立了预警信息发布“绿色通道”，以及突发事件预警信息发布的新方式。上年，腾讯·大燕网通过腾讯QQ弹窗播报，先后为北京2000万网友发布过15次橙色预警和重要提示信息。每次信息发布，都有近百万网友同时点击和查看，达到了预警和传播效果。崔继良表示，上年双方通过合作取得了一定的成果和经验，下一步还需要进一步探讨丰富完善预警信息发布的机制、程序和手段，进一步提升预警信息发布的覆盖面，同时，要进一步加强预警应急联动响应和预警知识科普工作。

（田东晓）

【RMAPS-IN正式投入业务运行】 7月，北京市气象局全力推进的快速更新多尺度分析和预报系统之集成子系统（RMAPS-IN）正式投入业务运行。该系统是中国气象局北京城市气象研究所在引进国外先进短时临近预报系统的基础上，融合了包括京津冀地区雷达、自动站在内的多源观测资料，基于前期研发的北京自动临近预报系统（BJ-ANC）和北京快速更新循环同化和预报系统（BJ-RUC）所建立。该系统具有以下创新特点：多源融合提高精细化预报水平；本地化建设，增强模式适用性；数据监控保障系统稳定运行、快速更新；众创研发促进模式产品业务化。该系统可以提供京津冀地区0—12小时的1公里空间分辨率、10分钟快速更新循环的网格化分析和预报产品，可直接应用于北京地区精细化气象灾害分析和预报预警业务。

（田东晓）

【城市所研究项目获气象科学技术进步成果二等奖】 8月，由中国气象局北京城市气象研究所牵头，长三角环境气象预报预警中心、中国气象局广州热带海洋气象研究所合作完成的“超大城市群复杂下垫面边界层过程及精细气象预报关键技术研究”获得气象科学技术进步成果二等奖。该研究针对国内城市群快速发展背景下日趋精细的城市气象预报和服务需求，形成的主要成果有：建立了中国三大城市群区域的城市基础数据集；发展了新一代 WRF/Urban 模式系统，被国内外 100 多家机构采用；揭示了中国南方和北方城市边界层扰动及其对降水的影响机理。研究成果应用于华北、华东、华南三个区域中心的气象和环境气象精细预报业务系统中，有效改善了对近地层气象和环境要素、城市边界层特征的预报效果。此外，研发的基于精细数值预报系统的城市环境气象应急响应系统，由城市污染快速预报系统（RAMS/HYPACT）、快速风场诊断与污染扩散模式系统（NJU—IUM）、城市应急扩散模式系统（ADMS—IUM）三个子系统组成，已准业务化稳定运行，可较好地满足城市环境气象应急响应的快速、准确要求。

（田东晓）

【强化气象信息服务市场监管】11 月，墨迹天气、象辑科技、新浪天气等 18 家北京市气象信息服务单位负责人聚首北京市气象局，针对气象信息服务市场监管、气象信息服务质量评价工作展开交流。针对气象信息服务市场监管工作，2015 年市局出台了《北京市气象信息服务单位备案管理办法》，编制了备案事项办理指南，并办理了 16 家企业备案。为进一步完善气象信息服务市场监管的机构和队伍，2016 年 10 月建立气象服务管理机构和队伍，强化对北京地区气象信息服务工作的管理。在联合监管方面，市气象局与工商部门对接，成为全市信用信息联席会议成员单位，探索性开展针对气象信息服务单位的信用监管工作；与市网信办初步建立了信息互通、联合监管等工作机制。

（田东晓）

【万云易博达公司获 ITSS 资质认证】11 月，由中国电子信息行业联合会按照工业和信息化部组织制定的信息技术服务标准，对万云易博达公司进行评估和审核，认定并颁发《信息技术服务运行维护标准（ITSS）符合性证书》。

（田东晓）

【CIMISS 系统业务化能力通过专家评审】12 月，中国气象局预报与网络司组织召开北京市气象局 CIMISS 系统业务化专家评审会，对市局 CIMISS 系统业务运行进行评审验收。2016 年市局按照中国气象局部署和要求，全力推进 CIMISS 业务化运行工作，按要求完成了各项任务，实现了 CIMISS 业务化运行。系统总体上运行稳定，为市局业务系统提供了统一高效的数据支撑环境。中国气象局组织的评审专家在听取汇报后，经讨论一致同意市局 CIMISS 系统业务化能力通过评审，可投入业务运行。其数据完整性、及时性和正确性能够满足业务需求。市局已完成了 MICAPS3.0、MOPS、应急气象服务、区级一体化业务平台等业务系统与 CIMISS 直接对接，下一步将继续做好本地数据产品的对接等工作。

（田东晓）

【平谷区预警信息网格发布平台正式并网运行】12 月，在平谷区社工委、社会办、信息中心的支持下，平谷区预警信息网格发布平台正式并网运行，网格化建设取得阶段性进展。该平台设置了专门的气象工作图层，功能涉及预警信息发布、气象灾害反馈、违法事件举报、气象设备及信息管理等方面，范围已经覆盖平谷区全部 3 个街道、14 个乡镇，并在兴谷街道等部分区域实现网格员终端试点。平谷局正在筹备开展预警信息网格化发布业务的试运行工作，摸索融入气象整体业务运行的方法和流程，为 2017 年正式投入业务打好基础。

（平谷局供稿）

【@ 气象北京入驻气象微博内容众创平台机构】12 月，在首届气象微博影响力研讨会上，@ 气象北京作为运营效果突出的气象类政务微博，获最具影响力气象微博。天气通宣布推出气象微博内容众创平台，包括北京市气象局在内的8家机构首批入驻这一平台，将可以通过天气通应用向辖区用户推送重要天气信息。来自中国气象局、中央气象台等30多个气象行业机构和主管部门的代表，共同见证了这一平台的启动。同时，天气通还宣布启动气象领域专业用户的扶持计划，鼓励专业人士在微博上开展气象科普。这款微博旗下的专业天气应用，用户规模已达到3.8亿。同时，作为微博在气象领域的运营方，天气通还宣布将加大对气象领域专业人士的扶持力度，引导和鼓励他们在微博开展气象领域的科普，尤其是在极端天气、雾霾等与公众生活密切相关的领域，更好地普及相关知识，解决公众关心的问题。

（田东晓）

北京市商务委员会

【“开放北京”公共信息服务平台上线运行】年内，“开放北京”公共信息服务平台上线运行。该平台是在北京建设四个中心的大背景下，推动综合试点任务开展、深化“放管服”改革、推进供给侧结构性改革的重要手段，是落实扩大开放试点的重要抓手。平台以协调推进试点工作、关联业务优化工作方式、提升企业服务效能、加强信息综合分析为立足点，通过信息互动强化工作协同，跟踪展示试点工作进展及成效，探索事中事后监管模式，形成了由8个应用系统、3个平台以及数据仓库等组成的有机组合体。基于北京市政务云平台提供的计算、存储等基础服务、数据备份等增值服务，并充分发挥商务委机房基础数据资源共享交换、整合支撑作用，建立了市商务委统一的信息系统监控、运维、管理体系，为“开放北京”平台搭建了稳定、安全的网络运行环境。平台主要应用于：为外资企业全生命周期管理提供支持；以全市企业为核心提供双通道服务；为商务发展全域管理提供有效支持；探索开展部门“协同—响应”反馈机制；基本实现试点任务云端管理；引入预测预警机制提高风险研判能力。

（田东晓）

【推进“互联网＋政务服务”深化商务领域放管服改革】年内，作为“放管服”改革的重要内容，北京市商务委员会多措并举加快构建“互联网＋政务服务”体系，大幅提升商务领域政务服务智慧化水平。通过共享“互联网＋政务服务”发展成果，最大程度利企便民，不断提升广大群众的满意度和获得感。优化服务流程，全国首创全程电子化的外商投资企业设立商务备案与工商登记“网上一窗受理”改革；创新服务方式，积极打造商务信息资源一张图（简称“商务一张图”）；部门协作共享，联合9部门发布国际经贸信息服务平台；提高服务效能，不断完善移动互联网＋政务办公系统。

（田东晓）

【北京市商务委员会网站改版】年内，北京市商务委员会网站拟迁至政务云。北京市商务委员会作为北京市商务委员会的官方网站，承担了政府信息公开、在线服务、政民互动等重要功能。随着电子信息化的深入发展，民众可在网站中检索相应信息资源索取、进行民意反馈等，网站未来将具备强大交互、互动功能的政府信息网站。北京市商务委员会网站实现了政务信息、办事服务、政民互动等功能。结合商务委员会工作实际需求，全面更新网页设计和栏目结构，精心组织网站内容，以实效性、准确性、规范性为原则披露权威政府信息，追踪报道最新新闻动态；以提高网站服务质量和增强实效性为目标，开展丰富多彩的网上在线服务和便民服务，开辟多种渠道征集社情民意，为了更好地展示北京市商务委员会的风貌，并结合商务委员会工作的实际需求，全面更新网页设计和栏目的结构，使其成为民众获取资源的重要平台。

（田东晓）

【北京商务服务业运行监测与公共服务平台建设完成】年内，“北京商务服务业运行监测与公共服务平台”建设完成并投入运行，平台以全市重点商务楼宇为载体，以全市重点商务服务业行业及企业为落脚点，通过市商务委与区县商务委建立两级管理体系，建设“市—区—企业”三级网络平台，实现针对行业的市场运营及管理等全方位，立体化的多维信息数据动态监测与管理服务。同时，依托市商务委现有综合业务数据整合与共享平台实现对相关委办局的数据共享应用。

（田东晓）

【北京总部企业管理服务信息系统建设完成】年内，“北京总部企业管理服务信息系统”建设完成，6月1日正式上线运行，该系统通过采集北京市总部企业的运营数据，并对数据进行统计分析，形成各类数据报表，实现了为各委办局领导的领导决策提供信息化支撑，同时，通过建设各个业务系统，缩短对总部企业各项奖励申报及发放的周期，提高政府办事效率，也提高总部企业的满意度，通过业务系统的建设过程，促进相关部门建立反映总部企业发展情况的统计指标体系和报送制度，完善总部经济运行监测机制，为建立系统的总部经济分析制度，分领域、区域（功能区）、功能、能级等进行结构分析，以全面、深入地反映首都总部经济发展情况，加大统筹，加强沟通，形成一套完整的总部经济监测和服务工作机制提供信息化支撑。

（田东晓）

【报送“一带一路”高峰论坛期间安全与应急保障工作】年内，为做好“一带一路”国际合作高峰论坛期间安全与应急保障工作，北京市商务委员会信息中心做好网络安全值守和应急保障工作，严格执行零报告制度，与北京市政务信息安全应急处置中心保持联系，做好高峰论坛期间的网络安全工作：5月8日完成市公安局内保局网络安全检查，按要求报送高峰论坛期间网络安全值班表和应急预案，经漏洞扫描设备扫描，北京市商务委员会网络、信息系统无漏洞；按照市公安局内保局整改要求，在北京市商务委员会网络安全边界上部署防Ddos攻击设备，并优化防火墙策略；安排好人员值班，并严格执行市通信保障和信息安全应急指挥部零报告制度；按照关于处置勒索病毒事件的紧急通知精神，北京市商务委员会迅速组织技术力量，根据北京市政务信息安全应急处置中心的安全建议制定应对策略，并开展应急处置工作，未在北京市商务委员会终端和服务器上发现勒索病毒。

（田东晓）

北京市人大常委会

【概述】年内，北京市人大常委会机关信息化建设工作围绕“为提高人大机关当好人大及其常委会参谋助手、做好服务保障工作水平”的工作定位，在继续做好服务保障的基础上，加强机关信息化顶层设计，推动重点项目建设实施，优化业务系统应用，保障信息化系统安全稳定运行，为人大及其常委会依法履职提供了有力的信息化支撑和保障。

（张星刚）

【代表议案建议管理系统上线试运行】 1月，北京市十四届人大四次会议期间，代表议案建议管理系统首次上线试运行。系统完成了代表议案建议审核、分配、交办和议案摘报、议案目录编制等工作，取得良好效果。会后根据试用情况，北京市人大常委会继续完善系统功能，改进建议提出、代表团审核、办理反馈、信息公开等功能，开发议案建议管理系统手机版。代表议案建议的提交、审核、分配、办理、反馈和公开等各个环节工作均已实现网上处理。

（张星刚）

【选民登记信息管理系统上线运行】 6—12月，北京市完成区、乡镇两级人大代表的换届选举工作。此次换届选举首次应用选民登记信息管理系统进行选民信息的登记和管理，市换届选举工作办公室首次设立选民登记工作组，负责系统的服务保障和技术支持工作。截至11月15日选举投票日，全市登记选民共916.8万人，实现了系统“运行零风险、安全零事故”的预期目标。

（张星刚）

【启动移动互联网门户网站建设】 年内，北京市人大常委会机关启动移动互联网门户网站建设工作。利用移动互联网技术，建设面向移动终端的常委会门户网站、微信公众号及代表履职App，实现常委会门户网站访问途径从传统的单纯依靠电脑向电脑和移动端并举的方式转变。代表App中集成代表议案建议管理、代表活动服务、会议文件资料、代表交流等功能，为市人大代表提供随时随地、高效便捷的信息服务。该项目已完成了立项申报、需求调研和初步设计，正在进行功能开发。

（张星刚）

【深入开展公文管理系统试运行工作】 年内，北京市人大常委会机关办公厅进一步加强各部门的沟通，改进工作方式，采取定期统计应用情况、召开综合处长座谈会、联合业务处室共同督导、电话短信适时提醒、与个别部门面谈等措施积极推广应用公文管理系统，处理系统里“久办未结”公文300多件，改进优化了130项功能，试运行情况良好。据统计，截至12月底，共有4401人次登录系统，处理公文962件，参与公文审批共3356人次。

（张星刚）

【探索应用信息化技术提高内容服务水平】 年内，北京市人大常委会机关组织人员先后赴市经济信息中心、市经济和信息化委资源中心、国家图书馆等单位考察学习信息工作机制和信息化技术实现方式。利用智能检索、文件共享、舆情监测、数据分析等技术手段，选择“降低小客车使用强度立法”议题进行信息服务试点，从“降低小客车使用强度”的基本内涵和基础数据、法律法规和政策、制度分析及对策建议、社会民意调查、代表意见建议等五方面搜集加工组织信息，编写了共76件总计25万字的信息参考资料，同步制作了网上信息专题，在完善信息供给结构，增强信息的全面性、规范性和参考性方面作出了有益的探索。

（张星刚）

【加强运维管理】 年内，北京市人大常委会机关重点加强信息安全防控，细化运维工作规程，确保系统平稳运行。在安全防控工作方面，在坚持做好信息化系统日常巡检工作的同时，对国庆、“两会”等重点时期的互联网网站安全保障工作进行完善和优化；对常委会会议系统、代表服务系统、机关办公系统等重要应用系统进行安全等级测评和安全加固，增强系统“免疫力”；修订信息安全应急预案，组织运维企业开展应急演练，提升安全事故处理能力。年内，常委会机关通过市委机要局和市经济和信息化委联合组织的信息安全检查，信息安全工作得到好评。

（张星刚）

北京市审计局

【概述】年内，北京市审计局信息化工作在市委、市政府和审计署的领导下，以服务审计中心工作为重点，在巩固信息化建设成果的基础上，进一步提升审计能力和技术水平，主要围绕审计综合办公平台及移动办公系统开发、审计信息网络安全、软件正版化、创新审计技术方法、审计信息化人才培训等方面开展工作，支持和保障了全年审计任务的高效完成。

（曹新华）

【完成“两会”期间网络信息安全保障工作】3月，全国“两会”期间，北京市审计局采取三项措施保障网络与信息安全：一是严格执行制度。认真落实“谁主管谁负责，谁使用谁负责”的要求，在责任制、计算机及存储设备、网络等方面严格的监督检查。二是建立报告机制。制定工作预案，明确了网络安全异常情况的内容、处置及报告程序，建立“早发现、早报告、早解决”防控机制。三是保证网络畅通。每日分三次对机房进行巡检，及时监控各类应用及网络设备、服务器、区县VPN隧道的运行情况，认真排查故障隐患，确保京OA系统及网络安全稳定运行。

（曹新华）

【组织全市审计机关计算机骨干培训】8月25日，北京市审计局通过审计会商系统，对全市各区审计局、市局有关处室开展了为期两天的计算机骨干培训。此次培训采用视频培训的方式，打破了场地和人员数量的限制，全市共有216名计算机骨干参加了培训。为保证培训效果，审计局安排数据库知识介绍、京OA系统难点讲解、办公软件应用技巧等培训内容，既丰富多样又与工作紧密相连，同时起到了开阔视野的作用。此次培训的视频课件已上传到局内网教育培训专栏，方便全市审计干部随时学习。市审计局将进一步探索远程互动、多方会商等计算机培训新方式。

（曹新华）

【新版京OA系统投入运行】11月7日，北京市审计局为确保京OA系统正常使用，采取了三项保障措施：一是集中升级，对各业务处审计业务人员笔记本电脑以集中升级的方式，安装了254台；二是加强培训，系统升级前对重点部门、重点岗位的共211人进行了操作培训，使之掌握升级后系统的操作要领和注意事项；三是跟踪服务，计算机中心定期安排技术人员深入到各部门了解使用情况，解决和排除各类问题150多个（项）。

（曹新华）

【启动内网综合办公平台及移动办公系统建设】年内，北京市审计局先后到市经济和信息化委、财政局、高法考察兄弟单位在内网站及移动办公系统等方面的建设经验；在全局范围内组织座谈会，了解市局各部门对内网站改版及移动办公系统的建设需求；与北京市信息资源中心和北京市网管中心多次进行研究讨论审计局移动电子政务外网的技术方案；形成了市局内网站升级改造及移动办公系统建设的初步方案，并进行了项目申报。

（曹新华）

【使用软件正版化工作通过市级检查】 年内，北京市使用软件正版化工作检查组来北京市审计局检查指导使用软件正版化工作。工作组重点检查了市审计局使用正版软件工作的组织领导，相关设备采购、管理，以及部分处室公用计算机软件正版化的使用及管理情况。总的认为，市审计局各级领导特别是市局党组对此项工作高度重视，相关管理制度较完善并执行到位，符合要求。同时也充分肯定了市审计局委托专业机构实施使用正版软件监督检查的管理方式。

（曹新华）

【创新审计大数据的技术支撑方式方法】 年内，北京市审计局初步搭建了市审计局审计“云”，满足目前审计数据存储及运用的需要；搭建了审计 FTP 技术平台，支撑和服务部门预算执行审计工作。

（曹新华）

【完成市局内外网站（系统）的安全等级保护】 年内，北京市审计局按照国家及北京市信息安全等级保护的相关要求，一是完成了对北京审计信息管理系统等保三级的复测，对提出的问题进行了整改，出具了复测报告；二是完成了“首都之窗—北京审计”外网站的安全定级（二级），其定级结果向市经济和信息化委进行了备案，同时，按照等保二级的标准，请北京市信息安全测评中心进行了测评，对提出的问题进行了整改，并出具了等级测评报告。

（曹新华）

北京市水务局

【概述】 2016 年是“十三五”开局之年，也是水务工作认真落实北京市委市政府“疏功能、转方式、治环境、补短板、促协同”要求的关键一年。年内，北京市水务局信息化工作“坚持问题导向、强化政策推动、注重统筹协调、狠抓项目落地”，以提升管理水平和支撑服务能力为宗旨，深入贯彻落实科学发展观，不断开拓、锐意进取，充分发挥信息化对于水务工作的辅助支撑作用，全面推动经济社会发展和生态文明建设。

（王昊）

【市经济和信息化委调研行政审批业务信息系统对接工作】 1 月 22 日，市经济和信息化委副主任毛东军一行到北京市水务局调研行政审批业务信息系统对接工作。北京市水务局副巡视员任杰参加。这次调研是为了落实《国务院办公厅关于简化优化公共服务流程方便基层群众办事创业的通知》，促进办事部门公共服务相互衔接；同时推动实体政务大厅向网上办事大厅延伸。会上，双方就下一步如何做好行政审批业务信息系统对接进行了热烈探讨和研究。

（张爽）

【怀柔区用水量远程监控系统进入试运行阶段】 3 月 16 日，怀柔区水务局投资 80 万元安装的 55 块远程智能水表系统调试阶段已经完成，系统已经进入试运行阶段。 今后，怀柔区水务局在进行水资源调研、评价和管理时，将以水量监测系统的监测结果为基础，全面掌控全区自备井用水企事业单位的用水信息。

（王昊）

【密云水库洪水预报调度系统项目完成竣工验收】 3 月 29 日，密云水库管理处组织召开了密云水库洪水预报调度系统项目竣工验收会。验收小组一致同意通过该项目的验收。该项目主要通过综合信息管理系统、洪水预报系统、洪水调度系统、中长期径流预报系统等建设，提高密云水库洪水预报调度的信息化水平和防汛指挥能力，为防洪调度决策提供科学依据。

（王泽勇　祝福增）

【北京市防汛综合指挥平台建设项目通过专家鉴定】4月25日，北京市防汛综合指挥平台建设成果通过专家鉴定。来自国家防办、中国水科院、市应急办、南京水科院、清华大学等单位的专家组成鉴定专家组，由中国工程院院士张建云担任专家组组长。鉴定专家组一致认为：项目在物理汇集与逻辑分析相结合的防汛数据综合应用、协同交互式的防汛应急指挥、综合级联业务的双中心视频会议系统等方面具有重大创新，有良好的示范效应和推广前景。该成果总体达到国内领先、国际先进水平。

（马丰斌）

【水务信息化全流程管理宣贯会召开】4月27日，“2016年水务信息化全流程管理宣贯会”在北京市水务局1205会议室召开。北京市水务局各局属单位信息化分管领导及信息化项目管理负责人40余人参加。会上，局科教处负责人充分肯定了全流程管理对于水务信息化工作的意义，要求各单位积极学习领会。市经济和信息化委专家及局信息中心就市经济和信息化委要求、北京市水务局信息化项目申报、验收流程及2017年信息化项目申报事宜进行了讲解。

（王昊）

【组织参观“首都网络安全日”展览】4月28日，北京市水务局团委、信息中心组织局机关和局属单位110余名同志参观了“首都网络安全日”展览。通过此次参观学习活动，使大家开阔了视野，对网络信息安全技术有了更深入的了解，同时也认识到信息化可以为水务行业提供更加强力的辅助与支撑。

（梁磊）

【北京市防汛抗旱信息网正式上线】4月29日，北京市防汛办组织召开北京市防汛抗旱业务外网升级改造项目初步验收暨北京市防汛抗旱信息网上线启动仪式。北京市应急办、市水务局科教处、宣传处、办公室、信息中心、宣传中心等单位参加。新改版的北京市防汛抗旱信息网定位为发布全市防汛抗旱工作动态、实时汛情的信息网站，进一步强化了信息服务和交流互动功能。

（王振宇）

【市防汛办与新浪微博签署防汛信息分享传播合作协议】6月1日，北京市防汛办与新浪微博签署战略合作协议，双方将共同向广大用户提供权威的北京市区域内防汛数据，联手打造“互联网+”汛情服务。北京市防汛指挥部副指挥、市水务局副局长潘安君出席签约仪式并讲话。此次合作是防汛工作创新合作模式，开启北京防汛互联网+模式的有效尝试，对于提升北京市防汛社会化动员能力，争取更多的社会资源参与到首都的防汛减灾工作，具有重要意义。

（刘燕宁）

【节水综合信息平台升级改造项目（一期）终验会召开】7月7日，北京市水务局组织召开节水综合信息平台升级改造项目（一期）终验验收会。市水务局科教处、审计处、财务处、节水办，信息中心等相关单位参加会议。验收组一致认为，通过建设，整合了已有的信息资源，实现了节水信息的综合管理与展示，为节水精细化管理及市、区节水管理部门实行用水计划管理、行业用水效率管理及高耗水用水单位管理等日常业务提供了有效的支撑。

（赵海云）

【西郊砂石坑蓄洪工程自动化系统完成初步验收】10月27日，西蓄工程工地自动化系统完成初步验收。验收工作由建管中心组织，各参建单位及运行管理单位参加验收会。此次初步验收，是在自动化系统完成了整体调试工作的基础上，对自动化控制系统的各项功能进行了逐一演示，视频监控系统、闸门控制系统、照明控制系统、办公网络系统等各子系统运转正常，实现了设计要求具备的功能。

（邓晓君）

【组织开展全局网络与信息安全培训】11月17日，北京市水务局局科教处、局信息中心组织开展北京市水务局网络与信息安全工作培训会，市经济和信息化委网络安全处处长史宜会、局总工段伟及局科教处、局信息中心等34家局属单位的信息化主管领导和具体负责人参加会议。

（梁磊）

【赴水利部水保监测中心检查信息化工作】11月18日，北京市水务局党组成员、副局长杨进怀，带领郊区水务处、市水保总站、局信息中心及自动化所等单位主要负责人，与水利部水土保持监测中心就水土保持信息化监管服务平台相关细节进行了深入研讨。杨进怀指出，要充分利用首都科技优势与水保“互联网+”，加强水保信息化社会服务功能，确保信息安全，突出实用实效，强化建设标准。

（陈芳孝）

【与华为交流加强水务信息化合作】11月23日，北京市水务局总工段伟带领局属16家单位信息化主管领导一行20余人莅临华为，就加强水务信息化合作等方面进行深入交流。华为原党委副书记、华中科技大学教授朱士尧介绍了《华为企业文化的内核》。段伟表示，华为值得学习和借鉴。

（张亮杰）

【北京水务信息技术创新应用研讨交流会召开】12月6—7日，北京市水务局科教处、信息中心、自动化所与华为公司在京携手举办“北京水务系统信息技术创新应用研讨交流会”。此次活动加深了对“水务物联网”“智慧水务云”“海绵城市”等热点技术应用的了解，为北京水务信息化建设打开了新思路。

（王爽）

【密云区水量远程监控系统二期建设项目通过验收】12月，密云区水量远程监控系统二期建设项目召开了验收会。密云区水量远程监控系统二期建设项目包括对用水量在5000吨以上的用水单位安装远程计量设备149块；并在34个地下水位监测井中安装34套远程水位监测设备安装地下水位监测。专家们一致同意通过验收。通过该项目的实施，提高了水资源管理效能及信息化水平。

（索宇）

北京市司法局

【概述】年内，北京市司法局信息化建设工作以党的十八大和十八届五中、六中全会精神为指导，紧紧围绕北京市司法行政中心工作，按照信息化顶层设计和信息化总体规划，团结协作、恪尽职守、开拓创新，充分发挥了信息化管理及信息化服务保障的作用，完成全年工作任务。

（严笑宇）

【人民监督员信息管理系统应用不断深入】5月6日，北京市司法局召开人民监督员信息管理系统项目验收会，经过专家合议，同意该项目通过验收。人民监督员信息管理系统实现了全市人民监督员的档案信息管理、案件登记、人员抽选、人员统计分析、考核奖惩、培训管理等功能，满足了市司法局人民监督员业务管理和市检察院办案工作的需要，加强了对人民监督员的选任管理，很好地适应了司法体制改革的需要。

（严笑宇）

【完成全市律师事务所和基层法律服务所统一社会信用代码生成导入】6月至12月，北京市司法局通过修改系统功能等方式完成了律师事务所统一社会信用代码赋码和证书打印工作，并在相关业务系统和北京市司法局网站对数据进行了更新，完成了全市2324家律师事务所的打证工作，在全国率先完成律师事务所统一社会信用代码赋码工作。同时完成了基层法律服务所统一社会信用代码赋码、数据更新和证书打印工作。

（严笑宇）

【举办全系统信息化业务工作培训班】7月14—15日，北京市司法局举办全系统信息化业务工作培训班。市司法局、市监狱局、市教育矫治局信息技术处全体人员，市局机关各处室、直属单位，区县司法局，基层监狱和教育矫治所信息化工作人员80余人参加了会议。此次培训邀请司法部信息中心领导、清华大学教授和信息安全公司工程师作了专题讲座，进一步开拓了信息化岗位工作人员的视野，拓展了思路，丰富了技术手段，提高了保障能力。

（严笑宇）

【市局网络安全体系建设不断加强】12月2日，北京市司法局召开2015—2016年度安全服务项目验收会。该项目对市局身份统一认证、业务系统等级保护、数据容灾备份、机房及硬件设备等方面作了综合分析和全面升级，大幅度地提升了市局网络设施和业务系统的安全性。

（严笑宇）

【法律援助信息管理系统效果显著】12月13日，北京市司法局召开北京市法律援助信息管理系统升级改造项目终验验收会。升级改造后的法援系统增加了法律援助案件质量评估功能，实现了对法律援助人员服务工作的专业技术评估，拓展了与市民政局低保系统、市残联残疾人信息管理系统、市司法局律师管理系统、市12348话务平台、市司法局CA身份认证系统、身份证读卡器、市司法局短信平台等7个外部系统的业务对接。截至年底，新系统已完成对原有法律援助管理系统中80250件法律援助案件和135426条法律援助咨询信息的整体迁移，并在试运行过程中新增1546件案件信息和6841条咨询信息。

（严笑宇）

【社区矫正电子监管全面应用推广】12月16日，北京市司法局召开社区矫正电子监管应用推广项目竣工验收会。改造后的社区矫正电子监管三级平台，实现了监管电子化、数据分析智能化、执法管理规范化，成为面向市司法局、区司法局、司法所三级应用的集信息采集、处理、分析、展示、运维管理于一体的智能平台，全面推动了北京市社区矫正工作的有序科学发展。

（严笑宇）

【举行“零点报告”行动】12月31日，北京市司法行政系统监管安全2017零点报告行动举行，标志着北京市监狱教育矫治系统胜利实现连续20年监管安全“四无”目标，社区矫正工作实现“四个不发生”的工作目标。

（严笑宇）

北京市体育局

【概述】年内，北京市体育局以党的十八大精神为指引，积极贯彻落实国家及北京市有关信息化工作的方针政策，紧紧围绕市体育局中心工作，全力推进政府信息公开、安全等级保护、网站运维、信息采编及舆情管理等工作，完成上级领导部门交给的各项工作任务。经过一年多的努力，网络状况良好，服务效率大大增强，充分体现了政府信息化建设的优越性，促进了体育信息化应用水平的提高。

（杨薇）

【完成网络安全保障工作】年内，北京市体育局完成年度网络安全保障工作。1. 修订应急预案，开展应急演练。9月，北京市体育局重新修订了《北京市体育局网络系统应急预案》，从应急响应流程、安全事件划分、应急技术应对等层面，对应急预案内容进行了详细的修订。9月和10月分别开展了对局设备设施故障的专项实战应急演练和网站篡改事件应急演练工作。2. 安全漏洞扫描和安全加固。6月初，针对局网络系统开展了漏洞扫描、主机评估、外网渗透工作。并积极开展安全加固工作，对所有漏洞进行修复加固。3. 信息系统定级、备案情况。8月，对网站系统和OA系统开展了安全等级自测评工作，定级为二级；10月，召开了安全等级保护专家评审会，请专家对这两个系统等保评测，评定结果为等保二级；11月，向市经济和信息化委提交安全等级备案材料，完成北京市体育局网站系统和OA系统的安全等级备案工作。4. 管理制度修订工作。11月，在《北京市体育局信息化工作指导性业务规范（一）》的基础上，从安全管理机构、安全管理制度、系统运维管理等层面进行内容修订，结合日益复杂的网络系统形势变化，增加了各项安全管理制度，如无线网络、各种上网行为的管理等，从而在制度上对各种网络系统安全运行作出严格的规定，保障其正常运行。

（杨薇）

【完成网站群运行维护工作】年内，北京市体育局按照《国务院办公厅关于开展第一次全国政府网站普查的通知》（国办发〔2015〕15号）确定的检查标准，网站运维工作形成了常态化管理，强化自查自改。在国务院办公室和北京市政府办公厅开展的多次政府网站内容建设情况检查中，北京市体育局承担运维的北京市体育局网站、北京市社会体育管理中心网站均检查合格。网站全年运行平稳，总页面浏览量2950万次；发布政策文件和动态信息3322条，更新健身气功站点、优秀健身团队、青少年体育俱乐部、体育传统项目学校、学校体育场地对外开放校、体育竞赛计划、体育运动最高纪录、全民健身专项活动场地等业务数据6000余条，信息更新量持续增长；回复网民咨询信件103件，做到件件有回复；向国家体育总局和首都之窗报送信息162条；建设了里约奥运会专题、运动员教育资助金、社会体育指导员专访、社会体育培训师资库等专题专栏。

（杨薇）

【推进政府信息公开】年内，北京市体育局利用北京体育网、体育北京微博、微信、手机站等政务信息公开平台，协助局机关办公室、法规宣传处等部门做好网上信息公开工作，对机关各业务部门的公开信息进行了发布，及时公开政府重大决策、地方法规、人事任免、新闻发布、工作动态等信息，丰富网上咨询内容，提供便民服务，方便群众办事，增加政府行政透明度，推进阳光政府的打造。中心承担了2016年市级行政机关绩效考评政务公开与政府网站内容建设考评任务。全局积极配合局办公室等相关部门，研究制定了任务落实预案，按季度推进各项措施落实。年内，开通了依申请公开网上申请渠道，方便申请人在线登记提交信息，现已受理个人申请2件。通过北京市政府信息公开系统，主动公开政府信息276条；公开了北京市体育局权力清单和责任清单；每季度统计并通报各单位、各部门政府信息公开和政府网站信息内容建设情况。

（杨薇）

【开展系统建设及推广应用工作】年内，北京市体育局开展网络系统运维外包服务项目建设。采取公开招投标的方式，对2016年度网络系统运维服务项目进行了招标。开展对网络系统的日常运维工作，同时还完成邮件系统租赁工作；运维软件升级工作，优化了运维监控系统的综合监控、服务流程、数据展现等功能；加装业务应用性能管理系统，实现北京市体育局应用系统从浏览器端、应用层到数据库层全过程的监控。开展正版化软件管理工作。采购了office 2013办公软件34套、office 2016办公软件76套、windows 7专业版操作系统20套，切实解决了正版软件不足及办公软件版本落后的问题，在市正版软件工作小组对市体育局的正版化检查工作中，获得良好评价。开展网站系统升级改造建设、积极推进直属单位网站集约化。开展了公众服务应用平台项目建设和数据库服务器双机热备改造，2个项目配合实施进展顺利，于年初完成数据迁移和部署测试等建设工作，新网站平台于6月正式上线。升级后，市体育局网站系统实现了WAP、App、微信、无障碍浏览、全文检索等多项功能，在系统性能和安全保障等方面均有较大提升。利用市体育局网站系统整合新建北京武术院、北京市国际体育交流中心2个子网站，为北京市体育专业人员管理中心进行网站维护。北京市体育局系统现有15个网站，超过半数由北京市体育局建设或运维，达到了逐步集约、统筹规划、节约资源的目的。做好关键信息基础设施网络安全检查工作。10月，北京市体育局严格按照界定关键信息基础设施的标准，集中梳理信息系统。共有20家直属单位参与填报关键信息基础设施检查表，梳理出本局网站系统和体育服务管理中心、体彩中心、竞赛管理中心三家单位具有关键信息基础设施相关的业务系统，并报市经济和信息化委备案。局内网网络建设工作有序开展。协助局办公室完成了无纸化办公网业务系统迁移到电子政务内网的工作。另外，按照北京市密码管理局统一部署要求，配合人事处、机关党委开展了组工专网与市电子政务内网的整合工作，完成了市组工专网与电子政务内网整合的网络布线工作；按照北京市纪委的统一部署要求，协助监察处，开展市纪检监察专网并入北京市电子政务内网的整合建设工作，完成了市纪检监察专网并入电子政务内网的网络布线工作。协调全局系统信息化项目评审工作。按照市经济和信息化委的相关工作要求，中心根据各直属单位、处室的实际业务需求，审核各直属单位、处室报送的信息化项目申报书、项目预算明细等材料，并汇总上报了全局系统内的年度信息化项目实施计划，并根据市经济和信息化委的批复反馈审批结果。

（杨薇）

【管理体育信息舆情】年内，北京市体育局对体育信息舆情加强管理。一是抓好网络舆情监控，强化信息咨询管理和舆论引导，做好部门回复的跟踪和督办工作；二是做好《网络信息参阅》《网络信息摘报》报送工作，为领导决策提供网上社情服务。年内共编印《网络信息参阅》

56 期、《网络信息摘报》4 期、《网络舆情》1 期，集录信息 270 篇，共计 20 万字。做好“体育北京”政务微博发布管理工作，共发布微博 542 条，在里约奥运会期间，发布、转载北京奥运健儿夺得优异的成绩与比赛资讯，积极与网民互动，回复咨询 84 条，发现热点舆情及时向相关部门和领导进行反映。

（杨薇）

【维护、维修计算机网络系统、服务器和终端计算机设备】年内，北京市体育局组织专人负责对各业务系统的运行状态进行严格监控，保障全年业务系统没有发生数据丢失事件；每周按时完成市政府电视电话会议系统连通性测试工作，年内共完成应急视频会议系统和电视电话会议系统测试及会议召开技术保障共计 52 次，具体内容为：视频会议召开技术保障 15 次；视频会议测试联调 37 次；在春节、劳动节、国庆节、全国“两会”、G20 峰会、中国共产党十八届六中全会期间保障市应急办视频会议系统全天 24 小时开机，并提供技术支持。年内共完成体育局内部视频会议召开技术保障 1 次，系统现场巡检 1 次，远程测试联调 1 次；通过运维监控平台对本局 25 台网络设备、16 台安全设备内存、CPU、端口流量进行 7×24 小时实时监测，年内网络设备运行稳定，无故障发生；对局机关和木樨园体校的计算机终端、打印机等办公设备进行日常的维护和维修，年内共维护 296 次，其中处理设备问题 107 次，处理软件问题 189 次。

（杨薇）

北京市统计局

【概述】年内，北京统计紧紧围绕全市“稳增长、调结构、抓改革、惠民生”的发展目标，以党的十八大精神为指引，结合首都统计信息化发展规划，以信息技术应用和信息安全保障为重点，完成了北京市统计信息系统三期工程立项、建设人口动态监测系统等工作，大幅提升了信息化对统计业务的支撑能力，确保了各项统计任务推进，为政府管理、社会服务及企业决策提供了较好的统计服务。

（马达）

【北京市统计局信息系统三期工程项目通过审批立项】3 月，北京市统计信息系统三期工程通过市发展改革委审批立项。项目建设内容包括：搭建覆盖社区（村）5 级法人单位之外调查对象的数据采集系统，实现人口、农村、专项调查数据采集，建设统计数据处理系统、综合分析系统和京津冀数据共享系统，实现对 GDP 核算体系、首都人口和经济社会发展动态监测、京津冀三地统计数据资源共享的信息化支撑，为基层社区统计工作站配备计算机 2932 台，提高全市统计工作水平。

（马达）

【人口动态监测系统上线运行】6 月，为落实纲要精神，根据市委、市政府关于严格控制本市人口规模工作方案，鉴于当前人口调控的形势，以及移动互联的迅速发展，统计部门创新运用移动通信大数据开展人口数据的动态监测，通过完善现有的监测体系，探索产业疏解、功能布局与人口发展之间的关系，并实现定期追踪，及时掌握人口变化情况。通过对全市及分区移动用户数据的分析以及移动客户定点监测方式，了解和推算全市人口各区间迁移流动情况，为季度和年度分区常住人口数据的推算评估提供依据。对重点商品交易市场进行监测，反映有序疏解非首都功能的实施效果。市统计局与北京移动、联通等通信运营商合作，利用通信定位信息等基础数据，对重点区域人口聚集情况、人口流动情况进行综合分析，有效支撑测算全市常住人口的工作。

（马达）

【完成全国第三期农业普查综合试点、清查数据处理工作】 10月，根据国家统计局要求，北京市统计局在充分考虑利用全国第三次经济普查所购PDA设备的基础上，组织全市普查用PDA设备采购工作；为满足北京市“三农”普查工作特点，完成普查系统升级改造项目的立项工作，搭建国家统计局规定的普查系统并以此为基础在市政务云进行综合试点和清查数据处理系统的建设，满足北京农业普查工作的需要。

（马达）

北京市文物局

【概述】 年内，北京市文物局启动了“北京市文物局‘十三五’信息化发展规划”，文物局网络安全与信息化领导小组重点开展了全局系统信息化体系建设，进一步明确了信息化综合管理方向。在统筹规划、资源共享、平台共用的原则下，开启了北京市文物局综合办公平台和基础资源数据库的建设，旨在通过信息化手段为全局系统搭建统一的办公体系。同时，文物局信息化部门还加强了对文博行业信息化发展的建设力度，特别是对系统内中小博物馆发展的支持。文物局通过专题培训提升了从业人员的信息化意识、信息安全意识，拓展了工作思路。文物局网络安全与信息化领导小组鼓励技术创新，根据“提升行业水平，改善行业面貌”的信息化发展理念，支持博物馆与参与科技成果转化研究工作，使新科技走进了博物馆，有效提高了博物馆面向社会的服务能力。

（姚宇江）

【北京古代建筑博物馆官方微信开通】 年初，北京古代建筑博物馆官方微信正式开通。北京古代建筑博物馆官方微信是向社会宣传博物馆工作的全新窗口，是向观众传递博物馆信息和观众同博物馆进行交流的全新平台。观众可以通过微信直观地了解北京古代建筑博物馆最新的展览信息、活动情况和工作动态。同时，北京古代建筑博物馆通过官方微信发布更多的中国古代建筑知识，扩大社会教育渠道。

（姚宇江）

【北京辽金城垣博物馆微信公众号开通】 4月12日，北京辽金城垣博物馆微信公众号通过认证，正式开通。微信公众号为北京辽金博物馆为进一步做好传统文化宣传工作，发挥博物馆社会教育职能提供了新的平台。截至年底，该微信公众号共推送信息14期。

（姚宇江）

【老舍纪念馆完成“–MyBeijing–”无线网络建设】 9月，老舍纪念馆公共无线网络建设完成，观众可以在馆内免费使用无线宽带上网。此次无线公共网络建设是北京市“–MyBeijing–”服务市民计划的组成部分，由北京市文物局信息中心牵头，歌华有线公司安装。无线网络的开通对老舍纪念馆进一步提升对观众服务能力，开拓社会教育渠道提供了有益的帮助。

（姚宇江）

【北京古代建筑博物馆青少年参观导览App建设完成】 年内，北京古代建筑博物馆青少年参观导览App建设完成，通过该青少年专用导览App，使学生与博物馆之间建立了长期的联系。

该系统以“交互体验”的形式，改变了以往单一的文字介绍，从“赏析”的角度，利用“讲故事”的形式，让学生身如临其境，从而激发青少年对博物馆的兴趣。青少年导览系统共分为场馆简介、参观攻略、导览服务、馆藏精品、数字点播等五部分内容，既可以通过手机实现馆内导览，还可以实现把“古建馆带回家”的功能。北京建筑博物馆将根据学校和学生的使用情况不断对系统加以完善。

（姚宇江）

【首都博物馆建成可移动文物普查成果展示平台】 年内，首都博物馆可移动文物普查成果展示平台开发完成，实现运行。该平台是对第一次全国可移动文物普查的成果转化，对挖掘文物的社会教育价值和科研价值有一定的帮助。第一期共公布了本馆收藏的10022件（套）文物的基础信息，包括金器、玉器、瓷器、铜器、银器、文具、印章、钱币、佛像、玉杂、绘画、契约等12大类。

（姚宇江）

【首都博物馆完成信息系统基础架构升级改造】 年内，首都博物馆信息系统基础架构升级改造项目验收完成。该项目于2015年开始投入建设，项目经费829.36万元。此次升级改造主要目标是对已经运行10年的首都博物馆信息化机房的硬件设施进行整体替换和升级。替换原有老旧设备，并通过虚拟化技术实现了压缩机房设备设施的节能减排目标。改造后的机房降低了系统运维管理成本，提高了系统安全性，在一定程度上解决了数据存储空间不足的问题。

（姚宇江）

【北京市正阳门管理处完成展厅可见光通信技术导览建设】 年内，北京市正阳门管理处完成展厅可见光通信技术导览建设。作为博物馆，正阳门管理处积极参与高新技术的应用转化，仅通过对展厅光源设备进的改造，实现了照明与网络传输的双重功效。观众无须做扫描二维码等操作，即可通过手机精准接收到展览讲解以及馆内导航等语音和图像信息。

（姚宇江）

北京市无线电管理局

【概述】 年内，北京市无线电管理局立足首都工作实际，严格执行无线电管理法规，加强无线电频率台站和空中电波秩序管理，努力改善首都地区电磁环境，完成了年度重大活动的无线电安全保障任务。

（李书亮）

【协调和落实京津冀一体化工作】 年内，北京市无线电管理局不论是在重大活动保障，还是在日常工作落实中，均按照一体化的要求做好相关工作。围绕首都重大活动无线电安全保障，与津冀进行协调；在大兴第二机场建设中，与津冀做好频率协调；在预备役部队建设工作中，与津冀蒙进行相关协调；在无线电干扰查找和执法中，与周边省市进行密切协调；在2022年北京冬奥会筹备工作中，围绕延庆和崇礼赛场无线电安保事宜联合多次进行沟通并实地勘查，就基础设施建设、监测设施联网、指挥中心建设事宜进行沟通，达成一致意见。

（北京市无线电管理局）

【完成无线电宣传工作】 年内，北京市无线电管理局根据《2016年全国无线电管理宣传工作指导意见》，在全国无线电管理系统中率先研究制定《北京市无线电管理局2016年度宣传工作指导意见》，印发各区县无线电管理部门，并就区县年度宣传计划进行汇总，统筹部署。完成了市无线电管理局“抗日战争胜利70周年暨反法西斯战争胜利70周年纪念活动无线电安全保障工作”纪实宣传片的制作工作，并开展一系列宣传活动，取得较好效果。

（李书亮）

【无线电监测】 年内，完成SMOS卫星干扰信号专项监测工作，根据上级要求完成了200MHz数传频段监测、丝绸之路国际汽车拉力赛用频监测、外国元首访华专项监测工作。共完成12份监测频谱统计报告，累计监测时间35660小时。完成2016年丝绸之路国际汽车拉力赛北京收车仪式、2016年世界机器人大会等重大活动的无线电安全保障工作。

（李书亮）

【开展打击“伪基站”专项行动】 年内，共参加北京市联合打击“黑广播”工作机制协调会4次，监测定位11个“黑广播”发射窝点，按程序交给公安部门。按照相关要求，配合公安部门做好打击“伪基站”工作，共对公安送检的226套“伪基站”设备进行检测，出具检测（功能验证）报告202份。

（李书亮）

北京市园林绿化局

【概述】 年内，北京市园林绿化信息化工作围绕推动京津冀协同发展和首都园林绿化中心任务，树立“创新、协调、绿色、开放、共享”的发展理念，实施“互联网＋园林绿化”行动，促进信息技术与园林绿化深度融合，进一步加强园林绿化数据资源的开发、利用，较好发挥了信息化的引领带动和支撑保障作用。

（陶文华）

【首都园林绿化政务网升级】 2月，新版首都园林绿化政务网站升级成功，上线运行。应用大数据分析技术完成了用户访问行为的聚类分析，推出了公园搜索、植物园艺、家庭养花知识等亲民精品栏目；采用页面自适应技术完善了页面浏览效果，有效提升了园林绿化公共服务水平和用户的体验度，营造了良好的生态文化宣传氛围。网站首页突出位置设置网上办事大厅，实现审批和服务事项在线咨询、网上办理等网上办事功能。

（陶文华）

【2016北京智慧园林高峰论坛举办】 8月27日，由北京市园林绿化局、中国风景园林学会信息委员会、中国科技产业化促进会新型智慧城市研究院主办，北京林业大学信息学院、中国新型智慧城市产业联盟承办的首届“北京智慧园林高峰论坛”在北京林业大学举办。来自全国各地的100多位专家和学者出席论坛。中国工程院院士汪懋华作了题为“新一代信息科技推动智慧园林创新发展”的主题报告。论坛提出了智慧园林要实现人与自然“互感、互知、互动”。

（陶文华）

【制订园林绿化“互联网+”行动计划】 年内，立足北京市园林绿化信息化的应用，编制了《北京市园林绿化局“十三五”时期信息化发展规划暨“互联网+”北京园林绿化行动计划》，明确了“十三五”时期园林绿化信息化建设的指导思想和总体框架，提出了“园林绿化决策智慧化、监管精细化、服务惠民化”的总体建设目标。

（陶文华）

【建设京津冀一体化园林绿化信息共享平台】 年

内，为推动京津冀一体化协同发展，打通跨区域数据资源的共享通道，市园林绿化局开发建设了京津冀林业数据资源协同共享平台。明确了顶层设计，审核通过了《京津冀林业数据资源协同共享管理办法》，建立健全了林业数据资源共享管理制度，梳理整合了各类林业数据，积极探索数据共享模式。实现三省市综合管理、林业资源、林业产业、绿化工程、行业发展和空间信息 6 大类 136 种业务数据的有效共享。

（陶文华）

【推进北京行政副中心智慧园林建设】年内，为贯彻落实《北京市园林绿化局“十三五”智慧园林规划》，开展了智慧园林相关的理论和技术的可行性研究，编制了智慧园林建设导则，制定了《北京市行政副中心智慧园林建设研究意见》，明确了“将信息技术与园林植物、园林设施、园林景观等要素相结合，按照三个系统、四个体系的总体框架构建智慧园林系统”智慧园林建设思路。

（陶文华）

【建设京津冀数据共享及采集系统】年内，在全国林业数据资源共享交换系统总体框架要求下，建设京津冀生态信息资源共享采集系统，采集、梳理和整合京津冀三省市林业部门各自拥有的各类遥感地理数据资源、规划统计数据，实现各类相关数据之间的互联、互通与共享。

（陶文华）

【丰富园林绿化三维实景数据】年内，利用专业设备采集北京市环二环、规模化苗圃、果园等 73 处三维实景数据，首都园林绿化三维实景发布平台上全市累计 90 余处绿化场景实现了网上虚拟漫游体验的功能，多角度展示首都园林绿化建设成果，为公众提供相关的在线游览信息和服务，并为领导决策提供服务支撑。

（陶文华）

【建设绿地台账系统】年内，按照“数字清，情况明”的目标要求，积极开展了园林绿化资源数字台账的建设，陆续建成了公园风景区、城市绿地管理、野生动植物保护、林木病虫害防治、生态工程等 12 类核心业务数据、近 300 个地图电子台账，记录共计达 114 万条，数据量达到 5G。

（陶文华）

【建成双随机抽查系统】年内，按照国办发〔2015〕58 号《关于推广随机抽查规范事中事后监管的通知》要求，通过随机抽取检查对象、随机选派执法检查人员的“双随机”抽查机制，对 18 个行政检查职权事项进行了“双随机”抽查，最终确定了“对市场上或者企业成品库的待销种子进行抽样检查事项”开展“双随机”抽查。系统包含行政检查随机抽查摇号、行政检查事项维护和行政检查结果录入三项功能。年内已实现前两项功能，结果录入采用报送方式通过网站向社会公众公示。

（陶文华）

【完善园林绿化资源动态监管系统】年内，完善园林绿化资源动态监管系统，持续实现了公园风景区处、城镇绿化处、规划发展处、造林营林处等 9 个处室 22 项绿地相关业务的电子化网上办公工作，对北京市绿地规划、代征、建设、管理、审批、占用、执法等各个阶段进行动态监测和全生命周期管理，为园林绿化管理决策提供数据支持。

（陶文华）

【实现腾讯通移动办公】年内，为实现微信与腾讯通（RTX）的互联互通，正式开通北京市园林绿化政务微信企业号，实现了微信与腾讯通（RTX）的无缝整合，有效提升了文件接收的响应度和办事效率，方便了园林绿化局系统用户的沟通与协同，开启了办公应用的移动模式。年内已有企业号用户2091人，其中与腾讯通（RTX）互联互通用户553人。

（陶文华）

【开展“互联网+果树产业”行动】年内，为落实市政府2015年关于“两田一园”划定工作的安排部署，建设市园林绿化局空间分析系统，完成了百万亩鲜果果园和100.3万亩干果资源的空间划定工作，并将已完成的3万亩低效果园进行了空间划定和地图定位，实现了空间、属性信息的查询与统计，为全市园林绿化主管部门全面掌握果树资源分布、制定果树产业发展规划、促进首都产业发展提供决策依据。

（陶文华）

【推广普及二维码树牌】年内，编制了《林木二维码标签制作技术规范》，对二维码标签在园林绿化行业的应用进行了规范，建设园林绿化二维码信息平台，确定二维码标牌及绑带样式，核对了搜集的部分重点区域植物信息并分类。年内，完成北京市教学植物园、宽沟招待所等单位的二维码挂牌工作，挂牌总数达4万多个，创新了园林绿化科普方式，增强了市民生态文明意识。

（陶文华）

【加强微信公众服务号宣传工作】年内，统一微信公众服务账号与官方微博账号，将服务号名称由“北京市园林绿化局”更名为“首都园林绿化”。通过微信公众服务号向公众推送园林绿化工程建设情况，园林绿化局落实贯彻《京津冀协调发展规划纲要》工作动态，推进园林绿化法治化进程举措，以及红叶节、北京百合文化节活动和园林绿化小知识等各方面信息；组织开展了3次线上线下活动，拓宽了园林绿化宣传、网上政民互动渠道，加快了全市园林绿化工作信息的传播速度，提升了为公众提供信息即时服务共享水平。年内，累计用户达4333人，共发布文章818篇。

（陶文华）

北京市住房和城乡建设委员会

【概述】年内，围绕市住房城乡建设委中心工作总体部署，以“十三五”电子政务与信息化发展规划为指导，初步建立“1+4”信息化建设新框架（即以“智慧住建顶层设计”为引领，创建“应用服务体系、数据服务体系、技术支撑服务体系和基础设施服务体系”），快速推进北京市住房城乡建设智慧化建设。截至2016年年底，智慧住建顶层设计初步落实，4个体系建设稳步开展；建筑市场和房地产市场全生命周期监管和服务体系建设在推进行业管理上作用凸显，2个门户公共服务体系建设在提升内部行政办公和外部服务水平上成效显著，数据服务体系逐步实现四级共享交换和数据对外开发，技术支撑和基础设施体系建设扎实推进，安全保障能力显著提升。围绕“放管服”改革部署，重点完成施工许可、企业资质审批等行政许可、管理审批系统的升级改造工作，与政务服务大厅固定投资审批平台对接，利用信息化手段倒逼和推进行政审批制度改革；围绕“大数据+云计算”建设思路，完成工程、房屋管理17个信息化项目的升级改造工作，重点完成建筑节能、建材监管系统整合和数据共享，开创北京市建筑行业智能化、节约化管理思路，降低建筑全生命周期建设和管理成本；围绕“互联网+政务”建设思路，强化微政务在信息公开、在线办事、便民服务等多领域的应用，开发北京房地产数据、购房资格查询等系列特色 App 便民服务，发挥了政府门户网站在公开、透明、高效、便捷政务建设中的主渠道作用。

（张贺）

【内外网门户公共服务体系建设】年内，依据《北京市 2016 年度市级行政机关绩效管理考评实施细则》《北京市人民政府办公厅关于进一步加强政府网站信息内容建设的实施意见》《北京市政务网站无障碍建设与管理规范》《“十三五”电子政务与信息化发展规划》要求，重新梳理网站信息公开栏目，结合市住房城乡建设委业务特点和公众需求，建立建筑施工安全生产标准化主题、北京购房指南等热点专题；依据委行政审批改革工作，增设行政处罚结果信息查询、市工法通过评审项目查询等服务，并对门户网站用户体验进行全面升级优化。截至 12 月 31 日，市住房城乡建设委网站发布各类信息共 7030 余条，同比增长 12%。同时，内部办公门户完成督查督办、信访系统的建设工作，并完成公文管理、调研工作平台、督查督办、人大建议、机要文件等系统的升级完善工作。

（张贺）

【推进政务服务平台对接工作】年内，为落实北京市政务服务中心的要求，将所需数据完整、准确地发送市政务服务中心，对固定投资类系统和行政审批类的部分业务系统进行升级改造，并按照全市统一要求对市住房城乡建设委办事大厅进行改版。截至 2016 年年底，市住房城乡建设委完成 39 个审批、服务事项的系统对接，其中市编办批复市住房城乡建设委进驻市政务大厅的 33 个审批事项中，有 19 个事项实现业务系统数据对接，其余事项有 8 个待取消、2 个为使用住房和城乡建设部系统、4 项业务因涉及个人隐私，经与政务办沟通，暂不做系统对接。此外，在满足“统一咨询、统一接件、统一受理、统一反馈”的要求上，继续配合业务需求，实现部分业务网上全流程办理。

（张贺）

【完成执法工作平台升级与质量监督系统改造】年内，按照“双随机、一公开”监管模式，完成执法工作平台升级与质量监督系统改造工作，实现执法检查工作随机抽取，汇总随机抽查结果，并通过市住房城乡建设委官网发布，做到随机抽查全程留痕，实现责任可追溯，为全市建设房管系统的执法人员提供服务，规范行政执法行为，提升行政执法效能，进一步加大执法力度，打击违法违规行为。

（张贺）

【探索“互联网 + 政务”服务】年内，建立北京市建筑节能与建材管理服务系统，通过建材供应端、需求端和管理端的数据互联互通，集成建材领域各渠道数据，充分挖掘数据，形成全市建材数据应用链，为建材各方应用主体定制服务，着力解决进入北京市建设工程的建材源头质量、建材供应和企业协作问题；建立北京市既有公共建筑能耗运行综合管理平台，通过公共建筑基础信息与社会公共资源（水、气、电）能耗有效结合，形成公共建筑的能耗运行健康指标，为全市开展建筑节能管理提供有效手段；建立北京市建筑节能与建材管理服务系统、北京市公共建筑能耗限额管理信息系统，完成了建筑基础信息和电力用户信息的整合应用建设及房屋全生命周期平台的数据共享工作。

（张贺）

【基础设施和技术支撑服务体系建设】年内，对重要设备部署了运行状态自动监控系统和短信报警功能，对空调重要设备进行维修改造，确保空调稳定运行。强化信息设施网络安全日常检查，建立政务外网的全委统一数字证书认证系统，增强了系统抗入侵能力，提高了数据的保密性；开展业务数据备份防护工作，完成78个数据库每日备份、全市交易系统异地备份及所有业务系统的程序、附件的全方位备份体系，强化信息安全检查、扫描与应急处置工作；配合市公安局、市经济和信息化委完成基础设施与安全检查工作，对289台服务器操作系统进行了漏洞扫描及修复；对互联网发布区的服务器开展了WebShell检查及修复。截至12月底，接听电话问题共计15236件，日均电话业务量58件，其中企业办事类11669件、工程建设类3567件。

（张贺）

【加强数据中心体系建设】年内，在完成基础数据库整体数据体系构架的基础上，扩大数据存储范围，提升对外数据共享的支持力度，统一数据标准，将数据归集到基础数据库。在市区两级共享方面，为西城区住房城乡建设委建设工程综合监督管理平台提供工程建设类、企业人员类、建设交易类数据3310049条，为东城区住房城乡建设委建设工程综合监督管理平台提供各类数据3479525条，为丰台区建筑工程监督指挥平台提供各类数据7098448条，为海淀区住房城乡建设委建设工程综合监督管理平台提供各类数据2113316条，为昌平区住房城乡建设委综合服务平台提供各类数据142707条。在委内共享方面，基础库新增建设工程质量检测报告数据、工程测评数据、工程安全标准化数据、注册造价师证书数据以及部分业务系统审批过程和审批结果数据，业务数据总量达到2672万条。在上级部门共享方面，配合住房城乡建设部“全国建筑市场监管与诚信信息发布平台”信用体系建设，通过提供基础数据库每天向建设部上报建筑业企业资质证书信息，累计上传证书信息100085条。在委办局之间共享方面，与市人力社保局、市工商局实现企业资质审批业务数据共享；与市规划国土委、市公安局、市地税局、住房公积金管理中心、市民政局、银行等部门实现保障性住房资格、购房资格核验业务数据共享，实现让“信息多跑路，让群众少跑腿”。按照北京市政务服务中心要求，通过采集上报部分业务系统审批过程和审批结果数据（累计227280条），实现委内业务系统与市固定资产投资管理平台的对接，确保市级综合审批服务平台稳定运行。按照市法制办要求，实时向北京市行政执法信息服务平台上报委内各类行政处罚数据，全年累计上报45189条。按照《北京市反恐维稳数据共享实施方案》要求，整理全委数据资源属性，为下一步市住房城乡建设委开放数据工作奠定基础。

（张贺）

北京住房公积金管理中心

【概述】年内，北京住房公积金管理中心在完成全年信息化建设和各项基础运维工作的基础上，为顺应国家政策调整及互联网信息技术发展形势，扎实推进综合信息管理系统研发重建工作，各项基础工作取得阶段性成果。

（郭芳）

【完成综合信息系统升级改造项目安全等级保护定级工作】年内，根据国家信息安全等级保护政策要求和技术标准，北京住房公积金管理中心完成综合信息系统升级改造项目安全等级保护定级，其中综合业务子系统定为安全等级保护三级、客户服务子系统定为安全等级保护二级、内部管理子系统定为安全等级保护二级、决策支持子系统定为安全等级保护二级。安全等级保护定级准确、合理，通过了专家评审，从而完善了信息系统的安全管理体系。

（郭芳）

北京市环境保护局

【概述】年内，北京市环境保护局信息化工作以党的“十八大”和十八届五中、六中全会确定的路线方针政策为指引，深入学习贯彻习近平总书记系列重要讲话精神，勤奋工作，乐于奉献，紧紧围绕环境保护中心工作，全面开展了重点信息化项目建设、信息安全建设、运维保障等各项工作，完成工作任务，提高了信息化服务保障能力和水平。

（陈海宁　黄广平　蒋昕　陈华）

【信息化基础设施建设运维】年内，提升了局机关和直属各单位的互联网带宽，为直属各单位建设了无线 WLAN 网络，全面落实了巡检制度，开展网络、基础设施和信息安全等巡检 54 次，完成了上半年、下半年全市环境信息网接入区环保局和直属各单位的现场巡检；配合局保密办，检查局机关 152 台次非涉密计算机；建立环境信息资源管理台账，升级云资源管理平台，为相关单位和应用系统部署实施了 15 次资源分配；保障各级视频会议 55 次，组织视频会议联调 60 次；严格落实人员和设备进出机房管理规定，进出机房人员 144 人次、设备 20 台次；为局机关和监察总队办公用计算机、笔记本、打印机等 700 余台次进行了维修，更换零部件 300 余件，保障了业务工作的开展。

（黄广平　李华　潘飞　刘晋波　程皓）

【局政务网站运维】年内，发布信息 1462 条，页面浏览量近 1713 万人次，同比增加 100%；针对市政府在检查中发现的问题，及时进行整改，得到有关部门的好评；加强了网站安全防护，积极组织并配合漏洞扫描、渗透性测试等安全检查工作，确保局政务网站安全稳定运行。

（陈海宁　蒲铮　李华　白钰）

【局综合办公平台运维】年内，完成日常运维 960 次，修改数据库、系统 bug 和需求变更 331 项，保障局系统公文收发管理系统（含直属单位公文系统）收发各类公文 17190 余件。

（蒋昕　蒲铮　白钰　王晓爽　杨凯）

【网络及信息安全运维】年内，组织开展局信息安全体系的研究，形成《关于北京市环境保护局信息安全体系建设调研报告》；开展了信息系统脆弱性分析和加固，以及信息系统漏洞扫描工作，整改 23 个中高危脆弱点，完成杀毒工具的安装实施；按照上级要求，开展全面的网络和信息系统安全自查工作，未发生任何网络和信息安全重大事件。

（黄广平　李华　刘晋波　程皓）

北京市计生委信息中心

【概述】年内，市计生委信息中心深入学习贯彻党的十八届六中全会精神，推进全员人口信息系统建设和应用，在信息系统支持、人口信息资源共享应用、信息化管理基础性工作方面开展工作。完善计划生育业务办公综合性服务平台，加强委办公终端和网络的日常运维工作，积极征求各处室对信息化的需求，建立巡检制度，进一步完善了信息安全体系，不断强化内部工作机制建设。

（任向群）

【完成行政区划代码调整和变更】 2月和8月，两次协助信息统计处完成北京市人口计划生育行政区划代码调整集中变更的工作，变更了2016年下半年新的全市区划代码。

（任向群）

【协助信息统计处完成正版化检查工作】 11月，完成了中环办公区200余台终端计算机的正版化检查工作，对每台计算机的操作系统、杀毒软件、办公软件进行了正版化检查，并更新管理台账。

（任向群）

【完成全员人口系统升级改造项目的申报工作】 12月，完成全员人口信息系统升级改造项目的申报和资金落实工作；信息中心所管理的信息系统入驻市经济和信息化委政务云的项目方案申报，通过市经济和信息化委的技术审查，得到市经济和信息化委的支持和批复。

（任向群）

【完成各信息系统安全运维工作】 年内，完成了统一认证管理系统、会议通知管理系统、领导决策服务平台、档案管理系统、安全运维服务等多个系统的运维工作，其中，安全巡检工作每月一次；新办和补办个人证书7个，更新个人证书124个，重新签发个人证书2个，维护个人证书133个；新办和补办单位证书170个，更新单位证书733个，重新签发单位证书6个，维护单位证书909个。

（任向群）

【完成公务员邮箱管理工作】 年内，为市卫生计生委机关和部分直属单位申请公务员邮箱10个，重置邮箱密码15个，删除邮箱5个。

（任向群）

【完成服务器维护工作】 年内，完成信息中心所属中环政务网络管理中心服务器机房（13个机柜）及密云灾备中心服务器机房（1个机柜）、天湖大厦网络机房（2个机柜）、贵都国际大厦网络机房（1个机柜）、金工宏洋大厦网络机房（1个机柜）、槐柏树市府大楼机房（1个机柜）中17个机柜110台设备的运行维护工作。

（任向群）

北京市卫生计生委信息中心

【概述】 2016年，市卫生计生委进一步推进社区、妇幼等基层业务信息系统的深度应用，为医药分开、分级诊疗奠定基础；推进“北京通”与“居民健康卡”的融合工作，发出融合后的居民健康卡——北京通基本卡；完成原市卫生局与市计生委官方网站整合建设，推动互联网+医疗应用，多渠道为公众提供健康服务；与市经济和信息化委联合，加强行业信息化统筹工作，前置评审信息化项目79项，上报市经济和信息化委39项；推进规范标准建设，完成《公共卫生信息系统指标代码体系与数据结构》地标修订；探索云技术在人口健康信息化领域的应用，完成试点系统入云管理；推进网络建设，加强系统运维管理，市公共卫生信息中心机房由北纬路搬迁至赵登禹路新机房，机房的整体环境及网络情况得到大幅改善。年内，运维项目共43个，批复信息化运维经费1824.17万元。为加强信息安全保障，市卫生计生委与市公安局对全市29家医疗卫生机构进行了信息安全联合检查，聘请北京市信息安全测评中心对20家直属医疗卫生机构进行了安全性远程技术测试。同时，电子病历共享工程完成了项目竣工决算；

北京市卫生计生委信用信息管理平台试点项目通过初步验收；启动“十三五”人口健康信息化发展规划编制，为统筹和指导下一阶段人口健康信息化建设做好准备。

（单既桢　郑攀）

【春节期间烟花爆竹致伤人员情况和黄金周工作量统计】春节期间，市公共卫生信息中心连续第13年通过北京市卫生综合统计信息平台对全市各级各类医疗机构收治的烟花爆竹致伤人员个案信息进行实时采集与统计，在除夕、初五、十五等重点监测时间段，对烟花爆竹致伤人员情况进行每小时一次的统计发布，及时将统计数据和分析报告发送至市烟花办，并将实时统计信息以手机短信的方式发送到市卫生计生委主管领导手机。同时，在春节、国庆节期间，通过北京市卫生综合统计信息平台开展黄金周医疗工作量的统计，使各级领导及时掌握全市各大医疗机构节假日期间医疗服务工作量。

（郭默宁）

【新社区卫生服务综合管理信息系统完善推广项目】3月，新社区卫生服务综合管理信息系统完善推广项目通过了市经济和信息化委组织的最终验收，投入使用。[2010年，在原有新社区建设项目的基础上，在试点的西城、顺义、朝阳区以外的全市各区县，进行新社区系统区县级平台业务软件系统及财务软件系统的安装、系统运行参数设置、历史数据导入、系统联调测试；在全市323家社区卫生服务中心安装标准版新社区系统（包括业务部分和财务部分），在1568家社区卫生服务站安装应急系统，并设置运行参数、导入历史数据、进行系统联调测试；开发并部署新社区系统与东城区社区系统的业务数据和财务数据传输接口。]

（顾晓晖）

【北京市卫生计生委办公自动化系统升级改造】3月，北京市卫生计生委办公自动化系统升级改造项目通过最终验收，投入使用。（2015年，为提高自动化办公效率，市卫生计生委启动办公自动化系统升级改造项目，在原系统基础上，建立与医管局的管理沟通，为市卫生计生委与医管局之间提供重要信息与事项的交流服务，实现职能工作流转的高速率、高效率、高监控性、高透明度。通过对北京市卫生计生委办公自动化系统功能进行梳理，将其建设成北京市卫生计生行政管理信息交互平台，以提高自动化办公效率。）

（顾晓晖）

【市卫生计生委网站建设及运维】3月，经过市经济和信息化委与市财政局的审批，市卫生计生委综合服务门户项目启动建设。承建公司为中国软件与技术服务股份有限公司，项目预算563万元。11月，完成项目终验。市卫生计生委网站功能由信息公开、在线服务、互动交流三大块服务组成，有一级栏目7个、二级栏目35个、三级栏目60个，其中一级栏目包括新闻中心、政务公开、行政审批、便民服务、互动交流、卫生计生文化、个人健康中心。5月，开始建设市卫生计生委官方App，重点推出医院查询、预防接种、婚检孕建预约、健康讲堂、免费计生药具领取等互联网服务，同时，根据用户行为习惯主动推送个性化的健康知识。年内，市卫生计生委网站共发布各类信息13364条，其中基层动态5462条、卫生新闻422条、卫生安全提示132条、公告通知168条、卫生监督71条。市医院管理局网站全年共发布各类信息3414条，其中医院工作动态2809条、政务工作动态110条、党的建设103条、通知公告13条。市卫生计生委网站全年浏览量33651185次，市医院管理局网站全年浏览量28694932次，市中医局中医药信息网全年浏览量 31021888 次，三个网站独立 IP 访问共计 3616465 人次。

（徐利剑）

【升级北京市卫生综合信息管理决策支持平台】 3 月，完成了决策支持平台 2015 年度数据的加载工作。6 月，市公共卫生信息中心对决策支持平台进行了升级，将用户由委处级领导扩展到市卫生计生委、市中医局、市医管局的所有在职人员；7 月，完成针对中医局领导提出的中医数据展示模块的开发。

（郭默宁）

【北京市医师电子化注册系统】 4 月，在保证医师注册工作正常进行的前提下，在全市按照行政区域划分，分批开展医师电子化注册。实现了医师在互联网上直接申请业务、查验注册和资格信息；医疗机构可进行业务确认和人员管理；卫生行政部门可对医师提交的业务申请进行审批；方便公众查询和社会监督，方便行政执法监督。截至 2016 年年底，全市在册医师共计 117622 人，申请电子化注册用户共计 99032 人，占总注册人数的 84.20%；其中已经激活 97734 人，占总注册人数的 83.09%。医师或机构共提交申请 18864 人次，完成审批 13926 人次。

（韩冬）

【升级北京地区住院医疗服务绩效评价平台】 5 月，市公共卫生信息中心配合市医管局召开市属医院 DRG（诊断相关组）培训大会，应市属医院的要求，对北京地区住院医疗服务绩效评价平台功能进行了改版升级。升级主要包括：对医院开放 DRG 表，全市 MDC（主要疾病分类）表，以及增加全市科室的数据分析等功能。另外，市公共卫生信息中心申报的北京市首发课题“临床专科住院医疗服务绩效评价的 DRG 信息化模型研究与应用”获得 37 万元的项目资助。5 月，召开项目启动会议，并开展方法学研究；9 月，启动软件模块开发工作，在原有的北京地区住院医疗服务绩效评价平台中，增加专科评价模块。

（郑建鹏）

【北京市卫生计生委移动办公系统（一期）项目】 5 月，北京市卫生计生委移动办公系统（一期）项目完成最终验收。项目建设沿用市卫生计生委计算机版办公自动化系统的办公功能、页面风格和表单样式，内容包含每日卫生舆情、通知公告、待办及已办工作、办公事项办理、收文信息、发文信息、重要会议、领导日程安排、值班信息、网络寻呼通信等。采用手机版数字证书，实现移动终端的用户身份认证及电子签章，通过手机、平板电脑等移动设备，与单位内部员工实现同步办公、协同办公、交互办公。该项目自 2015 年 12 月启动。

（顾晓晖）

【加强信息安全保障】 5—6 月，公共卫生信息中心委托北京市信息安全测评中心对 20 家市卫生计生委直属医疗卫生机构进行网站安全性远程技术测试，帮助各单位排查网站存在的漏洞和安全隐患，降低安全风险。截至 12 月底，信息中心处理安全事件共计 29 件，其中涉及信息中心自身信息系统 3 件、涉及卫生行业系统 26 件，全部完成整改。新机房搬迁后，针对 Windows 服务器，中心开展杀毒软件安装情况检查。根据中心安全管理规定，对所有 Windows 服务器统一安装瑞星网络版杀毒软件。截至 12 月底，新机房内共计 55 台 Windows 服务器，已全部安装瑞星杀毒软件。

（郑攀）

【卫生系统网站评议】 6 月，市卫生计生委委托市公共卫生信息中心开展 2016 年度北京地区医疗卫生行业网站考核评议。此次考核范围包括 16 家区卫生计生委、13 家市卫生计生委直属公共卫生机构、74 家三级医疗机构，以及 248 家一、二级医疗机构，共计 351 家单位。评测结果，区卫生计生委、直属公共卫生机构、三级医疗机构三类参评单位平均考评得分 64 分，达到及格水平；一、二级医疗机构平均得分 39.2 分，未及格。各类网站整体发展水平仍具有较大的提升空间，需加大信息公开力度、完善在线服务功能、优化与公众的互动交流、健全保障措施，提高对全系统网站建设的认识。2016 年度网站考评结果设优秀网站奖、信息公开奖、在线服务奖、互动交流奖、进步显著奖五个奖项，延庆区卫生计生委、北京市卫生会计核算服务中心、北京天坛医院等 29 家单位获奖。

（徐利剑）

【妇幼保健网络信息系统】 6 月，市卫生计生委对北京市妇幼保健网络信息系统进行升级改造，已完成基础档案管理、妇女保健管理、散居儿童保健管理等功能，新建妇幼数据资源采集与管理、健康教育、公众服务、移动保健等子系统的初步设计。硬件加固项目于 11 月完成初步验收，对于系统的正常运转起到了保障作用。北京市妇幼保健网络信息系统二期自 2012 年 11 月在全市所有承担妇幼保健服务与管理的医疗保健机构正式推广应用以来，稳定运行，截至年底，使用该信息系统的机构 3755 个，注册用户 14461 个。

（韩冬）

【信息中心机房搬迁】 8 月 1 日，市公共卫生信息中心机房搬迁项目正式启动，9 月 10 日完成机房网络割接工作，10 月 23 日信息中心机房所有设备搬迁至新机房并调试完毕。该项目搭建了相对安全、稳定、可扩展性强的政务网、互联网和医保网网络环境，将信息中心位于北纬路、中环机房和制卡节点机房的 36 套业务系统的 154 台设备，搬迁至赵登禹路 277 号。项目涉及金额 466.01 万元。

（郑攀）

【信息安全检查】 10 月，市公安局、市卫生计生委开展网络与信息安全联合检查，此次检查共涉及 29 家医疗卫生机构，其中三级医院 19 家、二级医院 3 家、社区卫生服务中心 6 家、区卫生计生委所属机构 1 家。此次检查中，大部分二级、三级医院均对 HIS 系统进行了定级及备案，共有 13 家系统定为三级系统，其中 9 家完成了等级测评工作。

（郑攀）

【医药分开综合改革信息化支撑工作】 11 月 19 日，市卫生计生委召开医药分开综合改革启动会，要求北京市公共卫生信息中心承担全市医疗机构医药分开综合改革信息系统支撑工作的统筹协调和推进实施。此次信息系统改造总体目标是要在 12 月 31 日前完成全市医疗机构医药分开综合改革相关信息系统改造任务，确保全市医改任务开展，实现群众就医更加方便、医疗服务更加有效、医疗管理更加精准、政府决策更加科学的目标。 为此，信息中心牵头制定了《北京地区公立医院医药分开推广等三项改革信息系统改造工作实施方案》以及三项改革监测与评价的技术方案，明确了此项工作的目标内容、工作机制、任务分工、时间安排等。成立了信息系统改造专项领导小组，负责信息系统改造的统筹协调、推进实施，由市卫生计生委主任方来英领导、副主任李彦梅牵头负责，小组成员涵盖北京地区各类医疗机构的上级主管部门及市卫生计生委的相关处室、单位。同时，成立技术小组，负责制定北京地区公立医院医药分开推广等三项改革信息系统改造指南及解答技术问题；成立专家小组，负责提供与公立医院医药分开推广等三项改革相关信息技术、网络安全等方面的指导。在总结友谊、天坛等5家试点医院信息系统改造经验的基础上，信息中心组织专家制定了《北京地区医疗机构医药分开推广综合改革信息系统改造指南》《北京地区社区卫生服务机构医药分开综合改革信息系统改造指南》，用于指导医疗机构开展相关信息系统的改造。12月6日，召开北京地区支撑医改信息化建设技术协调会，国家卫计委属委管11家三级医院及国家中医药管理局所属6家三级医院参加了会议。天坛医院结合试点工作对支撑医改公立医院信息系统改造技术指南进行了解读，药采中心对药采平台对接工作进行了解读。12月7日，召开支撑医改信息化建设工作业务及系统改造培训会。各区社区卫生服务管理中心和1家试点社区卫生服务中心相关业务人员共120人参加了培训。信息中心对支撑医改社区机构信息系统改造技术指南进行了解读，并针对挂号、财务及药房药库人员的具体操作进行了培训。12月31日前，各医疗机构根据改造指南开展了信息系统的改造，以及上线前的演练与测试。

（郑攀）

【保健信息系统升级改造】11月，北京市保健信息系统升级改造项目通过最终验收。该项目于2015年9月启动，是为提高干部（全市保健对象）保健工作的效率和服务水平、实现对保健对象的科学管理而搭建的综合信息管理系统。通过升级改造，该系统新增了健康管理、医疗管理、任务管理、资源管理、科教管理、病报管理、统计分析等功能，总投资294.16万元，由市财政全额拨款。8月，通过了项目的初步验收；8—11月，系统试运行。

（冯文洁）

【启动“十三五”人口健康信息化发展规划编制】12月，北京市公共卫生信息中心启动“十三五”人口健康信息化发展规划编制工作，制订工作方案，明确规划的思路和框架。

（张世红）

【市卫生计生委办公自动化财务管理子系统建设】年内，在卫生计生委办公自动化系统基础上建立独立的北京市卫生计生委财务信息管理系统，实现预算管理、经费申请审批流程、预算支出审批流程、借款管理、综合统计查询及重点工作跟踪等功能，实现在卫生计生委OA系统收文管理中提取与财务处相关的公文办理事项，系统自动转入财务系统中，并跟踪有关批文的办理过程。6月，通过竞争性磋商，遴选出项目承建单位，并签订合同；8月24日，通过项目初验；12月22日，完成项目终验。

（顾晓晖）

【信息化运维项目管理】年内，公共卫生信息中心运维经费拨付金额共计1824.17万元。运维项目共44个，涉及金额共计2033.73万元。其中，非招标项目33个，涉及资金439.02万元；招标项目11个，中标总额1594.71万元。招标项目于6月底启动，7月底前完成招标，8月完成到期项目的支付工作。为保障信息中心电子政务系统的安全、稳定、高效运行，修订《北京市公共卫生信息中心信息系统运维管理规定》，增加竞争性磋商流程，明确了50万元以下的项目采用竞争性磋商，并对采购流程进行梳理和修改，进一步规范信息中心的运维管理。

（朱正）

【北京市食品安全标准管理系统建设】年内，为满足市政府对食品安全监管职能转变的要求，加强对北京市食品生产企业的监管，强化食品安全企业标准化、规范化建设和管理，确保北京市食品安全企业标准、地方标准备案工作，市卫生计生委将食品安全标准管理工作纳入卫生计生委“一窗式”办公系统，并按照建立独立的北京市食品安全标准管理系统，实行统一规范管理。项目于 7 月签订合同并正式启动建设，开展了软件需求调研及软件功能开发等工作。

（顾晓晖）

【市卫生计生委信用信息管理平台试点项目】 年内，国家卫生计生委启动信用信息管理平台升级改造及试点应用项目，北京市是该项目的试点省份之一。9 月，市公共卫生信息中心与国家卫生计生委卫生和计划生育监督中心签订工作委托书，承担北京市卫生计生委信用信息管理平台试点项目建设工作。10 月，项目组下发《关于开展国家信用信息管理平台项目试点工作的通知》，将阜外医院、北京儿童医院和海淀妇幼保健院确定为项目试点医院，多次召开项目启动会、汇报会等，推进项目的实施。10 月 24 日，市卫生计生委信用信息管理平台正式上线，并于 11 月 7 日召开项目初步验收专家评审会，通过初验，进入试运行阶段。

（陈臣）

【维护慢病管理监测系统】 年内，继续建设北京市慢性疾病管理监测系统，完善全市主要慢性病及其危险因素监测体系，开展慢性病及行为危险因素监测，建立心、脑血管疾病和肿瘤数据，以及 CDC 的心、脑血管和肿瘤疾病的死亡数据基础信息数据库，为科学决策提供支持依据。

（郭默宁）

中国银行业监督管理委员会北京监管局

【概述】 年内，中国银行业监督管理委员会北京监管局信息化建设按照中国银行业监督管理委员会的信息化总体框架和发展规划要求，完成了以银行业监管信息系统为核心的业务系统、办公系统以及其他辅助系统的建设工作，北京银监局基础设施完备，系统布局合理，监管要求明确，信息科技管理体系完善。2016 年，北京银监局以“科技工作促进监管工作”为目标，在不断加强信息科技风险监管工作的同时，服务全局，通过夯实基础、充实内容、创新手段、提高水平为业务监管保驾护航，取得良好效果。

（宋黎阳）

【更新基础设备提升信息安全】 年内，北京银监局结合信息化建设实际情况，通过对老旧设备使用年限和故障情况分析，制定详细的实施规划和实施方案，先后完成了电话程控交换机、UPS 电池及配件、网络设备更新项目。

（宋黎阳）

北京信息化年鉴

经济信息化

【概述】年内，市经济和信息化委全力推进两化深度融合和社会信息化工作。积极打造“互联网+”协同制造创新服务云平台。组织数码大方、中小企业服务中心为北京市200家中小企业免费提供为期一年的软件包服务。组织召开“2016北京‘互联网+制造’创新发展论坛暨工业云助推产业转型升级活动”，围绕《中国制造2025北京行动纲要》战略目标，就“互联网+”给北京制造业带来的机遇与挑战、传统制造企业转型升级为工业互联网企业以及北京制造业的发展路径等问题进行了探讨和交流。推进“互联网+制造”领域“高精尖”项目试点示范。围绕《中国制造2025北京行动纲要》提出的“三四五八”战略规划，归纳梳理各产业“互联网+”示范项目62个。重点跟踪服务委内统筹管理的2016年重大工业项目10个。储备“十三五”时期“高精尖”、技改及京津冀一体化发展重点项目20个；向工业和信息化部“中国制造2025”项目储备库推荐项目3个。

（市经济和信息化委经济社会信息化处）

【北京市两化融合推进大会暨工业电子商务创新发展联盟成立大会召开】1月12日，由市经济和信息化委指导，工业和信息化部电子科学技术情报研究所、北京企业转型升级服务联盟主办的北京市两化融合推进大会暨工业电子商务创新发展联盟成立大会在北京经济技术开发区召开。大会主题为“展示两化融合工作成果，引领首都企业转型升级”。会议总结了北京市“十二五”期间两化融合工作，展望“十三五”期间两化融合的发展趋势，进一步明确了北京工业企业调结构、稳增长，构建“高精尖”产业结构的发展目标。北京工业电子商务创新发展联盟在会上成立。同期，还举行了北京市两化融合成果展。

（江欣）

【2016中国两化融合大会召开】8月26日，2016中国两化融合大会在北京召开，工业和信息化部副部长怀进鹏出席会议并讲话。会上，全国人大常委会委员、全国人大财政经济委员会副主任委员辜胜阻，中国工程院院士邬贺铨、吴澄，北京大学教授、工业和信息化部原副部长杨学山，工业和信息化部信息化和软件服务业司司长谢少锋作主旨演讲；会议还举行了中国制造业与互联网融合发展联盟揭牌仪式。工业和信息化部有关司局、部属单位、中央企业集团、各行业协会、各重点企业的代表共2000余人参加了大会。

（江欣）

【搭建市区协同的项目审批管理平台】年内，市经济和信息化委规划布局处依托市行政审批统一平台、公共服务平台等系统建设，在全市所有委办局中率先实现审批事项的“互联网端申报—受理—审批—送达”全流程审批模式贯通。根据需求进行深度开发，推动全市工业和信息化项目审批统一使用市投资项目在线监管平台，通过信息化系统实现市区两级项目信息的监测与采集。1—10月，市区两级经济和信息化系统共审批项目473项，涉及总投资516.06亿元。其中，市级项目9个，涉及总投资3.7亿元。

（市经济和信息化委规划布局处）

制造业信息化

【北京高精尖产业发展基金发布会召开】1月14日，市经济和信息化委联合市财政局在中关村国家自主创新示范区展示中心召开以“政府资金携手社会资本，助力构建高精尖产业结构”为主题的北京高精尖产业发展基金发布会。会议由北京市政府副秘书长朱炎主持，副市长隋振江出席会议并作了讲话。市经济和信息化委主任张伯旭、纪检组组长张国栋、副主任樊健、委员姜广智、副巡视员张兰青，市财政局副局长王婴出席会议。工业和信息化部、市有关委办局、各区政府、区经济信息化主管部门，60余家投资机构、10余家银行、50余家企业及研究咨询机构，以及10余家新闻媒体出席。会上，张伯旭重点介绍了北京构建高精尖产业结构的发展思路，王婴重点解读了基金有关政策及财政资金改革思路，隋振江、张伯旭、王婴共同启动了北京高精尖产业发展基金。随后，姜广智宣布了高精尖产业发展基金首批11家拟合作机构和首批10家战略合作银行，亦庄国投总经理王晓波、国科嘉和执行合伙人王戈、华胜天成董事长王维航、北京银行副行长许宁跃分别代表投资机构、上市公司、银行进行了发言。最后，樊健作了会议总结并提出了基金下一步工作思路。

（市经济和信息化委规划布局处）

【推动2015年首批高精尖基金运作】1月，北京高精尖产业发展基金正式启动，计划总规模200亿元，其中财政资金计划出资50亿元。母基金财政资金已到位25亿元，其中2015年到位6.9亿元，2016年到位18.1亿元。2015年高精尖基金（含工美基金）设立以来，已公示确认合作机构共15家，基金认缴总规模合计135亿元，其中母基金认缴规模为30.8亿元。截至年底，7支子基金已签订合伙协议并完成全部或部分首期出资，共计出资11.2亿元，子基金已完成12个项目投资，基金投资额合计3.6亿元，总融资额9.6亿元。投资项目从领域分布来看：自主可控信息系统及周边领域项目5个，基金投资额1.76亿元，总融资额5.09亿元；云计算与大数据领域项目2个，基金投资额1.03亿元，总融资额3亿元；新一代健康诊疗领域项目1个，基金投资额0.2亿元，总融资额0.95亿元；工艺美术领域项目4个，基金投资额0.57亿元。还有5支子基金正在进行尽职调查工作，基金总规模40亿元，主要投资领域为新能源智能汽车、新一代移动互联网、北斗卫星导航等。

（市经济和信息化委规划布局处）

【首个3D打印人工脊椎植入成功】6月12日，首个金属3D打印定制19厘米人造脊椎植入手术在北京大学第三医院完成，标志着中国3D打印技术开启人工椎体时代。钛网填入自体或异体碎骨是作为椎体间支撑的最常用器材，填充的碎骨与相邻的骨头长到一起后，可以实现骨融合，完成稳定结构的重建，但要实现19厘米的大跨度支撑不现实，而钛网一旦移位，还可能压迫脊髓，导致患者瘫痪。利用3D打印技术生产出来的人工椎体是按照患者的解剖结构完成脊椎结构重建及固定的，患者装上后，完全可以像正常人一样生活和工作。3D打印人工椎体由北医三院骨科和北京爱康宜诚医疗器材股份有限公司合作开发研制，获食品药品监管总局批准注册，属于直接植入人体的三类骨科植入物，为中国监管等级最高的医疗器械。

（徐建）

【首个国家制造业创新中心落户北京】7月，动力电池战略发展研讨会暨国家动力电池创新中心成立大会在北京举行，标志着首个国家制造业创新中心正式落户北京。北京市副市长隋振江出席大会。国家动力电池创新中心将以技术研发、测试服务、中试孵化和行业服务为主要任务，通过人才培养、成果扩散、行业服务、国际合作等方式，加快实现科技成果的产业化应用，实现中国动力电池产业竞争力的跨越式提升。隋振江表示，全国科技创新中心是中央赋予北京的战略定位，建设科技创新中心的核心，是要探索形成创新驱动发展的道路、模式，不只是科学、技术层面的创新，更重要的是产业层面的创新。

（江欣）

【《中国制造2025》首批配套文件发布】8月19日，工业和信息化部、发展改革委、科技部、财政部等四部门联合发布制造业创新中心、工业强基、绿色制造、智能制造和高端装备创新等五大工程实施指南，进一步细化了未来5到10年五大工程的具体目标和发展路径。制造业创新中心建设工程以突破重点领域前沿技术和关键共性技术为方向，建立从技术开发、转移扩散到首次商业化应用的创新链条；工业强基工程主要解决核心基础零部件、关键基础材料、先进基础工艺的工程和产业化瓶颈问题，构建产业技术基础服务。这两个工程主要解决基础能力问题。绿色制造工程通过推动制造业各行业、各环节的绿色改造升级，加快构建绿色制造体系；智能制造工程推动制造业智能转型，推进产业迈向中高端；高端装备创新工程以突破一批重大装备的产业化应用为重点，为各行业升级提供先进的生产工具。

（江欣）

【2016世界机器人大会举办】10月20日，由北京市政府、工业和信息化部、中国科协主办，中国电子学会、市经济和信息化委、亦庄园管委会承办的2016世界机器人大会在亦创国际会展中心举行。国务院副总理刘延东以及北京市委书记郭金龙、科技部部长万钢、工业和信息化部部长苗圩、中国科协党组书记尚勇等出席开幕式。大会以“共享共创共赢，开启智能时代”为主题，分为机器人主论坛及专业论坛、博览会、大赛3个部分，设有4万平方米展区，设置工业机器人、服务机器人、特种机器人等专业展区，邀请世界10余个国家和地区的近150家机器人企业，展出仿生机器蝴蝶、智能协作机器人、情感机器人等产品与解决方案；举办无人驾驶挑战赛、无人机飞行极限挑战赛、国际水中机器人大赛、RoboCup机器人足球挑战赛、RoboCom青少年挑战赛、机器人明星挑战赛6项赛事，来自15个国家和地区的830余支参赛队伍和2500余人参赛；发布6项机器人团体标准以及智能机器人Bots平台；举办39场报告、6场高峰会谈和22个专题论坛，来自俄罗斯、德国、美国等国家及地区的行业组织和国际机构的300余名国际机器人领域知名学者围绕新一代机器人技术发展趋势与产业应用机会展开交流探讨。活动共吸引22.8万余人次参观，观看在线直播人数超过440万人。

（崔春雷）

【首款无人驾驶超级卡车问世】11月14日，在福田汽车集团＆福田戴姆勒汽车2016中国上海智能网联汽车展览会暨福田自动驾驶超级卡车发布仪式上，北汽福田汽车股份有限公司发布其与百度在线网络技术（北京）有限公司联合开发的国内首款无人驾驶超级卡车。产品通过车联网、自动驾驶和新能源三大核心技术，实现整车油耗降低30%，货运效率提升70%的目标，同时通过融合百度公司的高精度地图、定位、感知、智能决策与控制四大技术，实现有条件的无人驾驶。

（徐建）

【打造“互联网+”协同制造创新服务云平台】 年内，经济社会信息化处组织数码大方、中小企业服务中心为北京市200家中小企业免费提供为期一年的软件包服务。组织召开“2016北京‘互联网+制造’创新发展论坛暨工业云助推产业转型升级活动”，围绕《中国制造2025北京行动纲要》战略目标，就“互联网+”给北京制造业带来的机遇与挑战、传统制造企业转型升级为工业互联网企业以及北京制造业的发展路径等问题进行了探讨和交流。

（市经济和信息化委经济社会信息化处）

【推进“互联网+制造”领域高精尖项目试点示范】 年内，经济社会信息化处围绕《中国制造2025北京行动纲要》提出的“三四五八”战略规划，归纳梳理各产业“互联网+”示范项目62个。重点跟踪服务委内统筹管理的2016重大工业项目10个。储备“十三五”时期高精尖、技改及京津冀一体化发展重点项目20个；向工业和信息化部“中国制造2025”项目储备库推荐项目3个。

（市经济和信息化委经济社会信息化处）

【开展北京市两化融合调查与评估工作】 年内，经济社会信息化处按照工业和信息化部要求继续做好规上工业企业两化融合评估诊断和对标工作，完成了动员培训和数据采集，正在对1500家工业企业、450家软件和信息服务业企业及100家电商平台类企业报送数据进行分析。

（市经济和信息化委经济社会信息化处）

【印发关于推进“互联网+制造”的指导意见】 年内，经济社会信息化处为全面落实《〈中国制造2025〉北京行动纲要》和《实施意见》，推进制造业与互联网创新成果深度融合，加快构建“高精尖”产业结构，印发了《北京市经济和信息化委员会关于推进“互联网+制造”的指导意见》（简称《指导意见》），并进一步细化了72条工作任务，制定了年度目标，形成了《指导意见》委内任务分工，覆盖市经济和信息化委18个处室。

（市经济和信息化委经济社会信息化处）

【推动智能制造标准创制】 年内，装备产业处依托国家智能制造专项，整合中央院所、北京市属国企和民营企业创新资源开展标准创制工作，16家单位牵头承担了国家智能制造综合标准化及试验验证项目14项，占全国立项项目的32.6%。支持中关村丰台园在轨道交通装备关键技术标准研制实施高端装备制造业标准化试点工作，鼓励园区相关企业积极参与国际标准化活动，带动高端装备产品、技术和标准“走出去”。

（市经济和信息化委装备产业处）

【推动关键技术装备产业化】 年内，装备产业处聚焦高档数控机床和机器人、增材制造等智能制造装备核心技术研发及产业化，支持智能成套装备产业化。支持哈工大机器人华北总部、京仪自动化集成电路洁净机器人产业化、达闼云端机器人研发、京城康硕增材制造示范中心、易加三维增材制造装备研发中心及产业基地、商驰科技动力电池自动化生产线研制基地、诚益通生物医药自动化生产线产业基地等项目建设。汇聚机器人产业发展要素吸引重点企业、研发机构聚集，推动亦庄智能机器人产业创新基地建设，已有近40家机器人企业在园区落户。

（市经济和信息化委装备产业处）

【推广应用智能制造新模式】年内，装备产业处推动北京市企业应用智能制造新模式加快转型升级，和利时可编程控制器数字化车间基本建成并正式投产。支持中科信高效晶体硅太阳能电池、同仁堂中医药产品、康斯特数字压力校验装置、超同步智能伺服电机等领域的数字化车间、智能工厂建设，推动首钢集团硅钢—冷轧网络协同制造、机科总院装备复杂零部件个性化定制、大豪科技缝制设备远程运维服务等项目建设。

（市经济和信息化委装备产业处）

【打造智能制造产业发展平台】年内，装备产业处支持北人集团改造闲置厂房建设世界机器人大会永久会址，举办2016世界机器人大会。大会集会、展、赛为一体，交流前沿技术、展示最新产品、开展科普赛事，成为中国发展智能机器人产业、落实中国制造2025的重要平台。推动中国软件测评中心国家机器人检验检测平台、国家机床与机器人检测中心、仪综所智能制造标准试验验证等平台建设，提升产业发展质量。

（市经济和信息化委装备产业处）

【推动产业津冀地区全面布局】年内，装备产业处会同通州区经济和信息化委，完成22家规上装备企业实施调整疏解工作。推动金风科技张家口有限公司产业基地开工建设，逐步落实三方战略协议相关内容。推动星和众工与高碑店市签署“机器人及智能制造产业园项目”战略合作框架协议，建设研发中心、实验室和职教中心等配套设施，并孵化培育机器人及相关领域企业。推动中材叶片河北邯郸产业基地、精雕科技廊坊产业基地（三期）、合纵科技（天津）生产基地等项目开工建设。

（市经济和信息化委装备产业处）

【推动国家制造业创新中心建设】年内，首批首个国家制造业创新中心——国家动力电池创新中心落户北京。持续跟踪服务国家汽车动力电池产业创新中心。继续组织协调各方力量建设石墨烯创新中心、增材制造创新中心、北京—新乡新能源电池创新中心等创新中心建设，积极与工业和信息化部沟通，力争更多的国家制造业创新中心落户北京。

（市经济和信息化委科技标准处）

【推动北京市产业创新中心建设】年内，科技标准处印发了《北京市产业创新中心实施方案》，创建北京工业大数据创新中心。成员单位包括清华大学、北京大学、昆仑数据、金风科技、三一集团、陕鼓集团、山东临工、雷沃重工、台达电子、中国软件测评中心等19家企业、科研院所及高校，致力打造中国乃至全球的工业大数据创新基地。年内，该中心已经发布了一批创新成果，其中昆仑数据发布了自主研发的国内首款机器大数据管理分析平台——KMX。

（市经济和信息化委科技标准处）

【推进北京市高精尖产业创新中心建设】年内，科技标准处积极落实工业和信息化部国家级工业设计中心创建工作，重点跟踪北京市的联想（北京）有限公司、北京洛可可科技有限公司等国家级工业设计中心建设情况。截至12月，北京市共4家国家级工业设计中心，其中2家为工业设计企业，2家为企业的工业设计中心。启动北京市高精尖产业设计中心实施方案编制工作，与北京市产业设计中心、企业技术中心共同构成北京市高精尖产业创新体系。调研了小米科技、东道设计、幻响神州等工业设计领域发展较好的公司。

（市经济和信息化委科技标准处）

【推进服务型制造业发展】年内，科技标准处完成北京市政协第十二届委员会第四次会议关于培育设计服务型制造业，实现“中国制造2025”党派提案。联合中关村管委会、市科委、市教委共同制定了推动北京市设计服务型制造发展的回复，并以此为契机，在人才、环境、创新创意方面进一步形成合力，推动北京市制造业企业与设计创意产业融合发展，推动北京市设计服务型制造业发展。

（市经济和信息化委科技标准处）

商业物流信息化

【马坊物流基地获批跨境电子商务产业园】 9月29日，在北京跨境电商产业发布会上，马坊物流基地获市商务委、北京海关等部门颁发的中国（北京）跨境电子商务产业园授牌。基地将发挥示范作用，充分利用首都政策环境、航路资源和口岸建设体系等方面优势，搭建政府、企业之间信息共享和产业合作的交流平台，促进区域经济快速发展，迎接更多的电子商务企业到基地投资发展。基地发展跨境电子产业的工作包括：搭平台——搭好基础设施、人才创业、金融服务平台；聚资源——聚政策、功能、信息资源为一体；建机制——完善口岸联席会议制度、推动质量安全追溯休系建设、建立奖励和信息共享机制。

（郭欣平）

【推进京冀通航产业园区建设】 年内，航空航天处协调通航基地与中关村发展集团、中航工业对接，依托地方国企和央企的优势资源，成立合资公司开展通航基地土地一级开发，探索引进建工、城建等企业参与园区二级开发，同时，在园区规划、基金建设、机场取证、基础设施建设、重点项目落户等多个方面给予协助。石佛寺机场已完成临时等候滑行区等保障设施建设。机场选址方案已列入中部战区空军正式审批程序。机场新建联络道、渣土清理完工，净空改造完成，通航基地与华瑞联合航空、泊鹭通航签订战略合作协议，引入瑞士皮拉图斯飞机、美国海王飞机的销售中心、旅游营地等产业形态。举办2016北京爱飞客航空休闲嘉年华活动，活动期间，平谷区与中航通飞签订共建园区战略合作协议。通航基地注册各类通航企业近百家，总注册资金近20亿元，复装飞机19架，销售收入近亿元。规模2.75亿元的誉龙通航基金组建完成，到位资金4500万元。

（市经济和信息化委航空航天处）

【开展“北京市通用航空产业发展专项规划”编制工作】 年内，航空航天处按照要求，开展“北京市通用航空产业发展专项规划”编制工作。规划以满足首都经济发展要求、结合首都科研创新建设、兼顾首都城市功能保障为原则，立足于北京区位交通、总部经济、临空经济、园区经济，以及在京航空类企事业单位科研生产实力、技术人才储备、基础设施建设等优势，结合行业特点与市场环境，分析确定北京通航发展定位和总体目标。研究北京通航经济内涵，细化研发创新、制造、运营和服务4个产业方向，梳理重点支撑项目；在通用机场、起降点布局基础上，进行产业空间布局，明确实施路径和保障措施。同时，与北京市发展改革委“北京通航机场布局规划”相互衔接和支撑。

（市经济和信息化委航空航天处）

【首都经济圈区域物流协同服务试点项目通过验收】年内，首都经济圈区域物流协同服务试点项目通过验收。2012 年 8 月，国家发展改革委批准项目列入国家高技术产业发展项目计划(发改办高技〔2012〕2219 号)，由北京京津港国际物流有限公司实施。项目投资 4200 余万元，研发了物流中国信息网软件、物流中国信息网后台管理系统、e 管车车辆管理系统 Web 版、e 配货信息网手机客户端 iphone 版和 android 版 5 项软件著作权成果，通过“呼叫中心、协同服务中心、预警服务中心”三大子系统，实现信息发布与搜索、网上招投标及交易、物流监控服务、物流应急信息服务等系统功能。

（郭欣平）

电子商务

【北京市两化融合推进大会暨工业电子商务创新发展联盟成立大会召开】1 月 12 日，市经济和信息化委在北京经济技术开发区大族企业湾，会同中国两化融合服务联盟组织召开北京市两化融合推进大会暨工业电子商务创新发展联盟成立大会。会议总结了北京市“十二五”期间两化融合工作，交流成功经验，推广服务平台，展望“十三五”期间两化融合的发展趋势，进一步明确了北京工业企业调结构、稳增长，构建高精尖产业结构的发展目标。会议成立了北京工业电子商务创新发展联盟。联盟立足首都北京辐射京津冀，致力推动工业电子商务创新发展，构建工业电子商务集成发展的“政产学研用”合作机制，推动工业电子商务不断普及和深化应用，完善工业电子商务支撑服务体系，突破工业电子商务深度应用的技术和模式瓶颈，提升工业企业竞争力，壮大电子商务服务业，优化市场资源配置和产业链协同水平，助推京津冀产业转型升级。工业电子商务创新发展联盟是由首都典型工业电子商务应用企业，知名工业电子商务平台企业，金融支付、网络安全、信息技术等工业电子商务支撑服务企业，科研院所和高等院校等企事业单位自愿组成的非营利性社会组织，由工业和信息化部电子科学技术情报研究所担任理事长单位。工业和信息化部信软司副司长高林、市经济和信息化委委员任世强等参加联盟成立揭牌仪式，市经济和信息化委相关处室、各区经济信息化主管部门、各相关企业参加。

（市经济和信息化委经济社会信息化处）

【京东电子签收系统上线】1 月，由北京京东世纪信息技术有限公司自主研发的青龙系统电子签收功能上线，购买京东自营商品的用户在接收快递时，在快递员的 POS 机上签名即可，省去纸张的打印，节约成本。电子签收系统由 5 个部分组成，包括青龙电子小票管理系统、电子小票图片云存储系统、第三方电子签名 CA 认证前置系统、POS 一体机设备及基于京牛 App（京东配送员专属 App）的加密通道。物流小票电子签收模块和 POS 小票的签收模块产生的签收数据通过加密网络传输通道，经第三方 CA 认证后回传青龙电子小票管理系统。青龙电子小票管理系统采用京东云存储，可对授权用户提供高访问强度、高速度的读取服务，将读取的数据实时在线合成为对应的刷卡单、物流签收单图片，下发到每一个客户端。从用户在 POS 机上点下请求按钮到收到结果，仅需几十毫秒便可完成。

（徐建）

【用友电子发票服务平台推出】 3 月 23 日，在“电子发票与你有关”电子发票服务平台业务新闻发布会上，用友网络科技股份有限公司推出用友电子发票服务平台（www.piaoeda.com）。平台基于云服务模式提供电子发票全流程服务，实现开票、流转、收票、报销、入账、归档等功能，通过移动应用简化发票处理和报销流程，改变传统纸质发票网上认证困难，纳税人办理国地税业务分开跑、人力成本过高等问题。同时，平台还以电子发票为媒介，对企业经营的流程进行融合和优化，实现企业上下游数据互连互通，减少数据孤岛，提高运营效率，实现精细管理；缩短企业回款周期，减少资金占用，加速经济微循环；帮助企业归集和管理多平台、多来源的电子发票，杜绝纸质发票带来的假票、丢失、污损等方面的风险，降低发票管理的成本；发掘电子发票大数据优势，整合金融、营销等各方面服务资源，打造企业服务生态圈。

（秦琳）

【成立两化融合服务联盟】 8 月 18 日，北京两化融合服务联盟在北京举办“2016 北京两化融合服务联盟成立仪式暨两化融合发展论坛”。中国工程院院士李伯虎、中国科学院软件研究所供应链管理中心主任韩永生、中国企业联合会副理事长柏东海、中国两化融合服务联盟秘书长周剑、北京两化融合服务联盟理事长闫同柱等专家作了主题演讲。工业和信息化部信息化和软件服务业司副司长安筱鹏、国务院国资委监事会主任李保民、市经济和信息化委委员姜广智、市民政局副局长宋文星，以及市国资委、中关村管委会的有关负责人出席了会议。北京市各区经济和信息化委主管领导、相关协会与联盟负责人、专家学者，北京两化融合服务联盟发起单位，以及相关企业和机构代表 300 余人参加了此次盛会。大会现场，各界专家领导、嘉宾、企业代表就两化融合管理体系贯标、智能制造发展趋势、实现制造业强国目标的路径和模式、企业互联网融合创新之路等议题进行了深入探讨。

（市经济和信息化委经济社会信息化处）

【京东公司展示无人仓】 10 月 26 日，北京京东世纪信息技术有限公司展示由其自主研发的自动化物流仓储系统——京东无人仓。系统采用大量智能物流机器人进行协同与配合，通过人工智能、深度学习、图像智能识别、大数据应用等技术，让工业机器人可以进行自主的判断和行为，适应不同的应用场景、商品类型与形态，完成各种复杂的任务，在商品分拣、运输、出库等环节实现自动化，其存储效率是传统横梁货架存储效率的 10 倍以上，并联机器人拣选速度达每小时 3600 次，相当于传统人工的 5 ~ 6 倍。其中，负责分拣的 DELTA 型分拣机器人，采用 3D 视觉系统，能够实现动态拣选、自动更换拣拾器等功能。

（杜玲）

企业信息化

【2016 中小企业信息化服务信息发布会召开】5 月 5 日，为进一步贯彻《国务院关于大力推进大众创业万众创新若干政策措施的意见》精神，落实《国务院关于积极推进“互联网 +”行动的指导意见》，工业和信息化部在北京召开“2016 中小企业信息化服务信息发布会”，来自地方政府部门、信息化服务商和服务机构、行业协会，以及在京部分新闻媒体的代表参加了发布会。发布会上，工业和信息化部信息中心、中国电信、中国网库、中国联通、畅捷通信息技术公司、中国中小企业信息网、金和网络公司等分别发布了开启“创客中国”平台协同制造服务，推动众创、众包、众扶、众筹发展；中国电信智慧双创示范工程——服务中小企业信息化工作回顾与展望；实体企业的电子商务创新应用；汇聚资源 助力双创——中国联通推进中小企业“互联网 +”行动方案；支持大众创业万众创新，服务小微企业发展；创新中国行——打造中小微企业创新创业服务的新生态；运用“互联网 +”，提升中小企业公共服务水平。工业和信息化部信息中心、中国联通、北京金和网络公司、中国中小企业信息网、中小企业协会、中国网库分别与部分地方的人民政府、经济和信息化委、中小企业主管部门、工业园区、经济技术开发区等签署合作协议。

（江欣）

【推进企业转型升级】年内，积极引导领军企业主动调整业务，加快转型升级步伐。用友网络进入以“企业互联网服务”为战略业务的 3.0 时期，服务企业互联网化、金融化，发展方向为“企业级的安卓”。东华软件在移动医疗基础上再度扩展“互联网 +”版图，上线互联网金融平台——华金在线，进军互联网金融领域。神州数码信息系统集成公司以“产品 + 平台 + 数据”的产业互联网为发展目标，在云计算、大数据、物联网、安全可靠等技术上加强研发创新，拓展“互联网 +”银行、“互联网 +”农业等业务。百度、京东、乐视、小米、搜狗等互联网企业互联网公司一方面夯实核心业务，深化生态圈建设；另一方面加大互联网金融、人工智能、泛娱乐领域的研发投入，培育新增长点。在出行、居住、金融等领域涌现出如滴滴出行、58 同城、途家网、小猪短租、人人贷等一批分享经济代表企业。无忧英语（51TALK）作为互联网 + 教育的践行者，于 5 月在美国纽交所上市。在大数据、云计算、人工智能等领域，科研能力强、发展活力大的新兴企业辈出，为产业带来新动能。

（市经济和信息化委软件处）

ofo [东峡大通（北京）管理咨询有限公司]

【概述】ofo 小黄车是一个无桩共享单车出行平台，致力解决城市出行问题。用户只需在微信服务号或 App 输入车牌号，即可获得密码解锁用车，随取随用，随时随地，也可以共享自己的单车到 ofo 共享平台，获得所有 ofo 小黄车的终身免费使用权，以 1 换 N。2015 年 6 月启动以来，ofo 已经连接超过 500 万辆共享单车，提供上亿次共享单车出行服务，为全球 4 个国家 100 座城市用户提供便捷的出行服务。ofo 的理念是“骑时可以更轻松”。在未来 ofo 希望不生产自行车，只连接自行车，让人们在全世界的每一个角落都可以通过 ofo 解锁自行车，满足短途代步的需求。

（ofo 共享单车）

【完成 1.3 亿美元 C 轮融资】 10 月 10 日，ofo 共享单车宣布完成 1.3 亿美元 C 轮融资，包括滴滴出行数千万美元的 C1 轮战略投资。C2 轮投资方来自国内外投资机构，如参与滴滴出行最新一轮融资的美国对冲基金 Coatue，两年投资 55 家公司的小米；曾投资滴滴出行、饿了么的中信产业基金为本轮投资领投方，元璟资本、著名风险投资家 Yuri Milner 以及 ofo 共享单车的早期投资方经纬中国、金沙江创投等早期投资机构继续跟投。

（ofo 共享单车）

【发布“城市大共享”计划】 11 月 17 日，ofo 共享单车发布了“城市大共享”计划，欢迎全球的自行车品牌与生产商将自行车整车硬件和自行车服务接入 ofo，共同为用户提供差异化、个性化的自行车出行服务。ofo“城市大共享”计划同样面向城市用户，鼓励市民将闲置自行车共享出来，接入 ofo 平台为更多人提供服务。同时，把自己的自行车共享出来的市民，将获得 ofo 平台所有车辆的使用权，以 1 换 N。

（ofo 共享单车）

【正式进入广州】 12 月 9 日，ofo 共享单车在广州召开城市战略发布会，宣布正式登陆广州，将与广州市海珠区人民政府建立战略合作，年内连接 6 万辆自行车。海珠区政府计划在辖区内各地铁站点、公交站点、居民区、商业区、公共服务区等周边区域划设自行车停车位，供 ofo 共享单车等自行车停放，三期预计将完成 1200 个自行车停车位。发布会上，海珠区政府授予 ofo 一个编号为“粤 A001”的 ofo 定制车牌，欢迎 ofo 正式进入广州。ofo 在广州投放的单车为全新升级的 ofo3.0 版本，新一代小黄车使用了实心胎、三角型把立、可调节座椅、前后双抱刹系统等，在安全性、耐用性、功能性、设计感上都有提升，同时降低了维护成本。

（ofo 共享单车）

【与深圳地铁达成战略合作】 12 月 9 日，ofo 共享单车宣布正式登陆深圳，并将与深圳地铁建立战略合作伙伴关系，双方将在多个层面展开密切合作。此次合作将利用 ofo 建设共享单车平台的技术和经验，结合深铁集团地面站点资源优势，在深铁集团地铁站点地面出入口划定共享单车停车专区，供 ofo 进行车辆投放，为城市居民提供完整的城市公共交通解决方案。在运维层面，ofo 还将协助有关部门进行非机动车辆的秩序维护，帮助解决自行车乱停乱放问题。

（ofo 共享单车）

北京北咨信息工程咨询有限公司

【概述】 年内，北京北咨信息工程咨询有限公司（简称北咨信息）在电子政务等信息化咨询领域的多项工作获得行业认可，获多项相关荣誉及奖项；北咨信息在业务创新和市场拓展工作中也取得了新的进步，作为北京软件造价评估技术创新联盟的首批会员单位，已可以为客户提供规范化和专业化的软件造价评估服务；北咨信息不断取得或通过多项资质或管理体系认证，为各行业客户提供更优质的服务。

（沈学雷）

【多项工作获得行业认可并获相应荣誉】2 月，北京信息化协会召开第五届会员代表大会，北京北咨信息工程咨询有限公司被评选为 2011—2015 年度第四届优秀会员单位奖。12 月，北京北咨信息工程咨询有限公司在中国电子工业标准化技术协会信息技术服务分会（简称 ITSS 分会）第一届第四次理事会暨会员代表大会上，获 2016 年度 ITSS 优秀会员单位奖；在中国计算机用户协会网络应用分会组织进行的“第八届用户满意奖、创新奖”评选活动中，北京北咨信息工程咨询有限公司获 2016 年度信息系统工程监理和咨询服务用户满意奖；在中国电子企业协会组织开展的双年度评选中，经过初审，评审委员会评审，网上公示及终审，李东总经理再度被评选为 2016 年全国电子信息行业优秀企业家。

（沈学雷）

【取得或通过多项资质或管理体系认证】3 月，北京北咨信息工程咨询有限公司取得中国电子企业协会颁发的信息系统工程监理单位甲级资格证书。8 月，北咨信息正式取得《涉密信息系统集成资质证书》。9 月，北咨信息取得中国工程咨询协会颁发的工程咨询单位甲级资格证书。9 月，北咨信息通过信息安全管理体系（ISO 27001）认证年度监督审核。10 月，北咨信息取得中国中小企业协会颁发的 AAA 级企业信用等级证书。11 月，北咨信息通过质量（ISO 9001）、环境（ISO 14001）、职业健康安全（GB/T 28001）管理体系认证年度监督审核。

（沈学雷）

【加入北京软件造价评估技术创新联盟】7 月，北京北咨信息工程咨询有限公司参加北京软件造价评估技术创新联盟成立大会暨第一次会员代表大会，成为该联盟的首批会员单位。在这一新开拓的业务领域中，公司已有 41 名软件工程造价师，可以为客户提供规范化和专业化的软件造价评估服务。

（沈学雷）

北京北斗星通导航技术股份有限公司

【概述】北京北斗星通导航技术股份有限公司成立于 2000 年 9 月 25 日，是国内最早从事导航定位业务的专业化公司之一。作为我国导航定位产业的领先者，公司始终坚持自主创新、合作创新、集成创新，以推动北斗产业化应用，助力中国导航产业发展为己任，秉承“用户前台，合作多赢”的经营理念，不断完善和深化“产品 + 系统应用 + 运营服务”的业务模式，致力于为用户提供卓越的导航定位解决方案及服务。

（江欣）

【和芯星通获国家科技进步奖】1 月 8 日，2015 年度国家科学技术奖励大会在北京人民大会堂召开。北京北斗星通导航技术股份有限公司旗下和芯星通《多系统多频率卫星导航定位关键技术及 SoC 芯片产业化应用》项目获国家科技进步奖二等奖，成为首个获此殊荣的北斗芯片成果。《多系统多频率卫星导航定位关键技术及 SoC 芯片产业化应用》项目涉及中国北斗卫星导航系统的核心技术，具有重大技术创新性。项目成果包含了多款高性能 SoC 芯片，并已经实现规模化生产应用，覆盖米级、亚米级、厘米级及毫米级的定位精度，销量突破 200 万片，在民用商业市场和军民融合领域取得了显著的经济和社会效益。

（北斗星通）

【非公开发行股票申请获得通过】2月1日，中国证券监督管理委员会发行审核委员会经2016年第23次工作会议审核，北斗星通非公开发行股票申请获得通过。公司将通过非公开发行股票募集不超过16.8亿元，其中国家集成电路产业投资基金（简称“国家大基金”）计划认购15亿元。此次募集资金将主要投资于面向低功耗应用的北斗/GNSS SOC单芯片研制及产业化项目、面向高精度高性能应用的北斗/GNSS SOC芯片研制及产业化项目、基于云计算的定位增强和辅助平台系统研发及产业化项目等。

（北斗星通）

【发布多系统多频点高精度GNSS模块】5月18日，第七届中国卫星导航学术年会在湖南省长沙市开幕。北斗星通旗下企业和芯星通公司在此届年会上发布了全球首款多系统多频点高精度GNSS模块——UM332。该产品通过使用单颗UC4C0基带芯片及单颗宽带射频芯片，实现了全球首款多系统多频点高精度GNSS模块，具备当前业内最小尺寸，支持高精度定位定向同时输出，在成本、功耗等方面也极具竞争力。

（北斗星通）

【“北斗技术与应用国际培训班”走进北斗星通】7月18日，由科技部国际合作司主办的“2016北斗技术与应用国际培训班”走进北斗星通，来自东盟及其他发展中国家的30位学员亲临北京北斗星通导航技术股份有限公司展示中心实地参观学习。北斗星通战略发展中心黄磊围绕“北斗基础产品及典型应用”向学员们进行了讲解，重点介绍了兼容北斗的GNSS芯片、导航模块、高精度接收机及天线等基础产品，以及面向海洋渔业、港口集装箱作业等典型应用解决方案。“北斗技术与应用国际培训班”由科技部国际合作司主办、科技部国家遥感中心承办，旨在落实2012年中国—东盟首次科技部长会议精神，推动实施中国—东盟科技伙伴计划，为东盟伙伴国家及其他发展中国家提供北斗卫星导航系统、地理信息系统、遥感、空间探测等方面的技术培训，推动双方科技合作交流。

（北斗星通）

【受邀参加“IAG/CPGPS国际GNSS+会议”】7月27—30日，由全球华人导航定位协会（CPGPS）和国际大地测量协会（IAG）联合组织的“IAG/CPGPS国际GNSS+会议”在上海召开。此次会议以“发展，机遇与挑战”为主题，共有来自中国、美国、德国、日本、俄罗斯、波兰、澳大利亚等国的约250位卫星导航领域的专家、学者参会。北京北斗星通导航技术股份有限公司受邀参与此次会议，公司副总裁王增印代表公司在会议期间与国内外专家就卫星导航技术、产业发展等进行了互动交流，并重点向与会者介绍了北斗星通公司现状及未来在新的业务模式、国际化发展等方面的构想。北斗星通还在会议期间展示了自主研发的导航定位芯片、模块、天线等产品以及面向海洋渔业、港口和形变监测等领域的典型应用。

（北斗星通）

【非公开发行股票上市仪式举行】8月19日，北京北斗星通导航技术股份有限公司“2016年非公开发行股票上市仪式”在北斗星通大厦举行。国家大基金华芯投资管理有限责任公司总裁路军、副总裁高松涛、副总裁吴丰硕等领导以及北斗星通董事长周儒欣、副董事长李建辉、总裁胡刚等出席活动。在此次仪式上，双方对非公开发行成功进行了庆祝，并针对募投项目开展情况、公司未来发展战略等进行了充分交流、探讨。路军表示，未来，大基金还将与北斗星通进行更深入的合作，共同为实现“北斗梦”，为推动中国北斗产业更好更快地发展而努力。周儒欣表示，大基金的加入将持续提升北斗星通的核心竞争力，巩固公司竞争优势，并进一步增强公司对人才、技术、资金、合作伙伴等资源的聚合力。

（北斗星通）

【亮相 ION GNSS+2016】 美国当地时间 9 月 12—16 日，第 29 届美国导航学会全球卫星导航系统年会（ION GNSS+2016）在美国俄勒冈州波特兰市俄勒冈会议中心举行。此届会议吸引了来自数十个国家的近千名学者和专业人士参与，近 50 家全球 GNSS 企业参展。北京北斗星通导航技术股份有限公司亮相此届年会，并重点展示了旗下子公司自主研发的多系统多频 GNSS 芯片、高精度板卡 / 天线等系列产品。

（北斗星通）

【亮相第五届中国卫星导航与位置服务年会】 9 月 28 日，第五届中国卫星导航与位置服务年会在四川成都市召开。北京北斗星通导航技术股份有限公司亮相此届年会展览会，重点展示了公司自主研发的芯片、模块、板卡、天线、LTCC 基板和陶瓷元器件、小型组合导航系统等产品以及面向多行业领域的解决方案。在此次年会开幕式上，颁发了 2016 年度卫星导航定位科学技术奖，北斗星通、和芯星通的多模多频抗干扰芯片项目以及和芯星通 Nebulas Ⅱ芯片项目均获评科技进步奖一等奖，华信天线小型化高精度基准站天线项目获评科技进步奖二等奖。

（北斗星通）

【获评 2016 中国地理信息产业百强企业称号】 10 月 31—11 月 2 日，2016 中国地理信息产业大会在长沙召开，会上颁发了 2016 中国地理信息产业百强企业奖、2016 地理信息科技进步奖、2016 中国地理信息产业优秀工程奖等奖项。北京北斗星通导航技术股份有限公司获评 2016 中国地理信息产业百强企业。公司已连续两次入围榜单前十。此次奖项通过申报、评分和审核，参考了营收规模、经营增速、经营效益、地域分布、产业链分布等 5 项标准，并与 2014 年度名单进行对比，最终评选得出榜单。中国地理信息百强企业评选是经国家测绘地理信息局批准，由中国地理信息产业协会组织开展的，旨在深入贯彻落实《国务院办公厅关于促进地理信息产业发展的意见》，鼓励表彰先进，树立优秀品牌，促进中国地理信息产业繁荣发展。中国地理信息百强企业评选于 2014 年首次启动，2016 年是第二次发榜。

（北斗星通）

北京歌华有线电视网络股份有限公司

【概述】 年内，北京歌华有线电视网络股份有限公司（简称歌华有线）全面深化改革，不断提升企业发展活力和竞争力，在技术创新、业态创新、新媒体发展等方面取得了一系列重大突破，保持了持续健康快速发展。公司用户数量实现了稳定增长，截至年底，有线电视注册用户达到 580 万户；高清交互累计推广数量达到 483 万户，同比增长 23 万户；家庭宽带用户达到 50.6 万户，同比增长超过 9 万户。公司加强基础网络建设升级，提高网络品质和用户服务水平；依托“全媒体应用聚合云服务平台”，着力打造平台优质资源，提高新媒体核心竞争力，并启动与互联网电视牌照方平台的对接工作，在教育、健康、文化等领域不断推陈出新；创新产品和业务形态，推出4K超清机顶盒、歌华生活圈等融合型产品应用；实现了“中国电视院线”在全国的统一运营和统一管理；积极参与智慧城市建设，“无线北京”“智慧社区”“智慧密云”等项目取得突破性进展；开展资本运作，布局上下游产业链，积极推进京津冀有线电视产业协同发展。在“深化文化体制改革，推进文化大发展大繁荣，推进传统媒体与新兴媒体融合发展”的大背景下，歌华有线全面实施“一网两平台”战略规划和新媒体发展规划，全力打造具有强大实力和传播力、公信力、影响力的新型媒体集团。

（钟华）

【东方嘉影电视院线传媒股份公司成立】1月18日，东方嘉影电视院线传媒股份公司成立。截至年底，电视院线已在27个省级有线网络公司31个前端落地，合计覆盖高清交互用户数3032.2万户，实现了“中国电视院线”在全国的统一运营和统一管理。全年电视院线共更新506部影片，较上年增长18%，其中全网首播独播影片达到15部。

（歌华有线）

【西藏考察团到歌华有线调研】8月23日，西藏自治区人民政府党组副书记、政府顾问孟德利一行到北京歌华有线电视网络股份有限公司考察调研并座谈，双方就北京、西藏两地有线电视的发展状况以及在教育、文化等领域的合作前景等进行了深入交流。

（歌华有线）

【“电视图书馆”升级上线】12月，“电视图书馆”2.0版上线，包括电子图书百万册、音视频资源8000集，同时增加“卖书”、“听书”、视频讲座等付费业务，实现多终端数据共享和付费下载功能。

（歌华有线）

【电子渠道建设】年内，北京歌华有线电视网络股份有限公司用户可使用电子缴费渠道28个，收款额8423万元，占比达5.98%。电视营业厅、网上营业厅及掌上营业厅开通了微信支付渠道；欠费清缴及充值功能在支付宝手机端上线。

（歌华有线）

【保障安全传输】年内，北京歌华有线电视网络股份有限公司完成2016年春节、北京市及全国“两会”、国庆节、G20杭州峰会、里约奥运会等重要保障期安全传输保障工作，实现重要保障期内零事故。年内，开展了安全传输隐患排查整改工作，对全市范围内有线电视网络基础设施（包括管道、光缆、电缆、机房等）和各专业技术系统包括设备、系统、网络、流程、制度等进行了全面排查，并实施整改。积极开展互联网安全管理和信息安全等级保护工作，完成并通过了广电总局等保测评认定。组织进行机房消防、设备、技术系统培训3000多人次，演练70余次；组织开展2次公司安全工作大检查及6期消防培训。

（歌华有线）

【全频道滚动字幕进入常态化运行】年内，歌华有线全频道滚动字幕累计发布预警类、服务类政务信息近千次，覆盖350万个终端。

（歌华有线）

【北京歌华益网广告有限公司正式运营】年内，北京歌华有线电视网络股份有限公司在实行开机广告、导航条广告及贴片广告承包制的同时，积极开拓直投广告客户，与各大银行、委办局、企事业单位等进行广告合作。下半年，歌华有线全资子公司——北京歌华益网广告有限公司正式运营，致力于利用互联网思维模式，深挖歌华互动媒体潜力，变观众为用户，与各大广告代理公司、广告主共创互动媒体广告生态圈。

（歌华有线）

【歌华有线“亲情一刻”云应用上线】年内，北京歌华有线电视网络股份有限公司推出具有广电特色的家庭电视相册云应用产品“亲情一刻”，为每位歌华用户提供属于家庭的电视云主页。用户通过扫描二维码下载“亲情一刻”客户端，按提示绑定机顶盒，即可实现手机与电视的互动，可上传自己喜爱的照片、视频、音乐至电视云空间，组建家庭相册并搭配自己喜欢的背景音乐，在电视上播放，实现远程分享。此外，通过手机 App 自愿向机顶盒开放位置信息后，机顶盒可实时显示家庭成员的位置共享信息。

（歌华有线）

【终端和付费节目销售大幅增长】年内，北京歌华有线电视网络股份有限公司销售高清交互机顶盒 31090 台，实现机顶盒、4K 一体机等硬件销售收入同比增长 24%。付费点播和付费应用业务实现销售收入同比增长 92%。

（歌华有线）

【拓展宽带业务】年内，歌华家庭宽带总用户数达到 50.6 万户，较上年底增加超过 9 万户，增长 22%；全年宽带业务收入同比增长 17.7%。为实现宽带业务快速发展，对昌平、通州、顺义、门头沟等远郊分公司机房设备进行升级，百兆高带宽产品进一步扩大覆盖范围；扩大与北京电信合作品牌“华翼宽带”建设，推出华翼高带宽产品；深入与房产中介等第三方的合作，进入房屋中介宽带接入市场；年内，根据国家“提高网速、降低资费”的整体工作要求，调整了宽带产品价格体系，丰富了套餐设置，加大了营销力度，促进全业务融合发展。12M 及以上带宽用户占比由 2015 年底的 55% 提升至 66%。家庭宽带业务平均渗透率达到 9.81%，城区、郊区发展趋于均衡。

（歌华有线）

【无线北京项目取得进展】年内，北京歌华有线电视网络股份有限公司全力开展市经济和信息化委“无线城市”项目市、区两级接入服务点位建设，截至 12 月底，项目共开通 900 个场所，AP 数量达到 5812 个，奠定了“无线城市”领域的品牌形象。

（歌华有线）

【推进“智慧密云”项目】年内，北京歌华有线电视网络股份有限公司与密云区政府合作，依托高清交互平台，打造面向密云全区用户的便民服务平台“智慧密云”，提供密云新闻、教育导航、就业社保、健康医疗、为老服务等九大服务功能，并实现了遥控器“0”键一键进入项目主页。

（歌华有线）

【建设“歌华视联网”】年内，北京歌华有线电视网络股份有限公司与视联动力在北京地区联合打造“歌华视联网”品牌服务，完成接入点位约 300 处。同时，积极开发“歌华视联网”在北京市卫计委、市教委等领域的业务应用，不断扩大“歌华视联网”品牌的社会影响力。

（歌华有线）

【搭建“歌华政企云平台”】年内，北京歌华有线电视网络股份有限公司与华为公司合作搭建“歌华政企云平台”，为北京市环保局、市文化发展中心、抗战纪念馆等多家单位提供业务服务。

（歌华有线）

【电梯运行安全监测】年内，北京歌华有线电视网络股份有限公司在通州、石景山、海淀、丰台等多个区域开展了电梯运行安全监测试点工作，其中在通州实现监测 170 部电梯。

（歌华有线）

【启动与全国互联网电视牌照方平台对接】年内，北京歌华有线电视网络股份有限公司正式启动了与上海百视通、杭州华数、湖南芒果 TV、央广银河、中国国际广播电视网络台（CIBN）、中国网络电视台（CNTV）和南方传媒（SMC）等全国七大互联网电视牌照方的平台对接工作。基于歌华全媒体聚合云平台，为用户提供优质的互联网视频服务。

（歌华有线）

【推出系列化终端产品】年内，北京歌华有线电视网络股份有限公司在原有标清单向机顶盒、高清单向机顶盒、高清交互机顶盒、一体机等终端产品的基础上推出 4K 智能网关机顶盒、4K 智能 DVB+IP 机顶盒、4K 纯 IP 网络机顶盒和 4K 智能一体机等终端产品，形成针对不同用户使用场景需求的终端系列。

（歌华有线）

北京公共交通控股（集团）有限公司

【概述】2016 年是北京公共交通控股（集团）有限公司“十三五”规划的开局之年，为全力推进公交集团深化改革发展工作，实现公司“十三五”规划总体战略目标，信息工作以公交集团“十三五”信息专项规划为指导，以深化改革工作要求为导向，围绕“一个公交云平台、六个业务应用平台、四个保障体系”的总体框架进行建设，以提升信息平台承载能力和业务应用水平，实现信息服务按需获取、数据资源充分共享、数据资产深度应用，支撑并驱动企业深化改革发展，推动集团公司管理模式以及业务模式创新，助力公交实现现代化。

（孙国萍）

【虚拟化基础平台扩容】年内，北京公共交通控股（集团）有限公司在原有虚拟化平台基础上进行服务器内存及磁盘阵列扩容，虚拟化资源总量达到：CPU 1688.38GHz，内存 9030.78GB，存储 600TB，提高信息基础平台承载能力，容量能够满足各业务系统资源需求。在虚拟化平台进行安全防护产品的设置，保障了公交集团的信息系统稳定可靠地运行。

（孙国萍）

【完善运维管理平台】年内，北京公共交通控股（集团）有限公司完善集团公司、分公司、场站车队、运维单位等统一的运维管理平台，提高和改善公交集团 IT 运维管理能力。运维流程管理子系统主要包括故障管理、请求管理、问题管理、变更管理、发布管理、知识库管理等功能，实现统一 IT 服务窗口、IT 运维知识共享，为 IT 服务管理评价及考核机制、运维管理服务改进及决策支持提供了途径；设备在线管理子系统实现车载设备的实时状态监控、上线情况分析、设备参数远程修改、设备远程升级等管理；资产管理子系统主要包括资产领用、资产调拨、资产借用归还、资产报废、资产统计、资产盘点等功能，实现对 IT 设备相关信息的科学管理，实时掌握 IT 设备资产的相关信息，变被动运维为主动运维，实现运维工作流程的固化，提升运维管理水平。

（孙国萍）

【启动集团 IT 治理】年内，北京公共交通控股（集团）有限公司通过对集团机关所有业务部室、核心层及市场化单位的调研访谈，梳理了企业信息化规划、管控模式、治理能力、制度管理和绩效管理现状及治理需求，设计了集团 IT 治理体系框架，制定了集团信息化组织职能和岗位配置建议，给出了信息化管理制度清册，规划了集团 IT 治理信息支撑系统需求，包括架构管理系统、知识管理系统、制度管理系统和绩效管理系统建设需求，为集团信息化治理指明了方向，奠定了基础。

（孙国萍）

【完成集团企业架构设计】年内，北京公共交通控股（集团）有限公司构建了集团业务架构全景视图，设计了人力、资产、车辆技术、运营调度、安全服务、票务、物业、保修等主营核心业务的应用、数据和技术架构，为集团今后信息系统建设奠定基础。建立企业架构管控体系与机制，形成架构管控办法、组织、流程及相应模板，逐步提升集团企业架构应用与管控能力。设计市场化单位业务及数据管控方式与方法，形成市场化单位数据资产名录，提高对市场化单位经营管理的监控能力，为集团级数据架构标准化模型设计奠定基础。

（孙国萍）

【建成统一门户及一体化权限管理平台】年内，北京公共交通控股（集团）有限公司完成系统设计、平台开发、系统部署及测试工作。实现了统一身份管理、统一认证、个人日程、任务协作、通知公告、待办消息等基础功能；实现了对外网新闻、邮件系统及车次、公里等指标的集成展示；完成了OA、人力资源、车辆技术、安全服务等业务系统的门户集成工作，并制定了后续系统集成规范；实现了单点登录、员工自助、通讯录等常用功能及基于角色的统一授权管理。

（孙国萍）

【开展网络安全体系设计工作】年内，北京公共交通控股（集团）有限公司完成重要系统评估调研，对核心交换机端口镜像进行流量监控，通过分析流量给出存在的安全隐患问题；部署配置核查设备，针对重要系统的服务器进行安全配置匹配检查，给出配置核查报告；针对重要系统完成漏洞扫描工作，给出漏洞扫描报告；完成安全体系管理文档和技术文档。

（孙国萍）

北京工美集团有限责任公司

【概述】2016年是“十三五”开局之年，北京工美集团在发展战略指导下，充分利用国家大力扶持文化创意产业发展的契机，借助京津冀协同发展战略，积极推进体制机制改革，调整产业思路，优化产业发展模式和管控模式，整合和优化产业资源和产业结构，采用并购、控股等手段，加大力度整合产业链，将集团打造为工艺美术文化创意产业“生态航母”，早日实现“具有较强核心竞争力和广泛国际影响力的工艺美术文化创意产业集团”的发展愿景。年内，工美集团继续采用内涵式与外延式相结合的发展模式，坚定不移地深化企业体制机制改革，调整经营结构，转变经营方式，面临困难的市场形势，积极采取应对措施，调整营销策略，拓宽营销渠道，拓展市场空间，提高企业经济效益。按照集团公司的资产和经营状况，下属企业性质主要分为三大板块，即商贸板块、物业板块、生产研发板块。主要产品及商品为黄金制品、珠宝玉器、工艺美术品等，其中黄金制品占一半以上。物业板块总体基本稳定，努力降本增效，效益稳中有升；商贸板块由于整体经济形势呈“L”形走势，尤其是工美行业，受到较大冲击，板块下滑趋势明显；生产研发板块通过不断的努力，加大新产品的研发和市场开拓，整体板块略有增长。

（北京工美集团）

【电子商务运营中心销售收入3200万元】年内，北京工美电子商务运营中心实现销售收入3200万元，同比有较大增长。主要对产品大动手术，确定和建立以互联网消费者需求的产品体系；对1网5店、App、微店进行二次开发、整修和提升，从功能上满足订购需求，体现专业化、效果化、人性化。组建以个人为中心的微信小店，微店具备员工可开店功能，使微店销售收入与员工挂钩；继续在知名电商平台开新店，尝试跨境电商，研究亚马逊、小笨鸟、阿里海外等平台，计划在亚马逊及跨境电商平台上开新店。

（北京工美集团）

北京浩瀚深度信息技术股份有限公司

【概述】北京浩瀚深度信息技术股份有限公司（简称浩瀚深度）成立于1994年，是一家为中国互联网提供网络流量监测控制系统、网络大数据采集平台和数据应用服务的专业厂商，于2015年10月9日在全国中小企业股份转让系统正式挂牌。浩瀚深度一直致力于提供高性能、高精度、高可靠性的整体解决方案，实现互联网的可视、可管、可控、可追溯、可预测。年内，公司产品已被广泛部署在运营商的各级网络中，覆盖中国互联网带宽超过100Tbps。浩瀚深度在海量数据获取、高速数据处理和深度信息挖掘领域有深厚的技术积累和专业的服务能力。

（陈陆颖）

【首次参加“2016年世界移动大会”】2月22—25日，由全球移动通信系统协会（简称GSMA）主办的“2016年世界移动大会”在西班牙首都巴塞罗那举办。北京浩瀚深度信息技术股份有限公司首次亮相世界移动大会，重点展示了“高性能业务感知流量控制网关HDT5000”、大数据产品“顺水云”等具有领先核心竞争力的产品。

（张斯瑶）

【被认定为北京市企业技术中心】2月，经专家评审及北京市企业技术中心认定指导小组评定，北京浩瀚深度信息技术股份有限公司被认定为北京市企业技术中心。技术中心是企业设立的具有较高层次和水平的研究开发机构，是企业创新技术体系的核心。

（范迪佳）

【入选重点瞪羚企业】4月，北京浩瀚深度信息技术股份有限公司入选中关村科技园区管理委员会“重点瞪羚企业”。重点瞪羚企业是中关村管委会在瞪羚企业的基础上重点培育的企业，政府部门为其提供融资支持，给予相应的贷款贴息等优惠政策。

（范迪佳）

【获中国AAA级信用企业】4月，中国合作贸易企业协会、中国企业改革与发展研究会、中国企业信用评价中心联合举办“2016中国企业科学发展大会暨第七届中国企业诚信盛典”，北京浩瀚深度信息技术股份有限公司获中国AAA级信用企业，全面提升了企业的品牌形象和综合竞争力。

（范迪佳）

【HDT5000两个型号设备获得电信设备进网许可证】5月，北京浩瀚深度信息技术股份有限公司获得HDT5000-6电信设备进网许可证和HDT5000-16电信设备进网许可证。

（张海滨）

【网络可视化分析系统 V2.1 发布】6 月，浩瀚深度网络可视化分析系统 V2.1 版本发布。年内，该系统申请了软件著作权。其主要功能包括：系统管理，对用户的登录、操作提供安全保障；设备管理，同时对多种型号、多台设备管理、采集、配置，提高效率和可维护性；流量控制功能，在提供单维或多维自由组合的流控策略基础上，增加智能流控，自动更新流控阈值，在确保最终流控效果基础上提升用户上网体验；流量决策分析，可从链路、用户群、流向、业务等多维度进行灵活组合、汇总分析，提供流量、通过量等指标，为流控决策提供参考依据。本系统采用分布式平台化部署，具备高可扩展性。

（张海滨）

【获 2016 年度全国优秀首席信息官】8 月，在 2016 全球信息技术主管大会上，浩瀚深度副总经理张琨获“2016 年度全国优秀首席信息官（CIO）”荣誉称号。

（范迪佳）

【获得 HDT5000 接口芯片逻辑软件 V1.1 软件著作权】8 月，浩瀚深度 HDT5000 接口芯片逻辑软件 V1.1 获得软件著作权。该接口芯片逻辑软件提供设备的高速链路接入的功能，并提供基于网络报文的深度检测和分类统计，配合 HDT5000 主芯片逻辑软件完成网络报文的转发、流控、镜像处理和相应的统计。技术特点为：遵循 STS-192c（STM 64c）规范，支持 GR-253，ANSI T1.105，T1.416，ITU G.751，G.707，G.783 and G.804；支持 IETF RFCs 2615 and RFC 1662，IEEE 802.3ae；支持最小 64 字节的线速转发；支持 300 种业务特征的报文检测。

（张海滨）

【浩瀚深度 HDT5000 主芯片逻辑软件 V1.0 获得软件著作权】8 月，浩瀚深度 HDT5000 主芯片逻辑软件 V1.0 获得软件著作权。该主芯片逻辑软件主要用于对于重要出口链路进行带宽管理；保证关键用户、业务的带宽需要，增强运营商对于互联网流量的精细化运营手段。该软件可以对网络中各大类或小类业务以及指定用户等进行非常精确的监控。技术特点包括：支持 8K 用户定义，支持上千种业务定义，支持 32K 策略，支持 7×24 小时连续工作。

（张海滨）

【参加“2016 年中国国际信息通信展览会”】9 月 20—23 日，由工业和信息化部和中国国际贸易促进委员会主办的“2016 年中国国际信息通信展览会”在中国国际展览中心举办。北京浩瀚深度信息技术股份有限公司以“浩瀚全景大数据 深度记忆更智慧”为主题，重点展示了公司的网络流量监测控制系统、网络大数据采集平台和数据应用服务等领先的核心竞争力。展会期间，原信息产业部部长吴基传、原工业和信息化部副部长王旭东、中国联通集团董事长王晓初等到展位指导工作，并对公司在技术创新和产品研发方面给予充分肯定。

（张斯瑶）

【自主研发产品获北京市新技术新产品认定】9 月，北京浩瀚深度信息技术股份有限公司的高性能业务感知流量控制网关 HDT5000-6 和 HDT5000-16、顺水云网络业务感知分析系统、顺水云网络业务资源分析系统获北京市新技术新产品认定。北京市新技术新产品拥有技术先进性和创新性，技术成熟、质量可靠，具有潜在的经济效益和较好的市场前景，具有较高的权威性。

（范迪佳）

【获中关村高成长企业 TOP100 称号】10 月，北京浩瀚深度信息技术股份有限公司凭借连续三年的营收复合增长率、自主创新能力等指标，获得“2016中关村高成长企业TOP100”荣誉称号。中关村高成长企业TOP100年度评选活动创办于2009年，是中关村地区最具权威性和公信力的大型公益性评选活动之一。该届TOP100的重点是评选出具有核心技术、创新能力强、发展速度快、拥有良好发展前景的优秀企业。

（范迪佳）

【获2016中关村信用双百企业称号】10月，中关村企业信用促进会发布了“2016中关村信用双百企业”获奖名单，北京浩瀚深度信息技术股份有限公司凭借多年积累的社会信任度以及对中关村科技、经济的贡献，再次获“2016年中关村信用双百企业——最具影响力企业”称号。“中关村信用双百企业”是中关村信用品牌的集中代表。自2010年以来，“信用双百企业”已经成为中关村企业的“信用名片”。

（范迪佳）

【获2016年北京软件和信息服务业综合实力百强企业称号】11月，北京浩瀚深度信息技术股份有限公司获“2016年北京软件和信息服务业综合实力百强企业”荣誉称号。百强企业的特点是发展态势良好、创新意识不断增强、企业管理规范、互联网特征突出。

（范迪佳）

【获科技创新奖】12月，在中国质量评价协会举办的2016科技创新工程推进大会上，发布了2016年科技创新各类奖项。北京浩瀚深度信息技术股份有限公司获得4个奖项，即企业类：2016年度科技创新企业（优秀奖）；成果类：面向电信运营商的网络流量数据服务平台（优秀奖）；产品类：面向移动统一DPI的流量监控设备（优秀奖）；人物类：张跃（卓越领导者奖）、窦伊男（突出贡献者奖）。

（范迪佳）

【获通信网络运营维护服务用户满意企业称号】12月，在中国通信企业协会通信网络运营专业委员会组织召开的“2016年中国通信网络运维服务年会”上，北京浩瀚深度信息技术股份有限公司获“2015—2016年度通信网络运营维护服务用户满意企业”荣誉称号。

（范迪佳）

【获中关村前沿技术企业称号】12月，中关村科技园区管理委员会授予北京浩瀚深度信息技术股份有限公司“中关村前沿技术企业”称号。入选的企业呈现“四高”特点：技术水平高、人才团队水平高、市场评价高、关注度高。中关村前沿技术企业代表了中关村技术创新的最前沿，引领中国科技创新的方向和潮流。

（范迪佳）

【获中国通信学会科技进步奖二等奖】12月，北京浩瀚深度信息技术股份有限公司的“高性能互联网DPI系统及大数据的应用”，获中国通信学会科技进步奖二等奖。“中国通信学会科学技术奖”是在工业和信息化部的支持下，经国家科技部批准，由中国通信学会利用非国家财政性经费，面向全国通信行业设立的经常性科学技术奖，用来奖励在通信科学研究、技术创新与开发、实现高新技术产业化和科技成果推广应用等方面取得成果或者作出突出贡献的个人和组织。

（范迪佳）

【被认定国家规划布局内重点软件企业】年内，北京浩瀚深度信息技术股份有限公司被认定为国家规划布局内重点软件企业（北京市），国家规划布局内重点软件企业当年按10%的税率征收企业所得税。

（范迪佳）

【获得两项外观设计专利证书】 年内，北京浩瀚深度信息技术股份有限公司获得201530495512.5“通信网络流量监控设备”、201530495791.5“通信网络流量监控设备”两项外观设计专利证书。

（张海滨）

【获得两项实用新型专利证书】 年内，北京浩瀚深度信息技术股份有限公司获得201520984468.9“用于通信设备的面板卡扣装置”、201520987940.4“FPGA管脚加载复用装置”两项实用新型专利证书。

（张海滨）

【浩瀚深度家庭宽带用户性能全景化分析系统发布】 年内，北京浩瀚深度信息技术股份有限公司研发完成并发布了家庭宽带用户性能全景化分析系统。该系统旨在解决运营商家庭宽带业务快速增长遇到的主要问题和矛盾，提供了一套整体方案。

（张海滨）

【新加入4个联盟及协会】 年内，北京浩瀚深度信息技术股份有限公司新加入中国互联网协会、中国通信学会、中国通信标准化协会、中关村前沿科技与产业服务联盟。

（范迪佳）

北京和利时系统工程有限公司

【概述】 和利时公司创建于1993年，是从事自主开发、制造各种先进可靠的控制系统与平台，并为各行业提供专业化解决方案的自动化高科技企业，拥有过程自动化、轨道交通自动化、核电站数字化仪控系统、工厂自动化（即控制与驱动）、信息化等业务单元。公司实行集团化管理，现有员工逾千人，经过十几年快速稳健的发展，和利时已经成为行业知名品牌，公司成长为国内最大的自动化控制系统制造商。作为国家级企业技术中心，和利时以自主技术为基础的高品质自动化平台及解决方案，在国内率先应用于核电站、大型火电机组、铁路提速和城市轨道交通等多种关键装备及重要工程；公司在核电、电力、石油化工、轨道交通、环保、建材、冶金、造纸、制药、机械制造等十几个行业中实施的工程项目超过6000项，这些业绩印证了公司的产品和技术在多行业应用的广泛性、可靠性以及多种领先优势；公司品牌在国际市场上已产生一定影响，产品海外出口量逐年增长。

（和利时）

【亮相北京市两化融合成果展】 1月12日，在北京市两化融合推进大会暨工业电子商务创新发展联盟成立大会上，北京和利时系统工程有限公司作为北京市第一家通过两化融合管理体系评估审核的企业，携和利时云服务、煤矿综合监控系统应邀参展。展会期间，和利时工作人员详细向现场观众介绍了近年来和利时在两化融合工作方面以及为两化融合服务作出的贡献和成果。

（和利时）

【2016年第1期PLC产品技术培训班举办】 3月17—18日，“和利时2016年第1期PLC产品技术培训班”在北京和利时系统工程有限公司北京基地举办。由机器公司产品渠道部负责此次培训班的课程安排、课后技术交流及参观活动。机器公司产品渠道部魏伟龙担任本期培训班课程讲师，带领学员参观了和利时生产车间、EMC实验室、振动实验室以及和利时自动化展厅。培训课以LK、LE系统PLC硬件、软件培训为主，并辅以上电实践和问题答疑，向学员

们详细讲解了 PLC 产品工作原理。

（和利时）

【被遴选为信息化和工业化融合管理体系贯标咨询服务机构】3 月，北京和利时系统工程有限公司被遴选为信息化和工业化融合管理体系贯标咨询服务机构。2015 年 7 月，工业和信息化部和软件服务司发布了《关于推荐信息化和工业化融合管理体系贯标咨询服务机构的通知》，开展了新一批贯标咨询服务机构的遴选和培育工作。共确定了 160 家拟推荐和培育的两化融合管理体系贯标咨询服务机构。经过工业和信息化部软件服务司的专家评审、考核等工作程序，北京和利时系统工程有限公司入选。

（和利时）

【承接的国家发展改革委高技术产业化专项通过验收】5 月 4 日，北京市发展和改革委员会受国家发展和改革委员会委托，主持召开了由北京和利时系统工程有限公司承担的“高速铁路和城市轨道交通控制系统仿真平台”项目验收会。该会议在和利时北京基地举行，北京市发展和改革委员会邀请了 5 名专家参与到验收工作中，北和常务副总裁李智、和利时集团项目规划总监贾峰、北和公司副总工程师王东民等参与此次验收会。经过讨论质询，专家组一致认为和利时提交的验收文件、资料齐全，内容翔实完整，课题目标要求、进度要求及各项预期目标均已完成，符合验收条件，同意通过验收。

（和利时）

【签约陕西国华锦界电厂项目】7 月 14 日，北京和利时系统工程有限公司签约陕西国华锦界电厂 #3#4 机组（2×600MW）DCS 系统 MACS-K 升级改造项目。国华锦界电厂 4×600MW 机组是神华集团重点电厂项目之一。此次改造，在保持机柜不动的前提下，系统软件升级为 MACS V6，系统硬件由 SM 升级为 K 系列硬件，机柜由现有 SM 结构改为 K 结构。此项目是公司首个 300MW 及以上机组大范围升级的示范项目。

（和利时）

【2012 年智能制造装备发展专项通过验收】7 月 29 日，由北京和利时系统工程有限公司与北京市轨道交通建设管理有限公司承担的 2012 年智能制造装备发展专项“城市轨道交通大型综合智能测控系统研发及应用”项目验收会在和利时北京基地召开，北京市发展和改革委员会受国家发展和改革委员会委托主持了该验收会。北京市发展和改革委员会邀请 5 名专家参与验收。专家组听取了项目承担单位的项目竣工报告、技术总结报告、产品示范应用报告、产品推广报告、经济和社会效益分析报告、财务报告、审计报告，审查了项目承担单位所提交的相关资料，观看了现场产品演示。经讨论，专家组一致认为该项目已完成各项预期目标，符合验收条件，同意通过验收。

（和利时）

【中标青山印尼仪表成套项目】8 月 19 日，和利时签约青山控股集团印尼 100 万吨 / 年不锈钢及连铸坯工程配套的 2×350MW 超临界燃煤孤网运行发电机组全厂仪表成套项目，该项目是公司目前出口海外的最大容量火电机组仪表成套项目。青山控股集团是中国镍铁生产和深加工的龙头企业。近几年来，积极拓展海外业务，在印尼投资 200 多亿元建设镍铁深加工基地，此项目为中国企业在印尼投资建设的最大镍铁深加工项目。

（和利时）

【签约福建罗源湾 2×1000MW 超超临界燃煤发电机组全厂 DCS 项目】8 月 20 日，和利时签约福建罗源湾电厂 2×1000MW 超超临界燃煤发电机组全厂 DCS 项目。该工程项目位于福州连江，由神华集团和福建省共同出资建设，是国家能源局确定的节能示范重点工程。该项目的示范意义体现在：该项目获得国家发展改革委核准批复，被确定为符合国家能源产业政策的示范工程项目。该工程采用主机和辅控一体化控制系统，全厂采用现场总线控制技术，是目前国内高端火电机组控制系统应用规模较大的百万千瓦机组之一。该工程设置机组自启停控制系统（APS），按照机组级、功能组级、子功能组级和驱动级四级架构的自动化水平进行设计，从而实现发电机组的自动启动或停止。

（和利时）

【获“2016 中关村高成长企业 TOP100”称号】 10 月 22 日，由北京中关村高新企业协会主办的中关村 TOP100 企业颁奖典礼在河北石家庄举行。北京和利时系统工程有限公司获“中关村高成长 TOP100 企业”称号。“中关村高成长 TOP100 企业”的选取评定是中关村为响应国务院“京津冀一体化”号召，助力创新驱动发展国家战略，打造中国经济增长“第三极”，展示中关村企业家风采，推动京津冀协同发展，助力产业转型升级，共享智慧资源，实现多方合作共赢的目标而进行的。其评选标准是发展速度快、后劲突出，科技创新与开发能力较强的企业，所选取企业需是所在行业的先锋军。

（和利时）

【“化工行业智能设备互联互通及互操作规范和试验验证平台”项目启动会召开】 11 月 24 日，由北京和利时系统工程有限公司牵头承担的 2016 年智能制造综合标准化“化工行业智能设备互联互通及互操作规范和试验验证平台”项目在和利时正式启动。出席会议的嘉宾有工业和信息化部装备司董挺、市经济和信息化委装备处处长汪宏以及中国工程院制造业办公室、国家智能制造标准化专家咨询组副组长董景辰。来自企业、研究院、大学等单位的 20 余位专家、代表参加了此次会议。和利时董事长贺剑锋，杭州和利时自动化有限公司 AMS 产品经理、工业云产品经理兼该项目执行经理李昱出席了此次会议。会议由集团公共事务部总经理贾峰主持。

（和利时）

北京华胜天成科技股份有限公司

【概述】 北京华胜天成科技股份有限公司（简称华胜天成）是中国 IT 综合服务领导者，是国内第一家服务网络覆盖整个大中华区域及部分东南亚的本土 IT 服务商。旗下拥有两家上市公司：华胜天成（上海证券交易所：600410），香港 ASL 公司（香港联合交易所：00771）。2015 年 12 月，集团成员企业兰德网络在全国中小企业股份转让系统挂牌（新三板：834505）。集团总部位于北京，在中国大陆及港澳台，东南亚等地区设有 40 多个分支机构，员工人数超过 5000 人，直接或间接控股的子公司有 20 多家。华胜天成自 2004 年上市以来，业务规模的年均复合增长率（CAGR）达到 23% 以上，现业务规模超过 50 亿元人民币。华胜天成的业务方向涉及云计算、移动互联网、物联网、信息安全等领域，业务领域涵盖 IT 产品化服务、应用软件开发、系统集成及增值分销等多种 IT 服务业务，是中国最早提出 IT 服务产品化的公司。基于“客户导向”的经营理念以及“合作共赢”的发展战略，华胜天成立足于大中华市场，以为企业及政府客户提升IT核心能力为使命，以卓越的解决方案、对客户业务的深刻理解以及遍布大中华及部分东南亚区域的高效密集的服务交付网络，为客户提供贯穿其IT建设整个生命周期的“一站式”服务。公司在电信、邮政、金融、政府、教育、制造、能源、交通、军队等领域拥有大量成功案例。

（华胜天成）

【成员企业登陆新三板】5月28日，华胜天成成员企业北京和润恺安科技发展股份有限公司获批登陆全国中小企业股份转让系统（简称“新三板”），是继华胜天成成员企业兰德网络挂牌新三板后，又一个重要的里程碑。

（华胜天成）

【中标中直机关2016年协议供货采购项目】6月27日，新一期中共中央直属机关采购中心2016年货物类产品协议供货采购项目名单中标结果正式公布，此次的招标项目涉及信息安全软硬件以及办公设备等多个品目。华胜天成成员企业北京新云东方系统科技有限责任公司入围此次信息安全领域供货名单。

（华胜天成）

【中标中国电信服务器、服务器和交换机集采豪单】6月28日，中国电信公布了2016年度集采统谈分签IT设备（第一批）的中标结果，华胜天成中标中国电信服务器、服务器和交换机集采豪单。此次集采项目历时3个多月，涉及PC服务器、刀片服务器、定制化服务器、FC交换机、高中低端多个分类，总计数量超过25000台。

（华胜天成）

【蝉联“2016年（第三十届）中国电子信息百强”】7月12日，由工业和信息化部指导、中国电子信息行业联合会主办的2016年中国电子信息百强企业发布会召开。大会发布了“2016年（第三十届）中国电子信息百强企业”名单，北京地区共有10家企业入围，华胜天成位列其中。北京10家企业除中国电子信息产业集团（产业在京外），9家企业实现主营业务收入5756亿元，占百强企业比重的19.4%。

（华胜天成）

【入围2016年（第15届）中国软件业务收入百强】7月28日，在2016年全国工业和通信业运行监测协调工作座谈会上，工业和信息化部发布了2016年（第15届）中国软件业务收入前百家企业名单及发展报告。华胜天成入围此次榜单。此届软件前百家企业共有14家新上榜，入围门槛为软件业务年收入13.3亿元，比上一届提高了2.8亿元，增长26.7%。

（华胜天成）

【获“第二十届中国国际软件博览会金奖”】7月，华胜天成凭借智慧旅游解决方案——旅游产业运行监测系统V2，获“第二十届中国国际软件博览会金奖”。华胜天成的智慧旅游体系及成功案例已涵盖旅游信息化规划、智慧旅游规划、信息安全和运维、IT治理、旅游软件和硬件集成应用、电子商务的实施及运营、旅游信息化会展等一系列服务。

（华胜天成）

【取得商用密码产品生产定点单位证书】7月，华胜天成成员企业北京华胜信泰数据技术有限公司通过国家密码管理局审核，获得《商用密码产品生产定点单位证书》。国家对商用密码产品生产单位有严格的审批及管理制度。根据《商用密码管理条例》及《商用密码产品生产管理规定》，商用密码产品的品种和型号必须经国家密码管理局批准。国家密码管理局对批准生产的产品发给品种和型号证书，并在国家商用密码管理办公室网站公布通用产品名单。目前，全国共有 600 余家企业持有此证书。

（华胜天成）

【三款产品中标中直机关 2016 年协议供货采购项目】 7 月，2016 年中直机关货物类产品协议供货采购项目中标结果正式公布。华胜天成成员企业华胜信泰信息产业发展有限公司三款产品入围。中直机关 2016 年货物类产品协议供货采购项目内容涉及中直机关及其下属单位和采购中心许可的共享招标结果的其他单位办公使用的货物类产品。包括产品的供应、运输、安装、调试、培训及售后服务。此次招标共分 41 包，华胜信泰中标第四包数据库管理系统和第五包中间件，包括 ToprowDB 、ToprowAS 、ToprowMQ 三款产品。

（华胜天成）

【入围中国大数据企业 50 强】 8 月 2—3 日，在工业和信息化部的指导和支持下，以“洞悉融合之道　释放数据价值”为主题的“2016 中国大数据产业生态大会暨中国大数据产业生态联盟成立大会”在北京新云南皇冠假日酒店举办。会上，“中国大数据产业生态联盟”宣布成立，并发布《2016 中国大数据产业生态地图》。工业和信息化部副部长怀进鹏、工业和信息化部信息化和软件服务业司司长谢少锋等主管领导莅临指导。国内外大数据专家、学者、企业领袖汇聚一堂，分享大数据行业应用实践。华胜天成成员企业华胜信泰信息产业发展有限公司及北京新云东方系统科技有限责任公司成为首批中国大数据产业生态联盟发起成员之一，华胜信泰 CTO 郝庄严、华胜信泰副总工程师杨淮获中国大数据产业生态联盟专家委员，并受邀出席领取证书。

（华胜天成）

【成员企业中间件入围 2016 中央国家机关采购项目】 9 月 1 日，华胜天成成员企业华胜信泰中间件产品入围 2016 年中央政府采购目录，作为中国政府采购覆盖面最广的采购项目之一，此次中间件协议供货入围投标共 4 包，华胜信泰中间件产品分别入围第一包应用服务中间件和第二包消息中间件。

（华胜天成）

【成员企业和润科技登陆新三板】 9 月 19 日，华胜天成成员企业北京和润恺安科技发展股份有限公司举行挂牌敲钟仪式，正式登陆新三板。和润科技是国内首批饮用水安全在线预警整体解决方案提供商，是较早进入国内水质监测、职业健康监测、挥发性有机物（VOCs）监测领域的公共安全产业企业之一。另外，在职业健康、水质安全、安全生产等领域，积极参与相关行业标准起草和制定，并参与了众多政府部门重大监测项目建设。

（华胜天成）

【中关村并购母基金正式启动】 10 月 21 日，中关村并购母基金启动签约仪式在中关村国家自主创新示范区展示中心举行，全国首个中关村并购母基金正式扬帆起航，华胜天成作为基金投资方出席此次大会，公司董事长兼总裁王维航作为签约代表出席仪式。该基金签约各方未来将在产业资源对接、资金渠道对接等多方面与并购母基金开展战略协同，共同促进资金和资源向科技产业、实体经济流动。中关村并购母基金是北京市海淀区着眼全国科技创新中心核心区建设的战略需要，密切结合中关村领先科技企业下一步跨越式发展的实际情况，以政府引导、市场化运作方式设立的并购母基金。总规模 300 亿元人民币，通过与参与母基金的中关村领先科技企业联合设立子基金的方式，最终将支持 1500 亿元~2000 亿元人民币的并购。

（华胜天成）

【获“北京市新技术新产品（服务）”证书】 10月，华胜天成凭借天成云机与华胜天成摩卡酷点综合管理系统两大产品获“北京市新技术新产品（服务）”证书。天成云机集计算、存储、虚拟化和云平台于一身，并且可以根据用户的不同场景和需求灵活组合，形成不同类型的解决方案。华胜天成摩卡酷点综合管理系统的产品架构分为5个层次：被监控层、云平台、IT综合监控管理平台、IT运维管理层、统一展现层；主要功能涵盖基础架构监控、全景拓扑、从机房环境监控到机房设施的全面监控、流量分析、业务服务管理以及响应时间管理和IT变更管理。

（华胜天成）

【获中国IT运维大会两个奖项】 11月1日，由赛迪集团主办，IT运维网、《网络安全和信息化》杂志社承办的2016（第七届）中国IT运维大会在京召开。大会以“智能管理，高效运维”为主题，来自政府、制造、金融、互联网、能源、教育、交通、医疗等行业的企业用户和业内专家莅临现场，共同解读IT运维发展的趋势。大会还颁发了2016中国IT运维奖项，华胜天成获“2016中国IT运维标杆企业”，华胜天成“成·服务”获“2016中国IT运维服务最具影响力品牌”。

（华胜天成）

北京全路通信信号研究设计院集团有限公司

【概述】 北京全路通信信号研究设计院有限公司成立于1953年，是中国铁路通信信号股份有限公司下属全资企业。经过60多年的发展，已成为中国轨道交通安全控制和信息技术领域的领先企业。公司主要业务包括工程设计、工程咨询、应用科研、标准制定、工程勘测、工程总承包、试制生产和系统集成八大类几十项产品；拥有工程咨询甲级资质、勘察设计甲级资质、工程造价咨询甲级资质和计算机信息系统集成企业一级资质；通过ISO 9001:2008质量管理体系认证；2008年被首批重新审定为北京市高新技术企业，是国家火炬计划重点高新技术企业、中关村国家自主创新示范区“十百千工程”培育企业、全国工程勘察设计百强企业；2011年被认定为软件企业，入选2010年中国软件业务收入百强企业，市经济和信息化委首批“四个一批”工程企业；2006年至今，连续5年获得企业信用评级3A证书。公司成立以来完成7000余项通信、信号、电力及自动化工程设计，承担了一批国务院试点项目和国家重点工程设计；将70余项自主创新的系统技术首次应用于铁路和城市轨道交通领域，推广新技术百余项。荣获国家科技进步奖、国家优秀工程设计奖43项，省部级奖190项；拥有40个计算机软件著作权登记证书、39个软件产品登记证书；获得国家重点新产品计划项目6项；获得授权专利56项，其中发明专利20项，实用新型36项，受理专利36项，其中发明专利33项，实用新型3项。

（全路通）

【获2015年度北京市科学技术三等奖】 2月19日，在2015年度北京市科学技术奖励大会上，北京全路通信信号研究设计院集团有限公司的“轨道交通信号集中监测系统的研究和应用”项目获北京市科学技术奖三等奖。信号集中监测系统（简称CSM）是轨道交通领域实现信号系统设备实时在线监测、对设备运行状态进行综合分析和动态诊断的基础平台。该系统采用安全隔离、高速传感和大数据动态处理技术等手段，可以实时、准确、可靠地监测并诊断信号设备及其结合部的运行状态和运用质量，系统通过智能化的预警分析模型和故障诊断模型自动生成设备运用状态报告，指导现场设备维修维护，为轨道交通信号系统的集中诊断和在线适用评价提供了较为完整的解决方案。

（全路通）

【中标成都地铁 7 号线通信系统集成工程项目】 5 月 24 日，由成都地铁有限责任公司建设、中国中铁股份有限公司成都轨道交通工程指挥部负责投融资招标实施的“成都地铁 7 号线工程专用通信系统集成、设备采购及相关服务总包项目”标段揭标，北京全路通信信号研究设计院集团有限公司中标，中标金额达 1.35 亿元。

（成都分公司 王守阳）

【肯尼亚蒙内项目首站定标站通过验收】 5 月，北京全路通信信号研究设计院集团有限公司完成肯尼亚蒙内项目首站定标站 Simba 站的验收工作。来自公司运输指挥研究设计院、地面控制研究设计院、天津铁路信号有限责任公司、沈阳铁路信号有限责任公司的 10 位员工完成了信号设备计算机连锁、CTC 和微机监测系统的标准版搭建工作。

（苏蕊）

北京荣之联科技股份有限公司

【概述】 北京荣之联科技股份有限公司（简称荣之联）成立于 2001 年，是国内领先的信息技术服务提供商，致力于融合云计算、大数据、物联网、生物信息分析技术，推动客户业务的全面数字化和信息资源的创新应用。荣之联成熟业务包括企业 IT 服务、物联网和大数据、SaaS 云服务、生物云平台等，客户主要来自能源、电信、金融、制造、政府、生命科学等六大行业。

（荣之联）

【组织生物云学术交流活动】 1 月 5 日，北京荣之联科技股份有限公司与清华大学生命科学学院生物云学术交流活动在清华大学生命科学馆举行。荣之联董事长王东辉，集团 CEO 张彤，执行总裁方勇以及清华大学副校长、生命科学学院院长施一公，清华大学设备处处长武晓峰等领导出席了此次活动。活动中，荣之联与清华大学生命科学学院开展了生物计算、存储、分析、应用等领域的学术交流。荣之联生物云产品部总监兼首席科学家罗锐邦，清华大学交叉信息研究院徐葳、曾坚阳，生命学院研究员李雪明分别作了相关领域的学术报告。双方还合作成立清华大学生命科学学院生物云实验室，荣之联公司董事长王东辉以个人名义向清华大学生命科学学院捐赠了价值 1000 万元的高性能计算设备，用于实验室冷冻电镜及其他生物计算相关的科学研究。施一公为王东辉颁发了生物云实验室荣誉学术顾问证书。

（荣之联）

【获 ITSS 2015 年优秀会员奖】 1 月 8 日，第八届电子信息产业标准推动会暨中国信息技术服务标准年会在北京召开。此次会议是在工业和信息化部和国标委的指导下，由中国电子工业标准化技术协会主办，旨在推动信息技术标准化在国内的广泛应用。为鼓励和表彰 ITSS 会员单位积极参与标准研制和应用推广，ITSS 分会专门设立了优秀会员奖。各 ITSS 成员单位积极踊跃报名，最终经过领导和专家评议，从近百名备选成员单位中评选出了 2015 年度的 ITSS 优秀会员。北京荣之联科技股份有限公司在 2015 年度鼎力支持 ITSS 分会的各项工作；

作为牵头单位主导了《信息技术服务 SLA 指南》《云服务 SLA 规范》等标准；作为副组长单位大力推动了人才培养和评价工作组、数据中心运营管理工作组、运维服务成熟度工作组等多个工作组的工作；作为主要成员参与了《信息技术服务—服务管理通用要求》《信息技术服务—— IT 治理通用要求》等标准的编写。正是由于荣之联在 ITSS 标准研制和应用推广中的贡献，此次会议授予荣之联 ITSS 优秀会员单位奖，并位列所有获奖单位的第一名。

（荣之联）

【车网互联获四项奖】3 月 25 日，以“聚焦十三五，同绘车联网新蓝图”为主题的“2016 中国（广州）车联网大会暨车联网走进广东十大城市启动仪式”落幕。北京车网互联科技有限公司获得“2015 车联网十大创新企业奖”“2015 车联网十佳技术方案商”“2015 车联网十大车载终端品牌”（乐乘盒子）3 项奖项。同时，车网互联董事长、总裁张春辉获“2015 车联网十大创新人物奖”。此次大会是在工业和信息化部科技司、国务院发展研究中心、中国信息通信研究院等机构的指导下，由广东省车联网产业联盟、中科院信息中心、中国信息通信研究院、广州智慧城市研究院、广东省云计算应用协会联合举办。大会旨在建立一个以车联网产业生态为核心的智慧对话与碰撞、商务与合作的开放性平台，构建一个以“互联网 + 汽车 + 交通信息 + 汽车销售 + 服务平台 + 金融 + 汽车维修保养 + 汽车用品 + 车险 + 救援 +N”全面的车联网生态体系，服务于人车位置信息，“吃喝玩乐”消费的一体化模式。

（荣之联）

【“I–link 云客服系统”获得计算机软件著作权登记证书】3 月，由北京荣之联科技股份有限公司与北京优创联动科技有限公司联合研发的“I–Link 云客服系统”获得由国家版权局颁发的“计算机软件著作权登记证书”。I–Link 云客服系统是多种模式部署的企业客户服务应用平台，旨在帮助企业解决客户服务满意度低、客服渠道单一、企业前期建设投入成本高等问题。此平台可以在私有云、混合云、公有云模式下部署，以适合各种规模的企业客服建设和运营的使用要求。

（荣之联）

【获“2016 年度中国最佳 IT 互联网产品奖”】6 月 18 日，由 IT 高管会、中科院计算所同学会主办的 2016 年中国 IT 互联网产品创新论坛在中科院计算机研究所举行。众多投资人、互联网公司、主流媒体以及优秀的自媒体人参与此次论坛。论坛是全球“互联网 + 高管”一年一度的行业盛事。会上公布了“2016 年度中国最佳 IT 互联网产品奖”的评选结果，来自北京优创联动科技有限公司的“荣联云”客服凭借多重优势获得此奖项。“荣联云”客服是移动互联时代的客户服务智能云平台，旨在帮助企业实现最优客户服务，帮助管理者、客服人员、客户拥有惬意的客户服务体验。

（荣之联）

【获国家开发银行 2015 年度“运维服务 IT 外包优秀合作伙伴”称号】6 月，国家开发银行（简称国开行）2015 年度 IT 外包工作会议在国开行总行召开，会上表彰了 2015 年度表现优秀、突出的合作伙伴。北京荣之联科技股份有限公司获得“运维服务 IT 外包优秀合作伙伴”称号。

（荣之联）

【获杰出品牌形象奖】7 月 21 日，第五届中国财经峰会在北京富力万丽酒店开幕。北京荣之联科技股份有限公司作为 IT 标杆企业受邀参加了此次峰会，凭借专业的技术服务、独树一帜的创新能力和出色的品牌影响力，获第五届中国财经峰会“杰出品牌形象奖”。此次峰会以“中国质变：新挑战新机遇”为主题，涉及“互联网 +、一带一路、创业创新、中国制造、人工智能、共享经济、普惠金融、移动生活、楼市、教育、医疗健康、新农业、新能源”等热点，吸引了来自政、商、学、传媒以及新青年代表等诸多领域的重量级嘉宾共 800 余人参加。嘉宾们以高端对话、独立演讲和深度分享的形式，共同探讨新形势下中国经济转型和发展动力，以及所面临的挑战和机遇。

（荣之联）

【发布“云桥 One Bridge”】7 月 26 日，北京荣之联科技股份有限公司正式发布了新一代 IT 运维管理解决方案“云桥 One Bridge”。“云桥 One Bridge”是新一代的轻量级企业用户账号管理平台，为企业提供账号全生命周期管理解决方案，包括 AIS 账号信息同步工具、ADM 账号统一管理工具、ASP 账号自助服务平台 4 个组件。来自金融、制造、互联网、零售、教育等行业领域的用户，荣之联公司的上下游合作伙伴、专家、媒体受邀出席了发布会。

（荣之联）

【入选中国云计算方案商百强】7 月 28 日，由商业伙伴咨询机构主办的“2016 中国云计算生态系统峰会”在北京国家会议中心举行。北京荣之联科技股份有限公司入选“2016 中国方案商 500 强（VAR500）”榜单，获“优秀行业云应用开发商”称号。由商业伙伴咨询机构推出的 2016 Cloud 500 调查评选活动历时两个多月，数千家企业报名参选，根据企业实力、创新性、发展前景等指标，最终产生 500 家入选企业，涵盖公有云、混合云和私有云等多种业务类型。

（荣之联）

【获中国档案学会“计算机档案管理软件”类定点企业资格】7 月，中国档案学会完成了“关于受理申报 2016—2018 年度中国档案学会档案设备、用品与服务定点企业”的评定工作，荣联档案系统被中国档案学会批准为“计算机档案管理软件”类定点企业。荣联档案系统是建立在云计算技术的基础上，利用信息化手段，对档案信息进行收集、管理，实现档案信息资源共享的超大规模、分布式的数字网络档案信息系统。在云架构下重新定义企业档案的存储与使用体系，帮助企业实现多场景下的档案存储、安全防护、查找、协作和发布，体验安全、高效、便捷的“数据跟随”，构建完整的档案资源信息共享服务平台，为企业提供从过程到结果的统一文件管控服务，形成一体化的科学管理系统，提升企业数字资产效能与价值。

（荣之联）

【获“2016 中国大数据企业 50 强”称号】8 月 2—3 日，“2016 中国大数据产业生态大会暨中国大数据产业生态联盟成立大会”在京举行。此次大会秉承“洞悉融合之道，释放数据价值”的主题和宗旨，汇聚国内外各界大数据专家、学者，分享大数据最前沿实践应用。此次大会上，“中国大数据产业生态联盟”正式宣告成立。北京荣之联科技股份有限公司作为首批中国大数据产业生态联盟发起成员之一，受邀成为该联盟理事单位，荣之联解决方案中心总经理王向东被聘任为中国大数据产业生态联盟专家委员会专家委员。同时，“2016 中国大数据企业 50 强”在现场揭晓，荣之联获“2016 中国大数据企业 50 强”称号。

（荣之联）

【获微软云解决方案大赛三等奖】8 月 25 日，FY17 微软中国合作伙伴大会（CPC）在昆明洲际酒店落幕。作为微软中国重要的合作伙伴，北京荣之联科技股份有限公司应邀出席。微软大会特别策划了微软 Microsoft Azure 技术解决方案大赛。经历数轮方案筛选和角逐之后，荣之联的车联网解决方案入选微软优秀云解决方案，并在决赛中获得第三名的成绩。车网互联是荣之联的全资子公司，此次获奖的车联网解决方案就是车网互联基于移动互联网及物联网技术，向车辆或其他移动资源对象提供远程管理信息服务的整体解决方案。

（荣之联）

【教育部考试中心项目通过验收】10 月，北京荣之联科技股份有限公司 APEX IT 运维管理软件团队通过数月的需求调研、系统设计、流程梳理、部署实施及专业的技术指导，保证了教育部考试中心运维管理项目通过验收。该项目实现了对教育部考试中心 IT 系统软硬件的全方位、集中、统一监控，进行多角度可视化呈现，内容展现清晰明了；多手段的预警和报警功能，能够及时发现 IT 系统问题，缩短故障响应时间，提升中心整体形象；引入 ITIL 运维流程，提高 IT 服务质量和服务满意度，同时降低 IT 运营成本。通过流程平台对运维工作的辅助和管理，提高运维工作的可视化、可控化和可量化，由事后管理转向事前管理，由被动管理变为主动管理，由分散管理转变为集中管理，从而实现高效运维，保障教育部考试中心业务稳定、快速发展。

（荣之联）

【获 2016 中国 IT 运维管理最佳产品奖】11 月 1 日，由中国电子信息产业发展研究院主办，IT 运维网、《网络安全和信息化》杂志社承办的 2016（第七届）中国 IT 运维大会在京举行。此届大会以“智能管理，高效运维”为主题，旨在激励 IT 运维发展的同时，分享中国 IT 运维市场的优秀经验。北京荣之联科技股份有限公司自主产品“APEX 运维管理软件”获“2016 中国 IT 运维管理最佳产品奖”。

（荣之联）

【获中国百强企业称号】12 月 3 日，由中国上市公司百强高峰论坛组委会、华顿经济研究院等单位主办的“第十六届中国上市公司百强高峰论坛暨第二届中国百强城市全面发展论坛”在京举行。活动现场公布了 2016 年中国百强企业系列榜单。北京荣之联科技股份有限公司在 2016 年中国最具成长性上市公司排行榜榜单中位居第 93 位，获“中国百强企业奖”。400 余名专家学者、有关部委领导、百强企业领导参加了论坛。（自 2001 年起，华顿经济研究院每年发布一次上市企业百强榜单，以利润总额作为基准排序，把营业收入、总资产、总市值作为参考指标。）

（荣之联）

【获 3 项大奖】12 月 16 日，由赛迪集团主办的、以“科技原力觉醒，引领创新巅峰”为主题的“创新影响力年会暨国家产业服务平台 2016 年终颁奖盛典”在北京举行。北京荣之联科技股份有限公司获“2016 年度中国 IT 行业最具影响力企业奖”“2016 年度中国 IT 行业最佳行业创新奖”两个奖项。荣之联公司董事长、创始人王东辉获“2016 年度中国 IT 行业领军人物奖”。（该活动始于 2010 年，每年举办一届。大会旨在总结 2016 年度技术成果及下一年科技趋势和方向，分享该年度最成功的技术、产品、解决方案案例，同时评选出该年度的科技创新成果奖。）

（荣之联）

【搭建国家土地督察移动知识服务平台】12 月 22 日，中国大地出版社组织召开国家土地督察移动知识服务平台项目成果汇报大会，会议由中国大地出版社社长唐京春主持，国家土地督察机构（总督办及地方九局）各单位领导近 30

人列席。中国大地出版社社长顾晓华、总督办主任马毅、中国大地出版社社长张新新、北京荣之联科技股份有限公司代表黄汝龙等分别就中国大地出版社现状与未来设想、移动知识服务项目要求、项目成果介绍、项目培训、项目总结等方面作了汇报。根据总督办指示，荣之联搭建的国家土地督察移动知识服务平台，由中国大地出版社承建，围绕国家土地资源监督、管理需求，为国家土地督察机构提供基于知识服务的移动、共享平台。

（荣之联）

【在2016中国软件大会上获奖】12月22—23日，由中国电子信息产业发展研究院（赛迪研究院）主办的“2016中国软件大会”在新世纪日航酒店召开。主题为“产业互联网时代的云计算和大数据”，上千名政府主管领导、行业精英、专家学者及资深媒体就产业互联网时代，云计算、大数据如何促进互联网与传统产业深度融合、云计算落地应用、大数据时代商业模式的变革与创新、如何帮助传统产业实现转型升级等热点进行了深度解读和实践分享。北京荣之联科技股份有限公司获“2016中国软件和信息服务风云企业”“2016中国软件和信息服务业大数据领域杰出企业奖”“2016中国软件和信息服务业物联网领域创新企业奖”3个奖项。荣之联公司董事长、创始人王东辉获“2016中国云计算产业十大领军人物”称号。

（荣之联）

【获“2016年度中国大数据车联网领域最佳创新应用奖”】年内，北京荣之联科技股份有限公司获“2016年度中国大数据车联网领域最佳创新应用奖”。荣之联是国内UBI（Usage-Based Insurance 车辆驾驶行为保险）车险本土化的先行者，最初主要开拓车主用户市场，打造车联网生态圈。随后与来自英国的数据管理商Floow（福路）联手，将国际先进技术与模式引入国内。与此同时，还与国内众多保险公司建立战略合作，集结了线下众多汽车后市场商家资源，通过创新模式促进生态重构与跨界融合，为行业客户赋能，直接帮助他们找到用户的需求，从而为UBI新型车险的最终落地创造条件。

（荣之联）

北京赛思信安技术股份有限公司

【概述】北京赛思信安技术股份有限公司（简称赛思信安），股票代码834025，成立于2007年，是一家专注大数据领域核心技术研发，提供大数据产品与服务的国家高新技术企业。赛思信安在北京和南京设有研发中心，拥有软硬件研发配套设施和大数据研发团队，并在全国7大区域建立了营销服务中心和数十家行业合作伙伴，形成了广泛的营销服务渠道。业务涵盖大数据培训咨询、大数据存储管理、大数据分析、大数据安全、大数据系统建设等方面。年内，赛思人专注核心技术研发，深耕大数据安全市场，取得了不俗的成绩：公司通过了国家高新企业和国家军工二级保密资质认证；自主知识产权不断开花结果，大数据技术与产品在公安部、工业和信息化部大规模应用，在国家安全部、军队、能源、科研院所、互联网等行业陆续应用，全年共签约96个项目；赛思大数据应用成果暨大数据学院亮相2016贵阳数博会；资本市场获得青睐；全资收购深圳华诺得公司100%股权；形成北京、南京两地研发中心，北京、南京、深圳3大市场中心，全国7个技术支持中心的格局。

（张群）

【通过中关村高新企业及国家高新企业认证】1月，北京赛思信安技术股份有限公司通过中关村高新技术企业及国家高新技术企业多部门的评审和认定，分别获得“中关村高新技术企业证书”和“国家高新技术企业证书”。高新技术企业评定对企业核心技术知识产权、科研成果转化能力、研究开发的组织管理水平、企业持续成长性等都有严格要求。获批的企业将有资格享受高新技术企业相关的税收政策优惠，成为国家重点支持的高成长性企业，更有利于促进其科技创新，加速成果转化，提升市场竞争力，实现可持续发展。

（张群）

【获A轮融资】2月，北京赛思信安技术股份有限公司继挂牌新三板后，迎来了资本化运作的又一重要节点，获得了北京泰生鸿明投资中心和磐基鸿翼创始合伙人的A轮融资3000万元，为公司健康、可持续发展注入了资本的力量。

（张群）

【发布分布式分析型数据库产品】3月10日，赛思信安发布分布式分析型数据库产品——赛思iDriller。该产品是一个内存架构的分布式数据仓库，以分析型应用为主，兼顾生产型数据管理。可广泛适用于政府、国防、统计、审计、银监、证监等安全敏感部门，以及电信、金融、电力等拥有海量业务数据的行业，解决这些机构面临的海量存储、高效检索、统计、分析建模、跨中心部署等需要大数据支撑的问题。

（张群）

【国家安全部某局大数据分布式业务系统建设通过验收】3月25日，国家安全部某局大数据分布式业务系统建设通过验收，该项目采用赛思信安Data Fusion和Data Vision产品，对其部署的业务系统中的数百个集群节点的大规模结构化、非结构化数据提供统一采集、存储、管理、加工、分析、审批等功能。通过赛思大数据技术，分析网络攻击无法隐藏的行为痕迹，在其找到数据、拿走数据之前及时发现并切断攻击，用大数据方法解决大数据安全问题。

（张群）

【中标甘肃省公安厅警务云大数据项目】4月，赛思警务云大数据存储分析平台应用于甘肃省公安厅警务大数据系统的建设。建设后的甘肃省公安厅警务云平台比原来节能约20%，节省管理警力30%～40%，业务系统效率提升40%～50%。

（张群）

【赛思大数据应用成果暨大数据学院亮相贵阳数博会】5月25—29日，数博会在贵阳召开。北京赛思信安技术股份有限公司受邀亮相2号馆，展出了赛思自主知识产权的大数据系列产品及多年来在大数据领域的行业应用成果。

（张群）

【获得国家军工二级保密资质认证】6月3日，由国防科工委和北京市保密局组成的军工保密资格审查认证委员会审查组经过审查，正式宣布北京赛思信安技术股份有限公司通过了国家军工二级保密资质现场审查。获得二级军工保密资质认证资格是赛思信安进入国防科研行列、承担国防科研任务的必要条件。

（张群）

【赛思分布式数据库管理系统验收】7月2日，赛思分布式数据库管理系统项目验收评审会在安翔北里11#创业大厦召开。赛思信安承担赛思分布式数据库管理系统创新资金项目的负责人在会上作了详细的项目验收总结汇报。会上多名业内技术专家对公司承担的项目远程进行了仔细查看、审查、提问和讨论，赛思分布式数据库管理系统通过科委验收。

（张群）

【赛思信安大数据技术创新东莞立体化治安防控体系通过验收】7 月 20 日，北京赛思信安技术股份有限公司提交的立体化治安防控平台设计方案获得东莞公安局领导和情报中心技术专家们的一致认可，上线并通过验收。

（张群）

【中标工业和信息化部数据中心系统大数据平台建设项目】8 月 30 日，北京赛思信安技术股份有限公司中标工业和信息化部数据中心系统大数据平台建设项目，该系统主体由基于 Hadoop/Spark 组件的赛思数据中心产品 Scistor Data Hub（SDH）下的 Datavision、Data Fushion、iDatabus 进行构建。系统提供规范的跨网、跨地域数据访问、查询 API，实现与国家中心或其他中心的数据互动，为该中心打造了 PB 级别数据存储和处理，且易于管理和扩展的公共大数据平台建设方案。

（张群）

【中标解放军某部队海量邮件预处理系统】9 月 17 日，北京赛思信安技术股份有限公司中标解放军某部队海量邮件预处理系统，赛思海量邮件预处理系统助力该部队解决了海量邮件数据的解析、检索、文本智能处理等问题，缩减了数据规模，解决了处理海量信息时的速度问题，从海量邮件数据中挖掘出有用的知识和信息，提高了军队海量邮件数据分析处理的针对性和有效性。

（张群）

【收购深圳市华诺得信息技术有限公司】9 月 25 日，北京赛思信安技术股份有限公司收购深圳市华诺得信息技术有限公司（简称华诺得）100% 股权。华诺得是专业的信息化产品和服务提供商，致力于为用户提供信息系统集成解决方案。收购华诺得，有利于公司持续提高大数据行业及信息系统集成行业竞争力，完成北京、南京、深圳三地市场中心，全国 7 个技术支持中心整体架构的布局，是赛思信安实现“大数据 + 服务”新战略的重大举措。

（张群）

【中标国网输变电状态监测大数据决策分析项目】10 月 21 日，北京赛思信安技术股份有限公司中标国网输变电状态监测大数据决策分析项目，该系统采用赛思信安 Data Vision 进行处理数据采集、转换和建模分析，对输变电设备的状态监测提供分析模型，实现输变电设备状态的实时、全面监测，并为其提高运行效率、制定管理决策，提供数据支持。

（张群）

【中标辽宁省公安厅大数据项目】10 月 28 日，北京赛思信安技术股份有限公司携手浪潮中标辽宁省公安厅大数据项目。该项目依托赛思大数据智能分析平台，建立辽宁省公安厅反恐专题研判系统。警务人员利用该平台内置丰富的机器学习算法，可从海量信息资源数据中，探索式地挖掘隐藏关联关系，预判态势趋势，发现异常情报，渐进式探索线索等，大幅提升一线干警的实战技能技法，实现科技引领警务办案、公安侦控智能化，为辽宁省处突维稳奠定坚实的信息化情报支撑和基础。

（张群）

【承担工业和信息化部国家互联网金融安全技术专家委员会官网建设】11 月，北京赛思信安技术股份有限公司承担了工业和信息化部国家互联网金融安全技术专家委员会官网建设工作。该平台由业内知名专家组成，按照国家相关部门要求，主要研究互联网金融安全技术、维护互联网金融行业安全，推进互联网金融资源共享、促进互联网金融行业发展。

（张群）

【完成2016年工业和信息化部大数据培训认证工作】截至年底，赛思大数据学院本年度共完成了4次工业和信息化部培训认证，认证通过的学员已达数百人。

（张群）

北京神州泰岳软件股份有限公司

【概述】神州泰岳软件股份有限公司成立于2001年，是首批创业板上市公司，员工总人数逾4000人，总资产规模70多亿元。神州泰岳是国内领先的综合类软件产品及服务提供商，着力于用信息技术手段推动行业发展和社会进步，提升人们工作和生活品质。自公司成立以来，始终以市场为导向，深耕细作、创新拓展，形成了以“ICT运营管理”“手机游戏”“人工智能与大数据”“物联网与通信技术应用”为核心的相关多元化发展格局。神州泰岳已成为国内领先的IT运维管理软件开发商、解决方案提供商和服务提供商。神州泰岳的技术实力和服务水平得到了客户的一致认可；拥有各项专业服务资质：四部委认定2007年和2008年国家规划布局内重点软件企业、计算机系统集成 级资质、国家信息安全认证服务二级资质、IT服务管理国际标准认证资质（ISO 20000）、质量管理体系认证资质（ISO 9001:2000）、北京市信息安全服务能力等级资质、北京市高新技术企业、软件企业认定资质、北京市企业技术中心、国家火炬计划重点高新技术企业等；并不断获得业界各项荣誉：中国电子信息产业发展研究院评定的“中国软件十大领军企业”及“中国软件企业十大领军人物”、北京市科委认定的A类高成长科技企业、北京市国税和地税认定的纳税信用A级企业、中关村科技园区20周年突出贡献企业、德勤2007—2008连续两年度高科技高成长中国50强。

（新闻中心）

【融云完成A轮5000万元融资】2月28日，融云即时通讯云宣布完成A轮5000万元融资，此次融资由中兴合创领投。融云是北京神州泰岳软件股份有限公司旗下的创新业务，专注为互联网、移动互联网开发者提供即时通讯基础能力和云端服务。融云即时通讯云服务，能够帮助开发者快速实现单聊、群聊、聊天室、客服等应用场景，极大缩短了开发周期，降低了开发成本。

（新闻中心）

【位居“2015年度IT运维管理软件企业”排行榜榜首】2月，互联网周刊推出了2015年度中国新型软件企业分类排行榜，就企业管理、信息安全、IT运维管理、平台工具、行业应用五大方向的特殊软件，进行需求描述及企业排名，北京神州泰岳软件股份有限公司位列“2015年度IT运维管理软件企业”排行榜之首。

（新闻中心）

【获“2015—2016中国IT运维管理市场占有率第一”称号】3月18日，由赛迪顾问主办的“2016中国IT市场年会”在北京香格里拉酒店举行。北京神州泰岳软件股份有限公司获“2015—2016中国IT运维管理市场占有率第一”称号。

（新闻中心）

【中标农业银行即时通讯平台项目】7月，北京神州泰岳股份有限公司中标中国农业银行互联网金融工程—即时通讯平台建设项目。这是在交付了工商银行、招商银行和兴业银行的融合通信项目之后，神州泰岳互联网金融私有云解决方案再次中标。互联网金融工程—即时通讯平台是中国农业银行互联网金融战略中的重要组成部分，项目强调移动互联网应用和已有业务系统无缝融合，要求在多个客户端上实现富文本传输、音视频等即时通讯业务。

（新闻中心）

【与华坤道威正式签署战略合作协议】7月，北京神州泰岳软件股份有限公司与浙江华坤道威数据科技有限公司在北京正式签署战略合作协议。协议开启后，神州泰岳与华坤道威共享各自在大数据业务领域的资源和优势，针对“移动互联网在大数据营销业务中的创新应用”共同探索，推动双方大数据业务的提升与发展，争取共赢的局面。

（新闻中心）

【中标兴业银行项目】8月，北京神州泰岳软件股份有限公司中标兴业银行“银银平台技术架构升级项目社交化金融产品软件服务及应用支持解决方案”项目。这是继工商银行、农业银行、招商银行和深交所等项目之后，神州泰岳融合通信产品在金融领域的又一次落地。此次项目服务对象“银银平台”是兴业银行在行业内率先推出的面向广大银行类金融机构的银银合作服务品牌。

（新闻中心）

【中标中移互联网有限公司和飞信运营支撑项目】8月，“中移互联网有限公司2016—2017年和飞信运营支撑公开招标项目”公布中标结果，北京神州泰岳软件股份有限公司中标“中移互联网有限公司2016—2017年和飞信运营支撑项目”含运营和安全支撑在内的两个标段。

（新闻中心）

【入选“2016年中国大数据企业”排行榜TOP50】8月，“2016中国大数据企业”排行榜正式发布，北京神州泰岳软件股份有限公司入选2016中国大数据企业TOP50，神州泰岳全资子公司鼎富科技总经理杨凯程受邀参会并发表演讲。“2016年中国大数据企业”排行榜是由国家工业和信息化部指导，中国电子信息产业发展研究院联合数十位行业专家共同评审并发布的大数据企业排行榜。该榜单由评审专家组依据国内大数据企业的规模、研发投入、创新能力、应用案例、投资及发展潜力等多维度综合评定而成，能更直观、更透彻地了解国内大数据企业的综合实力。

（新闻中心）

【入选2016中国软件业务收入前百家企业名单】8月，工业和信息化部发布了2016年（第15届）中国软件业务收入前百家企业名单及发展报告，北京神州泰岳软件股份有限公司连续7年入选百强企业名单。中国软件业务收入前百家企业统计监测和信息发布，是工业和信息化部运行监测工作的重要组成部分。此届软件前百家企业共有14家新上榜，入围门槛为软件业务年收入13.3亿元，比上一届提高了2.8亿元，增长26.7%。

（新闻中心）

【入选2016中国方案商500强】8月，“2016中国方案商500强（VAR500）”榜单正式发布，北京神州泰岳软件股份有限公司入选“2016中国方案商500强”榜单，同时入选“2016中国方案商百强”“2016智慧城市方案商百强”和“2016中国十佳电信行业方案商”多个榜单。中国方案商500强是由商业伙伴咨询机构推出的每年一度的大型调查评选活动，自2004年至今的12年之间，商业伙伴咨询机构采用问卷、网络等多种形式对国内方案商群体进行调研，对入围企业进行综合评估，评选出中国方案商500强榜单百强方案商。2016中国方案商500强榜单，由4部分组成。一是按2015年营业额排序的中国方案商百强；二是智慧城市方案商百强；三是中国方案商区域百强；四是细分领域十佳方案商，包括增值分销、电信行业、金融行业、政府行业、公检法行业、能源行业、医疗行业、教育行业、交通行业、制造行业、视频显示、企业通信、物联网、IT咨询服务。

（新闻中心）

【入选“2016上半年度最具活力与创新力的大数据服务商”排行榜】8月，在大连举行的“2016企业服务创新论坛”发布了“2016最具活力与创新力的云计算服务商”排行榜，旨在重点挖掘、传播那些最有活力与激情的大数据、云计算服务商的理念与实力，为各行各业广大企业用户提供大数据、云计算应用市场最真实、有效、有用的全景图。北京神州泰岳软件股份有限公司入围“2016最具活力与创新力的云计算服务商”排行榜前50强。

（新闻中心）

【发力大数据征信领域】9月，北京神州泰岳软件股份有限公司旗下泰岳智能数据技术有限公司在大数据征信领域持续发力，分别与央行允许进行个人征信的5家机构签约（央行共批准8家个人征信机构），即深圳前海、鹏元征信、中诚信、北京华道、考拉征信。在此之前，智能数据公司已经签约安邦、爱钱进等金融机构。

（新闻中心）

【与戴尔正式签署战略合作协议】10月25日，在神州泰岳总部，北京神州泰岳软件股份有限公司与戴尔正式签署了战略合作协议并成立SDN联合实验室，神州泰岳首席运营官翟一兵和戴尔大中华区战略发展部副总裁吴海亮出席签约仪式。

（新闻中心）

【获工业和信息化部移动智能终端峰会“墨提斯”奖】10月27日，由中国工业和信息化部指导、中国信息通信研究院主办、移动智能终端技术创新与产业联盟承办的2016移动智能终端峰会在北京国家会议中心拉开帷幕。在峰会上，北京神州泰岳软件股份有限公司旗下融云获移动智能终端“墨提斯”（METIS）年度大奖。“墨提斯”（METIS）是工业和信息化部与信息通信行业顶级智库METIS，是由欧盟推出的全称为“构建2020年信息社会的无线通信关键技术”的组织携手打造的权威奖项。

（新闻中心）

【入选“2016中国软件和信息技术服务综合竞争力百强企业”】10月31日，中国电子信息行业联合会与中国软件行业协会联合发布了“2016中国软件和信息技术服务综合竞争力百强企业”名单。北京神州泰岳软件股份有限公司入选百强企业榜单。“2016中国软件和信息技术服务综合竞争力百强企业”发布会由中国工业和信息化部信息化和软件服务业司、中国电子信息行业联合会、中国软件行业协会主办。此次评选出的“2016中国软件和信息技术服务综合竞争力百强企业”是专家评审组通过考核国内软件和信息技术企业的营业收入、利润总额、研发投入、社会责任、企业成果等指标，综合评选出的榜单。百强企业2015年软件业务收入合计8660亿元，软件业务收入门槛为10亿元。

（新闻中心）

【智能研究院正式成立】10月，北京神州泰岳软件股份有限公司正式成立“神州泰岳人工智能研究院”，该研究院将运用神州泰岳一直以来在智慧语义认知技术、数据挖掘采集技术等方面的优势，从事人工智能领域的基础研究，为集团在人工智能和大数据业务的拓展提供更强大、持续的技术支撑，夯实神州泰岳在人工智能领域的核心优势，带动行业的发展。并任命神州泰岳副总裁、鼎富科技总经理杨凯程为研究院院长，晋耀红博士担任神州泰岳人工智能研究院首席科学家兼副院长。

（新闻中心）

【SDK 触达用户数超 10 亿】 11 月 10 日，北京神州泰岳软件股份有限公司旗下融云 SDK 触达用户数率先突破 10 亿，成为国内首个 SDK 触达用户数破 10 亿的即时通讯云服务商。

（新闻中心）

【中标中国建设银行的基于文本的人工智能项目】 11 月，北京神州泰岳软件股份有限公司全资子公司鼎富科技中标中国建设银行的基于文本的人工智能项目——“新一代核心系统文本分析与互联网信息采集工具”项目。这是鼎富科技在人工智能方面继中国工商银行、中国银行之后，再次中标四大国有银行项目。

（新闻中心）

【获得金点设计奖】 11 月，北京神州泰岳软件股份有限公司旗下小漫科技历经一年研发而推出的 4G 版本小漫 WiFi–R9 产品获得金点设计奖。神州泰岳 RoamWiFi–R9 是基于泰岳小漫自主研发的云 SIM（X–CloudSIM）调度技术，可在全球实现一机多国使用的便携式 WiFi 终端设备，为用户提供随身上网的通道以及旅行资讯服务。小漫 R9 可自动按国家和地区进行本地网络切换，让用户轻松享受到入境国家和地区的国民网络待遇。

（新闻中心）

【中标长沙银行智能机器人系统项目】 11 月，北京神州泰岳软件股份有限公司全资子公司鼎富科技中标“长沙银行智能机器人系统”项目。该项目以自然语言处理和语义理解为核心，通过引进智能机器人、建设智能交互系统，为长沙银行提供各渠道智能自助问答平台，让移动终端传递的信息在智能交互中更丰富。

（新闻中心）

【审议通过《关于对外投资设立物联网专业化行业整体解决方案公司的议案》】 12 月 20 日，北京神州泰岳软件股份有限公司第六届董事会第十四次会议审议通过《关于对外投资设立物联网专业化行业整体解决方案公司的议案》。计划基于智慧线产品的不同市场方向设立 4 家物联网专业化行业整体解决方案公司，分别聚焦于核电、机场、高铁与监狱管理、石油石化等行业，积极推进公司在物联网智慧线领域的整体解决方案的能力和市场落地。4 家物联网专业化行业整体解决方案公司均由公司与团队共同出资设立，每家公司注册资本均为 1000 万元人民币，其中公司认缴比例为 75%，团队认缴比例为 25%，公司合计投资 3000 万元，团队合计投资 1000 万元。

（新闻中心）

【获北京市文化创意产业发展专项资金】 12 月，北京神州泰岳软件股份有限公司获北京市文化创意产业发展专项资金——2016 年度扶持项目单位。北京市文化创意产业发展专项资金是根据《北京市“十一五”时期文化创意产业发展规划》《北京市促进文化创意产业发展的若干政策》（京办发〔2006〕30 号）、《北京市文化创意产业发展专项资金管理办法（试行）》（京财文〔2006〕2731 号）等有关文件规定，从北京市文化创意产业发展实际出发而设立，专门针对北京市文化创意产业发展进行扶持的专项资金。

（新闻中心）

【获2016年度中国信息技术创新最值得信赖产品奖】12月，“2016（第14届）中国信息技术创新大会”在北京新世纪日航酒店举行。大会主题为“创新、技术、应用”，由中国计算机用户协会支持，《网络安全和信息化》杂志社及IT运维网主办。北京神州泰岳软件股份有限公司Ultra–IAM获2016年度中国信息技术创新最值得信赖产品奖。Ultra–IAM是神州泰岳于2006年面向企业用户发布的身份与访问安全管理产品。

（新闻中心）

【上榜“2016中国企业服务创新成长50强”】12月，创业邦100未来领袖峰会在北京国家会议中心开幕，在中国企业服务创新成长50强颁奖典礼中，北京神州泰岳软件股份有限公司旗下融云即时通讯云上榜“2016中国企业服务创新成长50强”。此次中国企业服务创新成长50强评选主要关注大数据、云服务、营销服务、金融服务和安全服务等领域，旨在鼓励更多优秀企业在服务技术、服务意识等方面不断创新。融云已经累计服务App逾9万款，日均活跃用户量超过3500万，日消息量峰值超过1000亿条。

（新闻中心）

北京四方继保自动化股份有限公司

【概述】北京四方继保自动化股份有限公司是一家成立于1994年的国家高新技术企业、国家级企业技术中心和上市公司。员工近4000人，其中技术研发团队近千人;公司总资产逾50亿元，并在北京、武汉、保定、南京等地设立了多个研发和生产基地。专注于智能发电、智能输配电、智能交通、智慧船舶、智慧岛屿等多个领域的产品设计、软件开发、系统解决方案及技术咨询等；主营产品包括电站自动化系统、继电保护、船舶电气综合自动化系统、调度自动化系统、发电厂自动控制系统、电力安全稳定控制系统、微电网控制系统、储能控制系统、电能质量管理系统、电气仿真培训系统（含船舶）、集控监管系统、能源管理系统、轨道交通自动化系统、工业控制系统等。主要产品多次荣获国家科技进步奖及省部级科技进步奖，并拥有数百项专利技术及软件著作权，另外还主持或参与制定了100多项国际、国家和行业标准。公司已有80多万套的数字式继电保护和智能控制设备、1万余套电力自动化及控制系统成功运行，充分体现了四方股份作为电气自动化成套设备制造商和完整解决方案集成商的行业龙头地位。

（四方新闻）

【获2015年北京市科学技术三等奖】2月19日，2015年度北京市科学技术奖励大会召开，北京四方继保自动化股份有限公司技术成果“基于储能的新能源微网供电系统关键技术研究与应用”获2015年北京市科学技术三等奖。该成果主要针对新能源微网运行模式切换时供电中断、避免对配网冲击而弃光导致新能源利用率低、微网保护与控制协调困难等问题，研究了新能源微网供电系统的关键技术，实现了系统的全面监控，保证其连续可靠供电、安全稳定与高效经济运行，促进大规模可再生能源的安全接入与高效消纳。

（四方新闻）

【获2015年中国机械工业科学技术一等奖】4月，北京四方继保自动化股份有限公司参与申报的“高压大容量多端柔性直流输电关键技术开发、装备研制及工程应用”项目获 2015 年中国机械工业科学技术一等奖、中国南方电网公司科技进步特等奖。

（四方新闻）

【中标广西电网有限责任公司招标项目】4 月，北京四方继保自动化股份有限公司中标广西电网有限责任公司 2016 年二级物资框架招标项目中的 10kV 真空柱上负荷开关（带自动化装置）及 10kV 真空柱上负荷断路器（带自动化装置）两个标的。其中 10kV 真空柱上负荷开关（带自动化装置）排名第一，获得全广西电网 50% 份额，10kV 真空柱上负荷断路器（带自动化装置）排名第二，获得全广西电网 30% 份额。

（四方新闻）

【获得国军标质量管理体系认证证书】10 月 12 日，北京四方继保自动化股份有限公司获得《武器装备质量管理体系认证证书》。这是公司作出向国防业务领域发展决策以来取得的第一个按国家军用标准要求建立管理体系并通过认证的资质。

（四方新闻）

【通过印尼国家电网公司验收】11 月 11 日，北京四方继保自动化股份有限公司在印尼 Semen Baru 变电站的整套数字化变电站设备正式通过印尼国家电网公司 PT.PLN（简称“PLN”）验收。这是 PLN 在印尼的第一个数字化样板站工程，同时也是四方股份在海外第一次以二次总包方身份完成的数字化变电站项目。四方股份负责此次项目二次部分的图纸批复、设备安装、土建、屏柜接线及设备调试等工作。

（四方新闻）

北京四维图新科技股份有限公司

【概述】北京四维图新科技股份有限公司（简称四维图新）是中国领先的数字地图内容、车联网及动态交通信息服务、行业应用解决方案提供商，始终致力于为全球客户提供专业化、高品质的地理信息产品和服务。经过 10 年多的发展，四维图新已经成为拥有 8 家全资、6 家控股、5 家参股公司的大型集团化股份制企业。作为全球第四大、中国最大的数字地图提供商，公司产品和服务充分满足了汽车导航、消费电子导航、互联网和移动互联网、政府及企业应用等各行所需。在全球市场中，四维图新品牌的数字地图、动态交通信息和车联网服务已经获得众多客户的广泛认可和行业的高度肯定。

（四维图新）

【与东软达成合作】1 月，北京四维图新科技股份有限公司发布公告，公司和东软集团达成战略合作，双方将围绕地图数据和动态交通信息、无人驾驶技术、车联网应用服务、手机车机互联技术、OEM 导航和后装导航以及地图数据编辑器、全球业务这 6 个方向展开工作，探讨合作机会。在地图数据和动态交通信息方面，四维图新向东软集团提供相应的导航电子地图、高精度地图和动态交通信息数据。东软集团则承诺除客户指定外，会在所有需要以上数据的相关软、硬件领域优先采用四维图新的数据；在无人驾驶技术方面，双方发挥各自在 ADAS 技术、导航引擎，及高精度地图方面的优势，为未来的无人驾驶汽车提供核心服务引擎；在车联网应用服务上，双方将共同建设和完善车联网应用服务体系，合作开展地图数据增量更新的云服务；在手机车机互联技术方面，双方将利用彼此的技术优势，共同探索在手机与车机互联应用领域的深度合作；在OEM导航、后装导航以及地图数据编辑器方面，双方将利用各自开发编译器和导航软件的经验，结合四维图新在原始数据方面的优势，双方将共同面向一级制造供应商（Tire1）、汽车厂商提供整体导航解决方案。在全球业务上，双方均表示将致力于在中国以外区域开展合作，发挥各自海外子公司或控股公司的技术优势，共同拓宽相应的全球业务机会。成立“高层战略合作推进小组”以及相关工作小组，分别从战略和执行层面共同推动。

（四维图新）

【发布全新车载应用解决方案】6月15日，2016地理信息开发者大会（WGDC2016）召开，北京四维图新科技股份有限公司为大会战略合作伙伴，在会上发布了全新车载应用解决方案。这套车载应用解决方案是四维图新 WeDrive 产品家族的新成员，倡导以人为本的人性化操作体验，实时在线的智能服务响应，同时基于四维图新内容服务平台，为用户提供车载信息服务。这套车载应用解决方案针对不同的市场定位、用户群体和产品需求，由3种产品形态组成，分别是车载专用桌面系统 WeUI、趣驾行车助手以及相应的 SDK。车载专用桌面系统 WeUI 是一个成熟的完整方案，将软件、服务与车载硬件进行了一体化集成；趣驾行车助手是四维图新结合业内车载语音识别技术和车载信息服务推出的智能行车服务；SDK 针对用户特殊需求，以开发包的形式释放平台能力，自由进行合作。

（四维图新）

【与京东金融确定战略合作伙伴关系】6月，北京四维图新科技股份有限公司与京东金融集团（简称京东金融）确定战略合作伙伴关系，双方将以“互联网 +”的思维模式进一步创新车联网金融服务，通过大数据共享，双方将在消费洞察、交通出行、车险征信等领域创造巨大商用价值。京东金融定位金融科技，为企业和个人提供融资贷款、理财、支付、众筹等各类金融服务。此次四维图新与京东金融的战略合作将围产品创新、数据采集融合应用、双方资源共享3个方面方向开展，共同布局车联网大数据金融服务，推进双方业务发展和战略布局。

（四维图新）

【与苏州交警达成战略合作】8月，北京四维图新科技股份有限公司旗下世纪高通与苏州市公安局交警支队交通管理科研所达成战略合作，签署了战略合作框架协议。根据协议，双方将充分整合各自优势资源，依托世纪高通成熟的交通大数据，以“互联网 +”解决方案为具体结合点，以共同建设苏州市“智慧交警”专题项目为目标，开展全方位、深层次的合作。具体合作内容包括苏州交警“微警务”平台、苏州交警交通信息发布平台及苏州交通重大工程项目等多个方面。世纪高通相关负责人表示，此次与苏州交警达成战略合作，是顺应国家“互联网 +”发展新形势的重要举措，对于世纪高通在政企合作领域具有重要意义。苏州交警表示此次战略合作中，世纪高通为苏州交警提供的全域实时精准路况数据，将助推苏州“智慧交警”专题项目建设，打造全国领先的“互联网 + 智慧交警”新模式。

（四维图新）

北京市地铁运营有限公司

【概述】年内，在大数据时代企业信息化的背景下，北京市地铁运营有限公司（简称地铁公司）大力推进信息化建设。依据国资委下发的《市属国有企业信息化水平测评方案》，2016 年度地铁公司信息化水平自测达到 C 级。在基础网络全线开通的前提下，地铁公司全力开展了以人力资源系统（HR）、财务管理系统（FM）、资产管理系统（EAM）、设备运行水平分析管理系统（EOMS）及办公自动化系统（OA）为 5 大核心应用系统的建设与推广。同时还加快了全量数据仓库的建设，实现了对数据的分析及展示，为管理者决策提供有力支撑，为轨道交通安全运营提供有力的保障。

（庞峥）

【酒精智能检测系统上线】7 月，北京市地铁运营有限公司运营四分公司酒精智能检测系统上线试运行，该系统是国内首个多部门协同管理、动态展示司乘人员状态的信息系统，已完成了 8 个司机出勤点的改造，覆盖 3 条线、司机 700 余人；通过整合考勤系统、在线考试系统，实现与出退勤、岗前培训等相关数据对接，采用物联网技术实时检测司乘人员是否摄入酒精及摄入酒精程度；“酒精检测”日检测量达到 400 余次，累积次数已达到 13 万余次。该系统由企业发展部牵头，安质部、乘务中心配合完成。

（运营四分公司）

【员工在线考试系统上线】12 月，北京市地铁运营有限公司运营四分公司员工在线考试系统正式上线。员工在线考试系统系统具备对员工职业技术能力的动态信息分类统计管理、职业技术能力评估、员工作业规范管理以及对员工职业技术能力培训需求跟踪统计分析等功能，“在线考试”日考试量达 300 余次，覆盖人数已达到 2000 余人，累积考试次数 10 万余次。

（运营四分公司）

【推进信息化顶层设计与 IT 治理体系建设】年内，北京市地铁运营有限公司共召开 5 次信息化工作领导小组会，不断推动信息化工作取得新进展。加强信息化顶层设计，制定北京地铁公司“十三五”信息化子规划及总体方案。建立 IT 治理体系，完善网络安全与信息化工作领导小组相关职责。依据国资委下发的市属国有企业信息化水平测评方案，确定了公司信息化水平一年到 C 级、两年到 B 级、逐步提升至 A 级的原则，制定北京地铁公司全年信息化水平实现 C 级的任务目标。按照测评标准，自测得分 67 分，自测达到“C 级”水平。严格按照任务要求狠抓落实，全面提升公司信息化水平。

（胡平）

【操作类员工业绩档案管理系统初步建成】年内，北京市地铁运营有限公司加快全量数据仓库建设，初步完成数据挖掘和可视化展示初步建成人力资源系统（一期）——操作类员工业绩档案管理系统，实现人力基础信息管理、业绩档案管理、人力相关业务数据展示等功能。建立地铁公司员工信息基础库，可对其他业务系统进行人员基础数据支持，全面即时掌握人员动态。业绩档案管理可对基层操作类员工的实况业绩发生事件进行记录，按月、季度和年度计分，实现自动排名和评级。年内，累计记录操作类员工业绩事件 84 万条，作为绩效分析及考核的依据，为后续绩效与薪酬挂钩奠定了基础，为建立员工晋升通道提供评判依据。

（胡平）

【基础网络全面建成】年内，随着基础网络建设线路二期工程的完工，北京市地铁运营有限公司加快全量数据仓库建设，初步完成数据挖掘和可视化展示实现了既有8条运营线路基础网络的全覆盖。截至年底，完成了基础网络既有运营线路的开通工作，共开通信息点位22631个，为信息化在北京地铁的应用打下了坚实的基础。

（庞峥）

【软件正版化工作通过验收】年内，北京市地铁运营有限公司按照“北京市使用正版软件联席会议办公室”的文件要求，对软件正版化工作进行了总体安排，涉及10个二级单位、15条线路、1492台计算机操作系统及办公软件的部署，并于年底通过了北京市对地铁公司软件正版化工作的检查、验收。

（王玉兰）

【组织搭建供电专业检修工作计划管理系统】年内，北京市地铁运营有限公司“供电专业检修工作计划管理系统”搭建完成。作为“地铁施工计划管理系统”的子系统，调度指挥中心电力及防灾环控调度与供电分公司各项目部，通过网络互连实现检修计划审批工作的填报、提交、审核、批复及统计工作，适用于地铁公司管辖的各运营线路。该系统于8月正式投入使用。截至年底，该系统上线运行5个月，共审批检修计划7271项，大幅提高了计划审批工作效率。

（调度指挥中心）

【完成10号线AFC系统等级保护测评】年内，北京市地铁运营有限公司针对运营三分公司所辖10号线AFC系统进行了等级保护测评工作，共涉及巴沟、呼家楼、芍药居、太阳宫、小营中心共4个车站及1个AFC中心，测评过程中共发现紧急漏洞16个、高风险漏洞17个、中风险漏洞40个、低风险漏洞97个、信息漏洞54个。10号线一期于2008年底开通，共有22个车站，现有2000余台AFC专业设备。

（运营三分公司）

北京泰豪智能工程有限公司

【概述】北京泰豪智能工程有限公司是清华大学、中国科学院在智能节能领域“产学研”结合孵化的重要成果。公司是最早从事智能建筑和建筑节能工程设计、工程承包、系统集成、技术顾问、咨询等服务的高新技术企业之一。泰豪拥有建设部建筑智能化工程专业承包一级、建筑智能化系统集成甲级、安全技术防范工程一级、机场空管工程及航站楼弱电工程专业承包贰级等专项资质，并通过ISO 9001、ISO 14001、OHSAS18001等质量、环境、职业健康管理体系认证。多年来，泰豪在以整体集成优化设计为核心的技术创新下，可为政府公建、大型场馆、高档酒店、数字园区、校园医院等不同建筑提供“量体裁衣”的智能节能整体解决方案。

（行政中心）

【与经开总公司、新航城控股共同签署战略合作协议】2月2日，北京经济技术投资开发总公司、北京泰豪智能工程有限公司、北京新航城控股有限公司战略合作签约仪式举行。经友好协商，三方决定以北京经开总公司的全资子公司——北京博大网信科技发展有限公司为载体，以国企改革为契机，以智能化建设、智慧城市建设与运营等为主营业务方向，建立三方战略合作关系。三方旨在利用各自优势资源，以新区（北京市大兴区、北京经济技术开发区及新航城）为起点，通过引入资金、技术、市场、管理、人才等优势资源，充分发挥国企实力加民企活力的协同效应，将目标公司打造成以现有业务为基础，从业务区域需求出发、积极拓展智慧城市领域中基础性、平台型、高成长、高附加值的专业细分行业，成为以运营服务为主导，智慧开发区投资建设、解决方案提供为一体的智慧专业领域内综合运营服务商，创造出以智慧城市的投资、建设、运营，并形成可复制、可扩展的平台化、产品化模式，使各方效益最大化。

（行政中心）

【再获“全国智能建筑行业十大品牌企业”称号】 3月8日，中国建筑业协会智能建筑分会换届大会暨2016智能建筑行业发展高峰论坛在北京国际会议中心举办。北京泰豪智能工程有限公司再次蝉联“全国智能建筑行业十大品牌企业”称号，这已是公司连续10年获此奖项。上海信业智能科技有限公司连续7年获“全国智能建筑行业十佳企业”称号。北京泰豪、上海信业、泰豪参股的北京博大网信科技发展有限公司，同时获评“2015年度全国智能建筑行业80强企业”。大会对2015年智能建筑行业先进个人进行了表彰，北京泰豪王志国、上海信业郑锋获评“2015年度智能建筑行业优秀项目经理（建造师）”。

（行政中心）

【中标石家庄城市轨道交通线网运营指挥中心工程项目】 4月，北京泰豪智能工程有限公司中标石家庄城市轨道交通线网运营指挥中心（OCC）工程项目。石家庄市城市轨道交通线网运营指挥中心位于市东二环外，南临长江大道，东临秦岭大街，系石家庄市6条轨道交通线路的运营指挥中心。项目总建筑面积72460平方米，包含应急指挥中心（TCC）、指挥中心（OCC）、清分清算中心（ACC），并预留信息中心和数据中心（DCC）的功能。

（战略合作部）

【入选北京节能低碳技术产品及示范案例推荐目录】 6月，《北京市2016年节能低碳技术产品及示范案例推荐目录》正式对外公示。泰豪楼宇能管中心平台、光伏电站远程监控系统、“城市氧吧”智慧洁净空气系统等多项节能低碳技术产品入选。楼宇能管中心平台采用物联网、云计算、大数据、空间地理信息集成等信息技术，对能源使用等进行实时、动态监测，采用相关标准比对，提高大型建筑的用能管理能力，并通过专家管理系统应用，进行数据整理、分析和诊断，从管理和技术层面起到挖掘节能减排潜力的效果；光伏电站远程监控系统可对现有及新建的光伏电站实现远程监控，并将数据传输至光伏电站数据中心进行智能分析；“城市氧吧”智慧洁净空气系统通过传感器组网将空气净化主机与软件集成，对建筑内空气质量进行实时监测和综合感控。

（研发推进部）

【与华为签署战略合作协议】 7月15日，“新ICT，让城市更智慧——华为智慧城市生态圈行动计划发布会”在苏州召开，泰豪集团应邀参会并与华为签署智慧城市生态圈合作框架协议，成为首批加盟的合作单位。会议由国家信息中心副主任周民致开幕辞，中国工程院院士倪光南、中国科学院院士周成虎、中央网信办信息化发展局相关领导及华为企业BG中国区负责人分别致辞。业界500多位客户、合作伙伴和专家到会，共同探讨了智慧城市发展建设趋势，分享在智慧城市领域的实践经验，并正式发布了智慧城市生态圈行动计划。泰豪集团董事会主席黄代放出席签约仪式并致辞。

（行政中心）

【获"2016 中国智慧能源产业十佳实践案例奖"】 8月10日，"2016 中国能源互联网大会暨智慧能源产业博览会"在秦皇岛经济技术开发区开幕。80多位来自政、产、研、学演讲嘉宾，50多家智慧能源产业链展商，1000多位国内外业内代表，3000多名产业界人士汇聚一堂，共商中国智慧能源产业发展大计。在颁奖仪式上，北京泰豪智能工程有限公司凭借"泰豪智慧园区综合能源系统示范项目"摘得"2016 中国智慧能源产业十佳实践案例奖"。该项目主要针对泰豪智能园区进行综合能源系统建设。园区由三栋楼宇和厂房组成，建筑面积共5万多平方米，常驻办公人员1700人左右。项目采用物联网、大数据等技术，在园区内建设包括能源监测管理平台系统、中央空调节能控制系统、太阳能光伏建筑一体化系统、空气净化控制系统、智能楼宇控制系统、照明控制系统等6大子系统和照明灯具改造、机房改造两大改造工程。采用能耗监测、智能楼宇、中央空调、智能照明、新能源一体化能源管理技术，打造智慧园区能源利用综合示范工程，科学提升节能管理水平。经项目建设，园区年平均节能达到30%，年节电量达到120万千瓦时，节省标煤147.48吨。

（行政中心）

【签订服务石家庄节能减排监控管理平台建设项目合同】 9月7日，北京泰豪正式签订合同，服务石家庄节能减排监控管理平台项目。项目旨在建成一个覆盖石家庄市工业领域216家规模以上重点用能和排污企业的节能减排监控管理平台。通过能耗数据在线监控，实现工业用能动态监管；通过企业用能数据对标，实现工业能耗精细管理；通过能耗数据分析应用，支撑工业节能减排决策；通过专家咨询辅助决策，提升节能减排管理水平。

（智慧能源与环境）

【入选北京新技术新产品(服务)名单】 9月7日，北京市科委正式对外公示第四批北京市新技术新产品（服务）名单，泰豪"城市氧吧"智慧空气净化管理系统入选。泰豪"城市氧吧"智慧空气净化管理系统，是泰豪针对环境污染问题和公共环境需求而设计的一套整体解决方案。其将净化设备与交换新风系统配套使用，可实现前置高效预处理，不仅将"洁净新风"输入室内，即使在雾霾天依然可以持续向室内提供洁净的新风，有效改善室内空气品质，而且通过全热交换比普通的中央空调新风系统实现节能10%。此外，该系统采用最新的变频和物联网技术，将空气净化设备和监测仪器，利用自主开发的采样系统和系统集成整合平台，统一数据采集上传、处理、控制等功能。

（行政中心）

【与霍尼韦尔签署战略合作协议】 9月13日，"第七届中国（北京）国际机场技术、设备、设计和服务展览会"举办。其间，北京泰豪航空技术有限公司与霍尼韦尔国际公司围绕共建智慧机场、提升机场运营管理效率及安全、舒适、节能表现等达成合作，在北京四季酒店北京厅召开新闻发布会，并正式签订战略合作协议。此次合作响应国家"十三五"加快建设民航信息化、智能化的号召，将通过整合双方在民航、通航机场的建设经验，以及双方在航空领域现有产品链、解决方案、服务平台的品牌和资源优势，共同拓展航空市场，优化智慧机场建设，助力机场运营方、航空公司、空管等协同决策，为提升机场运营管理效率及安全、舒适、节能提供更多高效的解决方案和更高质量的服务。

（泰豪航空）

【获2016年度"全国建筑业先进企业"荣誉称号】 10月31日，中国建筑业协会成立30周年暨建筑业改革发展经验交流会在京举办。大会对“十二五”期间在建筑业改革和发展中作出突出贡献的先进企业和个人进行了表彰，北京泰豪智能工程有限公司获2016年度“全国建筑业先进企业”荣誉称号。“全国建筑业先进企业”由中国建筑业协会组织评审，以企业经营业绩、安全体系、科技创新、社会形象等为评选标准，旨在表彰先进、树立榜样，全面提高建筑行业的整体素质，推动建筑业持续健康发展。

（行政中心）

【获“2016年度中国市场十大系统集成商产品品牌”奖】11月18日，由中国勘察设计协会工程智能设计分会指导、北京《智能建筑与智慧城市》杂志社主办的2016中国市场智能建筑十大品牌颁奖大会在京举行。北京泰豪智能工程有限公司获“中国市场十大系统集成商产品品牌奖”。此届大会以“沟通·共赢”为主题，贴近行业实际，挖掘行业契机，透视行业未来，以推动智能建筑行业技术创新为目标，搭建沟通协作平台，发挥行业优秀引领作用，加强企业品牌建设，促进智能建筑行业的可持续发展。

（行政中心）

北京铁路局

【概述】年内，北京铁路局网络安全和信息化工作紧密结合运输生产和管理需要，落实“全面深化改革、提高质量效益、实现创新发展”总体方针，进一步加强网络安全管理，有序推进基础设施和重要信息系统建设，进一步深化信息技术应用，进一步夯实信息化专业管理基础，各项工作稳步推进，取得新成效。

（綦新亮）

【全局信息化工作电视电话会议召开】2月24日，北京铁路局召开全局信息化工作电视电话会。局总工程师作了重要讲话，从信息安全管理、信息化建设和信息系统应用及运维管理等方面，肯定了2015年信息化工作的主要成绩，并从深化网络信息安全管理、加强信息化基础建设、加强重要信息系统建设、推进管理规范化和作业标准化、深化信息系统应用管理、加强信息化基础管理和队伍建设等6个方面部署了2016年全局信息化重点工作。会上表彰了25个信息化工作先进单位和50名先进个人。

（綦新亮）

【网络安全专项整治】3月，北京铁路局下发《网络安全专项整治工作通知》，明确机房环境设施安全、信息系统运维安全、互联网应用安全、工程建设预介入管理、信息化基础管理等5类13项重点整治内容。各单位以高铁和客运安全为重点，结合信息设备春检春鉴和秋检秋鉴，平推检查关键处所2200余处，检查设备17000余台，发现并处置520余项问题和故障隐患，确保了春运、暑专运以及特殊时段信息系统平稳运行。信息化处深入基层督导抽查46家单位，关键处所120余处，解决问题52个。

（綦新亮）

【互联网网站专项整治】3月，北京铁路局针对安全防护、安全审计、终端管理等惯性问题，下发《关于强化互联网网站安全专项整治工作的通知》，分三个阶段组织开展互联网网站集中整治，通过排查梳理和整改补强，完成网站安全问题整治；截至年末，36个网站中关停18个，18个网站及应用系统已完成整改工作；82个互联网专线接入点纳入规范管理。

（綦新亮）

【关键信息基础设施检查】7月，北京铁路局按照中国铁路总公司关于开展关键信息基础设施检查要求，组织开展TDCS/CTC、售票系统、TDMS、CTCS、SCADA等5个关键信息基础设施检查。检查服务器668台、存储及数据库各24套、核心网络设备1274台以及操作系统5647套；针对网络安全问题，分析查找管理缺陷，制定完成针对性措施，并推进整改落实。

（綦新亮）

【网络安全和信息化工作领导小组成立】9月，北京铁路局成立网络安全和信息化工作领导小组，局长和党委书记担任组长，副局长、党委副书记任副组长，成员由机关专业及综合部门主要负责人组成。领导小组负责贯彻落实国家有关信息化工作方针、政策和铁路总公司工作部署；审定全局信息化发展规划和重要制度规范；研究解决全局信息化工作重大问题。领导小组办公室设在局信息化处，承担领导小组日常工作，办公室主任由信息化处处长兼任。

（綦新亮）

【网络安全保障体系建立】9月底，北京铁路局《网络安全管理保障体系系列文件》正式发布。保障体系包含安全管理保障体系管理办法、网络安全管理办法、信息系统建设管理办法、信息系统运行维护管理办法等20个基本管理文件。体系从管理层面入手，通过相对完善的制度文件，明确网络安全工作目标和策略，以及实现这些目标所采用的具体方法、工作职责、作业标准和管理规范。

（綦新亮）

【推进现代物流信息化建设】年内，北京铁路局扩展95306网站区域板块内容和个性化功能的研发，完成相关基础数据维护，打造全程物流服务体系。建设铁路物流综合信息系统，深化物流配送信息系统应用，实现物流各环节信息自动采集、上门接取及配送交付自动跟踪、物流综合资源合理调配，以及运营实时监控、预警和质量监督。完成货运站货运安全与监控系统三级联网，实现货运作业的统一指挥，提高货运安全保障能力和作业效率，实现对货物运输源头的安全卡控。建成物流共用信息平台，加强铁路局与路外企业合作，促进制定统一的对外数据交换接口，满足铁路、路外企业信息交换需求，实现与相关客户的信息交换和信息共享。

（綦新亮）

【信息工程建设管理】年内，北京铁路局组织审查信息工程设计方案52项。审查京沈高铁等11项重点工程信息化方案，提出意见和建议47项，消除重点信息机房UPS设备无冗余等安全隐患13项，对其他相关41项工程提出审查意见93项；组织信息工程各阶段验收、安全评估，突出现场包保和应急处置，确保天津集装箱中心站等5项重点工程开通；各单位、各部门加强对在建工程的督导，及时协调解决现场问题，为各项工程推进奠定基础。

（綦新亮）

【重要信息系统建设】年内，北京铁路局多次召开信息化建设专题会，研究部署和推进应用系统建设安排。截至年末，完成“货运站安全监控与管理系统、客运管理系统、铁路审计管理信息系统、物资管理系统”等建设任务，有序推进“车号识别系统更新改造及深化信息综合运用”“互联网网站群平台”“综合计算机网与数据通信网融合”“运输调度管理系统（TDMS5.0）升级”等全路性重点应用项目建设。

（綦新亮）

【完成车务站段信息机房标准化建设】年内，北京铁路局为强化安全风险管理，提高北京铁路局各运输站段信息机房基础环境设施质量，组织完成了21个车务站段29个重点信息机房的供配电系统、空调、防雷、地线以及动环监控系统等 113 项重要设备设施的标准化改造，消除机房安全隐患，确保各项主要功能达到《铁路技术管理规程》及相关标准的要求。

（綦新亮）

【网络资源管理】年内，北京铁路局根据管辖各单位机构规模和专业特点，完成基于车站等级的 IP 地址分配总体方案规划；在充分考虑信息化发展基础上，制定完成了牵引变电远动、电力远动等业务资源使用方案；为进一步扩大网络覆盖，先后组织完成了运输站段 64 个工区、派驻机构及邯黄公司等 10 个机构联网工作，组织解决了京津城际延伸线、石家庄供电段动车运用所，铁道旅行社客票代售综合管理、霸州西站等网络接入问题，为运输生产网络需求提供了基础条件，有效提升了网络运用质量。

（綦新亮）

【管理和技术培训】年内，北京铁路局先后组织网络安全、信息系统运维、信息系统施工以及信息工程预介入管理等 7 期信息化管理及技术培训，局属各运输站段及信息技术等 84 家单位的信息化主管部门负责人共 350 人次参加。培训主要内容为综合信息网安全管理、信息系统施工安全管理及网络安全管理保障体系系列等文件解读，培训采取现场标准化作业演示的形式。

（綦新亮）

北京先进数通信息技术股份公司

【概述】北京先进数通信息技术股份公司是一家成立于北京海淀高科技园区内的、以软件和系统集成服务为主营业务的高新技术企业。为客户提供核心应用系统、电子商务、咨询、客户服务渠道、高端信息增值系统以及软件外包等服务，业务涉及金融、电信、税务、医药和政府各个领域。公司参与国有商业银行等金融机构和大型企事业单位的信息化工程项目，拥有众多的成功案例及自有知识产权的产品群，并在金融渠道应用、信息资产管理和分析、个人金融服务、网络集成服务等领域保持着业界领先地位。

（先进数通）

【获发明专利授权】年初，北京先进数通信息技术股份公司的“一种系统垃圾资源回收方法和装置”，经国家知识产权局专利审查局审查，通过申请，获得授权。该专利于 2013 年报送申请。

（先进数通）

【获 2015 年度金融科技杰出企业用户信赖产品奖】4 月 10 日，2015 年度“中国金融科技发展论坛”在京举办。主题为“‘十三五’规划下的金融信息化创新暨移动支付”，旨在推动国内移动支付在金融行业的发展进程，彰显金融科技领域的成果。来自政府部委、监管机构以及银行、证券、保险机构信息科技部门的领导、院校专家学者、金融 IT 企业代表等近百人参加会议。北京先进数通信息技术股份公司“Sharkata 企业数据管理与服务平台”获评“金融科技杰出企业用户信赖产品奖”，智能解决方案中心总经理完献忠获评“2015 年度金融科技企业杰出人物奖”。

（先进数通）

【获互联网金融典范企业奖】7 月 21—22 日，主题为“中国质变：新挑战新机遇”的 2016 中国财经峰会在京举行。此次峰会云集了各个行业的顶尖企业，通过主题演讲、论坛、分享会等多种形式展望经济发展新趋势，探索新机遇，共同致力于汇聚和分享商业智慧，传递主流商业价值观。先进数通获评“2016 互联网金融行业典范企业奖”。

（先进数通）

【登陆深交所】 9 月 13 日，北京先进数通信息技术股份公司登陆深交所。公司股票简称先进数通，股票代码为 300541，首次公开发行不超过 3000 万股 A 股，发行价格为 11.07 元 / 股。先进数通是国内银行业大数据与云计算应用软件、云数据中心基础设施建设与运维服务领域的服务商，主要面向商业银行为主的客户，提供 IT 基础设施建设、软件解决方案及 IT 运维服务。此次上市后募集的资金将服务于公司的主营业务相关项目及发展所需，重点投向云计算、大数据相关应用软件产品研发及服务体系建设。

（先进数通）

北京易华录信息技术股份有限公司

【概述】 北京易华录信息技术股份有限公司成立于 2001 年 4 月，是华录集团旗下控股的上市公司。易华录紧紧把握政府管理创新需求，发挥央企优势，将金融资本和产业资本相结合，应用物联网、云计算、大数据等先进技术，实施“1+3”发展战略，以数据湖为主体，同时发展大交通、大安全、大健康业务，将线上与线下相结合，科技与文化相融合，打造以数据为核心的城市互联网运营商，为政府、社会、公众提供公益和增值服务，成为政府社会化服务的主要提供商。易华录旗下拥有 30 余家子分公司，业务覆盖全国 30 个省、自治区、直辖市及多个海外城市，已为国内 300 多个城市及海外多个国家提供了技术服务，足迹横跨亚欧，拥有“中国智慧城市最具影响力企业”“中国智能交通领军品牌”等殊荣。

（易华录）

【参加“2016 全民互联网嘉年华”】 1 月 13 日，由国家互联网信息办公室指导、中国互联网发展基金会主办，阿里巴巴、百度、腾讯联合协办，光芒网发起并承办的“2016 全民互联网嘉年华”在北京国家会议中心开幕。北京易华录信息技术股份有限公司作为中国互联网发展基金会的发起单位受邀参加了此次活动，携智慧云亭、智慧养老、交通与大数据等产品及解决方案亮相嘉年华。此次活动包括“科技体验展”“未来互联网高峰论坛”“互联网公益周”等板块，旨在突破互联网行业的边界，打造一场极具“社会属性”的互联网活动。在 13 日的未来互联网峰会上，公司总裁林拥军以“用互联网 + 大数据再造公共服务”为主题作了演讲。

（易华录）

【获“2015 年度领军企业奖”等奖项】 1 月 15 日，由智能交通网主办的“2016（第四届）ITS CHINA 年度盛典”在京召开。大会以“新一轮智能交通与创新趋势”为主题，与会行业专家、学者与知名企业代表共话新局势新变革新常态下智能交通产业之未来。会上，各位发言专家就“十二五”阶段中国智能交通各技术领域取得的成就、互联网思维打造中国智能交通、新阶段中国智能交通面临的机遇和挑战等进行了演讲。北京易华录信息技术股份有限公司应邀出席会议，并获得“2015 年度领军企业奖”及“技术创新奖”两个奖项。

（易华录）

【中标交通银行项目】 3 月 17 日，交通银行股份有限公司北京分行对北京地区运行的离行式自助设备监控报警联网服务业务进行公开招标，北京易华录信息技术股份有限公司中标该项目。此次中标交通银行项目，是继2015年易华录为中信银行离行式自助设备提供安全保障服务以来，又一次与金融安防领域携手。

（易华录）

【与北京大学数字视频编解码技术国家工程实验室签署战略合作框架协议】 5月10日，北京易华录信息技术股份有限公司与北京大学数字视频编解码技术国家工程实验室签署战略合作框架协议，双方约定未来就公共安全领域技术研究、人才培养、实验示范等方面进行长期合作。

（易华录）

【与华为签署《云战略合作协议》】 6月1日，北京易华录信息技术股份有限公司与华为软件技术有限公司在北京签署了《云战略合作协议》。易华录总裁林拥军、副总裁张国力、易华录旗下子公司天津通翔总经理何晓楠，华为公司企业云业务部总裁杨瑞凯、中国区企业业务大企业系统部部长姚茳、企业云业务部副总裁王彤等出席了签约仪式。

（易华录）

【入围"2016中国智能交通产业三十强"】 6月，"中国智能交通产业三十强"评选结果正式出炉，北京易华录信息技术股份有限公司入围"中国智能交通产业三十强"前三强企业。该评选活动由中国公共安全杂志社、中国智能交通网联合发起，是目前国内智能交通行业最权威的评选活动，被誉为中国智能交通市场晴雨表。

（易华录）

【发布BD—VTL光存储虚拟磁带库产品】 7月26日，北京易华录信息技术股份有限公司、北京赛凡智慧科技有限公司联合举办了"极智蓝光 速存未来"新产品发布会，发布BD—VTL光存储虚拟磁带库产品。

（易华录）

【与以色列Startup East公司签署战略合作协议】 7月28日，北京易华录信息技术股份有限公司与以色列特拉维夫大学孵化器公司Startup East签署了战略合作协议，旨在充分利用双方资源，优势互补，通过共同组建精准孵化中心，引进更多的新技术和新产品进行创新应用，帮助具有市场潜力的以色列初创企业在中国投资发展，实现跨边界融合。Startup East公司是全球唯一以色列泛亚太的新创加速中心，一直致力于以色列及亚洲各国孵化和创新平台的发展和协助创业，Startup East新创平台希望让更多的以色列创业企业来到中国，了解中国市场。

（易华录）

【获"中国软件百强企业"称号】 7月，工业和信息化部发布了2016年（第15届）中国软件业务收入前百家企业名单及发展报告，北京易华录信息技术股份有限公司再次获得中国软件百强企业称号。此届软件百强企业入围门槛为软件业务年收入13.3亿元，比上一届提高了2.8亿元，增长26.7%。

（易华录）

【"城市智慧交通管理大讲堂"举办】 8月18日，由公安部交通管理科学研究所批准、中国智慧交通管理产业联盟主办、中国华录智能交通产业发展研究中心协办、北京易华录信息技术股份有限公司承办的"城市智慧交通管理大讲堂"在武汉举办。活动以"城市缓堵+主动防控"创造和谐交通为主题，重点聚焦城市交通拥堵治理、停车管理和交通管理信息化建设等需求，在大数据、"互联网+"的背景下，为推动解决日益突出的城市交通问题，提升交通管理水平建言献策。

（易华录）

【与以色列捷邦签订战略合作谅解备忘录】8月25日，北京易华录信息技术股份有限公司与以色列捷邦（Check Point）安全软件科技有限公司在上海签订战略合作谅解备忘录，易华录公司总裁林拥军出席了签约仪式。备忘录涵盖以下方面：在公共安全及物联网安全领域，将借助Check Point在该领域的安全技术优势，协助和推动易华录智慧城市、公共安全、健康养老等解决方案的全面安全升级；在数据中心和云服务领域，将在易华录的数据中心和云服务解决方案里，结合Check Point在数据安全方面的优势，共同打造具有高度可靠性的安全数据中心；在移动安全领域，通过Check Point领先于业内的移动信息安全技术，为企业和个人提供增值运营服务的移动安全解决方案；在未知威胁防护领域，通过Check Point独有的先进产品和技术，展开全面合作，以满足中国市场需求。双方将在整个安全生态领域，结合双方优势开展合作，包括建立联合安全实验室等。

（易华录）

【获“智慧交通优秀企业奖”】8月29—31日，第八届中国国际道路交通安全产品博览会在广州举行。展览内容涵盖“互联网+”交通管理、智慧交通云计算技术及解决方案、车联网系统及解决方案、交通大数据、交通安全产品和警用装备等众多领域。北京易华录信息技术股份有限公司依托“1+4”发展战略，重点展示了“互联网+交通”产品和解决方案，同时涉及公共安全、蓝光存储等业务领域。其中，“互联网+交通”大数据应用平台、汽车电子标识行业应用解决方案、公安交通安全运行与应急指挥平台、交通信号控制解决方案、蓝光存储在交通大数据中的应用等是此次展览的亮点。

（易华录）

【入选“2016中国方案商百强”】8月，由商业伙伴咨询机构推出的每年一度的大型调查评选活动2016中国方案商500强（VAR500）榜单发布，北京易华录信息技术股份有限公司入选2016中国方案商百强、2016智慧城市方案商百强和2016中国十佳交通行业方案商三组榜单。商业伙伴咨询机构对中国方案商群体跟踪、研究和报道的历史超过10年，在此基础上推出了每年一度的全国方案商500强（VAR500）大型调查评选活动。2016中国方案商500强榜单由4部分组成：一是按2015年营业额排序的中国方案商百强；二是2016智慧城市方案商百强；三是中国方案商区域百强；四是细分领域十佳方案商，包括电信行业、金融行业、能源行业、交通行业等领域。

（易华录）

【与上海仪电达成合作签约】9月1日，北京易华录信息技术股份有限公司与上海仪电电子(集团）有限公司合作签约仪式在苏州举行。北京易华录总裁林拥军、常务副总裁赵新勇，上海仪电电子总经理顾德庆、上海仪电智能电子有限公司总经理洪斌等领导出席签约仪式。此次合作是双方发挥各自的长处和优势，进行互补，有助于智慧城市和智慧交通领域共同发展。随着“一带一路”走出海外，这也是未来双方在智慧交通衍生到智慧城市大方向的战略合作。

（易华录）

【成为首批平安银行金橙俱乐部成员】9月8日，首个总行级别的电子信息产业专营机构——平安银行电子信息产业金融事业部在北京揭牌成立，北京易华录信息技术股份有限公司总裁林拥军应邀出席成立仪式，见证首个总行级电子信息产业专营机构的成立。在成立仪式上，易华录及其他40余家电子信息行业企业加入“金橙电子信息产业俱乐部”。

（易华录）

【入选“第三批政府和社会资本合作示范项目名单”】10月13日，财政部联合科技部、工业和信息化部等19个部委共同发布了“关于联合公布第三批政府和社会资本合作示范项目加快推动示范项目建设的通知”。北京易华录信息技术股份有限公司承建的山东省滨州市阳信县“智慧阳信”PPP建设项目、山东省烟台市蓬莱市“智慧蓬莱”建设项目、山东省烟台市蓬莱市智慧健康养老服务PPP项目3个项目入选“第三批政府和社会资本合作示范项目名单”。

（易华录）

【与中国联通安徽公司签署战略合作协议】10月18日，北京易华录信息技术股份有限公司与中国联通安徽公司举行战略合作签约仪式，双方将在智慧城市、智能交通、信息安全、大数据应用等方面深度合作，共同推进移动互联网应用的创新发展。北京易华录信息技术股份有限公司总裁林拥军、中国联通安徽公司总经理刘运尧共同见证签约仪式。

（易华录）

【入选“中国软件和信息技术服务综合竞争力百强企业”】10月31日，由中国工业和信息化部信息化和软件服务业司、江苏省经济和信息化委员会、无锡市人民政府指导，中国电子信息行业联合会、中国软件行业协会主办的2016中国软件和信息技术服务综合竞争力百强企业发布会在江苏无锡召开，北京易华录信息技术股份有限公司入选“2016中国软件和信息技术服务综合竞争力百强企业”。

（易华录）

【获“中国驰名商标”称号】年内，北京易华录信息技术股份有限公司的“易华录”商标被国家工商行政管理总局认定为中国驰名商标。

（易华录）

北京益泰电子集团有限责任公司

【概述】北京益泰电子集团有限责任公司是致力于信息电子技术及产品的研发、推广、服务的科技型集团公司，主要业务涉及信息系统集成、消费类电子产品推广服务网络等领域。

（益泰电子）

【通过信息系统集成及服务贰级资质】7月1日，北京益泰电子集团有限责任公司接到中国电子信息行业联合会的通知，根据《信息系统集成及服务资质认定管理办法（暂行）》的有关规定，益泰集团的信息系统集成及服务贰级资质予以通过，并拿到证书，有效期至2020年6月30日。

（益泰电子）

【通过三体系复审换证】7月20日，北京益泰电子集团有限责任公司取得了北京新世纪检验认证股份有限公司所颁发的质量管理体系认证证书、环境管理体系认证证书、职业健康安全管理体系认证证书，有效期至2019年7月19日。

（益泰电子）

【取得音、视频工程业与舞台灯光、舞台机械工程业企业特级资质】8月24日，北京益泰电子集团有限责任公司正式通过中国录音师协会评审，取得了音、视频工程业企业特级资质与舞台灯光、舞台机械工程业企业特级资质，有效期至2020年7月。

（益泰电子）

【取得安防维护能力壹级资质】9月20日，北京益泰电子集团有限责任公司接到中国安全防范产品行业协会的通知，取得了安防工程企业设计施工维护能力壹级证书，有效期为2016年

9月14—2019年9月13日。中国安全防范产品行业协会原开展的安防工程企业资质评定工作自2015年6月暂停后，现已停止不再开展。按照国家有关政策要求，为适应新形势的需要，对现行资质评价体系文件进行修订和调整，已整改为安防工程企业设计施工维护能力评价，自2016年6月10日起接受企业申报。此次重新评价，益泰集团各项指标均符合《安防工程企业设计施工维护能力评价体系文件》一级水准。经过中国安全防范产品行业协会近两个月的评价考察，最终取得安防工程企业设计施工维护能力一级证书。

（益泰电子）

北京有生博大软件技术有限公司

【概述】年内，北京有生博大软件技术有限公司（简称有生软件）受邀参加“山东信息协会大数据智慧应用推进中心成立大会”。基于有生云Y9构建的罗湖区电子政府一级平台上线。同时，有生软件被评为2016年“北京市诚信创建企业”，获得海淀区新技术新产品推广应用专项资金支持，完成涉密信息系统集成乙级资质证书申报及更新工作，并完成7个软件著作权的登记申报及领证工作。

（有生软件）

【参加“山东信息协会大数据智慧应用推进中心成立大会”】4月15日，“山东信息协会大数据智慧应用推进中心成立大会”暨“山东省大数据智慧应用高端论坛”在济南舜耕山庄举办。北京有生博大软件技术有限公司作为推进中心的会员单位之一受邀参会。会上，公司副总经理关锋进行了关于“智慧政府—数据治理及服务”的主题演讲，提出有生软件将协助用户建立数据标准、进行有效数据治理、提供全新的数据存储体系、实现跨库数据查找并提供高效的数据服务，可以为数据源源不断发挥其最大价值打好结实的基础，为大数据发挥数据的最大价值提供平台。

（有生软件）

【完成涉密信息系统集成乙级资质证书申报及更新】6月19日，北京有生博大软件技术有限公司依据北京市国家保密局要求，完成了涉密信息系统集成乙级资质证书申报及更新工作。

（有生软件）

【完成7个计算机软件著作权登记】6月30—12月6日，依照中国版权保护中心官网要求，北京有生博大软件技术有限公司完成了“有生云—部门号内容管理服务软件（简称Y9S-II] V2.0”）、“有生云—即时数据服务软件（简称Y9S-ID）V2.0”“有生云—即时消息服务软件（简称Y9S-IM）V2.0”“有生云—通用办件即时协作服务软件（简称Y9S-IC）V2.0”“有生云应用支撑平台软件（简称RC8）V2.0”“电子文档大数据服务平台系统软件（简称ED）V2.0”“区域网格信息分拨监督管理平台软件（简称RiseSoft LH-WG）V1.0”共7个软件著作权的登记申报及领证工作。

（有生软件）

【被评为“北京市诚信创建企业”】11月15日，北京有生博大软件技术有限公司被评为2016年“北京市诚信创建企业”，并被纳入北京市公共信用信息系统。

（有生软件）

【获海淀区新技术新产品推广应用专项资金支持】12月，北京有生博大软件技术有限公司获得海淀园管委会海淀区新技术新产品推广应用专项资金支持。

（有生软件）

【罗湖区电子政府一级平台上线】 12 月，基于有生云 Y9 构建的罗湖区电子政府一级平台成功上线。平台实现了一体化的互联网政务服务平台，避免重复分散建设；推动了基层服务网点与电子政府一级平台的无缝对接；打通了数据壁垒，实现各部门、各层级数据信息互联互通、充分共享；制定完善了相关管理制度和服务规范。初步形成了“互联网 + 政务服务”的发展模式。

（有生软件）

北京用友政务软件有限公司

【概述】 北京用友政务软件有限公司由用友（集团）和中国财政科学研究院共同设立，是面向政府部门、事业单位、非营利组织的全方位业务管理信息化解决方案提供商，是中国电子政务百强企业、中国最大的公共财政管理软件提供商、中国最大的行政事业单位计划财务管理软件提供商。公司的业务涵盖财政、银行、税务、社保、民生、公安、交通、海关、国土资源等行业。核心产品和服务包括：财政一体化解决方案、互联网 + 政务服务一体化平台、政府采购云服务平台、资产云、政府大数据分析、银行代理财政业务、全口径债务管理系统、行政事业单位内控信息化解决方案、综合计划财务解决方案、社保整体解决方案、财经大数据解决方案、综合治税解决方案等。公司拥有国内一流的信息技术专家和行业应用专家，具有计算机信息系统集成及服务一级、涉密信息系统集成甲级、CMMI 成熟度 5 级、AAA 企业信用和“信息安全服务二级等一批国际、国家级资质，服务机构遍布全国。

（用友政务）

【中标社会保障资金信息管理系统一期项目】 1 月，财政部启动“社会保障资金信息管理系统一期项目”招标，最终，北京用友政务软件有限公司中标。社会保障资金信息管理系统运行后，不仅为社保基金预决算和社保专项资金收支管理、中长期预算编制规划提供信息化支撑，而且能实时掌握银行账户收支动态，真正做到对社会保障资金的精细化管理。具体实现 7 大功能：社会保险基金预算管理功能、大集中式会计核算管理功能、统计查询功能、资金实时动态管理功能、业务监督预警功能、分析决策功能、绩效评价功能。

（用友政务）

【获集团商业模式创新一等奖】 4 月 25 日，用友集团召开 2015 年度创新表彰大会，北京用友政务软件有限公司的“社保基金社银管控平台”从 13 个商业模式类创新成果候选产品中脱颖而出，获得全集团唯一的商业模式类一等奖。此外，“互联网 +”财税数据获得产品和技术类创新成果鼓励奖。用友集团的创新成果奖项分为 3 类 3 个层次，即产品技术、商业模式和企业管理 3 个类别，重大创新、重要创新和微创新 3 个层次。商业模式类创新成果评选标准包括 4 个维度：价值创造（40%）、成果原创（20%）、应用推广(20%)、体系完整(20%)。用友政务“社保基金社银管控平台”是为了解决国家各地区社保基金信息化管理链条断裂的问题，以社保基金全程电子化闭环管理为基础，结合广东、天津、新疆等地区的应用实践，发挥用友集团产品整合优势，推出的可持续生态式发展的社保基金管理模式。

（用友政务）

【通过涉密信息系统集成甲级资质认证】 4月，在经过历时1年的体系融合、书面审核、现场审核、专家会评审等多重环节后，北京用友政务软件有限公司正式获得由国家保密局颁发的涉密信息系统集成甲级资质和涉密信息系统软件开发甲级资质。（根据2015年发布的《涉密信息系统集成资质管理办法》，涉密信息系统集成资质是指保密行政管理部门审查确认的企业事业单位从事涉密信息系统集成业务的法定资格。涉密信息系统集成资质分为甲级和乙级两个等级，甲级资质单位可以在全国范围内从事绝密级、机密级和秘密级信息系统集成业务。乙级资质单位可以在注册地省、自治区、直辖市行政区域内从事机密级、秘密级信息系统集成业务。）

（用友政务）

【连续3年居财政管理软件市场榜首】 5月，中国ICT产业市场研究和咨询机构——计世资讯发布了《2016年中国财政行业信息化建设与IT应用趋势研究报告》。报告显示，北京用友政务软件有限公司2015年实现软件销售额4.8亿元，市场占有率达43.5%，连续3年居于榜首。

（用友政务）

【助力山西省国土资源厅打造综合计划财务监管平台】 6月，北京用友政务软件有限公司再次与山西省国土资源厅达成合作，打造综合计划财务监管平台，利用先进信息技术，不断提升财务管理水平。具体建设目标如下：实现单位内部控制规范要求；统一管理体系，消除信息鸿沟；加强预算管理，提高资金使用效益；专项资金实时动态监管；优化科学分析和决策支持。

（用友政务）

【建设电子口岸移动公共服务平台】 6月，北京用友政务软件有限公司中标“海关总署2016年金关工程二期电子口岸移动公共服务平台软件采购项目”。项目主要建设内容包括平台建设、与现有系统集成及定制开发和基于移动平台验证业务系统建设三部分。其中电子口岸移动公共服务平台主要包括移动门户、移动应用管理、移动设备管理、移动内容管理、业务集成管理、移动辅助管理、移动开发平台7部分内容。平台与现有系统集成及定制开发建设内容包括身份认证及权限管理系统、电子口岸业务服务、电子口岸应用系统消息推送平台、集成编译平台、运维管理平台、短信平台、版本管理工具和任务管理工具、HGIS系统、网络接入平台、其他相关平台、定制开发11个部分；验证业务系统建设包括自助查询、业务办理、订阅中心、客户服务4个模块。

（用友政务）

【通过能力成熟度集成模型5级认证评估】 6月，北京用友政务软件有限公司通过CMMI–5级评估。CMMI的全称是Capability Maturity Model Integration，即能力成熟度集成模型，由美国国防部与卡内基—梅隆大学和美国国防工业协会共同开发和研制，目前是世界软件工程行业公认的、最权威的软件能力评价模型。该模型分为5个等级，其中5级是最高等级，标志着软件研发已经进入优化管理级的最佳实践。

（用友政务）

【发布行政事业单位内控管理软件产品】 7月12日，北京用友政务软件有限公司在用友产业园（北京）召开“2016用友政务行政事业单位内控管理软件产品发布会暨用友政务天职国际战略合作签署仪式”，推出行政事业单位内控管理解决方案以及专门针对财政部门的内控信息化解决方案，携手天职国际会计师事务所共同助力行政事业单位内控规范有效实施。用友政务公司总裁张纪雄和天职国际会计师事务所总经理谭宪才分别发言。随后双方签署了战略合作协议，双方将发挥各专业所长，共同推进行政事业单位内控建设。

（用友政务）

【获 2016 中国行业信息化评选两奖项】 8 月 25 日，由中国计算机行业协会、中国信息化推进联盟以及中国计算机报主办的“第八届中国行业信息化奖项评选活动暨 2016 中国行业信息化发展高峰论坛”在京召开，主题为“融合从信息开始，创新由 IT 先行”。来自国内行业知名专家、学者、全球知名跨国企业代表、国内知名企业代表参加了峰会，聚焦当前行业信息化发展热门话题，探讨中国行业信息化的发展趋势。北京用友政务软件有限公司获“2016 年度中国互联网 + 财政行业信息化创新企业奖”和“2016 年度中国行政事业单位内控信息化卓越产品奖”两个奖项。

（用友政务）

【连续 9 年获“用户满意度第一”】 9 月 6 日，由工业和信息化部电子科学技术情报研究所指导，中国质量协会用户工作委员会、计世资讯联合主办的“2016 年中国 IT 用户满意度大会”在京举办，主题是“新生态环境下的满意度转型升级”。会上揭晓了 2016 年中国 IT 用户满意度调研结果。北京用友政务软件有限公司连续 9 年获“公共财政管理软件用户满意度第一”和“行政事业财务管理软件用户满意度第一”两个奖项。

（用友政务）

【与国家出版基金达成合作】 10 月，国家出版基金规划管理办公室通过招投标流程，携手北京用友政务软件有限公司打造管理信息系统，实现项目全过程、全周期、全范围科学化、精细化管理，更进一步提高国家出版基金规划管理办公室项目管理的整体水平。此次合作，旨在搭建覆盖基金办、省级主管单位及各出版社的管理信息系统，通过其九大子系统建设涵盖和优化基金办项目管理工作主要流程，全面提升基金办项目管控能力，提高项目管理工作效率和服务水平。信息化建设的目标包括：实现项目管理规范化、标准化；实现部门间协同办公；实现财务管理精细化；加大风险管控，提高工作效率。

（用友政务）

【入围“2016 北京软件和信息服务综合竞争力百强榜单”】 11 月，北京软件和信息服务业协会开展了 2016 北京软件和信息服务综合竞争力百强企业发布活动，经过企业申报、层层遴选及专家评审，北京用友政务公司入围“2016 北京软件和信息服务综合竞争力百强榜单”。

（用友政务）

【中标“财政部—财政会计行业管理系统升级改造项目”】 12 月，北京用友政务软件有限公司中标“财政部—财政会计行业管理系统升级改造项目”。财政会计行业管理系统是由财政部会计司、监督检查局、中国注册会计师协会与信息网络中心联合建设的电子政务系统。系统的总体目标是通过网络化技术手段对全国注册会计师行业进行管理、监督和服务。全国会计人员信息系统是由财政部会计司、信息网络中心联合建设的统一数据平台，用于全国会计人员的统一管理，以及会计人员信息公开的需求。系统的总体目标是在全国范围内建立一个完整的全国会计人员信息管理系统，为全国会计人员管理、分析、决策提供统一权威的平台。

（用友政务）

北京元心科技有限公司

【概述】北京元心科技有限公司（简称元心科技）是一家从事智能移动操作系统研发、生态系统建设及安全解决方案的科技型企业，致力于为用户提供安全可信的基础软件平台及整体安全解决方案。公司自主研发的元心安全移动操作系统（SyberOS）在Linux开源系统基础上开发了完整的中间件框架和安全防护体系，达到EAL 4级安全认证标准。

（张旭昇）

【联合产业链上下游企业发布安全解决方案】1月23日，北京元心科技有限公司、展讯通信有限公司、北京中科虹霸科技有限公司、中科院信息工程研究所等国内移动安全中坚力量通力打造的紫潭安全解决方案正式发布。紫潭安全解决方案建立了从“终端”到“云端”的多层次全体系安全保障系统，是国内首款搭载可控芯片及操作系统的双OS安全解决方案。

（张旭昇）

【参加“2016信息网络产业新业态创新企业30新”颁奖仪式】5月23日，由市经济和信息化委、中关村科技园区管理委员会指导，北京信息化协会、北京软件和信息服务业协会、北京通信信息协会、北京软件和信息服务交易所联合主办的“2016信息网络产业新业态创新企业30新”颁奖仪式在京举行，此次活动以“产业融合，业态创新”为主题，北京元心科技有限公司北京元心科技有限公司凭借元心智能移动操作系统安全解决方案获得奖项。

（张旭昇）

【获移动智能终端峰会摩提斯奖】10月27日，由工业和信息化部指导、中国信息通信研究院主办、移动智能终端技术创新与产业联盟承办的2016移动智能终端峰会在京举办。在峰会上，元心科技获移动智能终端“墨提斯”（METIS）年度大奖。墨提斯奖是国家主管部门与信息通信行业顶级智库携手打造的权威奖项，代表中国智能终端产业的最高水准，参与评选的专家包括政府主管部门领导、院士、行业专家等。“用技术创新能力说话”是贯穿此次评选的重要宗旨，奖项权威性和专业性得到主管政府机构和行业的充分认可。

（张旭昇）

【获《知识产权管理系统认证》】11月28日，元心科技正式获得《知识产权管理体系认证》证书，成为北京市率先通过该项认证的企业之一，也是亦庄开发区首家“贯标认证”企业。元心科技始终坚持以不断提高研发创新能力、强化知识产权建设为核心经营理念，已拥有相当数量和质量的自主知识产权，并且还在不断地加强公司在技术研发、产品设计、生产销售以及OS+生态建设等方面的知识产权积累和价值成果转化效率，持续构建有生命力的知识产权体系。并借内部知识产权建设过程不断优化企业创新机制、创新能力以及市场竞争力，以过硬的知识产权助力企业实现“做行业最好的智能移动操作系统及应用方案提供商”的目标。

（张旭昇）

【获北京市诚信创建企业称号】12月8日，元心科技积极参与首都文明办、市经济和信息化委、市工商局组织的2016年企业诚信创建活动，经过专家评议和协会审核，被授予2016年度“北京市诚信创建企业”荣誉称号。“北京市诚信创建企业”彰显了元心科技在诚信建设方面取得的成绩，体现了北京市政府及各部门对元心科技诚信状况的高度认可。元心科技将继续秉承诚信的宗旨，加强公司诚信文化建设，努力创建企业诚信品牌。

（张旭昇）

【向中国科协等作专项汇报】12月15日，中国科协、国家发展改革委、国资委等单位有关领导考察元心科技，听取元心科技有关发展历程、元心自主产品及荣誉奖项等报告，参观了基于元心OS的智能终端和巡检设备等产品。领导对元心优秀团队和成果产品表示认可并勉励全员一定要继续为国家的自主创新和信息安全产业作出贡献。

（张旭昇）

【获高新技术企业证书】12月22日，元心科技获得北京市科学技术委员会、北京市财政局、北京市国家税务局、北京市地方税务局核准颁发的高新技术企业证书，标志着公司通过高新技术企业认定。

（张旭昇）

北京中电源丰科技有限公司

【概述】年内，北京中电源丰科技有限公司（简称中电源丰）深入推进运维服务业务，严格执行公司运维体系的相关规章制度，狠抓服务体系和相关标准（服务交付和应急响应）的宣贯落实，深刻领会公司战略部署，适应新常态，实现新常态上新的跨越，完成公司年初计划指标。

（刘亚东）

【完成航空地面支持应用系统等运维工作】年内，市场新签合同金额完成计划指标，并完成公司考核指标。中国民航机场地面服务支持系统运维项目、中国民用航空局运行监控中心协调决策系统运维项目、山东省卫计委信息系统运维项目、国家空管新航行系统技术重点实验室运维项目、中国人口发展研究中心数据实验室项目、国家食品药品监督管理局信息化系统项目等运维工作得到客户一致好评。

（刘亚东）

北京中科院软件中心有限公司

【概述】北京中科院软件中心有限公司（简称中科院软件中心）成立于1986年，前身为中国科学院北京软件工程研制中心，是国内最早引入软件工程的机构之一。2001年9月，在中国科学院知识创新工程中作为应用型研究机构成为首批转制单位。中科院软件中心是中国软件行业协会副理事长单位、北京市信息化协会副会长单位、中国电子商务协会副理事长单位、国家高技术产业化示范工程单位。公司主要业务涉及政府和行业信息化、系统集成、IT运维服务、嵌入式软件、互联网和移动互联网的应用服务等领域，科技成果和软件产品已广泛运用于轨道交通、数字出版、数字科技馆、医疗健康、信息安全、智能家居、互联网基础服务等众多行业及领域。公司旗下拥有中科三方网络技术有限公司、北京凯思昊鹏软件工程技术有限公司、北京思元软件有限公司等控股参股公司。中科院软件中心长期承担国家高技术研究发展计划（“863”计划）、国家科技支撑计划、国家重点研发计划等多项国家级科研课题，拥有一大批自主知识产权和专利，获得了10余项国家和省部级科技进步奖，在市场及业务拓展、人才储备、产品及项目资源等多个层面拥有深厚的积淀。中科院软件中心拥有国家高新技术企业资质、ISO质量管理体系和信息安全管理体系认证、“双软”企业认证、计算机信息系统集成资质；已登记205项软件著作权、20项注册商标，拥有3项授权发明专利。

年内，公司持续加大平台建设，进一步发挥技术创新在企业发展中的重要作用。知识管理工作得到有效推进，实现公司项目资源的共享和复用。公司不断加大研发力度，积极探索行业相关技术，不断完善现有的开发框架，在项目中对新技术和新开发工具进行了探索和应用。

公司一方面全面巩固现有的市场、客户、技术和人力资源，积极进行市场调研，跟踪主要客户的发展规划，在相关行业内进行深度开发；另一方面通过拓展新市场、组织创新、联合协作等方式积极开展工作，进一步提升了公司在市场、人才、技术、文化方面的建设能力。

年内，中科院软件中心积极参与智慧城市、绿色城市和相关行业的信息化建设，在大交通板块，承接并完成北京地铁（4号线、14号线、16号线和大兴线）、青岛地铁和石家庄地铁等多个信息化项目的实施和运维，在轨道交通方面的行业经验和技术能力得到不断积累。开发的北京公共自行车运营管理平台和App软件支持着北京市每天30万人次的绿色出行，为绿色北京的建设贡献力量；在文化产业板块，公司入选国家新闻出版广电总局推出的新闻出版企业数字化转型升级软件技术服务商推荐名录，服务客户由科学出版社扩展至人民卫生电子音像出版社、中科期刊出版公司等多家单位，项目涉及POD智能生产管理、数字资源产品研发、门户网站建设、系统维护等多个业务环节。北京市平谷区科学技术协会数字科普馆建设项目（一、二期）完成，建成后的数字科普馆达到全国科普领域先进水平。北京天文馆新媒体展览辅助信息系统通过北京市联合专家组的终验，交付使用的系统大大提高了北京天文馆的导览能力；加入中国卫生信息学会健康医疗大数据家庭健康专业委员会，在智慧城市中互联网医院、医疗健康大数据领域和标准制定等方面开展深入的研究与广泛的合作。

（许晶）

【中标平谷区科学技术协会数字科普馆二期建设项目】5月4日，自2015年8月与平谷区科学技术协会签署项目一期承建合同后，中科院软件中心严格把控技术标准，精确定位项目需求，使技术服务团队的工作成果得到客户的一致认可和好评。二期建设项目作为一期的延续性项目，将无缝集成一期内容。通过视频、声音、动画等富媒体形式，打破实体科普场馆时间、空间的限制，实现科普资源的虚拟陈展以及陈展内容的无限扩容，最大化提升科普展馆及展品的宣传效果与社会价值。

（许晶）

【为“绿色城市”助力】6月14日，中科院软件中心签订北京市公共自行车一系列项目合同。项目内容涵盖北京市公共自行车运营管理平台的建设和维护，密云区公共自行车硬件设施建设与机房建设。今后，中科院软件中心在城市公共自行车的运营管理信息化领域将有更深入的了解与探索，逐步负责起北京市公共自行车建设、运维、升级改造的更多职责，为推动北京市民的“绿色出行”以及“最后一公里”贡献重要的力量。

（许晶）

【签署北京朝批“互联网＋智能物流平台系统”建设项目】8月1日，中科院软件中心签署北京朝批“互联网＋智能物流平台系统”建设项目。“互联网 + 智能物流平台系统”的建设，充分发挥软件中心在物流、供应链领域内多年的经验与技术积累，以朝批股份“高度管控、移动互联、目标导向、责权分配”的发展理念为指导，使用目前最先进的“互联网 +”技术和当今领先的商业理念，对客户现有 MIS 系统进行全面升级改造，实现方便快捷全方位的信息采集、业务处理，为企业管理和决策提供科学依据，以达到充分利用信息，提高工作效率和工作质量，提高生产率的目的，为客户实现“批发连锁及物流航空母舰”的目标提供强大技术支撑，为软件中心在现代物流领域长远发展，“进一步推动企业做强、做优、做大”打下坚实基础。

（许晶）

【唐山港网上业务大厅系统完成验收】8 月 4 日，中科院软件中心助力京津冀一体化发展带动区域经济发展，唐山港网上业务大厅系统完成验收。唐山港网上业务大厅系统在一年时间内，完成全面设计、部署上线。该系统的运行，不仅能提高唐山港的业务办理效率、办单服务水平，更能实现快捷地与生产系统、财务系统、国税系统的数据对接，提高数据整合效率，为唐山港企业发展带来新的发展机遇，并加快京津冀一体化进程。

（许晶）

【为央视打造新闻直播平台】9 月 2 日，为迎接“G20 峰会”，中科院软件中心为央视 CCTV NEWS 进行现场实时直播提供了一整套新闻直播平台的解决方案，包括记者端直播应用、普通用户客户端（节目收看等）和直播后台，并提供央视在线直播及节目表预告等服务。

（许晶）

【当选中国软件协会副理事长单位】12 月 26 日，作为中国软件协会一直以来的中坚力量，中科院软件中心当选协会第七届理事会副理事长单位。软件中心将顺应国家的需要，以软件行业支撑制造强国、网络强国战略为使命，为中国软件产业贡献优势力量。

（许晶）

【国科控股—Cyberbit 交流会在中科院软件中心举行】12 月 27 日，以色列 Cyberbit 公司亚太地区副总裁 NeriZin 一行 5 人与中科院软件中心董事长奉旭辉、沈阳计算总经理徐庆峰、中科三方总经理邹立刚等进行了交流座谈，并就网络安全领域的合作交换了意见。国科控股股权管理部高级经理吴頔、以色列驻国科控股独家代表 Batia Tocatly 陪同。

（许晶）

【助力科技部火炬中心打造一流创新创业服务平台】年内，中科院软件中心充分利用技术优势和行业 / 项目经验，先后为科技部火炬中心建设完成基金申报管理系统、中国创新挑战赛、小微企业创业创新示范城市申报和专项资金监管应急系统以及小微企业创新创业服务平台等多个业务系统，为火炬中心两创信息化建设工作提供了强有力的技术支持。

（许晶）

博雅软件股份有限公司

【概述】博雅软件股份有限公司（原“青鸟软件股份有限公司”）隶属于博雅集团，是博雅集团的核心企业之一。博雅软件长期服务于活跃在新经济转型时期各行业的客户，坚持向“大软件、大服务”的方向发展和迈进。年内，博雅软件继续在金融、能源、政府、企业、广电媒体、轨道交通等领域发展，依托多年积累知识财富，获首届“中国软件和信息技术服务综合竞争力百强企业”称号，同时入选“信息系统集成及服务资质重点联系企业”名单。

（杨丽）

【获首届“中国软件和信息技术服务综合竞争力百强企业”称号】10月31日，中国电子信息行业联合会与中国软件行业协会在无锡联合举办“2016中国软件和信息技术服务综合竞争力百强企业发布会”。工业和信息化部信息化和软件服务业司司长谢少锋，中国电子信息行业联合会副会长兼秘书长周子学，江苏省经济和信息化委员会副主任龚怀进，无锡市委常委、常务副市长黄钦等领导出席并讲话。工业和信息化部相关司局、相关省市工信主管部门领导，重点骨干电子信息企业、相关金融机构、行业协会、科研院所等负责人，以及新闻媒体等200余人参加会议。会议期间，博雅软件获“2016（首届）中国软件和信息技术服务综合竞争力百强企业”称号。

（杨丽）

博彦科技股份有限公司

【概述】博彦科技股份有限公司（简称博彦科技，深交所上市公司）是一家面向全球的IT咨询、解决方案与服务提供商。公司成立于1995年，总部位于中国北京，并在中国、美国、日本、印度、加拿大、新加坡等6个国家设有30余家分支机构、研发基地或交付中心。博彦科技依托自身强大的研发与创新能力，广泛采用基于大数据、云计算和移动互联等新兴技术，为高科技、互联网、金融、汽车、零售、物流、能源、制造、医疗、电信、媒体、旅游等行业客户提供丰富的解决方案及产品。

（博彦科技）

【蝉联工业和信息化部Cloud China云帆奖】4月12—14日，由工业和信息化部主办的2016第四届中国国际云计算技术和应用展览会暨论坛在北京国际会议中心举行，并揭晓了Cloud China 2016“云帆奖”各大奖项的归属。博彦科技股份有限公司获“2015—2016年度云计算最具成长力企业奖”。“云帆奖”是工业和信息化部国际经济技术合作中心为加快推进云计算产业的发展，推广普及相关应用，表彰为产业发展作出突出贡献的单位和个人所进行的评选活动。

（博彦科技）

【获北美Datacenter Dynamics奖】4月21日，Datacenter Dynamics授予博彦科技股份有限公司全资公司博彦咨询有限责任公司2016年度云计算奖，以表彰博彦为丰田大规模云迁移工作所付出的努力。该奖项的设立是为了奖励在数据中心领域取得重大成就的企业和个人。在过去3年里，博彦科技为托管的丰田网络和数字化平台提供了不下200次AWS EC2管理服务。丰田选择博彦科技作为其云服务合作伙伴，为丰田北美汽车销售系统提供灵活、敏捷、精密的安全控制和成本管理服务。这些服务为丰田北美52个地区的1200个经销商营销团队提供了支持，协助他们达成每年90亿美元的营销收入。

（博彦科技）

【收购美国1Strategy70%股权】4月26日，博彦咨询有限责任公司宣布，已同1Strategy达成协议，出资 184.5 万美元收购 1Strategy 70% 股权。1Strategy 是一家依托亚马逊云服务（AWS）为客户提供设计、实施和服务的专业咨询公司，其核心团队均来自于亚马逊 AWS 等世界顶级云计算厂商。通过此次收购，博彦科技将进一步增强在 AWS 云计算领域的交付和开发能力，为客户提供完整的云管理系列产品服务，帮助其更快更灵活地使用 AWS，为汽车、零售、制造、娱乐和高科技等行业的客户提供企业级端到端的解决方案。

（博彦科技）

【成为微软 Power BI Red Carpet 项目推荐合作伙伴】4 月，博彦科技股份有限公司宣布已入选微软 PowerBI Red Carpet 项目。由微软设计研发的“Power BI Suite”套件可帮助客户激活其商业数据，并使各种规模的企业更好地实时了解其业务运营类型和趋势。Red Carpet 项目能够让选定的合作伙伴利用微软 Power BI 加速其解决方案和服务的开发进度，进一步增强其在数据方面的实践。通过这个项目，博彦科技可以获得微软赞助的培训、工具和服务等相关支持，从而帮助其完成基于 Power BI 的创新与成就，包括系统集成、解决方案 / 服务及咨询等方面。

（博彦科技）

【获 2016 年诺基亚通信大中华区“优秀软件开发商”称号】5 月 10 日，由诺基亚上海贝尔主办的以“同心同行 旗开得胜”为主题的供应商大会在北京召开，博彦科技股份有限公司获诺基亚通信大中华区域最高奖项“优秀软件开发商”。博彦科技已经同诺基亚保持了 7 年以上的合作关系，目前占据诺基亚通信大中华区域软件服务外包市场份额的 50% 以上。

（博彦科技）

【获微软“最受客户欢迎 ISV 解决方案奖”】6 月 23 日，博彦科技受邀参加微软 Digital Customer Event 活动，并获 2016 年度最受客户欢迎 ISV 解决方案奖，并向参会的数百位嘉宾在线分享了公司在云计算和大数据领域的解决方案。

（博彦科技）

【博彦多彩数据科技有限公司成立】7 月 26 日，博彦科技股份有限公司全资子公司——博彦多彩数据科技有限公司成立大会在博彦科技大厦举行。博彦科技董事长兼 CEO 王斌、总裁兼 COO 马强与 100 余位员工代表参加。大数据是博彦科技近几年转型发展的重要方向之一，成立后的博彦多彩数据将全面围绕公司转型升级战略规划，充分利用公司成立 20 多年来积累的客户及数据资源优势，促进公司业务模式不断创新，推进大数据业务迅猛发展及产品快速落地。

（博彦科技）

【蝉联中国方案商百强】7 月 28 日，由商业伙伴咨询机构主办的“2016 中国云计算生态系统峰会”在北京国家会议中心举行。此次峰会以“云计算新秩序”为主题，众多知名方案商、云计算服务商及行业专家齐聚一堂，共同探讨云计算领域的现状和未来。博彦科技股份有限公司受邀参加此次峰会，并获“2016 中国方案商百强”“优秀行业云应用开发商”“优秀云服务部署商”3 个奖项。

（博彦科技）

【与 Cloudera 达成深度合作伙伴关系】9 月，博彦科技股份有限公司正式对外宣布与世界顶级大数据厂商 Cloudera 达成深度合作及战略伙伴关系，双方将携手搭建大数据生态圈。合作内容囊括系统集成、服务、咨询、产品开发等多个方面，是双方优势的整合互补。在系统集成方面，博彦将结合自己多年的行业经验，整合 Cloudera 产品，为客户提供完整的大数据解决方案，涉及行业有政府舆情、金融、电信、医药等；在咨询服务方面，博彦科技依托自身多年的应用研发与产品研发经验，建立专业的大数据技术与业务团队，为客户提供丰富的大数据架构咨询、应用研发及具体的实施服务，包括数据科学家、架构、应用研发、运维等多方面业务。

（博彦科技）

【举办诺基亚 & 博彦大数据技术交流研讨会】 10 月 14—15 日，由博彦科技股份有限公司主办、以“数聚你我，共赢未来”为主题的诺基亚 & 博彦大数据技术交流研讨会在怀柔举办。诺基亚大数据业务有关负责人和技术专家，以及博彦科技相关技术人员共计 30 余人参加。诺基亚大数据技术专家就诺基亚大数据业务的起步及发展进行了介绍，博彦科技的大数据业务各产品线负责人详细介绍了公司所取得的阶段性成果。

（博彦科技）

【亮相 2016 机器学习行业应用国际峰会】 11 月 22 日，由 IBM 与 CDA 数据分析研究院共同举办的 2016 机器学习行业应用国际峰会在北京举行。博彦科技股份有限公司子公司博彦多彩数据科技有限公司携手京东万象亮相此次峰会。包括工业和信息化部、人工智能研究院在内的政府机构，IBM、中国人工智能学会、阿里、百度、微软、亚马逊、博彦科技等企业代表 600 余人参加了此次活动。此次峰会以“唯‘智’者，‘造’未来”为主题，从人工智能政府解读、前沿技术、科技应用、需求对接等方面，全面阐述机器学习生态。

（博彦科技）

【获 2016 年度中国信息化最佳产品奖等 3 个奖项】 12 月 13 日，由中国电子信息产业发展研究院主办的 2016 第九届中国信息主管年会在北京举行。此届年会以“赢机遇、谋转型、创未来”为主题，邀请工业和信息化部主管领导、两院院士、知名学者，以及来自各行业 CIO、技术主管齐聚一堂，聚焦大数据与智能制造，共同探讨剖析数字化商业时代的 CIO 角色转变，把脉智慧商业时代技术趋势及创新战略。博彦科技股份有限公司受邀参加此次大会并获 3 个奖项，其中智能运维类产品 Smart Ops 获评 2016 年度中国信息化最佳产品奖，云服务类产品博彦智汇企业云服务获评 2016 年度中国信息化客户最信赖产品奖，博彦多彩的主数据管理平台获评 2016 年度中国信息化最具创新产品奖。

（博彦科技）

达内时代科技集团有限公司

【概述】 达内时代科技集团是中国职业教育品牌，4 月 3 日，在美国纳斯达克上市，是中国第一家在美国上市的职业教育集团，同时也是 2014 年赴美上市第一股，根据 IDC 的数据，市场份额超过 8.3%，排名行业第一。达内 15 年发展已经在全国 45 个主要城市建立 145 家中心，与全国建立雇主合作关系的企业增至 9 万，业绩增长 52%。年内，达内全国合作院校首度超过 700 所。达内少儿品牌“童程童美”推向全国，从北京 1 个中心拓展到全国 16 中心。达内教育集团先后与阿里云和微软公司签订合作协议，推出“因材施教、分级培优”，实行差异化教学，并成为教育部专业综合改革项目暨首批项目合作单位。

（韩冰）

【与阿里云公司达成大数据云计算战略合作】 1 月

12 日，达内教育与阿里云联合宣布双方达成战略合作。达内将与阿里云共同研发面向阿里云认证考试的培训课程，面向终端用户推广阿里云的培训和认证产品。针对达内学员未来创业，阿里云还提供了孵化器、云服务等方面的资源扶持。

（韩冰）

【联合推出“发现杯”中国青少年编程挑战活动】 2 月 8 日，达内教育集团旗下子品牌“童程童美”携手微软、中国下一代教育基金会、中国创造学会创造教育专业委员会、校外宝教育科技在中关村创业大街召开新闻发布会，正式对外宣布：联合推出“发现杯”中国青少年编程挑战活动。“发现杯”中国青少年编程挑战活动是为了进一步响应“全球编程一小时”活动。编程一小时活动是由美国非营利组织 Code.org 发起一个全球性的活动，全球 180 多个国家有数千万学生参与了这个活动，旨在向全球青少年推广编程教育、普及计算机科学。

（韩冰）

【达内“因材施教、分级培优”差异化教学】 2 月 24 日，达内教育集团在北京总部举办发布会，宣布推出“因材施教、分级培优”创新教学模式。此次达内实施差异化分级创新教学模式主要应用于 iOS、安卓、Java、Web 前端以及 UI 等五大技术课程方向，这五大方向占据了达内 IT 类招生人数的 90% 以上。达内教育集团“因材施教、分级培优”的实施意味着达内同一课程方向，面向不同受众群体，提供就业、培优、才高三个级别教学课程，其中，培优、才高课程均为达内重新研发。达内集团教学部根据学习不同课程学员的特点，通过基础阶段的课程学习后进行分级考试和分阶段考试，根据学生的学习能力因材施教、分级教学进行差异化教学，使同一水平的学生能同步实现逐级提高。

（韩冰）

【举办 15 周年庆典活动】 9 月 25 日，“缔造年轻人的中国梦”暨达内 15 周年庆典启动活动在北京举行，来自全国 40 多个城市的 500 多名达内教师、员工、学生代表参加了庆典活动。现场主办方还邀请了院校合作伙伴代表、达内全国企业合作伙伴代表以及 20 家主流媒体的代表共同参与。

（韩冰）

【全国合作院校首度超过 700 所】 年内，达内继续深入与院校的合作，全国合作院校首度超过 700 所。先后与华北理工大学、北京开放大学、人民大学继续教育学院、兰州文理学院、河北建材职业学院、河南财政金融学院、石家庄财经职业学院、渤海船舶职业学院等高校进行“技能 + 学历”的人才培养合作。

（韩冰）

【参加 2016WRO 大赛获奖】 年内，达内“童程童美”作为 WRO 国际机器人大赛的参赛组织单位，小学员组成了阿尔法勇士战队、危险流浪者战队和赤色风暴战队三支队伍参加了 2016WRO 大赛。在北京赛区 WRO 机器人足球赛中，危险流浪者战队获得冠军，赤色风暴战队获得季军，两支战队代表达内童创乐高机器人正式向全国赛进军。另外阿尔法勇士战队也在比赛中取得了二等奖。

（韩冰）

【获批教育部产学合作专业综合改革项目合作单位】 年内，达内教育集团获批教育部产学合作专业综合改革项目合作单位，资助经费超过 50 万元，提供云平台免费使用权价值超过 1000 万元。（自 2014 年起，教育部高教司组织国内外知名企业与高校开展产学合作育人项目，鼓励企业通过自主立项并提供专项资金，资助高校开展专业综合改革、课程改革、师资培训、大学生创新创业训练计划等，共同推动人才培养模式改革，促进产学合作协同育人，着力培养适应产业发展需要的应用型、复合型、创新型人才。）

（韩冰）

北京小桔科技有限公司

【概述】北京小桔科技有限公司是一家从事移动互联网出行的产品公司，主要产品有滴滴打车、滴滴专车、滴滴快车等。滴滴出行是全球最大的一站式多元化出行平台。滴滴在中国400余座城市为近3亿用户提供出租车召车、专车、快车、顺风车、代驾、试驾、巴士和企业级等全面出行服务。多个第三方数据显示，滴滴拥有87%以上的中国专车市场份额；99%以上的网约出租车市场份额。2015年，滴滴平台共完成14.3亿个订单；成为全球仅次于淘宝的第二大在线交易平台。公司致力于以共享经济实践响应中国互联网创新战略，与不同社群及行业伙伴协作互补，运用大数据驱动的深度学习技术，解决中国的出行和环保挑战；提升用户体验，创造社会价值，建设高效、可持续的移动出行新生态。2015年，滴滴入选达沃斯全球成长型公司。

（滴滴出行）

【发布智能就医报告】5月31日，滴滴出行发布《智能出行大数据+就医报告》（简称《报告》）。《报告》显示，每日通过滴滴平台的就医出行量已超过100万次，就医订单占比呈持续上涨趋势。这份《报告》基于滴滴出行平台覆盖的全国超过400个城市、近3亿用户以及每日1300万订单的大数据基础，解读包括医院选择、时间规律，以及城市间差异等就医出行特点，为了解和研究中国居民的就医行为提供新视角。《报告》数据统计周期从2015年5月1日到2016年4月30日整一年，其中就医出行量是指出行的起点或目的地为医院、诊所等医疗机构的订单。滴滴大数据显示，每天超过100万人次的就医出行中，53.3%集中在广东、浙江、北京、江苏和四川5个省市。从医院来看，全国范围内就医出行人数最多的前100所医院中有88所是三甲医院。除了地域特征，滴滴大数据也统计出了全年哪个月去医院的人最多、用户习惯哪个时间点上医院这些时间特征。

（滴滴出行）

【上线人车不符投诉功能】5月，滴滴出行正式上线人车不符的投诉功能。该功能为加强乘客安全而专门开通了针对性的投诉渠道，当用户发送订单后，可看到“当遇车辆信息不符建议拒绝乘坐并进行投诉”的提示，如在车辆到达后发现不符，可直接点击页面右上角的“更多”进行投诉。该功能呼吁乘客共同抵制人车不符，并通过专属渠道实时维护出行安全。当投诉情况一旦核实，平台将会对司机进行封禁处理，同时与相关主管部门进一步对接信息，加强司机和车辆的运营管理。

（滴滴出行）

【滴滴出行获苹果10亿美元战略投资】5月，滴滴出行宣布苹果公司（Apple Inc.）参与了其最新一轮融资，苹果以10亿美金战略投资滴滴，这或许是苹果成立40年来首笔少数股权投资和首次投资中国互联网公司，也是滴滴公司迄今为止获得的单笔最大投资。滴滴出行创始人兼CEO程维表示：苹果的认可令成立4年的滴滴深受鼓舞，更是一种激励。滴滴将继续努力，与司机和乘客、与全球伙伴一起，让人人拥有更加灵活可靠的多元出行选择；帮助城市解决交通、环保和就业挑战。

（江欣）

【滴滴顺风车上线一周年数据】 6月，滴滴顺风车对外披露了上线一周年成绩单：数据统计显示，一年时间内平台覆盖城市已经达到343个，使用乘客数突破了3000万人，共运送2亿人次出行，总行驶里程达到29.96亿公里。此次还披露了相关用户数据，试图为车主和乘客群体分别画像。除此之外，顺风车还公布了其他有意思的数据。一年内共有超过61.3万人次获得了车主免单，有12.2万儿童随父母同行，并有4.5万宠物随行。

（滴滴出行）

【新一轮融资完成】 6月，滴滴出行宣布完成最新一轮股权融资，金额达到45亿美元。同时，招商银行还将为滴滴牵头安排达25亿美元的银团贷款，中国人寿对滴滴进行了20亿人民币（约3亿美元）的长期债权投资。这也意味着，滴滴此轮融资的实际总额高达73亿美元。滴滴新的投资方包括Apple、中国人寿及蚂蚁金服等。腾讯、阿里巴巴、招商银行及软银等现有投资人也都参与了此轮融资。这是全球未上市企业单轮最大规模股权融资之一。此轮融资后，滴滴拥有的可调用资金约105亿美元，将用于平台技术升级、大数据研发和运营、提升用户体验、进一步拓展国内外市场和新业务等。

（滴滴出行）

【公布安全方面的最新进展】 7月6日，滴滴出行对外公布了其在安全方面的最新进展。从6月开始，滴滴平台已陆续上线“分享行程”“紧急求助”“号码保护”及“人像认证”等安全功能。同时，在滴滴平台上所有司机及车主信息都确保“三证验真”的基础上，上线的“车型一致”也取得了阶段性成果。与此同时，滴滴呼吁广大的乘客和司机一起建设移动出行的安全生态。

（滴滴出行）

【入选《财富》“2016年改变世界的50家公司”榜单】 8月，《财富》杂志于纽约宣布，滴滴出行入选该杂志主持评选的“2016年改变世界50家公司”榜单，成为该年唯一上榜的中国企业，也是该榜创立以来唯一一家入选的移动出行企业。《财富》杂志表示，自2015年起，《财富》通过非营利组织与独立专家评审委员会，在全球范围内推选50家将重大社会价值与企业核心战略成功融合的优秀企业，旨在鼓励树立全球企业榜样，充分发挥商业改善人类生存状态的巨大潜能。《财富》认为，新一代的社会变革领袖，注重于将社会责任灌注于企业核心战略布局，创造共享价值。与传统企业在业务之外进行慈善与公益活动相比，共享价值型企业更能在充分的市场竞争中、在核心业务运营中直接创造可量化的社会影响。而滴滴充分符合以下“共享价值型”企业的标准：对全球环境或生活方式产生了切实的革命性影响；在创造社会价值的同时实现了商业成功和股东利益；具有引领行业的创新能力，包括与同行、政府和社会组织形成具有创新性的合作伙伴关系。

（滴滴出行）

【硅谷科学家加盟滴滴】 9月29日，滴滴出行宣布硅谷安全教父弓峰敏与网络安全资深专家卜峥联袂加盟滴滴。弓峰敏在网络及安全研发领域有着30多年的经验，加盟滴滴之前是AssureSec联合创始人兼CEO。此外，他还是世界著名网络安全公司Palo Alto Networks的联合创始人，是多家新兴安全公司的创始人或重要高管，其中3家企业已上市或被收购。卜峥在信息安全企业有着丰富的从业经验，他在2000年联合创办绿盟科技，是国内最早从事网络安全的企业之一，并在美国三大安全软件企业之一的 McAfee 任威胁研究总监近 10 年，带领团队进行了世界范围内的信息安全研究。他和他的团队在入侵检测、恶意软件、高级威胁和威胁情报等方面都有着深入研究。加入滴滴之前他是 AssureSec 联合创始人兼总裁。弓峰敏将出任滴滴信息安全战略副总裁和滴滴研究院副院长，负责制定信息安全战略和研发下一代信息安全技术；卜峥则担任滴滴信息安全副总裁，全面领导信息安全团队。

（滴滴出行）

【与猫途鹰签署战略合作】 10 月 19 日，滴滴出行宣布与旅游平台 TripAdvisor 猫途鹰签署战略合作，将智能出行进一步渗透进入旅游行业，通过线上平台开放合作，建立线下滴滴车站，拓展“酒店 + 车”“景区 + 车”定制产品等合作形式，打造涵盖旅游资讯、行程安排、途中用车的旅游生态链。此次滴滴与 TripAdvisor 猫途鹰的战略合作，是为了解决旅行者在出行中面临的痛点，将用户旅途中的每一段路程顺畅连接。双方将在景区、酒店等高频出行需求的场景中，联合建立滴滴车站，出门就有车接送。

（滴滴出行）

【“团圆”系统 2.0 正式上线】 11 月 16 日，在“公安部儿童失踪信息紧急发布平台二期”启动仪式上，公安部对外宣布，儿童失踪信息紧急发布平台“团圆”系统 2.0 正式上线，滴滴出行成为接入该平台的权威发布渠道之一。此举意味着分散在全国 400 多个城市的超过 3 亿多滴滴用户也加入到了协助警方打拐的行列中来，并已完成了与“团圆”系统 API 接口的对接。从当日起，警方每通过“团圆”上报一则儿童失踪信息，滴滴将通过弹窗方式提醒一定范围内的用户一次；同时，用户也可以在 App 右上角的消息窗口点击查看警方发布的失踪儿童相应信息，包括姓名、性别、年龄、身高、失踪地点及详情等。如果用户有相关线索可提供，可按照信息页提示，直接拨打民警电话。而且走失儿童被警方找到后，滴滴则会将结案信息告知所有此前收到过该名儿童失踪信息的用户。

（滴滴出行）

【与大众汽车建立战略合作框架】 11 月 17 日，滴滴出行宣布与大众汽车集团（中国）建立战略合作框架。双方将协同彼此在产品、市场、品牌、数据技术等方面的优势，为中国用户提供更加优质、安全、高效的出行服务。作为长期战略伙伴，双方也将连接创新资源，积极配合“互联网 +”战略，推动智慧城市交通体系的发展。滴滴出行创始人兼 CEO 程维表示，与大众汽车集团（中国）达成长期战略合作，将能让他们汇聚彼此优势、满足中国百姓多元化的出行需求，并通过创造开放共享的新出行生态，支持交通供给侧改革，为解决中国的交通、环境和就业挑战贡献力量。德国大众汽车集团管理董事会成员、大众汽车集团（中国）总裁兼 CEO 海兹曼表示，与滴滴出行达成战略合作，是大众汽车集团打造新型出行服务，不断满足成千上万中国消费者需求迈出的重要一步。

（滴滴出行）

东华软件股份有限公司

【概述】 东华软件股份公司（原北京东华合创数码科技股份有限公司）成立于 2001 年 1 月，是深圳证券交易所的上市公司。公司以应用软件开发、计算机信息系统集成及信息技术服务为主要业务，具有信息产业部计算机信息系统集成一级资质，是国家规划布局内的重点软件企业，是国内最早通过软件能力成熟度集成（CMMI）5级认证的软件企业之一，其全资子公司具有国家保密局颁发的涉密计算机信息系统集成甲级资质、软件单项资质和安防工程企业资质。

（东华软件）

【获“十二五中国智慧城市领军企业”称号】 1月6日，由中国智慧城市论坛、中国科学技术法学会智慧城市工作委员会主办的CSCF 2016年第六届中国智慧城市大会在京召开。来自全国各地的500多名智慧城市代表出席了此次会议。大会由中国智慧城市论坛副主席陈如明主持。此届中国智慧城市大会由学术研究、实践案例、招商合作和人才孵化等四个板块组成。会议以服务“十三五”城市发展规划为主线，着力探求城市发展新模式、新方向，重点围绕影响“十三五”城市发展目标实现的困难和问题进行分析，寻求解决之道。大会同时总结了“十二五”城市发展的成果和经验的典型案例，并对在智慧城市建设中作出贡献的单位进行了表彰。东华智慧城市集团获“‘十二五’中国智慧城市领军企业奖”，东华智慧城市集团代表万小昉受邀参会和登台领奖。

（东华软件）

【健康乐入选2015年度十大最具潜力医疗/健康App榜单】 1月6日，“2015年度最具潜力医疗/健康App评选”榜单出炉。经过层层甄选，健康乐、一呼、寻医问药、医患帮等10款移动医疗产品荣登榜单。该活动是由中国数字医疗网（HC3i）联合中关村移动互联网产业联盟移动医疗专委会（ZMH）于2015年11—12月期间共同发起的，主办方希望可以借此遴选出医疗健康领域的优秀App产品，为行业同仁提供借鉴。经过特邀评审团和专委会专家组严格公正的评审和打分，最终包括健康乐在内的10款产品从参与评选的103款产品中脱颖而出。 健康乐以“患者服务”为核心准则，帮助医疗中各角色解决在“连接、协作、共享”几个节点的问题。目前健康乐互联网医疗产品围绕医患交流、诊疗办公、患者服务主要有5款产品。

（东华软件）

【至高通信A206金融移动业务终端获“优秀产品创新奖”】 1月21日，由《中国金融电子化》杂志主办的“2016金融科技发展趋势座谈会暨2015年度金融业科技及服务优秀创新奖颁奖活动”在北京召开。这次会议吸引了众多金融界权威人士参与，中国人民银行、工商银行、邮政储蓄银行、建设银行等各大银行也均派代表参加了座谈会。为了表彰2015年中在金融科技和服务创新领域作出突出贡献的企业以及具有典范意义的项目和产品，《金融电子化》杂志社联合金融信息化研究所共同举办一系列评选表彰活动。至高通信凭借A206金融移动业务终端获得“优秀产品创新奖”。此次获奖产品A206是由至高通信自主研发，并专为中国邮政储蓄银行设计的安全金融平板。公司为其量身定制了一套移动终端安全解决方案，用来保障中国邮储移动展业的信息安全。

（东华软件）

【获2015中国自主可靠企业核心软件品牌称号】 1月22日，由中国电子信息行业联合会、中国电子商会、中国软件行业协会联合主办的2016年中国电子信息行业发展大会暨高峰论坛在北京召开。会议发布2015中国自主可靠企业核心品牌名单，入围企业涵盖了基础软件、办公软件、信息系统开发和集成、云服务、大数据等领域，东华软件股份公司等20家企业获“核心软件品牌”称号。

（东华软件）

【获中国信息系统集成及服务行业联盟副理事长单位证书】1月28日，中国信息系统集成及服务行业联盟在北京梅地亚中心召开2016年第一次常务理事会，会议报告了联盟2015年工作开展情况和2016年工作计划，并向理事长、副理事长、常务理事及理事长单位、副理事长单位、常务理事单位颁发证书。（作为联盟发起单位之一，东华软件股份公司在2015年9月联盟成立大会上，即被选为联盟副理事长单位，公司副总裁侯志国当选联盟副理事长。）

（东华软件）

【获2015 IT印象"最受用户关注的网管产品奖"】1月，由51CTO连续八年打造的IT产品年终评选活动——2015 IT印象落幕，东华网智获2015 IT印象"最受用户关注的网管产品奖"。51CTO年终策划共包括梦想开篇、六大技术盘点机、2015 IT印象三大板块。51CTO已连续8年举办IT产品年终评选活动。面对刚刚过去的2015年，51CTO本着关注产业发展，立足行业应用，由51CTO用户投票参与，票选出"2015 IT印象"企业级产品与品牌大奖。

（东华软件）

【获"2016中国方案商品牌影响力TOP10"称号】1月，由商业伙伴咨询机构举办的首届"中国方案商品牌影响力"评选，经过为期两个月的网络票选和专家综合评估，公布获奖榜单。东华软件股份公司等10家方案商获得"2016中国方案商品牌影响力TOP10"称号。2015年12月，《商业伙伴》以历届"中国方案商500强榜单"为基础，筛选出50家方案商入围网络投票阶段。自1月21日，评选网络投票启动，在短短10天时间里，东华软件就获得25000余张选票，始终排在得票率最高的企业前三位。最终，网络投票与专家综合评估得分相加，东华软件股份公司等10家公司获得"2016中国方案商品牌影响力TOP10"称号。

（东华软件）

【自主IT运维产品入选《中国信息技术服务运维工具名录》】1月，由中国电子工业标准化技术协会信息技术服务分会（简称ITSS分会）组织编写的《中国信息技术服务运维工具名录》（2015版）正式发布。东华智慧城市集团两款自主产品——东华IT综合监控系统V4.0及东华IT服务综合管理系统V2.0均被收录其中。两款产品涵盖了ITSS运维工具的监控管理类、过程管理类、决策支撑类全部3个层面。《中国信息技术服务运维工具名录》（简称名录）是在中国电子工业标准化技术协会信息技术服务分会指导下，由技术（工具）应用工作组工具实验室主导完成的，旨在实现信息技术服务标准（ITSS）的落地和应用，面向中国信息技术服务市场，提供信息技术服务领域的工具平台，并在用户如何选择与评价工具方面形成指南。名录从工具产业的分类、上下游关系和未来发展方向等维度对工具产业作了定义和举例，试图为读者提供一个清晰、明确地了解工具产业的手册。

（东华软件）

【东华负载均衡系统获IPv6 Ready Phase-2金牌认证】5月10日，天地互连—全球IPv6测试中心（www.ipv6ready.org.cn）正式宣布东华软件股份公司的东华负载均衡系统通过IPv6 Ready核心协议测试，获由国际组织IPv6 Forum颁发的IPv6 Ready Logo Phase-2金牌认证证书（Logo ID: 02-C-001481）。这标志着该产品的IPv6协议实现已全面符合IETF RFC相关标准。

（东华软件）

【获2016年度中国软件行业领军企业奖】5月26日，2016中国软件和信息技术服务业发展高峰论坛在北京展览馆召开。会上东华软件股份公司喜获 2016 年度中国软件行业领军企业奖。该论坛以“促进两化深度融合 服务制造强国建设”为主题，工业和信息化部原副部长杨学山、软件服务业司司长谢少锋、知名软件专家、知名软件企业高管等近千位嘉宾参加。

（东华软件）

【“东华智慧社区”贵阳上线运行】 5 月 26 日，贵阳首个智慧社区试点平台在观山湖区世纪城社区上线运行，“东华智慧社区”正式落地贵阳，为市民解决日常居住生活的最后“一公里”问题。东华软件股份公司旗下东华互联宜家数据服务有限公司社区平台事业部贵州区域经理卜范煜介绍，智慧社区是智慧城市的重要组成部分，通过有线、无线、云计算等信息化技术和手段，在智能家居、视频监控、社区医疗、政务服务、家政护理、老人关爱等诸多领域，为社区居民提供政务、商务、娱乐、教育、医护及生活等服务，构建户户联网的全新社区形态。此次贵阳首家试点将打造广电智慧社区服务平台，通过“电视屏幕＋居委会服务点＋智能手机”的三重立体界面，为居民提供智慧养老、智慧医疗、智慧教育、社区电商、社会治理等服务。

（东华软件）

【中标东亚银行（中国）企业征信系统】 5 月，东华软件股份公司中标东亚银行（中国）企业征信系统项目。东华软件企业征信自 2005 年起步，伴随人行征信版本的多次升级，目前已经率先升级到企业征信最新 2.2 版本，拥有几十家成功案例。客户群涵盖国家级大型银行、农村信用联合社、城市商业银行、村镇银行、小额贷款公司等多种金融机构，征信业务、技术、开发实施经验丰富。

（东华软件）

【中标南京地铁全面预算管理系统】 5 月，北京东华厚盾科技有限公司中标南京地铁集团有限公司“全面预算管理系统”建设项目。东华厚盾按照南京地铁集团的建设需求，结合自身在城市投资建设及多个行业应用的专业咨询、系统实施经验，为其设计了一套包括预算目标、预算编制、执行控制、预算分析等在内的完整解决方案。

（东华软件）

【中标外经贸信托公司家族信托运营平台项目】 5 月，东华软件股份公司中标中国对外经济贸易信托有限公司家族信托运营平台项目。东华软件将建立一套能符合家族信托业务发展规划的，能支持家族信托项目管理、客户管理、投资管理、信托利益支付、清算、关键业务时点提醒等所有业务操作一体化的业务模式，产品可操作性、易用性强的信息系统。系统建设的同时将推行与强化家族信托业务的各项流程与管理制度，提高标准化程度（固化管理思路），提高业务处理的工作效率，提升客户满意度，最终保障家族信托业务有序、平稳地发展。

（东华软件）

【新农合 DRGs 医保支付监管考核系统在北京上线】 5 月，针对医保管理机构的基于 DGRs 东华医保支付监管考核系统在北京市怀柔区上线。东华软件股份公司研发的“基于 DRGs 的区域住院医疗费用监管考核系统”，其功能主要包括：针对不同新农合支付方式，如按项目、服务单元和总额预付等，进行监管审核；在新农合管理部门和医院间进行基于 DRGs 的新农合费用实时结算，以及相应的监管审核。

（东华软件）

【“江苏中烟物流综合管理平台建设”项目上线】 5 月，东华智能物流解决方案事业部为江苏中烟工业有限责任公司建设的“物流综合管理平台”项目上线。 该平台项目的实施是在物流业务规划咨询工作成果的基础上，依据《江苏中烟物流综合管理平台信息系统》建设方案，实现了对物流资源、物流运输业务、物流费用的信息化管理，并提供物流服务监控、数据统计、决策分析等功能；系统实现了业务功能、报表查询、物流服务状态的移动端应用；完成了与ERP系统、综合营销系统、门户系统、物流监管系统工业前置环境、工商卷烟物流在途信息系统、短信平台、CA系统等业务数据的对接，全面实现了供应链物流服务中数据的采集、应用及资源共享。

（东华软件）

【被确定为“中关村标准化试点单位”】5月，中关村国家自主创新示范区标准化试点示范单位名单正式发布。东华软件股份公司被确定为“中关村标准化试点单位”。根据《中关村国家自主创新示范区标准化试点示范单位培育工作方案（2015—2017年）》（中科园发〔2015〕64号）要求，中关村科技园区管理委员会和北京市质量技术监督局组织开展了标准化试点示范单位申报工作。（2016年4月，经过形式审查和专家评审，共确定“中关村标准化试点单位”88家和“中关村标准化示范单位”10家，并对有关名单进行了公示。试点、示范单位申报要求具有一定的标准化工作基础，积极主导或参与制定国际、国家、行业、地方及团体标准不少于2项，或积极参与国际标准化技术委员会和国际标准化会议等活动不少于2次等。）

（东华软件）

【取得信息系统集成及服务资质运维分项一级资质】6月16日，由中国电子信息行业联合会信息系统集成资质工作办公室组织召开的信息系统集成及服务资质运行维护分项资质专家评审会结束。经过为期10天的公示期，东华软件股份公司等16家企业被评定为信息系统集成及服务资质运维分项一级资质企业。［2015年8月，为适应信息系统集成技术和市场的发展要求，中国电子信息行业联合会信息系统集成资质工作委员会发布了《信息系统集成及服务资质运行维护分项资质认定实施办法（试行）》（中电联信委〔2015〕2号）。这是中国首次推出信息系统集成及服务资质运行维护分项资质的认定。依据文件要求，电子联合会资质办组织开展了信息系统集成及服务资质运行维护分项资质第二批认定试点工作（第一批于2015年8月进行）。该资质主要是针对运维服务企业的综合能力和水平进行考察和评定，包括企业的经营业绩、财务状况、信誉、管理能力、技术实力和人才实力等要素。］

（东华软件）

【参展国家“十二五”科技创新成就展】6月，国家“十二五”科技创新成就展以“创新驱动发展，科技引领未来”为主题，向全国人民展示5年来科技创新改革取得的新进展和新成果。展览内容共分“总况、重大专项、基础研究、战略高技术、农业科技、民生科技、区域创新、大众创业万众创新、创新人才、融入全球创新网络”10个展区。东华软件股份公司《传染病示范区项目数据展示分析》系统参展。东华软件股份公司承担了重大专项课题《国家传染病专项示范区项目信息平台建设》中的“数据标准化采集建库及展示分析研究”建设并完成了项目。该项目的实践为公司积累了丰富的组织过程资产，包括传染病等病种分析队列管理和流行病学建模的元数据分析；数据标准化的及时评估、数据质量评估；数据的在线分析和结果可视化展示等。

（东华软件）

【在国开行年度评选活动中获得两个奖项】6月，在国家开发银行专门针对其所有外包服务团队的2015年度评选考核中，东华软件股份公司金融应用产品开行项目组获得“软件开发 IT 外包优秀合作伙伴”及“运维服务 IT 外包优秀合作伙伴”奖。（东华软件股份公司与国家开发银行保持着长期的合作关系，2012 年实施国开村镇银行监管报送平台，2014—2015 年度，实施国开村镇银行信贷管理系统。）

（东华软件）

【东华软件分级诊疗系统在衢州市上线】6 月，在衢州市卫计委、衢州市社保局、东华软件股份公司三方的配合下，衢州市正式上线东华软件分级诊疗系统第二版。系统已经实现上下转诊、社保实时推送、实施报销结算、统计功能及报表功能。系统已接入衢州市卫计委、常山县卫计委、柯城区卫计委及衢江区卫计委等多家医疗卫生管理单位，覆盖衢州 11 家市县医疗卫生机构。

（东华软件）

【承建西藏银行信贷管理系统】上半年，东华软件股份公司中标西藏银行信贷管理系统。该系统以客户为中心、提供规范的受理调查、风险评级与审批、合同签订、发放支付、贷后管理等信贷业务全流程管理。以风险管理为重点，在业务流程各个节点进行风险拦截与监控，有效防范信贷风险、提高风险管理水平。对信贷业务进行精细化、差异化管理，满足未来银行对信贷业务管理的要求。以管理分析为目标，提供多种数据可视化展现方式。以监管要求为标准，规范数据录入，为监管报送系统提供优质数据源。

（东华软件）

【联手华为共建智慧城市生态圈】7 月 15 日，“新 ICT，让城市更智慧——华为智慧城市生态圈行动计划发布会”在江苏苏州召开。会上，华为技术有限公司与东华软件股份公司等数家合作伙伴现场签约，共同建立华为智慧城市生态圈，将联手发布一系列联合解决方案，涵盖智慧政务、平安城市、城市运行中心、智慧环保等智慧城市的各个方面。 东华软件股份公司总裁吕波出席发布会，东华云计算副总裁张黎明代表公司签约。

（东华软件）

【签署物联网合作协议】7 月 21 日，东华软件股份公司发布公告，公司与北京光普数据信息技术有限公司、北京天鸿科技股份有限公司签订了“一种带有 WiFi 模块的智能家用软水机与中国户联网”大数据综合运营平台开发建设的战略合作协议。三方的共同目标是共同建设一个完整的、可容纳 1000 万个用户以上数据量、基于水家电远程数据管理云服务平台，解决目前所面临的远程数据采集和数据服务问题。

（东华软件）

【入围 2016 中国软件收入前百企业】7 月 28 日，在 2016 年全国工业和通信业运行监测协调工作座谈会上，工业和信息化部发布了 2016 年（第 15 届）中国软件业务收入前百家企业名单及发展报告。东华软件股份公司以 2015 年度 56.2 亿的营业收入再度上榜，排名第 15 位。 东华软件已连续多年入选中国软件业务收入前百家企业名单，且名次稳中有升：2014 年公司排名第 23 位，2015 年上升至第 16 位，2016 年升至第 15 位。

（东华软件）

【获 2016 中国云计算生态系统峰会多个奖项】7 月 28 日，由商业伙伴主办的 2016 中国云计算生态系统峰会在北京国家会议中心举行。500 多家中国云计算生态系统的企业参加了此次盛会，东华软件股份公司应邀参会。在此次峰会上，2016 中国方案商 500 强（VAR500）榜单发布。2016 年的中国方案商 500 强榜单由中国方案商百强、智慧城市方案商百强、区域方案商百强和细分领域十强方案商组成。此次峰会上东华软件股份公司入围多个榜单：名列2016方案商百强第四位，较2014年的第七位、2015年的第五位继续稳步上升；在细分行业十佳方案商中，继续保持十佳医疗行业方案商首位、十佳物联网方案商首位、2016智慧城市方案商百强第八位；并获2016优秀云服务运营商及优秀行业云应用开发商称号。

（东华软件）

【天津滨海新区领导考察东华软件】7月28日，天津市滨海新区区长张勇、中新生态城管委会主任徐大彤一行8人莅临东华软件股份公司总部，与东华软件股份公司董事长薛向东、副总裁吴爱国就开展大数据领域合作、共建软件产业园等问题进行了深入的探讨和交流。张勇希望下一步与东华软件在大数据金融方面开展合作，布局大数据金融产业链，更加智能地连接产业、金融和资本。薛向东表示，十分期待与滨海新区在大数据领域开展深入合作，借助滨海新区国家级新区的政策优势和综合配套优势，抢抓大数据产业发展机遇。交流中，双方还就东华软件参与滨海新区软件产业园、信息产业园建设，以及设立大数据人才培训中心等达成初步意向。

（东华软件）

【东华合创通过中国国家强制性产品（3C）认证】7月，北京东华合创科技有限公司枪支弹药专用保险柜（QG/Z-I-DHCC、DG/Z-I-DHCC）和枪支弹药一体专用柜（QDG/Z-I-DHCC）通过中国国家强制性产品（3C）认证，并领取了相关部门颁发的3C认证证书。中国强制性产品认证简称CCC认证或3C认证，它是中国政府为保护消费者人身安全和国家安全、加强产品质量管理、依照法律法规实施的一种产品合格评定制度，也是国际上广泛采用的保护消费者权益、维护消费者人身财产安全的基本做法。

（东华软件）

【东华龙盾智能枪弹管理系统通过实战测试】7月，黑龙江省使用东华龙盾智能枪弹柜、警务通的某公安单位，进行了东华智能枪弹管理系统在省公安内网移动警务通上全时段公务用枪管枪实战测试，并通过测试实现了枪支状态监控、枪支领用申请、枪支领用授权、报警提示、枪支状态查询、应急授权取枪实战操作。

（东华软件）

【中标两项融资租赁项目】7月，东华软件股份公司中标海尔融资租赁（中国）有限公司业务创建系统项目及河南安和融资租赁有限公司融资租赁信息化平台项目。融资租赁是集融资与融物、贸易与技术更新于一体的新型金融产业，对企业资信和担保的要求相对不高，非常适合中小企业融资。东华软件海尔租赁业务创建系统项目将实现对客户融资租赁业务、保理业务、产业链金融业务的全流程管控以及产品规则的创建，主要解决与核心企业合作的小微企业（及个人）资金融通问题，加强核心企业链条上下游黏性形成健康稳定的生态圈，同时解决小单、短周期金融业务的快速获取和创建成本等问题。东华软件对安和租赁信息化的整体建设规划是以租赁业务系统为核心，通过统一的应用平台实现对信息的管理，有效地将租赁业务、资金管理、账务核算相结合，同时与其他系统集成，实现统一应用、统一管理的信息化系统建设目标。在项目建设中，东华软件将着力从业务、产品、技术三个领域对融资租赁信息化平台进行创新，全面提升客户信息化管理水平、系统运行效率及客户体验美誉度。

（东华软件）

【中标国家水资源监控能力建设项目二期总集成项目】7月，东华软件股份公司中标国家水资源监控能力建设项目二期总集成项目。该项目是水利“十三五”规划的重点建设项目，由水利部统筹主导，总投资近15亿，将在全国7个流域、31个省及新疆生产建设兵团同步展开。在国家水资源监控能力建设项目一期，东华软件股份公司配合水利部统筹规划了全国7个流域、31个省及新疆生产建设兵团项目建设的总体行动计划、总体技术路线、总体实施方案、项目标准规范，组织多轮次全国培训，针对各个流域、省项目的工作进展进行了多个片区的检查与指导，有力保证了该项目的有序可控和成功建设。同时，东华水利还承担了全国15个省和多个流域的水资源业务软件开发和信息平台集成。二期建设将在一期的基础上，与水利部、各个流域、各个省水利厅展开更加全面的合作，充分利用东华水利优质的技术资源、强大的软件开发和集成实施能力，运用东华水利成熟的大数据、云计算、水利专业模型等技术，为实施“最严格水资源管理制度”的国家战略保驾护航，为“控制用水总量、提高用水效率、限制排污纳污”三条红线提供信息支撑，为全面提升水利信息化的建设和应用水平贡献更多力量。

（东华软件）

【中标山西省煤炭监管信息平台建设项目】7月，东华软件股份公司中标山西省煤炭监管信息平台建设项目。该项目是山西省委、省政府部署的重要工作，是山西省煤炭工业厅2016年一号重点工程。项目主要通过大数据、云计算等技术，完成山西省煤炭工业厅、11个市煤炭局、省属五大国有重点煤炭集团公司、84个县级煤炭行业管理部门的信息平台建设，及全省煤炭企业相关应用系统的集成整合，从而实现对全省煤炭企业安全生产、经济运行、综合业务的信息化管理和智能化分析。东华软件参与了该项目全部四个软件标段的投标，投标方案和现场述标获得评审专家和省厅领导的一致好评，经过与30多家知名厂商的激烈竞争，中标其中两个标段。

（东华软件）

【华金在线应邀出席大连京北互联网金融资产交易中心揭牌仪式】8月8日，大连京北互联网金融资产交易中心在大连市金普新区举行揭牌仪式，100多位来自国内政、商、产、学、研相关负责人出席了揭牌仪式，华金在线常务副总董延波受邀出席揭牌仪式。大连京北互联网金融资产交易中心是经大连市金融发展局批准设立的专业从事金融资产交易的创新型金融服务平台，是目前全国6家互联网金融资产交易中心之一，该交易中心致力于打造互联网金融企业、类金融机构和传统金融机构之间的机构间撮合报价系统，从而成为广大金融机构和非金融机构参与金融资产交易的市场组织者和基础设施服务的提供商。在此次揭牌仪式上，东华软件股份公司旗下互联网金融平台华金在线常务副总董延波代表东华软件和连交所签署了战略合作协议。未来双方将发挥各自优势，在金融资产开发、金融资产交易、金融产品创新、风控体系搭建等方面展开深度合作。

（东华软件）

【获科技部2016年度地理信息科技进步一等奖】8月26日，2016年度地理信息科技进步奖获奖名单揭晓，东华软件股份公司主力承担的国家卫星气象中心“卫星监测分析与遥感应用系统项目”被评选为一等奖。该奖项由中华人民共和国科学技术部、国家科学技术奖励工作办公室、国家测绘局批准设立，旨在奖励在中国地理信息科学基础研究、技术创新开发、科技成果推广应用、重大工程建设等方面作出突出贡献的项目。该系统已经推广到全国省、市和部分县级气象业务单位，其英文版本也先后部署到孟加拉、尼泊尔、印度尼西亚、泰国、马来西亚等亚洲国家和部分非洲国家。

（东华软件）

【发布2016半年报】 8月26日，东华软件股份公司2016半年度报告发布。主要亮点为3月与美国C3 IoT公司签署了战略合作协议，两家公司将共同面向中国用户提供工业级大数据的专项服务，致力于推动中国能源互联网、工业大数据领域的建设及数字化转型，进一步提升中国电力网络的效率与稳定性，包括发电、输电、配电、用电侧等全产业链数据服务，降低能源消耗，扩大可再生能源的利用。同时协议明确规定东华软件为C3 IoT在国家电网系统的首选战略合作伙伴，东华软件将基于C3 IoT的大数据物联网平台研发出适合国家电网数亿客户的本地化应用，包括预测性分析和维护、投资规划、反欺诈检测、恐怖事件检测、网络安全、能源管理和客户互动等。目前东华软件与C3 IoT的合作正在有序进行中。

（东华软件）

【健康乐随访系统在辽阳县中心医院产科上线】 8月，作为辽阳县中心医院产科随访系统建设方案的咨询方和提供方，健康乐完成了其随访系统在医院的上线工作。截至8月，系统运行顺畅，已经协助医院完成了数百名孕产妇及住院患者的随访。辽阳县中心医院产科主要开展围产医学范畴的医疗和保健，能独立规范地进行各种孕产妇监护、保健、治疗及产后康复指导，完成新生儿疾病筛查。除承担大量医疗任务外，科室还肩负着县城内广大孕产妇的产检工作，并处理下级医院转诊的疑难危重病人。为了进一步提升产科服务质量，医院对随访工作提出了更高的要求，亟须解决以前电话随访导致的失访率高、数据不完善等问题。针对这些情况，健康乐随访系统给出了十分有效的解决方案。此次上线的随访系统主要提供了包括产检提醒、患者满意度调查、在线咨询和健康宣教等功能，受到患者及家属的广泛好评。

（东华软件）

【入围2016中国工业软件企业排行榜】 8月，“2016中国工业软件企业排行榜”正式发布，东华软件股份公司以2015年工业软件领域6.42亿元的营收业绩上榜，同时入选信息管理类软件企业前十名。此次评选定义的工业软件指专用于或主要用于工业领域，并按照软件用途分为四类，分别为产品研发类、信息管理类、生产控制类及嵌入式工业软件。东华软件股份公司主要产品属于信息管理类工业软件，公司以2015年工业软件领域6.42亿营收入选“2016中国工业软件企业排行榜”，同时入选“2016中国信息管理软件企业排行榜”前十名。

（东华软件）

【华金在线上线】 9月9日，东华软件股份公司上市十周年暨华金在线开业仪式发布会，在北京京仪大酒店举行。东华软件正式推出旗下互联网金融平台——华金在线。东华软件股份公司董事长薛向东，东华软件副总裁、华金在线董事长董国勇，华金在线CEO董玉锁，中关村管委会主任郭洪，互联网金融千人会副秘书长杨锦，以及专家、媒体代表、合作机构代表等出席了发布会。华金在线注册资金为1亿元人民币。发布会上，受邀领导们就互联网金融发展面临的问题、中小企业发展的制约因素以及互联网金融的发展对中小企业发展的意义等问题进行了深度剖析，并希望华金在线平台不断发展壮大，助力实体经济发展，为普惠金融发展贡献力量，努力发挥互联网金融行业标杆示范作用。华金在线董事长董国勇还代表华金在线，与玖富互金等业界友商签订了战略合作协议，共同促进互联网金融业的繁荣发展。

（东华软件）

【获科技部 2016 中国地理信息产业优秀工程奖金奖】9 月 13 日，2016 年度地理信息产业优秀工程奖获奖名单揭晓，东华软件股份公司国土房产事业部所承接的武汉市房管局“互联网 + 住房保障”信息系统获得了 2016 年中国地理信息产业优秀工程奖金奖。该奖项由科学技术部、国家科学技术奖励工作办公室、国家测绘局批准设立，旨在奖励在中国地理信息科学产业中，能结合实际情况引用新技术，并在重大工程建设等方面作出突出贡献的项目。武汉市房管局分三期建成了“互联网 + 住房保障”信息系统，解决了住房保障工作中出现的资格认定难、动态管理难、房源分布不科学等现实性问题，实现了住房保障全过程风险防控和预警。

（东华软件）

【中标青岛广电财务管理系统项目】9 月 21 日，北京东华厚盾科技有限公司中标山东广电网络有限公司青岛分公司“财务管理系统”建设项目。青岛广电是青岛地区唯一一家授权负责有线广播电视网络建设开发、经营、管理和维护的网络运营商，有线电视用户超过 220 万户。

（东华软件）

【中国能源互联网专委会成立】9 月 26 日，中国能源研究会能源互联网专委会在北京宣告成立，能源互联网与电力改革论坛同期举行。作为专委会副主任委员单位代表，东华软件股份公司副总经理徐德力作了《基于机器学习的大数据智能购售电交易辅助决策系统》的主题报告。他首先分析了新电改带来的能源价值链变化，明确指出“电力营销的变革还原了能源电力的商品属性”——以电力营销为“龙头”，以营销指导生产，以生产支撑运营，以运营创造效益，以效益优化营销。其次，新技术的应用将极大提升行业效率。还重点阐述了智能购售电交易辅助决策系统。中国能源研究会副理事长史玉波、国务院研究室司长唐元、国家发展改革委体改司巡视员王强、工业和信息化部运行监测协调局副巡视员景晓波、中国科学院院士周孝信、原发改委能源局局长徐锭明、中国电力企业联合会副秘书长江宇峰、中国能源研究会秘书长郑玉平等领导和专家共同出席了此次会议，从政策支持、技术进步、体制创新和需求侧管理等方面描绘了能源互联网蓬勃发展的未来，能源互联网作为国际能源发展的趋势成为与会领导和专家的共识。

（东华软件）

【智慧省医信息化项目一期工程上线】9 月，历经 3 个多月的持续奋战，东华软件股份公司作为河南省人民医院信息化建设方案的总咨询方和承建方，完成了“智慧省医”信息化项目一期工程的上线运行任务。智慧省医信息化项目工程共分 4 期。此次上线的一期工程从 6 月初启动；9 月 9 日凌晨，基于任务驱动的东华最新 HIS 系统 iMedical8.0P 在河南省人民医院门、急诊部上线运行，一并实施的东华医院信息平台、医院数据中心、检查医技预约平台、预约挂号平台等也同步上线运行。医院信息平台实现了门诊、急诊新系统与其他 21 个第三方应用厂商系统的对接；医院数据中心继承、存储了原系统中的全部患者信息，医生、护士能在 iMedical8.0P 上调阅患者新旧历次就诊病历；检查医技预约平台实现了院内统一平台基础上的检查预约登记，提高了门、急诊及住院患者的就诊体验。

（东华软件）

【入围 2016 中国工业软件企业排行榜】9 月，

"2016 中国工业软件企业排行榜"正式发布，东华软件以 2015 年工业软件领域 6.42 亿元的营收业绩上榜，同时入选信息管理类软件企业前十名。

（东华软件）

【与 IBM 签署《软件许可和联合开发协议》】 10 月 9 日，东华软件股份公司发布公告，与 IBM 签署《软件许可和联合开发协议》，双方将建立联合团队，共同开展针对精准医学的医学数据分析与转化方面联合开发。IBM 将向东华软件授予其近年来在精准医疗研究方面的技术成果与知识产权，利用东华软件在数字化医疗应用系统的强大开发能力，IBM 和东华软件展开为期三年的有关精准医疗新技术的联合研发，共同打造一个精准医疗科研分析平台。

（东华软件）

【投资东华光普大数据】 10 月 21 日，东华光普大数据公司股权融资签约仪式在东华合创大厦举行。其分别与东华软件股份公司、清科集团、意谷（北京）投资管理有限公司、点石卓越（北京）通信技术有限公司、山东林铂通投资有限公司等 5 家企业签署股权融资协议。签约仪式上，清科集团、意谷（北京）投资管理有限公司、点石卓越（北京）通信技术有限公司、山东林铂通投资有限公司等多家股东单位表示，十分认可东华光普大数据公司的商业模式和大数据平台运营能力，看好其在中国大数据产业的布局和发展。同时，各股东单位将积极为其提供自身所拥有的资金、媒体、政府等方面的资源，助力其加快大数据产业发展步伐，打造全球领先的大数据综合服务提供商。

（东华软件）

【位居中国软件和信息技术服务综合竞争力百强前列】 10 月 31 日，2016 中国软件和信息技术服务综合竞争力百强企业发布会在无锡召开。此次会议由工业和信息化部信息化和软件服务业司、江苏省经济和信息化委员会、无锡市人民政府指导，中国电子信息行业联合会主办，《中国信息化周报》社具体承办。工业和信息化部信息化和软件服务业司司长谢少锋，两院院士沈昌祥，中国电子信息行业联合会副会长兼秘书长周子学，江苏省经济和信息化委员会副主任龚怀进，无锡市委常委、常务副市长黄钦，中国软件行业协会理事长赵小凡等出席了大会，大会由中国电子信息行业联合会执行秘书长高素梅主持。谢少锋指出，实现制造强国，要围绕信息化和工业化深度融合这一本质路径来推进，重视软件支撑制造强国建设的核心作用。中国电子信息行业联合会副会长兼秘书长周子学介绍了 2016 中国软件和信息技术服务综合竞争力百强企业发展情况，中国软件行业协会赵小凡理事长现场宣读 2016 中国软件和信息技术服务综合竞争力百强企业名单。东华软件股份公司位列第八名，紧跟华为、腾讯、阿里等互联网巨头。

（东华软件）

【获"最受全国先进物流企业欢迎的信息技术"奖】 10 月，在第三届中国国际物流发展大会上，东华软件股份公司为江苏中烟工业责任有限公司建设的"物流综合管理平台"获中国交通运输协会物流技术装备专业委员会颁发的"最受全国先进物流企业欢迎的信息技术"奖。江苏中烟的物流综合管理平台由东华烟草事业部与智能物流解决方案事业部共同建设，该平台已经取得计算机软件著作权。东华物流综合管理平台自 4 月 1 日起在江苏中烟试运行以来，系统稳定性高，业务处理流畅，更在服务与管理两方面处于领先状态。该平台实现了江苏中烟初期设定的优化物流业务流程、整合物流服务资源、提升物流管理水平，加快现代信息技术、管理技术与烟草物流业务深度融合、打造烟草行业精益物流体系的建设目标。

（东华软件）

【再获 2016 中国 IT 运维大会双奖】 11 月 1 日，由中国电子信息产业发展研究院主办，IT 运维网《网络安全和信息化》杂志社承办的 2016（第七届）中国 IT 运维大会在北京新世纪日航酒店召开。东华网智作为 IT 运维管理专家受邀参加大会。此届大会以“智能管理，高效运维”为主题，邀请来自政府、金融、交通、医疗等行业的技术人员，及相关咨询顾问、产品提供商近 500 人到场。大会秉承“共享优秀 IT 运维经验”之理念，在激励 IT 运维发展的同时，发出中国 IT 运维领域最具权威的声音，分享中国 IT 运维市场的优秀经验。 东华网智方案中心总经理曹荣海登台演讲，向到场嘉宾介绍东华智能巡检产品。会上，东华 IT 运维管理解决方案获了由中国电子信息产业发展研究院颁布的“2016 中国 IT 运维最佳解决方案奖”，东华 IT 服务综合管理系统获“2016 中国 IT 运维管理最佳产品奖”。这是东华连续第七个年头获得该项目奖项。

（东华软件）

【“东华智慧城市项目”将落户鄂尔多斯】 11 月 7 日，由国家发展改革委、工业和信息化部、中央网信办、科技部、商务部、内蒙古自治区政府主办的内蒙古大数据产业推介会在北京举行。东华软件股份公司总裁吕波应邀出席推介会并上台签约。根据协议，“东华智慧城市项目”将落户鄂尔多斯“空港物流园区”。该项目总投资 5 亿元，计划在鄂尔多斯智慧城市建设与大数据产业发展等领域展开全面合作，建设东华公司中国中西部地区总部基地，基地内建设研发中心、培训中心、创业中心和大数据产业成果展示中心，推动鄂尔多斯市大数据和云计算产业集成集聚发展。

（东华软件）

【参股设立北京首家民营银行】 11 月 17 日，东华软件股份公司发布公告，拟与用友网络科技股份有限公司、北京碧水源科技股份有限公司等 10 家公司共同投资发起设立北京中关村银行股份有限公司，公司以自有资金出资 2 亿元人民币，占设立后北京中关村银行 5% 的股权。根据公告，中关村银行将积极运用科技创新手段和先进信息技术，打造科技金融综合服务平台，深入践行普惠金融。

（东华软件）

【获 2016 中国领军智慧医疗及智慧城市奖】 11 月 17 日，由国家信息中心、国际数据集团（IDG）联合主办的“2016 亚太智慧城市发展高峰论坛”在深圳会展中心召开。此次论坛邀请了 30 多座亚太区和中国领军智慧城市的政府代表、来自世界各地的知名企业和智慧精英。作为国内领先智慧城市建设方案解决商，东华软件股份公司受邀出席，并获“2016 中国领军智慧医疗解决方案商”及“2016 中国领军智慧城市厂商”两个奖项。东华软件高级副总裁、东华智慧城市集团董事长郭浩哲代表集团参会并上台领奖。

（东华软件）

【中标儋州智慧教育综合服务平台项目】 11 月，东华软件股份公司中标儋州智慧教育综合服务平台项目。该项目将构建一套完整的地市级区域智慧教育的整体解决方案，全面提升儋州地区教育信息化水平。儋州市智慧教育综合服务平台方案主要包含：电子政务系统、教育资源公共服务平台、网络学习空间、网络备课系统、微课系统、教研系统、数字化校园平台、教育督导评估系统、校长工作考核系统、学前教育机构定级系统、学校教学质量测评系统、数字化校园平台、远程互动录播、智慧课堂、阅卷系统等。

（东华软件）

【获“北京市构建和谐劳动关系先进单位”称号】 11月，北京市召开构建和谐劳动关系工作表彰大会，表彰了190家先进单位和100名先进个人，并对新形势下构建首都特色和谐劳动关系进行了动员和部署。北京市人大常委会副主任、北京市总工会主席牛有成，北京市副市长林克庆出席会议并讲话。在会上，东华软件股份公司被授予“北京市构建和谐劳动关系先进单位”称号，公司总裁吕波同时被授予“北京市构建和谐劳动关系先进个人”称号。和谐劳动关系创建活动自2006年起即在北京全市范围内开展，截至11月，全市10万余家企业参与创建活动，构建和谐劳动关系表彰范围扩大到了街道和个人，并重点向非公企业倾斜。

（东华软件）

【与北京安信捷达签约“物流信息管理系统”项目】 11月，北京安信捷达物流有限公司与东华软件股份公司正式签约，开始“物流信息管理系统”项目合作。安信董事长周才与东华副总裁尹继南出席了签约仪式，安信何林副总经理与东华智能物流事业部田乃利总经理共同签署了合作协议书。东华与安信此次携手，以实现物流供应链的智能化为目标，展开深度合作。东华物流团队通过为安信建设以订单管理、仓储管理、运输管理、移动端应用、协同办公管理为核心功能的物流信息管理系统，使安信实现智能化订单调度管理、订单数据接入、精准出入库、优化仓储利用率、车辆智能调度配载、移动作业、自动结算、智能数据统计分析和预测以及内部工作审批流程管理，旨在为安信打通供应链，完成物流、资金流、信息流三流合一；平衡生态圈，提升客户满意度、合理管理供应商；在货物流通的全过程中，有效控制物流成本、提供差异化物流服务、并实现全过程的透明化监管。东华将助力安信逐步提升在行业中的知名度及品牌价值，将其打造为物流企业中的领军示范品牌。

（东华软件）

【获“十二五”科技创新协同创新奖】 12月1日，中国中医科学院2016科技创新大会在北京举行。由中国中医科学院中医药数据中心主导，东华软件股份公司与其他厂商共同参与的“基层医疗卫生机构中医诊疗区（中医馆）健康信息平台建设试点项目”完成了调研、研发、测试及验收，东华软件获“十二五”科技创新协同创新奖。国家卫计委副主任、国家中医药管理局局长王国强出席会议并作重要讲话。国家中医药管理局党组成员、副局长王志勇、科技司司长曹洪欣，中国中医科学院院长张伯礼、常务副院长黄璐琦、副书记武东等领导出席会议，中国工程院院士李连达，中国中医科学院特色研究员、首席研究员、院科技委员会委员、学位委员会委员和学科带头人，以及二级院所的领导、院直机关全体人员，二级单位职能处室负责人近300人参加会议。中国中医科学院党委书记王炼主持会议。

（东华软件）

【北京中关村银行获批筹建】 12月21日，东华软件股份公司、碧水源、光线传媒等11家A股上市公司齐发公告，称筹建的北京中关村银行股份公司已获得银监会的批复。批复显示，银监会同意东华软件等11家企业成立北京中关村银行，银行类别为民营。北京中关村银行应自批复之日起6个月内完成筹建工作。北京中关村银行是北京市的首家民营银行，由中关村地区的11家知名上市公司共同发起设立，注册资本40亿元人民币。11家上市公司也参与了该行的股权认购，持有设立后，东华软件持股 5%。

（东华软件）

【获 2016 年度“扶贫企业奖”】 12 月 24 日，2020 减贫论坛和第十届中国国际公益慈善论坛在人民日报社开幕，十一届全国人大常委会副委员长周铁农、十一届全国政协副主席李金华、人民日报社副社长张建星等领导出席并发言。中国公益研究院院长王振耀，全国政协委员侯云春，全国政协委员程路，世屹文化董事长、湖南文交所顾问徐志鹏、中国 SOS 儿童村协会会长李进国、北京大学非营利组织法研究中心主任金锦萍，中华社会救助基金会秘书长胡广华等发言。东华智慧城市集团获得 2016 年度“公益慈善扶贫企业奖”，东华智慧城市集团董事长郭浩哲代表集团参会和登台领取奖项。

（东华软件）

【东华软件澳洲公司成立】 12 月，东华软件股份公司携手澳洲战略合作伙伴共同组建东华软件澳洲公司。作为东华软件“走出去”战略的首次尝试，东华软件澳洲公司将借助公司在软件开发和集成服务上的成功经验，致力于开拓澳洲以及亚太地区 IT 服务市场，将东华软件的品牌推向海外。 东华软件澳洲公司主要专注于澳洲金融行业和政府部门的 IT 服务外包、澳洲金融机构在华分支及合资机构等细分市场。

（东华软件）

东软集团（北京）有限公司

【概述】 年内，东软华北大区与各政府和行业化企事业单位共同推进各运营、监管、应用等平台的信息化建设，项目涉及各业务领域，跟进项目共 171 项，已立项项目共 89 项，完成验收。

（张杰妮）

【向海外市场发布 NeuSight PET/CT】 1 月 18 日，东软医疗系统有限公司率先面向海外市场推出 NeuSight PET/CT。NeuSight PET/CT 融合了东软医疗的先进技术和创新理念，将超精细的图像与低剂量结合，能够为诊断提供更加精准的信息，并已获得 CE 认证和美国 FDA 批准。

（东软）

【电动汽车充电支付互联互通国际研讨会召开】 3 月 23 日，由中国电动汽车充电基础设施促进联盟主办，东软睿驰汽车技术有限公司承办的电动汽车充电支付互联互通国际研讨会在大连东软软件园举行。来自国家能源局、中国电动汽车充电基础设施促进联盟、沈阳发改委、国家电网、中国银联等多家单位的领导和行业精英参与此次活动，并围绕“如何促进充电支付互联互通”这一主题积极展开研讨，为解决中国电动汽车产业的互联互通、统一支付等问题，寻求更好的模式和创新机会。中国电动汽车充电基础设施促进联盟是在国家能源局的指导下的社团组织，是新能源汽车产业在充电、支付、互联互通等技术、架构、标准等方面的推进组织。东软睿驰为其中的一员。在此次会议上，东软睿驰从 IT、新能源汽车及物联网等多个维度，向各位嘉宾展示了东软睿驰的理念、业务及对未来充电支付互联互通的前景构想，并现场演示了东软的汽车电子产品、新能源汽车电池、智能充电管理系统、车桩联网技术以及分时租赁业务模式等相关产品和技术。会议在充电联盟秘书长许艳华的主持下，能源局电力司处长桂小阳、充电联盟理事长董扬、东软睿驰副总经理曹斌为会议致辞，法国专家 Dave Bissessur、日本专家新村光一、中兴新能源标准化与 IPR 总监刘俊强、北京富电科技运营部总监于波分别作了主题演讲。

（东软）

【SoloTV 搭载于华硕新款手机海外面世】3 月，东软集团股份有限公司首款支持全球制式的数字移动电视产品 SoloTV 搭载于华硕 ZenFone Go TV 手机在泰国、印尼、越南、新加坡以及中国台湾等多地面市。SoloTV 是东软研发的移动电视产品，它可以搭载于手机、平板电脑等移动设备之上，实现对无线电视信号（地面广播）的接收与播放。此外，SoloTV 还在传统功能的基础上，着力于社会化互联网领域的突破，通过以弹幕为代表的社交功能的实现，弥补了传统移动电视软件的不足。

（东软）

【与四川省人民医院签署信息化服务合作协议】4 月 12 日，东软集团股份有限公司与四川省医学科学院 · 四川省人民医院签署信息化服务合作协议，将围绕医院信息化建设，充分整合双方的优势资源，共同打造便利、有序、精准、安全、经济、有效、连续的医疗健康服务，推动医院的医疗信息化系统升级和转型，促进医学研究和管理模式创新。东软集团高级副总裁卢朝霞在签字仪式上表示，此次东软与四川省人民医院的合作，不仅是技术上的合作，也是管理、创新、组织和流程上的合作。

（东软）

【发布 RealSight 大数据高级分析应用平台】4 月 21 日，东软集团股份有限公司在京发布 RealSight（睿见）大数据高级分析应用平台，该平台是建立在 SaCa 与 UniEAP 数据汇集、高级分析与展现产品组合基础上的企业级大数据高级分析应用平台产品，围绕客户智能、IoT（物联网）智能与运营智能领域，将大数据高级分析技术、业务数据与领域知识深度融合，形成系列应用产品组合。其客户智能、物联网（IoT）智能与运营智能三大系列产品组合能够提供融合人、业务和物的高级数据分析服务，有效驱动企业更精准的客户洞察和运营优化。

（东软）

【发布新一代医院核心业务平台（RealOne Suite）】5 月 29 日，东软集团股份有限公司在澳门举行新品发布会，正式推出面向大型三甲医院的新一代医院核心业务平台 RealOne Suite。东软医院核心业务平台 RealOne Suite 是由 RealOne HIS、RealOne EMR 和 RealOne ESB 组成的一体化软件平台。它以电子医嘱为驱动，以电子病历为核心，以集成平台作为信息交换、信息利用和信息共享的桥梁，构建医院核心信息资产“临床数据中心 CDR”，提供便捷的“一站式”操作界面，实现对 200 多个核心业务流程闭环式管控，全面实现互联网环境下“多屏信息互动”。在系统运维方面，为适应医院的不断发展，东软医院核心业务平台 RealOne Suite 提供丰富的、标准化的和开放式的系统组件，能够满足客户个性化定制和二次开发的需求。

（东软）

【亮相中国国际软件和信息服务交易会】6 月，第十四届中国国际软件和信息服务交易会（简称“软交会”）在大连世博广场开幕。此届软交会吸引了 700 多家国内外参展的厂商，近百个国内外团组参展参会。此届软交会以“数据共享，智慧创新”为主题，重点关注创新创业、“互联网 +”、一带一路、智慧制造、大数据经济、人工智能、跨境电商、共享经济等内容。东软集团董事长兼 CEO 刘积仁应邀出席软交会并做演讲。此次参展，东软集团基于全新的业务架构，全方位展示了旗下解决方案和智能互联产品。会上，东软集团再度获“2015—2016 中国软件和信息服务业突出贡献奖”。东软集团通过 Demo 演示、产品展览等方式展示了其行业解决方案、智能互联产品、平台、云与数据服务 4 个重点业务板块。

（张杰妮）

【获“2016 中国智能交通产业三十强”等称号】 7 月 4 日，在亚洲最大的智能交通与道路交通安全专业展会第五届深圳国际智能交通与卫星导航位置服务展览会上，“2016 中国智能交通产业三十强”评选结果正式揭晓。东软云警在此次评选中获得“2016 中国智能交通产业三十强”与“中国智能交通建设推荐品牌”两个奖项。

（东软）

【入围“全球软件百强企业”榜单】 7 月 14 日，由普华永道最新发布的“全球软件百强企业”报告中，东软集团股份有限公司再次入围“全球软件百强企业”榜单，并且再度成为唯一一家入围该榜单的中国软件企业。（普华永道“全球软件百强企业”报告旨在探寻影响软件行业的显著变化和趋势。自 2010 年以来，此次报告已经是普华永道第四次发表“全球软件百强企业”榜单，东软也已经是连续第四次入围。）

（东软）

【东软慧鼎人才管理实践论坛启动】 7 月 14 日，由东软集团股份有限公司、伯乐会等共同主办的“2016 东软慧鼎人才管理实践论坛”的首站暨北京站启动。此届论坛邀请了万达集团、华夏幸福基业、东方园林等行业领军企业的人力资源负责人参加，以“变革、探索、创新”为主题进行经验分享与趋势洞察。东软集团副总裁兼软件产品事业部总经理祖凌宇在论坛致辞中介绍了东软在人力资源信息化领域取得的成就；东软集团软件产品事业部副总经理冷雪梅在其题为《移动互联时代的人才管理实践》的报告中，深入剖析了大数据与 HR 管理之间的关系。此外，万达集团人力资源管理中心副总经理孙国军围绕“万达 HR 管理的融合”这一主题，分享了万达十分重视企业薪酬、培训、文化 3 个层面的人力资源管理的经验。华夏幸福基业城市研究院总监郭雪红、东方园林企业大学常务副校长赵少宾也分别针对“领导力的发展与培养”“科学的员工学习与发展”等话题进行了分享。

（东软）

【发布基于 OpenStack 平台的云数据中心 FWaaS 安全解决方案】 7 月，东软集团股份有限公司网络安全事业部正式对外发布“东软云数据中心 FWaaS 安全解决方案”，以应对用户面临的云数据中心安全问题。FWaaS 安全解决方案，从根本保障用户流量部署的安全控制与云计算资源的安全弹性扩展。可同时面向公有云、私有云和混合云，满足市场的不同需求。同时，该解决方案不仅具备完整的 FWaaS 服务，同时集成了东软卓越的下一代防火墙产品，这种硬件防火墙与 OpenStack 网络中的虚拟路由器和防火墙功能相结合的方式，使用户在使用东软云数据中心 FWaaS 安全解决方案解决云数据中心基本安全问题的同时，也可拥有 IPS、AS、VA、应用识别与控制等多项专业防火墙产品的特性——用户无需再购买物理或者虚拟安全设备，便可享受这些专业防火墙产品的核心功能。除以上两大亮点之外，东软云数据中心 FWaaS 安全解决方案还具备以下优势：“云租户隔离”“便捷高效”“弹性扩展”等。

（东软）

【车载信息安全产业联盟成立】 9 月，由东软集团股份有限公司、长安汽车、奇瑞汽车、中国信息安全认证中心、国家网络与信息系统安全产品质量监督检验中心、中国软件评测中心、信息产业信息安全测评中心、恩智浦（中国）联合发起的车载信息安全产业联盟（Automotive Cybersecurity Industry Alliance 缩写：ACIA）在京正式宣布成立。成立仪式上，该联盟正式对外发布了《车载信息安全技术要求白皮书》，联盟成员东软集团也同期发布了国内首款车载信息安全产品——东软S-Car整体解决方案。在上述发布的同时，东软集团发布了其基于《车载信息安全技术要求白皮书》下研发的国内首款车载信息安全产品——东软车载信息安全整体解决方案(又称“东软S-Car整体解决方案”)。该产品以信息安全理论作为模型，以市场趋势和客户需求为导向，是能够覆盖车联网的整个生命周期的安全解决方案。

（东软）

【“东软档案SEAS8.0产品推介会”举行】10月11日，以“全面支撑档案工作，承载历史，创造价值”为主题的“东软档案SEAS8.0产品推介会”于北京东软大厦举行。东软集团股份有限公司主打档案产品东软档案SEAS8.0亮相。东软综合档案管理系统最新版本SEAS8.0是凝聚东软20多年档案信息资源管理研究与实践成果的新一代档案管理平台，集安全、规范、智能与可扩展性于一身，拥有跨平台优势，不仅对档案业务环节全生命周期进行实时管理，而且全面支撑档案监督指导评价等档案管理工作，不仅支持所有主流的浏览器、中间件、数据库，而且支持全面国产化的软硬件；不仅实现企业数字档案馆的核心功能并建设档案门户，满足档案“收集、管理、保存、利用”的主线业务，而且保证档案的真实性、完整性、可用性、安全性，为日常档案管理工作的质量效率提升提供数字档案一体化平台支撑。

（东软）

【发布“智能驾驶舱平台”】10月26日，东软集团股份有限公司与英特尔、一汽红旗联合发布“智能驾驶舱平台”。此次发布的“智能驾驶舱平台”是国内领先的高集成度解决方案，由东软与英特尔合作研发完成，一汽红旗将率先应用以满足消费者对于智能驾驶体验的需求。“智能驾驶舱平台”基于东软C4-Alfus平台进行研发集成。C4-Alfus平台是由东软自主研发的下一代座舱系统，它融合了业界领先的虚拟化技术，采用大尺寸和高分辨率触摸屏的集成开发技术，可以整合车内信息，实现多屏互动。同时，C4-Alfus平台可以通过车内车外的互联互通技术与其他多个平台无缝连接，实现高集成度、高性能、高可靠性的座舱系统。C4代表Cockpit（座舱），Combination（融合），Connectivity（互联），Cloud（云）。

（东软）

【获得“新兴市场软件企业30强”榜单第三名】11月，东软集团股份有限公司再度入选普华永道最新发布的“新兴市场软件企业30强”榜单，并位居第三名。“新兴市场软件企业30强”聚焦于新兴市场，按照各企业2015年的软件总收入来排名。该榜单是普华永道“2016全球软件100强企业”排名项目的一部分，数据由IDC(International Data Corporation，国际数据公司)提供。

（东软）

【中标“中国文联文艺资源中心—文艺移动社区和知识管理资源平台项目”】年内，东软华北大区中标“中国文联文艺资源中心—文艺移动社区和知识管理资源平台项目”，推荐了东软SaCa SNAP和OhwYaa知识社区两款产品。此项目是适应网络应用发展、满足需求升级的具体举措，通过移动互联强化文联各级组织和团体会员之间纵向与横向联动，努力打通点对点移动互联应用和各层级间多元服务。

（张杰妮）

【登上Gartner报告】年内，Gartner“Market Guide for Enterprise Application Services，China”

报告出炉，此次研究将云和数字服务的市场研究和分析也纳入 2016 年的主要调查范围。东软作为关键服务商代表登上 Gartner 报告。

（张杰妮）

【获“2016 信息系统集成及服务大型一级企业”称号】年内，东软获得“2016 年度信息系统集成及服务大型一级企业”称号。“信息系统集成及服务大型一级企业”是一级资质企业中技术水平较高、规模较大，具备承担国家行业重大信息系统能力的骨干企业。

（张杰妮）

【中标“新华社全媒体采编发项目——全媒体采编发系统子项”软件开发项目】年内，东软华北大区中标“新华社全媒体采编发项目——全媒体采编发系统子项”软件开发项目。该项目的总体建设目标是：建设基于互联网部署并且能够实施高效报道指挥、适应新媒体产品制作、逐步实现各类媒体融合加工的生产平台。该项目是东软集团继“国家新闻出版采编项目”“中国日报采编项目”“人民日报社移动报道指挥平台项目”之后又一次在央视媒体夺取了核心业务的平台建设。

（张杰妮）

【中标东城区物联网应用平台南锣应用示范项目】年内，东软集团（北京）有限公司中标东城区物联网应用平台南锣应用示范项目。通过项目平台建设，强化东城区现有电梯、雨量、菜市场价格、人群密度监测等数据的集中管理，在此基础上，进行数据的挖掘与分析，最后进行集中展示。同时，基于移动办公的发展，针对移动办公设备进行管理，整理出一整套移动设备管理的解决方案。

（张杰妮）

【出席第六届中国信息技术服务产业年会】年内，第六届中国信息技术服务产业年会在北京召开。此届年会以“融合驱动创新、共享创造价值”为主题，东软集团陈锡民主持以“互联网 & 大数据助力产业变革”为主题的高端对话环节。此外，大会还颁布了 2014—2015 年度中国信息技术服务产业评选推优获奖名单。东软集团获得 2014—2015 年度中国信息技术服务示范企业奖和 2014—2015 年度中国医疗业信息技术服务示范企业奖。同时，东软金融云交易平台获得 2014—2015 年度中国信息技术服务产业智慧金融优秀创新实践奖、熙康云医院获得 2014—2015 年度中国信息技术服务产业医疗健康科技惠民优秀创新实践奖。

（张杰妮）

方正国际软件（北京）有限公司

【概述】北大方正信息产业集团有限公司旗下方正国际软件有限公司（简称方正国际），立足“产学研用”发展模式，坚持走自主创新之路，专业从事行业应用软件开发与 IT 系统集成服务，致力于成为中国智慧城市的组织者和实践者。以“智慧城市”为牵引，方正国际整合物联网实时信息处理、地理信息、服务总线（ESB）、流程引擎（BPM）、大数据技术，构建一套“智慧城市公共服务产品体系”。围绕智慧城市智慧 IT 基础设施建设、智能建筑、绿色数据中心、平安城市，方正国际提供 IT 基础设施（物联网）、弱电、安防监控等三大基础设施集成服务。以互联、共享的智慧城市公共信息服务平台为基础，方正国际拓展智慧金融、公安、交通、政务等行业应用解决方案，让城市更智能，让生活更便利。方正国际是中国智慧城市的组织者。依托北京大学和方正集团，方正国际通过内外部协同合作，整合方正集团在IT、医疗、教育、金融、地产、科技园等领域的优势资源，同时积极构建一个广泛而紧密的智慧城市生态合作伙伴网络，与Microsoft、Oracle、IBM、华为、浪潮等国内外知名企业建立了战略合作关系，是国家智慧城市产业技术创新战略联盟、中国智慧城市发展联盟等行业组织的理事单位。以智慧城市为切入点，方正国际推动合作城市逐步实现资源落地、产城融合和大数据运营，先后负责或参与了北京、林州、淮北、苏州、常州、蚌埠等多地智慧城市建设，全面推进中国新型智慧城市发展。作为国家认定的高新技术企业、国家规划布局内重点软件企业、中关村高新技术企业，方正国际拥有CMMI5、ISO9001、ISO27001、计算机信息系统集成一级、安防工程企业一级等行业多项顶级资质。连续多年被评为专利试点先进单位，拥有已授权专利130余件、正在申请专利300余件，软件著作权300余件。先后荣获“国家科学技术进步奖二等奖”“寻找中国智慧城市‘技术创新奖’”“中国智慧城市最具实践价值奖”“中国方案商二十强”“中国智慧交通行业十强”“中国智能公交行业十大优秀企业”等荣誉。

（方正国际）

【通过CMMI5复评估】1月23日，方正国际CMMI5评估会在京举行，方正国际软件（北京）有限公司CEO周大良等公司总办会领导、事业部领导以及CMMI团队成员出席评估会。与会的评估专家高度认可了方正国际的项目量化管理水平，特别是采用优秀量化管理工具进行项目质量控制的工作方法，并现场宣布方正国际正式通过CMMI5复评估。CMMI即“能力成熟度集成模型”，由美国国防部、卡内基—梅隆大学和美国国防工业协会共同开发和研制，代表着国际最先进和科学的软件工程管理方法，是国际公认的衡量软件开发过程成熟度和规范性的评估标准。CMMI分为5个等级，方正国际此次通过的CMMI5复评估为最高等级评估。

（方正国际）

【获智慧交通两大奖项】4月6日，2015年中国智能交通最具影响力企业评选颁奖盛典暨第五届中国智慧交通市场年会在上海盛大召开，方正国际软件（北京）有限公司获得“2015年中国智能公交行业十大优秀企业”和“2011—2015年中国城市智能交通系统集成商业绩二十强”两大奖项。此次评选奖项通过招投标市场公开的业绩清单进行统计，并且对对应业绩细目清单进行核查，含金量非常高。

（方正国际）

【获“2015年邮储银行最佳信息技术服务奖”】4月，方正国际软件（北京）有限公司在2015年度邮政金融计算机系统运维厂商（支撑类）考核中位列第一，并获得中国邮政储蓄银行授予的2015年度系统安全运行工作“最佳信息技术服务奖”的荣誉称号。[2015年，邮储银行对全体运维厂商服务质量进行全面量化考核，设定了系统使用情况、系统功能完善、系统支持力度、系统交易成功率、系统故障时长及应急处置、事件单处理、软件版本控制、维护文档及资料、维护人员能力、系统优化等十几个量化标准。方正国际金融团队与邮储银行密切合作，及时处理各种问题和研究系统优化策略，为行方和行方客户提供了优质、全面、周到的服务，在2015年度邮政金融计算机系统运维厂商（支撑类）考核中各项考核总分第一。同时，方正国际协同其他运维厂商确保邮储银行信息系统总体的稳定运行，保证了邮储银行“十二五”规划的完成。]

（方正国际）

【**获云南省科学技术进步奖三等奖**】4月，2015年云南省科技项目成果评选结束，由方正国际软件（北京）有限公司生物识别与警务信息化事业部与云南警方多个部门合力打造的“云南指纹信息综合应用系统建设项目”获云南省科学技术进步奖三等奖。项目于2011年开始立项研发，历经两年时间合作研发并最终通过验收。该项目根植于指纹系统基础，将指纹的生物特征识别认定功能，从单一的指纹比对拓展到人员身份和轨迹核查、相关信息综查、重点人员指纹布控、防止DNA重复检验、全国指纹协查等综合应用，提高了指纹比对技术的应用范围和应用功能。系统自2014年开始在云南全省推广，在公安机关社会管理和侦查破案实战中取得了显著的成效。

（方正国际）

【**获“2016中国智慧城市创新贡献奖”**】7月31日，由国家发展改革委城市和小城镇改革发展中心、中国智慧城市发展联盟联合主办的2016（第二届）中国智慧城市国际博览会（简称智博会）在北京展览馆闭幕。该届大会对2016年智慧城市各领域作出突出成绩的企业和机构进行了评奖，方正国际软件（北京）有限公司因通过创新PPP模式在淮北、林州等地智慧城市建设取得的突出成果荣膺“2016中国智慧城市创新贡献奖”。此次智博会上，方正国际协同淮北市政府以及其他相关企业，对智慧淮北的建设成果和愿景展望进行了系统展示。淮北市市长黄晓武亦率队莅临展台参观指导工作。

（方正国际）

【**获武警部队科学技术进步二等奖**】7月，方正国际软件（北京）有限公司“基于无人机系统的灾害应急侦测关键技术研究与实战应用”项目因在促进武警部队科技进步工作及地震灾后应急救援中的贡献，获“中国人民武装警察部队科学技术进步二等奖”，方正国际CEO周大良个人也因此获该奖项二等奖。项目实现了三大创新，即实现了无人机应急侦测规范化流程与应用技术创新、无人机遥感专业人才培养体系与模式创新、推动军民融合应急救援战法创新。

（方正国际）

【**助力山西省厅指纹培训**】8月1—12日，由山西省公安厅主办、方正国际软件（北京）有限公司生物识别与警务信息化事业部全权负责的“公安机关指纹信息技术应用轮训班”在山西省公安厅信息中心举办。此次培训分为两期，共有山西省内各地市公安局近60余名指纹技术工作人员参加。方正国际派出了以多生物识别与警务信息化事业部产品部副经理董育娟等在内的技术团队，针对性地设置了方正指纹系统操作应用简介、指纹理论知识、指纹比对认定、指纹破案技巧、实践操作指导等五大课程，采取了多媒体教学、专家辅导、案例分析、现场答疑、实际操作、上机考核等多种方式，并在具体操作上采取了集中授课与分散辅导结合、理论培训与实践操作结合、技术练兵与技能考核结合等多种方式，力求培训内容尽快深入人心，学以致用。

（方正国际）

【**出席静海区招商项目集中签约仪式**】8月18日，方正国际软件（北京）有限公司CEO周大良代表公司与静海区政府签署了智慧城市战略合作协议，天津市静海区招商项目集中签约仪式在静海会议中心举行。作为未来静海区智慧城市建设的重要力量，方正国际应邀出席签约仪式，同期天津北大资源集团总裁韩忠华也同静海区签署了合作意向书。方正信产集团CEO刘建、北大资源集团总裁曾刚等产业集团领导出席并共同见证了签约仪式。方正国际将协同北大资源集团等集团优势产业资源，与静海区政府共同推进智慧静海的建设。

（方正国际）

【联合成立“超越实验室”】9月，方正国际软件（北京）有限公司与广州越秀金融科技有限公司在广州签订战略合作协议，并共同确定组建“超越实验室”。未来，双方将以“超越实验室”为载体，共同推进金控行业发展，在互信互惠的基础上实现共同发展。

（方正国际）

【参与发起成立京津冀新型智慧城市与大数据应用发展联盟】10月21日，由中国信息界、方正国际软件（北京）有限公司等协会组织、企业机构等共同发起成立的京津冀新型智慧城市与大数据应用发展联盟在首届新型智慧城市发展高峰论坛上正式揭牌成立。发起单位包括中国信息界发展研究院、北大智慧城市研究中心、神州数码、华为、方正国际等10家机构和企业。联盟成立后，将以唐山市为落脚点，通过推广和宣传各地优秀建设模式，协调京津冀地区智慧城市全方位的发展。目前，联盟正在推进建设一个智慧城市研究院、一个智慧城市创新平台、一个创业孵化器、一个智慧城市体验中心和一只智慧城市优质基金等五大项目，致力于为推进京津冀地区新型智慧城市建设提供智力支持、决策支撑、资金支持和人才储备等。共同推进京津冀地区新型智慧城市的发展。

（方正国际）

【蝉联电子政务与智慧城市行业百强】10月28日，《互联网周刊》发布了“2016电子政务与智慧城市解决方案提供商TOP100”榜单，方正国际软件（北京）有限公司继2015年之后再度上榜。“电子政务与智慧城市解决方案提供商TOP100”评选活动始自2015年，以企业在电子政务与智慧城市解决方案方面的“品牌与影响力（iBrand）、行业地位（iPower）和自身网站建设（iSite）”等方面为核心考察要素，并重点参照了各企业业务规模、创新、声誉、潜力等因素，被业界人士誉为“严格、公正”且具有相当影响力的评选活动。

（方正国际）

【获GIS工程金奖】10月31—11月2日，2016中国地理信息产业大会在湖南长沙召开，方正国际软件（北京）有限公司联合警用地理信息技术公安部重点实验室参会，共同展示了在警用地理信息技术领域的新成果，由方正国际承建的廊坊市公安局治安可视化警务工作平台项目获得2016中国地理信息产业优秀工程金奖。警用地理信息技术公安部重点实验室是国内首个应用警用GIS的技术研究实验室，由常州市公安局、江苏省公安厅指挥中心、江苏警官学院、南京师范大学以及方正国际联合共建，方正国际是其中唯一的企业单位。

（方正国际）

【出席百度云智峰会】11月30日，2016年百度云智峰会在北京举行，方正国际软件（北京）有限公司CEO周大良应邀出席并与百度总裁张亚勤、百度副总裁尹世明就以云平台为核心的智慧城市相关领域合作进行了交流。在云生态发展分论坛上，方正国际产品总监兼媒体事业部总经理王保华作了发言，展望了方正国际与百度在智慧城市云平台领域的合作前景。方正国际承担了国家数字复合出版系统工程中的总集成项目，负责开发出版云服务平台，以SaaS服务的方式为出版行业提供服务，在IaaS层的公有云基础设施中，采用的即是百度云计算基础服务。根据双方达成的战略合作协议，未来双方将围绕智慧城市，充分发挥方正国际在城市管理、公安、金融、交通、媒体等行业领域的优势，融合百度云的四大开放能力，在基础设施、大数据分析、物联网等方面实现云计算和大数据产品的合作。

（方正国际）

【与徐州市领导就智慧城市合作举行座谈会】 12月10日，徐州市委常委、组织部部长、统战部部长徐大勇率队与方正信产集团CEO刘建、方正国际CEO周大良等领导就智慧城市等业务展开交流，并就未来合作事宜进行了探讨。座谈会上，刘建对徐州市领导一行的到来表示欢迎，结合会前双方领导参观方正集团展厅的情况，介绍了方正集团在IT、医疗、金融、地产等产业的发展概况。徐大勇对方正集团取得的成就表示了赞赏，同时畅谈了关于北大、关于北大方正以及王选精神的传承。

（方正国际）

【6个地市公安局数据中心项目通过考核】 年末，由方正国际软件(北京)有限公司负责的石家庄、保定、秦皇岛、邢台、廊坊、邯郸等6个地市公安局数据中心项目通过了河北省公安厅的考核。方正国际已建立起一整套符合公安部标准和业务需求的公安大数据技术体系，形成了可实施的完整大数据产品；而历经多个项目锤炼的ESB产品，其成熟度和稳定性均获得大幅提升，成为支撑公安大数据产品的一大利器。

（方正国际）

高伟达软件股份有限公司

【概述】 高伟达软件股份有限公司是深圳证券交易所上市公司、中国领先的金融信息化软件产品和综合服务提供商。高伟达软件股份有限公司下设9家子公司，分别为上海高伟达计算机系统工程有限公司、江苏高伟达信息技术有限公司、北京高伟达钽云科技有限公司、上海睿民互联网科技有限公司、海南坚果创娱信息技术有限公司、喀什尚河信息科技有限公司、中信科技发展有限公司、深圳市快读科技有限公司、北京伟达智通科技有限公司，以及北京、武汉、成都、深圳4家分公司，并设有北京、南京、上海、武汉、成都、厦门、广州7个软件中心，从地域上覆盖全国范围，以期在最短的时间内为所有的客户提供最迅速、最高效的技术服务。高伟达软件股份有限公司在上市后，先后投资参股了兴业数字金融服务（上海）股份有限公司、盈行金融信息服务（上海）有限公司，并同中信集团中信云网有限公司共同发起成立了中信科技发展有限公司。未来，高伟达会持续在资本层面的运作，加强行业整合，提升公司的金融科技能力，以满足企业信息系统的全方位需求。截至年底，公司获得国家级软件著作权证书248项，软件产品登记证书31项。在积累了丰富的金融行业信息化经验的同时，也培养出了一大批金融行业业务专家和信息技术应用专家，助力于金融信息化建设。

（高伟达）

【电子商业汇票业务在金融中的运用培训讲座举行】 5月21日，公司在北京二十一世纪酒店举办电子商业汇票业务培训会，特邀具有多年票据业务从业经验的专家、上海市金融学会理事解释银行在此方面转变的契机和方向，同时围绕票据的例子讲解银行业务转型的工具和路径。

（高伟达）

【出席2016中国云计算生态系统峰会】 7月28日，2016中国云计算生态系统峰会在北京国家会议中心举行。IBM、联想等传统IT企业，腾讯、京东等互联网企业，云计算方案商云集，共同探讨在云计算生态系统中的创新合作之道。峰会揭晓了2016中国方案商百强评选活动结果。高伟达再次获2016中国方案商百强与2016 Cloud 500优秀行业云应用开发商两个奖项。作为连续多年蝉联“中国方案商百强”的企业，高伟达凭借在金融领域的创新与实际，此次评选中还同时获得“2016中国十佳金融行业方案商”称号。

（高伟达）

【举办金融云探索与创新2016金秋研讨会】 11月4日，高伟达软件股份有限公司携手国内外知名厂商在武汉共同举办了“金融云探索与创新——2016金秋研讨会”。会议邀请金融领域专家学者、金融行业分管信息化的领导、IT业界精英及专业研究机构专家、媒体，共同就金融创新与科技创新的趋势进行深度交流，把握金融行业变革的脉动，为推动金融云的高速发展提供有参考价值的思路与应对策略。在大会上，高伟达公司总经理程军介绍了高伟达近5年来布局云计算业务和一些客户成功案例及未来的发展规划，中国信息通信研究院主任工程师、开放数据中心委员会决策委员TGG（中国）秘书长李洁介绍了当前数据中心产业发展的概况，并就当前数据中心建设面临的问题、宏观的政策、技术和标准动态进行了分析和分享。高伟达展示了公司新一代云管理平台和自动化运维平台。

（高伟达）

广联达软件股份有限公司

【概述】 广联达科技股份有限公司成立于1998年，2010年5月在深圳中小企业板上市。广联达立足建筑产业，围绕建设工程项目的全生命周期，是提供以建设工程领域专业应用为核心基础支撑，以产业大数据、产业征信、产业金融等为增值服务的平台服务商。经过近20年的发展，公司以BIM、云计算、国际化业务为战略支撑，产品从单一的预算软件扩展到包含工程造价、工程施工、工程信息、工程教育、项目管理、电子政务、电子商务、产业金融及投资并购等九大业务，近百款产品。为17万企业用户、百万专业工程技术和管理人员提供了专业应用软件，用信息技术帮助建筑业内从业人员完成了工程造价、工程施工、工程项目管理等专业工作，大大提升了工作效率，降低了工程成本，促进行业技术与管理进步，增加企业效益，提高企业核心竞争力。同时，广联达也在不断以创新互联网思维重构商业、运营和管理模式。

（广联达）

【入选“中国中小板、创业板公司治理50强”】 1月9日，由中国社会科学院公司治理研究中心、IDG资本和《创业邦》杂志联合主办的2015年中国中小板、创业板公司治理50强榜单在北京揭晓。广联达软件股份有限公司入选“中国中小板、创业板公司治理50强”，位列第18位。2015年中国中小板、创业板公司治理50强榜单的研究对象是2014年12月31日前上市，时间满一年以上的深交所中小板和创业板公司，共1056家。研究方法使用国际通行的“等权重指数编制方法”，从股权结构与股东权利、董事会与监事会运作、信息披露与合规、激励机制等4个方面对中小板、创业板上市公司治理水平进行系统评估，4个方面各占25%的权重。

（广联达）

【获中国大数据应用优秀创新实践奖】 1月12

日，在第六届中国信息技术服务产业年会上，广联达公司的“建筑工程信息数据服务整体解决方案”获中国信息技术服务产业 2014—2015 年度“中国大数据应用优秀创新实践奖”。此届中国信息技术服务产业年会在工业和信息化部信息化和软件服务业司指导下召开，由中国信息技术服务产业联盟主办，工业和信息化部软件与集成电路促进中心承办，中关村软件园协办。年会已举办 5 届。

（广联达）

【获评“2015 年度纳税信用 A 级企业”】 4 月 27 日，北京市海淀区地方税务局发布关于纳税信用 A 级企业名单的通告。广联达公司与其子公司北京广联达梦龙软件有限公司共同被评为 2015 年度纳税信用 A 级企业。“年度纳税信用 A 级企业”需要完成考评分在 95 分以上。并且不能有下面任何情况发生才可评定：具有涉嫌违反税收法律、行政法规行为，至评定日仍未结案或已结案但未按照税务机关处理决定改正的；两年内（指税务机关确定纳税信用等级之日起向前推算两年）新发生欠缴税款情形的；不能依法报送财务会计制度、财务会计报表和其他纳税资料的；评定期前两年有税务行政处罚记录的；不能完整、准确核算应纳税款或者不能完整、准确代扣代缴税款的。广联达软件股份有限公司已多年被评为“年度纳税信用 A 级企业”。

（广联达）

【与苏中建设签订 BIM 战略合作协议】 5 月 5 日，由江苏省苏中建设集团股份有限公司与广联达软件股份有限公司共同筹划的战略合作仪式在江苏南通海安市举行。苏中建设集团副董事长、总经理陈永明；广联达软件股份有限公司副总裁、BIM 中心总经理汪少山代表双方完成签约。江苏省苏中建设集团是全国首批房屋建筑工程施工总承包特级资质企业，是江苏省 AAA 级资信企业，连续 13 年进入中国企业 500 强，公司业务遍及全国 26 个省、市、自治区。

（广联达）

【获第七届中国中小板上市公司投资者关系最佳董事会奖】 5 月，广联达软件股份有限公司获得由证券时报主办、中国上市公司发展联盟承办的“天马奖·第七届中国中小板上市公司投资者关系最佳董事会奖”。此次主办方将已举办六届的中国上市公司优秀网站评选进行创新升级，结合新媒体技术手段的创新突破，引入监管部门、经济学家、财经媒体以及机构投资者、中小投资者等市场主体，将原主要基于上市公司网站等沟通互动指标的评价体系，升级为全面考察上市公司投资者关系管理水平的评价体系，借此希望中国上市公司在迎接资本国际化进程中，提高上市公司的投资者关系管理水平。

（广联达）

【与锐益建筑建立战略合作】 6 月 3 日，由陕西锐益建筑信息科技有限公司与广联达软件股份有限公司共同筹划的战略合作仪式在西安举行。此次战略合作建立在良好互信的基础上，从长远发展战略出发，就 BIM 技术在建筑行业各专业领域的应用开展了深入的合作，探索创新商业模式。签约仪式由陕西锐益总经理王益与广联达 BIM 华中大区总经理喻太祥代表双方公司完成签约。

（广联达）

【与百川建科达成战略合作】 6 月 3 日，由百川伟业（天津）建筑科技股份有限公司与广联达软件股份有限公司共同筹划的战略合作仪式在北京举行。百川建科副总经理尤兵，广联达 BIM 中国区营销总监毕鹏飞代表双方完成签约。百川建科是集 BIM 咨询、造价咨询、项目管理、测绘等多种工程咨询和管理服务的综合性服务企业。其优势是利用BIM技术整合全公司业务产品，其BIM服务能力有效衔接设计、施工、和运维阶段，保证设计阶段的BIM成果能够应用在施工和运维阶段，帮助客户寻找解决所面临问题的最佳系统方案。此次战略合作的签订，标志着百川建科与广联达将步入BIM领域更为深入的合作阶段。

（广联达）

【全新国际化产品品牌Cubicost发布】6月6日，广联达软件股份有限公司国际事业部面向全球正式发布全新国际化产品品牌——Cubicost。Cubicost为建筑信息化领域提供完善且精细化整体解决方案，旨在明确全球化目标、引领建筑产业新生态，促进建筑产业更加现代化、专业化的发展，为建筑产业的客户提供高质量、专业的整体造价解决方案。Cubicost主要包括4个产品模块：TAS、TRB、TBQ和TME，分别为图形算量、钢筋算量、计价和安装算量产品。Cubicost发布的同时，该品牌的官方网站也将同步上线（www.cubicost.com），网站将提供Cubicost全系列产品的最新动态、产品介绍、应用案例、公司资讯等相关信息、并且提供丰富的互动体验功能以及为用户提供全方位的支持与服务。

（广联达）

【发布《中国建筑施工行业信息化发展报告（2016）互联网应用与发展》】6月16日，在深圳召开的2016中国建设行业年度峰会开幕式上,《中国建筑施工行业信息化发展报告（2016）互联网应用与发展》正式发布。作为中国第一本公开出版发行的、针对建筑施工行业信息化发展报告，源起于2013年，当时主要是围绕着整个建筑行业信息化过去10多年发展的历程作了一个调查研究。2014和2015年，则主要围绕专项技术BIM做研究，提出了BIM的深度应用和发展。报告由建筑产业互联网平台服务商广联达出资，建筑施工行业行管部门住建部信息中心以及龙头企业中建总公司组织编撰。

（广联达）

【2015年度中小企业板上市公司信息披露考核结果为A】6月29日，深圳证券交易所发布了关于中小企业板上市公司2015年度信息披露考核结果的通报。广联达科技股份有限公司2015年度信息披露考核结果继续为A。深圳证券交易所为了督促中小企业板上市公司加强信息披露工作，提高信息披露质量水平，根据《深圳证券交易所上市公司信息披露工作考核办法（2013年修订）》，对中小企业板上市公司2015年度信息披露工作进行了考核。

（广联达）

【与湖南融和签署战略合作协议】6月，湖南融和工程项目管理有限公司与广联达软件股份有限公司共同筹划的BIM战略合作仪式在长沙举办。此次战略合作协议的达成，是对进一步实现双方对于BIM技术在实际项目中的落实。湖南融和工程项目管理有限公司董事长杨智雄、总经理杨督章、副总经理李立江，广联达湖南分公司总经理杨相传、广联达BIM中心张塞、广联达BIM湖南负责人徐湘磊参与了签约仪式。由湖南融和工程项目管理有限公司总经理杨督章、广联达湖南分公司总经理杨相传代表双方完成签约。

（广联达）

【与中建三局第三建设集团签订BIM战略合作协议】7月底，广联达科技股份有限公司与中建三局第三建设工程有限责任公司在武汉签署了战略合作协议。双方本着平等互利、资源优享、重点扶持、合作共赢的原则，针对企业BIM中心建设、BIM人才培养、BIM产品应用及BIM服务支持等，达成长期、深入的战略合作，正式结为BIM战略合作伙伴关系。在签约仪式上，广联达授予中建三局第三建设工程有限责任公司“广联达BIM中心战略合作伙伴”称号，中建三局三公司在北京、天津、厦门、武汉、西安、长沙等地的项目上深度应用广联达BIM5D、MagiCAD等软件。

（广联达）

【与中铁建设集团达成合作】8月16日，由中铁建设集团有限公司与广联达科技股份有限公司共同筹划的战略合作仪式在广联达大厦举行。广联达公司副总裁、BIM中心总经理汪少山，广联达BIM京津大区总经理万小军等人出席会议。汪少山陪同中铁建设集团技术部部长周桂云一行参观了广联达智慧建筑体验馆，并将广联达公司的发展历程以及广联达BIM轻量化应用理念作了详尽介绍。随后，周桂云与汪少山代表双方公司完成签约。此后，周桂云向大家介绍了中铁建设集团概况以及对引进BIM技术的展望，也表示了公司通过引进BIM技术推进信息化建设的决心。

（广联达）

【获“第十届中国上市公司价值评选”两奖项】8月20日，第十届“中国上市公司价值评选”颁奖典礼在江苏扬州举行。国务院参事、国务院发展研究中心金融研究所名誉所长夏斌等参会并做主题发言。“中国上市公司价值评选”是由证券时报主办的针对中国资本市场上市公司的评选活动。广联达科技股份有限公司董秘张奎江获得两项殊荣：“中国上市公司信息披露杰出董秘”(沪深上市公司评选出15名,位列第6)、“中国中小板上市公司优秀董秘”（中小板上市公司评选出50名，位列第6）。

（广联达）

【获“2016中国智慧城市杰出服务商”奖】9月9—11日，第六届中国智慧城市技术与应用产品博览会在宁波召开。以“智慧城市，惠民兴业”为主题的“2016中国智慧城市建设推进大会暨第五届中国城市信息化50强发布会”作为其主要论坛之一，邀请了政府领导、海内外专家、企业精英等嘉宾出席，并为获奖企业及人物颁奖。广联达获“2016中国智慧城市杰出服务商”奖。公司研究院院长刘刚出席，并在论坛上作了《“互联网+”助力产业园创新发展——智慧园区解决方案》主题演讲，主要基于“互联网+”的思维，阐述了当下产业园发展新模式。

（广联达）

【与辽宁恒申签订战略合作协议】9月10日，辽宁恒申项目管理咨询有限公司与广联达科技股份有限公司在辽宁省沈阳市举行了BIM战略合作签约仪式，此次战略合作协议的达成，恒申成为辽宁省首家以BIM为中心的项目全过程管理咨询公司，未来将为工程项目提供全面的BIM技术服务。辽宁恒申项目管理咨询有限公司总经理李晶、广联达科技股份有限公司沈阳分公司总经理钱锋代表双方签约。

（广联达）

【获“2016中国软件和信息技术服务综合竞争力百强企业”】10月31日，在江苏省无锡市召开的“中国软件和信息技术服务综合竞争力百强企业发布暨高峰论坛”上，广联达科技股份有限公司获“2016中国软件和信息技术服务综合竞争力百强企业”。在工业和信息化部指导下，中国电子信息行业联合会和中国软件行业协会举办的此次“中国软件和信息技术服务综合竞争力百强企业发布暨高峰论坛”，旨在加强政策引导和扶植，培育中国民族优秀品牌企业，加快提升骨干企业竞争力和可持续发展，推动中国软件与信息服务产业做大做强。此届评选聚焦行业内业务规模大、具有核心技术、自主创新能力强、运转良好的优秀企业，通过企业营业收入、利润总额、研发投入、市场占有率、企业成果等指标考核企业综合竞争力。

（广联达）

【“共建 BIM 应用实践基地”签约挂牌仪式举行】 10月，青岛建安建设集团与广联达科技股份有限公司“共建 BIM 应用实践基地”签约挂牌仪式在青岛建安建设集团公司举行。青岛建安建设集团公司董事长杨建强、总裁陈相华与广联达山东区总经理陈旭文、广联达 BIM 研究院副院长安瑞杰等领导出席签约与挂牌仪式。此次合作的签订，将为双方充分利用各自的优势，在 BIM 实践应用、BIM 人才培养、BIM 团队打造、技术课题研究、全国标杆示范观摩项目、品牌提升和宣传等方面的共同合作打下基础。

（广联达）

【与天津三品天工签订战略合作协议】 10月，天津三品天工建筑科技有限公司与广联达科技股份有限公司在广联达总部大厦签订了战略合作协议。会议由天津三品天工建筑科技有限公司总经理崔志明和广联达 BIM 中心副总经理武煜晖代表双方签约并授牌。三品天工首席技术顾问、天津大学副教授张金月，广联达 BIM 中心京津区域经理万小军参加了此次交流会和合作协议签订仪式。交流会围绕双方企业合作方向进行了充分讨论，并达成具体合作协议。三品天工将作为天津地区广联达咨询服务商，携手就 MagiCAD、BIM5D 实施服务以及 BIM 咨询项目进行联手，优势互补，资源共享，互惠共赢，充分发挥各自资源优势，进一步提升企业核心竞争力，推进 BIM 技术应用实践。标志着天津三品天工建筑科技有限公司与广联达步入了 BIM 领域深入合作阶段。

（广联达）

【参编国家标准（全文强制）《施工脚手架技术规范》】 10月，由重庆大学、中建总公司主编的国家标准（全文强制）《施工脚手架技术规范》研编组成立暨第一次工作会议在重庆大学第一学术报告厅召开。广联达科技股份有限公司作为此标准的参编单位应邀参加此次会议。全文强制标准是工程建设技术法规体系构架的最基本和最重要组成部分。《施工脚手架技术规范》颁布后将成为住建部标准体系改革后施工脚手架领域第一部全文强制的国家规范，也是唯一的强制性标准。该标准的编制，将提高规范的使用效率。此次会议由住房城乡建设部建筑施工安全标准化技术委员会秘书长王平主持。住房城乡建设部标定司处长吴路阳，住房城乡建设部质量安全司主任肖方豪，重庆市城乡建委科教处处长邵义雄、重庆大学科技处副处长王开成、书记李英民，中国建筑工程总公司科技部总经理蒋立红等领导和专家分别发表了讲话，共同表达了对标准编制工作的高度重视，并表示将对编制工作大力支持，积极配合协调可利用资源。

（广联达）

【获 2016 CCTV 中国上市公司 50 强创新十强称号】 12月11—12日，以“供给侧结构性改革”为主题的 2016 央视财经论坛暨中国上市公司峰会在北京盛大举行。央视财经频道首次推出“CCTV 中国十佳上市公司评选”，并发布 2016 CCTV 中国上市公司 50 强榜单。广联达科技股份有限公司获“2016 CCTV 中国上市公司创新十强”。入选“央视财经 50 指数”样本股的公司需符合财务状况透明、盈利能力优良、内部治理完善等基本面指标，重视股东回报，履行社会责任等。

（广联达）

【获 2016 年度中国建设行业信息化最具影响力企业奖】 12月13日，以“迎机遇、谋转型、创未来”为主题，由中国电子信息产业发展研究院主办，中国信息化周报、中国信息主管网、中国信息化推进联盟承办的第九届中国信息主管年会在京召开。会议发布2016年度信息化领域系列奖项评选结果，广联达科技股份有限公司获“2016年度中国建设行业信息化最具影响力企业奖”。会上探讨了“国家信息化战略机遇下，移动应用、互联网应用等应用与服务创新”“IT服务商推动行业转型、融合发展的新方案、新模式”等相关议题。广联达科技股份有限公司副总裁付永晖表示：对建筑产业互联网来说，专业应用是基础，协同平台是枢纽，产业大数据是关键，生产要素平台是支撑，企业信息化建设是必然。广联达也通过大数据技术在建设行业进行创新，将这些施工过程行为数据、施工安全、环保数据、成本数据进行交叉分析，可以帮助工程项目不断实现新的创新。

（广联达）

【与万达签署战略合作备忘录】12月15日，广联达科技股份有限公司与大连万达商业地产股份有限公司签署战略合作备忘录。万达商业地产副总裁赖建燕、广联达总裁贾晓平及双方BIM研发成员出席签约仪式。赖建燕副总裁表示两个公司在BIM领域的战略合作，将为工程建设行业的发展带来巨大的效益。贾晓平总裁在签约仪式上表示，广联达和万达深入合作的BIM研发项目是广联达公司的战略性项目，公司重点支持，这是双方BIM战略合作的坚实基础。广联达公司应用产业互联网方案解决实体建筑和虚拟建筑的融合，和万达强强合作、优势互补，进行BIM项目的深度实践，必将引领中国工程建设行业的BIM方向。

（广联达）

【获第二届中国建设工程BIM大赛多个奖项】12月15日，第二届中国建设工程BIM技术成果推广应用经验交流会在济南召开。此次会议由中国建筑业协会主办，工程建设质量管理分会、建筑技术分会、绿色建造分会承办，山东省建筑业协会、中国建筑第八工程局有限公司支持，广联达科技股份有限公司协办。中国建筑业协会副会长兼秘书长吴涛等领导出席。广联达BIM解决方案部总经理黄锰钢应邀参会并做主题演讲。会议公布了第二届中国建设工程BIM大赛获奖名单，由获奖代表进行成果展示，并颁发荣誉证书、奖杯。“第二届中国建设工程BIM大赛”由中建协主办，旨在促进BIM技术在工程建设中的应用，培养BIM技术人才，树立标杆，激励企业争先创新，强化企业核心竞争力，进一步推动建筑行业应用BIM技术的活力。大赛历时5个月，500余项参赛成果经过初审、复评、综评和专家评审委员会审核，最终评出了各项奖。应用广联达BIM系列产品的项目共获得一等奖13项、二等奖32项以及三等奖62项。其中“上海世博会博物馆新建工程”“青岛邮轮母港客运中心”“澄星大厦”等项目获BIM卓越工程项目一等奖。“郑州泉舜上城”“重庆万达城”“香港马会马匹运动训练场”等项目获单项奖一等奖。

（广联达）

【获“2016年度中国IT行业最佳产品奖”】12月16日，以“科技原力觉醒 引领创新巅峰”为主题的2016创新影响力年会暨国家产业服务平台2016年终评选活动在北京举办。此次大会由工业和信息化部旗下赛迪网主办，国家级十大产业服务平台联袂支持对接，聚焦行业专家、精英1000余人次，总结本年度技术成果及下一年科技趋势和方向。广联达科技股份有限公司旗下子公司广联达正源兴邦科技有限公司应邀参加此次大会，并凭借自主研发的“开评标综合智能调度系统”，获“2016年度中国IT行业最佳产品奖”。创新影响力年会暨国家产业服务平台年终评选活动始创于2010年，此次评选从创新品牌、创新产品、卓越应用、优秀解决方案四大角度，不同权重进行综合评选，经过众多行业权威专家、组织参与评审，历时3个多月。通过专家组评审、专业媒体编辑推荐、赛迪智库行业研究等评选方式，对企业2016年创新成果进行总结，最终评选出互联网、大数据、云计算、物联网、政务服务、信息安全等领域重要奖项。

（广联达）

【举办“大数据与成本管理高层研讨会”】12月19日，由全联房地产商会与广联达科技股份有限公司联合主办的“大数据与成本管理高层研讨会”在北京中坤大厦全联房地产商会举行。此次会议旨在探讨大数据在成本管理方面的应用，提升房地产公司的成本管理水平与数据应用能力。共有来自房地产及中介咨询企业20余名领导参加了此次研讨会。此次会议上，广联达公司基于大数据做成本管控的构想与定位，从可研设计阶段如何利用大数据实现快速估算及有效的目标成本对标、招标采购阶段如何利用大数据编审招标控制价及回标分析、合同签订后如何利用大数据审核及判定合约外单价等3个方面进行了分享，并同与会人员进行了深刻的沟通与讨论。广联达公司副总裁付永晖，广联达指标产品线经理李明佳，《成本决胜论》作者、英国皇家特许测量师（RCIS）班、全球网络课（webclass）特聘讲师赵丰分别发言。

（广联达）

【与中建七局达成合作】12月20日，中建七局总承包公司与广联达科技股份有限公司就钢筋管理系统合作项目签约仪式在河南郑州举行。广联达科技股份有限公司副总裁郭冬建、现场钢筋产品经理陈谌、钢筋业务总监程晓峰、中建七局总承包公司总经理苏方毅、总经济师付新建，中建七局商务管理部副总经理路军平等参加仪式。此次签约的钢筋管理系统项目，开发产品暂定名为“钢筋精细化管理系统”，由广联达、中建七局总承包公司双方共同享有知识产权，由广联达公司提供产品研发人员，由中建七局总承包提供试点项目和钢筋管理人员参与。该系统将科技化管理理念与现场实际案例进行有机结合，并开拓性地提出了“钢筋分项驾驶舱”的综合管理模块。钢筋分项系统中的管理人员可以通过驾驶舱来全面了解各项目钢筋进展情况，并通过系统采集的数据结果来综合分析项目阶段收益、库存、损耗率、措施筋试用等关键指标。

（广联达）

【获“2016年度大数据最佳应用实践奖”】12月20日，“2016年中国大数据大会暨大数据年度盛典”大会在北京新世纪日航酒店盛大开幕。来自全国各地的800余位企事业单位代表相聚北京，共同探讨大数据的创新应用。大会表彰了在各自领域有突出竞争力优势的企业。会上，广联达科技股份有限公司凭借“工程信息大数据与政府招投标大数据”的组合案例获“2016年度大数据最佳应用实践奖”。作为建筑产业互联网平台服务商，广联达在大数据应用实践方面，以招投标数据为核心，利用数据建模，为政府部门“宏观决策、行业监管及建立服务型政府”提供数据支撑。目前招投标大数据产品已经在贵州省公共资源交易中心、广州公共资源交易中心、深圳市建设工程交易服务中心等多个政府部门进行了创新实践应用。

（广联达）

【获“2016年度全国公共资源交易最受信赖品牌”称号】12月21—22日，为期两天的2016（第三届）全国公共资源交易年会在北京新大都国际会议中心召开。年会以“智慧交易创新服务”为主题，探讨了2016年全国公共资源交易领域创新与发展，并颁发了行业各奖项。广联达科技股份有限公司被授予“2016年度全国公共资源交易最受信赖品牌”称号。此届年会由《公共采购》杂志和公共资源网联合主办，包括中国联合国采购促进会秘书长赵晖等在内的全国多家省级公共资源交易机构相关领导、全国各地公共资源交易平台建设先进典型单位及领导、《公共采购》杂志相关领导出席，并进行了主题分享与高峰对话。其中，广联达正源兴邦科技有限公司董事长兼总经理王同舟针对“公共资源交易信息化实践创新”议题，从6个角度解读了贵州、广州、深圳、江门等省市公共资源交易＋互联网的创新实践。

（广联达）

【获乌镇互联网大会2016中国大数据创新企业称号】 12月，第三届世界互联网大会在乌镇盛大开幕，来自全球110多个国家和地区组织的1600余位嘉宾相聚乌镇，共同探讨世界互联网的新技术、新应用及新趋势。在“乌镇峰会‘大数据项目对接会’”之大数据产业发展论坛上，广联达科技股份有限公司获“2016中国大数据创新企业”称号。

（广联达）

国研信息科技有限公司

【概述】 国研科技集团有限公司是国务院发展研究中心控股企业，创立于1998年，是以信息内容产业和IT服务业为主营业务、辅以投资业务的多元化控股（集团）公司。公司致力于现代信息服务业，积极参与政府和企业信息化建设，下设多家分子公司。其中，北京国研软件有限公司，多年来一直致力于网格化城市管理、社会治理与智慧城市建设，助力全国多地政府部门打造智慧城市、宜居城市。北京国研网络数据科技有限公司为专业公共服务类信息基础架构解决方案提供商，是国内IDC/ISP运营商之一，国内首批拥有IDC运营商资质、全网ISP运营商资质，从2006年起成为北京市电子政务互联网接入服务定点供货商。北京国研信息工程监理咨询有限公司（简称国研咨询）是专业从事信息系统工程咨询、监理服务的高新技术企业，提供专业的信息化咨询监理服务，是国内最早从事IT领域咨询监理业务的专业机构，为北京市信息化建设起到了保驾护航的作用。年内，国研科技集团深化四大平台建设，为智慧城市、宏观经济大数据领域为政府信息化的推进提供支持，继续提供信息内容服务及网络基础设施服务，并在信息化监理与咨询业务方面坚持优质服务的追求。

（李严博）

【智慧中关村顶层设计项目全面优化】 5月上旬，智慧中关村项目正式启动，北京国研信息工程监理咨询有限公司梳理原顶层设计规划的23个重点工程的建设情况；组织开展对业务部门、一区多园的业务调研，以及对企业和高技术人才的需求调研。6月，对前期调研阶段采集到的资料进行筛选和整理；评估23个重点工程建设现状，对比原顶层设计方案，进行差距分析；深化智慧中关村总体发展目标。8月起，对原顶层设计总体方案中的总体架构、业务架构、信息资源架构、技术架构、应用架构、基础设施架构、安全架构等进行优化；设计智慧中关村未来信息化建设重点工程项目。10月20

日，提交项目成果《智慧中关村顶层设计方案》（第二版）。

（康晓梅）

【南水北调智能调度管理系统项目通过初步验收】5月，南水北调工程智能调度管理系统项目需求规格说明书通过专家评审；12月，完成项目验收前的四方查验，并通过子系统验收。该项目监理人员对设备到货、隐蔽工程、安装部署进行了旁站，保证所到设备数量、质量符合合同要求，组织监理例会，沟通协调项目中存在的问题，推进项目的实施进展。在调水管理、水质监测、应急管理的需求调研过程中，组织承建方进行收集需求、现场观摩、工作报表确认、落实客户需求、收集客户意见的反馈、使用培训跟踪、推广上线协调等方面，进行了严格的监督控制管理，项目最终通过初步验收，为保障北京饮水安全作出应有的贡献。

（程中彦）

【智慧化社会服务管理平台建设与应用】年内，北京国研软件有限公司紧贴北京市和各级政府部门在社会服务管理方面的实际需求，开发完成了一套智慧化社会服务管理平台。该平台在北京国研软件过去几年数字化城市管理平台建设与应用的基础上，把过去“数字城市”建设中基于“物”（主要指城市中的部件）的事件管理，运用到地方政府社会服务管理中的诸多资源（人、地、事、物、组织）整合基础上的、基于“人”的诉求和事件管理中来。该平台继续沿用网格化管理思路落实各层级和各组织责任，实现事件发现、报送、处置、督察、考核、评价等基于事件处理的闭环功能。

（陈倩）

【城市安监管理与预警系统建设】年内，北京国研软件有限公司继续在全国范围内进行了安监领域的市场拓展，完成了“北京市通州区安全生产综合管理与服务平台”终验工作。北京国研软件有限公司研发的“国研动态安全监管和预警预报系统”，以安全生产监管体系和监管业务网格化为主要内容，融合“企业自查自报、日常巡查、执法监察、联合执法、预警预报”等业务，利用现代化信息技术与通信手段，打造区域动态化安全监管和预警预报信息化平台。通过实施该系统，对辖区内企业进行更紧密、更有效率的隐患治理排查、安全巡查、行政执法、应急救援、辅助决策、重大危险源监管等监督管理服务。同时，建立配套的健全安全监管体系，促成安全监管长效机制，从而提高安全管理水平并降低风险隐患，最终为降低事故发生率，大幅度减少重特大灾害事故，防灾减灾，提升安全生产监管整体水平提供技术支撑。

（陈倩）

【社会治安综合治理平台建设】年内，北京国研软件有限公司结合首都综治维稳大数据建设顶层设计规划，通过调研，全面了解首都各级综治维稳部门信息化建设及应用情况；搜集各地、各专业部门大数据建设及应用经验；梳理当前首都综治维稳大数据建设的基础条件；分析大数据应用对首都综治维稳业务的价值，明确综治维稳大数据应用场景；提出首都综治维稳大数据建设建议等，形成了《首都综治维稳大数据建设调研报告》，为后续大数据建设工作开展提供重要参考依据。之后在北京市顺义区、朝阳区建立网格化社会治安综合治理信息平台，完成了区、街镇、社区三级综治信息平台的构建和应用开发，涉及基础数据采集，常规工作、应用专题、考核评价、信息调研、风采展示等建设，实现实有人口管理、特殊人群管理、公共安全管理等特色业务应用建设，并实现了与部分市级综治信息平台的对接。

（陈倩）

【智库研究与指标发布平台建设】年内，北京国研软件有限公司面向政策研究部门和宏观经济社会管理部门，研究开发了一套“经济社会政策研究信息化支撑平台”。该平台收集整理国内外经济社会管理与研究机构的指标体系数据，结合专家研究报告，融合结构化和非结构化数据的管理，加入宏观经济社会研究模型，分析宏观经济社会形势，进行预算预警分析，并以可视化的方式进行展现和发布。特别适合于相关政策研究部门和统计部门。基于该平台的统计指标发布系统已经应用于国务院发展研究中心的“一流智库”研究、北京市发展改革委的“北京市经济社会管理信息系统”等多个北京市重大项目及湖北省发改委的“宏观经济大数据平台”。

（陈倩）

【推动中国教育类报刊数字化转型】年内，北京国研网络数据科技有限公司在充分整合中国教育报刊社资源的基础上，配置必要软硬件设备，为两报、四刊、四网提供统一的全媒体生产系统和基础设施服务，在应用层和基础设施层构建较为完整的基础平台。建设内容包括以下几部分：服务器系统、存储备份系统、网络系统、安全系统、基础支撑软件和机房环境及配套工程。

（王健）

【维护朝阳区图像信息管理系统】年内，北京国研网络数据科技有限公司全年担负着朝阳区视频信息，包括春节、“五一”“十一”等节日及其重大活动的保障任务，负责朝阳区全区的1个区共享中心、1个图像管理维护中心、45个街乡汇聚节点、50个派出所监控指挥中心、5个河道指挥中心、1个区应急指挥中心、10个专项应急指挥中心、1620个新建视频源的系统参数配置、运行监控管理和视频源设备维保。

（王健）

【维护顺义社会服务管理网格化信息系统】年内，北京国研网络数据科技有限公司负责维护顺义区城管监察执法，通过网格化指挥中心平台，以保障区履行综合监管职能，对网格内各部门、单位管理责任、管理效果进行监督；并将各部门、单位的管理效果进行通报、上报区领导。

（王健）

【维护通州区城乡全覆盖网格化社会服务管理平台】年内，北京国研网络数据科技有限公司维护通州区城乡全覆盖网格化社会服务管理平台。总体目标是实现通州区全区一张网、发现处理两条线、三级管理、四级网络体系的正常运行。通过这种运行模式，实现了社会服务管理工作全社会参与、全方位城乡覆盖、全天候运行、全区域平安的目标。

（王健）

【维护北京市互联网舆情监管系统】年内，北京国研网络数据科技有限公司全年保障网管办舆情系统正常运行，配合网管办监看北京市属地管理范围内网站和境外网站等内容，发现危害意识形态安全、政治稳定等信息，对违法违规信息进行存档、统计。

（王健）

【朝阳信息办图像运维监理起到显著效果】年内，为了进一步提高朝阳区图像信息系统的建设和管理水平，摸清系统设备状态和平台使用情况，监理方国研咨询协助和督促运维方各项工作，朝阳图像视频监控系统稳定性和上线率有了进一步提升。4月，为了保证汛期图像可用率，国研咨询对图像故障情况加强了管理，并协助信息办多次召开会议提出重点要求，运维公司歌华对故障点位修复力度有所加强，5—8月上线率维持在70%～80%之间。进入9月之后，随着歌华公司更换了200个前端摄像机，前端图像可用率迅速提升，到9月7日，朝阳区建图像故障率一度达到了2008年以来最低值10%（无图像故障率8%），随后区建点位故障率一直稳定在12%左右。

（李劭楠）

【北京燃气集团用户管理系统上线并通过初验】年内，北京国研信息工程监理咨询有限公司对北京燃气集团用户管理系统项目进行监理。5月，民用普表阶梯气价功能上线；8月，系统完成与银行前置平台的接口联调；9月，民用CPU气量卡表阶梯气价功能上线，至此实现了北京市燃气集团服务区域内所有管道天然气居民用户的阶梯气价功能；10月，系统完成相关报表的统计功能；11月，系统完成与其他各系统间的集成功能。随着系统各功能的上线，确保了北京市燃气集团阶梯气价业务工作的开展。该项目监理人员对合同签署、系统开发进度、项目交付物质量等进行了全程监控。在每周的项目例会上，沟通协调项目中存在的问题，推进项目的实施。在系统的需求确认、系统上线、问题跟踪解决等方面，进行了严格的监督管理，项目最终通过初步验收。

（李鑫）

航天信息股份有限公司

【概述】航天信息股份有限公司（简称航天信息）是由中国航天科工集团公司控股、以信息安全为核心技术的IT行业高新技术国有上市公司，于2000年11月1日成立，2003年7月11日在A股市场挂牌上市。业务领域涉及政府及行业信息化，重点发展税务、政务、公安、交通、金融、广电、教育等行业的信息化市场，并积极拓展企业的信息化市场。航天信息已建立了覆盖全国的销售渠道和服务体系，在全国31个省、市、自治区和5个计划单列市建立了近40家省级服务单位、200余家地市级服务单位、400余家基层服务网点。航天信息拥有自己的核心技术和创新团队，通过了ISO 9000质量管理体系认证、ISO 14000环境体系认证、CMMI三级评估等，具备计算机系统集成一级资质、安全技术防范一级资质、专项工程设计甲级资质以及国家密码产品开发生产许可资质等，承担了“金税工程”“金盾工程”“金卡工程”等国家重点工程，是国家大型信息化工程和电子政务领域的主力军。

（航天信息）

【中标陕西地方电力（集团）有限公司“增值税控管理系统专用软硬件设备采购”项目】1月14日，航天信息股份有限公司中标陕西地方电力（集团）有限公司“增值税控管理系统专用软硬件设备采购”项目。该项目在满足增值税发票管理业务基本需求的同时，结合业务实际进行个性化改造研发，实现增值税发票的销项管理、进项管理、发票管理、纳税申报、涉税统计分析、风险预警管理等全流程的自动化集中管理。

（航天信息）

【中标国泰君安证券“增值税防伪税控设备硬件采购及部署”项目】2月1日，航天信息股份有限公司中标国泰君安证券股份有限公司“增值税防伪税控设备硬件采购及部署”项目。该项目在契合国泰君安的增值税发票业务功能需求的同时，针对证券行业特性，实现了税号点对点支撑、开票权限严格把控以及未来开票量等个性化需求。

（航天信息）

【中标中国储备粮管理总公司“政策性粮食收购

一卡通系统”项目】2月2日，航天信息股份有限公司中标中国储备粮管理总公司“政策性粮食收购一卡通系统”项目，将为河南、新疆等地共计1583个粮库安装实施政策性粮食收购一卡通系统。中储粮是国资委直属的国有大型重要骨干企业，是中央储备粮、政策性粮食的收购主体。

（航天信息）

【中标中国移动电子发票项目】3月4日，航天信息股份有限公司中标中国移动通信集团公司电子发票项目。中国移动是特大型国有通信企业，拥有近7亿国内用户，年开票量近20亿张，巨大的开票量对电子发票开票系统及相关硬件设备的性能有着极高的要求。航天信息多年来在税务信息化领域积累了丰富的经验，自主研发的电子发票系统将先进技术与税收业务深度融合，采用统一的版式、规则、防伪技术，并附有税务机关、纳税人的电子签章，开具的电子发票能够对公报销，其法律效力、基本用途与传统纸质发票相同。

（航天信息）

【获“2015年度RFID世界行业年度评选”奖】3月15日，由国际物联网贸易与应用促进会主办的“2015年度中国RFID世界最有影响力评选活动”结果正式揭晓。航天信息股份有限公司获“2015中国RFID行业年度最有领导力系统集成企业奖”，旗下“智慧食药监综合监管服务系统”获“十大最有影响力成功应用奖”“自助签注机”获“十大创新产品奖”。此次是航天信息连续第九年获得该活动的奖项。

（航天信息）

【中标南京银行“营改增”系统项目】3月23日，航天信息股份有限公司中标南京银行“营改增”系统项目。该项目将结合南京银行的实际业务进行个性化开发，实现增值税发票的销项管理、进项管理、发票管理、纳税申报、涉税统计分析、风险预警管理等全流程的自动化集中管理。

（航天信息）

【与公安部一所签署战略合作协议】3月23日，航天信息股份有限公司与公安部第一研究所战略合作框架协议暨行业证件合作开发协议签约仪式在京举行。公安部一所所长仇保利、副所长于锐、所长助理余兵及相关部门领导，航天信息董事长时旸、副总经理崔文浩及相关部门领导参加签约仪式。仇保利代表公安部一所、时旸代表航天信息签署协议。根据协议，双方将在信息化应用、信息安全、物联网、法定及行业证件等技术领域开展深入合作。

（航天信息）

【中标万科物业“营改增”和电子发票项目】3月28日，航天信息股份有限公司中标万科物业发展有限公司（简称万科物业）“营改增”和电子发票项目。万科物业是国内规模最大的物业服务企业，服务于200万户家庭，600万人口。航天信息为万科物业提供的“营改增”与电子发票整体解决方案，充分契合物业管理行业特点和业务需要，符合税务监管要求又兼顾成本效能，助力万科物业税务管理水平再攀新高。协议签订后，双方将从信息交流、反腐倡廉宣传及警示教育、查办案件业务指导、专项防控、廉洁准入机制、联合调研与课题研讨等方面深入开展合作，切实将“检企共建”工作落到实处。

（航天信息）

【与海淀区检察院签署“检企共建”协议】4月28日，航天信息股份有限公司与北京市海淀区人民检察院（简称海淀区检察院）“检企共建”协议签字仪式在航天信息园举行。航天信息总经理於亮、纪委书记李秀芬及纪委委员，海淀区检察院副检察长张华伟及预防职务犯罪处相关领导参加仪式。於亮在致辞中指出，航天信息与海淀区检察院开展“检企共建”，建立检企工作机制，对筑牢航天信息各级领导干部和关键岗位人员思想道德防线，提高拒腐防变能力，有效规避职务犯罪风险，杜绝防范违法违纪问题发生具有重要推动作用，为公司又好又快发展营造良好环境。张华伟表示，此次双方携手，具有强强联合、优势互补的特点，通过共建平台加强纪检监察工作非常必要和及时，对双方都意义深远。

（航天信息）

【与金蝶集团签署战略合作协议】5月9日，航天信息股份有限公司与金蝶国际软件集团有限公司（简称金蝶集团）召开联合发布会，双方正式签署战略合作协议，积极探索企业财税管理信息化、财税大数据应用、移动办公、财务共享、互联网金融等多领域创新合作。航天信息总经理於亮、副总经理陈荣兴，金蝶集团董事长徐少春出席签约仪式。根据协议，双方将整合、丰富、完善ERP与税务管理产品线，共同向广大企业用户提供财税一体化、金融及风险管理等各类增值服务，重点谋求在餐饮、房地产租赁等领域的税务管理及电子发票方面取得突破性成就，帮助用户实现安全、便捷、高效的财税信息化管理。

（航天信息）

【与中国擎天软件签署战略合作协议】5月24日，航天信息股份有限公司与中国擎天软件科技集团有限公司（简称中国擎天软件）召开联合发布会，双方正式签署战略合作协议，即将就企业税务领域、电子政务以及跨境电商综合服务等业务领域开展合作。航天信息董事长时旸、副总经理陈荣兴，中国擎天软件董事长辛颖梅、高级副总裁马明、副总裁马彦宇等出席签约仪式。根据协议，双方将在全国范围内共同推广出口退税系列软件产品、服务及培训等业务，共同建设出口退税企业的增值税电子发票应用与管理平台，以及就境外旅客购物离境退税、跨境电子商务综合服务和“营改增”的税控服务等领域展开合作。双方承诺，在相关领域进行长期而深入的合作。

（航天信息）

【获2016年度中国RFID行业评选三个奖】6月13日，由中国信息产业商会RFID分会组织召开的“2016年度中国物联网RFID发展论坛”在北京召开。大会公布了“2016年度中国RFID行业评选活动”的获奖名单。航天信息股份有限公司获了“中国物联网领先企业”奖、“中国RFID市场开拓”奖在内的两项企业类大奖，自主研发的JKFQ720海关旅检通道机产品获了“中国物联网创新产品”单项奖。

（航天信息）

【与德利多富签署合资合作协议】6月21日，航天信息股份有限公司与德利多富国际有限公司举行合资合作签约仪式。航天信息董事长时旸，副总经理王毓敏、陈仕俗，德利多富总裁兼CEO Eckard Heidloff，亚太区总裁、执行董事林坤丰，亚太区服务部区域副总裁廖淼基等出席签约仪式。时旸代表航天信息、Eckard Heidloff代表德利多富共同签署协议。根据协议，双方将以合资公司为平台，在中国金融业及零售业领域展开全面合作。时旸表示，航天信息与德利多富在金融与零售领域有着共同的发展诉求，理念相近，优势互补，为携手打造金融业与零售业领域互利共赢的生态圈创造了条件。Eckard Heidloff表示，此次合作，双方发挥各自优势，共同将合资公司打造成国内金融业与零售业领域的领先企业，为中国的银行客户和零售客户提供创新解决方案。在充满机遇的市场，非常期待双方的良好合作。

（航天信息）

【首次入围中国建设银行标准 POS 设备采购】 6 月，航天信息股份有限公司中标中国建设银行股份有限公司 2016—2017 年度标准 POS 设备采购项目（无线机型）。航天信息拥有自主知识产权的 POS 设备包括金融 POS、IC 卡机具、密码键盘以及个人支付终端等多个种类，已通过中国银联、VISA、MASTERCARD 等国内、国际权威认证，涵盖金融电子支付系统中的各个环节。此次中标，是航天信息首次入围中国建设银行标准 POS 设备采购。

（航天信息）

【助力全国居民身份证异地受理挂失申报和丢失招领系统全面启动】 7 月 1 日起，由航天信息股份有限公司（简称航天信息）承建的公安部全国居民身份证异地受理挂失申报和丢失招领系统正式上线运行，全国大中城市和有条件的县（市）正式启动了居民身份证异地受理工作。

（航天信息）

【连续 16 年跻身中国电子信息百强企业榜单】 7 月 12 日，中国电子信息行业联合会发布了 2016 年中国电子信息百强企业榜单。航天信息股份有限公司连续第 16 年上榜，此次位列第 20 名，较上年提升 2 位。电子信息百强企业榜单评选，从 1987 年至 2016 年已历经 30 届。电子百强企业已从初期以扩大规模的粗放型发展走上坚持自主创新、提升综合实力的科学发展之路。

（航天信息）

【亮相 2016 中国国际物联网博览会蝉联“金卡工程金蚂蚁奖”】 7 月 20 日，由国家金卡工程协调领导小组办公室、中国信息产业商会、中国贸促会联合主办的“2016 中国国际智能卡、RFID 与物联网博览会”在京举行。航天信息股份有限公司携旗下重点物联网行业应用解决方案及核心产品亮相此届展会，并连续第 9 年蝉联国家金卡工程协调领导小组办公室颁发的“国家金卡工程 2016 年度金蚂蚁奖”之“领先企业”“市场开拓”两项大奖。此届展会，航天信息向社会各界全方位展示了航天信息应用于食药监、智慧粮食、智能交通、出入境安全、金融及物流追溯及企业云计算领域的多款行业应用解决方案及核心产品。

（航天信息）

【跻身 2016 中国方案商百强第五名】 7 月 28 日，2016 中国云计算生态系统峰会暨 2016 中国 Cloud500&VAR500 调研评选颁奖典礼在北京召开。航天信息股份有限公司以第 5 名的成绩再次荣登“中国方案商百强”榜单，同时摘得多项荣誉。航天信息已连续 14 年入选“中国方案商百强”，在此次评选中航天信息还同时荣登 2016 智慧城市方案商百强，摘得了 2016 优秀行业云应用开发商、2016 十佳政府行业方案商等多奖项。此外，旗下子公司华迪计算机集团有限公司也同时获得优秀行业云应用开发商称号。

（航天信息）

【获 2016 年中国软件业务收入前百家企业第 10 名】 7 月 28 日，工业和信息化部发布了 2016 年（第 15 届）中国软件业务收入前百家企业名单及发展报告，航天信息股份有限公司凭借软件业务收入 91.34 亿元的业绩连续 7 年荣登上榜，此次排名第 10 名，较 2015 年上升 1 名。

（航天信息）

【助力南方航空开出中国民航首张电子发票】 7 月 29 日，航天信息股份有限公司助力中国南方航空股份有限公司（简称南方航空）成功开具中国民航“营改增”首张电子发票。南方航空是中国运输飞机最多、航线网络最发达、年客运量最大的航空公司。航天信息利用51电子发票云平台（www.51fapiao.cn），依据南方航空业务范围广泛的特点，为其提供纸质及电子发票一体化解决方案。在旅客支付了逾重行李费等费用的同时，航空公司后台系统实时将开票信息传给增值税发票系统生成对应的电子发票。该系统使用国家税务总局规定的金税盘税控设备进行数据加密与传输，保证了发票数据的安全。

（航天信息）

【航天信息出入境自助服务设备在京、济南正式投入使用】7月，航天信息股份有限公司为北京市公安局出入境管理局和济南市公安局出入境管理局自助服务大厅提供的自助设备，试运行情况稳定良好，已正式投入使用。在北京，航天信息作为唯一供应商和服务商，提供了28台自助签注设备，已覆盖大部分区县出入境服务大厅和部分派出所受理点。在济南，航天信息配合市公安局部署了自助签注设备。

（航天信息）

【召开合资合作新闻发布会】8月18日，航天信息股份有限公司与德利多富国际有限公司在北京召开合资合作新闻发布会，宣布双方在中国金融和商业零售业务领域开展全方位合作，航天信息以收购及增资方式控股合资公司。新公司将秉承德利多富的技术优势、全球经验，以及航天信息的资源优势和全国服务网络，持续为中国金融及零售客户提供领先的产品、解决方案和专业服务。发布会由航天信息副总经理王毓敏主持。中国航天科工集团公司总经理李跃、总会计师王云林，航天信息董事长时旸，德利多富总裁兼CEO艾卡德·海德洛夫，与来自国家开发银行、中国进出口银行、中国工商银行、中国农业银行、中国银行、中国建设银行、中国交通银行、邮政储蓄银行、中信银行、光大银行、中国民生银行、华夏银行、恒丰银行、农信银清算中心等国内10余家金融机构的高管代表出席。

（航天信息）

【中标广东顺德边防检查站自助查验系统建设项目】8月26日，航天信息股份有限公司中标广东省顺德边防检查站自助查验系统建设项目。该项目是航天信息旅客自助查验系统及核心设备首次在边防检查管理领域的应用。

（航天信息）

【中标河北省国税局增值税发票代开自助终端设备采购项目】8月31日，航天信息股份有限公司（简称航天信息）中标河北省国家税务局增值税发票代开自助终端设备采购项目，中标金额700余万元。

（航天信息）

【中标公安部交通管理科学研究所汽车电子标识密钥分发管理系统采购项目】8月，航天信息股份有限公司中标公安部交通管理科学研究所汽车电子标识密钥分发管理系统采购项目。

（航天信息）

【中标四川省高速公路收费复合通行卡采购项目】8月，航天信息股份有限公司中标“四川省高速公路收费复合通行卡采购项目”，中标金额近1600万元。航天信息对高速公路MTC收费管理模式的具备丰富的研究成果及建设经验，自主研发的双频复合通行卡实现了RFID远距离识读标签和IC收费卡片的有机结合、对车辆行驶路径的精准定位和费用拆分的透明精确，为公众提供了更便捷、更准确、更安全的通行费支付方式，项目建成后，将大幅提高高速公路管理能力和服务水平。

（航天信息）

【中标河南省交通运输厅行政执法综合管理平台建设项目】8 月，航天信息股份有限公司中标河南省交通运输厅行政执法综合管理平台建设项目。执法管理平台是中国智能交通信息化建设重点工程，建设内容涵盖行政执法评议考核系统、执法基础数据系统、执法信息化装备、数据交换共享系统及省级数据中心等关键核心系统。 执法管理平台在河南省建成后，将通过完善执法机构、执法人员、执法监督、执法案件四大数据库建设，实现对执法、监督及相关人员的定制化查询和统计分析。相关数据将通过专网向国家数据中心汇集，为国家级数据中心资料库提供原始数据。

（航天信息）

【首次入围中国银行 POS 设备供应商】8 月，航天信息股份有限公司旗下的艾体威尔电子技术（北京）有限公司生产的移动 POS 产品入围中国银行股份有限公司的“商户收卡终端设备选型项目”，成为中国银行 POS 设备供应商。

（航天信息）

【与马来西亚—中国总商会、广西财经学院签署合作协议】9 月 12 日，第十三届中国—东盟博览会召开期间，航天信息股份有限公司与马来西亚—中国总商会、广西财经学院在南宁签署合作协议，将以外交部设立在广西财经学院的国家级培训中心——中国—东盟金融财税人才培训中心为平台，在信息技术、企业决策咨询服务、教育资源、人才培养、产学研等方面展开合作，共同投身“一带一路”建设。 航天信息副总经理王毓敏、马来西亚—中国总商会会长陈友信、广西财经学院党委书记卞成林分别代表三方签署合作协议，广西教育厅副厅长蔡昌卓和马来西亚驻南宁总领事馆总领事黄奕瑞等见证签约。协议签订后，三方将依托各自优势，打造服务东盟的集咨询、信息为一体的在线平台；开展对中马双方企业的财税管理、运营管理和信息化系统开发；为中马企业提供中国、马来西亚财税、金融等政策的教育咨询服务，加强与马来西亚相关政府职能部门的合作。

（航天信息）

【召开 2016 金税文化节暨“云税”大会】9 月 27 日，航天信息股份有限公司在航天信息园召开 2016 金税文化节主会场活动——“云税”大会。在大会上，航天信息提出了建设“云税”新时代的思路。并结合建设思路和成功的探索，发布了智慧税务、电子发票和行业税务解决方案等重点产品。这是航天信息在“互联网＋税务”时代的全新亮相。航天信息总经理於亮，副总经理王毓敏、陈荣兴和知名财税专家、合作伙伴、行业客户出席。在大会上，航天信息提出“云税”新时代具有服务网络化、管理智能化、业务数据化、应用平台化、安全自主化、产业生态化等六大发展趋势，并与产业生态圈代表一起举行了“云税”生态号的首航启动仪式。

（航天信息）

【进入恒生 A 股】9 月，恒生指数有限公司宣布截至 6 月 30 日的恒生指数系列季度盘点结果，航天信息在第二季度的成分股选取中被纳入恒生 A 股行业龙头指数的成分股，并于 9 月 5 日起生效。恒生 A 股行业龙头指数于 2009 年推出。恒生指数公司对沪深两市所有 A 股（除创业板、ST/*ST 或 S 股之外）进行流动性检测，形成 300 只股票的备选成分股后，划分成 11 种恒生一级行业，根据过去一年平均总市值、过去两年平均净利润与平均收入在股票所属的一级行业中综合排名，每个行业排名前五的股票形成最多不超过 55 只的成分股。

（航天信息）

【入围 2016 中国软件和信息技术服务综合竞争

力百强企业】10月31日，中国电子信息行业联合会和中国软件行业协会发布了2016中国软件和信息技术服务综合竞争力百强企业名单，航天信息股份有限公司获第七名。此次评选综合了企业规模、效益、创新、企业信用评价体系等指标，通过加权计算和专家评审，最终确定百强企业名单。

（航天信息）

【举办“发票贷”全国推广会议】11月2日，航天信息股份有限公司诺诺金服与中国邮政储蓄银行在吉林长春共同举办了创新金融服务产品“发票贷”全国推广会议，并签署了业务合作协议。此次合作，依托航天信息的财税服务优势和邮储银行的网点优势，通过诺诺金服，建立覆盖吉林省的联合销售网络和“互联网+大数据”的金融服务新模式。

（航天信息）

【中标国家税务总局金税三期终端项目】11月4日，航天信息股份有限公司成功中标国家税务总局金税三期终端项目，中标金额1.2亿元。航天信息将为金税三期工程第二阶段推广上线的30个省级国税单位提供6万台配套设备，以满足金税三期工程第二阶段各推广单位办税服务需求。金税工程是经国务院批准的国家级电子政务工程，是税收管理信息系统工程的总称。航天信息承担了金税工程中的重要组成部分增值税防伪税控系统及其设备的研制、生产和技术服务工作，特别是在保障减税新政“营改增”实施工作中发挥了重要作用。

（航天信息）

【航天信息上海技术研发中心揭牌成立】11月8日，航天信息上海技术研发中心在上海爱信诺航天信息有限公司（简称上海航信）正式揭牌成立。航天信息股份有限公司总经理於亮，上海航天控制技术研究所所长刘付成，航天信息副总经理韦红文、陈荣兴，以及航天信息华东地区部分所属单位领导、员工代表等出席了仪式。

（航天信息）

【入围北京软件企业实力榜】11月8日，北京软件30年发展研讨会在京举行，会议发布了北京软件影响力报告、2016北京软件和信息服务企业综合实力百强榜单以及30年突出贡献企业名单。航天信息股份有限公司进入北京软件企业实力榜第一位，并同时跻身北京软件和信息服务业综合实力百强，获“北京软件30年突出贡献企业”奖，旗下增值税发票系统、智慧食药监综合监管服务平台也同时获得了“北京软件30年突出贡献产品”称号。

（航天信息）

【承建的中国石化增值税发票项目试点成功】11月10日，航天信息股份有限公司负责承建的中国石化销售公司增值税发票项目在海南试点成功，为全国大范围推广实施奠定坚实基础。航天信息根据石油石化行业特点及业务需求，首创国内线上线下全票种整体解决方案，在中国石化销售公司增值税发票项目中中标，并在中国石化指定的海南省进行试点。航天信息的研发和服务团队发挥体系化作战合力，自9月开始在加油站进行设备安装和系统联调，开出增值税电子普通发票和卷式普通发票，经过两个征期的平稳运行，通过检查评审。

（航天信息）

【承建全国公安出入境管理信息系统】11月11日，由航天信息股份有限公司承建的全国公安出入境管理信息系统在浙江省正式启动全省试点工作。系统以“全国统一，便民利警”为建设目标，构建了边界清晰、流程顺畅、转运高效的出入境管理综合业务系统，在技术创新和业务应用模式等方面均实现了创新和突破。在技术方面，引入云计算和大数据技术，从功能模块、接口管理、界面管理、事件管理等方面创新，开发了统一工作平台、业务办理平台、决策支持平台和公共服务平台等平台，统一了全国 31 个省级单位现用出入境管理信息系统。在管理方面，系统运用电子化手段，规范权力运行，提高出入境人员信息管理水平，创建“明确、规范、透明”的管理模式。

（航天信息）

【中标旅客智能通关系统及旅客行李物品监管场地及设备购置项目】 11 月 15 日，航天信息股份有限公司中标旅客智能通关系统及旅客行李物品监管场地及设备购置项目，中标金额 1100 余万元。该项目是北京海关 2016 年航空旅客监管现场全国性试点示范项目。航天信息将承建首都机场 T3 航站楼的旅客智能通关及行李查验系统，并提供相关配套执法设备。

（航天信息）

【中标河南省公路超限检测四级联网系统工程项目】 11 月 16 日，航天信息股份有限公司中标“河南省公路超限检测四级联网系统工程（超限检测站治超信息系统）”项目。航天信息将承担超限检测站治超信息系统的四级联网和软硬件系统集成建设。该项目是交通运输部信息化“十三五”规划的重点工程——“交通行政执法综合管理系统工程”的重要子系统工程。项目建成后，将有效提升交通运输超限检测执法水平、执法管理、执法监察和联网联控、信息服务等综合能力。同时，河南省是“交通行政执法综合管理系统工程”的试点省份，该项目未来在全国其他省市具有可拓展性和可复制性，能够有力推动全国治超联网信息系统的建设。

（航天信息）

【与正定县人民政府签署战略合作协议】 11 月 16 日，“2016· 京津冀协同发展石家庄（正定）中关村集成电路产业基地暨正定科技新城‘十三五’发展推介会”在北京举行。北京市人民政府、中关村管委会、石家庄市人民政府、正定县人民政府及相关委办局领导、百余家高新技术企业、相关产业协会代表出席大会。会上举办了京津冀协同发展合作项目签约仪式，航天信息股份有限公司所属金卡分公司与正定县人民政府现场签署战略合作协议。航天信息以机动车电子标识项目为牵引，与正定县政府展开全面合作，协同打造跨区域创新发展共同体，为京津冀协同发展注入活力。

（航天信息）

【独家承建的全国居民身份证异地受理、挂失申报两系统通过初验】 11 月 17 日，航天信息股份有限公司独家承建的全国居民身份证异地受理系统、全国居民身份证挂失申报系统，通过公安部初验评审。两大系统建设是公安部落实“让信息多跑路，让群众少跑腿”的便民利民举措。身份证异地受理系统为长期离开户籍所在地异地工作、学习、生活的群众，在居住地换领、补领居民身份证提供支持。身份证挂失系统支持全国所有公安派出所受理群众居民身份证丢失、被盗的挂失申报，并及时发布给相关人口信息社会核查服务系统。

（航天信息）

【获评“2016 年度信息系统集成及服务大型一级企业”】 12 月 8 日，中国信息系统集成及服务行业 2016 年会暨联盟理事会第 2 次全体会议在北京举行。会上，航天信息股份有限公司获评“2016 年度信息系统集成及服务大型一级企业”。中国电子信息行业联合会常务副会长联盟主席、原信息产业部副部长曲维枝，工业和信息化部信息化和软件服务业司司长谢少锋，电子联合会信息系统集成资质工作办公室主任刘汝林等领导出席会议，并为航天信息等获证的

32家企业现场颁发了证书。“大型一级企业”评定是电子联合会资质办为适应信息系统集成及服务行业的发展要求，培育行业龙头骨干企业，推动信息系统集成及服务企业做大做强，满足国家大型、复杂和重要信息系统建设和保障任务的需求，在信息系统集成及服务一级企业中首次试行开展一项评定工作。“大型一级企业”在一级资质企业中，属于技术水平较高、规模较大，在主营业务领域整体实力名列前茅，具备承担国家行业重大信息系统能力的骨干企业。

（航天信息）

【举办金税贷产品发布会】12月12日，航天信息股份有限公司携手平安普惠咨询有限公司在郑州举办金税贷产品发布会，为广大中小微企业客户提供新型融资方案。金税贷不需要申请人提供房产证明和抵押物，而是通过授权的增值税开票数据，自动匹配产品和客户资质并进行授信，真正实现“经营信用”转化为“融信信用”。航天信息副总经理陈荣兴表示，金税贷是航天信息携手平安普惠在互联网金融领域的又一次创新应用。金税贷通过运用大数据技术打破信息孤岛，解决中小企业融资难、融资贵的问题。金税贷已在郑州、无锡和宁波投入试点，预计2017年第一季度，将在全国各大城市上线，服务更多有融资需求的企业。

（航天信息）

【获“2016年度金融行业优秀产品创新奖”】12月15日，中国金融学会金融信息化专业委员会主办的“第七届中国金融业信息化发展趋势论坛”在京举行。航天信息股份有限公司携旗下“银盾税一体化解决方案—T8智能支付终端”亮相论坛，并获“2016年度金融行业优秀产品创新奖”。T8智能支付终端是航天信息针对营改增研制的一款融合多种行业应用的特色智能终端产品。T8整合传统的商业POS、金融POS、税控POS功能，具有“会收银、能开票、可上网、懂经营，易操作”等特点，依托开放性操作系统及云端丰富资源，为零售、餐饮、住宿、娱乐等生活服务业的小微商户提供了一个集销售、收银、开票、身份验证、经营管理等功能于一身的智慧收银台解决方案和云平台管理服务。

（航天信息）

【中标福建省居住证制证设备采购项目】12月15日，航天信息股份有限公司中标福建省居住证制证设备采购项目，将为福建全省提供航天信息自主研发的制证一体机、签注机、制证管理系统等成熟可靠的软硬件产品，搭建从数据到制证的整套解决方案。该项目将为福建省贯彻执行国家居住证政策提供有力的技术支持，助力公安部门推进新形势下流动人口服务管理工作，持续提高社会管理和公共服务水平。

（航天信息）

【试点国美电器增值税发票系统及电子发票系统开发项目】12月19日，航天信息股份有限公司承担的“国美增值税发票系统及电子发票系统开发项目”，在江苏省宿迁市开出增值税卷式普通发票和电子发票，试点工作取得成功。国美电器是中国最大的家电及消费电子产品零售连锁企业，覆盖全国434个大、中城市，600多个地县级城市，45000多个乡镇，具有开票点多、开票量大等特点。航天信息对其业务场景及开票系统流程进行剖析，针对商超行业特点及国美业务需求，提供了增值税升级版纸质发票及电子发票一体化解决方案。此次试点成功，为项目在全国的推广奠定了基础。

（航天信息）

【获2016年度中国信息产业影响力企业等多项称号】12月23日，以“数字经济与新动能”为主题的2016中国信息产业经济年会在京举办，航天信息股份有限公司获“2016 中国信息产业年度影响力企业”称号，航天信息总经理於亮获“2016 中国信息产业年度领袖人物”称号。同时，航天信息推出的“国家智慧粮食解决方案”和“一体化发票管理解决方案”，分获“2016 中国信息产业年度创新解决方案”及“2016 中国信息产业年度卓越解决方案”奖项。

（航天信息）

【中标厦门航空“营改增”和电子发票项目】年内，航天信息股份有限公司中标厦门航空有限公司“营改增”和电子发票项目。厦门航空航线网络遍及全球，年旅客运输量超过 2300 万人次，公司总资产近 400 亿元、净资产 150 亿元，保持着 29 年持续盈利的行业记录。航天信息根据厦门航空业务特点整合需求，规划落地方案，提供了“营改增”纸票、电子发票整体解决方案，充分实现了厦门航空对税控设备集中管控的要求，并满足厦门航空核心业务系统对接的时时开票需求，为厦门航空充分实现发票的网络、电子化管理提供有效保证。

（航天信息）

联通系统集成有限公司

【概述】联通系统集成有限公司是中国联通的全资子公司，注册资金 5.5 亿元，是具有独立法人资格的国有大型高新科技企业，旨在面向电信运营商、政府、环保、金融、医疗、教育、交通、旅游及农业等行业客户提供整体 ICT 产品和解决方案。公司依托中国联通覆盖全国的网络资源、客户资源和服务体系，凭借自身高水平的技术能力、深入的行业知识、完善的服务体系和丰富的人才资源，为客户提供从系统集成、应用开发及服务外包等业务的全面服务。公司在电信信息化服务、政企信息化建设、行业信息化应用等领域具有高素质的人才队伍和丰富的业务经验，具备成熟的管理系统。

（综合部）

【获“2015 年北京市诚信系统集成企业”称号】年初，北京软件和信息服务业协会开展了 2015 年度北京市系统集成行业自律信用评估活动。集成公司在此次活动中被评选为“2015 年北京市诚信系统集成企业”。联通系统集成有限公司代表参加了总结表彰大会，并上台领奖。此次评选活动从企业基本情况、人员情况、资格资质信息、知识产权信息、管理信息、诚信记录、所获荣誉、规章制度、经济数据等几个方面对企业进行了综合审核。集成公司经过网上申报、提交纸制材料、专家评审、第三方征信机构评审、公示等环节，最终被评选为“2015 年北京市诚信系统集成企业”。

（综合部）

【获得 ISO 14001 环境管理体系认证证书】3 月，联通系统集成有限公司通过认证机构审核，正式获得了 ISO 14001 环境管理体系认证证书。基于社会责任感和公司发展需要，2015 年集成公司建立了环境管理体系，制定了环境保护方针和环境保护目标，并在企业员工中进行了环保方针宣贯及环保法等法律法规的培训。环保体系建立后，在公司内部进行了体系运行，运行结果经过内部审核、管理评审以及认证机构对于申请材料的文审和专家四天的现场审核，获得 ISO 14001 环境管理体系认证证书。

（综合部）

【获得三项信息安全方面的资质证书】3 月底，联通系统集成有限公司终于获得了信息安全风险评估服务二级资质、信息系统安全集成服务以及信息安全应急处理服务三级资质证书。早在2015年6月，集成公司就向中国信息安全认证中心提交了信息安全风险评估服务、信息系统安全集成服务以及应急处理服务三个资质的申请材料，通过主管部门对于申请材料的文审和公司自评估以及专家两天的现场审核，最终获得三项资质证书。

（综合部）

【中标中国中化股份有限公司统一通讯系统建设项目】5月25日，联通系统集成有限公司客户服务与支撑部接到中化国际招标有限责任公司发来的通知，中标中国中化股份有限公司统一通讯系统建设项目。中国中化股份有限公司拥有本地的IBM Notes邮件系统、员工数量巨大，办公地点分布广泛，具有多个海外机构，使得IT服务器端、客户端运维成本较高。同时为了增进业务协同、降低沟通成本，所以客户急需在本项目中搭建一套全新的统一通讯平台和即时通讯系统。部门对项目非常重视，专门抽调为集团统一邮件系统做运维支撑的专业团队，设计出了符合客户要求的优质技术方案，最后中标，合同额432万元。这是统一邮件系统作为ITO核心产品首次中标外部行业大客户。

（综合部）

【联通大ERP系统用户培训微课程上线】6月22日，由联通系统集成有限公司管理信息产品部开发的联通大ERP系统用户培训微课程正式在联通学院的移动客户端沃学堂上线。第一批大ERP系统用户培训微课程共上线包含ERP核心系统、电子招投标平台、合同管理系统、财务报账系、审计系统和项目经理整体操作说明共计14个微课程。培训微课程上线后，大ERP系统培训微课程创下了超高的点击率，截至6月末，已经有超过460次的观看，在学院课程组的所有课程中排在第一名。

（张静）

【获得涉密信息系统集成甲级资质】6月，联通系统集成有限公司获得了国家保密局颁发的涉密信息系统集成甲级资质。2015年7月，国家保密局启动涉密资质重新认定工作，集成公司领导对此事多次召开会议研究部署涉密资质认定工作，在近一年的时间里，集成公司严格按照《涉密信息系统集成资质保密标准》的要求对公司保密管理进行全面梳理，扩建涉密办公场所，对涉密人员进行多次保密培训和考试。在现场审查环节，公司以高分通过审核，抽查的10名涉密人员考试成绩优异。

（综合部）

【中标中卫市污水排放两个子项目】8月30日，联通系统集成有限公司中标中卫市污染源污水排放智能控制系统项目和智能IC卡建设工程，成交金额总计为289万元。该项目将利用智能排污控制系统和IC卡排污收费系统统一管理中卫市沙坡头区8家涉污水排放企业。集成公司环保信息化基地通过前期的技术交流和实地调研，用高质量的信息化解决方案，帮助中卫市环保局解决污水排放管理过程中人员少、巡检周期长、无法实时掌握企业污水排放、排污费拖欠严重等问题，全面提高对重点排污企业的污水排放监管，从源头上控制污水的去向。

（张静）

【中国铁建商城上线】8月，由集成公司商城事业部打造的“中国铁建商城”在中国铁建股份有限公司正式上线，这是继集成公司参加国资委4月主办的“中央企业电子化采购讲习班”推广内部商城建设及实践经验之后，成功推广并上线的第一家特大型建筑央企。“中国铁建商城”定位为公司内部各采购单元（项目部）与供应商间的电子商务运营平台，借助信息化平台“规范、开放、透明、高效”的技术优势，建设集中统一的铁建商城，将电子商务理念嵌入企业采购的运营管理模式，实现采购过程的高效、快捷、透明，支撑中国铁建股份公司的业务快速发展。

（张静）

【搭建第一家石油行业物采电商平台】8月，联通系统集成有限公司商城事业部历经2个月的开发实施和优化，“大庆油田物资采购电商平台”一期一阶段上线。这是内部商城产品进行外部推广以来，在石油行业做成的第一家成功案例。大庆油田物资采购电商平台定位为大庆油田二级需求单位向大庆油田物资公司提报需求的平台，在企业原有ERP系统基础上，开发电商化采购界面，并将本地线下供应商引入供应商平台，统一管理；规范化部门采购动作，透明化报表统计管理。一期一阶段上线后，大庆石油物资公司将在近期发起二阶段需求，引入主流电商，并将采购、审批、收货、通知开票等企业管理要素纳入“大庆油田物资采购电商平台”。

（张静）

【启动“中国平安E采商城”项目】8月，联通系统集成有限公司正式启动“中国平安E采商城”项目。“中国平安E采商城”定位为覆盖全系统的多层级电子化采购平台，根据集中采购、分散采购管理制度，覆盖集团、子公司、二级和三级机构。E采商城具有产品展示与下单、信息发布、客户互动、数据统计分析等基础功能，同时包括预算管控、财务结算、税务发票处理等拓展功能。对外接入大型电商平台，对内接入企业管理系统，适应金融企业的管理逻辑，在助力企业实现降本增效的同时，也促进其内部管理不断创新升级。

（张静）

【签约泰康人寿BBC采销平台项目】8月，联通系统集成有限公司商城事业部签约泰康人寿BBC采销平台项目。这是继中国人保财险总公司之后，商城事业部在保险行业拓展的又一重要客户。泰康人寿BBC采销平台除对原系统进行优化外，还会构建多运营商、供应商、知名电商的接入平台，满足多交易模式和结算模式要求；提供个人网上购物，物流动态查询能力；支持移动办公自动化、移动商城；有效管理供应链，节约采购成本，提高采购管理效率；对供应链效率和购买偏好数据采集分析，为领导决策提供数据支撑。商城事业部在“内部商城系统V2.0”基础上为泰康人寿打造BBC采销平台，一方面能够促进自有商城产品丰富功能、优化升级；同时，也为集成公司进一步深耕金融保险行业奠定坚实的基础。

（张静）

北京摩拜科技有限公司

【概述】北京摩拜科技有限公司成立于2015年1月，创建了全球首个智能共享单车模式，其自主研发的专利智能锁集成了GPS和通讯模块，采用了新一代物联网技术，通过智能手机App让用户随时随地可以定位并使用最近的摩拜单车，骑行到达目的地后，就近停放在路边合适的区域，关锁即实现电子付费结算。2016年4月22日，北京摩拜科技有限公司在上海正式推出智能共享单车服务，并先后进入北京、广州、深圳、成都、宁波、佛山、厦门、武汉、东莞、昆明、南京、珠海、海口、南宁等30多个国内城市和海外城市新加坡，稳居全球最大的智能共享单车运营平台。摩拜在所到的城市中掀起骑行的热潮，推动“让自行车回归城市”，为更多人的出行带来方便，也给城市倡导绿色出行提供了可持续发展的智能解决方案。

（摩拜单车）

【摩拜单车服务登陆申城】4月22日，北京摩拜科技有限公司在上海召开发布会，正式宣布摩拜单车服务登陆申城。摩拜单车经过专业设计，将全铝车身、防爆轮胎、轴传动等高科技手段集于一体，使其坚固耐用，进而降低维护成本。使用摩拜单车智能手机应用，用户可以用自己的手机查看单车位置，继而预约并找到该车。通过扫描车身上的二维码开锁即可开始骑行。到达目的地后，在街边任意画白线区域内手动锁车完成归还手续。摩拜单车允许用户将单车随意停放在路边任何有政府画线的停放区域，用户只需将单车合上车锁，即可离去。摩拜单车定价为半小时1元。

（摩拜单车）

【举办“让单车回归城市”新闻发布会】9月1日，北京摩拜科技有限公司在北京翰林书院举办“让单车回归城市”新闻发布会，宣布全球首创的无桩式智能共享单车——摩拜单车（英文名：Mobike）正式进入北京。从8月15日试运营后，摩拜单车在北京的运营区域（主要为五环内）全面铺开。

（摩拜单车）

【完成C轮融资】9月30日，北京摩拜科技有限公司已经完成超过1亿美元的C轮融资，由高瓴资本、华平投资集团领投，多家机构跟投，包括红杉资本、启明创投和摩拜单车早期投资方。

（摩拜单车）

【完成C+轮融资】10月13日，北京摩拜科技有限公司完成C+轮融资。高瓴资本、美国华平投资集团、腾讯、红杉资本、启明创投、贝塔斯曼、愉悦资本、熊猫资本、祥峰投资和创新工场等多家机构参投。新美大CEO王兴也以个人名义参与投资。

（摩拜单车）

【Mobike Lite发布】10月19日，北京摩拜科技有限公司在上海召开发布会，宣布在京沪两地同步发布最新车型摩拜轻骑（Mobike Lite），同时宣布和上海宝山区政府达成战略合作。摩拜轻骑（Mobike Lite）最大的改变是，将摩拜原来的轴传动系统改为和传统自行车类似的链条传动，并采用KMC链条。在定价上，轻骑版为每半小时0.5元，比原来的每半小时1元的价格降低了一半。此外，新车型加装了车篮，而且车筐上配太阳能发电板，为智能锁供电。第一批银橙色摩拜轻骑（Mobike Lite）在宝山、杨浦、徐汇等区域投放。伴随着新车型上线，摩拜App也同步升级到3.5版本，最大的变化是可以支持不同车型的选择，用户可以选择专门预订轻骑版，其图标为白底橙色。

（摩拜单车）

软通动力信息技术（集团）有限公司

【概述】软通动力信息技术（集团）有限公司（简称软通动力）是中国领先的创新型软件及信息技术服务商。公司2001年成立于北京，立足中国，服务全球市场。经过16年发展，目前公司在全球66个城市设有170余个分支机构、33个全球交付中心，员工总数近4万人。

主营业务覆盖软件技术服务、企业数字化转型服务、智慧城市服务以及云计算与互联网平台服务四大业务领域。在10余个重要行业服务超过1000家国内外客户，其中世界500强企业客户超过90家，在中国超过150个城市完成智慧城市战略布局，实施项目420+个，为城市、产业、企业等各领域的客户创造价值。与此同时，软通动力注重创新和可持续发展，设有创新研究院、工程研究院，以及10个联合研究所和30多个卓越中心等一系列创新研发组织，不断探索前沿技术与商业应用的无限可能。连续多年被授予“中国软件和信息业服务突出贡献奖”“中国大数据企业50强”“中国领军智慧城市厂商”“中国软件企业综合竞争力30强”“中国软件业务收入前百家企业”“中国软件服务外包十大领军企业”等荣誉，并拥有中国信息系统集成及服务一级资质。

（软通动力）

【参加2016京交会】5月28日，由商务部和北京市人民政府共同主办的2016中国（北京）国际服务贸易交易会在京举行，软通动力信息技术（集团）有限公司参加。展会期间，软通动力展区以互动模式为主，通过实际解决方案演示云计算、物联网、移动互联网、大数据等新一代技术的最新应用，用图文并茂的方式向观众解读行业发展。并将多项大奖收入囊中，软通动力“通云”获“京交会科技创新服务示范案例奖”；“软通动力与韩国首尔市签署战略合作协议”获“2015年度北京服务外包业十大新闻事件奖”。

（软通动力）

【获京交会科技创新服务示范案例奖】5月30日，在2016中国（北京）国际服务贸易交易会上，软通动力信息技术（集团）有限公司“通云”服务平台获京交会科技创新服务示范案例奖。

（软通动力）

【获“2016年度中国金软件金服务十大杰出企业奖”】6月7日，由工业和信息化部中国电子信息产业发展研究院（赛迪研究院）主办的“2016中国方案商大会暨（第十八届）中国金软件金服务颁奖盛典”在北京召开，软通动力信息技术（集团）有限公司获“2016年度中国金软件金服务十大杰出企业奖”。

（软通动力）

【重庆分公司开业】6月29日，在重庆市委市政府以及永川区委区政府的支持下，软通动力信息技术（集团）有限公司与永川区人力社保局共同承办的重庆市永川区第二届大众创业节创业成果展洽会暨软通动力重庆分公司开业仪式，在重庆永川区服务外包园举行。此举标志着重庆市永川区在深入推进“大众创业、万众创新”的国家战略思路、快速提升区域经济结构调整、鼓励企业创新驱动方面提供了具有前瞻性的创业成果展示交流和双创企业孵化平台。

（软通动力）

【获“第二十届中国国际软件博览会金奖”】6月，由工业和信息化部主办，国家发展和改革委员会、科学技术部、国家外国专家局和北京市人民政府参与的第二十届中国国际软件博览会在北京落幕，软通动力信息技术（集团）有限公司的“软通动力通云服务平台”和“软通动力新乡产业互联网平台”获“第二十届中国国际软件博览会金奖”。

（软通动力）

【与贵州省荔波县签订项目协议】6月，软通动力信息技术（集团）有限公司与贵州省荔波县签订了大数据应用中心建设及智慧全域旅游项目协议。该项目立足荔波县实际，结合荔波县智慧城市建设要求，分析当前智慧荔波建设面临的形势，为智慧荔波建设提出总体思路、发展目标、主要任务和建设实施方案，并对荔波县大数据、文化旅游、特色优势服务产业积聚、政务信息化建设、社会管理、创新创业规划、电商服务应用等方面进行认真分析谋划，从而建立与城市发展相适应的运营管理体系。通过设定运营目标，度量分析城市运营现状，总结发现运营问题与不足，实现提升决策者的综合运营指挥能力。6月28日，由荔波县县长叶霖、副县长李景宽带队，各委办局领导一行到访软通动力集团总部参观考察。叶霖一行对软通动力集团主营业务等进行了深入了解，并对现阶段的运营成果表示肯定。未来，软通动力将与荔波在智慧城市建设中持续进行深度合作，助力“智慧荔波”目标达成。

（软通动力）

【“西南企业云”正式上线】7月1日，由内江市人民政府和四川北青数据技术有限公司携手软通动力、IBM共同打造的“西南企业云”在成都锦江宾馆召开上线发布会，这标志着西南首家中小企业转型升级公共服务平台——“西南企业云”正式上线运营。

（软通动力）

【连云港乐业空间开业】7月12日，在江苏省连云港市政府的支持下，软通动力信息技术（集团）有限公司连云港乐业空间启动仪式在江苏省连云港市高新区科技创业城举行。作为连云港高新区科技创业城的重要双创运营空间，连云港乐业空间的开业，标志着软通动力与连云港市政府在“大众创业、万众创新”领域的全面战略合作，双方将携手共建连云港创新发展生态体系。

（软通动力）

【与扬州市人民政府签署合作协议】7月27日，扬州市人民政府与软通动力信息技术（集团）有限公司在扬州迎宾馆签署了全面战略合作协议及扬州产业互联网创新产业园项目的合作协议。扬州市委书记谢正义、市长朱民阳、副市长何金发、邗江区委书记张耀武、区长钱峰等领导出席，软通动力集团董事长兼首席执行官刘天文、高级副总裁张忠阳、高级副总裁李进、高级副总裁王中宇、高级副总裁李建平、副总裁卢俊义等共同出席了签约仪式。

（软通动力）

【获2016中国云计算生态系统峰会等多个奖项】7月28日，“2016中国云计算生态系统峰会”在北京国家会议中心举行。软通动力信息技术（集团）有限公司出席峰会，并将“2016优秀云服务运营商”“优秀行业云应用开发商”奖项收入囊中，同时入围“2016中国云计算500强（Cloud500）”和“2016中国方案商百强”榜单。

（软通动力）

【入围“中国软件业务收入前百家企业”】7月28日，在2016年全国工业和通信业运行监测协调工作座谈会上，工业和信息化部发布了2016年（第15届）中国软件业务收入前百家企业名单及发展报告。软通动力信息技术（集团）有限公司入围，排名第24位，较上年又有提升。

（软通动力）

【举办构建智慧城市生态签约仪式】7月29日，在国家发展改革委指导、国家发展改革委城市和小城镇改革发展中心、智慧城市发展联盟主办的第二届中国智慧城市国际博览会召开期间，软通动力信息技术（集团）有限公司构建智慧城市生态签约仪式同期举办，宜昌市政府副秘书长王俊、软通动力集团执行副总裁兼首席技术官叶毓平等出席签约仪式。

（软通动力）

【获“中国智慧城市领军解决方案厂商”奖】7月29—31日，在第二届中国智慧城市国际博览会上，软通动力信息技术（集团）有限公司凭借智慧城市科学规划、城市云服务、大数据洞察服务等创新服务，以及在智慧城建设领域取得的领先成果脱颖而出，获得“中国智慧城市领军解决方案厂商”称号。

（软通动力）

【出席“新技术、新城市、新理念——智慧城市和大数据交流会”】 7月31日，在第二届中国智慧城市国际博览会期间，由智慧城市和大数据规划研究院主办的“新技术、新城市、新理念——智慧城市和大数据交流会”在北京展览馆召开。3月，智慧城市和大数据规划研究院成立。由软通动力信息技术（集团）有限公司、中国城市和小城镇改革发展中心、华为技术有限公司三方共同成立，旨在构建智慧城市研发创新生态圈。智慧城市发展联盟理事长李铁、华为技术有限公司企业BG中国区副总裁杨萍、软通动力集团执行副总裁方发和出席交流会并致辞，软通动力高级副总裁倪敦出席主题对话。

（软通动力）

【连续5年入围IAOP全球百强榜单】 7月，IAOP 2016全球百强企业排行榜揭晓，软通动力信息技术（集团）有限公司凭借在高科技、通信、银行、企业金融等行业和智慧城市领域的综合服务能力，连续5年入围该榜单。

（软通动力）

【与贵州省荔波县签订项目协议】 7月，软通动力信息技术（集团）有限公司与贵州省荔波县又签订了大数据应用中心建设及智慧全域旅游项目协议。该项目立足荔波县实际，结合荔波县智慧城市建设要求，分析当前智慧荔波建设面临的形势，为智慧荔波建设提出总体思路、发展目标、主要任务和建设实施方案，并对荔波县大数据、文化旅游、特色优势服务产业积聚、政务信息化建设、社会管理、创新创业规划、电商服务应用等方面进行认真分析谋划，从而建立与城市发展相适应的运营管理体系。通过设定运营目标，度量分析城市运营现状，总结发现运营问题与不足，实现提升决策者的综合运营指挥能力。

（软通动力）

【与长光卫星签署战略合作协议】 8月4日，软通动力信息技术（集团）有限公司与长光卫星技术有限公司在长春签署合作协议，正式建立合作伙伴关系。吉林省工信厅副厅长宫毓刚及省工信厅各部门领导、长光卫星公司董事长兼总经理宣明、软通动力集团董事长兼首席执行官刘天文等出席签约仪式。软通动力集团高级副总裁李进在签约现场发表致辞，软通动力集团副总裁吴江作为代表进行现场签约。

（软通动力）

【南宁创新综合体线上平台上线发布】 8月10日，在广西壮族自治区南宁市青秀区政府和南宁市科技局的支持下，软通动力信息技术（集团）有限公司南宁创新综合体线上平台举办上线发布会。

（软通动力）

【获“第五届中国财经峰会”两个奖项】 8月，第五届中国财经峰会在北京召开。此次峰会云集业界翘楚，深度聚焦大变革时代的企业和企业家群体，探寻中国经济转型和发展的动力。大会期间，软通动力信息技术（集团）有限公司凭借大数据、云计算领域创新成果以及对中国经济转型升级的巨大贡献，斩获“2016企业创新典范奖”和“2016杰出绿色贡献奖”双料大奖。

（软通动力）

【获华为两奖项】 8月31—9月2日，华为技术有限公司面向ICT行业的大会——“HUAWEI CONNECT 2016全联接大会”在上海举行。软通动力信息技术（集团）有限公司出席大会，并获“最佳解决方案奖”和“OceanConnect 最佳智能环保应用奖”。

（软通动力）

【举办四方联合发布会】9月9日，华为技术有限公司、中国移动、无锡海岸城和软通动力信息技术（集团）有限公司在无锡海岸城共同举办了以“智慧海岸城，开创新商业”为主题的四方联合发布会，众多业界专家与媒体齐聚一堂，共同见证无锡海岸城4G智慧商场&LBS创新中心的正式落成。无锡海岸城智慧商场的正式落成，表明软通动力与华为、中国移动等合作伙伴的战略合作又上升了一个新高度。基于各方优势，四方联手实现了无锡海岸城的移动互联网应用，给顾客带来了基于移动网络的室内找店定位导航、微信摇一摇、基于地理电子围栏的精准促销信息推送和便捷寻车缴费等丰富的增值服务。

（软通动力）

【华南总部落户深圳罗湖】9月19日，深圳市罗湖区人民政府、中国机械设备工程股份有限公司、软通动力信息技术（集团）有限公司，在深圳五洲宾馆共同签署大梧桐新兴产业带第一个重大产业项目合作协议，引入软通动力华南总部，共建“智慧城市产业园”。

（软通动力）

【获“跨境电商创新服务奖”】10月13—14日，由中国海关出版社与中华人民共和国WTO/TBT—SPS国家通报资讯中心联合主办、中国出入境检验检疫协会支持的“2016中国跨境电子商务质量控制与监管论坛”在上海自贸区举行。此次论坛汇聚了来自海关、商检、食药监及发改委等国家监管部门的专家、试点城市、产业园区等地方政府代表，跨境支付金融服务机构代表，以及海内外谋求转型的传统贸易企业代表，共同分析行业发展现状，解读跨境电商产业的未来走向。软通动力信息技术（集团）有限公司应邀参会，并获大会颁发的“跨境电商创新服务奖”。

（软通动力）

【签约微软等22个大数据项目】10月22日，由工业和信息化部信软司、江苏省经济和信息化委和盐城市政府三方联合举办的“共建国家级盐城大数据产业基地推进会”在北京召开。工业和信息化部信软司司长谢少锋，盐城市委书记王荣平，市委副书记、代市长戴源，江苏省经济和信息化委副主任龚怀进，软通动力信息技术（集团）有限公司董事长兼首席执行官刘天文，集团高级副总裁张忠阳等领导和来自北京、上海等地近300名客商参会，现场签约微软等22个大数据项目。盐城是工业和信息化部首先推动和重点支持的大数据示范基地，已纳入国家“十三五”互联网经济和大数据产业发展总体规划。

（软通动力）

【出席“第十九届投资洽谈会”】10月26日，“第十九届投资洽谈会”在徐州举行。举办期间，软通动力信息技术（集团）有限公司与徐州市签署战略合作协议，与徐州市铜山区、高新区签署创新产业建设合作协议，并与铜山区政府、中国矿业大学签署共建软通学院三方协议等一揽子协议。徐州市委书记张国华，市委副书记、市长周铁根，中国矿业大学校长葛世荣，副市长徐东海，铜山区委书记王维峰，铜山区委副书记、区长刘广民，软通动力董事长兼首席执行官刘天文、集团副董事长兼首席营销官冯峪、高级副总裁张忠阳、高级副总裁李进等出席。

（软通动力）

【出席中国大数据产业生态联盟首届理事大会】10月28日，“中国产业服务互联网服务大会暨中国大数据产业生态联盟首届理事大会”在上海松江区举行。大会由中国电子信息产业发展研究院、松江人民政府指导，由中国大数据产业生态联盟和上海大数据联盟联合主办。会议得到了工业和信息化部信息化和软件服务业司、上海市经济和信息化委员会、上海市松江区人民政府的重视和支持。软通动力信息技术（集团）有限公司作为联盟首批理事单位应邀出席大会并作主旨发言。工业和信息化部信息化和软件服务业司副司长高林出席开幕式并致辞。

（软通动力）

【入围综合竞争力排名前30强】10月31日，中国软件和信息技术服务综合竞争力百强企业发布暨高峰论坛在江苏省无锡市召开。此次会议由中国电子信息行业联合会和中国软件行业协会主办。会议首先发布了2016中国软件和信息技术服务综合竞争力百强企业名单，蝉联上榜的软通动力信息技术（集团）有限公司再度入围综合竞争力排名前30强。

（软通动力）

【与抚顺市人民政府签署战略合作协议】11月11日，抚顺市人民政府与华为技术有限公司、软通动力信息技术（集团）有限公司在沈阳签署战略合作协议，国家发展和改革委员会城市和小城镇改革发展中心副主任乔润令，抚顺市委书记高宏彬、市长葛海鹰、副市长何庆等市委市政府领导，华为企业BG中国区副总裁杨萍，沈阳代表处代表赵瑞峰，软通动力集团高级副总裁李进，集团副总裁吴江、刘超、郭炜等领导出席此次签约仪式。软通动力将携手华为，在城市云基地、智慧城市、智慧文旅、大众创业万众创新、工业企业服务云平台等领域与抚顺市政府展开深入合作。从抚顺市现状出发，立足于当地实际情况，结合软通动力在全国智慧城市建设方面的丰富经验，与华为信息化基础设施及城市建设方面的优势，共同努力为抚顺城市管理智慧化、城市产业信息化、民生服务便利化方面作出贡献，共同打造全国老工业基地以及资源枯竭型城市创新转型、科技、文化、旅游、创业相结合的“抚顺模式”。依托抚顺的独特城市特色，软通动力与华为将致力于提升抚顺在东北地区的转型创新示范性地位，实现抚顺工业、农业以及旅游产业跨越式发展。

（软通动力）

【“软通动力京山创新综合体”开业】11月12日，由京山县政府与软通动力集团携手创建的“软通动力京山创新综合体”在湖北京山开业。湖北省政府副秘书长、研究室主任刘良谋，荆门市委副书记、市长张依涛，荆门市人民政府副市长柯昌军，京山县委书记周志红，京山县委副书记、县长魏明超，特邀嘉宾荆门籍老干部原解放军总医院政委文德功，原中央警卫局副局长兼政治部主任龚光新，原新华社监察局局长魏作清，湖北省农业厅党组成员、湖北省农业科学院党委书记刘晓洪，湖北省农业科学院副院长余锦平，及湖北省政府、荆门市政府、京山县政府、国家推动大众创业万众创新部际联席会议秘书处等部委领导，软通动力集团董事长兼首席执行官刘天文，软通控股集团总裁刘天星，北京荆门企业商会领导，各界代表参加启动仪式。京山是湖北省首个国家生态县，拥有丰富的产业发展资源。软通动力京山创新综合体的落成将高效推动当地的县域生态建设，通过大数据洞察分析京山县区域情况，挖掘当地的资源优势、产业基础和生态环境，“因地制宜”打造智慧京山。

（软通动力）

【获“2016中国领军智慧城市厂商”等两个奖项】11月16日，第十八届中国国际高新技术成果交易会（简称“高交会”）在深圳开幕。作为创新型技术服务商，软通动力信息技术（集团）有限公司在“2016亚太智慧城市评选颁奖典礼”上，一举夺得“2016中国领军智慧城市厂商”“2016中国领军智慧城市创新解决方案商”两个奖项。此次亚太智慧城市评选由国家信息中心与国际数据集团（IDG）主办，旨在表彰亚太地区为智慧城市领域发展作出贡献的城市与企业，同时为政府、企业搭建领先的智慧城市建设经验分享平台。

（软通动力）

【举办保险互联网核心系统发布会】11月24日，由软通动力信息技术（集团）有限公司主办的2016保险互联网核心系统产品发布会在北京举行。此次产品发布会以“新技术助力保险业快速发展”为主题，来自保险行业100多家客户、行业媒体及相关部门嘉宾出席。软通动力集团副董事长兼首席运营官车俊河为大会致辞。

（软通动力）

【广西兴业云平台正式上线】11月25日，由广西壮族自治区工业和信息化委员会与柳州市人民政府主办，柳州市工业和信息化委员会、柳州市投资促进局与柳州市阳和工业新区管理委员会承办，软通动力信息技术（集团）有限公司、柳州市创业投资协会协办的“互联网+”驱动智能制造发展论坛在柳州饭店会议厅召开，来自柳州市政府代表、各界专家学者、企业家、投资家、创业者以及媒体记者约300余人现场参与。此次论坛中，广西兴业云暨柳州中小企业云平台正式上线。“广西兴业云”是由柳州阳和工业新区管委会和软通动力联合为中小企业量身打造的云服务平台，平台落地柳州面向全市并辐射广西，整合了应用软件、融资担保、营销推广、咨询服务等多项内容，同时建立了多种渠道的保障服务，可为中小企业提供一站式信息化服务，帮助解决企业管理混乱、融资信贷困难、营销渠道受限、信息化水平落后等难题。

（软通动力）

【举行软通动力烟台创新综合体启动仪式】11月25日，以“创领烟台，智赢未来”为主题的软通动力烟台创新综合体启动仪式举行，国家发展改革委城市和小城镇改革发展中心副主任乔润令，烟台市政协副主席、高新区工委书记刘洪波，抚顺市顺城区区长王景涛，烟台市科技局副局长王宜清，烟台高新区管委副主任李传强，烟台市经济和信息化委副主任丛健，烟台商务局纪工委书记李清溪，华为公司有关领导，软通动力集团副董事长兼首席营销官冯嵱，集团高级副总裁张晓等领导以及入驻创客代表出席活动。与会期间，部分领导发表了重要讲话。烟台高新区管委副主任李传强代表烟台市委市政府、烟台高新区工委管委作了重要讲话。他表示，软通动力烟台创新综合体必将形成强大的示范带动效应，为烟台高新区创建智慧城市、加快发展电子信息、服务外包等产业及培育“互联网+创新创业”等新型业态带来新机遇、培植新优势、增添新动力。烟台高新区也将会竭诚提供最优惠的政策、最宽松的环境和最高效的服务，为项目运营提供保障和支持。

（软通动力）

【边缘计算产业联盟成立】11月30日，软通动力信息技术（集团）有限公司联合华为、中国科学院沈阳自动化研究所、中国信息通信研究院、英特尔公司、ARM公司共同倡议发起的边缘计算产业联盟（Edge Computing Consortium，简称ECC）在北京正式成立。该联盟旨在搭建边缘计算产业合作平台，孵化行业应用最佳实践。软通动力集团执行副总裁方发和在现场指出：软通动力将着力于边缘计算的行业应用域层面，以城市为平台，以物联网、云计算、边缘计算、人工智能等创新型技术为依托，深化边缘计算的应用落地，为城市、产业、企业等领域的数字化转型创造价值。

（软通动力）

【签署多项合作协议】11 月，由国家发展改革委、工业和信息化部、中央网信办、商务部、科技部以及内蒙古自治区人民政府主办的 2016 内蒙古大数据产业推介大会在京召开。内蒙古自治区党委书记李纪恒、国家发展改革委主任徐绍史、工业和信息化部副部长怀进鹏、中央网信办副主任庄荣文、科技部副部长李萌等政府领导出席大会。软通动力信息技术（集团）有限公司集团董事长兼首席执行官刘天文、集团副董事长兼首席营销官冯峪、集团执行副总裁康燕文等领导受邀出席。大会举办期间，软通动力分别与乌兰察布市、呼和浩特市、锡林郭勒盟、鄂尔多斯市、包头市达茂旗等多个城市签署重大合作协议。

（软通动力）

【获“2016 年度中国最佳雇主”奖】12 月 31 日，由国际人力资源管理协会、第十一届中国雇主品牌论坛组委会、中国雇主品牌网主办的“2016 年第十一届中国雇主品牌论坛暨中国最佳雇主评选颁奖盛典”在北京国际会议中心举办。软通动力信息技术（集团）有限公司获“2016 年度中国最佳雇主”称号。“中国最佳雇主”奖项于 2006 年由国际人力资源管理协会、北大商业评论、职业杂志等学术机构和媒体共同创立，是中国管理界最早发起的针对中国境内企业雇主品牌评选、宣传和研究的公众平台。该届“中国最佳雇主”结果是由雇主品牌论坛组专委会经多年最佳雇主调研数据库以及《北大商业评论》《中国品牌》、搜狐财经、新浪财经等 20 多家合作媒体调研评选的。

（软通动力）

【入围中国工商银行 2017 年通用外部研发资源项目】12 月，继成功入围中国银行、中国农业银行、中国建设银行后，软通动力信息技术（集团）有限公司银行业务事业群又入围中国工商银行 2017 年通用外部研发资源项目，从而实现了工行业务的突破。至此，软通动力在银行领域的外包服务业务覆盖至全部国有大型商业银行。

（软通动力）

石化盈科信息技术有限责任公司

【概述】石化盈科由中国石化和香港电讯盈科携手创立于 2002 年，是国内领先的信息化服务商，拥有员工 2300 余人，在境内外设有多家分支机构，在北京、南京、西安设有研究院和 6 个创新实验室，取得软件著作权 120 余项。石化盈科拥有信息系统集成一级、建筑智能化一级、CMMI5 等顶级资质和认证。连续多年跻身中国软件收入百强企业前 50 名，2016 年位列“中国软件和信息技术服务综合竞争力百强”第 38 名。依托中国石化信息化建设实践，石化盈科已经构建起从咨询、设计研发到交付和运维的完整 IT 服务价值链，形成了经营管理、智能制造、智能物流、新一代电子商务、云计算和大数据五大核心业务。

（石化盈科）

【获“中国能源企业信息化方案案例创新奖”】1 月 15 日，由中国信息协会主办的中国能源企业信息化大会在北京举行。此次大会总结了能源企业信息化所取得的成就，并展示了前言信息技术和应用成果。石化盈科信息技术有限责任公司“智能工厂核心解决方案”获“中国能源企业信息化方案案例创新奖”。会上，中国石化信息化管理部主任李德芳作了题为“智能工厂和大数据”的主题发言，总结了中国石化2015年信息化成果，阐述了中国石化“十三五”信息化发展规划。

（石化盈科）

【获“2015年度中国自主可靠企业核心软件品牌”奖】1月22日，由中国电子信息行业联合会、中国软件行业协会、中国电子商会联合主办的2016年中国电子信息产业发展大会暨高峰论坛在北京召开。会上发布了中国自主可靠企业核心软件品牌名单，石化盈科信息技术有限责任公司获此奖项。

（石化盈科）

【与华为公司签署战略合作协议】3月24日，石化盈科信息技术有限责任公司与华为技术有限公司在华为北京EBC展厅举行战略合作签字仪式。石化盈科信息技术有限公司董事长李德芳、总裁齐学忠与华为技术有限公司企业业务中国区总裁蔡英华、大企业系统部部长姚茳共同出席了签约仪式。双方就石化企业信息化过程中对设备与系统的稳定性、可靠性、安全性需求进行了交流，并就大数据、物联网等领域的联合创新、深入合作等话题进行了探讨。

（石化盈科）

【与广东机场白云信息科技签订战略合作协议】9月5日，石化盈科信息技术有限责任公司与广东机场白云信息科技有限公司战略合作框架协议在白云国际机场股份有限公司签订。白云科技党委书记李丹主持会议。白云科技总经理麦钊明对石化盈科雄厚的技术实力以及行业经验表示认可，并介绍了白云科技公司的背景以及对未来的展望。石化盈科副总裁曾浩文表示，白云信息科技多年来致力于服务民用机场信息系统、互联网业务和自动化系统的建设、运行、维护、咨询服务和软件开发，对民航信息业务有着深刻的认识。石化盈科更是有强劲的实力为白云信息科技提供全面整合的信息技术服务。最后，白云机场股份有限公司副总经理武宇希望双方能够在智慧机场的建设中加强合作，注重应用层的开发，作出产品来，提升白云科技的信息化能力，在信息化建设的道路上互帮互助，共同进步。

（石化盈科）

首钢总公司

【概述】年内，北京首钢股份有限公司围绕“十三五”时期打造有世界影响力的钢铁产业集团和有行业影响力的城市运营服务商的战略定位，推进信息化与工业化深度融合，支撑首钢发展战略的实施。开展首钢集团管控信息化战略规划项目，构建业务与IT融合的信息化战略规划体系；建设集团协同工作平台和集团报表直报系统，提升协同能力和管控效率；推进钢铁智能制造、产销一体化等项目前期准备工作，自主开发热轧短行程控制模型、首钢钢铁App，加强信息安全体系建设，提升“制造+服务”能力；推进园区规划建设管理平台、北大首钢医院医联体信息化项目，打造城市运营服务商。

（温立文）

【集团协同工作平台上线试运行】5月，北京首钢股份有限公司启动首钢集团协同工作平台项目需求调研、蓝图设计等工作。9月，项目正式立项，开始现场实施。该期项目实施范围包括集团总部、股份公司全部用户以及平台公司、直管单位重点用户。主要实施内容包括集团内网门户系统、移动门户系统、统一身份认证系统、协同办公系统（信息管理、工作流程、公文、会议、催办督办和领导日程）等，与邮件、档案、经营管理、报表直报系统进行集成。12月1日项目上线试运行。

（温立文）

【组织开展集团管控信息化战略规划项目】 年内，北京首钢股份有限公司组织开展首钢集团管控信息化战略规划项目。作为首钢集团管控深化改革的一部分，承接前期管控项目的管控模式和组织架构设计成果，进一步对集团管控的运营能力、流程信息化进行顶层设计，构建了一套将业务与IT融合的信息化战略规划体系。9月，形成首钢集团管控信息化战略规划总体报告，包括财务、人力资源、其他管控、流程信息化治理、数据架构、基础设施架构6个分报告。

（温立文）

【建设集团报表直报系统项目】 年内，北京首钢股份有限公司启动首钢集团报表直报系统项目建设，项目范围以纳入首钢集团合并报表范围全级次子企业为基础，适当增加管理口径单位，共350多户企业。项目内容包括基层数据采集和管理报表输出两部分。基层数据采集包括20张财务报表、12张统计报表和1张行业协会反馈表。管理报表输出，实现基础数据转换为管理口径报表，基础表转化为月度领导手册，行业协会月度快报反馈转化为协会成员单位排序情况表，基础表及相关部门、财务公司调研情况转化成为财务、统计服务报表，实现财务、统计数据展示，满足多维度数据分析服务。12月底，具备上线试运行条件。

（温立文）

【入选工业和信息化部智能制造专项】 年内，北京首钢股份有限公司硅钢—冷轧智能工厂项目，经过申报、评审、答辩、公示等环节后，入选工业和信息化部、财政部“2016年智能制造综合标准化与新模式应用项目”，获批复立项，取得中央财政资金2700万元。项目涉及咨询设计类、基础平台类、软件系统类、智能装备类、现场设备改造类5大类31个子项。

（温立文）

【钢铁产销一体化经营管理系统项目立项】 年内，北京首钢股份有限公司按照“成熟的解决方案+客户化定制”的项目建设策略，整体策划首钢股份公司与京唐公司同步推进产销一体化经营管理系统项目。首钢股份公司先后与外部供应商进行了9次技术交流、业务调研和方案研讨；首钢股份公司和首钢京唐钢铁联合有限责任公司先后共有200余人次赴宝钢、太钢等调研产销一体化应用情况，完成了项目初步方案和项目可行性研究报告，立项申请于12月底通过了首钢总公司经理办公会审议，首钢钢铁产销一体化经营管理系统项目正式立项。

（温立文）

【自主研发首钢钢铁App】 年内，北京首钢股份有限公司自主研发首钢钢铁App，实现了手机客户端对公司关键生产数据的访问，提供图表展示和历史数据查询功能，包含集团生产简报、集团库存简报、股份公司生产简报、京唐公司生产简报、首秦公司生产简报5大模块，涉及主要产品产量、高炉动态、转炉动态、库存动态、生产技术指标、生产动态、设备动态等多项内容。通过授权可以随时随地掌握最新的生产信息，提高管理效率，为公司的生产经营决策提供实时数据支持。

（温立文）

【开发热轧短行程控制模型】年内，北京首钢股份有限公司在平辊轧制时，为了消除或缓解热轧带钢头尾宽度不整问题，自主研发热轧短行程控制模型，在模型研究的基础上，进行模拟软件的设计与开发，借助仿真技术得出各个人工配置参数对神经网络形式曲线形状的影响，据此在线调整配置文件参数和自适应参数，从而提高带钢头尾宽度控制精度。该项目已通过首钢年度科技项目答辩，评审为国内先进水平。12月，获得中国版权局计算机软件著作权登记证书，成为首钢股份公司第一项软件著作权。

（温立文）

【隐患排查和安全生产预警系统上线运行】年内，北京首钢股份有限公司隐患排查和安全生产预警系统项目，先后完成了项目需求调研和确认、项目工作说明书和技术规格说明书编制。8月，项目进入试运行阶段，收集、优化处理系统问题278个，进行6次系统培训，修订3次系统操作手册；9月，首钢股份公司隐患排查与安全预警系统正式上线运行。

（温立文）

【合同评审信息化平台上线试运行】年内，首钢京唐钢铁联合有限责任公司启动合同评审信息化平台建设项目，先后完成了用户需求规格说明书编制、系统开发、用户权限配置、内部测试以及用户测试工作，形成上线策略。合同评审平台建设包含订单管理、销售预评审、技术质量评审、材料设计、生产能力评审、评审环节配置、工艺知识库管理、评审订单知识库管理等功能。对于成熟订单，实现自动评审，提高评审效率；对于新产品、特殊需求提供类似产品评审经验辅助评审；代替人工方式，实现多库存在线、自动匹配物料的充当方式，实现物料在制造执行系统的申请与预约；利用评审知识库生产评审相关规则辅助实现交货期预测与生产能力评审；利用知识库实现运输成本计算、原料成本、充当料成本、与加工成本的预测。7月系统上线试运行，9月中旬全部冷、热轧合同均在线上进行评审。

（温立文）

【升级VPN系统】年内，首钢京唐钢铁联合有限责任公司对VPN系统进行了升级，并对系统配置调整、系统切换进行充分准备和测试，同时对公司VPN用户进行了手册更新和培训。7月，新系统正式投入使用。系统升级后，解决了Windows高版本和移动通信设备的支持能力，系统反应速度得到了提升，解决了原系统无法有效支持新的通信设备，且网络安全日益突出问题，达到了项目预期目的。

（温立文）

【首钢园区规划建设管理平台项目立项】年内，首钢园区规划建设管理平台项目立项，项目目标是建设基于BIM和GIS的园区规划建设管理平台，实现园区规划策划、项目设计、招商、建设施工和运营维护各阶段的一体化管理。截至年底，完成了对园区开发建设业务流程调研与梳理，编制园区GIS、BIM标准总则及各阶段首钢园区BIM标准。对BIM、GIS融合等技术难点进行技术攻关，应用GIS技术进行了北区GIS平台的展示及数据生产工作，应用到了北区调规过程中。

（温立文）

【推进医联体信息化建设项目】年内，北京首钢股份有限公司启动北大首钢医院构建三级医院同社区卫生服务中心医联体信息化建设项目，项目总投资700万元，其中获得北京市国资预算资金支持210万元。基础设施建设方面，完成信息中心机房改造、虚拟化平台建设及社区网络互联互通。系统功能建设方面，肺癌、大肠癌筛查系统，已经在社区和医院部署完成；医院 App 患者服务，包括预约挂号、筛查调研系统、患者就诊服务也已开发完成，并上线运行。

（温立文）

太极计算机股份有限公司

【概述】 1987 年，为推动民族计算机产业发展，原电子工业部第十五研究所（现中国电子科技集团公司第十五研究所）创建太极计算机公司。2002 年，经国家有关部门批准，太极整体改制为股份公司。2010 年，太极计算机股份有限公司在深圳证券交易所中小板上市。太极是中国重大信息系统总体设计和工程建设的主要承担者，是国家电子政务政策和相关标准制定的倡导者与积极参与者，为国防、外交、公共安全、宏观经济、金融、民生保障、工业生产等领域信息化发展发挥了重要作用。太极以咨询服务、行业解决方案服务、基础设施服务、运营服务等为主营业务，构建起涵盖战略规划、系统设计、软件开发、系统集成、产品增值、运维外包等内容的太极一体化 IT 服务体系，为客户提供全生命周期 IT 服务。太极已经成为政务、金融、能源、制造、公共事业等行业信息化建设的领先企业。太极建立起了成熟的项目实施和管理方法论体系，涵盖应用软件开发、信息系统集成、工程总承包等方面。太极坚持自主创新，坚持创新与应用相结合，拥有数百项行业解决方案和百余项自主软件产品。拥有完整的高级别资质体系，涵盖设计、集成、涉密、安全等领域，包括信息系统设计甲级资质、建筑智能化系统工程设计甲级资质、计算机信息系统集成特一级资质、涉及国家秘密信息系统集成甲级资质、电子工程专业承包一级资质、建筑智能化工程专业承包一级资质、安防工程企业一级资质等。太极是国家科技部和中关村科技园区创新试点示范单位，连续多年被认定为国家规划布局内重点软件企业和全国软件产业收入前百家企业。太极还是多个行业学会、协会的发起者和重要参与单位，携手国内外著名企业和产业机构共创和谐生态环境。

（太极）

【获“2016 中国方案商品牌影响力 TOP10”称号】 3 月，在商业伙伴咨询机构举办的首届“中国方案商品牌影响力”评选中，以历届“中国方案商 500 强榜单”为基础，筛选出 50 家方案商入围，通过网络投票与专家综合评估得分，太极计算机股份有限公司获“2016 中国方案商品牌影响力 TOP10”称号，并且排名第一。

（太极）

【中标民航报社全媒体项目】 5 月，在中国民航报社出版社全媒体新闻采编综合业务及出版管理系统建设（一期）项目中，太极中标，中标金额 1547 万元。

（太极）

【获金软件金服务两项荣誉称号】 6 月 7 日，由工业和信息化部中国电子信息产业发展研究院主办，《软件和集成电路》杂志社、赛迪智库软件产业研究所联合承办的“2016 年中国方案商大会暨（第十八届）金软件金服务颁奖盛典”在北京举办。多位专家、学者、企业领袖从“互联网 +”下的行业融合、云计算、大数据时代的商业模式变革等话题展开，进行深入的探讨与分享。此次大会还成立了“中国云计算专家委员会”，太极计算机股份有限公司副总裁许诗军作为云计算领域专家受邀加入中国云计算专家委员会。会上，太极计算机股份有限公司获“2016中国金软件金服务五大领先企业”“2016中国金软件政务云领域最具影响力企业”两个奖项。

（太极）

【中标北京市信息资源管理中心项目】9月，太极计算机股份有限公司中标北京市信息资源管理中心2016年政务信息资源共享交换体系运维—政务大数据应用研究及政务数据资源网运维政府采购项目。北京市数据资源网（DATA）是北京数据开放的承载平台，用于与全市各部门进行数据对接、数据汇聚和管理，为信息产品的开发者提供数据下载和调用服务，将为公众呈现全市政府各委办局、各区县和公共事业单位等相关数据服务。该项目主要分为北京市数据开放相关工作和政务大数据应用技术指南及工程规划研究相关工作两大部分。其中，数据开放相关工作包括：研究和编制数据开放配套政策及技术规范；开展数据开放的协调及审核整理相关工作；开展北京市数据资源网规划、运维、升级改造及应用推广工作。政务大数据应用技术指南及工程规划研究相关工作包括：制定北京市政务大数据应用技术指南及工程规划研究；完成政务大数据相关政策法规研究与制定。

（太极）

【发布“太极阿里云政务大数据联合实验室”】10月13日，2016杭州·云栖大会在杭州开幕。太极计算机股份有限公司副总裁许诗军应邀出席大会并在现场与阿里云共同发布“太极阿里云政务大数据联合实验室”。联合实验室定位于创新平台、研究成果转化平台和成果联合展示窗口。对具有重要市场价值的研究成果进行产品转化和工程化推广，以工程化带动产业化，促进双方大数据产业协同发展；以大数据实验室为载体，建立双方解决方案及成果的联合展示窗口，共同推进市场化部署。在此次大会上，太极等企业还共同发起成立了中国云体系产业创新战略联盟。

（太极）

【中国电科太极产业园竣工】10月23日，由中国电科旗下太极计算机股份有限公司投资建设的“中国电科太极信息技术产业园”竣工仪式举行。中电科资产经营有限公司总经理岳峰，中国电科第十五研究所所长刘学林、党委书记张云，太极公司总裁刘淮松以及参建单位有关负责人出席。中国电科太极信息技术产业园位于北京市朝阳区电子城科技园区，占地面积73亩，2014年3月31日动工。太极产业园园区整体呈“四合院”布局，包括3座科技办公楼、云计算数据中心、测试中心共5个单体建筑，总建筑面积15万平方米，可容纳6000人入住。竣工仪式结束后，岳峰、刘学林、张云等在刘淮松等陪同下参观了中国电科太极信息技术产业园，并就未来十五所和太极公司的融合发展进行了交流。

（太极）

【中标新华网及多语种网站搜索系统项目云计算平台】11月16日，太极计算机股份有限公司中标“新华网及多语种网站搜索系统项目云计算平台”。通过此次新华网云平台项目建设，将实现新华网的硬件资源重新进行统一管理、统一分配、统一部署、统一监控和统一运维。实现业务系统硬件资源的一键式分配，缩短系统搭建周期。同时将完成云平台的分区、分层、分级设计和建设，实现不同区域资源规划和安全隔离，实现云运营、云管理、云运维、云安全、云应用等模块的标准化、流程化、可视化。最终实现自建云计算平台与公有云的资源共享和融合，通过对自建云计算平台和公有云进行统一管理，实现资源和服务之间的互通、动态调度、必要数据的相互备份等。

（太极）

【中标国家安监总局安全监管系统软件开发项目】 11月，太极计算机股份有限公司中标“安全生产监管信息化工程（一期）国家安全监管总局建设项目安全监管系统开发项目”。安全监管系统围绕煤矿、非煤矿山、危险化学品、烟花爆竹、工贸等行业领域，加以物联网应用，建设了跨部门、跨地区、跨企业的互联互通、信息共享和业务协同的信息共享平台；实现了安全生产行业跨部门、跨层级的信息交互共享、协同监管和联合执法；实现了以“互联网+”为基础的，面向企业、社会公众的安全生产业务办理、查询、宣传、教育等线上实时应用；实现了以“移动互联”为依托的，“移动端”安全生产监管业务办理、为民服务移动办理，以及“微信模式”的实时信息交互、实时业务指导、随时业务通报、及时教育引导；实现了以“大数据分析技术”为基础的，安全生产业务数据深层次、多角度挖掘，安全生产业务多方位、周期性、关联性分析，为安全生产政策的制定提供了有效、全面的数据支撑，为安全生产政策的实施提供真实、全面的数据反馈。

（太极）

【获首批信息系统集成与服务大型一级企业资质】 12月8日，由中国信息系统集成及服务行业联盟举办的中国信息系统集成及服务行业2016年会暨联盟理事会2016年第2次全体会议在北京万寿宾馆举行。会上，中国电子信息行业联合会信息系统集成资质工作办公室向包括太极计算机股份有限公司在内的32家企业颁发了中国首批“信息系统集成与服务大型一级企业资质”证书。电子联合会自7月底开始启动大型一级企业资质的认证和评审工作，11月17日公示之后，广泛征求各方意见和建议后，于12月8日正式颁发证书。

（太极）

【获“2016中国信息化领军企业”等称号】 12月13日，由中国电子信息产业发展研究院主办，中国信息化周报、中国信息主管网、中国信息化推进联盟承办的2016第九届中国信息主管年会在北京召开。太极计算机股份有限公司获“2016年度中国信息化行业领军企业奖”“2016年度中国互联网+政务最佳服务商奖”“2016年度中国交通行业信息化优秀解决方案奖”3个奖项。此届年会以“迎机遇、谋转型、创未来”为主题，邀请工业和信息化部主管领导、两院院士、知名学者，以及来自政府、制造、医疗、金融、教育、零售等行业的CIO、技术主管出席。

（太极）

【与898创新空间签署战略合作协议】 12月15日，在北京898创新空间水榭会议厅，太极计算机股份有限公司总裁刘淮松和898创新空间董事长兼总裁李建新签署了战略合作协议，双方协定建立战略合作关系，共同推进智慧园区产业发展。双方将通过战略合作打造智慧园区全国标杆和智慧园区产业生态，构建线上平台与线下产业园相结合的新型产业园区。双方将完善智慧园区顶层设计，建设智慧应用系统和基于大数据的园区综合运营服务平台，并利用太极在北京望京即将落成的云计算中心为898园区提供云服务。双方将联合组建智慧园区产业联盟，围绕智慧园区产业，链接产业的领军企业，吸纳产业创新企业，共同打造智慧园区（社区）产业生态圈。

（太极）

【中标“基于天津生态脉动城市的城市级应用中心实施项目”】 年内，太极计算机股份有限公司中标“基于天津生态脉动城市的城市级应用中心实施项目”。中新天津生态城是中国、新加坡两国政府战略性合作项目，生态城的建设为资源节约型、环境友好型社会的建设提供积极的探讨和典型示范。“脉动城市”是智慧城市在提供城市精细化管理、城市精准服务、市民安居生活体验以及新型经济产业发展上的延伸，也是生态城在“绿色发展”的基础上，促进和谐成长和可持续发展的重要目标。生态城脉动应用中心建设就是基于先进信息技术和系统，对各种城市相关的信息资源进行有效整合和利用，以确保满足城市日常综合管理和应对突发事件的应急管理的需求。

（太极）

新奥特（北京）视频技术有限公司

【概述】新奥特（北京）视频技术有限公司成立于1990年，一直致力于在数字媒体领域提供领先的内容生产及运营的技术与服务。经过20多年的发展，新奥特已经成为中国数字媒体技术发展潮流的领航者，其自主创新的各类产品及解决方案在各领域中都有广泛的应用。以领先、创新的专业技术，提供包括图文创作系统、非线性编辑系统、网络制播系统、虚拟演播系统等具有自主知识产权的产品，以及包括新媒体应用、数据媒体服务、转播技术服务、国际广播中心（IBC）构建与运维在内的各类专业数字媒体内容制作及运营解决方案与技术服务。

（新奥特）

【获两项CCBN2016年度创新奖】3月23日，CCBN年度创新奖颁奖典礼在北京国际会议中心举行，新奥特（北京）视频技术有限公司（CDV）的Newsphere融合新闻解决方案和CreaStudio 4K多通道制播系统分别获杰出奖和优秀奖。Newsphere全媒体新闻融合服务平台以新闻融合为目标，以“互联网+”理念作为指导，从新闻发现、新闻生产、新闻传播以及新闻管理4个方面进行流程再造，最终实现线索资源共享、资源统一调度、内容融合生产、发布统一管理和流程统一监控。

（新奥特）

【中标“荔枝云业务协同运维管理应用项目”】3月，新奥特（CDV）中标“荔枝云两会报道协同运行平台”，该项目是荔枝云混合媒体云平台的SaaS层重要的应用系统，它将承担荔枝云对公有云、私有云、专属云的统一监管，收集荔枝云IaaS、SaaS、PaaS各层资源、应用与服务的监控、日志收集、管理，并建立统一的荔枝云知识库，为荔枝云的运行与维护提供更加有效的数据参考；同时协同运管应用还将对荔枝云融合生产业务的流程进行监控管理，流程贯穿线索、选题、采访任务、资源调度、制播所有环节，为桌面监看提供数据支撑，便于对新闻事件的总体协同与调度；应用系统还将提供协同决策支持，便于新闻选题会商决策线索、选题的挑选、下发，并动态跟踪显示选题后续进展情况。该系统已于两会期间上线使用。

（新奥特）

【参加2016上海电视节】6月7日，新奥特（北京）视频技术有限公司（CDV）携Newsphere全媒体新闻融合服务平台、天鹰Aquila智能流云非编、4K H.265播出、4K在线图文包装系统以及“云+端+服务”一体化行业解决方案融合媒体一系列产品亮相2016上海电视节（STVF）。天鹰Aquila智能流云非编是一款集云端实时编辑、资源共享、工程互通、人员并行协同工作、信息及时传达于一体的云端非线性编辑系统。它能够让用户分别用公有云以及公有云上的资源进行操作，不受地域限制地快速实现拍摄与草编高速上云、云端实时编辑与包装制作、云端多格式合成与推送等工作，再加上当地工作站的强大性能，能为用户带来更便捷、更舒适的操作体验。

（新奥特）

【香港正式挂牌上市】 6月27日，中国数字视频（HK8280）在香港联交所创业板上市，定价为1.90港元，净融资金额逾2.3亿港币，是2016年第一只以公开招股形式上市的创业板新股。新奥特（北京）视频技术有限公司是中国数字视频控股有限公司（HK8280）的全资子公司以及业务运营实体。

（新奥特）

【获广电总局科技创新二等奖】 6月，2015年度广播影视科技创新奖揭晓，新奥特（北京）视频技术有限公司（CDV）与上海广播电视台联合开发的"电视新闻全媒体融合平台"项目获高新技术研究与开发类二等奖。2015年度广播影视科技创新奖共有获奖项目119个，其中，一等奖22个、二等奖35个、三等奖62个，此外3个项目获突出贡献奖。

（新奥特）

【获BIRTV 2016项目奖和产品奖】 8月23日，"BIRTV2016产品、技术及应用项目评选活动"在北京国际饭店举行颁奖典礼。在该届评选中，新奥特（北京）视频技术有限公司（CDV）Newsphere融合新闻服务平台和天鹰智能流云非编分别获应用项目奖和产品奖。BIRTV奖项由BIRTV委员会和《现代电视技术》杂志共同赞助，由行业专家组成的评委会根据严格、客观的标准遴选出获奖产品。此次评选活动，从参评的97个项目中共评选颁发5个项目大奖，其中新奥特"Newsphere全媒体新闻融合服务平台"被推荐为项目大奖。

（新奥特）

【中标贵州大学传媒技术与人文综合实验平台建设】 8月，新奥特（北京）视频技术有限公司（CDV）中标贵州大学传媒技术与人文综合实验平台建设采购项目。新奥特为该实验平台提供了非线性编辑和媒体资产管理系统，主要用于新闻传播系的编辑教学及演示，以及教学资源的存储。Himalaya非编集上载、剪辑、专业调色、字幕、视频特效、杜比音频编辑、3D/4K视频编辑功能于一体，全面支持高标清多格式实时混合编辑，以及节目的全流程制作。

（新奥特）

【加盟电影《爵迹》后期制作】 9月30日，郭敬明执导的真人CG奇幻电影《爵迹》正式上映，新奥特（CDV）CreaStudio多通道非线性采编系统（简称新奥特CS）加盟《爵迹》后期制作，这是新奥特首次参与热播商业电影制作。此次电影尝试使用动作捕捉追踪与现场演员抓拍两者相结合的方式，拍摄时需在演员全身以及面部装上感应器，捕捉其动作和表情。系统参照采集的演员视频通过摄像机的运动轨迹进行时码对应，做成CG动画，将人物与虚拟场景在现场进行有机的结合。电影拍摄同时由新奥特（北京）视频技术有限公司CS系统进行内容回采，为电影后期制作节省了时间。

（新奥特）

【中标盐城融媒体运营平台】 9月，新奥特（北京）视频技术有限公司（CDV）中标江苏盐城广播电视台建设全媒体高清制作网融媒体运营平台项目。该项目将依托盐城电视台现有节目制作网络系统，建立一个以内容产业为主体的数字化网络平台。可实现素材采集、节目制作、资料存储、播出分发等各环节中优化的生产方式、有效的资源整合、精细的流程管理；可采取互联互通、信息共享、资源共享，实现海量的节目生产能力，实现可控的节目内容市场化运作；可通过内容管理平台的构建，实现新媒体与传统媒体的融合，为数字电视、IPTV、移动电视、手机电视等新媒体业务提供内容支持，开辟新的赢利模式，实现广播电视台产业链技术服务数字化、网络化和一体化。

（新奥特）

【中标乌鲁木齐电视台媒体资料管理系统】10月，新奥特（北京）视频技术有限公司（CDV）中标乌鲁木齐电视台媒体资料管理系统项目，全方位为乌鲁木齐电视台打造媒体资料管理系统。此次项目新奥特从稳定性、易用性、规范性、扩充性、开放性五方面设计原则入手，根据乌鲁木齐电视台自身特点以及要求，从全台媒资管理系统、媒资网安全接入系统、节目后期包装系统、收录业务系统、系统集成及周边设备5部分构建乌鲁木齐电视台媒体资料管理系统。通过对视频素材采、编、存的一体化流程建设，通过规范的数字存储格式与载体，规范的编目标引格式与检索，以及规范的操作流程管理与运营，使视频素材管理活动的各个环节通过信息流的快捷流通和有效服务，实现视频内容信息流和工作流的整合。

（新奥特）

【中标河北电视台高清新闻制播网项目】10月，新奥特（北京）视频技术有限公司（CDV）中标河北电视台高清新闻制播网项目。依据河北台新闻网建设的目标，此次项目新奥特将结合台方高标清新闻业务生产的实际情况，充分利用各种多媒体技术、存储技术、网络技术，升级并建立一个先进、高效、快捷、稳定的数字化新闻网络生产平台，为河北台高标清新闻节目制作提供一个具备素材采集共享、在线生产媒体管理、节目制作流程管理的综合性数字化网络制作平台，从而提高节目制作质量、提高节目生产效率，有力推动台方节目制作一体化升级进程，为高标清新闻节目制作业务乃至新型业务拓展构建良好的技术基础。

（新奥特）

【湖北广电融合媒体云平台“长江云”上线】10月，由新奥特（北京）视频技术有限公司（CDV）承建的湖北广播电视台融合媒体云平台“长江云”上线使用。“长江云”融合媒体云平台是基于云计算、大数据技术的全球领先的媒体融合云平台，致力于为媒体融合提供高效、灵活、安全的高品质技术支撑，同时以联动共赢的理念，带动区域媒体融合发展。新奥特作为总集成的角色承担了整个云平台的规划、设计、实施工作，同时承担了PaaS平台、新闻指挥调度中心、综合内容生产服务平台的建设工作。

（新奥特）

【获2016十大制播民族品牌】12月17日，由慧聪广电网举办的2016广电行业科技发展高峰论坛暨颁奖盛典在北京举行，新奥特（北京）视频技术有限公司（CDV）获十大制播民族品牌奖。

（新奥特）

亚信科技（中国）有限公司

【概述】亚信科技（集团）是中国最大的独立软件企业，拥有13000余人，其中电信核心软件规模为亚洲第一。1993年4月创立。2000年，亚信成为第一家在美上市的中国高科技企业，深耕中国电信基础网络运营支撑系统，为大型企业自主创新、转型升级提供大型软件产品与定制化服务。2014年开启产业互联网战略转型，致力于成为产业互联网领航者。亚信集团的业务领域由运营商市场拓展到金融、政府、医疗、电力等多个行业，核心技术自主可控，形成了大数据、网络安全、电信软件、运营服务等领域的核心竞争力。亚信除服务中国市场外，还为丹麦、匈牙利、印度等多个国家提供专业化软件与服务。

（亚信科技）

【获《人民邮电》年度编辑推荐奖两个奖项】1月，2015年度《人民邮电》编辑推荐奖揭晓，亚信科技（集团）参选的“互联网+”存量经营产品和流量交易平台建设方案分别获“智慧运营创新奖”和“运营商流量经营优秀方案”两个奖项。该权威性奖项的获得再次彰显了亚信在通信行业的技术实力和创新能力。该活动由通信行业权威媒体《人民邮电》报主办，评选涵盖“移动・无线”“宽带・网络”“ICT・融合”三大行业热门领域，邀请电信运营商、业界专家及资深编采队伍组成评选委员会，经企业申报、编辑推荐和评选委员会评定3个阶段对各参选厂商及方案进行层层选拔。亚信“互联网+”存量经营产品是一款依托大数据的互联网化智慧运营产品，采用互联网的思维、文化、精神和模式来支撑电信运营商存量用户和市场的运营。获“运营商流量经营优秀方案”奖的亚信流量交易平台建设方案是为促进运营商流量业务的互联网化转型、持续提升和完善运营商流量经营能力而推出的。

（亚信科技）

【中标南方电网网络架构优化调整项目】3月21日，亚信安全宣布中标中国南方电网有限责任公司网络架构优化调整项目。亚信安全将通过深度威胁发现设备（TDA）及深度威胁安全网关（DE）结合针对僵尸木马等高级威胁的阻断能力，以及未知威胁监测能力实现智能联动，帮助南方电网全面防范网络未知安全威胁，为电网中的重要数据与应用提供可靠保障。

（亚信科技）

【获年度中国互联网+最佳产品奖】3月30日，中国“互联网+”中小企业创新大会暨“互联网+”行业中小企业评优活动在北京举办。邻乐汇智慧社区综合服务平台获“2015—2016年度中国‘互联网+’行业最佳产品奖”。此次评优依据国内权威咨询机构及著名行业专家制定的“中国中小企业创新转型评价指标体系”，进行综合性评优和关键性评优，通过前期的大量调研、网络投票、行业专家委员会评估等方式最终研究确定。获奖企业将被纳入中国优秀中小企业数据库，并偕同知名研究机构、基金公司、投资机构、信息化服务提供商，构建优质中小企业服务平台，多方协同加速推动优质中小企业拥抱互联网，提升企业竞争力，实现中小企业转型升级，带动产业变革与经济发展。

（亚信科技）

【入选2016中国方案商品牌影响力TOP10】3月，由商业伙伴咨询机构举办的首届“中国方案商品牌影响力”评选结果揭晓，亚信科技（集团）作为中国最大、全球领先的通信行业IT解决方案和服务提供商，获“2016中国方案商品牌影响力TOP10”称号。此次评选从营业额规模、品牌曝光率、营销模式创新、客户影响力、社交媒体影响力5个维度对入围企业进行综合评估。

（亚信科技）

【发布一站式大数据分析云平台】6月7日，“数铸未来——亚信数据一站式大数据分析云平台”

发布会在北京亚信总部研发大厦正式召开。亚信软件CMC总裁汪俊，亚信集团CIO由建宏，亚信集团副总裁耿学锋，亚信数据大数据云平台部总经理何鸿凌、副总经理武源文等出席。何鸿凌阐述了亚信数据打造一站式大数据分析云平台的目的和意义；大数据云平台部Data Foundry产品经理党莎详细地介绍了亚信数据定义的大数据操作系统——Data Foundry的产品内容，讲述了亚信数据为什么要做大数据PaaS、Data Foundry的定义、核心技术架构以及具体的产品和服务，还演示了Data Foundry如何在几分钟之内就成功构建了一个WordPress应用。大数据云平台部Data Hub产品经理龚静介绍了作为协议开源、去中心化的P2P数据流通平台Data Hub，演示了如何通过Data Hub轻松实现数据订购、查询和下载的全流程。

（亚信科技）

【签约方和科技】6月28日，亚信国际与北京方和科技有限责任公司在北京签署合作协议，此次合作以方和科技旗下加加明护眼仪为切入点，探索传统制造商转型客户运营商之路。亚信国际CFO宋瞰、方和科技CEO王苗代表双方出席签约仪式。王苗对亚信Veris IoT Cloud系统架构将给方和公司带来的商业模式创新表达了充分的信心和期待。宋瞰表示，Veris IoT Cloud可以为企业用户提供电信级的客户运营管理和服务，此次与方和科技合作是亚信助力传统制造商转型客户运营商的又一重要实践。

（亚信科技）

【获电信和互联网行业网络安全服务优秀案例奖】6月，2016年度电信网和互联网行业“网络安全服务之星”和“网络安全服务优秀案例”评选名单揭晓，亚信安全凭借成功实施“中国移动物联网身份认证管理项目”，获得“安全设计与集成”类优秀案例奖。该项目有效协助中国移动达成物联网安全管理建设目标，实现了集中化、多样化的权限控制和审计管理，为高敏感度的数据访问和关键操作行为提供了安全保障。亚信安全在该项目中不仅建设了统一、标准化的4A应用接口模块与页面嵌套框架，还搭载了业界唯一的协议级图形化堡垒系统，以及“一键切”的高可用应急管理系统，并能通过关联分析和数据精细化挖掘来提高工作效率。另外，该项目在发布数据库维护工具，方便运维操作的同时，也创建了适合通信行业的“金库”强制操作模式，在运维效率与安全性方面完全达到预定的建设目标。“2016年度电信和互联网行业网络安全服务优秀案例征集活动”是中国通信企业协会为了树立安全服务行业标杆，引导网络安全服务市场规范有序发展而设立，评审专家从影响面、创新性、美誉度、时效性等几个方面进行综合评审，以遴选出具备引导性、标杆性的网络安全服务优秀案例。

（亚信科技）

【获“2016中国方案商百强”奖】7月28日，由商业伙伴咨询机构主办的2016中国云计算生态系统峰会在北京举行。500多家中国云计算生态系统的企业参加此次盛会。亚信应邀出席，并获三个奖项——亚信科技（集团）获“2016中国方案商百强”称号，亚信软件获“2016优秀行业云应用开发商”称号，亚信安全获“2016卓越云安全提供商”称号。此次评选工作历时两个多月，数千家企业报名参选，从企业实力、创新性、发展前景等指标进行综合评估，最终产生500家企业入选，涵盖公有云、混合云和私有云等多种业务类型。

（亚信科技）

用友网络科技股份有限公司

【概述】用友网络科技股份有限公司是亚太本土管理软件、ERP软件、集团管理软件、人力资源管理软件、客户关系管理软件、小型企业管理软件、财政及行政事业单位管理软件、汽车行业管理软件、烟草行业管理软件、内部审计软件及服务提供商，也是中国领先的企业云服务、医疗卫生信息化、管理咨询及管理信息化人才提供商。2015年初，“用友软件股份有限公司”正式变更为“用友网络科技股份有限公司”。

（用友网络）

【用友iUAP通过百万压力测试】5月，用友网络科技股份有限公司iUAP为保证支撑2B应用在面对高并发使用场景下的高性能和稳定性，对平台进行了百万人的并发压力测试。压测的应用程序都跑在Docker容器里面，由iUAP云运维平台统一进行不同场景的批量发布和扩容缩容。此次测试使用建筑行业物资结算系统，按照查询和保存9∶1的比例设置压力测试场景，基准数据量为2000万行，在此基础上进行100万人并发压力测试。利用压力测试工具UAPRunner，模拟多应用场景来验证产品的运行状况以及系统资源的使用状况。

（用友网络）

【正式签约长城汽车】5月，用友网络科技股份有限公司iUAP Mobile移动平台正式签约长城汽车股份有限公司，将帮助长城汽车IT管理本部快速响应长城集团及各单位对移动应用开发、移动管理的需求，助其快速组建移动应用开发团队，并在短时间内具备自主开发和管理移动应用的能力。长城汽车股份有限公司是中国最大的SUV制造企业，下属控股子公司40余家，员工7万余人。此项目实施的组织范围涵盖长城汽车股份有限公司及所有分、子公司及合资公司（含海外投资公司）。长城汽车期望通过移动平台来开发跨终端（Android、IOS、Windows等）的移动应用，构建移动应用服务端系统及其配套系统。实现移动应用产品的开发、调试、测试、发布、部署、版本管理、版本更新、设备管理、应用管理、消息推送，以及集成长城汽车原有业务系统。

（用友网络）

【与铁煤建设达成合作协议】5月，用友建筑行业公司与铁法煤业集团建设有限责任公司（简称铁煤建设）就建筑业企业“营改增”信息化建设的相关事宜，达成合作协议。协议包括以下几个方面的合作：以“营改增”信息化为有力手段，有效地控制财税风险；实现业、财、税一体化管理，有效管控业务、合同管理及物资管理；加强供应商梳理，合理调配供应商资源，从而为企业“集中采购”管理打下信息化基础；有效调控建筑业企业的税额，通过税负统筹合理筹划企业税额，从而提升企业税务管理；通过税控平台管理，合理降低企业涉税法律风险。（铁法煤业集团位于辽宁省北部，是一家以煤炭生产为主，集煤层气开发利用、建筑安装、机械制造加工、建材、电力等为一体，多元发展的大型煤炭企业集团。铁煤建设是辽北地区唯一一家具有房屋建筑工程施工总承包和矿山工程施工总承包壹级资质的企业。）

（用友网络）

【签约广泽乳业】5月，用友网络科技股份有限公司iUAP Mobile移动平台签约东北三省大型乳品加工企业——广泽乳业，帮助其降低移动应用开发复杂度，降低移动应用成本，使其具备快速响应移动需求的能力。基于移动平台建立有效的用户、移动应用、移动设备管理机制，通过整合企业IT和业务资源实现业务移动化和业务创新，确保广泽乳业移动业务快速可持续发展。另外，广泽乳业还期望将通过iUAP Mobile平台实现移动端营销管理。

（用友网络）

【社会化商业平台发布】6月7日，“服务企业互联网化，打造社会化商业平台”暨用友优普社会化商业平台发布会在北京环球贸易中心举行。用友优普总裁向奇汉对用友优普社会化商业平台，进行了全面的介绍与演示。他介绍，用友优普社会化商业平台包含了由用友优普提供的软件U8+、超客云服务、优普PaaS平台及Open API产业链生态平台、优普DaaS数据服务平台，以及用友集团旗下的畅捷支付、友金所、电子发票事业部等提供的互联网金融服务。

（用友网络）

【签约天津瑞普生物技术有限公司】6月，用友网络科技股份有限公司天津分公司和集团电子发票与会计档案事业部一起签约天津瑞普生物技术有限公司（简称瑞普生物）电子发票项目。瑞普生物电子发票的应用不仅可以降低企业的经营管理成本，减少纸张的消耗和浪费，更能提升企业信息化管理水平，同时也方便消费者的保存和使用。此次瑞普生物电子发票的建设和NC65的财务报销系统、供应链销售系统、采购系统紧密集成，实现电子发票一键开票并实时将发票通过邮件等方式推送给消费者，同时在受票的环节实现电子发票的报销以及电子发票的采购结算。

（用友网络）

【签约宝业湖北集团“营改增”项目】6月，用友建筑行业公司与宝业湖北建工集团有限公司（简称宝业湖北）签订了“营改增”信息化建设合作项目协议。（3月24日，财政部和国家税务总局联合发布了《关于全面推开营业税改增值税试点通知》。同期，用友建筑行业公司针对“营改增”的整体信息化解决方案也成功发版。宝业湖北相关领导在深入了解用友建筑行业公司提供的“营改增”解决方案之后，给予了很大的肯定，立即与用友签订合同。宝业湖北是由湖北省属国有企业改制而成的大型企业集团，主要业务方向为建筑施工、房地产开发、建材物流、教育培训、海外建设等，集团及所属建安企业具有房屋建筑施工总承包一级资质。）

（用友网络）

【获得国家发展改革委“互联网+”重大工程项目支持】9月，用友网络科技股份有限公司发布公告：支撑“互联网+”新模式的企业互联网开放平台建设与运营项目获得2016年国家发展改革委“互联网+”重大工程项目支持，并取得该项目的首笔政府补贴款2290万元（总额为3000万元）。据介绍，该项目主要包括企业互联网开放平台用友iuap研发、用友iuap平台研发测试基础环境建设、用友iuap平台运营，这是用友在企业互联网技术领域的重大突破。用友iuap拥有六大子平台针对企业在互联网转型中的不同的痛点：开发平台、移动平台、集成平台、数据平台、PaaS平台和云运维平台。

（用友网络）

赞华（中国）电子系统有限公司

【概述】赞华（中国）电子系统有限公司的前身是赞华集团于1995年在国内成立的第一家全

资子公司——赞华（北京）电子系统有限公司，专门从事计算机系统集成、软件开发、网络工程和存储专业化服务等。在发展过程中，通过整合业内先进技术和产品，开拓了移动应用、数据采集、内容管理、数据存储管理一体化平台和云存储与云服务等领域的产品和服务，建立了自己的实验室，具备了为行业客户提供整体 IT 解决方案的能力和承担国家级 IT 项目的能力，能够向全国用户提供长期的、专业的、优质的服务和支持。赞华（中国）电子系统有限公司是赞华集团在中国大陆的业务及功能汇集平台。

（赞华）

【获 Lexmark 软件业务亚太地区年度最佳合作伙伴】4 月 5 日，在美国奥兰多举行的 Lexmark 年度全球杰出合作伙伴和优秀客户表彰大会上，赞华（中国）电子系统有限公司获“2015 年度 Lexmark 软件业务亚太区最佳合作伙伴”称号。4 月 3—6 日大会期间，超过 1300 位 Lexmark 客户和合作伙伴在这里交流成功案例和最佳实践，倾听行业专家见解，参加内容丰富的教育会议，了解最新产品技术。获得“Lexmark 年度全球杰出合作伙伴和优秀客户”称号的共有来自世界各地的 10 家杰出合作伙伴和 12 家优秀客户。

（赞华）

【通过国家“信息系统集成及服务一级资质”换证审核】6 月，赞华集团属下赞华（中国）电子系统有限公司通过国家工业和信息化部“信息系统集成及服务一级资质”换证审核，取得新版证书。

（赞华）

【获“2016 优秀云系统构建商”等奖项】7 月 28 日，“2016 中国云计算生态系统峰会”暨“2015 中国 Cloud500 & VAR500 调研评选”颁奖典礼在北京国家会议中心举行。赞华（中国）电子系统有限公司获“2016 优秀云系统构建商”“2016 中国方案商百强”和“2016 中国十佳金融行业方案商”奖项。此次活动由商业伙伴咨询机构主办。其中，已举办多年的中国方案商 500 强（VAR500）年度大型调研评选活动，运用科学的调研方法，多维度综合考量企业。同样由商业伙伴咨询机构主办的“中国云计算生态系统峰会”已经于 2014 和 2015 年举办了两届，该峰会旨在促进国内云计算企业之间的交流合作，为中国云计算生态系统的建设贡献力量。

（赞华）

【入围建设银行 2016—2017 年扫描仪采购项目】8 月，赞华（中国）电子系统有限公司成为建设银行低端高速扫描仪的独家供货服务商，需求总量预估将超过 2 万台。此次中标项目中，赞华为建行提供的主力机型仍然是享有盛名的富士通 fi 扫描仪系列。fi 系列海量文档扫描、人性化设计、网络管理应用等特性，以及简单易用、高效扫描速度、图像处理能力逼真写实等先进性能，能够满足建设银行对高质量和高效率影像采集技术的关键需求。

（赞华）

【中标多家银行高速扫描仪采购项目】截至 8 月，赞华（中国）电子系统有限公司已中标中国工商银行高速扫描仪采购、中国银行“IT 蓝图”扫描仪增购，以及中国进出口银行通用扫描设备采购等项目。工商银行此次的高端扫描仪集中采购将应用于后督系统的建设，赞华为其提供的主力机型则是针对密集型高扫描量的富士通 fi 系列生产级机型；此次赞华将为中行提供 5000 多台富士通高速扫描仪，主要服务于其核心系统的升级建设，配合其“IT 蓝图”系统和流程再造的实施；在中国进出口银行通用扫描设备采购项目中，赞华为其提供的是富士通 fi 系列及体积小巧而附带强大文档应用软件的便携式 ScanSnap 系列，这也是赞华公司首次与中国进出口银行开展高速扫描仪项目的合作。

（赞华）

中国电信集团系统集成有限责任公司

【概述】中国电信集团系统集成有限责任公司成立于 1996 年，是中国电信集团公司的全资子公司。公司旨在为大客户提供 ICT 整体解决方案、为电信运营商提供应用软件开发和 IT 服务支撑、为中小企业客户提供综合信息化服务。依托于中国电信全国垂直一体化的三级营销服务体系和运行维护体系，凭借中国电信丰富的网络资源、专业的电信及 IT 技术、优秀的技术团队、广泛的客户资源和行业知识，致力于为电信运营商、政府、金融、企业提供网络基础设施建设、网络升级及改造、网络管理服务、网络及设备代维服务、设备租赁、应用软件集成及开发、IT 服务支撑等“一站式”服务。在为电信运营商、全国性大客户进行一系列大型网络建设和服务的过程中，归纳总结了一整套项目管理方法，形成了独特、完善的项目管理体系和实力强大的核心团队。公司通过了 ISO 9001 质量管理体系认证。同时，还获得了信息产业部颁发的计算机信息系统集成一级资质和通信信息网络系统集成甲级资质，是国内第一家拥有“双一级”资质的系统集成企业。

（电信集团系统集成公司）

【成为“中国互联网网络安全威胁治理联盟”首批成员单位】2 月 26 日，国家互联网应急中心、中国互联网协会与信息安全工作委员会在京召开中国互联网网络安全威胁治理行动总结大会，对行动所取得的积极成果予以总结，并对行动过程中表现突出的单位进行了表彰。大会宣布成立中国互联网网络安全威胁治理联盟。中国电信集团系统集成有限责任公司凭借 2015 年在治理行动中的突出表现，成为首批加入该联盟的成员单位之一。

（电信集团系统集成公司）

【获“两化融合管理体系贯标咨询服务机构”资质】3 月 9 日，中国两化融合服务联盟发布两化（信息化和工业化）融合管理体系贯标咨询服务机构第二批推荐名单，中国电信集团系统集成有限责任公司进入推荐名单，成为工业和信息化部正式认可的两化融合管理体系贯标咨询服务机构。

（电信集团系统集成公司）

【获涉密资质甲级证书】4 月 8 日，国家保密局在中国科技会堂召开涉密资质证书颁发仪式，中国电信集团系统集成有限责任公司获涉密资质甲级证书，完成了涉密资质的延续和变更。涉密资质证书的获得，将更加有效地支撑涉密信息系统集成和运维业务的规模发展。

（电信集团系统集成公司）

【获“2015 年度业绩优秀奖”等两个奖项】7 月，为表彰先进、激发动力、鼓舞士气、助推发展，中国电信集团对 2015 年度及 2013—2015 年任期业绩考核得分排名位于前列的单位，分别授予“2015 年度业绩优秀奖”“2013—2015 年任期业绩优秀奖”，中国电信集团系统集成有限责任公司同时获得两个奖项，成为唯一一家同时获两个奖项的专业公司。

（电信集团系统集成公司）

【取得“定位数据存储系统和存储方法”发明专利证书】8月，中国电信集团系统集成有限责任公司申请的“定位数据存储系统和存储方法”专利获得国家知识产权局颁发的发明专利证书，实现了在国家发明专利这一领域“零”的突破。

（电信集团系统集成公司）

中国普天信息产业股份有限公司

【概述】中国普天信息产业股份有限公司（简称中国普天）是以信息通信产品制造、贸易、相关技术研究和服务为主业的中央企业，经营范围涵盖信息通信、广电、行业信息化、金融电子和新能源等产业领域。作为国家创新型高新技术骨干企业，中国普天拥有5家上市公司共31家子公司，净资产超过100亿元。产品和服务遍及全球100多个国家和地区。中国普天“POTEVIO”是国家重点支持出口的知名品牌之一。大力发展通信、行业电子、广电三大主导产业，全面提升企业核心竞争力，在长江三角洲、珠江三角洲、京津冀经济圈以及中西部地区均建立了重要的产业制造基地。

（普天信息）

【获得信息系统业务安全服务一级资质】1月4日，经中国通信工业协会资质办公室、协会专家委员会和相关授权评审机构的审核批准，中国普天信息产业股份有限公司获得信息系统业务安全服务一级资质。为适应中国信息系统建设安全保障的需求，提高信息系统业务安全服务能力，中国通信工业协会于2014年通过了《信息系统业务安全服务资质》的评定条款。中国通信工业协会2015年10月接受企业申报，普天和平是第一批通过审核的企业之一。

（普天信息）

【与东航集团签署战略合作框架协议】1月14日，中国普天信息产业股份有限公司与中国东方航空集团公司在东航大酒店举行战略合作框架协议签约仪式。董事长邢炜，常务副总裁徐千，东航集团总经理、东航股份董事长刘绍勇，东航集团党组书记、东航股份总经理马须伦等出席签约仪式。高级副总裁陶雄强与东航集团党组成员、东航股份副总经理唐兵分别代表中国普天和东航集团签订战略合作框架协议。根据合作协议，双方将在机场特种车辆“油改电”试点应用、新能源汽车充换电基础设施网络建设与运营、新能源汽车智能监控及数据分析服务应用等领域开展全面合作，还将在航空客运业务、智能通信、未来新技术的研发等方面进行合作。国资委规划发展局副局长刘玉岐应邀出席签约仪式。

（普天信息）

【首获中国专利优秀奖】1月，国家知识产权局和世界知识产权组织开展的第十七届中国专利奖评选工作揭晓，普天和平科技有限公司参评的专利“多子带正交频分复用系统中的信号发射方法（专利申请号201010246092.3）”在此次评选中获得中国专利奖“优秀奖”，这也是普天技术首次获得中国专利奖。中国专利奖是中国授予专利权发明创造的最高科技奖励，分为金奖和优秀奖，由世界知识产权组织和国家知识产权局共同授奖。

（普天信息）

【获“2015年北京市诚信系统集成企业”称号】3月30日，普天信息技术有限公司获“2015年北京市诚信系统集成企业”称号。北京软件和信息服务业协会开展了2015年度北京市系统集成行业自律信用评估活动。通过对企业产品质量、履约情况、内部管理体系、政府部门信用记录等多方面评价，经过专家一票否决制评审、第三方征信机构评审、公示等一系列评估环节，最终评选出124家守信自律的“北京市诚信系统集成企业”。

（普天信息）

【普天太力商城正式上线】4月18日，“太力商城”（www.tlmall.com）正式上线，这是普天太力旗下专业3C产品的B2B平台。中国普天信息产业股份有限公司常务副总裁徐千，普天太力总裁王立国为“太力商城”上线揭幕。

（普天信息）

【获2016中国智能电网创新奖】7月，在由国家发展改革委国际合作中心、商务部外贸发展事务局、中国电机工程学会电力系统专委会共同主办的2016中国（北京）国际能源互联网博览会上，普天信息技术有限公司凭借在智能电网领域内突出的创新成果和良好的推广应用价值，摘得“2016中国智能电网创新奖”。电力无线专网是普天技术的重要发展方向之一。普天技术从智能电网应用需求出发，基于LTE离散频谱聚合、频谱感知等先进技术，开发了电力TD-LTE230MHz无线通信系统，满足电力业务的信息传输需求，目前已经在全国20多个省的电力公司得到应用；同时，还联合合作伙伴共同研发了“基于TD-LTE230的电力无线通信基带芯片”，填补了中国在电力无线通信领域的技术和产品空白。

（普天信息）

【与平安银行签署战略合作协议】9月27日，北京普天太力通信科技有限公司与平安银行在北京正式签署了战略合作框架协议。主要就交易资金存管服务、票据融资服务、线上融资服务、全渠道基础支付结算服务等内容达成了合作意向。平安银行将根据太力商城的个性化需求，为太力商城及其服务的各类交易客户量身定做全方位、个性化的综合金融服务解决方案。

（普天信息）

【参加2016中央企业熠星创新创意大赛】10月17日，由国资委指导，发展改革委、工业和信息化部等六部委共同支持，2016中央企业熠星创新创意大赛在京启动。此次大赛旨在汇聚央企和社会创新资源、激发央企创新活力、带动全社会创新创业。中国普天信息产业股份有限公司受邀成为此次大赛的12家协办单位之一。政府相关司局领导、北京市相关部门领导，以及53家央企负责人和双创工作负责同志出席了2016中央企业熠星创新创意大赛启动仪式。国资委主任肖亚庆主持启动仪式，国务委员王勇出席并为大赛揭幕。同日，王勇在中国普天党组书记、总经理邢炜陪同下来到了中国普天展台，听取了公司副总裁宋绍曾对近年来中国普天在双创平台建设方面，特别是在创新产业园、孵化基地等方面取得的成果，并观看了平台创新产品演示。公司副总裁陶雄强、张晓成分别接待了国资委领导。

（普天信息）

【获2016中关村高成长企业TOP100成就奖】10月22—23日，京津冀产融协同“量子计划”启动暨中关村TOP100企业颁奖活动于在石家庄举行。活动中，2016年中关村高成长企业TOP100榜单正式对外公布。普天信息技术有限公司等10家企业获“2016中关村高成长企业TOP100成就奖”。北京中关村高新技术企业协会常务副会长兼秘书长、中关村创业投资和股权投资基金协会秘书长曹毅表示，上榜企业均是国家级高新技术企业，覆盖国家重点支持的八大技术领域，是在中关村成长起来的企业新秀，也是所在行业的主力军。中关村高成长企业 TOP100 评选活动于 2009 年创办，由北京中关村高新技术企业协会主办，评选考核企业连续三年的营收复合增长率、自主创新能力等指标。今年共有 300 家企业报名了中关村高成长企业 TOP100 评选活动，通过企业现场路演、专家评审、网上公示等环节产生了最终榜单。

（普天信息）

中国软件与技术服务股份有限公司

【概述】中国软件与技术服务股份有限公司（简称中国软件），是中国电子信息产业集团有限公司（CEC）控股的大型高科技上市企业，是 CEC 网络安全与信息化板块的核心企业，承担着“软件行业国家队”的责任和使命。2002 年 5 月 17 日，中软股份在上海证券交易所发行上市；2004 年通过整合实现了中国软件的整体上市。中国软件拥有系统集成、软件开发等众多顶级行业资质，通过了国际质量管理、服务管理、信息安全管理等体系认证，是首批通过全国“软件企业”认证的企业，连续多年被评定为“国家规划布局内重点软件企业”，并入选国家软件百强企业。

（中国软件与技术服务股份有限公司）

【签约国家税务总局云平台数据管理项目】8 月 30 日，中国软件与技术服务股份有限公司与国家税务总局在北京签订《金税三期工程第二阶段总局数据资源建设项目云平台数据管理子项目》合同。该项目是金税三期工程第二阶段的重要组成部分。该项目主要基于云计算、互联网、大数据技术，构建基于 X86 架构的可横向扩展的大数据云平台，并借助金税三期工程即将全面上线的契机，集中、拓宽和整合内外部数据资源，统一规范数据应用范畴，为各需求主体提供更为全面丰富的决策和参考支持，构建开放协作的税务数据生态环境。

（中国软件与技术服务股份有限公司）

【7 省市 14 个省级国、地税局金税三期系统同步单轨上线】10 月 8 日，中国软件与技术服务股份有限公司承担的金税三期工程系统推广上线运行工作取得新进展，山东、山西、重庆、江苏、浙江、宁波、深圳 7 省市 14 个省级国、地税局金税三期系统同步单轨上线，新旧系统成功切换。截至 10 月，金税三期系统已在全国 36 个省市区（含 5 个计划单列市），70 个省级国、地税局正式投入运行，这标志着金税三期工程全国推广工作收官。

（中国软件与技术服务股份有限公司）

中国移动通信集团设计院有限公司

【概述】中国移动通信集团设计院有限公司是中国移动通信集团公司直属设计企业，发展历史可以追溯到 1952 年，是国家甲级咨询勘察设计单位、中国工程咨询协会副会长单位、北京市高新技术企业。具有承担各种规模信息通信工程、通信信息网络集成、通信局房建筑及民用建筑工程的规划、可行性研究、评估、勘察、设计、咨询、项目总承包和工程监理任务的资质；持有电子通信广电行业（通信工程）甲级、电子系统工程专业甲级和建筑行业（建筑工程）

甲级资质；具有信息系统集成及服务一级资质；具有承担国家发展改革委委托投资咨询评估资格；已通过ISO 9001国际质量体系认证；持有《中华人民共和国对外承包工程经营资格证书》，可承接对外承包工程业务；是中国工程标准化协会通信委员会的组建单位。被北京市科委和北京市科技咨询业协会评为北京首批科技咨询“信誉单位”，连续数年跻身建设部组织评选的中国勘察设计单位综合实力百强行列。近年来，在由中国通信企业协会组织的评选活动中，被评为“全国通信行业用户满意企业”“先进通信设计企业”；被评为“纳税信用A级企业”。

（中国移动通信集团设计院）

【获信息系统集成及服务一级资质】2月，中国移动通信集团设计院有限公司获信息系统集成及服务一级资质。此项资质的获得，拓宽了设计院有限公司的市场业务范围，可从事信息网络系统、信息资源系统、信息应用系统的咨询设计、集成实施、运行维护等全生命周期活动，及总体策划、系统测评、数据处理存储、信息安全、运营等服务和保障业务领域。

（中国移动通信集团设计院）

【完成3项国标编制工作】3月，中国移动通信集团设计院有限公司有线所作为主编单位承接了《海底光缆工程设计规范》《海底光缆工程验收规范》以及《波分复用（WDM）光纤传输系统工程设计规范》3项国标的编制工作。在规范制订过程中，有线所专家组深入调研了国内WDM传输系统以及海底光缆线路和传输系统工程建设，总结了中国近年来WDM系统工程、海底光缆工程的设计成果，并在充分参考WDM系统、海底光缆和海底光缆系统方面的国际标准的基础上，完成了这3项国标的编制工作，填补了中国在波分复用和海底光缆工程建设标准上的空白。

（中国移动通信集团设计院）

【编制的两项国家标准通过终期评审】4月，由中国移动通信集团设计院有限公司无线所负责牵头主编的《公众移动通信隧道覆盖工程技术规范》，以及参与编制的《公众移动通信高速铁路覆盖工程技术规范》通过终期评审。这两项国家标准于2013年5月正式启动编制工作，无线所成立了标准编制组，历经编写准备、编写启动及初稿编写、现场勘查及调研论证、征求意见稿编写、公开征求意见、送审讨论稿编写及完善等七个阶段，共耗时近两年半时间编制完成最终版送审稿。

（中国移动通信集团设计院）

【获信息通信行业AAA级信用企业称号】8月，中国通信企业协会经商务部、国资委批准在信息通信行业开展企业信用等级评价工作，共有114家企业参与评价工作，其中设计咨询领域的企业26家。经过评选，中国移动通信集团设计院有限公司获社会信用评价AAA级信用企业和设计咨询领域AAA级信用企业称号。此次参评工作历时3个月，设计院有限公司完成了各项评选材料上报，向评审专家充分展现了行业诚信经营理念、企业诚信意识、行业地位、技术实力。

（中国移动通信集团设计院）

【LTE网络优化评估核心算法获得突破】9月，中国移动通信集团设计院有限公司网优事业部专家团队在LTE下行SINR的核心算法研究中取得突破，获得专利。下行SINR核心功能，从算法创新、功能研发落地，到项目应用，形成一条龙的科技成果转化为生产力的示范，为网络优化事业发展作出贡献。

（中国移动通信集团设计院）

中企网络通信技术有限公司

【概述】中企网络通信技术有限公司（简称中企通信）是中信集团旗下的一家子公司，为企业提供信息通信技术（ICT），拥有信息产业部第一类、第二类多项增值电信业务经营许可执照，包含 IP VPN 全国经营许可证、IDC 跨区域经营许可证，以及 ICP 全国经营许可证等，是中国大陆同时获得工业和信息化部可信云、国际 ISO 9001、国际 ISO 27001、国际 TL 9000、国际 ISO 20000、国际 ISO 27017 多重认证的 ICT 综合服务提供商，致力于为客户与合作伙伴提供高端通信服务及资讯科技解决方案。

（中企通信）

【举办预见未来“互联网 +”重塑行业新生态沙龙】1 月 15 日，中企网络通信技术有限公司在天津举办预见未来——“互联网 +”重塑行业新生态沙龙活动。活动邀请了天津当地金融、制造以及物流行业的 IT 负责人出席。同时，政府领导、企业 CIO、IT 产品及服务商汇聚一堂多方对话，谈地方特色、解读 ICT 应用如何助力搭乘“互联网 +”快车。天津信息协会会长樊月龙出席了活动并作开场致辞。他提到，企业在变革中需要结合本地文化、互联网文化，用互联网思维建立企业管理文化，企业才能可持续发展。天津电子政务专家委员会副会长刘彦凯作了“他山之石可以攻玉”的主题演讲，提到工业企业在建立信息化的过程中，不要盲目照搬国外模式，要结合企业现状，找准根源问题，进而确定企业需求。有需求的前提下，明确建设目标，制定计划，再开始着手规划。

（中企通信）

【通过工业和信息化部 2016“绿色通道”年检】3 月 22 日，工业和信息化部发布了《关于公布 2016 年跨地区电信业务经营许可证年检第一批合格企业名单的通知》，中企网络通信技术有限公司位列其中，通过 2016 年度年检。1 月起，工业和信息化部启动了 2016 年度电信业务经营许可证年检工作，与往年相比，2016 年工业和信息化部新开通了快速年检“绿色通道”，由符合条件的企业提出快速年检申请，工业和信息化部对通过“绿色通道”条件且各方无异议的企业认定为第一批“年检合格”。工业和信息化部每年都会对持有电信业务经营许可证的企业开展年检工作，依法对参检企业的经营主体、经营行为、电信设施建设、执行国家和电信管理机构有关规定情况、电信资费和电信服务质量 6 个方面进行综合检查，对年检合格企业加盖年检合格章。

（中企通信）

【举办“‘互联网 +’环境下的信息化风险管理”案例分享会】3 月 29 日，中企网络通信技术有限公司联合多家合作伙伴与各行业专家共同探讨如何应对“互联网 +”环境下的信息化风险。

（中企通信）

【举办企业风险管理分享会】3 月 30 日，中企网络通信技术有限公司举办了一场专业的“企业风险管理”分享会。会上，中企通信邀请资深专家团队与到会嘉宾面对面分享灾备备份、信息化安全等风险管理解决方案。中企通信针对各企业面临的行业痛点，为企业 IT 建设提供重要的建议及参考。

（中企通信）

【参加世界电信和信息社会日大会】5 月 17 日，世界电信和信息社会日大会举行。中企网络通信技术有限公司运营总裁骆嘉钊接受中国通信学会之邀约出席大会并发表了题为“云计算引领智慧城市”主旨讲话。一年一度的电信日大会是信息通信行业的共同节日，是集中展现ICT行业整体面貌的重要窗口。每年，中企通信都会安排专员参加。

（中企通信）

【举办“全方位云端安全体系确保业务高可用性”高价值客户交流会】 6月16日，中企网络通信技术有限公司举办了“全方位云端安全体系确保业务高可用性”高价值客户交流会，联手IT厂商VMware，特邀资深专家就“私用云服务为企业业务连续性保驾护航”“新型桌面云”以及“新型云IDC如何助企业成就商业价值”等话题提供借鉴方案和互动探讨，为企业IT架构提供重要建议和参考。

（中企通信）

【举办高可用智能IT与业务连续性价值交流会】 6月17日，中企网络通信技术有限公司举办高可用智能IT与业务连续性价值交流会，与行业、技术专家共同探讨、交流经验与心得。此次交流会围绕IT系统的可用性、安全性、连续性以及智能化、移动化、融合化等话题展开讨论与交流，致力于帮助企业CIO有效解决在企业IT建设过程中面临的挑战，提升IT系统价值。

（中企通信）

【获西部企业信息化建设优秀服务商奖项】 8月4日，中企网络通信技术有限公司获“中国·西部企业信息化建设优秀服务商”奖项。2016中国·西部企业信息化峰会，是为贯彻落实《国民经济和社会发展第十三个五年规划纲要》《2006—2020年国家信息化发展战略》精神，实施“互联网+”行动计划，实施国家大数据战略，加快推进大数据时代下的企业信息化建设，引导和支持企业以信息技术改造传统产业，推动两化融合的深度发展而举办。来自国家、各省有关部门领导、知名IT企业专家、西部各省企联系统会长、秘书长、四川省企联会员代表及省企联信息工委全体理事等代表汇聚一堂，共商西部企业信息化建设。

（中企通信）

【举办“信息风险管理、安全驱动领先——ICT服务价值分享会”】 9月20日，中企网络通信技术有限公司在北京举办主题为“信息风险管理、安全驱动领先——ICT服务价值分享会”，旨在强化企业风险管理的必要性，助力企业CIO、IT经理们解决在信息风险管理过程中面临的诸多问题和挑战。活动现场，来自各界行业技术专家们从不同角度详细阐述了安全趋势以及应对策略，并以实际应用案例进行深入剖析，到场的近50名企业信息化决策层聆听，并与ICT服务专家共同探讨企业风险管理的重要性。

（中企通信）

【举办“高可用ICT服务助推转型智能制造”交流会】 9月21日，中企网络通信技术有限公司举办“高可用ICT服务助推转型智能制造”交流会。会上，中企通信就私有云、混合云、新型桌面云以及新型云IDC等话题提供借鉴方案和探讨，为企业的IT建设提供建议和参考，助企业在智能制造转型过程中脱颖而出。

（中企通信）

【“桌面云服务”通过可信云认证】 9月，中企网络通信技术有限公司率先通过可信云认证，成为国内仅有的通过桌面云服务认证的3家企业之一。

（中企通信）

【参加“2016中国‘互联网+’转型年度盛典”】 11月24—26日，“2016中国‘互联网+’转型年度盛典”在中国第一高塔——广州塔举办，中企网络通信技术有限公司信息科技及安全经理詹东东在盛典上以题为“融合与重塑·云时代+促企业转型”发表主题演讲。“2016中国‘互

联网 +’转型年度盛典”，旨在为所有传统企业、互联网信息技术企业、资深专家、投资人打造转型升级领域最具影响力的思想交流平台，为企业开启转型、研究转型、实践转型提供方向和资源连接。会上，詹东东从技术层面、应用层面和服务层面全面分析了传统企业“互联网 +”转型如何落地。

（中企通信）

【与大地影院集团签署合作协议】12 月 1 日，中企网络通信技术有限公司宣布与电影产业企业大地影院集团在北京签署合作协议，成为大地影院集团之 ICT 战略合作伙伴，并从咨询、设计、部署、运维等方面提供完整性的 ICT 管理解决方案，实行信息化改造，从网络架构、网络安全、数据中心到高速网络接入等方面优化升级，支持大地影院集团“电影 +”战略落地，打造多业态经营的体验式影院生态圈。

（中企通信）

【获两项产业奖项】12 月，中企网络通信技术有限公司在第十一届中国 IDC 产业年度大典中获得两项产业奖项。此外，中企通信总裁何伟中也获得中国电子信息产业发展研究院颁发的“年度中国信息产业经济人物”奖项。

（中企通信）

【获“信息通信行业信用”和“社会信用”AAA 级企业】12 月，中企网络通信技术有限公司获 AAA 信用等级。信息通信行业的信用等级评价，是中国通信企业协会为规范行业信用秩序和竞争环境，树立行业诚信经营理念，增强企业在国际和国内竞争力而开展的信用等级评价工作。2014 年开始，中国通信企业协会先后三次在运维领域开展了“信息通信行业企业信用等级评价”试点工作。2015 年下旬，结合行业特点，首次增加了增值服务领域的评选。中企通信参加了 2016 年首批增值服务领域的企业信用等级评价工作。评价工作委员会严格按照信用等级评价程序，联合“北京国富泰信用管理有限公司”和“中国信息通信研究院泰尔认证中心”两家专业第三方评价机构，对中企通信进行了评估，最终批准授予中企通信增值服务领域 AAA 级信用企业等级证书，并颁发“企业信用评价 AAA 级信用企业”牌匾。

（中企通信）

北京泰豪智能工程有限公司

【概述】北京泰豪智能工程有限公司以“为国节能、为民节资”为己任，依托智慧园区、绿色建筑、能源环境监测等方面的丰富经验，在节能领域深耕不辍，积极推进节能新技术新产品推广应用，打造出众多综合节能示范工程，为中国节能产业发展、国家节能减排工作推进、生态城市建设贡献力量。

（陆晓爽）

【签署战略合作协议】2 月 2 日，北京泰豪智能工程有限公司、北京经济技术投资开发总公司、北京新航城控股有限公司战略合作签约仪式举办。经友好协商，三方以国企改革为契机，以智能化建设、智慧城市建设与运营等为主营业务方向，建立战略合作关系。三方通过引入资金、技术、市场、管理、人才等优势资源，充分发挥国企实力加民企活力的协同效应，将目标公司打造成以现有业务为基础，从业务区域需求出发、拓展智慧城市领域中基础性、平台型、高成长、高附加值的专业细分行业，成为以运营服务为主导，智慧开发区投资建设、解决方案提供为一体的智慧专业领域内综合运营服务商。

（北京泰豪公司）

【获批设立博士后科研工作站】 2月，北京泰豪智能工程有限公司收到北京人力资源和社会保障局下发的《关于批准在北京经济技术开发区博士后科研工作站等增设分站的通知》（京人社专家发〔2016〕6号），通知正式批准北京泰豪设立博士后科研工作站，开展博士后相关工作。

（北京泰豪公司）

【北京市和工业和信息化部领导莅临参观指导】 10月25日，在北京经济技术开发区管委会主任梁胜、副主任绳立成的陪同下，工业和信息化部副部长怀进鹏、北京市副市长隋振江、市经济和信息化委主任张伯旭一行莅临泰豪（北京）科技园，对公司进行参观考察。北京泰豪董事长李春生、副总裁曾德华、总工程师吴品堃等公司领导陪同到访客人参观、交流。怀进鹏、隋振江一行详细参观了泰豪展厅，听取了北京泰豪产业发展情况的介绍，尤其是泰豪在智慧新城建设、能源综合利用、智慧机场、空气净化等领域解决方案及应用案例的介绍，并与公司领导交谈。

（北京泰豪公司）

【获评节能行业AAA级信用企业】 12月24日，2016中国节能与低碳发展论坛暨中国节能协会年会上，北京泰豪智能工程有限公司获得节能行业最高信用等级企业荣誉——AAA级信用评价。AAA代表企业最高信用等级，企业AAA级信用等级考量企业的整体实力、服务水准，以及对整个行业的贡献度。企业的整体实力包括研发水准、人才团队、制造能力与水平以及全产业链的整合水平；服务水准针对的是品牌对于用户服务的满意度。

（北京泰豪公司）

【获评科委智慧城市节能环保基地】 12月，由北京市科委组织开展的2016年度北京市战略性新兴产业科技成果转化基地授牌仪式在北京创业大厦举行，北京泰豪智能工程有限公司“智慧城市节能环保产业基地”受邀参加授牌仪式。

（陆晓爽）

社会信息化

【概述】年内，加强智慧便民服务，启动实施路侧停车及车载智能收费管理信息化工程，“北京数字学校”成为中小学生在家自主学习的主平台，全市所有的三级医院和60%的二级医院开通了网上预约或App挂号服务。依托“北京网”和“北京服务您”，整合10大类近千项便民服务，极大方便市民在线办事。拓展“北京通”卡服务功能，累计发卡1225.9万张，一站式政务App“北京通”上线试运行，融合了20多种政府公共服务功能。智慧城市总体建设水平持续提升，北京市成为全国宽带普及示范城市，连续两年被评为亚太区领军智慧城市。全力推进信用体系建设。开展数字证书服务体系建设，累计发放“法人一证通”证书118万张，覆盖全市85%以上的法人用户，有力支撑了“营改增”“五证合一”等业务开展。

（北京市民卡管理中心）

社会公共服务信息化

社保卡信息化

【“北京通—居民健康卡”全市首发】6月6日，“北京通—居民健康卡”全市首发仪式在平谷区医院举行。市经济和信息化委副主任毛东军，市卫计委、平谷区委区政府、农行北京分行等单位相关负责人出席发行仪式。活动中，工作人员详细讲解了居民健康卡的特点、功能，并现场发放了首批居民健康卡。“北京通—居民健康卡”是以市民身份认证作为切入点，为市民提供政府公共服务和个人信用管理等集合应用的多功能卡。“北京通—居民健康卡”项目首发试点为平谷区。北京市卫计委和市经济和信息化委已确定将平谷“北京通—居民健康卡”作为模板，在全市内进行推广发行。

（市经济和信息化委电子政务处）

【推进北京地区居民健康卡应用】6月，市卫生计生委结合国家居民健康卡及“北京通”相关标准规范，制定了全市统一的居民健康卡—北京通基本卡建设方案和建设策略，主要包括：居民健康卡—北京通基本卡技术规范、居民健康卡与北京通基本卡融合卡合作银行选择参考标准、居民健康卡与北京通基本卡融合卡业务及建设流程、居民健康信息主索引及居民健康卡系统接入改造规范。在全市16个区部署了居民健康卡管理信息系统，包括：居民健康信息主索引系统、居民健康卡注册管理系统、居民健康卡集成服务总线、居民健康账户管理系统。根据中央网信办和北京市委网信办关于保障居民个人信息、敏感信息的安全要求，将居民健康卡系统中的居民健康服务主索引系统纳入北京地区“互联网+”健康医疗应用的安全防御体系建设内，并列入了中央网信办的信息化省级关键信息基础设施网络信息安全保护范围，实施重点保护。6月6日，平谷区首发居民健康卡—北京通基本卡。年内，北京市公共卫生信息中心与国家卫生计生委统计信息中心签署了《居民健康卡卡管系统接口扩展与数据交换工作任务委托协议书》。截至2016年年底，通州、怀柔、平谷、大兴等4个区实现了居民健康卡的发放和应用，累计发放居民健康卡779510张、SAM卡（识别健康卡的）4072张，接入医疗机构71家，其中包括三级4家、二级11家、社区56家。

（冯文洁）

【累计发放“北京通”卡过千万】 截至11月，北京市累计发放北京通卡1002.8万张。提前完成了北京市政府《关于北京市2016年重要民生实事项目的决议》中“力争2016年新增发放基于‘北京通’标准的卡片不少于500万张”的目标。其中，京医通卡总发卡约760.1万张，残疾人证总发卡约48.8万张，养老卡（80岁）总发卡约58.2万张，老年优待卡(65岁至79岁)发卡约62.9万张，居民健康卡发放约8.7万张，公安居住证发放约64.1万张。

（北京市民卡管理中心）

【推进“北京通”发放工作】 年内，电子政务处按全年计划有序推进北京通发放工作，制定北京通数据服务平台方案，完成相关招标工作，加快相关平台工程建设。截至12月，北京通发卡量达1002.8万张。同比2015年底累计增量502.8万张，其中居民健康卡768.8万张（居民健康卡8.7万张、京医通临时卡760.1万张）、居住证64.1万张、民政一卡通121.1万张（面对65岁至79岁老年人发卡62.9万张、面对80岁以上老年人发卡58.2万张）、残疾人证发卡约48.8万张。

（市经济和信息化委电子政务处）

【国产芯片测试取得突破】 年内，电子政务处在产业带动方面，尤其是在多卡融合、一卡多用的卡整合方面，金融银行卡与市政交通一卡通与民政、医疗健康等方面的国产芯片测试取得重大突破。经过近一年的实验室与场外规模测试，国内已有华大、大唐、复旦微电子等多家的芯片通过了金融、交通、民政、健康等多应用的业务测试，并在“北京通老年人优惠卡”“北京通健康卡”“北京通残疾人证”等卡片上使用，为未来多卡融合的国产芯片使用奠定了技术基础。

（市经济和信息化委电子政务处）

【开展“北京通”应用服务】 年内，电子政务处在应用融合方面，与市民政局、市交通委、市卫计委、市公安局等多家单位积极沟通、采用技术支撑、标准引导、多方合作的方式稳步推进，并以通州、平谷、西城、六里桥政务服务中心为区域试点；以交通、教育、医疗、民政、公安等行业应用为引线，开展了“北京通”应用服务。同时结合已经发放的特殊人群的北京通卡的静态与动态数据开展“北京通”数据服务平台的建设工作，北京通卡将采用虚拟卡与实体卡相结合的模式，建立便民服务体系，逐步达到“一个应用在手，城市生活无忧”的目标。

（市经济和信息化委电子政务处）

【建设“北京通”数据信息服务平台】 年内，北京市民卡管理中心建设“北京通”数据信息服务平台，探索实现“多卡融合、一卡多用”。该项目分为两部分：一是北京通卡数据信息服务平台，通过和第三方对接，采用实体卡与虚拟卡相扫倒的模式，实现多卡融合、一卡多用；二是以东城区作为北京市北京通数据归集验证及应用的第一个试点区，实现对北京通证照数据的动态管理和应用。该项目已通过招投标确定服务合作商。

（北京市民卡管理中心）

建设和房产管理信息化

【完善房地产市场全生命周期监管和服务体系建设】年内，完善房屋交易相关系统建设。按照通州区商业办公限购逻辑规则对新建商品房交易系统、存量房交易服务平台进行改造，调整存量房服务平台的房源核验、房源核验复议、资金监管等流程，有效保障了交易双方的资金安全，稳定了二手房交易市场；配合2016年新版预售合同、现房合同上线，做好系统改造工作；完成住房保障综合信息管理服务平台“一库五系统”的全部开发工作，建立了以房源、家庭、资金三类资源为核心的住房保障基础数据库。为保障自住型商品房交易市场的公平公正和信息透明，启动自住型商品房信息管理系统的建设工作，实现房屋平台、供应侧等系统数据共享，实现对自住型商品房的全流程化管理。此外，拓展房屋全生命周期平台的专题应用建设，实现保障性住房项目专题、学区房专题、物业调查管理信息系统模块、公建电耗等专题图层数据分析展示；配合《关于转发〈住房城乡建设部等部门关于加强房地产中介管理促进行业健康发展的意见〉的通知》要求，对现有经纪机构、分支机构、从业人员备案系统进行调整，并增加了经纪服务合同备案功能，规范了经纪机构行业管理。

（张贺）

公积金管理信息化

【完成云服务基础设施项目建设工作】年内，北京住房公积金管理中心完成了综合信息管理系统云服务基础设施平台的设计和实施，并通过专家评审。综合信息管理系统采用了前沿的“云服务”模式，在北京市电子政务建设中尚属首例。

（郭芳）

【完成综合信息系统升级改造项目】年内，北京住房公积金管理中心完成《北京住房公积金管理中心综合信息系统升级改造项目总体技术方案》《北京住房公积金管理中心综合信息系统升级改造项目总体实施方案》和《北京住房公积金管理中心综合信息系统升级改造项目技术标准规范》的编制工作，并通过专家评审。总体技术方案、总体实施方案和技术标准规范的制定，为综合信息系统升级改造项目的建设提供了理论依据。

（郭芳）

流动人口管理信息化

【中标内蒙古自治区公安厅省级居住证制证系统项目】11月4日，航天信息股份有限公司中标内蒙古自治区公安厅省级居住证制证系统项目，将提供自主研发的制证一体机、签注机、制证管理系统及密钥系统等软硬件，搭建涵盖从数据到制证的整套信息化系统。项目建成后，将有效解决流动人口数据对接、居住证制发、制证模式、制证设备及相关系统的部署建设等问题，实现流动人口及居住证相关信息的集中管理，提高了公安机关治安管理工作的信息化水平，实现了内蒙古自治区居住证的全覆盖与全区通，为内蒙古自治区公安厅落实国家及自治区的居住证政策提供科技支撑，助力公安部门推进新形势下流动人口服务管理工作，提高社会管理和公共服务水平。

（航天信息）

【完成全员人口系统运行和维护工作】年内，完成了全员人口个案信息管理系统户籍管理子系统、流动人口管理子系统、决策支持子系统运维工作，2016 年总计受理服务请求 11521 个，包括故障申报电话事件 9165 个、即时通信消息群事件 2356 个，其中技术咨询和业务咨询类为 4739 个，网络故障类为 1299 个，数据处理 1131 个，用户名、密码 395 个，其他问题（报表核对、无法使用全员系统等）1601 个。

（任向群）

【北京市生育服务系统升级改造】年内，启动了北京市生育服务系统升级改造项目建设，可覆盖常住人口的办证工作。该系统主要功能包括：两孩以内生育登记服务（网上及现场办理）、三孩及以上再生育确认（网上预约、现场办理）、流动人口生育登记服务（网上预约、现场办理）、移动生育服务系统、建设数据协同共享接口、云系统部署及功能开发。项目采用公开招投标形式，市财政全额拨款，总投资 884.25 万元。6 月，完成项目招投标；7 月 15 日，召开项目启动会；至年底，完成了项目的需求调研、开发、测试、部署等工作。

（冯文洁）

【建设人口管理信息系统实现精准管理】年内，怀柔区搭建了人房系统，开展人房信息匹配关联，使人房关联率达到 99% 以上。推动建设全员人口管理系统。实现人口信息的及时更新，形成标准统一、管理规范、覆盖全部人口的个案信息数据库。流动人口和出租房屋信息采集和管理系统运行良好，各项数据直采直录，各镇乡街道流管办对流动人口和出租房屋数据实时采集、实时录入。据流管办平台统计，截至年底，怀柔区流动人口 93540 人，出租房屋 18253 户。每月开展流动人口监测月报分析工作，对怀柔区流动人口户籍来源、性别比例、年龄阶段、工作、居住及区域分布和行业分布增减等方面进行分析研判，为卫计委、公安、统计、教委等相关职能部门提供数据查询。开展抽查检查工作，摸排流动人口采集登记“四率”情况，督促各镇乡街道实时更新流管平台数据。2016 年全年流动人口新增 25171 人，核销 23441 人，更新 40937 人。深入推进出租房屋挂牌管理工作，更新出租房屋数据，全年出租房屋新增 1407 户，核销 1361 户，更新 13617 户。加强人房数据关联，全年人房关联数据更新 11315 次。

（郑立勇）

应急管理信息化

【概述】年内，北京市政务信息安全应急处置中心在北京市经济和信息委员会党组的领导下，经全体工作人员的共同努力，较好地完成了年度工作任务。政务信息安全应急保障能力稳步提升；政务信息安全 7×24 小时监控工作有序开展；推动全市信息安全容灾备份工作，探索政务灾备云建设；技术性研究及综合管理工作有力支撑中心业务开展。

（北京市政务信息安全应急处置中心）

【开展工业控制设备默认密码清单被公布事件的

应对工作】2月，副市长隋振江对《因特网动态（增刊第7期)》上工业控制设备默认密码清单被公布事件作出批示，要求加强工控信息安全工作，市经济和信息化委会同市国资委认真落实批示精神，研究制定《关于开展北京市工业控制系统安全隐患排查及整改工作的通知》印发相关行业主管部门和市属相关企业，组织北京市电力、热力、燃气、供水、排水、轨道交通等城市关键基础设施行业主管部门、运营单位召开工作会，对工控系统安全隐患排查整改工作进一步研究部署。一是发挥各行业主管部门行业安全监管职责，把工控系统信息安全管理作为安全生产工作的重要内容抓好抓实；二是工控设备设施运营单位全面开展安全整改工作。重点是严格工控设备与互联网的连接管理，严格控制远程访问；修改工控设备默认密码；开展系统升级，及时修补系统漏洞。

（市经济和信息化委信息安全处）

【完成节假日和敏感时期的信息安全应急保障任务】年内，北京市政务信息安全应急处置中心累计投入值班人力共计1488人日、各类应急专用工具266台次，备勤应急专用车10辆次。根据市通信保障和信息安全应急指挥部要求或事发单位请求，中心共完成17起信息安全突发事件的现场应急处置工作。

（北京市政务信息安全应急处置中心）

【完善合作通报机制】年内，根据监控保障需求，北京市政务信息安全应急处置中心继续完善与国家互联网应急中心、中国人民解放军信息技术安全研究中心、中国信息安全测评中心的合作通报机制，本年度重点扩大了监控范围。3家合作单位共通报安全事件212起，涉及119家责任单位，进一步提高了本市政务网络和信息系统的监控保障能力。

（北京市政务信息安全应急处置中心）

【完成年度技术支撑任务】年内，北京市政务信息安全应急处置中心充分发挥技术支撑作用，全年共召开技术评审会议10多次，讨论议题26项，有效支撑全年项目采购、实施、变更、结题、财政预算的编制申报、项目评审等工作的完成。加强项目质量管理，按季度和里程碑结点检查跟踪执行进度，做好综合绩效，问题通报和整改工作，对全中心信息化项目的安排执行进行统筹管理。

（北京市政务信息安全应急处置中心）

城市管理

【获“十二五”智慧城市贡献单位称号】1月6日，第六届中国智慧城市大会开幕，国务院参事牛文元、中国工程院院士邬贺铨等专家、领导和企业高层等300余人参加会议。北京、武汉、南京、本溪、厦门、无锡等城市相关负责人围绕“十二五”智慧城市整体建设等话题开展研讨。大会旨在通过国家政策的解读，“十二五”时期城市发展经验交流，以及智慧城市部分主流企业的建设实践分享来为“十三五”城市发展提供路径参考和借鉴。会上，牛文元发表了题为《新常态下城市的智慧管理》的演讲，邬贺铨则针对城市安全问题和大数据发展做主题报告。市经济和信息化委副主任毛东军参加大会并就“智慧北京”主题进行演讲。大会特授予北京市为“十二五”智慧政务领军城市，市经济和信息化委为“十二五”智慧城市贡献单位。

（市经济和信息化委电子政务处）

【第四届“中国智慧城市年会”召开】 4月21日，由中国电子信息产业发展研究院主办，中国智慧城市发展促进工作联盟、北京赛迪出版传媒有限公司承办的第四届（2016）“中国智慧城市年会”在北京召开。该届年会以“智慧助力城市的创新、协调、绿色、开放、共享发展”为主题。北京大学教授、工业和信息化部原副部长杨学山，中国电子信息产业发展研究院副院长樊会文，国家信息中心专家委员会委员宁家骏，唐山市工业和信息化局副局长李技，深圳市前海亿车科技有限公司创始人兼CEO佘志登，北京中昌天盛科技有限公司总裁孙成光，赛迪设计副总裁柳絮等在会上作了主题发言。会上还进行了的颁奖仪式，共颁布了“智慧城市人物奖”“智慧城市创新奖”“智慧城市企业奖”及“智慧城市产品/方案奖”四大奖项。

（江欣）

【协助举办科博会智慧北京展】 5月19—22日，以“‘智’能高精尖，‘慧’普你我他”为主题的科博会在北京国际展览中心1A号馆举办。展会通过市经济和信息化委相关处室、北京通信产业协会、智慧城市联盟、中关村物联网产业联盟等多方征集，从90余家报名企业中筛选出52家企业参加展览，取得了较好的宣传推广效果和市民科普效果。

（市经济和信息化委对外交流合作处）

【第二届中美气候智慧型/低碳城市峰会开幕】 6月7日，第二届中美气候智慧型/低碳城市峰会在京开幕。北京市委副书记、市长王安顺，国家发展改革委副主任张勇出席开幕式并致辞。王安顺在致辞中欢迎中美两国的市长和嘉宾齐聚北京，共商绿色低碳发展。张勇致辞希望双方在低碳城市建设、碳排放交易、财政和金融政策方面深入交流合作，使城市更宜居、更可持续，为保护人类共同家园作出更大贡献。峰会是落实《中美元首气候变化联合声明》的重要举措，首届峰会2015年在洛杉矶举行。开幕式上，中美两国城市政府部门、研究机构、企业等共同签署20多项协议，其中北京与兰州签署《北京—兰州低碳城市发展合作协议》。

（江欣）

【召开智慧城市建设专题培训】 8月8日，市经济和信息化委在北京社会主义学院报告厅组织召开了智慧城市建设专题培训，由深圳市智慧城市大数据研究院院长、原深圳市社会工作委员会专职副主任、清华大学兼职教授陈东平进行为期半天的专题授课。陈东平就“新型智慧城市思考——以深圳实践为例”为主题进行了培训和经验分享，讲述了深圳在智慧城市建设和大数据应用方面的先进做法、优秀经验，以及在行政审批、公共服务等方面所做的一系列创新工作。全市50余个委办局和各区信息化主管部门负责人等共160余人参加培训。

（市经济和信息化委电子政务处）

【2016全国信息消费示范应用城市行启动仪式举行】 8月8日，由工业和信息化部信息化和软件服务业司、市经济和信息化委指导的“2016全国信息消费示范应用城市行”启动仪式在首站北京举行。2016全国信息消费示范应用城市行北京站活动由中国电子报社主办，京东集团承办，中国信息通信研究院、北京软件与信息服务业促进中心、北京软件和信息服务业协会协办。市经济和信息化委委员姜广智致辞，工业和信息化部信息化软件服务业司司长谢少锋发表主旨演讲，来自全国示范应用城市代表、

示范应用项目单位、北京部分软件企业近 200 人参加活动。

（江欣）

【北京市开通“–MyBeijing–”服务的公共场所再增 49 个】 8 月 13 日，北京市第六批开通免费无线上网服务的 49 个公共场所正式开始提供服务。其中，行政服务大厅 12 个、商业街圈和公园绿地 37 个。

（江欣）

【第五届中国城市信息化 50 强发布会召开】 9 月 10 日，由中国计算机用户协会、宁波市人民政府主办，中国城市信息化推进论坛、宁波市经济和信息化委员会承办，北京信息化协会、中国软件和服务外包网、中国软件和信息服务业百人会、宁波市软件行业协会协办的 2016 中国（宁波）智慧城市推进大会暨第五届中国城市信息化 50 强发布会召开。会议主题是“智慧城市惠民兴业”。工业和信息化部信息化和软件服务业司司长谢少锋，中国工程院院士倪光南，中国计算机用户协会理事长洪京一，宁波市人民政府副秘书长胡望荣，中国计算机用户协会秘书长唐群，宁波市经济和信息化委副书记、副主任、宁波市智慧办主任徐红等领导和行业专家参加了大会。在此次大会上，中国计算机用户协会宣布将协会所属的中国城市信息化推进论坛更名为中国智慧城市评价论坛，同时宣布成立中国智慧城市百城会并举行了揭牌仪式。无锡市信息化和无线电管理局局长张克平被聘为中国智慧城市百城会首任执行会长。北京信息化协会副理事长单位东软集团股份有限公司获得 2016 中国智慧城市杰出服务商称号。大会由中国计算机用户协会理事、中国城市信息化推进论坛执行秘书长萧亚平主持，来自著名 IT 企业的高管、行业专家和地方智慧城市工作的主管领导共十位嘉宾围绕“智慧城市 惠民兴业”的大会主题发表了演讲。在此次大会上发布了中国城市信息化 50 强城市，北京市和上海市荣登 50 强榜首。

（江欣）

【第十三届北京百万家庭数字生活技能大赛家庭决赛举行】 9 月 25 日，第十三届北京百万家庭数字生活技能大赛家庭决赛在中央民族乐团主音乐厅举行。东城、朝阳、丰台、海淀、顺义、房山、昌平、平谷、密云 9 支家庭队从全市 16 支区代表队中脱颖而出入围决赛。决赛围绕着“互联网 + 我们家”的主题，设置了“快问快答”“眼疾手快”“我来说，你来猜”“巧夺桂冠”4 个知识比拼环节，考察各家庭代表队对智能生活、网络安全、移动互联等信息化科普知识的掌握程度。经过激烈比拼，最终密云区井源浩一家获得了总决赛一等奖；获得二等奖的是朝阳区、东城区和平谷区的家庭代表队，海淀区、丰台区、顺义区和房山区的家庭代表队获得三等奖。

（江欣）

【北京市再次获亚太区领军智慧城市称号】 11 月 17 日，由国家信息中心和国际数据集团（IDG）主办的“2016 亚太智慧城市发展高峰论坛”在深圳会展中心完美落下了帷幕，并于当晚举行了亚太领军智慧城市评选颁奖典礼。活动现场颁发了“2016 亚太区领军智慧城市”“2016 年亚太区领军智慧城市厂商”“2016 中国领军智慧城市”“2016 中国智慧城市创新奖”“2016 中国领军智慧城市厂商”奖项及多个单项奖。其中，北京市获得“2016 中国领军智慧城市”和“2016 亚太区领军智慧城市”奖。

（市经济和信息化委电子政务处）

【开展多元化服务】 年内，北京市民卡管理中心以北京通卡服务为试点，开展多元化服务，通过北京通卡向老年人、残疾人发放各类补助超

10 亿元。国产芯片占有比率高，达到 92%。一是通过“北京通—养老助残卡”为老年人总共发放养老补贴约 4.79 亿元；提供购物、老年服务等 909.2 万次。二是通过“北京通—残疾人证”向残疾人发放助残券等多种补贴约 6 亿元；残疾人刷卡免费乘公交 5000 多万人次；刷卡消费 50 万余笔。三是年内还将以六里桥政务服务中心为试点，进一步验证多卡合一、虚拟卡与实体卡相结合的技术可行性。

（北京市民卡管理中心）

【参与智慧城市建设】年内，北京歌华有线电视网络股份有限公司将智慧城市业务作为战略发展方向，充分发挥公司网络、技术、资源和本地化优势，深入参与“智慧北京”建设。公司加强基于云平台、视联网平台及物联网平台的新产品开发，创新产品与服务，积极推进智慧广电发展建设；重点加强政府客户全业务拓展，并着力打造教育、金融、医疗、环保、交通、商业企业等重点行业应用服务。

（歌华有线）

【“智慧北京建设和发展意见”编制】年内，电子政务处系统梳理和研究了国家、北京市关于新型智慧城市建设的相关文件，按照市领导批示要求，提出了“意见”框架。结合信息化“‘十三五’规划”“大数据行动计划”的任务部署，重点从提升市民获得感角度提出发展目标和思路。

（市经济和信息化委电子政务处）

【完成通州城市副中心智慧城市指挥部组建工作】年内，电子政务处印发指挥部协调机制及工作规则，明确了成员单位具体构成。召开由市长主持的指挥部会议及指挥部办公室会议，按相关工作机制统筹推进副中心智慧城市建设工作。

（市经济和信息化委电子政务处）

【组织“智慧北京展”】年内，电子政务处组织第 19 届科博会“智慧北京展”展览项目，包括项目招标、布展方案和宣传方案的起草、企业邀请和组织参展、媒体组织沟通、宣传材料的撰写、领导接待、媒体专访安排等一系列相关工作，取得较好的传播效果，相关报道原创含转载超 400 篇。进一步推动了“智慧北京”品牌推广工作。

（市经济和信息化委电子政务处）

【制作刊发《智慧北京动态与思考》】年内，电子政务处完成专刊的组织策划、撰写编辑、采访协调、会议组织、电子版传播、杂志发放等系列工作，建立了各区县经济和信息化委信息员、专家、记者、编辑为一体的专刊工作体系。当前已制作刊发 3 期专刊及其微信版推送。

（市经济和信息化委电子政务处）

文化事业

有线电视

【歌华导视频道实现高、标清同播】7月12日，歌华导视频道正式实现高、标清同播。“歌华导视”定位于宣传高清交互平台、推介各电视频道的优秀节目内容、推广首都各类文化演出活动。年内，导视频道每日平均首播节目时长达到5.5小时，累计制作13档栏目，共计2000小时节目内容，平均收视率超过多家地方卫视高清频道。

（歌华有线）

【打造“全国收视数据新产品”】年内，北京歌华有线电视网络股份有限公司积极推进与中国广播电视网络有限公司和全国各地有线电视网络公司的合作，共同打造“全国收视数据新产品”。“中国广电大数据联盟”一期产品——《京津冀有线电视收视数据报告》已生产50余期。同时，北京歌华有线电视网络股份有限公司依托“中国广电大数据联盟”全力打造《全国重点城市广电大数据一期数据产品》，确立以直播收视率为基础进行数据生产，与上海、天津、河北、广东等地合作，生产完成一期数据产品样刊1.0版本。

（歌华有线）

网络文化

【举办互联网游戏创新创业大赛】1月12日，石景山互联网游戏创新创业大赛总决赛及颁奖典礼在石景山创新平台圆满结束。此次大赛历时一个月，是继石景山区政府与微软（中国）签订战略合作后又一次重大活动，旨在为从事或热爱网络游戏开发的企业和个人提供一个锻炼与展示研发成果的平台，全国近40支游戏团队参加了总决赛，共评选出8个奖项10名获奖者，来自广州谷得网络科技有限公司的游戏作品《世界2》获得一等奖。石景山区人大常委会副主任李艳出席颁奖典礼并致辞，表示此届创新创业大赛的举办，不仅是对区文化创意产业影响力的进一步提升，也是石景山区推动“大众创业、万众创新”工作的一次具体行动，对于石景山区培育“高精尖”经济结构，形成以高端服务业为主导的现代产业体系都将具有重要意义。区委宣传部、区科委、区经济和信息化委及大赛合作单位相关领导出席该颁奖典礼并颁奖。

（张钦）

【房山区首个文创微信公众号“创意房山”创建】8月18日，房山区首个文创微信公众号“创意房山”正式注册上线。在微信公众号建立之初就确定了以房山区文化创意产业为核心，以服务房山区文创产业、文创企业、文创人才为主导，强化信息服务平台的功能定位。微信公众号及时发布最新文创行业资讯、文创产业政策法规、文创企业园区重要活动等。

（房山区集聚区办公室）

【“聚智文韵之 VR· 现在 · 未来”主题沙龙举办】8 月 25 日，由北京市国有文化资产监督管理办公室（以下简称市文资办）主办，中关村云计算产业联盟与中关村视听产业技术创新联盟承办的“VR· 现在 · 未来”主题沙龙活动在北京文化经济政策服务平台举办。VR，即利用计算机技术模拟产生现实环境的三维虚拟世界，让使用者及时、无限制地感知虚拟空间的事物。为了更加直观的体验 VR 技术所带来的沉静式体验，此次沙龙特邀请 VR 领域内专家和企业共同分享与交流。市文资办副主任龙晓雯亲临现场，实地体验了各类 VR 产品，并与参会企业亲切交流。龙晓雯指出，2016 被称为 VR 产业的元年，随着北京市文化科技双轮驱动战略的全面推进，VR 技术在文化创意领域的应用将全面展开，文化内容将日趋繁荣。市文资办立足产业发展，创新服务模式，建立文化经济政策服务平台，举办“聚智文韵”主题沙龙活动，就是希望通过政府搭建平台，从政策解读、资源对接、品牌建设等多方面为企业发展提供支持和服务，助力首都文化创意产业的健康发展。

（中关村云计算产业联盟）

【2016“文化 +”创新创业大赛决赛举行】10 月 18 日，由东城区委组织部、东城园管委会等单位共同主办的 2016“文化 +”创业大赛决赛暨颁奖仪式在北京台湾会馆举行。大赛于 7 月 6 日启动，以“文化筑梦 · 创新东城”为主题，旨在以创新激发活力，以创业推动发展，树立东城创业工作特色品牌，引进一批优秀创业项目，促进全区文化人才成长，形成创业带动就业的良性模式，彰显东城独特的文创资源优势。大赛首次在天津市设立分赛区，两大赛区共设 5 个分赛场，历时 3 个月征集到参赛项目 556 个，涉及教育、科技、国学、艺术等领域。最终 12 个晋级项目进入决赛，“绘本舞蹈”获一等奖，“奇力空间”“蛋解创业”获二等奖，“新品有戏”“一起走员工运动激励平台”“奇喵英语”获三等奖，“蛋解创业”“梵高先生新式偶剧”“苇韵”“乐盒教育戏剧”以及北京蛋解创业科技有限公司创始人分别获“年度创业人气奖”“年度投资价值奖”“年度创业新秀奖”“年度创业丽人奖”和“年度超级导师奖”5 个单项奖。市委组织部、市人力社保局、中关村管委会等单位相关负责人和大赛合作机构、外联高校、投资机构的代表以及文创领域专家、学者等约 200 人参加。

（刘晓霞）

【国家政策导向及文化创意产业发展专项资金项目解读举办】11 月 1 日，由北京市国有文化资产监督管理办公室主办，北京文化经济政策服务平台与中关村云计算产业联盟承办的“国家政策导向及文化创意产业发展专项资金项目解读”研讨沙龙活动在北京文化经济政策服务平台举办。此次活动为促进北京市文化创意产业发展，落实《国务院关于推进文化创意和设计服务与相关产业融合发展的若干意见》等政策，邀请到了北京市文资办相关领导及政策研究员，为各位企业代表介绍国家政策导向及文化创意产业。北京文化经济政策服务平台负责人韩正瑞向与会企业详细介绍了文化经济政策平台的服务内容和服务模式，他表示，举办此次沙龙活动的目的是为了给企业搭建更好、更便利的信息平台，方便企业了解最新的方针政策，从而使企业能够更好地把握运营方向，制定更有优势的发展战略，积极融入首都文创产业迅猛发展的大潮中去。

（中关村云计算产业联盟）

手机移动

【国内首款量产“虹膜识别”手机问世】1月23日，中科院信息工程研究所、北京中科虹霸科技有限公司、北京元心科技有限公司等单位在京发布紫潭安全解决方案，基于方案研发的双操作系统安全手机作为国内第一款量产的虹膜识别手机问世。中科院自动化研究所和中科虹霸公司突破微型虹膜成像技术，解决复杂环境光线下低分辨率虹膜图像识别问题，实现极致用户体验和高安全性的平衡，研发形成面向智能终端的虹膜识别安全解决方案。基于自主研发的椒图安全芯片和元心双操作系统，并从系统成像、特征描述与匹配、安全防伪、用户交互等方面对虹膜识别方案进行深度优化，成为紫潭方案中关于身份认证的特色组成部分。紫潭方案具备生物识别、公私分离、硬件加密、安全通信、可管可控、整机安全六大特色，建立从“终端”到“云端”的多层次全体系安全保障系统。虹膜识别手机通过各项专业认证和性能测试，达到量产的产业化水平。

（徐建）

【联想云服务“懂的通信”两款智能产品推出】2月22日，在世界移动通信大会（MWC2016）上，联想云服务业务集团推出“懂的通信”两款产品及服务：“懂漫游”（Global Roaming Service）和智能设备开箱即联网服务（Always Online Service）。“懂漫游”可供短期出境的国际商旅用户无须购买当地电话卡，只需要在联想智能手机或设备上打开“懂漫游”应用，即享受按照当地资费标准进行上网，让消费者享受世界国民待遇，服务支持全球60余个国家和地区；智能设备开箱即联网服务可通过联想Miix700平板电脑进行展示，内置智能4G通信模块，支持多APN通道，让用户开箱即连网，不管身处何处都可以在设备上随时接入互联网，安全高速的使用4G网络，对于联想用户有专属特权，在国外上网可享受本地资费。

（孙志勇　武悦）

【加快手机电视新媒体布局】年内，歌华手机电视开通了咪咕视频、咪咕阅读、语音杂志等5大业务模块，其中歌华手机电视中国移动咪咕视频业务已发展15万包月会员用户。

（歌华有线）

【完成与大兴天网平台对接工作】年内，北京歌华有线电视网络股份有限公司在大兴区累计建设监控点位2400余个；完成了大兴天网平台与歌华云平台的对接工作，实现了监控从电视端到手机端的应用。

（歌华有线）

公共卫生

【北京市电子病历共享工程项目】1月21日，信息中心组织召开电子病历共享工程项目竣工验收专家评审会，完成项目终验，并支付项目终验款428.39万元。9月8日，市发展和改革委组织召开项目决算联审会，项目通过评审，于9月30日获得市发展和改革委《关于批准北京市电子病历共享工程竣工决算的函》，批复总金额为4579.52万元。截至12月底，项目到账资金全部支付完成，尚未支付金额463.52万元。7月，在电子病历共享工程基础上，市公共卫生信息中心开展了30家医院的数据采集与质控工作，其中市属医院22家、区属医院3家、国家卫生计生委直属医院2家、北医系统医院2家、医科院系统医院1家。在此基础上，继续开展数据的分析与应用。10月，从技术上实现了电子病历信息的共享调阅，以及基于电子病历共享的协同医疗、双向转诊、远程医疗，为协同医改、决策支持以及便民服务奠定了基础。

（陈臣　郭默宁）

【完成计划生育信息互联互通平台开发】 3月，在全员人口数据库的基础上，协调国家卫计委、委内有关处室及公司，开发完成出生人口信息、计划生育信息互联互通信息化平台。通过互联互通信息化平台上报国家卫计委数据，共报送生育登记信息156927条、出生人口信息175957条。

（任向群）

【完成全员人口系统等保咨询服务项目】 10月，完成全员人口个案信息管理系统等保咨询服务项目，加强巡检制度建设，开展全员人口系统网络和系统巡检工作。市经济和信息化委在安全检查中提出了问题，信息中心针对这些问题进行了整改工作。

（任向群）

【北京市卫生综合信息管理决策支持平台】 截至年底，北京市卫生综合信息管理决策支持平台用户覆盖市卫计委所有业务处室工作人员共计300余人。通过该平台，用户可以方便查阅卫生资源情况（含医疗机构、人力、床位、设备、资产等）、医疗服务情况（含工作量、工作效率、服务费用、运营情况等）、公共卫生情况，以及丰富的主题分析（包括出院病人病案首页分析、门诊就诊信息分析、门诊大病信息分析等）。全年共计1894人次访问，其中卫生资源1350次，医疗服务589次，公共卫生547次，疾病统计273次，市属医院、数据导航、资料汇编等其他栏目2000余次。（北京市卫生综合信息管理决策支持平台以卫生综合信息为基础，以信息挖掘、分析、统计、展现为实现手段，为卫生管理者提供信息支持和数据分析服务，为业务人员提供信息综合查询、数据多维分析的工作平台。自2007年以来，分析数据包括医疗卫生机构年报表9万余条，医疗服务月报表40万条，卫生人力资源信息210万条，大型医疗设备信息20万条；出院病人病案首页信息1600余万条。）

（韩冬）

【健康益站微信平台建设】 年内，完成市公共卫生信息中心微信号“健康益站”的内容策划运维、每周栏目更新与推广。全年“健康益站”共推送信息116条，其中新闻20条、讲座义诊5条、疾病知识19条、急症急救19条、健康生活19条、健康热点20条、图说健康14条。

（徐利剑）

【建设行业专网工程】 年内，北京歌华有线电视网络股份有限公司争取到北京市卫计委光纤直连项目，为100余家医院提供光纤直连服务；另外，与物美集团合作开展专网工程，接入200余家商超，项目涵盖京、津、冀地区。此外，新中标了中石化专网、武警进京检查站、森林防火、建设银行等多家银行、北京市环境信息中心IDC业务等项目。

（歌华有线）

教育信息化

【组织完成“一师一优课，一课一名师”活动】 6月，北京市“一师一优课，一课一名师”活动正式启动，市教委先后开展了3期骨干教师研讨会和一期中期工作推进会，共计培训骨干教师150人，制作了一套15小时的在线课程，组织并指导各区教师晒课、评审、推优和网络投票，全市共有1710所学校、18309人参与了此次活动，共晒课12286节，课程涉及40多个学科，其中省级优课3660节，获得教育部2016年度全国“一师一优课，一课一名师”活动部级优课1294节。该活动充分调动了各学科教师在课堂教学中应用信息技术的积极性和创造性，推动了信息技术和数字教育资源在中小学课堂教学中的有效应用和深度融合。

（李磊）

【“互联网＋教育新生态系统”发布】 9月24日，在“互联网＋教育”新生态高峰论坛上，北京天仕博科技有限公司发布“互联网＋教育新生态系统”。系统是天仕博公司自主研发的“学酷智慧教育云平台”产品，是贯通教育系统的完整的教育信息化建设解决方案，包括省级教育云平台、城市智慧教育、数字校园、智动课堂、运营服务五大系列，将促进教育资源均衡和公平享受，以培养学生能够适应终身发展和社会发展的必备品格和关键能力为目标，构建一个全新的、可持续发展的互联网教育生态系统。

（韩洋洋）

【北京市义务教育入学服务平台获教育部优秀案例】 10月26日，第十六届中国教育信息化创新与发展论坛举办，教育部教育管理信息中心公布了2016年教育管理信息化应用优秀案例入选名单，北京市报送的“北京市义务教育入学平台——为教育公平保驾护航”入选省级教育行政部门特色应用优秀案例。此次评选是教育部教育管理信息中心从各省遴选上报的98个案例中，经过专家组网络初评和现场答辩，共评选出27个教育管理信息化应用优秀案例（其中省级教育行政部门特色应用案例3个，地市或区县区域统筹应用案例12个，学校创新应用案例12个）。教育部教育管理信息中心将把案例汇编成《教育管理信息化应用优秀案例集》，给予重点宣传和推广。

（刘宇光）

【中小学校园网网络基础知识微课建设】 11月，完成校园网基础知识微课建设，项目共计录制了网络基础知识微课400节。涵盖校园网建设和运行过程中的一些基础知识，包括服务器的配置、网络安全和存储的基础知识、路由交换的配置等。微课短小精炼，内容切合实际，容易掌握。技术上录制视频以三分屏形式展示，左上角为教师视频，占整个课程的1/9，展示主讲教师的坐姿授课，音画与另外两部分同步。现阶段微课在中小学校园网综合服务平台上发布，为全市中小学网管教师能力提升培训提供内容支持。

（季茂生）

【打造精品公共教育服务】 年内，北京歌华有线电视网络股份有限公司高清交互平台教育专区在线课程资源超过4万节，时长超过8500小时。在雾霾等极端天气期间，积极配合市教委开展课程直播与点播服务，搭建了“直播互动教学平台”，改版升级“北京数字学校”，并上线了“首都教育”“经典阅读”“歌华课堂”专题栏目。单日访问量最高达135万次，全年课程访问量近3000万次，充分发挥了“停课不停学”的作用。

（歌华有线）

【完成国家教育管理公共服务平台北京市数据中心建设】年内，完成省级数据中心三期建设；完成教育部安全管理平台在北京市的部署；教育部、北京市之间通过加密隧道实现互联；通过市级教育机房的加密隧道建设，实现敏感数据加密传输。

（陈昊）

【北京教育资源网运营与服务】年内，北京教育资源稳步提升，延续“教师先选择，政府后服务”的成熟模式，采用电子货币机制，为全市中小学教师提供数字化教育资源服务。截至年底，累计更新资源8831条，下架过时资源2万余条，发放电子货币3.2亿点，累计消费合计人民币198.5万元。同时，2016年度资源网采购了包含电子期刊、文献检索、智能组卷、英语口语训练等多项与教育教学相关的资源服务，降低了教师使用的复杂度，深受一线教师欢迎，使用积极性有显著提升。

（顾忆岚　宋洁）

【全面推广市级数字资源共享交换平台】年内，完成市级数字资源共享交换平台与全市各区的对接，实现市级资源全覆盖，面向各区、学校提供广泛的资源接出服务。梳理各区资源对接后的各项数据，了解各区的应用情况并做好配套服务；通过走访调研及培训推广，80余所学校提出了对接申请，并在陆续接入中。市、区、校三级资源融合得到进一步巩固。

（顾忆岚　宋洁）

【开展北京市教育信息化服务中心建设】年内，服务中心通过400客服电话的形式，为用户提供技术支持服务，承接北京市义务教育入学服务平台以及北京数字学校的技术支持客服工作。根据不同业务平台的需求，动态设置相应的座席人数，提供工作日7×8小时技术服务。截至年底，累计接听咨询电话81402条，平均每个电话通话时长约3分钟，累计提供咨询244206分钟，其中44%为咨询北京义务教育入学服务平台报名、操作流程问题，31%为咨询初中实践活动管理服务平台，10%为咨询北京数字学校活动，15%为咨询其他服务项目，包括北京市中小学义务教育入学计划管理平台和北京市学生健康体检电子回执系统ID密码登录问题等。服务中心充分展现了首都教育系统的服务力和公信力，推动了教育信息化的发展，为广大市民提供了便利。

（李茂生）

交通信息化

【概述】年内，为进一步做好北京“十三五”智能交通体系规划研究工作，北京市交通信息中心与北京市交通委员会就“十三五”智能交通体系规划进行深入研究。基于交通委和交管局数据融合的交通实时路况信息上线。"北京交通"官方App上线。建成公交调度指挥协同平台，提高了实际运营和调度水平。编制并上报了《路侧停车及车载智能收费管理信息化方案》。

（葛启彬）

地面交通信息化

【交通信息化领域重点工作开展座谈交流】2月17日，北京市交通委员会科技处与北京市交通信息中心就2016年交通信息化领域重点工作开展座谈交流，双方进行了深入的交流。通过交流，一是全面掌握了各自业务工作，二是找到了需双方合作开展的重点工作。与会双方表示要坚持定期沟通交流，更好地推动北京市交通委员会各项交通信息化重点工作的开展。

（葛启彬）

【开展北京"十三五"智能交通体系规划研究】3月1日，为进一步做好北京"十三五"智能交通体系规划研究工作，北京市交通信息中心领导班子与北京市交通委员会科技处就"十三五"智能交通体系规划进行深入座谈交流。听取了项目组汇报以后，与会双方进行了讨论，就"十二五"发展情况、未来趋势研判、"十三五"重点发展行业及项目等方面形成了修改意见。

（葛启彬）

【基于交通委和交管局数据融合的交通实时路况信息上线】4月30日，基于交通委和交管局数据融合的交通实时路况信息在交通委和交管局网站同步上线。交通实时路况信息统一发布工作是2015年交通委和交管局共同推进的主要工作之一，北京市交通信息中心在北京市交通委员会科技处的领导下，经过一年多的数据接入、处理、融合等相关工作，正式上线发布。交通实时路况统一发布工作的完成，不仅可以为市民提供更加精准、全面的实时路况信息，同时，也实现了政府跨部门的数据交换、共享和共用。

（葛启彬）

【"北京实时公交"成果发布】8月4日，北京市人民政府新闻办公室和北京市科委于7月21日联合举办《北京技术创新行动计划（2014—2017年）》专项系列成果新闻发布会。会上对"北京实时公交"进行了成果发布，评价"北京实时公交"有效提高了道路交通智能化和信息化水平。"北京实时公交"是中心自2013年发布的实时公交便民查询服务App，到当天为止下载量超过260万次，日均活跃用户10万余人；新版软件在交通委网站开设专题并提供下载链接，方便市民下载使用。

（葛启彬）

【"北京交通"官方App上线】8月25日，"北京交通"官方App上线发布会举办。北京市交通信息中心作为软件技术开发部门，协助完成App上线发布工作。市新闻办、市交管局、北京铁路局等相关委办局单位的负责人和北京公交集团、地铁公司、首发集团及一卡通公司的宣传部门负责人作为嘉宾参加了发布会。

（葛启彬）

【滴滴出行智能交通云计算平台发布】9月1日，在华为全联接大会2016上，北京小桔科技有限公司（滴滴出行）发布智能交通云计算平台。平台通过收集到的出行大数据，可以实现区域热力图、OD数据分析、城市运力分析、城市交通出行预测、城市出行报告以及信号灯动态配时等功能，同时还能为实时路况、实时公交、

ETA、城市运力补充等公共出行方面提供服务。

（杜玲）

【“北京交通”App 软件升级】 9 月 5 日，由北京市交通信息中心开发完成的“北京交通”App 软件，新增及调整线路 208 条公交线路，当前线路覆盖达到 821 条。“北京交通”App 自 2016 年 8 月份发布示范服务以来，得到北京市民的广泛关注和认可，到当前为止下载量超过 14 万次。新版软件在苹果 App Store 及各个安卓应用市场均提供了下载服务，同时在交通委网站开设专题并提供下载链接，方便市民下载使用。

（葛启彬）

【参与城市副中心信息化建设】 年内，北京歌华有线电视网络股份有限公司开展了城市副中心办公区有线电视机房和管道等基础设施规划，并规划建设城市副中心办公区云中心通信楼 5000 平方米机房；年内还初步完成了城市副中心（155 平方公里）有线电视网络规划工作。

（歌华有线）

【建成公交调度指挥协同平台】 年内，北京公共交通控股（集团）有限公司建成公交调度应急指挥中心，包括 1 个总中心——集团调度应急指挥中心，5 个调度应急分中心——东部调度分中心、南部调度分中心、西部调度分中心、北部调度分中心、中部调度分中心，2 个专业分中心——物业管理分中心、保修分中心，实现实时运营调度指挥监控、工作稽查、突发事件响应和统一指挥等。实现对 2 万余辆公交车、800 多条线路的实时调度与指挥，行车计划、劳动排班自动化编制，北斗卫星定位及刷卡数据实时采集与分析，场站辅助调度设备健全，提高实时运营组织与调度指挥水平。

（孙国萍）

【建设大数据平台】 年内，北京公共交通控股（集团）有限公司在信息资源平台完成数据交换共享和深度融合的前提下，完成了大数据平台技术验证和试点应用示范工程和一期大数据综合分析建设，实现了海量定位数据、客流数据、调度数据等实时监测，对运营调度、人车效益、技术保修、加燃能耗、线路对标、低效检查、公交专用道、GPS 公里、客流 OD、线网路况等方面进行了综合分析，为深度挖掘公交数据资源，提升公交精细化管理、科学决策提供了数据支撑。

（孙国萍）

【完成定制公交电子商务平台三期建设】 年内，北京公共交通控股（集团）有限公司完成节假日旅游专线、“铛铛车”“高铁快巴”、集体出行等新的业务板块的开发，扩大了定制公交电子商务平台多样化出行服务品类，为乘客提供更多出行选择；完成“乘友圈”功能板块，增加用户黏性、扩大乘客范围；完成定制公交电子商务平台网站改版，优化升级定制公交网站，提升用户体验，为乘客提供更加优质的服务。

（孙国萍）

轨道交通信息化

【初步完成数据挖掘和可视化展示】 年内，北京市地铁运营有限公司加快全量数据仓库建设，初步完成数据挖掘和可视化展示，实现客流量数据采集并建立数据模型，实现地铁线路实时客流及线路环比。全量数据仓库是北京地铁数据管理和分析的中枢神经，更是信息化建设的核心任务，是北京地铁的生产运营管理数据集散中心、统计分析中心和信息发布中心。

通过人力资源人员及业绩事件数据的采集与展示，对人力资源数据进行多维度的分析，展示操作类员工业绩情况，为领导决策提供有力的支撑。

（胡平）

【开展关键信息基础设施网络安全检查】年内，北京市地铁运营有限公司按照市网信办、市国资委和市交通委关键信息基础设施网络安全检查文件精神，组织所属有关单位、有关部室开展了集团所属关键信息基础设施信息安全自查工作，完成了“北京地铁网站”、乘客信息系统（PIS）、信号系统、中央级综合监控系统（ISCS）、BAS系统、桥隧设施加装安全监控系统、自动售检票系统（AFC系统）、视频监控系统（CCTV）共8个公司关键信息基础设施的信息安全自查工作，并于年底通过了市网信办对2号线BAS系统、昌平线ISCS系统的现场检查。

（王玉兰）

【完成城市轨道交通关键设备在线监测与智能诊断系统研究与应用建设示范项目】年内，北京市地铁运营有限公司完成城市轨道交通关键设备在线监测与智能诊断系统研究与应用建设示范项目。该项目成果包含了论文6篇、软件著作5个、专利2个，并完成了各专业子系统数据汇总系统开发、平台软件开发、网络建设、机房建设、系统集成及功能部署等研发内容，初步编制了《数据采集标准（草案)》。在北京地铁7号线等示范应用，并在北京地铁研发中心搭建了综合监测平台（包括数据采集平台、数据存储平台、数据处理平台、应用平台、信息发布平台）。通过该项目的示范，实现了对7号线轨道交通信号、线路、机电和车辆4个专业的关键设备运行状态的监测。

（技术部　研发中心）

【完成时速100公里以上城轨车辆走行部运行状态监测及维修决策研究课题】年内，北京市地铁运营有限公司完成时速100公里以上城轨车辆走行部运行状态监测及维修决策研究课题。本课题以典型的时速超过100公里城市轨道交通车辆走行部关键部件为研究对象，课题研究成果包括城轨车辆走行部关键部件模型、城轨车辆走行部关键部件在线监测系统、城轨车辆走行部关键部件寿命计算报告、城轨交通车辆走行部关键部件维修辅助支持决策报告。该研究成果已在6号线、15号线、机场线、房山线、昌平线这5条时速百公里线路上应用，示范结果表明提高了车辆走行部运行状态的可靠性，此研究可为中国时速100公里以上城轨车辆走行部状态监测及维修决策提供指导性建议。为百公里车辆维修周期及维修策略提供支持。同时，城市轨道交通车辆走行部安全评估体系的建立以及评估方法的研究为城市轨道交通车辆的安全运营提供了强有力的辅助分析。

（技术部　研发中心）

城际交通信息化

【“京津冀交通一卡通互联互通北京一期工程”竣工验收】12月9日，由北京市交通信息中心立项及推进实施的“京津冀交通一卡通互联互通北京一期工程”竣工验收评审会召开，北京市交通信息中心派员出席 。各承建单位依次进行项目建设情况汇报，专家组逐个合同审查并现场质询，确定验收意见。最终，14个项目标段全部通过验收。

（葛启彬）

车辆管理信息化

【公交车辆图像安保监控系统】年内，北京公共交通控股（集团）有限公司依托场站安防监控系统工程项目，部署390个公交场站安防监控设施；升级完善原有公交图像信息管理系统功能，优化调整图像信息管理系统网络结构及安全体系；开发与集团大数据平台信息共享接口，整合八方达、保修、北汽、燃料、指挥车等图像资源，对接公交总队、交通委2个委办局图像系统，实现图像信息资源的整合与共享利用。依托重点区域公交中途站安防监控系统建设项目，建设北京公交集团所属757个重点区域公交中途站安防监控系统。北京公交集团安保监控系统为公交安防（技防）、运营调度、应急指挥等提供图像信息。

（孙国萍）

【推进路测停车管理改革工作】年内，电子政务处按照《2016年北京缓解交通拥堵行动计划》工作分工和市领导相关要求，基于“治停促行、行停统筹”的原则，编制并上报了《路侧停车及车载智能收费管理信息化方案》，方案获得市领导批示并要求加快推进。电子政务处积极与相关单位进行对接，就路侧停车管理平台建设、技术选型、管理模式、区域试点等工作与交通委、交管局、东城区进行专题交流，明确了落实推进思路。

（市经济和信息化委电子政务处）

环保信息化

【概述】年内，北京市环保信息化工作紧紧围绕环境保护中心工作，全面加强信息统筹规划研究工作，完成《北京市“十三五”时期环境信息化建设规划》编制工作。完成北京市环境保护局政府网站升级改版工作。加强重点信息化项目建设、信息安全建设、运维保障等各项工作，继续提高信息化服务保障能力和水平。

（梁雪霞）

【网站升级改版方案通过审定】2016年，北京市环境保护局政府网站升级改版工作是局折子工程的重点任务，截至10月31日，新版政府网站门户页面设计方案已通过局领导审定，进入具体实施阶段；局综合办公平台邮件系统升级工作已完成联调测试，待部署上线。

（陈海宁　蒋昕　蒲铮　白钰）

【加强信息统筹规划研究工作】年内，完成《北京市“十三五”时期环境信息化建设规划》编制工作，通过专家评审；基本完成《大数据技术在污染源监管工作中的应用研究》《信息化建设项目全流程管理信息系统建设方案研究》和《北京市污染源管理编码规则研究》等3项研究课题，形成了《北京市环境保护局信息化建设项目全流程管理办法》和《北京市污染源管理编码规则》修订稿；以“大数据技术在环境影响评价工作中的示范应用”为课题，向市科委申报“绿通”项目，通过专家评审；完成全局8个部门17个信息化项目的预审、报审以及3

个信息化系统的验收报备工作，已有 16 个项目获得批复；按照《北京市环境保护局正版软件使用管理办法》，统一采购了 874 套正版 Office 办公软件，正在根据使用需求进行分发，将督促各单位及时建立正版软件台账。

（陈华　张光怡　王元哲　孙玲玲）

【开展业务信息化项目建设】年内，市环保局组织开展了机动车审批管理系统（二期）软件测试、安全测试和上线试运行工作，计划年底前完成终验；完成办公室重点工作管理系统、研究室快报系统、大气处督察系统和锅炉治理统计管理系统的建设开发、初步验收、试运行和培训工作；完成建设项目环境影响评价审批系统建设开发、初步验收和试运行；完成排污申报与排污费征收及稽查管理系统建设开发、软件测试和试运行等工作，通过终验；完成环境监测管理信息系统升级改造项目、老旧机动车淘汰资金补贴管理系统、行政审批业务综合管理系统和建设项目审批总量控制指标管理系统等项目的需求分析、原型设计等工作，计划年底前完成软件开发。

（蒋昕　蒲铮　张光怡）

社区信息化

【“歌华生活圈”上线】年内，北京歌华有线电视网络股份有限公司结合北京市各街道、社区正积极推进的智慧社区建设工作，推出了“歌华生活圈”智慧社区电视云服务，让社区居民足不出户，在家中通过歌华机顶盒应用板块就能轻松享受所在街道与社区带来的便利服务。包括可在电视终端浏览查看所在街道和社区的重要通知、新闻资讯，了解办理社保、民政服务的手续、流程。居民还可与社区管理者互动，以及参加社区举办的各种活动。“歌华生活圈”还为居家养老提供包括“老年餐桌”“老年安全护航”等便利服务；居民也可通过部署在社区周边的社区监控摄像头，关注社区安全。

（歌华有线）

【稳步推进社区文化站改造升级】年内，北京歌华有线电视网络股份有限公司按照市文化局要求，保障运维“数字文化社区”300 个社区服务站，积极做好视频更新和站点巡检维护工作；同时，整合了数字文化社区和益民书屋服务平台，提供一站式基层公共文化服务。

（歌华有线）

【服务进社区以及线上服务平台建设】年内，北京歌华有线电视网络股份有限公司共开办服务进社区专场 1702 个，覆盖注册用户 153 万户。完成了掌上营业厅、新网厅、微信营业厅的开发上线以及家庭宽带视频门户网站升级改版工作。通过电子渠道建设，方便了用户业务办理，减少了实体营业厅的工作压力。

（歌华有线）

【开展智慧社区建设成果的总结宣传】年内，经济社会信息化处为全面总结北京市三批智慧社区建设成果，总结交流建设经验，提升基层建设单位对于建设工作的分析和认识，开展了智慧社区建设趋势和经验成果的总结工作，从国家和北京市各项政策要求的层面，分析了智慧社区建设的思路、目标、任务、和模式，并从技术发展的角度分析了未来智慧社区建设的趋势。同时全面分析总结了“十二五”时期北京市及外省市智慧社区建设总体情况，收录创新性典型案例 103 个，编制形成《“十二五”时期北京市智慧社区建设发展报告暨 2015 年优秀案例汇编》。

（市经济和信息化委经济社会信息化处）

农村信息化

【北京三电合一暨 12316 三农服务热线工作总结会召开】 1 月 15 日，北京市 12316 热线在大兴召开“北京三电合一暨 12316 三农服务热线工作总结会”，参会人员包括各区县三电合一工作人员及信息进村入户小组办公室成员。会议对 2016 年北京市进村入户工作进行了部署安排。

（金娟）

【“北京信息进村入户工程四项服务惠三农”活动举办】 2 月 6 日，北京 12316 农业服务热线与中益农公司联合在大兴安定镇前安定村开展“北京信息进村入户工程四项服务惠三农”活动，现场为村民介绍了进村入户工作的服务内容。

（金娟）

【北京市农业局行政审批新系统正式上线】 3 月，北京市农业局行政审批新系统正式上线并与北京市政务服务中心审批业务平台实现对接。新系统完善了信息共享、申报、受理、审批、办结和监察等功能，提高了效率，增强了透明度。

（金娟）

【“优农佳品”正式上线运行】 4 月，北京市农业局产销办和信息中心在小汤山特菜大观园召开“优农佳品”网站和移动端 App 上线仪式及媒体推介会，标志着“优农佳品”正式上线运行。

（金娟）

【农业“互联网 +”项目推进】 5 月，作为农业“互联网 +”项目，“五五茗果商城”运用全新互联网技术，通过线上与线下相结合的方式营销名优果品，同时组建线下名优水果采摘团队“五五鲜行者”，向广大市民推荐全市优秀观光采摘果园以及相关采摘信息。截至 5 月，已帮助区内果农增加销售额 300 万～400 万元，进驻商户 128 家，其中 95% 来自北京各区县，登记注册会员近 4000 人。“五五鲜行者”线下采摘活动已举办 37 期，发展线下果园百余家、鲜行会员 2 万多人。

（马坡镇）

【全国农村信息进村入户工程推进工作视频会召开】 11 月 10 日，农业部召开全国农村信息进村入户工程推进工作视频会，北京市农业局总农艺师陶志强及市农委产业处处长任志刚、农委办公室主任袁雪松、城乡信息中心副主任马俊强及农业局各处室及下属单位主要领导共 20 余人参加了视频会。

（金娟）

【“房山农事通”开通】 11 月 24 日，“房山农事通”手机 App 在琉璃河镇中粮智慧农场举行了开通仪式，区领导曹磊出席活动。

（房山区农委）

【形成《农产品消费模式分析报告》】 12 月，北京市农业局信息中心联合中国农业大学完成了“农产品消费模式监测”试点工作，稳定了140个居民家庭对农产品日常购买（消费）行为进行记账、分析，形成了《农产品消费模式分析报告》。

（金娟）

【推进智慧乡村项目】年内，北京歌华有线电视网络股份有限公司配合市农经办（市农村经济研究中心），打造“北京美丽智慧乡村信息服务平台”，通过电视机终端为乡镇提供“三务公开”、办事指南等信息服务内容，平台一期搭建完成，32个村级单位内容完成上传，并启动了在延庆区张山营镇的试点工作。

（歌华有线）

社会信用体系

【第二届京津冀社会信用体系合作共建研讨会召开】6月6日，第二届京津冀社会信用体系合作共建研讨会在天津召开。国家发展和改革委财政金融司副司长李聚合、中国人民银行征信管理局副局长黄慕东、天津市政府副秘书长王魁臣出席会议并致辞；京津冀信用主管部门的领导出席会议；天津市各区县信用主管部门及京津冀部分金融机构、信用机构、中介机构的代表参加了会议。会上，市经济和信息化委与天津市发展和改革委、河北省发展和改革委的主管领导共同签署了《2016年京津冀社会信用体系合作共建工作要点》。2016年度三地共同推进以下工作：一是推进统一社会信用代码制度建设，实现京津冀统一社会信用代码的共享交换，为推进商事制度改革提供保障；二是实现三地公共信用信息服务平台的对接，初步实现企业信用信息共享交换；三是推进建立失信企业联合惩戒机制，建立基于信用体系的企业协同监管和联合惩戒机制，逐步扩大对失信企业协同监管和联合惩戒范围；四是建设“信用京津冀”专栏，大力宣传京津冀社会信用体系合作共建工作；五是建立统一信用立法和制度建设原则，共同推进京津冀公共信用信息立法工作；六是推进三地信用报告的互认互用，共同促进信用服务市场发展；七是大力开展诚信宣传教育活动，加大对京津冀社会信用体系合作共建工作的宣传力度；八是建立合作共建推进机制，加快推进京津冀社会信用体系合作共建工作。

（江欣）

【北京市企业诚信创建政策宣贯会召开】7月25日，在市经济和信息化委、首都精神文明办、市工商局、市工商联等部门指导下，北京市企业诚信创建活动秘书处组织召开了北京市企业诚信创建政策宣贯会。22家行业协会（商会）及其会员企业，以及拟参加2016年企业诚信创建活动的企业代表500余人参加了会议。会议介绍了北京市社会信用体系建设进展情况，解读了2016年国务院发布的《关于建立完善守信联合激励和失信联合惩戒制度 加快推进社会诚信建设的指导意见》精神，以及各相关支持政策。北京建材行业联合会、宁波银行北京分行也进行了发言，表示将会继续为创建企业提供更多的支持与服务。创建活动秘书处还介绍了2016年北京市企业诚信创建活动工作方案。会上，还组织举办了企业诚信经营承诺仪式，各行业协会（商会）推选部分已签订《北京市诚信经营承诺书》的企业代表，现场进行签字承诺宣言，向社会公开承诺，接受社会监督，争做行业诚信标杆。

（江欣）

【2016年北京市企业诚信创建活动总结大会】 12月8日，2016年北京市企业诚信创建活动总结大会举行。各创建协会商会有关负责人、创建企业代表、部分金融机构和信用服务机构的代表400余人参加了会议。市经济和信息化委委员任世强、首都精神文明办副主任卜秀均、市工商局等指导单位业务处室负责人参加了会议，会议由市经济和信息化委信用管理处处长彭雪海主持。大会总结了2016年北京市企业诚信创建活动工作经验，提出了2017年创建工作思路，发布了508家“2016年北京市诚信创建企业”名单。

（江欣）

【加强建筑市场信用监管和信用公示建设】 年内，完善建筑市场信用监管平台建设，在施工企业和监理的评价基础上，新增质量检测企业的评价并在门户网站进行公示，配合建筑市场管理处提出的2017年的企业诚信年工作，实现对专业承包企业的诚信评价，逐步完善建筑市场诚信评价体系。双公示信息已实现与市住房城乡建设委行政审批平台和执法平台数据实时交换，市住房城乡建设委职权范围内的行政许可、行政处罚信息基本达到7日内公示的要求。

（张贺）

【完善公共信用信息服务平台建设】 年内，北京市按照“一网四库一平台”的信用信息系统总体框架，在个人信用信息系统、企业信用信息公示系统、社会组织信用信息系统、事业单位法人信用信息系统的基础上，采用“物理分散、逻辑集中”的方式，建设完成了全市统一的公共信用信息服务平台。平台已归集了55个部门的7500余万条企业信用信息、19个部门的1.3亿条的个人信用信息、9900余家社团组织的信用信息、1.1万家事业单位的信用信息，并完成了与国家平台的对接，依法向社会提供了信用信息的查询公示服务，实现了政府部门间信用信息的共享和应用，支撑了“放管服”“随机抽查”和“扩大服务业对外开放”等相关工作。

（市经济和信息化委经济社会信息化处）

【建设失信联合惩戒机制】 年内，北京市在组织各部门认真落实国家相关部门出台的5个信用联合惩戒备忘录的基础上，加大协调力度，创新完善全市信用联合惩戒机制建设。推动45个部门制定了《北京市失信企业协同监管和联合惩戒合作备忘录》，对安全生产、食品药品经营、互联网上网服务等13个重点领域的失信企业采取限制从事政府采购、限制取得政府供应土地、限制任职资格等18项惩戒措施，已累计将169044户企业列入了异常经营名录，限制任职资格1653人次。

（市经济和信息化委经济社会信息化处）

【推进统一信用代码和“双公示”工作】 年内，北京市信用联席会议办公室印发了《关于深入推进行政许可和行政处罚等信用信息公示工作的通知》，大力推进了“双公示”工作。截至年底，全市16区和38个具有行政许可和行政处罚职能的部门全部建立了“双公示”专栏，开展了“双公示”工作，并通过“信用北京”网站向“信用中国”网站及时报送了“双公示”信息。同时，北京市也大力推进了统一社会信用代码的转换工作，已对1158573个市场主体的统一社会信用代码进行了转换，完成代码转换99.72%，基本完成转换工作。

（市经济和信息化委经济社会信息化处）

【推动公共信用信息的创新应用】年内，经济社会信息化处积极推动公共信用信息的创新应用，如推动 15 家金融服务机构在信贷融资信用评估业务中采纳个人公共信用信息，并将逐步向市公共信用信息库提供失信信息。推进朝阳区运用信用大数据创新 CBD 商圈服务监管新模式，试运行以来对 316 家风险企业提出了警告，并清退中高风险企业 97 家，潜在风险企业 5 家，优化了区域产业发展环境。推动公共信用信息在行业自律、诚信教育方面的应用，如推动百度公司将企业公共信用信息用于其互联网外卖平台的行业自律，清退不良企业；推动蚂蚁金服在已有数据基础上结合个人公共信用记录，形成蚂蚁信用分——北京版，对分值好的市民提供优惠租车，免费借用雨伞、电池和图书等便民服务。

（市经济和信息化委经济社会信息化处）

北京信息化年鉴

信息化软环境

【概述】年内，经济和信息化各领域“十三五”规划正式印发，市制造业创新领导小组成立，“高精尖”产业培育政策措施更加完善，《〈中国制造2025〉北京行动纲要》从政策制定阶段全面转入行动落实阶段。以落实《中国制造2025》和《〈中国制造2025〉北京行动纲要》为工作核心，以促进产业创新体系建设为着力点，积极配合市政府完善顶层设计，构建产业创新节点，大力培育企业质量品牌、标准化、知识产权和工业设计建设能力，持续跟踪推进新材料领域的创新和产业化，逐步完善产业创新体系。配合市政府完善创新中心建设顶层设计；加快全国科技创新中心核心节点建设；促进企业质量品牌建设能力提升；促进设计服务型制造发展；持续跟踪新材料领域创新。先后印发了《北京市加强企业信用体系建设第二阶段行动计划（2016—2018年）》（京政办发〔2016〕27号）、《关于支持人民法院解决执行难增加司法公信力的意见》（京办发〔2016〕37号）、《关于深入推进行政许可和行政处罚等信用信息公示工作的通知》（京社信联办发〔2016〕1号）、《关于贯彻落实全国社会信用体系建设工作会议的通知》（京社信联办发〔2016〕2号）和《关于加快春运信用建设的实施意见》（京经信委发〔2016〕69号）等政策制度；研究制定《关于加快守信联合激励和失信联合惩戒制度建设的实施意见》，推进《北京市行政机关归集和使用公共信用信息管理办法》的立法工作，编制《北京市公共信用信息目录（2016版）》和相关技术规范。

（市经济和信息化委经济社会信息化处）

政策与法规

【《北京市“十三五”时期软件和信息服务业发展规划》新闻发布会举行】8月12日，北京市人民政府新闻办公室和市经济和信息化委联合举办“展望‘十三五’，发展谱新篇”——《北京市“十三五”时期软件和信息服务业发展规划》新闻发布会。市经济和信息化委委员姜广智出席发布会介绍有关情况，并回答记者提问。市新闻办副主任徐和建主持了发布会。中央、北京市及境外30余家媒体参加了新闻发布会。《规划》的编制基于软件“赋值、赋能与赋智”发展演进的三个层次规律，把握了软件自身与功能外延、软件产业发展与其他产业跨界融合、软件和信息服务业的供给和需求三大关系，做好软件和信息服务相关领域与重大战略的贯彻落实，与落实“一带一路”、京津冀协同发展等区域战略，与北京市“十三五”发展规划纲要及在“高精尖”产业发展、智慧城市建设等方面的具体部署等三个方面的衔接，具有前瞻性、统领性、战略性指引的作用。

（江欣）

【编制完善管理制度】年内，北京市民卡管理中心起草了《“北京服务您”管理办法（征求意见稿）》《“北京服务您”接入技术规范（试行）》《首都城市综合服务平台监督管理办法（试行）》。

（北京市民卡管理中心）

【参与协同发展规划编制】 年内，规划布局处配合国家发展和改革委、工业和信息化部、市京津冀协同办编制《“十三五”时期京津冀国民经济和社会发展规划》《京津冀产业转移指南》《北京市“十三五”时期推动京津冀协同发展规划》，提出市经济和信息化委意见和建议，上述文件已正式发布。

（市经济和信息化委规划布局处）

【参与《国务院关于深化制造业与互联网融合发展的指导意见》等起草工作】 年内，经济社会信息化处根据工业和信息化部和市经济和信息化委相关工作要求，参与了《国务院关于深化制造业与互联网融合发展的指导意见》《工业和信息化部制造业与互联网融合发展试点方案》的起草工作。

（市经济和信息化委经济社会信息化处）

【完善政策体系】 年内，软件处发布实施《北京市“十三五”时期软件和信息服务业发展规划》，着力推动“软件 + 硬件”“软件 + 内容”“软件 + 服务”的深度耦合。推进互联网信息服务业领域的服务业扩大开放综合试点工作，向工业和信息化部争取政策支持。结合北京市软件和信息服务行业生产经营特点及企业安全生产工作现状，制定并印发《北京市软件和信息服务业企业安全指导意见》。做好行业运行监测与产业分析工作，编制并发布《北京软件和信息服务业发展报告（2016 版）》。

（市经济和信息化委软件处）

【构建高精尖体系】 年内，软件处有序推进《〈中国制造 2025〉北京行动纲要》落实工作。印发《北京市鼓励发展的高精尖产品目录（2016 年版）》《北京市工业企业技术改造指导目录（2016 年版）》，两个目录是落实供给侧结构性改革要求的具体体现，不仅向社会释放了发展什么的方向性信号，也是指引资源要素配置的重要依据。成立“北京制造业创新发展领导小组”，筹建《〈中国制造 2025〉北京行动纲要》战略咨询委员会，建立落实《〈中国制造 2025〉北京行动纲要》、培育高精尖产业的工作机制。召开北京制造业创新发展领导小组第一次工作会。审议通过了《北京市工业和科研用地项目供地联审工作规则》《北京绿色制造实施方案》，为全市制造业转型升级和绿色发展提供重要保障。

（市经济和信息化委软件处）

标准规范体系

【两项交通行业标准发布】 5 月 3 日，北京市交通信息中心承担的两项交通运输部行业标准，《JT/T 697.9—2016 交通运输基础数据元 第 9 部分：建设项目信息基础数据元》和《JT/T 697.13—2016 交通运输基础数据元 第 13 部分：收费公路信息基础数据元》已正式发布。

（葛启彬）

【中国评测发布《充电桩智能终端应用软件测评报告》】 8 月 29 日，北京赛迪智能网联汽车测评工程技术中心和国家智能终端软件产品质量监督检验中心（均隶属于中国软件评测中心）

共同开展充电桩智能终端应用软件（App）的测评，通过官方渠道选取11款充电桩App，从功能性、安全性、可靠性、易用性、兼容性、流通渠道等方面进行评测，并给出相关问题统计分析结果，用数据说明充电桩App的现状及问题，为行业相关部门提供参考。通过对充电桩App进行安全检测与渠道监测，可以发现这类App安全防范措施的薄弱环节和在流通渠道的运营风险，引起开发方、流通渠道及消费者对安全方面的重视。

（江欣）

【《城市轨道交通安全防范系统技术要求》发布】10月20日，北京市质量监督局发布《城市轨道交通安全防范系统技术要求》，北京市公安局公共交通安全保卫总队于12月底召开标准宣贯会，要求公共交通规划、设计、建设、运营、管理等相关单位，按照该标准开展轨道交通安全防范系统的设计、建设、改造、验收、管理和维护等工作。

（戚程远）

【《信息技术服务 数字化营销服务 第1部分：程序化营销协议》国家标准通过审查】11月21日，受全国信息技术标准化技术委员会信息技术服务分技术委员会委托，中国电子工业标准化技术协会信息技术服务分会（以下称ITSS分会）在北京组织召开《信息技术服务 数字化营销服务 第1部分：程序化营销协议》（计划号：20160596-T-469）国家标准专家审查会。标准编写组成员向与会专家汇报了标准的编制背景、研制过程、主要内容、文档结构等内容。专家组对标准送审稿进行了详细审查与质询，对标准内容给予肯定，并对标准结构、适用范围、相关法律法规等方面提出了完善性建议。会议宣布标准送审稿通过审查。

（江欣）

【《北京基础教育资源元数据应用规范》更新发布】年内，参照中央电化教育馆2016年更新的《国家基础教育资源元数据》，结合北京地区资源特点，完成了《北京基础教育资源元数据应用规范（2016年版）》的编制工作。元数据规范的更新对资源的汇聚、组织、检索具有重要意义，为全市资源的共享、整合奠定了良好的基础。

（顾忆岚 宋洁）

【修订《公共卫生信息系统指标代码体系与数据结构》地方标准】年内，市公共卫生信息中心组织市疾控中心、市卫生监督所、市妇幼保健院、市血液中心、市药采中心、市急救中心等，修订《公共卫生信息系统指标代码体系与数据结构》地方标准，根据专家预审会的意见进行了完善，并征求了市经济和信息化委的意见，12月形成了标准送审稿。

（张世红）

【参与前沿国家标准的制定】年内，信息安全测评中心参与前沿国家标准的制定，牵头承担了《信息安全技术 个人信息安全规范》《信息安全技术 物联网感知设备安全技术要求》等国家标准的制定工作。结合北京市信息化的实际需求，特别是针对政务云面临新的安全问题，编制了《北京市政务信息系统入云安全指南》，并组织主流企业编制了政务云（IaaS）云计算平台安全技术要求、安全服务接口规范、安全监管接口规范等系列技术文件，推动了政务云完整安全技术体系建设。

（市经济和信息化委信息安全处）

【深化标准化工作改革】年内，科技标准处会同市质监局完成了地方强制性标准整合精简工作，启动了2016年标准复审工作。培育发展团体标准，鼓励具备相应能力的协会、联盟等社会组织协调相关市场主体共同制定满足市场和创新需要的标准。其中，闪联主导的ISO/

IEC 14543-5-7：2015《信息技术 家用电子系统（HES）架构—第 5-7 部分：信息设备资源共享协同服务—远程访问系统架构》正式由 ISO/IEC 发布为国际标准，形成家庭网络信息设备互联的标准技术体系，为各种家用信息电子系统的互联互通提供了有效的标准技术支撑。

（市经济和信息化委科技标准处）

【推动京津冀区域标准化协同发展】年内，科技标准处在节能标准制定过程中，吸纳了河北省相关企业加入专家组，并广泛征集京冀企业意见，先后制定了水泥、酒类（白酒、啤酒和葡萄酒）、卫生陶瓷、供热、预拌混凝土、沥青混凝土等 10 项工业产品能耗限额地方标准。在北京率先推动《社会服务一卡通（北京通）卡片技术规范》（简称“一卡通”）的实施，带动河北、天津实现政府公共服务的融合集成。

（市经济和信息化委科技标准处）

【高端装备制造业标准化试点工作】年内，科技标准处开展高端装备制造业标准化试点工作。推荐中关村科技园丰台园、顺义科技创新产业功能区获批为国家装备制造业标准化试点。

（市经济和信息化委科技标准处）

【组织开展“《〈中国制造 2025〉北京行动纲要》‘八大专项’标准化体系建设研究”】年内，科技标准处组织开展“《〈中国制造 2025〉北京行动纲要》‘八大专项’标准化体系建设研究”。针对新能源智能汽车、集成电路等八大专项，结合北京市产业定位，提出推动八大专项相关产业建设、实施、行业服务与监管的标准化体系，形成“标准化 +”效应，满足北京“高精尖”产业发展需求，支撑《北京行动纲要》实施。

（市经济和信息化委科技标准处）

【信息安全体系通过外审认证】年内，北京首钢股份有限公司信息安全体系建设通过现状调研、风险评估、架构设计、安全规划和体系建设试运行等阶段，从信息、人员、硬件等 6 个方面梳理统计公司信息资产共 2167 类，漏洞扫描、人工检查分析发现高风险项 78 项，中风险项 1264 项，低风险项 1407 项，完成了风险处置方案与计划。根据信息安全管理体系架构设计和 ISO 27001 标准要求，设计了 1 个方针、4 个体系和 4 个过程，制定了公司未来 3 年信息安全建设工作方向和目标。新建和修订信息安全管理制度 47 份。内审共开具不符合项报告 35 份，整改问题 16 类共 64 项。5 月，首钢股份公司信息安全体系通过评估审核组的现场审核，取得认证，成为首钢集团首家通过信息安全体系认证的公司。

（温立文）

人才建设

【概述】年内，在市经济和信息化委党组和主管委领导领导下，在上级业务部门指导下，人事教育处认真贯彻全市组织部长会、全市人力社保会、全市公务员管理工作会提出的各项任务部署，坚持围绕中心、服务大局，切实发挥综合处室作用，狠抓各项工作的落实，完成年内各项工作任务。

（人事教育处）

【承办中关村华侨华人创业大会】7月4日，对外交流合作处在北京北辰五洲大酒店参与主办“2016中关村华侨华人创业大会”，组织并承办“首都‘高、精、尖’产业发展论坛”。市经济和信息化委副主任王学军参加论坛并致辞，市科委、石景山投促局等政府机构代表，中国社科院工业经济研究所、世通咨询等研究机构代表，金山云、神州细胞工程、北汽集团、汇龙森等创新型企业代表分别作了主题发言并就相关问题进行了研讨，参会人数超过500人，众多参会的华侨华人反映良好。

（市经济和信息化委对外交流合作处）

【“智能制造——百千万人才工程创新讲坛”举办】9月3日，由人力资源和社会保障部、工业和信息化部主办，北京航空航天大学承办的“智能制造——百千万人才工程创新讲坛”在北京航空航天大学举行。工业和信息化部副部长怀进鹏、人力资源和社会保障部副部长汤涛、相关领域院士、百千万人才工程入选者、部分企业技术负责人，以及人力资源和社会保障部、工业和信息化部相关司局领导，北京航空航天大学有关领导出席讲坛。

（江欣）

【完成干部培训任务】年内，人事教育处着力抓好干部培训，打造高素质干部队伍。一是联合市委组织部、市委党校举办北京市深化制造业与互联网创新融合发展专题研讨班，紧密围绕“互联网+”与制造业融合的发展趋势、工业云与智能制造、新工业思维、中国经济转型背景下的企业之路、中国工业互联网、构建北京市“高精尖”产业新体系等内容进行专题研讨。二是举办市经济和信息化委组织人事干部培训班，围绕事业单位的岗位设置及聘用管理、工资政策和基层党组织建设等内容开展专题培训。三是按照市委组织部要求，以局级和副局级后备干部为重点，安排部分局级干部和优秀中青年干部参加培训。四是组织开展网络培训教学。

（市经济和信息化委人事处）

【辅助制定政策】年内，北京软件与信息服务业促进中心参与软件和信息服务业“十三五”规划编制与研讨，形成了人才政策部分的报告。推出服务领导掌握产业情况的内部刊物《北京软件视点》22期（增刊2期），建立了内刊编辑机制，并多次业务研讨，不断改进完善。

（北京软件与信息服务业促进中心）

【实施“海聚工程”】年内，人事教育处结合市人才工作领导小组重点工作安排，深入实施“海聚工程”，创造条件引才引智。全年，通过市经济和信息化委申报“海聚工程”4人（其中2人初步入选，已征求意见），申报“千人计划”1人。

（市经济和信息化委人事处）

协会及联盟

北京电子商会

【概述】年内，北京电子商会在开展电子行业服务管理工作中，负责北京电子信息制造业经济运行数据的统计、汇总、监测及分析工作。参加工业和信息化部组织的年报审查，汇总全系统全年的经济运行数据，根据年报的统计数据，向市经济和信息化委提供2016年度经济运行分析。组织北京地区每年一次的中国电子信息百强申报工作，企业数据上报后进行审核，然后将数据汇总后报工业和信息化部。参加工业和信息化部组织的百强发布会。负责北京地区卫星电视广播地面接收设备定点生产企业申请及管理工作，每季度向市经济和信息化委汇报一次卫星企业的生产情况。北京电子商会与中国轻工业清洁生产中心合作为会员单位提供清洁生产和能源审计工作。撰写中关村课题、中关村电子信息制造业百强企业经济运行分析报告，协助会员企业办理通过国家高新复审工作。北京电子商会与北京市知识产权局以及泰尔实验室共同搭建专利、测评高端服务平台，为企业提供专利、知识产权及数据创新情报产品的服务。组织企业参加企业所得税汇算清缴、误区规避与填报技巧的培训。组织企业参加2016中国电子信息行业发展大会暨高峰论坛，组织企业参加在北京市科委、中关村管委会、海淀园管委会的指导和支持下，由北京中关村高新技术企业协会创办的“中关村高成长企业TOP100年度评选活动”。组织企业参加由中国工业经济联合会主办的“2016第三届中国工业企业履责星级评价”活动。组织企业单位参加“2016北京微电子国际研讨会暨中国新能源汽车电子高峰论坛”，北京电子商会是此次活动的协办方之一。参加北京知识产权法院案件的陪审工作。组织北京市2015年诚信创建企业复审工作，走访诚信企业。组织企业参加工业和信息化部中小企业发展促进中心主办的“推动企业改制上市、股权融资及新三板挂牌操作总裁对接会”。组织企业参加中关村社会组织联合会科技金融专委会（简称金专会）举办的“3小时让你开启商业布局新思维”活动。组织企业参加北京市科委高新处副处长施辉阳开展的主题为“最新国家高新技术企业认定政策解读”培训。组织企业参加“中关村科技企业‘民参军’政策”实务培训。组织企业参加由中国贸促会和日本国际贸易促进协会共同主办的“中日产业合作研讨会”。组织企业参加第十三届中关村人才论坛——“人才‘供给侧’改革”论坛活动。组织会员企业参加由中国工业经济联合会主办的“2016年经贸形势报告会”。组织企业参加“‘一带一路’产能合作——中拉经贸交流座谈会”。组织企业参加由工业和信息化部通信发展司、中国科学院重大科技任务局、市经济和信息化委、中国国际贸易促进委员会北京市分会联合主办的“智慧城市论坛”。组织北京电子信息考察团随市台办组团赴台参加第19届京台科技论坛。走访诚信创建企业。积极组织学习相关法律法规、党及政府相关政策，学习六中全会精神及相关文件、党章、党规，学习习近平总书记系列重要讲话。认真学习“两学一做”文件精神，以学习为抓手，筑牢思想防线，把学习作为筑牢思想防线的基石，作为武装和提高自己的首要任务。

（隋春英）

【组织建立首批知识产权纠纷人民调解委员会】 1月14日，北京人民调解协会首个专业委员会——知识产权专业委员会举行成立仪式。会上，北京人民调解协会通报了知识产权专委会筹备情况，与会领导为专委会委员颁发了聘书。北京电子商会等6家行业组织建立首批知识产权纠纷人民调解委员会，接受司法、行政部门委托或当事人申请，调解各类知识产权纠纷。电子商会副秘书长李红冰作为专委会委员参加了此次会议，接受了聘书。

（隋春英）

【被评为2015年度中关村优秀社会组织】 1月28日，中关村社会组织联合会在湖北大厦举行“2016年中关村社会组织工作会”，107家成员单位近200名代表参加了会议。北京电子商会被评为2015年度中关村优秀社会组织、郝杰被评为2015年度中关村先进个人。

（隋春英）

【协办演讲活动】 4月20日，由中关村社会组织联合会科技金融专委会主办，北京电子商会、中关村电子商会、北京市科技金融促进会、中关村资本市场研究会等共同协办的演讲活动在湖北大厦举办。在此次演讲活动中，中国系统布局架构师、中国式金融倡导者“三圈大融合”体系创始人周文龙进行了题为“中小企业超常规布局战略”的演讲，为大家阐述了“买客户思维”，并对各位企业家现场量身打造活动营销战略。随后，中国本土商业模式营销创新设计专家、盛业模式BMC系统创始人、清华大学总裁办特聘讲师黄宏发表了“新时代的商业模式布局”的演讲。

（隋春英）

【首届京津冀电子信息产业合作项目洽谈会举行】 5月31日，由北京电子商会、天津市电子工业协会和河北信息产业与信息化协会联合主办的“首届京津冀电子信息产业合作项目洽谈会”在涞水产业新城举行，京津冀三地电子信息企业领导93人参加此次洽谈会。

（隋春英）

【第五届海峡两岸暨港澳经贸论坛举办】 9月1日，北京电子商会组织京东方科技集团股份有限公司、北京牡丹电子集团有限责任公司、北京北广电子集团有限责任公司等十几家企业20余人参加了中国工业经济联合会、工商协进会、澳门中华总商会和香港中华总商会在北京举行第五届“海峡两岸暨港澳经贸论坛”。论坛旨在促进海峡两岸暨港澳地区间的经贸合作与交流，以“新常态、新思路、新机遇、新发展”为主题，着重探讨两岸在新形势下，如何有效整合配置资源，促进经济转型，加强协同创新，克服挑战，迎接发展新契机。会上进行了两场对话论坛。第一场对话论坛以“创新商业模式 拓展发展新空间”为主题，第二场对话论坛以“寻找新动力：经济转型与协同发展”为主题，与会代表阐述了各自观点。

（隋春英）

【举办“智汇德州——中关村社会组织与德州产业联盟对接活动”】 10月13日，由中关村社会组织联合会与德州市人民政府联合主办的“智汇德州——中关村社会组织与德州产业联盟对接活动”在德州市微排国际酒店举行。北京电子商会组织20余家会员单位参加了机械电子

（装备制造）专场。德州市智能装备制造产业推进办公室主任滕海强、信息技术产业推进办公室主任张开军分别作了推介演讲；北京电子商会秘书长燕军等介绍了本会优质资源等情况；北京电子商会会员单位塔米智能科技（北京）有限公司、北京快鱼电子股份有限公司、浙江大华技术股份有限公司介绍了本单位的产品及合作意向，并与相关企业进行了沟通交流。

（隋春英）

【第二届京津冀电子信息产业合作项目推动会暨智能制造研讨会举办】10 月 21 日，由北京电子商会、天津电子工业协会和河北信息产业与信息化协会主办的第二届京津冀电子信息产业合作项目推动会暨智能制造研讨会在天津高新区举行。来自京津冀近百家企业参加会议。会上，工业和信息化部有关部门专家解读了工业和信息化部、发改委联合印发的《智能硬件产业创新发展（2016—2018）三年专项行动》文件，并对中国智能硬件产业创新发展趋势作了精彩演讲，受到与会企业欢迎。京津冀 6 家企业作了项目推介，交流了三地电子信息行业发展现况和今后智能制造产业的发展前景。

（隋春英）

【组团参加第十九届京台科技论坛】11 月 9 日，北京电子商会组织参加在台北举行的第十九届京台论坛开幕式及相关分论坛。北京电子信息考察团随市台办组团赴台湾，考察团除参加大会主论坛及相关分论坛外，还参观、考察了新竹科技园区、冠捷集团、南茂科技公司等企业。参加北京集创北方科技股份有限公司并购台湾 iML 公司交割仪式。

（隋春英）

【2016 年北京电子信息制造业年报统计工作会议召开】12 月 7 日，市经济和信息化委电子产业处、运行处，北京电子商会在九华山庄联合召开“2016 年北京电子信息制造业年报统计工作会议”，工业和信息化部运行监测协调局卢竹、市经济和信息化委运行处处长杨靖国、电子处朱江、北京市统计局统计执法检查大队队长贾海洁、北京电子商会秘书长燕军、电子信息制造业 120 多名统计工作者参加了会议。会议由市经济和信息化委电子处朱江主持。电子商会秘书长燕军首先致辞，工业和信息化部运行监测协调局卢竹代表讲话，她介绍了 2016 年全国电子信息产业经济运行情况，结合具体数据对各项主要经济指标进行了解读及分析。希望统计人员能够按照统计法要求，履行统计人员职责，做好经济运行数据的统计工作。市经济和信息化委运行处处长杨靖国介绍了 2016 年北京地区工业经济运行状况。之后又对生产经营单位落实安全生产工作进行了布置，对安全生产的重要性进行了说明，对主体责任进行了解读。此次会议特意邀请北京市统计局统计执法检查大队队长贾海洁进行北京市工业统计常见问题培训指导。另外，商会相关部门依据统计人员报送数据的时间及准确率评选出 16 名优秀的统计工作者，在场的领导为他们颁发了证书及奖品。最后，北京电子商会副秘书长李红冰布置了 2016 年年报具体工作及在填写年报中应注意的问题。

（隋春英）

【以 12330 电子商会工作站名义开展工作】年内，北京电子商会以 12330 工作站名义开展工作，工作站随时电话解答企业提出的相关问题，参加 12330 组织的培训。商会 12330 工作站领导及相关工作人员相继走访了电子商会会员单位京东方科技有限公司、北京利亚德科技有限公司、和利时有限公司、航天信息、北京益泰公司等。工作站一行向企业负责人介绍了

12330工作站的主要职责及工作流程，并表示随时向企业提供知识产权方面的帮助。

（隋春英）

【上报北京电子信息制造业经济运行数据】年内，北京电子商会每月向市经济和信息化委汇报100多家企业的主要经济指标数据，包括产量、销量、库存、销售收入、利润、出口交货值、固定资产投资额等。根据这些数据，向市经济和信息化委上报经济运行简报。每月5日前汇报销售收入及产值预报，10日前汇报产销存累计及当月数据，每月20日之前向工业和信息化部运行局报送16个重点企业的产销存及经济指标报表。每月25日之前向市经济和信息化委运行处报送25个重点的预报产值及实际产值，从市经济和信息化委网站的企业入口，进行逐个企业填报。25日之前上报经济运行简报。参加工业和信息化部组织的年报审查，汇总全系统全年经济运行数据。根据年报的统计数据，向市经济和信息化委提供本年度经济运行分析。北京地区每年一次的中国电子信息百强申报工作，企业数据上报后进行审核，然后将数据汇总后报工业和信息化部。负责北京地区卫星电视广播地面接收设备定点生产企业申请及管理工作，每季度向市经济和信息化委汇报一次卫星企业的生产情况。

（隋春英）

【《信息科技与文化》改版完成】年内，北京电子商会主办的双月刊《信息科技与文化》改版完成，版面增大，页数增加，全刊铜板彩页，质量有了很大提高。供稿及编辑人员不断总结经验，使会刊内容更加丰富、信息更具时效。商会活动、会员单位的新产品、企业重大活动等信息量大大增加。

（隋春英）

北京企业评价协会

【概述】北京企业评价协会（简称北京企评协）是经北京市社会团体行政主管机关核准注册登记的非营利性社会团体法人，于2008年11月8日在中共北京市委第二会议室召开成立大会。北京企评协是由致力于企业评价的企事业单位和专家、学者联合发起，是联系政府、企业和广大评价工作者的桥梁和纽带，是专门从事企业评价、研究与咨询工作的市级跨部门、跨所有制的社会组织。拥有工业、商业、建筑业、服务业、通信、电子电力、交通、石化、高科技等多个领域的100多位专家组成的经验丰富的评价评审队伍，并和众多高校、科研院所、评价机构等保持良好协作关系。主要业务包括企业管理评价，质量评价，信用评价，安全评价，环境评价，绩效评价，满意度测评，评价结果发布，专业培训，咨询服务，资质认定，编辑专刊，接受委托开展专项调研、评价评审、成果鉴定、活动组织及新产品、新技术推广应用等。

（北京企业评价协会）

【参加2015年度北京市科学技术奖励大会】2月19日，北京市委、市政府在北京会议中心举行2015年度北京市科学技术奖励大会。北京市委副书记、市长王安顺代表市委、市政府在大会上讲话。北京市副市长隋振江宣读了北京市政府《关于2015年度北京市科学技术奖励的决定》。会上，有关领导向获奖者颁发了荣誉证书。王安顺在讲话中肯定了北京市过去在科技创新中所取得的成果，并强调，要深入学习贯彻习近平总书记系列重要讲话和对北京工作的重要指示精神，坚决落实首都城市战略定位，充分发挥好首都科教资源优势，大力推动原始创新、机制创新、企业创新、开放创新。李士祥在主持大会时指出，希望广大科技工作者以获奖者为榜样，脚踏实地、大胆创新、勇于超越，创造更多优秀的创新成果。2015 年度北京市科学技术奖一等奖获得者、京东方科技集团股份有限公司副总裁邵喜斌和中科院化学所所长张德清代表获奖人员发言。2015 年，共有 188 项成果获得北京市科学技术奖，包括一等奖 29 项、二等奖 54 项、三等奖 105 项。北京企业评价协会作为北京地区科学技术奖励工作的组织机构参加了此次大会。

（北京企业评价协会）

【举办 2015 年度企业所得税汇算清缴暨财税新政策培训会】 3 月 25 日，北京企业评价协会组织召开了 2015 年度企业所得税汇算清缴暨财税新政策培训会，70 余名公司财务主管及相关负责人参加了培训。此次培训就 2015 年 1 月以来，财政部、国家税务总局颁布的有关涉税新政策、非货币性资产出资纳税和汇算清缴实操等问题进行深度剖析讲解。培训由华财会计在线咨询总监张海涛老师，分别从非货币性资产出资设立公司税收优惠、存在的涉税风险，税收最新政策解读，企业员工工资发放新要求以及实操，申请一般纳税人和小规模纳税人的最新变化及涉税讲解，企业所得税汇算清缴的主要内容、风险防控及疑难问题，企业所得税税收优惠政策的运用等 8 个方面进行了详细的讲解。北京市中小企业公共服务平台、北京华财会计股份有限公司给予此次培训大力支持。

（北京企业评价协会）

【举办 2016 年高新企业政策研读、认定及复审工作培训会】 4 月 13 日，北京企业评价协会组织召开 2016 年高新企业政策研读、认定及复审工作培训会，会员及相关企业近 80 人参加此次培训。此次培训内容主要针对 2016 年度北京市高新技术企业认定颁布新政进行了解读，帮助会员单位提升对知识产权的重视和保护意识，解决申报中遇到的问题等。此次培训由华财会计在线咨询总监张海涛主讲，分别从高新技术企业新政、研发费用加计扣除、税务稽查新政、非货币性资产出资涉税风险及筹划、个税涉税新政及税收筹划、小微企业涉税新政及税收筹划等 8 个方面进行了详细讲解，并与大家互动交流、分享经验。北京市中小企业公共服务平台、北京华财会计股份有限公司给予此次培训大力支持。

（北京企业评价协会）

【北京诚信联盟成立大会召开】 4 月 26 日，北京诚信联盟成立大会召开。市经济和信息化委、市文明办、市工商局、市社工委和市工商联等相关单位领导，以及联盟联合发起单位的 70 余名代表出席了会议。会议由北京信用协会秘书长安明主持。北京企业评价协会副理事长张利成作联盟筹建工作报告。会议还通过了联盟章程，并向社会发布了“北京诚信联盟诚信宣言”。联盟发起单位北京建材联合会和北京市中小企业公共服务平台的代表分别根据自身开展诚信工作的经历和感受进行发言，提出诚信建设要持之以恒，要结合行业特点，针对企业需求提供专业化服务。会上，市工商联主任王延安在讲话中对北京诚信联盟的成立表示支持和肯定，并希望与市工商联理想信念教育和守法诚信示范单位活动相结合，更多地凝聚社会正能量，为全市信用体系建设作出贡献。最后，北京市委社工委处长王森林进行总结讲话，呼吁社会各界共同关注、参与，共同推进北京市诚信建设。

（北京企业评价协会）

【举办“营改增”与投融资解读培训会】 5 月 24

日，北京企业评价协会针对会员需求服务在北京市中小企业公共服务平台又组织召开了一期专题培训活动。来自协会团体会员及部分诚信长城杯获证企业的70余名代表参加了此次培训。培训围绕国家颁布的“营改增”新政进行解读，指导企业在新政实施后如何做好财务工作。同时，还针对本会会员单位和诚信长城杯企业如何有效进行投融资进行了专题讲解，并现场组织代表互动交流。此次培训邀请专家为渤海银行中小企业部副总经理孙鲁平和华财会计在线咨询总监张海涛。

（北京企业评价协会）

【第八届北京企业诚信论坛召开】10月26日，由北京企业评价协会联合市消协等15家社团组织发起开展的第八届北京企业诚信论坛在中国职工之家举行。此届论坛以“诚信价值转化升级”为主题，从诚信政策、诚信创建、诚信承诺、诚信分享等方面展开，积极营造社会诚信氛围，推动企业诚信建设。首都文明办副主任卜秀均、北京企业评价协会理事长程维虎、市工商局处长祝京涛、市经济和信息化委姚伟、市工商联王延安、市消协秘书长杨晓军以及北京市30多家商协会负责人、300余名诚信企业代表出席了论坛。程维虎、卜秀均分别发言。论坛期间，还表彰了2016年“诚信长城杯企业”和“北京市诚信经营承诺单位”，北京企业评价协会与北京电视台财经频道在论坛过程中举行了战略合作协议签署仪式。

（北京企业评价协会）

【召开2016年北京市企业诚信创建活动综合评审会】11月4日，北京市企业诚信创建活动秘书处组织召开2016年北京市企业诚信创建活动综合评审会，评审专家分别来自北京市政府职能部门、社会组织、高等院校，以及征信、法律等领域。会上，北京企业评价协会副理事长张利成代表创建活动秘书处向专家组介绍了2016年北京市企业诚信创建活动整体概况。经专家组综合评审，审定将北京康仁堂药业有限公司、北京中电广通科技有限公司等509家企业作为2016年“北京市诚信创建企业”拟选单位向社会进行公示。

（北京企业评价协会）

【召开2016年北京市企业诚信创建活动征信服务机构座谈会】11月23日，北京市企业诚信创建活动秘书处组织召开了2016年诚信创建活动征信服务机构座谈会，各征信服务机构相关征信负责人出席了会议。北京企业评价协会秘书长刘光丽首先介绍了2016年整体创建活动概况，并对今年征信工作给予了肯定。会议期间，信用协会秘书长安明对2016年诚信创建活动征信工作进行了讲评。与会的征信机构分别从征信过程中遇到的问题及解决办法进行了交流，并结合自身实际对如何做好今后的工作提出了想法。创建活动秘书处还对12月8日即将召开的创建活动总结大会有关准备工作进行了通报。

（北京企业评价协会）

【召开2016年北京市诚信创建活动创建协会总结座谈会】11月23日，北京市企业诚信创建活动秘书处组织召开了2016年创建行业协会总结座谈会，市经济和信息化委信用管理处处长彭雪海、各创建行业协会负责人出席了会议。北京企业评价协会副理事长张利成首先介绍了2016年整体创建活动概况。参与创建的各行业协会分别围绕在创建活动中遇到的问题及如何实施的解决办法，结合自身实际对如何做好今后创建工作的想法，以及对政府委托部门和创建活动秘书处的工作组织需求与建议等展开，相互交流创建经验与创建心得。同时，大家也对创建过程中企业普遍反映出的问题一一进行了分享，并提出实际的合理化解决建议。会议期间，创建活动秘书处还对12月上旬即将组织的诚信示范企业参观交流活动、创建活动总结大会有关准备工作进行了安排。最后，彭雪海对创建工作提出了指导意见。

（北京企业评价协会）

【2016年北京市企业诚信创建活动总结大会召开】 12月8日，2016年北京市企业诚信创建活动总结大会召开。各创建协会商会有关负责人、创建企业代表、部分金融机构和信用服务机构的代表400余人参加了会议。市经济和信息化委委员任世强、首都精神文明办副主任卜秀均、市工商局等指导单位业务处室负责人参加了会议。会议由市经济和信息化委信用管理处处长彭雪海主持。大会总结了2016年北京市企业诚信创建活动工作经验，提出了2017年创建工作思路，发布了508家“2016年北京市诚信创建企业”名单。会上，永和大王、华冠商业、梦天门科技、博雅英杰4家企业，以及北京软件和信息服务业协会分别代表2016年的创建企业和协会进行了经验分享，中国农业银行、宁波银行还代表金融对接机构进行了发言。任世强在发言中肯定了北京市社会信用体系建设取得的成绩，并为下一步的工作作了指示。

（北京企业评价协会）

北京软件行业协会

【概述】 北京软件和信息服务业协会作为北京市软件行业性协会，是有着30年悠久历史影响和广泛会员基础的软件产业社团组织。协会一直以“沟通政府、服务企业、回馈社会”为宗旨，通过不断丰富自身服务体系向全体会员单位提供有价值、有层次的服务。新的形势下，协会积极向“互联网＋会员服务”方向转型，其中，软件无限平台就是协会未来重点打造的互联网服务平台，力争为会员单位提供更加完善、便捷、有效的服务。

（郝峥嵘）

【北京软件企业一站式服务平台开通】 1月10日，北京软件和信息服务业协会开通北京软件企业一站式服务平台。该平台联合检测、著作权登记、财务审计等多家机构，开展软件著作权登记代理业务，为软件和信息服务企业提供软件企业税收优惠政策咨询、软件产品登记测试、软件著作权登记代理咨询等多项服务。

（郝峥嵘）

【北京软协等50家社会组织被评为AAAAA级社会组织】 2月22日，北京市民政局发布《关于2015年度市级社会组织评估等级结果的公告》（京民社发〔2016〕78号），根据民政部《社会组织评估管理办法》规定，2015年北京市符合评估条件的市级社会组织共406个。市民政局委托专业评估机构对其中自愿申报的305个社会组织从基础条件、内部治理、工作绩效（业务活动与诚信建设）、社会评价等方面进行了评估。经北京市社会组织评估委员会审核评估机构初步评估意见、确定评估等级并公示评估结果，由市民政局审核确认，北京软件和信息服务业协会等50家社会组织获AAAAA级、117家获AAAA级、125家获AAA级。

（郝峥嵘）

【全行业营改增政策解读培训举办】 4月19日，由中关村社会组织联合会主办，北京软件和信息服务业协会、中关村社会组织联合会创新创业专委会、北京知诚中小企业财税与金融服务促进会共同承办的“全行业营改增对软件行业的影响与应对分析及政策解读培训”在北京理工大学举办。中关村示范区企业的代表等300余人参加。北京中崇信会计师事务所主任会计师、注册税务师戴琼围绕全面实施营改增，讲解了全行业“营改增”税收政策的变化要点，分析了“营改增”后对软件行业税负的影响，就软件企业应如何从战略高度调整企业组织架构、软件企业进项税额抵扣应当注意的问题、大数据背景下软件企业怎样进行纳税风险管控等方面提出合理的建议，帮助企业适应新的税收政策，提升企业纳税筹划能力。

（郝峥嵘）

【系统集成项目管理工程师和信息系统项目管理师资格培训举办】4月，北京软件和信息服务业协会举办2016年系统集成项目管理工程师和信息系统项目管理师资格培训。来自系统集成企业的30余人参加。培训的主要内容包括信息化、项目整体管理、范围管理、时间管理、成本管理、质量管理、人力资源管理、风险管理、采购管理、信息系统工程监理等。学员参加培训后，由电子联合会资质办组织统一考试，最终，22名学员通过考试取得职业技术证书。

（郝峥嵘）

【北京软件名人论坛举办】5月24日，由北京软件和信息服务业协会主办的2016北京软件名人论坛在京举办。工业和信息化部、市经济和信息化委等单位的相关负责人，以及专家学者、社会组织、软件企业的代表等近300人参加。论坛围绕“大数据 大软件 大应用”主题展开讨论。用友网络科技股份有限公司、北京数码大方科技股份有限公司、北京亚信数据有限公司的企业家代表分别以“服务企业的互联网化”“智能制造和工业互联网”“释放数据的力量”为题发表演讲。与会者共同研讨产业生态战略，为北京构建“高精尖”经济结果作出新贡献。

（郝峥嵘）

【软件企业开放日举办】5月26日，由北京软件和信息服务业协会主办的2016北京软件周企业开放日活动在京举办。来自各省市经济和信息化委、行业协会、银行及企业的代表等近30人参观了北京信威通信技术股份有限公司、启明星辰信息技术有限公司。信威通信公司展示了McWill行业信息化解决方案网络架构，面向电信运营商的低成本、全业务、端到端解决方案，具有业务融合、计费融合、终端融合三大特点，可以提供语音、短信、集群调度、宽带数据、视频及多媒体业务，只用一个账号即可对所有业务进行计费，只用一个终端即可享受所有业务。启明星辰公司展示了天阗入侵检测与管理系统、天玥网络安全审计、天镜脆弱性扫描与管理系统等安全产品。这些新一代安全产品在架构设计上，囊括了网络已知威胁检测和未知威胁检测两大技术领域，功能涵盖全面，有助提高工作效率，提高网络使用效率、避免机密外泄以及法律风险、网络带宽管理，防止网络资源滥用。

（郝峥嵘）

【24家企业参展第二十届软博会】5月26—28日，在2016第二十届中国国际软件博览会上，北京软件和信息服务业协会主办“北京馆”，展示面积530平方米，以“大数据 大软件 大应用”为主题，组织用友网络科技股份有限公司、太极计算机股份有限公司、北京华胜天成科技股份有限公司等24家中关村企业参展。参展产品涉及智能制造、工业大数据等领域，集中展示了软件支撑中国制造2025、“互联网+”等发展取得的标志性成果，以及软件促进大众创业万众创新、保障信息安全等方面的新产品、新技术、新模式。其中太极计算机股份有限公司展示安全可靠的太极政务云环境，用友网络科技股份有限公司展示超客营销社交化业务平台，东华

软件股份公司展示健康乐云医院和云管理系统，中科睿光软件技术有限公司展示虚拟化管理软件 cloudview2.0，华胜信泰信息产业发展有限公司展示中国可信开放高端计算生态系统，通过实物、视频、模型等形式突出数字化、体验式、交互式的感知体验效果。

（郝峥嵘）

【北京软件 30 年发展研讨会举办】 11 月 8 日，北京软件 30 年发展研讨会暨北京软协第八届理事会第三次会员代表大会在京举办。行业专家、知名软件企业及会员单位的代表等 200 余人参加。会议围绕“软件的未来——支撑互联网时代企业创新”主题进行研讨，回顾了北京软件行业 30 年的发展历程，发布北京软件影响力报告，揭晓 2016 北京软件和信息服务企业综合实力百强及 30 年突出贡献企业榜单，其中百度在线网络技术（北京）有限公司等 100 家企业入选“综合实力百强”榜单，安世亚太科技股份有限公司、北京北信源软件股份有限公司等 30 家企业入选“30 年突出贡献企业”榜单。

（郝峥嵘）

【BSIA 软件无限平台发布】 11 月 8 日，在北京软件 30 年发展研讨会暨北京软协第八届理事会第三次会员代表大会上，北京软件和信息服务业协会发布了 BSIA 软件无限平台。平台设置了行业资讯、主题活动、创新空间、需求发布、科技圈、通讯录、个人中心 7 个应用模块，旨在构建软件行业的协同创新服务模式，实现软件行业创新资源的数据化，为软件从业人员提供最新的信息技术动态；根据需求和主题，实现个性化软件供需双方的精准匹配；通过知识分享和人才互动，构建软件生态社群，自动匹配人才和职位，实现软件政策、产业、技术、人才和资本相融合。

（郝峥嵘）

【系统集成行业自律信用评估总结大会召开】 12 月 29 日，由北京软件和信息服务业协会主办的 2016 年北京市系统集成行业自律信用评估总结大会在京召开。市社团办、市经济和信息化委等单位的相关负责人，以及社团组织、企业代表等 200 余人参加。大会总结了开展系统集成行业自律信用评估工作情况。最终，神州数码系统集成服务有限公司等 121 家企业获“2016 年北京市诚信系统集成企业”称号。其中，企业年收入 5 亿元以上的 21 家、1 亿～5 亿元之间的 45 家、2000 万～1 亿元之间的 36 家、1000 万元以下的 19 家；股份有限公司 56 家，公司成立 10 年以上的 87 家。

（郝峥嵘）

【用户体验职业技术认证培训举办】 年内，北京软件和信息服务业协会举办两期工业和信息化部“用户体验”职业技术认证培训班，来自软件企业等单位的人员参加，累计 50 余人。学员通过考试后，可获由工业和信息化部颁发的职业技术认证证书。最终，51 人取得职业技术证书。（2014 年 6 月，工业和信息化部教育与考试中心将“用户体验”学科正式纳入“全国信息技术人才培养工程”，并颁发工业和信息化部权威认证的用户研究工程师、交互设计师、视觉界面设计师职业技术证书，成立“用户体验职业教育项目组”对“用户体验”人才体系进行统一规划与建设。“用户体验”人才培养已纳入国家人才发展战略。）

（郝峥嵘）

【软件行业劳动纠纷调解服务项目系列讲座举办】 年内，北京软件和信息服务业协会举办 2016 年软件行业劳动纠纷调解服务项目系列讲座 20 期，来自用友网络科技股份有限公司等软件企业员工代表参加，累计 400 余人次。讲座内容包括员工招聘及入职法律风险和企业员工福利探讨与分享、劳动合同的签订及管理实务、未签劳动合同两倍工资支付实务处理、劳动争议实务问题交流与探讨等，为员工维权、争取经济补偿金、签订竞业限制及支付标准等提供法律依据。系列讲座得到企业员工的认可，市总工会给予了购买社会组织服务职工权益维护项目资金支持。

（郝峥嵘）

北京市闪联信息产业协会

【概述】闪联信息技术工程中心有限公司以联想和海信等大企业发起，联合知名院所，开展竞争前合作，制定国际技术标准，并推进了在智慧教育、智能终端、智慧家居、智能家电、智慧音频等产业链的推广应用；创立了产业联盟——国家工程实验室——产业化工程中心的多元化创新驱动组织；是集标准化、产业化、国际化为一体的领先的行业综合性平台。

（孙志勇）

【获 2015 国家科学技术进步奖】1 月 8 日，中共中央、国务院在北京举行国家科学技术奖励大会。其中，闪联信息技术工程中心有限公司凭借“普适计算软硬件关键技术与应用”项目获国家科学技术进步奖二等奖。国家科技进步奖是国务院为表彰技术创新性突出、推动行业科技进步作用明显的技术项目而设立的国家级奖项。闪联工程中心一直积极推动普适计算技术的研发与转化工作，对于普适计算技术在数字家庭中的应用投入了大量的工作。“普适计算软硬件关键技术与应用”项目是基于云计算、物联网等基础性技术的普适计算平台，普适计算平台跨越了不同的嵌入式系统，能够让不同的设备有效地互联，使不同设备之间的内容、服务与用户形成有效的沟通。普适计算在人们的生活、工作、活动中提供了适用的信息服务，具有深广的产业影响。

（孙志勇）

【闪联与韩国电子部品研究院全面合作】3 月 18 日，第二次中韩产业合作部级对话在北京举行，工业和信息化部部长苗圩与韩国产业通商资源部长官周亨焕共同出席会议并致辞。闪联信息产业协会理事长、闪联信息技术工程中心有限公司总裁孙育宁，闪联信息产业协会秘书长、闪联信息技术工程中心有限公司常务副总裁皇晓琳参加对话。会议最后，闪联信息产业协会作为中国产业组织唯一代表，与韩国电子部品研究院签署了合作意向书。会上苗圩指出，中韩在各产业领域不断融合，已成为推动两国经济创新增长的重要驱动力。对话中，工业和信息化部产业政策司司长许科敏、电子信息司司长刁石京、装备工业司副司长瞿国春分别就产业发展政策、集成电路产业、机器人产业、汽车和动力电池产业、航空产业等议题作了专题发言，在与韩国产业通商资源部有关官员进行交流讨论基础上，就下一步合作方向达成了广泛共识。

（孙志勇）

【与潍坊职业学院签署校企合作协议】3 月 23 日，闪联信息技术工程中心有限公司与潍坊职业学院签署校企合作协议，校企双方将成立“闪联特色班”，共建闪式。签约仪式上，张洪全和孙育宁分别致辞。张洪全指出，闪联致力于推动国家高新技术的发展，科技项目曾获教育部科技进步一等奖、国家科技进步二等奖，希望通过双方合作，促进产教融合、校企合作、学岗融通，打造品牌特色专业群。孙育宁对学院办学思想和办学成果给予高度评价，表示将发挥闪联的技术优势和行业资源优势，帮助学院改革发展。

（孙志勇）

【参加第 10 届中、日、韩电子信息产业标准化合作论坛】 7 月 11—13 日，日本松江市举办第 10 届中、日、韩电子信息产业标准化合作论坛（CJK—SITE）及同期举行东北亚标准化合作论坛，闪联产业联盟应邀参会。会议中，闪联被东北亚三国共同认定为电子信息领域的领先标准化组织，同时，中、日、韩专家表示对闪联技术标准的支持，期望闪联能够继续制定更多的国际标准，为中、日、韩三国的信息电子领域标准化工作作出更多的贡献。

（孙志勇）

【多模态组网技术标准暨芯片模组发布会举办】 10 月 20 日，闪联多模态组网技术标准暨芯片模组发布会在深圳南山威斯汀酒店举办，深圳市政府副秘书长吴优、国家标准化委员会工业标准二部处长刘大山、工业和信息化部规划司处长霍振武、深圳市市场监督管理委员会标准化处处长史诗桢、深圳南山区科创局副局长刘石明、闪联联盟理事长孙育宁、TI 副总裁 Kim Wong 等出席了此次会议并发表演讲。发布会上，闪联联盟理事长孙育宁表示，闪联联合 TI 等多家会员企业共同制定了多模态无线组网标准系列 7 项标准，在新的闪联多模态无线组网技术标准发布后，将会在更多的物联网领域，如智慧家庭、支付、可穿戴等方面，取得更广泛的应用。深圳市副秘书长吴优表示，作为国家自主创新示范城市，深圳市将继续加大基于闪联标准的共性技术研发和产业化应用方面的支持力度，希望闪联在深圳的自主创新示范城市建设过程中发挥更大的作用。

（孙志勇）

【全球室内位置服务产业峰会召开】 12 月 15 日，由上海市经济和信息化委指导，中兵北斗产业投资、中科院、华为、腾讯、闪联信息技术工程中心有限公司、千寻位置、图聚智能、SENSORO 等多家行业领先企业机构发起筹办的全球室内位置服务产业峰会在上海召开。闪联自成立以来，一直以推动中国自主的国际标准产业化为核心目标，并在企业与政府之间发挥着桥梁作用。经过 10 年的发展，闪联已经成为由政府指导、以企业为主体、强强联合的标准制定和产业推广的典型。年内，闪联多模态无线组网解决方案已投入使用到无线传输及各种智能化场景，特别是通过与图聚智能的合作，在室内位置服务领域更是得到广泛应用。今后，闪联将以创新的标准、领先的技术，同合作伙伴一起来开启室内位置服务这个百亿美元量级的蓝海市场。

（孙志勇）

【中关村标准化协会成立大会召开】 12 月 16 日，“中关村标准化协会成立大会暨首批中关村标准发布仪式”在北京万寿宾馆召开。会上发布了首批 7 项中关村标准，北京银行中关村分行和中关村标准化协会签署了标准和金融合作的战略合作协议。为落实《国务院关于印发深化标准化工作改革方案的通知》（国发〔2015〕13 号）精神，发挥中关村标准化资源优势，促进科技成果标准化和产业化，在工业和信息化部、国家标准委和认监委的指导下，在中关村管委会和北京市质监局的支持下，以闪联、闪联产业联盟为代表的 36 家联盟组织、重点企业和科研院所共同发起，于 11 月 17 日经北京市民政局批准，注册成立了中关村标准化协会。

（孙志勇）

北京信息化协会

【概述】年内，北京信息化协会以年初制定的“扩大企业宣传服务、提升企业能力服务、提升员工服务能力”为目标，积极开展服务，加强会员沟通，完善协会制度，实现协会良性发展，完成了全年工作任务。

（江欣）

【召开信息技术服务标准化（ITSS）工作座谈会】1月8日，工业和信息化部信息化和软件服务业司信息技术服务标准化工作座谈会在京召开。信息化和软件服务业司信息服务业处处长阳军、副处长史惠康，北京、上海、广东、江苏、湖南、湖北、辽宁、浙江、重庆、四川、成都等省市工业和信息化部主管部门以及标准符合性评估机构、中国电子技术标准化研究院、中国软件评测中心、赛宝认证中心、工业和信息化部电子科学技术情报研究所、软件与集成电路促进中心的主管领导等近40人参加了座谈会。阳军解读了2015年11月30日工业和信息化部联合国标委印发的《信息技术服务标准化工作五年行动计划（2016—2020）》（工信厅联信软〔2015〕164号，以下简称《行动计划》）的起草背景、编制过程和主要内容。各参会省市主管部门充分交流了信息技术服务标准（ITSS）的研制及应用推广工作情况。史惠康总结了ITSS研制及应用推广方面所取得的成绩和面临的问题，同时希望主管部门和评估机构密切配合，按照《行动计划》的重点任务要求，尽可能提供鼓励政策与资源保障，在前期工作成果的基础上，做好落地实施，有效推进信息技术服务标准化工作，促进信息技术服务业健康发展。

（江欣）

【北京信息化协会第五届会员代表大会召开】2月3日，北京信息化协会在北京五洲大酒店召开第五届会员代表大会暨换届选举大会。市经济和信息化委委员姜广智、中关村社会组织联合会秘书长戴键、中国电子信息行业联合会信息系统集成资质办公室主任刘汝林、中国电子工业标准化技术协会信息技术服务分会副秘书长李东梅、协会理事长郭为出席会议，北京市各委办局有关负责人及协会副理事长、监事、理事、会员代表等百余人参加了会议。会议由北京信息化协会秘书长段红主持。第四届理事长郭为为大会致辞，对大会的召开表示热烈祝贺，并对协会的工作以及取得的成绩予以肯定，还分享了神州数码在做云计算过程中的经验和体会。随后，协会副秘书长张觉心向大会作北京信息化协会第四届工作报告及财务报告；副理事长李东代监事长李明作监事会工作报告。之后，张觉心宣读协会章程修改报告及新的北京信息化协会章程（草案），并在会上对新章程进行举手表决。在确认章程修改之后，由段红宣读了《北京信息化协会第五届会员代表大会选举办法》，并据此举行投票选举，产生了第五届理事会、监事会，并由新产生的理事会选举出理事长、副理事长、秘书长，由监事会选举出监事长。协会第五届理事长为东华软件股份公司董事长薛向东，监事长为北咨信息工程咨询有限公司总经理李东，秘书长为段红。同时，第四届理事长郭为当选新一届协会名誉理事长。在选举过程中，由郭为理事长为第四届协会优秀会员企业颁奖。颁奖仪式后，由秘书长段红提名新一届秘书处副秘书长人选，并举手表决通过。市经济和信息化委委员姜广智出席并发表讲话。

（江欣）

【信息技术服务标准（ITSS）宣贯培训会结束】

4 月 22 日，为贯彻落实《信息技术服务标准化工作五年行动计划（2016—2020）》（工信厅联信软〔2015〕164 号）和《关于进一步做好信息技术服务标准宣贯培训和应用示范工作的通知》（工信软函〔2016〕240 号）相关精神，进一步做好信息技术服务标准化工作，在工业和信息化部信息化和软件服务业司、市经济和信息化委的指导下，由中国电子工业标准化技术协会信息技术服务分会主办，北京信息化协会、北京软件与信息服务业促进中心承办的信息技术服务标准（ITSS）宣贯培训会召开。会议由北京软件与信息服务业促进中心副主任傅海峰主持，工业和信息化部信息化和软件服务业司信息服务业处处长阳军和市经济和信息化委软件与信息服务业处副处长尤靖到会并讲话，阳军着重介绍了工业和信息化部促进 ITSS 工作的相关政策、背景和重点工作，尤靖代表市经济和信息化委介绍了北京市在推进 ITSS 工作方面做的工作和下一步工作部署。中国电子工业标准化技术协会信息技术服务分会副秘书长李东梅详细介绍了 ITSS 的标准体系及评估体系。为企业在培训会中更好地理解 ITSS 的评估实施打下了良好的基础。之后由中国电子技术标准化研究院、编写组组长张钊源就《信息技术服务咨询设计第 1 部分：通用要求》进行标准编制的概述和能力管理及通用要求的介绍。北京交通大学贾卓生解读《信息技术服务监理第 1 部分：总则》。宁波赛迪技术公司王洪全从申请企业角度分享如何将《信息技术服务咨询设计第 1 部分：通用要求》具体实施。由北京信息化协会秘书长段红从评估机构角度解读企业在评估前需要做的准备工作、评估现场中的注意事项、评估后材料的提交及申请评估的具体流程。最后，针对企业关心的问题进行了现场答疑。各企业相关负责人共计 100 余人参加培训会。

（江欣）

【“2016 信息网络产业新业态创新企业 30 新”遴选活动闭幕】5 月 23 日，“2016 信息网络产业新业态创新企业 30 新”遴选活动在北京裕龙国际酒店举行颁奖典礼。市经济和信息化委软件处副处长孙志谊，北京信息化协会理事长薛向东，中关村社会组织联合会秘书长戴键，专家组组长、未铭资本管理合伙人陈立辉，专家组评委、软件百人会创始人萧亚平，北京软件和信息服务业协会秘书长龙飞，北京通信信息协会秘书长陈为，北京软件交易所副总裁刘东华等有关委办局主管领导，各协会、联盟及企业代表，媒体记者以及投资专家、行业专家、企业家等来自社会各界的 100 余人出席此次活动。会议由北京信息化协会秘书长段红主持。该届遴选以“产业融合，业态创新”为主题，通过前期初评，共有 63 家企业进入终评。5 月 16 日，63 家企业进行终评答辩，最终根据评分的排名选出前 30 名。北京信息化协会理事长薛向东向大会致辞。代表北京信息化协会向参会各位表示热烈欢迎，并简单回顾了 2010—2015 年前 6 届入选企业的情况。市经济和信息化委软件与信息服务业处副处长孙志谊介绍了全市软件与信息服务业的产业情况和“十三五”规划的重点内容。中关村社会组织联合会秘书长戴键强调，企业发展到一定规模以后一定要加入一个平台，这个平台就是协会，只有协会的力量才能帮助企业做强做大，并提出两点建议：1. 加强协会的信用体系建设，提升行业自律；2. 提高协会数据分析、信息发布、行业研究的服务能力。会上，此次 30 新遴选专家组组长、未铭资本管理合伙人陈立辉发表了“经济下行与 TMT 发展趋势”的演讲。之后，2015 年入选企业——北京有生博大软件技术有限公司副总经理吴燕作为获奖企业代表进行发言。随后，中国软件和信息服务业百人会创始人萧亚平作了题为“稳中求进 创新发展”的主题演讲，谈了对信息网络产业发展的几点体会。

（江欣）

【ITSS 发展论坛举办】 5 月 27 日，由工业和信息化部主办、中国软件行业协会支持、中国电子工业标准化技术协会信息技术服务分会（以下称 ITSS 分会）承办的“2016 第二十届中国国际软件博览会专题论坛——中国信息技术服务标准（ITSS）发展论坛”在北京展览馆 6 号展厅举行。工业和信息化部信息化和软件服务业司巡视员李颖、北京市经济和信息化委员会副主任班宁、宁波市经济和信息化委员会副书记徐红、中国软件行业协会秘书长谢渡婴出席并致辞。江苏省经济和信息化委处长池宇、宁波市经济和信息化委处长苏志杰、北京市经济和信息化委员会副处长尤靖、宁波保税区工科局副局长钱勋、中国电子工业标准化技术协会秘书长刘志宏、ITSS 分会执行会长周一兵、ITSS 分会副会长 / 北京华宇信息技术有限公司副总经理米坤、ITSS 分会副秘书长李东梅等参加此次论坛。班宁在致辞中提到，北京市作为信息技术服务标准（ITSS）验证与应用试点第一批重点省市，市经济和信息化委作为主管部门，几年来，通过政策倾斜、环境创建、示范引导、培训宣贯等方式，积极开展标准试点工作，并依托北京市评估机构——北京信息化协会，开展培训 30 余场，宣贯会近 10 场，服务企业千余人次。市经济和信息化委也非常重视 ITSS 相关课题研究工作，组织编写了《北京信息技术服务标准（ITSS）标准应用指南》《北京信息技术服务标准（ITSS）标准培训课件》和《ITSS 蓝皮书》等。

（江欣）

【运行维护能力成熟度评估经验分享会举办】 6 月 30 日，北京信息化协会秘书长段红一行 4 人参加了中国电子工业标准化技术协会信息技术服务分会举办的运行维护能力成熟度二、三级符合性评估经验分享会，来自全国各省市的几十家 IT 企业和中国软件测评中心等评估机构参会。北京信息化协会副理事长单位北京华宇软件股份有限公司副总经理李硕和大家分享了 ITSS 运行维护二级、三级成熟度实施经验和成果，中国软件评测中心的评估师分享了 ITSS 评估的心得。与会的其他成员也积极讨论如何让 ITSS 服务标准为企业管理发挥更重要的作用。

（江欣）

【2015 年北京市诚信创建企业复审名单公示】 6 月，依据北京市企业诚信创建活动秘书处发布的《关于组织北京市诚信创建企业复审的通知》安排，2015 年北京市诚信创建企业复审名单已经公示。通过北京信息化协会申报的 5 家企业通过复审，分别是：北京汉唐自远技术股份有限公司、北京中太汇鑫技术有限公司、新博卓畅技术（北京）有限公司、北京思维实创科技股份有限公司、北京洋浦伟业科技发展有限公司。

（江欣）

【首个网约车司机标准发布】 7 月 11 日，中国互联网协会分享经济工作委员会联合滴滴出行发布了移动出行驾驶人员禁入标准，首次明确网约车驾驶人员资格审查的“负面清单”，有重大、暴力和危害公众安全的犯罪、严重治安违法、交通安全违法等三大类违法犯罪记录以及精神病的人员，都将被一票否决，禁止进入移动出行平台。

（江欣）

【新版《ITSS 服务经理》培训举办】 7 月 27—30 日，北京信息化协会和北京护航科技股份有限公司联合举办运维服务管理人员培训班，此次培训是以修订完成的最新版《ITSS 服务经理》为教材，邀请了教材三位主编江毅、张旭和王春涛亲自授课，得到了中国电子技术标准化研究院的大力支持。协会副理事长和理事单位、监事长和监事单位以及部分会员企业共计 12 家企业 20 余名副总以及骨干人员参加学习。新版教材结合《信息技术服务 从业人员能力规范》标准，以 IT 服务的规划设计、部署实施、服务运营、持续改进、监督管理的全生命周期为主线，将人员、过程、技术、资源四要素的管理贯穿始末，融合了运维成熟度模型的相关知识。在授课中，三位老师把自身的实战经验、管理经验和案例与理论结合，采用分组讨论、模拟训练等方式，引领学员体会和学习实际工作需要的能力和方法。培训采用“3+1”授课方式，前三天授课，第四天闭卷考试。考试合格后由工业和信息化部电子工业标准化研究院颁发《IT 服务经理证书》。此次培训是新版教材修订完成后的全国首次培训。

（江欣）

【信息技术服务标准（ITSS）第一次修订会启动】 8 月 24 日，北京信息化协会秘书长段红和主管 ITSS 推广应用工作的服务总监王璋瑛在北京应物会议中心共同参与了由 ITSS 分会秘书处组织的信息技术服务标准（ITSS）体系的第一次修订工作。此次会员共有 51 名成员，来自全国 9 家评估机构和 35 家标准应用单位。此次标准修订目标是为持续改进信息技术服务标准（ITSS）体系，提高国家标准的适用性。

（江欣）

【召开信息技术服务标准化工作五年行动计划宣贯培训会】 9 月 8 日，为了落实工业和信息化部《关于印发 2016 年信息技术服务标准化工作要点的通知》（工信软函〔2016〕342 号）精神，市经济和信息化委与市质监局共同组织召开信息技术服务标准化（ITSS）工作五年行动计划宣贯会，启动全国信息技术服务标准化（ITSS）应用示范工作。工业和信息化部信软司巡视员李颖、市经济和信息化委主任助理班宁，市质监局副处长李永华等有关领导以及来自全市 90 多家企业的 130 多位代表参加宣贯培训会。李颖指出，信息技术服务是引领产业变革的重要力量，标准化是转变政府职能和创新行业管理的重要着力点。工业和信息化部高度重视 ITSS 工作，下一步重点是 ITSS 五年行动计划的实施，推动新技术、新领域的标准化和参与国际标准化工作。市质监局领导提出，信息技术服务标准化是推进服务质量建设的举措，是用标准化促进信息产业的发展，科学运用标准化方法，围绕北京“高精尖”重点领域和京津冀区域，与市经济和信息化委共同推进信息技术服务标准化工作。宣贯培训会上，工业和信息化部信软司信息服务业处讲解了工业和信息化部关于信息技术（ITSS）五年行动计划，并介绍了应用示范申请报告编制要点。市经济和信息化委介绍了北京 ITSS 发展情况和示范要求。神州数码信息服务公司、北京电视台作为典型代表进行了经验交流。此次培训会由科技标准处、软促中心、北京信息化协会、中电联 ITSS 分会共同承办。

（江欣）

【2016 年中国信息系统集成行业发展论坛在宁波召开】 9 月 10 日，为贯彻落实“中国制造 2015”，推进中国信息系统集成及服务企业在新一代信息技术与制造业深度融合，中国信息系统集成及服务行业联盟与宁波市政府在“第六届宁波智博会”期间，主办了“2016 中国信息系统集成行业发展论坛（宁波）”，近 300 人参加了此次论坛。中国工程院院士吴澄和李伯虎、

工业和信息化部信息化与软件服务业司司长谢少锋、中国信息系统集成及服务行业联盟常务副理事长刘汝林、宁波市委常委兼鄞州区委书记胡军、宁波市经济和信息化委员会副主任叶春华等专家、领导到会并进行了专题演讲，在论坛上同参会企业共同就国家和地区智能制造最新产业政策、信息系统集成及服务企业如何及时抓住市场机遇，加速转型升级，提高创新发展能力和核心竞争力，促进行业发展等议题进行了广泛探讨。论坛期间，80余家企业自发组织并发起的中国信息系统集成及服务行业联盟智能制造专业委员会宣布正式成立，同时还组织了信息系统集成及服务企业与宁波市的集成企业、制造企业开展智能制造典型案例分享和对接交流活动。

（江欣）

【"一带一路"暨国际产能合作对接活动举办】 11月30日，由市经济和信息化委主办、工业和信息化部电子科学技术情报研究所承办的2016年第二场新理念，新模式——2016北京市—西亚北非"一带一路"国际产能合作对接会举办。来自巴林、埃及、沙特阿拉伯、叙利亚、土耳其、阿拉伯国家联盟、津巴布韦、肯尼亚等驻华使馆代表，北京金隅集团、中合泰信等130余家企业的共计180余位代表出席了此次活动。此次对接会旨在推动北京市企业与"一带一路"西亚北非沿线国家和地区产业的融合，在有意开展对外合作的北京市企业与西亚北非政府和企业之间搭建合作平台，深化中国与西亚北非国家的投资合作。

（江欣）

【中国信息系统集成及服务行业联盟2016年会暨联盟第二次理事会举办】 12月8日，中国信息系统集成及服务行业联盟（以下称联盟）在北京举办中国信息系统集成及服务行业2016年会暨联盟理事会2016年第二次全体会议。联盟、工业和信息化部领导及嘉宾出席会议，联盟理事会成员、联盟部分会员单位代表及大会来宾共400余人参加了会议。曲维枝主席进行大会致辞，谢少锋司长在大会上就推进两化深度融合作了主题报告；向获证的32家企业颁发了大型一级企业证书。会议还举行了联盟LOGO正式发布仪式。

（江欣）

首都互联网协会

【概述】 首都互联网协会（原北京网络媒体协会）成立于2004年10月26日，是依法在北京登记注册并提供互联网信息服务的机构及相关的教学、科研等机构与个人自愿联合发起成立，经北京市社会团体登记管理机关核准登记的非营利性社会团体。现任会长是北京市互联网信息办公室主任佟力强，现有会员121家。接受业务主管单位中共北京市委宣传部、社会团体登记管理机关北京市民政局的业务指导和监督管理。2012年7月17日，经北京市社团办批准，北京网络媒体协会更名为首都互联网协会。2014年，首都互联网协会被北京市社团办评为5A级社会组织。2015年，首都互联网协会被民政部授予"全国先进社会组织"荣誉称号。2016年，首都互联网协会被北京市委社会工作委员会、北京市社会建设工作办公室认定为市级"枢纽型"社会组织。

（首都互联网协会）

【全国网络宣传工作会议召开】 1月5—6日，全国网络宣传工作会议在北京召开，会议强调，

2016年是网信工作的“创新年”，要大力推进网络宣传工作理念、内容、手段、队伍建设等全方位创新，进一步探索和完善中国特色社会主义治网之道，让中国共产党的主张成为网络空间最强音，为“十三五”时期开好局、起好步提供有力网络舆论支持。首都互联网协会新闻评议专业委员会副主任蒋亚平联系行业热点和当下舆情，回顾了网络媒体在中国的发展历程。北京市网信办、首都互联网协会相关负责人表示，“主体作用”发挥不好，制度建设的作用也会大打折扣。

（首都互联网协会）

【发布《2015年十大生活流言》】1月14日，首都互联网协会新闻评议专业委员会召开2016年度第一次会议，指导北京地区网站联合辟谣平台、蝌蚪五线谱网、百度知道联合发布《2015年十大生活流言》。北京市科学技术协会相关负责人表示，随着人们对生活质量的要求越来越高，互联网流言也越来越善于打着科学的幌子来诱导网友传播，这也对辟谣工作提出了更高的要求，一方面要积极主动地做好应急科普、热点科普，另一方面要做好持久性、系统性的科普普及。同时，官方平台尤其是北京市网信办、北京市科协更要发挥组织引导的重要职能，鼓励媒体以及民间科普机构，在辟谣平台中发挥更大的作用。北京市互联网信息办公室、首都互联网协会相关负责人表示，破除谣言需要全体网民、全社会共同努力。下一步，北京市网信办、北京市科协、首都互联网协会将大力指导属地互联网企业，充分发挥网络传播优势，提高平台辟谣能力，邀请权威机构、专业人员积极参与打击网上谣言信息，共同推进网络空间清朗起来。

（首都互联网协会）

【启动2016年“防范和打击非法集资，保护金融消费者合法权益”系列宣传教育活动】3月30日，北京市金融局、市网信办、北京银监局、北京证监局、北京保监局、市委社工委联合指导首都互联网协会新闻评议专业委员会召开2016年度第四次会议，启动北京市2016年“防范和打击非法集资，保护金融消费者合法权益”系列宣传教育活动。市金融局、市网信办、北京银监局、北京证监局、北京保监局、市委社工委主要领导出席会议。此次活动有以下几个特点：一是形成合力。首次由银、证、保属地监管部门和地方金融、网信、社工等职能部门统一筹划、共同推进，形成合力，以达到更为全面深入、专业有效的宣教效果。二是形式多样。充分运用文字、多媒体等多种表现形式，通过纸质宣传材料和多媒体展示等多种介质，既有知识性内容，又有案例剖析；既有持续不断的宣传，又有现场面对面的沟通，力求达到生动活泼、通俗易懂的宣教效果。三是全面覆盖。充分发挥金融机构网点和居(村)委会作用，采取手拉手、结对子的形式，共同推进首都打非“百千万工程”和宣传教育工作，力争实现区域全覆盖、业态全覆盖、人群全覆盖、高发领域全覆盖的目标。

（首都互联网协会）

【“网易健苗计划——网络举报用户沙龙”活动举办】4月29日，北京市互联网违法和不良信息举报中心、首都互联网协会指导网易举办“网易健苗计划——网络举报用户沙龙”活动，与来自各行各业的网络监督志愿者、妈妈评审团代表共同探讨网络社会治理之道。网易举报中心相关负责人首先向参与沙龙活动的网络社会监督工作者代表介绍了网易举报中心的工作情况，并发布《举报工作倡议书》，呼吁广大网民积极参与举报工作，坚决抵制不良信息，共同维护互联网健康发展。在谈到如何落实主体责任时，网易相关负责人表示，庞大的用户量让网易深知自身责任的重大，不断通过完善内部机制，杜绝因赚取点击量而违规发布新闻的情况。网站代表与社会监督工作者代表就网络空间治理需要全社会的共同努力达成了充分共识。首都互联网协会负责人表示，此次沙龙活动旨在贯彻落实习近平总书记“为青少年营造风清气正的网络空间”讲话精神，配合“清朗行动”清理互联网上违法和不良信息。通过让网络监督志愿者和妈妈评审员走进网站，了解网站受理处置举报信息的流程，增进互联网企业和网络社会监督工作者之间的沟通交流，使政府管理部门、行业协会、互联网企业和社会监督工作者各方面的力量形成“同心圆”，一起营造风清气正的网络空间。

（首都互联网协会）

【政府与网络安全论坛举行】4月29日，政府与网络安全论坛举行，市网信办主任佟力强致辞表示，北京市将构筑一个政府、企业、社会组织和广大网民共同参与的网络安全“同心圆”。佟力强指出，作为网络管理部门，北京市网信办一方面要进一步加强统筹协调；另一方面，要进一步明确网络安全标准，推动网络安全立法，完善依法监管措施。由北京市公安局主办，中关村可信计算产业联盟等承办的政府与网络安全论坛，是“4·29首都网络安全日”系列论坛活动的重要环节，论坛以“积极防御、主动安全”为主题，涵盖了政府网络安全、大数据安全、智慧城市安全等内容。

（首都互联网协会）

【2016年度第五次评议会召开】5月6日，首都互联网协会新闻评议专业委员会召开2016年度第五次评议会，主题为：抵制低俗“网红”传播网络正能量。中央网信办、中国记协、北京市新闻出版广电局、北京市文化市场行政执法总队等相关管理部门负责人、网站代表、“网红”代表及专家学者等40余人参会。会上，首都互联网协会发布《抵制低俗“网红”传播网络正能量》倡议书。会上，合一集团、六间房、秒拍等视频网站积极响应倡议书内容，从强化行业自律、承担主体责任、加强网站审核与正面引导等方面表达了抵制低俗“网红”的决心。请出价网站负责人在发言中介绍了“网红”群体及网红经济发展现状，以多个正面“网红”案例倡导“网红”正能量。北京电影学院管理学院副教授张锐在会上表示，“网红”也在不断净化中，那些单纯依靠情色、低俗的“网红”正逐渐被淘汰。北京市新闻出版广电局网络视听节目管理处处长丁梅结合习近平总书记系列讲话精神，指出“网红”传播的内容应积极健康，符合人民利益，促进网络文化发展繁荣；要规范行业管理，推动互联网企业有秩序、有底线地开展各类创新活动。北京市文化执法总队网络队熊亮谈到，执法部门要依法查处，互联网企业要严格守法，在企业运行中真正把抵制低俗内容落到实处。中国记协新闻培训中心综合处副处长刘占芹从传统媒体与“网红”自媒体区别的角度，认为对“网红”要有严格的审查标准、规范的管理模式和专业的交流平台，使“网红”群体更好地适应互联网发展。中央网信办网络社会工作局副局长刘红岩在会上谈到，影响力越大的“网红”，肩负的责任也越大。北京市网信办、首都互联网协会在总结发言中指出，对于格调低俗、内容粗鄙、通过猎奇手段吸引眼球、传播负能量，特别是对青少年成长造成危害的“网红”，要坚决抵制；网络媒体要积极倡导正能量“网红”，抵制低俗，传播正能量；“网红”群体，要传播文明、健康、理性的正能量内容，不靠出位博眼球、不以低俗换点击，靠有质量、有品位的内容赢得网民青睐。

（首都互联网协会）

【中国科协第九次全国代表大会召开】5月30日，全国科技创新大会、两院院士大会、中国科协第九次全国代表大会在京召开。习近平发表重要讲话强调，科技创新、科学普及是实现科技创新的两翼，要把科学普及放在与科技创新同等重要的位置，普及科学知识、弘扬科学精神、传播科学思想、倡导科学方法，在全社会推动形成讲科学、爱科学、学科学、用科学的良好氛围，使蕴藏在亿万人民中间的创新智慧充分释放、创新力量充分涌流。会上，北京市科协信息中心主任张晓芸发布了《北京市青少年科学认知水平问卷调查分析报告》。与会专家结合习近平重要讲话精神，针对科学家和科研人员如何更好地参与科普、如何加强青少年科普以及目前科普工作的改进空间等问题进行了广泛而全面的交流。

（首都互联网协会）

【2016年第六次会议暨蝌蚪五线谱专家委员会成立仪式在北京市科学技术协会举办】5月31日，首都互联网协会新闻评议专业委员会2016年第六次会议暨蝌蚪五线谱专家委员会成立仪式在北京市科学技术协会举办。北京市科协、北京市网信办、首都互联网协会的相关领导出席了此次会议。此次会议的主题是成立“蝌蚪五线谱专家委员会”。蝌蚪五线谱作为北京市政府投资、北京市科协承建的北京市科普门户网站，长期致力于权威、有趣、贴近生活的互联网科学传播，并早在2013年就加入了北京地区网站联合辟谣平台，发表了大量传播科学真相、粉碎网络谣言的科普文章。

（首都互联网协会）

【北京市互联网纠纷人民调解工作推进会召开】6月16日，北京市网信办、首都互联网协会组织召开北京市互联网纠纷人民调解工作推进会。百度、新浪微博、搜狐畅游人民调解委员会负责人分别从调解内容、方式、流程等方面介绍了各自的调解工作，网站通过搭建线上调解平台、签订电子调解协议等独创性调解形式，积极化解互联网纠纷。会上明确了互联网纠纷调解的属地管理原则，即北京市互联网纠纷人民调解委员会负责统筹指导属地企业调解工作。会议赞同市互联网纠纷调委会机构人员由相关管理部门代表、司法部门代表、行业专家、企业代表等多方组成，并决定加快与法院建立诉调对接机制，共同化解互联网领域矛盾纠纷，推动行业发展，维护首都稳定。

（首都互联网协会）

【发布《戒毒康复10大热搜问题》】6月24日，北京市互联网信息办公室、北京大学中国药物依赖性研究所、北京市禁毒教育基地管理中心指导首都互联网协会召开新闻评议专业委员会2016年度第七次会议，由禁毒教育高校公益联盟、北京地区网站联合辟谣平台、百度知道联合发布《戒毒康复10大热搜问题》。会上，来自北京大学中国药物依赖性研究所，中国药物滥用防治协会，中国人民公安大学，北京市公安局强制治疗管理处，北京天康戒毒康复所、北京社会心理研究所等相关法律、心理、医学、戒毒、教育专家学者对这10大问题以及相关话题进行现场解读和答疑。此次发布的“戒毒康复10大热搜问题”是从百度知道大数据平台上，根据网民关注度排序筛选，代表了互联网上公众对戒毒康复的关注焦点。市网信办、首都互联网协会相关负责人表示，百度知道与禁毒教育高校公益联盟合作，依托互联网大数据开展戒毒康复教育的做法值得首都互联网企业学习借鉴。

（首都互联网协会）

【责令多家网站整改】7月，北京市网信办对属地新浪、搜狐、网易、凤凰等网站在提供互联网新闻信息服务中存在的大量违法违规行为提出严厉批评，责令网站限期整改。北京市网信办相关负责人表示，被责令限期整改的频道栏目，严重违反国家《互联网新闻信息服务管理规定》第十六条的规定，均大量登载自行采编的新闻信息，且违规行为严重，影响十分恶劣。北京市网信办除责令属地相关网站对涉嫌违法违规的频道栏目予以限期整改外，还将依法给予警告并处罚款的行政处罚。

（首都互联网协会）

【召开2016年度第九次会议纪念建军89周年】8月1日，北京市网信办指导首都互联网协会新闻评议专业委员会召开2016年度第九次会议纪念建军89周年，探讨推动互联网领域军民携手发展，共同维护纯净清朗的网络空间。千龙网、搜狐、网易、新浪微博、凤凰网、百度、优酷、今日头条、米尔军事、铁血网等15家属地网站和军队代表参加会议。会议首先学习了全国网信办主任座谈会会议精神，明确2016年下半年首都网信战线将以“重基本规范、重基础管理，强化属地管理责任、强化网站主体责任”为抓手，全面加强网站基础建设和管理，不断提升网站管理的制度化、规范化水平，促进互联网健康持续发展。会议还回顾了6月由中央网信办和中央军委政治工作部共同举办的首次“网络媒体国防行”活动。

（首都互联网协会）

【2016年度第十次会议召开】9月9日，北京市通管局、市网信办指导首都互联网协会新闻评议专业委员会召开2016年度第十次会议，进一步推动落实移动电话用户真实身份信息登记。市通管局、市网信办及中国移动、联通、电信北京分公司相关负责人出席会议。市通管局和市网信办相关负责人表示，移动电话用户真实身份信息登记工作对于维护国家安全稳定、打击不良信息传播、防止电信诈骗等具有重要意义，有关部门将继续依法依规加大管理力度，推动移动电话用户真实身份信息登记工作严格落实。

（首都互联网协会）

【针对“标题党”乱象开展行业评议】12月5日，北京市互联网信息办公室指导首都互联网协会新闻评议专业委员会召开2016年度第十一次会议，会议集体学习了习近平总书记在会见中华全国新闻工作者协会第九届理事会第一次会议全体代表时发表的重要讲话，针对近期网上“标题党”乱象开展了行业评议。来自互联网相关管理部门、专家学者及属地重点互联网新闻信息服务从业单位相关负责人参会。评议会结合典型案例通报了六大“标题党”乱象并指出，网上“标题党”乱象反映了网站对坚持正确舆论导向的重要性认识不足，自觉性不够；网站法制意识淡漠，履行主体责任不到位；网站过分追求点击量、过度追求标新立异、盲目攀比；网站管理制度不健全，内部编审制度执行不力；从业人员业务能力严重不足，相关专业培训欠缺。市网信办副主任陈华表示，互联网新闻信息服务从业单位和从业人员必须坚守政治红线、坚持道德底线，以“坚持正确政治方向、坚持正确舆论导向、坚持正确新闻志向、坚持正确工作取向”为标准，依法办网、文明办网，做党和人民信赖的网络新闻工作者。评议会将监督行业公约的执行，对整改不力的从业单位和个人，将转请相关管理部门依法查处。

（首都互联网协会）

中关村不动产商会

【概述】中关村不动产商会成立于2002年，是在中关村科技园区管理委员会与北京市社会团体管理办公室的指导下，由不动产开发机构、投资机构、物业管理机构、销售机构、其他服务机构及行业内专业人士自愿组成的非营利性社会团体。商会会员单位项目涵盖了中关村国家自主创新示范区的一区十六园，会员持有、自营、维护不动产项目面积达2500万平方米以上。自成立以来，在各级政府部门的大力支持下，商会积极行动，在协助政府工作、加强行业交流、整合区域资源、优化商务环境、促进高科技企业发展各方面开展了大量的工作。从写字楼单一业态的行业组织发展成为具有不动产产业链多环节的业态组织，从为园区内楼宇服务延伸至为楼宇的入驻企业提供投融资、创业指导、政策咨询等八大孵化服务，从仅为中关村地区房地产行业熟知的组织成为国际不动产行业组织所关注的对象，在区域经济发展中发挥着重要的作用。

（中关村不动产商会）

【2016年中关村科技地产政策信息传达会会议举办】3月25日，北京中关村不动产商会组织会员单位在天工大厦第五会议室举办了2016年中关村科技地产政策信息传达会会议。会议由北京中关村不动产商会常务副秘书长李蔚主持。北京远景同创物业管理有限公司、宝蓝物业服务有限公司等商会会员单位代表出席了此次会议。首先，北京中关村不动产商会执行会长戴键为各会员单位解读了中关村国家自主创新示范区发展规划（2016—2020）与示范区2016年工作要点。而后，李蔚就中关村大街提升发展规划及实施行动纲要与与会人员进行了深度梳理。最后，各参会会员企业代表就科技地产发展纷纷提出了自己的观点。

（中关村不动产商会）

【科技地产线上线下推广会召开】4月28日，北京中关村不动产商会携手会员单位在牡丹集团一层会议室召开了2016年科技地产线上线下推广会。会议由北京中关村不动产商会常务副秘书长李蔚主持。北京远景同创物业管理有限公司、宝蓝物业服务有限公司、北京理想资产管理有限公司等商会会员单位代表出席了此次会议。北京中关村不动产商会数据中心项目主管廖洪浪为各会员单位简明扼要地介绍了商会自主设计、运营的三大科技地产推广平台以及大力参与政府建设的两大科技地产推广平台。会议交流环节中，各参会会员企业代表就科技地产线上线下推广纷纷提出了自己的观点。

（中关村不动产商会）

【2016中关村社会组织联合会政策解读系列活动举办】5月25日，2016中关村社会组织联合会政策解读系列活动之“中关村人才政策与北京市科技服务业促进专项政策”讲座在湖北大厦迎宾楼举办。讲座邀请了中关村管委会人才资源处黄后和北京生产力促进中心总工程师陈立军做相关政策解读。此次讲座是在中关村管委会的指导下，由中关村社会组织联合会主办，中关村不动产商会联合中关村人才协会、中关村工业设计产业协会、中关村企业信用促进会共同承办的。中关村不动产商会常务副秘书长李蔚主持了此次讲座。示范区150余家企业200余名企业代表参加了此次讲座。首先，中关村管委会人才处黄后围绕中关村先行先试出入境政策、高端领军人才集聚工程、中关村雏鹰人才支持资金、中关村海外人才支持资金和教授级高级工程师的职称直通车政策5个方面

对中关村人才政策作了详细解读；北京生产力促进中心总工程师陈立军就北京市科委“科技服务业促进专项”政策进行了现场解读。随后，两人分别对企业提出的关于中关村人才政策与北京市科技服务业促进专项政策的相关问题进行了现场解答。

（中关村不动产商会）

【2016中关村示范区科技地产孵化器专场培训活动举办】8月4日，北京中关村不动产商会在清华同方科技广场D座东楼305会议室举办了2016中关村示范区科技地产孵化器专场培训活动。中关村管委会创业服务处副处长闫颖出席活动并介绍相关政策。同方科技园有限公司同方广场项目总经理杨永涛、北京远见育成科技孵化器有限公司运营总监吴思汉、北京创业公社投资发展有限公司CEO丁磊、优客工场（北京）创业投资有限公司社区合伙人雷雪山分别作主题演讲。商会近60名会员代表参加了活动。

（中关村不动产商会）

【“京津冀协同发展楼宇经济优化升级创新创业生态环境”交流会举办】9月23日，由京津冀中关村创新创业企业圈主办，北京中关村不动产商会承办的京津冀中关村创新创业企业圈系列活动——“京津冀协同发展楼宇经济优化升级创新创业生态环境”交流会在天津恒生科技园举办。活动邀请了京津两地企业家及社会组织负责人就新常态下科技园区专业化运营进行了深入交流，进一步剖析京津两地楼宇经济发展态势，探索科技园区的全产业链服务模式，助力完善城市服务功能提升城市品质。中关村社会组织联合会秘书长戴键从宏观政策的角度指出加快发展楼宇经济首先要明确产业定位，打造特色楼宇群。北京中关村不动产商会李蔚介绍了商会及在区域合作中开展的相关工作，并结合商会在天津的工作设立了中关村不动产商会天津办事处。京津冀创新示范要素融合基地执行副总刘源灏发布并解读了《天津市津南区科技地产调研报告》，报告就天津津南各科技园区的政策、单体面积、容积率、智能设备等8个方面进行了广泛翔实的调研和深入审慎的分析。随后，同方科技园有限公司同方广场项目总经理杨永涛围绕京津冀区域合作畅想进行了精彩的演讲。易轩（上海）信息技术有限公司总经理李英男作了“房地产去库存解决方案”的主题演讲。与会嘉宾表示，在京津冀协同发展的战略背景下，借助楼宇经济持续升级的优势，逐步提高楼宇品牌特色、优化园区服务理念、加强配套资源建设，进一步扩大楼宇经济所带来的聚集效应、品牌效应及规模效应，为京津冀区域经济持续升级提供强大推动力。

（中关村不动产商会）

【走进会员之——走进创业公社·中关村国家创客中心交流活动举办】10月13日，北京中关村不动产商会走进会员之走进创业公社·中关村国家创客中心交流活动举办。北京创业公社投资发展有限公司副总裁丁磊和创新发展部副总监王玉梅出席会议并作相关经验分享。商会近30家会员单位近50人参加了此次活动。活动由商会行业研究部主任张婷主持。首先在王玉梅的带领与讲解下，与会代表参观了创业公社·中关村国家创客中心，随后与会代表在丁磊的带领下进入会场进行经验分享和交流。丁总从创业公社的空间布局、产业布局、服务产品、合作模式等方面作了详细介绍。在现场沟通交流环节，丁磊对与会代表提出来的关于收益、投融资、商业模式、运营模式、人员构成等问题一一进行解答。

（中关村不动产商会）

【组织苏杭考察活动】10月17日，“2016北京中关村不动产商会苏杭考察团”一行20余人从北京出发，进行了为期5天的苏杭考察活动。考察团由中关村社会组织联合会秘书长、北京中关村不动产商会执行会长戴键带队，成员包括联合会部分会员代表、商会会员中部分产业园区及孵化器代表，以及联合会、商会秘书处相关工作人员。此次考察活动主要突出了“以参观交流促合作，以考察学习促创新”的特点，先后参观学习了浙江省民营企业发展联合会、阿里云·云栖小镇、苏州纳米城、苏州市社会组织促进会。苏杭两地的产业园区和行业协会相关负责人分别对园区建设、行业协会发展模式及后期合作方式进行了详细的介绍。

（中关村不动产商会）

【2016中关村品牌推介活动——长江众创专场举行】 11月25日，由中关村科技园区管委会指导、中关村社会组织联合会主办、北京长江时代众创空间数字技术有限公司（以下简称北京长江众创）承办的“2016中关村品牌推介活动之走进企业系列宣讲会——长江众创专场”在中关村大厦正式拉开帷幕。来自北京中关村不动产商会、中关村高新技术企业协会、中关村人才协会、中国技术交易所、中关村创业投资和股权投资基金协会、中关村科技创业金融服务集团等众多主管机构领导与企业负责人参加了此次活动。 首先，北京长江众创总经理吴琦围绕2016中关村品牌推介活动致欢迎辞，并且介绍了北京长江众创布局全国、线上线下联动、为创业者打造“信息化+投融资+办公空间+第三方服务+社群平台”的一站式创业服务体系。中关村社会组织联合会对外合作部刘晓丹介绍了2016中关村品牌推介系列活动的宗旨和目标，从组织机构、榜单设置、公关传播等方面详细说明了2016中关村品牌推介系列活动的整体方案。最后，由5家榜单承办单位的代表依次介绍了各榜单活动方案，并着重讲解了推介标准及规则。

（中关村不动产商会）

中关村民营科技企业家协会

【概述】 年内，中关村民营科技企业家协会致力打造服务新模式，升级传统品牌服务。完成中关村开放实验室工程、新技术新产品（服务）政府采购和应用推广等政府各项委托工作，以实际行动成为政府职能转移的优质承接者、政府工作创新的实践者和科技体制改革的推动者。会员服务中心、市场拓展、投融资、理论研究、党组织建设平台工作有序展开，系列化、品牌化服务日臻成熟。培育完善中关村天合科技成果转化促进中心、北京环都经济圈节能低碳环保产业联盟等二级专业服务平台，搭建专业化服务平台。

（韩洋洋）

【中关村民协会员大会召开】 1月20日，主题为“凝心聚力谋发展 开拓创新谱新篇”的中关村科技企业发展论坛暨中关村民协会员大会在永兴花园饭店召开。会议由中关村民协执行会长兼秘书长朱希铎主持，中关村管委会副主任杨建华，北京市科协党组书记夏强，市委社会工委委员、北京市社会建设办公室副巡视员卢建出席会议并对协会2015年在承接政府职能转移、服务会员企业等工作表示肯定，希望中关村民协2016年依托现有平台资源优势，更加积极主动充分发挥政府与企业间桥梁纽带作用，为区域发展作出贡献，并创新更多社会组织市场化运作新模式。会上，中关村民协会长姜鹏明代表协会作2015年工作总结及2016年工作计划报告，朱希铎、戴焕忠、张正喜、戴双、沈逢佳作为协会领导及执行团队代表分别对协会在科技成果转化、党组织建设、天使投资、节能环保、商事调解等方面开展的重点工作进行了说明。天瑞华商投、凯联资本、水木九天、易子微、维珍创意等新会员及创新型企业代表分作主题发言。北京市工商联、北京市科协、中关村管委会、北京市社工委、北京市民政局、海淀区人民政府、海淀园管委会等政府职能部门，以及拉卡拉、美髯公、弗兰盾、博森均衡、仁仁通泰、铭光正讯、颖诺凯胜、企业墅等200余家会员企业负责人或其代表出席会议。

（韩洋洋）

【智乐读书会书友交流活动举办】3月4日，以“进民协，话智乐”为主题的智乐读书会书友交流活动在中关村民协召开。各位书友踊跃发言，共同为读书会的良好发展提出意见建议。此次活动正值雷锋日前夕，主办方国鑫集团通过趣味问答、唱雷锋歌曲等方式与书友进行互动，宣传雷锋精神，传递正能量。中关村民营科技企业家协会作为支持单位参与的智乐读书会是自2013年3月发起的公益性读书活动，旨在推广多读书、读好书，迄今已举办30余场，活动主题丰富多彩，分享推荐书目近400本，参与书友近1500人次。

（韩洋洋）

【国家重点研发计划重点专项政策解读会召开】3月8日，为帮助中关村科技企业紧跟国家科技发展计划，中关村民营科技企业家协会组织万众生能源、瑞达恩、美尔斯通等会员企业参加由中关村产业技术联盟促进会、中关村社会组织联合会、中关村企业信用促进会共同举办的科技部国家重点研发计划重点专项政策解读会。会上，科技部重点研发计划一处相关领导围绕中央财政科技计划管理改革、中国科技计划和项目管理现状以及重点研发计划项目申报具体问题进行了详细解读。

（韩洋洋）

【投融资交流分享会举办】3月17日，为推动协会投融资平台创新发展，中关村民营科技企业家协会投融资委员会联合会员服务中心共同组织投融资交流分享会，会议由协会执行会长兼投融资委员会主任张正喜主持，会长姜鹏明、秘书长朱希铎、首席顾问兼投融资委员会副主任张本正、监事长戴焕忠、执行会长兼会员服务中心主任黄显勇、常务副秘书长戴双，以及国投尚科董事长李智勇、中技知识产权金融服务集团总裁徐向阳、瑞友科技董事长兼总裁邵凯、北京银行副行长徐中兴、北京斯伯乐科学技术研究院总经理刘宽胜、泽后创投合伙人许民、神州高铁分管投资法务总监耿协送、亦国投天使/VC事业部总监张寒梅等出席活动。

（韩洋洋）

【中关村企业家座谈会召开】4月7日，北京市工商联联合中关村民协在全国工商联组织召开中关村企业家座谈会。黄显勇、祁燕、邵凯、熊科、刘泽刚、罗群、高利军、何方洋、王瑞等会员企业负责人作为中关村企业家代表出席。会议由北京市工商联副主席王爱民主持，全国工商联法律部部长白莲湘、会员部副部长李树林，北京市工商联副主席佘运高、王爱民、王报换，以及北京市委统战部工商经济处副处长张晨霖出席会议并认真听取企业家发言。

（韩洋洋）

【举办北京能源科技创新交流推介会】4月8日，为促进民企与国企央企在政府采购、市场拓展等方面的合作，中关村民营科技企业家协会组织70余家科技创新企业在北京神雾环境能源科技集团股份有限公司举办北京能源科技创新交流推介会。中石油、北京能源集团、北京燃气集团等国企央企代表介绍了其研发方向、技术需求等，中能服、三众能源等创新民营科技企业对企业能源领域的创新技术进行了说明，并与现场国企、央企就可能的合作模式、合作领域进行了深入的探讨。

（韩洋洋）

【参加第十三届中关村人才论坛】4月16日，为帮助会员企业了解人才“供给侧”改革相关政策，中关村民营科技企业家协会作为支持单位组织会员企业参加由中关村人才协会举办的第十三届中关村人才论坛。论坛围绕人才“供给侧”改革、非雇佣关系的人才激励、撬动高校人才培养等主题，从当前人才“供给侧”改革所触及的热点政策、人才创新创业生态环境建设等进行研讨和分享。

（韩洋洋）

【召开中关村元和天使投资产业研究会理事会】4月19日，中关村元和天使投资产业研究会理事会在柏彦大厦召开。会议由中关村民营科技企业家协会执行会长兼投融资委员会主任、元和天使研究会会长张正喜主持，研究会副会长郑福双、朱伟豪、李智勇、赵春晖、桂曙光，监事长徐向阳等领导参会。会议审议通过了2015全球天使投资论坛决算，增补名誉会长和副会长、变更秘书长等提案。会议重点就元和天使母基金募资方案、平台建设和优势以及管理团队情况等进行汇报并征求意见。

（韩洋洋）

【“走进企业 走近企业家”系列活动举办】4月26日，“走进企业 走近企业家”系列活动之“整合生物医药资源，探寻合作共赢之路”生物医药行业深度对接会在北京京蒙高科干细胞技术有限公司召开。会议由中关村民营科技企业家协会执行会长、绿象集团董事长黄显勇主持。北京京蒙高科干细胞技术有限公司董事长高锦、北京南丁格尔科技发展有限公司董事长姜景惠、北京万泰生物药业股份有限公司总经理邱子欣、北京赛林泰医药技术有限公司董事长李文军等十余位企业家以“凝聚、分享、共赢”为主题，重点围绕生物医药行业国家政策、知识产权保护、投融资、市场拓展等话题展开交流。

（韩洋洋）

【举办政府项目申报专题培训】4月27日，中关村民协培训平台政府项目申报专题之“科委项目申报，那些你不知道的三两‘秘密’”在理工国际教育交流大厦召开。中关村民营科技企业家协会副会长、北京关键要素科技有限公司总经理卓列光就北京市科技型中小企业促进专项、北京市科技服务业促进专项的申报要点、验收指标等要素进行系统解读。荣之联、瑞友、兴科迪、汉王等40余家会员企业参会。

（韩洋洋）

【推荐“2015—2016年北京优秀企业家”】4月，中关村民营科技企业家协会作为九家联合发起单位之一，组织开展“2015—2016年北京优秀企业家”评选活动，经过征询、调研，最终推荐罗群、薛向东、王志全、白云飞参与评选。协会将继续贯彻落实中央提出的“造就一大批德才兼备、善于经营、充满活力的优秀企业家”目标，积极组织推荐会员企业参与各级评先选优活动，树立中关村企业家正向积极的社会形象。

（韩洋洋）

【召开2016年中关村开放实验室工作大会】5月5日，第九批中关村开放实验室授牌工作会在裕惠大厦举行，会议由中关村管委会产业处副处长孙继伟主持，中关村管委会副主任宣鸿、副主任张涛、产业处处长张宇蕾出席会议。中关村民营科技企业家协会副秘书长、中关村开放实验室办公室主任徐霞宣读了挂牌实验室名单。宣鸿向新挂牌实验室表示祝贺，并介绍了新时期开放实验室工作的新思路，鼓励大家要进一步做好产学研用体系的建设工作，更好地为企业创新、产业发展服务。5 家实验室代表表示一定要树立以企业为主体，以市场为导向的思想，努力做好为企业创新、为产业发展的科技服务与支撑工作。

（韩洋洋）

【联合召开中日六次产业交流会】6 月 7 日，中日六次产业交流会在中关村天合科技成果转化促进中心召开，中关村民营科技企业家协会秘书长兼执行会长朱希铎，监事长戴焕忠，执行会长、绿象集团董事长黄显勇及常务副会长单位东华医疗、副会长单位京蒙高科、柯瑞生物等 20 余家企业的负责人作为中方代表出席会议，日方代表有中日环境协会理事长宋青宜、事务局局长大岛曜。日方代表围绕六次产业分别介绍了日本大数据与现代农业、大健康产业融合的发展趋势，倡导环保、健康、高效率、高收益、饮食文化相结合的经营模式。中日企业围绕如何促进产业深度融合等主题展开深入交流。“六次产业”即不仅种植农作物（第一产业），而且从事农产品加工（第二产业）与流通、销售农产品及其加工产品（第三产业），1+2+3=6，三次产业深度融合，可以获得更多的价值。

（韩洋洋）

【举办环保法律知识培训会】6 月 27 日，中关村民营科技企业家协会会长、绿创集团董事长姜鹏明，中关村科技园昌平园管委会共同举办的环保法律知识培训会在绿创大厦召开，北京市环保局法制处处长芦建茹、相华林，中国政法大学王灿发从当前严峻的环境形势、环保政策法规的改变以及执法能力的提升、企业在项目建设过程中的环境法律风险等多方面作了实例解析和演讲。姜鹏明提出，希望在昌平园管委会的正确指导下，加强政商沟通，帮助、服务民营企业并热情支持地方企业发展。

（韩洋洋）

【举办 2016 高新新政实操解读会】7 月 14 日，中关村民营科技企业家协会举办了中关村民协培训平台之 2016 高新新政实操解读会，帮助会员企业深度了解最新高新技术企业认定政策，高效完成申报工作。北京顺然天成咨询有限公司总经理李丽就 2016 版《高新技术企业认定管理工作指引》政策、高新实务操作进行详细解读。来自柯瑞生物、颖诺凯胜、金盛微纳等会员企业的 30 余位代表参加此次培训。

（韩洋洋）

【中关村科技企业家圆桌论坛举办】7 月 20 日，中关村民营科技企业家协会举办中关村科技企业家圆桌论坛系列活动之“闻道‘改革守望者’”在北大博雅国际酒店举行。活动特邀著名经济学家吴敬琏分享供给侧结构性改革为中关村科技企业带来的机遇与挑战。姜鹏明、朱希铎、戴焕忠、张本正、陈庆振、黄显勇、张正喜、邵凯、傅涛、秦君、李海清、乔迁、徐工、黄孝斌、张宗先、刘泳等协会领导参加座谈，并与吴敬琏围绕供给侧结构性改革展开交流与讨论。中关村科技企业家圆桌论坛以推动企业做强做大、实现优势资源共享为主要职能，旨在深入研究企业做强做大的发展之道，为企业家间深度交流、优势互补、全面合作、携手发展搭建联络平台。

（韩洋洋）

【农村新能源替代领域新技术、新产品需求对接会举办】7 月 20 日，农村新能源替代领域新技术、新产品需求对接会在北京市环保局召开，中关村民营科技企业家协会推荐的北京中铁科节能环保新技术有限公司等 4 家企业参加需求对接会。参会企业代表先后分享了在农村新能源替代领域的技术优势和应用案例。北京市环保局大气处对企业提供的超 / 低环温空气源热泵、储能熔盐峰谷电蓄热技术、太阳能集热器等技术方案给予高度肯定。

（韩洋洋）

【元和天使研究会年中工作汇报会暨新奥特成功上市庆祝会召开】8 月 2 日，中关村民营科技企业家协会执行会长兼投融资委员会主任、元和天使研究会会长张正喜在新奥特科技大厦主持召开元和天使研究会年中工作汇报会暨新奥特成功上市庆祝会，协会首席顾问张本正、监事长戴焕忠，以及郑福双、李智勇、罗茁、徐向阳等领导出席会议。张正喜对研究会核心领导成员情况进行了介绍，并对元和基金的组建情况进行了说明，会议还重点审议了研究会工作计划及 2016 全球天使论坛有关情况，与会领导对研究会的工作给予充分肯定并提出了宝贵建议。元和研究会领导授牌仪式在同日举行。

（韩洋洋）

【承办政策宣讲会】8 月 26 日，中关村民营科技企业家协会组织会员企业参加由中关村社会组织联合会主办、中关村民协及多家兄弟协会承办的高新技术企业认定重点难点和中关村最新优惠政策宣讲解读会。北京市科委高新技术产业化处马振宇、北京市海淀园知识产权处处长谷永久及知识产权专家丁彦峰作为主讲嘉宾分别对 2016 年高新新政“3875”学习法、科技成果转化工作重点、专利战略在企业管理中的实际运用等国家及中关村最新优惠政策进行解读。新联铁、柯瑞生物、佰仁医疗等 300 余位企业代表参加会议。

（韩洋洋）

【举办新技术新产品政府采购政策宣讲会】8 月 30 日，中关村民营科技企业家协会在北京裕龙国际酒店举办新技术新产品政府采购政策宣讲会。协会副秘书长沈巍介绍了中关村政府采购促进中心工作总体情况，北京市科委重点讲解了北京市新技术新产品（服务）认定相关政策，长城保险公司与中关村科技租赁公司介绍了各自在首台（套）保险以及帮助中小企业低成本融资等方面的后续支持，多家企业就新技术新产品认定与首购首台（套）认定的相关问题进行提问交流。

（韩洋洋）

【举办中关村民协企业家说案系列活动】9 月 21 日，中关村民营科技企业家协会企业家说案系列活动第一期——“当有麻烦找上门”在中关村民协举办。本期主讲人是原清华紫光总裁、海淀法院人民陪审员、中关村民营科技企业家协会首席顾问、中关村企业家商事特邀调解员张本正，他通过对实际案例分析与 10 余位企业代表共同探讨了当企业陷入国际纠纷，企业可以选择的路径。与会代表还就企业出现的法律问题与张本正展开交流。中关村民协企业家说案系列活动旨在充分剖析案例的同时，积极宣传调解理念，在尽可能帮助企业通过提升、改善自身管理水平减少纠纷发生的同时，告知企业一旦出现纠纷如何通过合法的第三方调解组织及机构，采用调解的方式快速、低成本地化解纠纷，实现彼此的利益最大化，并谋求未来更多合作机会，为“双创”打造优质环境。

（韩洋洋）

【央地人才合作交流会举办】9 月 22 日，2016 年第十二期央地人才合作交流对接活动（环保领域）在鼎好电子大厦中关村人才市场举行。此次活动由北京市海淀区高层次人才发展促进会主办，中关村民营科技企业家协会、中关村天合科技成果转化促进中心承办。会上，现场总线技术及自动化北京市重点实验室常务副主任董哲介绍了新型板式大功率臭氧发生器及其在水气治理中的应用；煤炭工业洁净煤工程技术研究中心刘敏介绍了干法脱硫脱硝技术；清华大学环境学院饮用水安全检验所路则栋介绍了大孔活性炭原理、研发及产业化。随后，参会的环保企业进行了分享交流。

（韩洋洋）

【组织专题讲座】9月22日，为了让会员企业更好地了解国外的经营管理理念和模式，帮助企业提高生产力，降低成本以及减少库存，为企业转型升级、创新发展提供支持，企业经营管理系列讲座——“阿米巴经营与丰田精益管理”在中关村民营科技企业家协会开讲。日本高级管理咨询专家山口胜彦作为特邀主讲嘉宾系统地解析了“阿米巴企业管理”+“丰田精益管理方式”理论，分享了工业4.0时代的日本自动化生产经验和实际应用特点，针对当前中国的制造企业实际情况给出具体建议。潍柴动力、华润万东、绿创环保等10余位会员企业高管参加此次讲座，并就企业生产制造流程、培养管理人员等问题与山口胜彦展开探讨。

（韩洋洋）

【举办创新商业模式设计专题讲座】9月28日，中关村民营科技企业家协会组织的企业经营管理系列讲座——创新商业模式设计专题讲座在协会开讲。财达学院院长、商业模式专家张云龙作为特邀嘉宾通过商业案例分析、商业模式设计逻辑的讲解助力企业家明确商业模式设计主线，进而设计出适合企业的创新商业模式。北斗星通、泛鹏天地等企业高管参加此次讲座并根据不同业态的商业模式设计与主讲嘉宾展开探讨。协会希望通过讲座助力企业提升自身商业价值，为企业突破经营壁垒提供支持。

（韩洋洋）

【获评海淀区“五个好”非公有制企业党组织】9月，中共中关村民营科技企业家协会联合委员会被评为海淀区典型带动作用强的“五个好”非公有制企业党组织。中关村民协联合党委自成立以来，在党委班子领导强化责任狠抓实干下党建各项工作取得了成效。提高了领导班子团结协作能力，形成了团结协作、相互配合、共谋发展的工作局面。创新了抓好非公企业基层党建工作的新方法，使非公企业基层党建工作载体丰富、特色鲜明、措施有力。密切非公企业流动党员与党组织的联系，从源头上防止了流动党员进入党员管理的“真空地带”，使党员找到组织，依靠组织，凝聚人心，激发热情。基于此，联合党委于2015年12月申报海淀区典型带动作用强的“五型五好”基层党组织，历时半年多的申报审核考察工作，联合党委于9月正式被评为海淀区典型带动作用强的“五个好”非公有制企业党组织。

（韩洋洋）

【举办京津冀民营经济发展论坛】10月18日，中关村民营科技企业家协会联合北京市工商业联合会在永兴花园饭店举办“携手京津冀，共谋新发展——京津冀民营经济发展”主题论坛。协会执行会长黄显勇主持会议并作“京津冀协同发展背景下民营企业的机遇与挑战”报告。北京市工商联副主席王报换、中国科学技术发展战略研究院研究员高志前分别作京津冀民营经济发展和科技成果转化主题报告。来自京津冀地区的三地工商联政府机关，以及爱生科技、水木九天、捷水科技、财达证券等60余家企业代表参加论坛。

（韩洋洋）

【中关村民协海外平台活动——法国、挪威科技创新发展研讨会举办】10月20日，为实现技术创新上中下游的对接，助力会员企业转型发展、加强国际交流合作，广泛搭建会员企业与各国驻华使馆、国际商会及行业协会的交流平台，为会员企业国际化发展布局提供帮助，中关村民营科技企业家协会联合北京海淀区高层次人才发展促进会举办中关村民协海外平台活动——法国、挪威科技创新发展研讨会。会上，法国、挪威驻华大使馆、CMS Law 合伙人分别作有关法国与中国的创新发展机遇、挪威环保能源产业创新、境外生命科学领域科技创新项目投资的主题分享。协会常务副会长单位东华软件和理事单位北京晓清环保工程有限公司分别就东华软件海外发展规划和晓清环保环境综合服务商做中方代表发言。

（韩洋洋）

【召开企业家在政府创新决策中的作用机制研究研讨会】10 月 20—26 日，中关村民营科技企业家协会受北京市科委委托，召开了两场“企业家在政府创新决策中的作用机制研究”研讨会，希望通过企业家座谈会、深度访谈等定性研究方式收集企业家参与政府决策的丰富案例和真实想法，为研究企业家参与政府创新决策的作用机制作出有力支撑。协会会长姜鹏明、首席顾问张本正、常务副秘书长戴双、副秘书长沈巍，以及瑞友科技董事长邵凯、泰宁科创董事长潘晓军、伟嘉集团董事长廖峰、E20 环境平台高级合伙人王立章、京磁材料董事长熊科、神州高铁副总王迎宽、清新环境副总王月淼、东华软件总工左耀龙等受邀参加研讨，并各自就参与政府创新决策中的经历和企业家如何在政府创新决策发挥作用作了发言。

（韩洋洋）

【举办青年职工联谊活动】10 月 22 日，为帮助会员企业留住人才，解决青年职工择偶难问题，中关村民营科技企业青年职工联谊系列活动之“相约十月 为爱同行”在永兴花园饭店举行。此次联谊活动是北京市总工会支持项目，绿创环保、东华软件、瑞友科技、利亚德等 80 余人青年男女参加，通过破冰游戏“追七令”，互动游戏“心心相印接力”、小组交流、搭桥过河、玫瑰传真情等多种方式，最终有 7 对嘉宾牵手成功，并发表“爱情宣言”。

（韩洋洋）

【2016 中关村品牌推介系列活动正式启动】10 月 24 日，中关村民营科技企业家协会常务副秘书长戴双、副秘书长沈巍参加 2016 中关村品牌推介系列活动启动仪式。戴双介绍了中关村民协承办 2016 中关村年度最受关注品牌榜单评选的相关思路和实施方案。此次评选更关注战略新兴产业内企业以及行业媒体对品牌的关注度，并增加了“品牌美誉度”的评价指标，会更加客观和公平地评选出近一年中品牌价值增长较快、品牌经营模式不断创新、影响行业发展方向的中关村优秀品牌企业。中关村品牌推介系列活动自 2009 年至今，已经连续举办了 7 届。

（韩洋洋）

【举办学会沙龙】10 月 26 日，2016 年度北京市科协学会沙龙在北京理工国际教育交流大厦举行，此次沙龙由北京市科学技术协会学会部、北京科技社团服务中心主办，中关村民营科技企业家协会承办。协会执行会长兼秘书长朱希铎以“新形势下科技社团秘书处管理团队定位的新思考”为主题，与大家分享新常态下科技社团秘书处团队建设、能力提升的新定位、新思路。市科协系统的 60 余位学会、协会代表参会学习。

（韩洋洋）

【召开企业家座谈会】10 月 26 日，中关村民营科技企业家协会组织召开了以“企业家在政府创新决策中的作用机制课题研究”为主题的企业家第二场座谈会，协会首席顾问张本正主持此次座谈会，协会常务副秘书长戴双、副秘书长沈巍参加会议，伟嘉集团董事长廖峰、E20环境平台高级合伙人王立章受邀参与研讨。会上，企业家根据自身参与政府决策的实际经历深入探讨了企业家参与政府创新决策的具体方式，并对政府在创新科技发展等方面提出了具体建议。此次课题研究受北京市科委委托，协会希望通过企业家座谈会、深度访谈等定性研究方式收集企业家参与政府决策的丰富案例和真实想法，使课题研究成果务实、有效。

（韩洋洋）

【举办第十六届中国西部博览会】 11月3日，第十六届西博会在成都世纪城会展中心开幕，此届西博会以“中国西部·世界机遇”为题，突出服务“一带一路”建设，突出展示“一带一路”元素。经公开招投标，中关村民营科技企业家协会中标中关村管委会承接“第十六届中国西部博览会”的组织工作，协会组织大数据、人脸识别、智能机器人、先进制造等领域16家高新技术企业，集中展示中关村企业在“大众创业，万众创新”指导下的新成果、新应用、新平台和新形象。

（韩洋洋）

【开展首台（套）技术评审会】 11月9日，受中关村政府采购促进中心委托，中关村民营科技企业家协会组织开展2016年度中关村国家自主创新示范区首台（套）重大技术装备试验、示范项目第一组及第二组技术评审会。会上，工业节能等领域专家听取了参评单位对项目创新优势、应用领域及市场前景等方面的汇报。专家综合项目信息，对项目技术基础、方案、前景等各项指标进行了综合评分。

（韩洋洋）

【天津武清商务区发展环境说明会召开】 11月18日，为推进天津武清商务区与中关村科技企业交流合作，中关村民营科技企业家协会与武清商务区联合组织召开“天津武清商务区发展环境说明会”。会议由协会常务副秘书长戴双主持，商务区工委书记、总经理张福旺等出席会议并发言，商务区副总经理胡新兵详细介绍了武清及商务区有关情况，企业详细了解了武清商务区的发展及政策情况，并表示出浓厚兴趣。易子微、未来世纪、尚水信息、国基科技等20余家企业参加活动。

（韩洋洋）

【举办中小企业恳谈会】 11月30日，中关村民营科技企业家协会中小企业恳谈会以“并购？Bingo！”为主题在理工国际教育交流大厦举办。协会会长、北京绿创环保集团董事局主席姜鹏明，常务副会长单位东华软件股份公司副总裁杨健、会员企业北京维珍创意科技股份有限公司总经理高利军，以及财达证券股份有限公司投资银行部董事总经理庄晶分别作“海外并购——经营全球化的可选之路”“并购是企业发展的加速器”“新三板融资并购”“说说并购大潮流”主题发言，围绕并购实战经验、技巧和需要注意的事项等为参会企业进行分享。协会执行会长、绿象集团总裁黄显勇主持会议。中关村民协监事长戴焕忠、凌天世纪董事长杨晓燕、亚昆供应链董事总经理王琳瑞、大恒集团副总裁薛强等20余位企业家参加会议并作深度交流。

（韩洋洋）

【协会获评“上地地区2011—2015年法治宣传教育先进集体”】 12月1日，上地地区“六五”普法总结表彰暨“七五”普法启动大会在上地办公中心召开。海淀区司法局局长周玉鑫、上地街道领导班子成员、地区单位代表、地区企业代表、地区学校代表、街道机关工作人员、社区居委会工作人员160余人参加了启动大会。会议由上地街道办事处副书记王晓军主持。上地街道办事处副主任王立君作“六五”普法总结，并部署上地地区法治宣传教育第七个五年规划。上地派出所所长郑文合宣读《上地街道法治宣传教育领导小组关于表彰上地地区2011—2015年法治宣传教育先进集体和先进个人的决定》，并对中关村民营科技企业家协会等20家先进集体、中关村民营科技企业家协会韩洋洋等60名先进个人进行了表彰。

（韩洋洋）

【举办中关村新技术新产品与高校供需对接会】 12月8日，为更好地推动新技术新产品政府采购和应用推广，鼓励和引导北京市属高校采购中关村示范区企业的新技术、新产品，搭建新技术新产品供需对接平台，中关村民营科技企业家协会受中关村政府采购促进中心委托在裕龙国际酒店会议室举办中关村新技术新产品与高校供需对接会。中关村政府采购促进中心副主任邓宇峰主持会议，北京市财政局政府采购处副处长谢垚讲解了中关村新技术新产品政府首购政策背景及政策实施过程中需要注意的事项。北京市财政局教育事业处、政府采购处、中关村政府采购促进中心、北京联合大学相关采购需求院系和曙光信息、同有飞骥、北京市计算中心等十家中关村企业近50人参加此次活动。企业在供需会上现场展示了产品，北京联合大学机器人学院、广告学院、信息网络中心、保卫处相关单位负责人与企业就产品技术、产品市场前景、价格等进行深入沟通。

（韩洋洋）

【召开2016年度首台（套）项目认定会】 12月9日，中关村民营科技企业家协会组织召开了2016年度中关村首台（套）重大技术装备试验、示范项目认定小组工作会，协会副秘书长沈巍通报2016年首台套项目征集、形式审查及专家评审情况，北京市发展改革委、市财政局、市科委、市经济和信息化委、中关村管委会相关新产品政府采购和应用推广工作组成员单位审议了评审结果并提出了评审意见。下一步协会将对2016年被认定的首台（套）重大技术装备试验、示范项目积极开展首台套保险补贴工作。

（韩洋洋）

【协会联合党委获评北京市工商联协会组织党建示范单位】 12月12日，北京市工商联非公经济组织党建工作推进会在北京会议中心召开。北京市工商联党组成员、副主席佘运高主持会议。会议对中关村民营科技企业家协会联合党委等北京市26家组织党建示范单位进行了表彰，与会非公党建典型单位代表还对党建工作进行了工作经验交流。北京市委统战部副部长、市工商联党组书记郑默杰就非公经济组织进一步推进党建工作进行了总结性发言。她指出，到2020年，北京市工商联将打造1000家规模影响大、党建基础好的非公经济组织党建示范单位，以实际行动贯彻落实十八届六中全会和市委十一届十一次全会精神。

（韩洋洋）

【迎新恳谈会之“探索‘区块链+’时代”举办】 12月27日，中关村民营科技企业家协会迎新恳谈会之“探索‘区块链+’时代”在科大天工大厦会议室举行，协会秘书长朱希铎和协会监事长戴焕忠出席会议。会上，与会企业首先进行自我介绍，随后，朱希铎对协会的工作进行了全面的介绍，梆梆安全研究院高级研究员彭建芬做“如何应对区块链安全挑战”主题分享。最后，新老会员进行互动交流，并对协会工作提出期许。40余家会员企业代表出席会议。

（韩洋洋）

【举办中小企业恳谈会】 年内，中关村民营科技企业家协会举办了以“战略 + 资本 + 金融”“政府零距离——与人力社保局面对面”为主题的两场企业家恳谈活动，聚焦政企对话、金融服务等企业关注热点。共计 70 余家会员企业参加会议，就企业财务流程梳理、社保政策、社保经办现状进行深度解读，并现场与企业互动探讨企业当前的人才挑战及应对措施，帮助企业破解变革之年的种种挑战，化解危机，促进企业和人才的双赢。

（韩洋洋）

【举办圆桌论坛活动】 年内，中关村民营科技企业家协会以“中关村企业家在‘双创’大潮中面临的机遇与挑战”“供给侧为中关村科技企业带来的机遇与挑战”“经济新常态下，中关村民营科技企业如何面对新机遇、新挑战、新痛点，继续创新推动发展”为主题，举办 3 场圆桌论坛活动。吴敬琏、邱晓华、房汉廷等理论家和业内精英亲临论坛现场，与企业家们共同聚焦国家重点、热点经济形势，从宏观政策层面及企业实战层面展开深度探讨。

（韩洋洋）

中关村云计算产业联盟

【概述】 2016 年是中关村云计算产业联盟独立运营的第四年、也是注册成为社团法人的第二年。中关村云计算产业联盟在各项工作上积累了丰富的经验，同时也在不断探索促进云计算产业发展的经营模式化。中关村云计算产业联盟一直以服务产业为导向、以共享资源为主线、以攻关技术为核心，推动云计算产业的发展。中关村云计算产业联盟联合北京云计算领域重点企业和研究机构，争取政府产业政策支持，汇聚产业链上下游资源，促进云计算领域产学研合作，带动全国云计算产业发展。联盟积极贯彻“十三五”国家科技创新规划，围绕北京市“十三五”时期软件和信息服务业发展规划，发挥联盟优势，助力“互联网 +”创新驱动发展战略，联合北京云计算领域重点企业和研究机构，汇聚产业链上下游资源，促进云计算领域产学研合作，坚持产业国际化的战略视野，着力推动京津冀区域内产业资源共建共享，推动北京市云计算、互联网、大数据等各环节、各领域的协同发展。

（中关村云计算产业联盟）

【“互联网 + 文化产业深度融合”主题研讨会举办】 2 月 1 日，中关村云计算产业联盟秘书长刘帅、副秘书长王琳丹与北京市国有文化资产监督管理办公室企领处，就互联网与文化产业在业态创新、跨界融合、人才培养引进、企业管理等各方面的深入融合进行交流和讨论。年内，企领处将与中关村云计算产业联盟深入沟通、合作，为文化产业及云计算产业领域的企业搭建平台，组织开展全方位的线上及线下活动，整合双方行业领域内的各项资源，使不同领域、不同产业间的企业进行相互渗透、彼此交叉，进而演化为产业之间产品、业务、市场的融合，从而逐渐清晰产业融合特点，甚至重组跨领域产业融合的新业态。

（中关村云计算产业联盟）

【参加井冈山公益捐赠活动】 3 月 11 日，为深入贯彻习近平总书记关于扶贫开发的重要战略思想，以结对帮扶为抓手，以提升教育发展水平为重点，实现教育强民。中关村产业技术联盟促进会与江西省井冈山市毛泽东红军学校达成结对帮扶关系，组织了爱心捐赠活动。中关村云计算产业联盟参加了此次公益活动，为远在江西的红军小学的同学带去了文体用品，献上一片爱心。

（中关村云计算产业联盟）

【举办 UI 设计技能培训】 3 月 19 日，针对互联网领域内的中小企业缺乏充足 UI 设计师的现状，如何提升 UI 设计师的设计技能，挖掘自身设计潜能成为中小企业的痛点，在北京市中小企业服务中心的大力支持下，中关村云计算产业联盟与 UI 中国共同邀请琥珀天气创始人、产品负责人宋锐为大家进行主题为《让世界目光为你的设计聚焦》的设计师技能培训。

（中关村云计算产业联盟）

【举办大健康沙龙】 3 月 22 日，中关村云计算产业联盟与路浩网 · 中关村协同创新服务平台共同举办了大健康主题沙龙活动，吸引了大健康产业方面相关专家、企业、需求客户到场参加。此次活动邀请到了北京百迈客生物技术有限公司和医护天下（北京）科技有限公司两家企业为大家做基因与儿童健康管理的分享。

（中关村云计算产业联盟）

【京台对接交流举办】 5 月 17 日，海淀区委常委、常务副区长孟景伟在海淀区政府第一办公区会议室接见了台湾云端运算产业协会副理事长刘瑞隆及来京代表团成员。双方就海峡两岸企业如何合作共赢以及海淀可提供的优惠政策等展开座谈。海淀园管委会相关领导也参加了此次座谈。座谈上，孟景伟表示希望台湾云端产业协会与海淀相关部门和企业加强合作，分享经验，并欢迎台湾创新创业项目到海淀落地，共同促进互联网新兴产业的健康发展。中关村云计算产业联盟作为台湾云端运算产业协会战略合作伙伴，负责台湾云协此次来京部分商务考察行程安排。此次座谈会，海淀园管委会产规处给予了大力支持。中关村云计算产业联盟秘书长刘帅也参与了此次座谈。

（中关村云计算产业联盟）

【京台行业协会暨工商团体秘书长联谊座谈会举办】 5 月 25 日，京台行业协会暨工商团体秘书长联谊座谈会在五洲皇冠国际酒店举办。台湾工商团体秘书长联谊会会长、两岸企业家峰会秘书长、华聚产业共同标准推动基金会董事长陈瑞隆，台湾工商团体秘书长联谊会副会长、台湾工业总会秘书长蔡练生，台湾工商团体秘书长联谊会副会长、台湾工商协进会秘书长范良栋等台湾 15 家知名产业公会秘书长，北京市行业协会京台合作联谊会召集人、北京市建筑业联合会会长栾德成、中关村云计算产业联盟秘书长刘帅、北京电子商会秘书长燕军、中关村人才协会秘书长李志英等 11 家行业协会秘书长、副秘书长参加了座谈会。北京市台办主任汪明浩，北京市台办副主任黄塞溪及经济处领导出席座谈会。台湾工商团体秘书长联谊会一行 17 人是受北京市台办邀请，于 5 月 24—26 日来京参访，此次京台两地行业协会暨工商团体秘书长交流座谈是该团来京参访的重要内容之一。

（中关村云计算产业联盟）

【“3D 打印梦想，创新、创造”沙龙活动举办】 7 月 22 日，由北京市国有文化资产监督管理办公室、北京市科学技术研究院指导，中关村云计算产业联盟与北京市计算中心、震旦集团、路浩网联合主办的“3D 打印梦想，创新、创造”沙龙活动在新华 1949 园区内北京市文化经济政策服务平台举办。 此次活动旨在加强公众对 3D 打印的了解和认识，推动 3D 打印等新科技技术的发展和应用。北京市文化经济政策服务平台负责人韩正瑞在讲话中表示，举办此次沙龙活动的目的是为了给企业搭建更好、更便利的信息平台，方便企业了解最新的方针政策，从而使企业能够更好地把握运营方向，制定有优势的发展战略。

（中关村云计算产业联盟）

【“文化创意企业知识产权保护策略及技巧”研讨举办】7月27日，由北京市国有文化资产监督管理办公室主办，中关村云计算产业联盟与路浩知识产权联盟联合承办的“文化创意企业知识产权保护策略及技巧”研讨沙龙活动在北京文化经济政策服务平台举办。此次活动针对广大文化创意企业，交流研讨文化创意行业知识产权保护的策略、方法及技巧，使企业能更好地运用知识产权武器，保护自己的创意，在激烈的市场竞争中立于不败之地。此次沙龙活动邀请到北京首都在线科技股份有限公司法务部负责人贾郁芊，从企业的角度为大家分享知识产权保护的经验；以及路浩知识产权联盟首席评估师刘占友，从专业的角度出发，为大家作了文创企业知识产权保护策略及无形资产评估的讲解。

（中关村云计算产业联盟）

园区建设

中关村科技园区管理委员会

【概述】年内，中关村科技园区管理委员会按照国家、北京市有关文件精神，以智慧中关村顶层设计为指导，全面推进信息化建设各项工作，积极探索政务信息资源公开共享、政务信息资源开发利用、网络与信息安全管理、政务门户网站、政府信息公开及智慧中关村建设工作中的各项新方式、新举措，组织开展了一系列创造性工作，充分发挥了信息化在服务示范区各类创新创业主体的引领作用，有力支撑和保障了示范区的发展建设。未来，中关村科技园区管理委员会将进一步完善信息化建设各项工作机制，加大工作创新力度，以智慧中关村建设工作推动示范区信息化建设日趋系统化、专业化。

（于喜鹏）

【第二届全国双创周北京会场主题展举行】10月12日，第二届全国大众创业万众创新活动周（简称“双创周”）北京会场主题展在中关村国家自主创新示范区展示中心拉开帷幕。此次展览以“发展新经济，培育新动能”为主题，展示内容分为5个板块：构建创新创业新生态、引领新经济澎湃新动能、京津冀协同创新共同体、创业文化和双创活动以及室外展示的创业服务机构，共195个项目，其中成立5年内的项目135个，占70%；此届新参展的项目185个，占95%，涉及人工智能、新材料、生物技术、节能环保、智能机器人、互联网+等前沿技术和产业领域。

（于喜鹏）

【推进中关村管委会数据信息线上管理和共享】年内，中关村科技园区管理委员会为做好各部门数据共享应用，根据新形势、新要求，对中关村数据信息目录进行了调整，借助智慧中关村融合数据中心平台对全委数据信息进行采集、共享和统筹管理，同时对中关村科技园区管理委员会工作人员进行数据管理系统的培训，推进了中关村科技园区管理委员会数据信息的线上管理和共享，进一步加强中关村科技园区管理委员会数据统筹管理，提高数据共享的效率和效能。

（于喜鹏）

【完成网络与信息安全保障工作】年内，中关村科技园区管理委员会根据中共北京市委网络安全和信息化领导小组办公室《关于对 Mirai 变种恶意软件网络攻击预警的通知》要求，针对所有相关系统进行排查，发现系统漏洞及时打补丁。积极响应《关于切实加强十八届六中全会期间市电子政务内网运行保障工作的通知》《关于加强 2017 年元旦春节和全国“两会”期间应急管理工作的通知》《关于做好敏感期间全市通信和信息安全保障工作的通知》的工作要求，认真组织做好加强网站安全管理、密码加固、补丁分发等工作，每月进行安全巡检工作。

（于喜鹏）

【组织开展正版化自查整改和宣传工作】年内，中关村科技园区管理委员会落实《关于印发政府机关使用正版软件管理办法的通知》（国办发〔2013〕88 号）和《北京市政府机关使用正版软件管理办法》的相关规定，按照北京市使用正版软件工作联席会议《关于开展 2016 年全市国家机关软件正版化检查工作的通知》（京正联〔2016〕31 号）要求，组织开展正版化自查整改和宣传工作，除了在显著位置张贴软件正版化宣传材料外，还按照北京市使用正版软件工作联席会议的要求专门下发通知组织各部门学习软件正版化相关规定并观看宣传片；对办公终端和软件安装管理台账重新梳理，逐台检查核实，做到台账清晰，按照“更新一台，记录一台”的模式，实现了对软硬件资产的动态管理；同时，制定了《中关村科技园区管理委员会固定资产管理办法》，对软件资产的采购、管理、使用、报废等环节作出了进一步的明确。

（于喜鹏）

【增强在线服务功能】年内，中关村科技园区管理委员会在政务门户网站现有渠道、功能建设的基础上开通了内容直接转发微博微信功能，充分利用中关村官方微博、微信平台积极开展交流互动。在中关村示范区官网（www.zgc.gov.cn）增加“智齿问答 V3.0”智能客服系统，该系统可自动识别客户提出的问题，并推送最合适的答案给客户，通过首页智齿客服在线问答平台回答网友问题 1079 条。

（于喜鹏）

【加强与网民互动交流】年内，中关村科技园区管理委员会充分利用门户网站的沟通性与互动性，加强与网民的互动交流，与 100 余位网友进行沟通，咨询回复各种问题百余人次。开通“十三五”规划建言献策栏目，进一步发挥民意征集栏目的作用，实施各类问卷调查 10 余次，参与人数上千人。

（于喜鹏）

【完成年度信息管理任务】年内，中关村科技园区管理委员会门户网站共更新信息 2000 余条，新建或改建栏目 10 余个，网站访问量 280 余万次。在信息发布方面，增加了原创新闻的发布，确保栏目实时、长期更新。在网站、微信同步开通了“中关村先行先试政策解读”专栏，对近年来发布的科技成果转化、税收、股权激励等方面政策进行了梳理和解读。政务微博、微信以政务网站作为信息的主要来源，并根据平台的特点挑选、摘编相关信息予以发布。

（于喜鹏）

【推动政务公开工作开展】年内，中关村科技园区管理委员会明确政务公开工作分管领导，配备专职工作人员，形成委领导主管，办公室牵头，各部门分工配合的工作格局，增强工作合力。政策咨询电话并入市中心热线（“12345”便民服务热线），汇总整理相关问题纳入市中心知识库，有效解决电话占线和解答政策不到位等突出问题，工作体系进一步完善。

（于喜鹏）

【拓宽信息公开渠道】年内，中关村科技园区管理委员会形成了政务网站、政务微博、微信等网络渠道；中央电视台、人民日报、北京电视台、北京日报等主流媒体渠道；新闻发布会、政策宣讲会等集中公开宣传渠道；以及组织重大活动展览展示渠道等全方位公开渠道。

（于喜鹏）

【加强机制建设和教育培训】年内，中关村科技园区管理委员会制定《中关村科技园区管理委员会2016年政务公开工作主要任务工作方案》，确保本年度政务公开各项工作落实到位。对照北京市政府信息公开第三方评估报告（2015），查找薄弱环节，梳理汇总信息公开申请、受理、办理、答复过程中的突出问题，对照整改。印发《中关村科技园区管理委员会关于做好政府信息依申请公开促进依法行政工作的通知》（中科园发〔2016〕35号），充分发挥依申请公开促进依法行政作用。组织召开政务公开培训交流会，提升政务公开依法规范水平。

（于喜鹏）

【强化新闻发布】年内，中央和北京市属流媒体播发有关中关村的报道5000余篇。中关村科技园区管理委员会组织召开新闻发布会、新闻通气会、集体采访等活动70余次，信息公开的权威性和互动性进一步增强。

（于喜鹏）

【参与大型活动发布信息】年内，中关村科技园区管理委员会组织示范区高成长企业、产业技术联盟和创新型孵化机构参加了第十九届中国北京国际科技产业博览会、第四届中国（北京）国际服务贸易交易会、第十七届中国国际高新技术成果交易会、第二十届京港洽谈会等国际化展览展示活动，集中展示了一批自主研发的重大关键技术，着力推出了一批具备核心竞争力的创新产品、自主品牌和创业团队，突出宣传了示范区在加强统筹协调，推动深化改革，服务协同发展，构建“高精尖”产业重点领域等方面取得的新进展和新成果。年内参加展览展示活动的企业230余家，展示产品超过1600项，观众人数超过40万人次。

（于喜鹏）

【多渠道推进政府信息公开】年内，中关村科技园区管理委员会主动公开政府信息2671条（不同渠道和方式公开相同信息计1条），主动公开规范性文件14件，主动公开重点领域政府信息212条。通过政务网站、政务微博、微信等网络渠道，全方位公开政府信息。网站共更新信息2586条；在新浪、腾讯、人民网的微博平台共发布微博1521条，总阅读量1500余万次，总粉丝数918万人，与上年同期相比增加112万人。政务微信累计推送最新资讯1239条，回复网友咨询300多人次。订阅用户已突破3.5万人，比年初增加20%。

（于喜鹏）

【政府信息公开和咨询情况】年内，中关村科技园区管理委员会回应公众关注热点或重大舆情9次（不同方式回应同一热点或舆情计1次）。在回应解读的渠道方式上，参加或举办新闻发布会5次（主要负责人参加新闻发布会2次）；政策解读稿件发布16篇；微博微信回应8次。收到申请3件，其中当面申请1件，信函形式申请 2 件。均已按相关规定在答复期内对申请人公开，主动向申请人说明法律依据及救济渠道，未收取信息公开检索、复制、邮寄等费用。

（于喜鹏）

【开展“智慧中关村”顶层设计修订工作】年内，中关村科技园区管理委员会按照“高端引领、统一规划、分步实施、重点先行”的原则和“集约、共享、创新”的要求，开展“智慧中关村”顶层设计修订工作。遵循顶层设计前期规划安排，总结 23 项重点工程落实情况，进行经验总结和效果评估。综合分析近几年信息化项目开展情况，梳理各相关业务处室需求调整和政策变化，组织召开“智慧中关村”顶层设计讨论会，收集各方需求意见，制定调研问卷，点对点调研各处室需求，为后续工作打下良好基础。于 9 月完成修订工作并发布实施。

（于喜鹏）

【2017 年度信息化项目申报工作会议召开】年内，中关村科技园区管理委员会根据市经济和信息化委《关于做好 2017 年度政府投资信息化项目评审工作的通知》要求，组织召开了“中关村科技园区管理委员会 2017 年度信息化项目申报工作会议”，明确了建设方向和具体申报要求，统筹做好项目申报工作，并向市经济和信息化委申报信息化项目实施计划。

（于喜鹏）

【开展智慧中关村示范试点项目】年内，中关村科技园区管理委员会继续开展智慧中关村示范试点支持项目，旨在支持一批具有代表性的智慧园区和第三方服务平台建设项目，吸引园区、专业机构和社会资本共同加入智慧中关村建设，以实现与智慧中关村信息化平台共享、交换和整合的目标，通过项目遴选、专家评议选定北京数海科技有限公司、北京金山办公软件有限公司 2 家示范试点支持单位。

（于喜鹏）

【制定信息化建设系列法规】年内，中关村科技园区管理委员会为稳步推进智慧中关村项目建设，加强对信息化项目涉权事项的监督与管理，防范廉政风险，按照委领导的指示精神并根据相关法律法规及文件要求，制定《中关村科技园区管理委员会智慧中关村项目实施专项廉政风险防控措施》；为推进中关村国家自主创新示范区信息化建设工作，促进智慧中关村项目建设与信息化运维管理科学化、制度化、规范化，保证项目的实施、安全运行和财政资金的有效使用，修订了《智慧中关村项目建设与信息化运维管理办法》。

（于喜鹏）

北京经济技术开发区

【概述】年内，北京经济技术开发区推进“互联网＋政府治理”工作，提高信息化服务保障能力，完成信息化行项目管理系统升级改造，优化信息化项目管理流程，规范项目执行程序，提高项目实施效率。发布《北京经济技术开发区宽带无线城市 2016—2018 年行动计划》和《北京经济技术开发区宽带无线城市建设及服务规范 v1.0》。运用信息网络技术提升城市管理、产业发展、社会服务与生态建设的信息化水平，加强信息基础设施建设与完善，升级开发区视频监控点位，新增监控点位 330 余处。建设覆盖开发区的城市化无线信息网络，启动智慧灯杆建设试点工作，在 6 条市政道路周边建成 140 处智慧灯杆。北京华开有线电视网有限公司（简称华开有线）和北京歌华有线电视网络股份有限开发区分公司（简称歌华有线开发区分公司）两家公司负责开发区内有线电视传输网络的建设和运营。年内，华开有线为开发区居民户免费发放高清、标清机顶盒1000余台；传输26套高清电视节目，提供40套电视节目的时移互动服务。截至年底，华开有线建设的HFC光纤铜轴混合网络有线电视传输网络覆盖开发区超过40个居民小区、20多个工业园区，全网线缆铺设里程达到900千米、接收端口总数量超过11万个；为3万多户居民和100多家驻区企业提供有线电视节目信号，网络覆盖范围超过45平方千米；向开发区居民、企业用户发放标清、高清数字电视机顶盒达2.6万余台，在网传输100多套数字电视节目信号。歌华有线开发区分公司在新区的有线电视注册户数1万多户，覆盖20多个居民小区，5个工业园区。为辖区内用户传输模拟电视节目61套、广播节目1套；平移网中的模拟节目26套，数字节目194套，广播节目18套，服务节目6套；高清交互数字节目194套，广播节目18套，服务节目6套。

（陈晨　席志斌　李倩）

【开发区宽带无线城市专项规划发布】9月，北京经济技术开发区发布《北京经济技术开发区宽带无线城市2016—2018年行动计划》。《北京经济技术开发区宽带无线城市建设及服务规范V1.0》，加快完善全区WiFi覆盖，提供重点公共场所WiFi免费接入服务，积极拓展宽带无线城市对企对民服务与创新应用。《行动计划》计划通过两年的建设和运营，建成覆盖和速率双领先的精品WiFi示范区，形成完整的无线城市应用生态圈，成为京津冀区域宽带无线城市的引领者。规划到2017年，开发区建成无线网络访问节点（WiFi AP）数量超过5000个，主要区域WiFi覆盖率达到90%以上，重点公共场所覆盖率达到100%，平均下载速率超过4Mbps，重点公共场所提供免费WiFi接入服务。截至年底，开发区建成WiFi热点3000个，基本覆盖开发区政府办公大厅和主要公共区域。

（高卿）

【修编开发区通信基站专项规划】10月，北京经济技术开发区修编原《北京经济技术开发区通信基站专项规划（2015—2017年）》，新《规划》面向2020年和未来，结合开发区路政灯杆基站规划，探讨市政道路智慧灯杆及配套基础设施建设。打造搭载智慧照明、无线城市、平安城市、环境监测、智慧充电桩等多业务的智能化平台，彰显亦庄智慧化园区的核心理念。《规划》基于5G技术，确定2020年前规划选址2085处通信基站，为未来4年内基站规划、建设、协调、废止工作提供政策依据。

（高卿）

【启动智慧灯杆建设试点工作】年内，北京经济技术开发区与中国信息通信研究院、北京市政规划研究总院、铁塔公司等单位共同研究并确定开发区智慧灯杆选型。智慧灯杆具有公共WiFi、移动基站、智能照明、视频监控、城市体征监测、充电桩、广告道旗等功能。结合开发区市政道路改造工作，开发区启动智慧灯杆建设试点工作，建成开发区荣华路、北环路及世界机器人大会永久会址周边4条道路等6条市政道路周边的140根智慧灯杆。智慧照明、无线WiFi、移动微基站和LED电子屏4项功能同时上线。

（高卿）

【优化通信基站布局】年内，北京经济技术开发区引导、协调北京移动、北京联通、北京电信和铁塔公司开展基站建设协调工作和基站供电、传输协调工作，工作分3批次25项工作任务，完成世界机器人大会永久会址、宏达北路等15

处基站新建任务，提高无线通信服务水平。

（高卿）

【搭建移动物联公共服务平台】年内，北京经济技术开发区搭建移动物联公共服务平台，实现对移动接入终端、传感器等设备的统一安全认证、管理维护。整合分析重点企业能耗、排污数据，为掌握区域经济运行和节能减排情况提供辅助支撑。

（张澎涛）

【建设城市运行管理智慧感知体系】年内，北京经济技术开发区推动节能减排绿色低碳信息化体系建设。建设覆盖园区、重点企业、大型公共建筑主要场所的能源监测网络，实施开展循环经济综合服务平台、环保在线监测平台建设，实现对重点企业能耗情况、排污情况进行实时监测。

（张澎涛）

【完善视频监控系统】年内，北京经济技术开发区遵循“统筹规划、统一建设、集中管理、共享使用”的原则，完善开发区视频监控点位，新增监控点位330余处，实现开发区重点区域的动态化、科学化、常态化管理。启动覆盖3年、包含“12平方公里”新扩区域的公共安全与城市综合管理监控体系的3年规划、建设方案的编制。完善重点区域监控建设，推进300家重点社会单位的监控接入工作。

（张澎涛）

【开展Cable宽带上网业务】年内，北京华开有线电视网有限公司在开发区的11个居民小区内继续开展Cable宽带上网业务，为居民提供10M和30M速率的宽带接入服务，维持、发展个人宽带上网用户约2500户。在开展有线宽带服务的11个居民小区，Cable方式上网的接入率接近20%。

（席志斌　王超）

【开展“三网融合”工作】年内，北京华开有线电视网有限公司、北京博大网信科技发展有限公司、北京博大网通科技发展有限公司、北京博大数通科技发展有限公司等单位合作，在开发区有线电视网络覆盖区域内开展“电视信号经OTT（电视转换）转换平台转码后，依托宽带运营商的专网传输承载IP化电视信号直播到户”的商用化播出，全年新发展IP网络电视用户2000余户，IP电视收视用户累计达到5000户。

（席志斌　王超）

区信息化

东城区

【概述】东城区信息化工作办公室（简称区信息办）是区信息化工作领导小组的办事机构和负责区信息化工作的政府工作部门。主要职责是统筹规划、综合协调、监督管理全区的信息化工作；全面推进电子政务、电子商务、智慧社区的建设和信息资源的开发利用；组织有关信息化工作的行业管理、宣传、培训、技术服务和国内外交流合作。年内，东城区信息化工作围绕全区重点工作，发挥统筹作用，推进“智慧东城”建设；深化业务应用，提升精细化管理水平；提升基础设施建设，打造网络安全和公共服务发展体系。区信息化工作获“数字政府领先城市奖”，智慧商务综合服务平台获“中国智慧城市创新奖”，数字东城网站“数说东城”和“在线访谈”栏目分别获“2016 政府网站信息公开精品栏目奖”“2016 政府网站政民互动精品栏目奖”。

（东城区信息办）

【通过软件正版化检查】2 月，市使用正版软件工作联席会议检查组对东城区 2015 年软件正版化工作进行检查，听取软件正版化工作汇报，检查各单位软件正版化材料，并对 6 家单位进行实地上机检查。东城区通过软件正版化检查。检查组肯定了区正版化工作，共同探讨了正版化工作方向和方式，指出要总结软件正版化工作的好经验、好做法，创新软件正版化工作，建立和完善软件正版化工作长效机制，实现软件全面正版化。

（东城区信息办）

【智慧商务综合服务平台获“中国智慧城市创新奖”】4 月 21 日，由中国电子信息产业发展研究院主办，中国智慧城市发展促进工作联盟、赛迪出版传媒有限公司承办的第四届（2016）中国智慧城市年会在北京召开，年会以“智慧助力城市的创新、协调、绿色、开放、共享发展”为主题。北京大学教授、工业和信息化部原副部长杨学山，国家信息中心专家委员会主任、国家发展改革委电子政务工程建设指导专家组成员兼秘书长、中国智慧城市发展促进工作联盟专家委员会主任宁家骏出席并作了主题发言。各地政府、企业及媒体等 200 余家单位参会。东城区智慧商务综合服务平台获“中国智慧城市创新奖”。

（东城区信息办）

【开展电子政务网络与信息系统安全检查】6 月，根据市经济和信息化委《关于开展 2016 年北京市电子政务网络与信息系统安全检查工作的通知》要求，对全区 140 余家机关事业单位开展电子政务网络与信息系统安全检查。全面检查全区各单位信息安全工作开展情况，包括安全管理制度落实情况、信息安全等级保护工作开展情况、门户网站整合与安全防护情况、信息技术服务外包管理情况、应急管理工作情况、系统安全漏洞排查及整改情况等，对存在的隐患提出整改意见并督促实施。此次检查对强化东城区电子政务信息安全保障工作、提高电子政务网络与信息系统安全防护水平有重要意义。

（东城区信息办）

【“十三五”时期信息化发展规划发布】9 月，《北京市东城区“十三五”时期信息化发展规划》发布。《规划》总结“十二五”时期东城区信息化发展情况，分析存在的问题及“十三五”时期面临的发展机遇与挑战，提出未来5年信息化发展的指导思想、发展目标、主要任务、重点工程和保障措施，为东城区未来5年的信息化工作提供纲领性指导。

（东城区信息办）

【获“数字政府领先城市奖”等奖项】 10月25日，由电子政务理事会、电子政务杂志社主办的“2016政府网站精品栏目建设和管理经验交流大会”在太原召开。东城区获“数字政府领先城市奖”，数字东城网站“数说东城”和“在线访谈”栏目分别获“2016政府网站信息公开精品栏目奖”“2016政府网站政民互动精品栏目奖”。

（东城区信息办）

【举办信息化培训】 10月，区信息办联合北京市使用正版软件工作联席会议办公室召开东城区国家机关软件正版化工作培训会，解读软件正版化相关政策和文件，培训软件正版化相关知识，部署区2016年软件正版化迎检工作。全区97家单位100余人参加。12月，举办信息化工作培训会，邀请专家就2017年智慧东城建设任务、“互联网+政务”、大数据建设、网络信息安全、“一口式”政务服务等方面进行解读，各单位信息化主管领导及工作人员200余人参加。会上对做好下一步信息化工作提出要求。

（东城区信息办）

【举办无线电管理宣传咨询日活动】 11月，与交道口街道在交东社区举办无线电管理宣传咨询日活动。现场解答群众关于无线电台站设置、使用、管理等问题，向市民发放无线电宣传材料300余份，接待咨询者100余人次。

（东城区信息办）

【完成铜网光纤化改造任务】 年内，按照《北京市加快宽带网络建设提升速率2016年重点任务分工方案》要求，推进“去铜换光宽带北京”工程的开展，依托与移动、联通的战略合作伙伴优势，对区内铜缆宽带网络进行“去铜换光”光纤化改造，提升辖区宽带接入能力，促进节能减排，实现任务内居民和商企用户光纤全覆盖。共计改造完成48.81万户，区内铜网光纤化改造任务100%完成。

（东城区信息办）

【助力智慧居家养老服务】 年内，按照区领导的工作要求，通过召开研讨会等方式，制定东城区网格化居家养老信息体系建设方案，秉承“居家为基础、社区为依托、机构为支撑”的原则，依托信息化手段和标准化建设，发挥网格化监管作用，引入社会单位参与东城区智慧养老服务工作，为辖区老年人提供便捷高效的智慧居家养老服务。

（东城区信息办）

【推进行政审批平台建设】 年内，按照区重点工作安排和区审改办工作部署，对全区35家行政审批单位开展问卷调查，收集审批事项信息，对业务进行梳理和分析，基本掌握东城区行政审批业务现状。同时，对5家重点业务单位进行实地调研，了解业务运行现状、信息化运行现状以及平台建设需求。年内已完成东城区行政许可网上审批平台的顶层设计。

（东城区信息办）

【开展应急保障工作】 年内，为确保各业务系统及数字东城网站高效平稳运行，为全国“两会”和G20会议活动保驾护航。东城区信息办全员行动，排查机房汇聚点、基础网络，对全区163个政府网站、相关应用系统进行3次全方位安全渗透测试，消除安全隐患。制定《信息安全保障工作方案》，规范系统安全应急与快速响应工作机制，完善各系统应急预案，开展应急演练，配备现场操作手册和突发事件排查流程图，加大巡检力度，每隔2小时对机房、网络、系统等进行巡检，累计巡检560余次，实行双人双岗、领导带班制度，全天候7×24小时现场应急响应，确保各应用系统、网站和网络运行状态良好。

（东城区信息办）

西城区

【概述】年内，根据区规划编制领导小组办公室要求，编制和印发了《“十三五”时期智慧西城建设规划》《“十三五”时期信息化建设规划》。完成重大项目软件测评、安全测评和监理工作。筹划启动大数据中心建设工作，初步制定了数据交换与整合、接口与服务、目录服务及管理等技术标准规范的框架。

（陈秋怡）

【参展第十九届科博会】5月19—22日，西城区以“智慧西城，安心生活”为主题，组织北京联通、北京奇虎科技有限公司参展第十九届科博会，集中展示了“衣食住行”相关智能产品、西城区科技创新和智慧城市建设成果，特别是“高精尖”的产业成果，分享了智慧城市建设的经验和“十三五”蓝图，介绍西城区科技企业在推动科技创新和智慧城市建设中发挥的作用。展台吸引了大量观众参观，每日接待观众数千人。展会结束后，区科信委获得了科博会组委会评选的“优秀组织奖”和“最佳展示奖”。

（陈秋怡）

【制定《西城区科技和信息化委员会信息化项目审查工作流程》】6月，制定《西城区科技和信息化委员会信息化项目审查工作流程》，规范了非涉密项目的申报审查及变更流程。由信息化管理科对项目申报材料进行初步审查，通过初审后报请主任办公会审议，会议审议通过后组织专家评审，专家评审通过后报主管领导、主要领导核准后出函。该项目审查工作流程已报主任办公会审议通过并实施。

（陈秋怡）

【制定《西城区科信委信息化项目监理服务管理规定》】7月，为加强对项目监理工作的管理，制定了《西城区科信委信息化项目监理服务管理规定》，明确了区科信委、建设单位和监理单位的职责分工，规范了监理人员和服务内容、标准，提出了监督评价办法。已报主任办公会审议通过并实施。

（陈秋怡）

【信息化应用绩效考评指标】年内，根据区绩效办要求，制定了2016年信息化应用考评指标，包括信息资源共享情况、智慧城市建设管理和信息化项目管理3项指标，制定了考评标准和实施细则。完成对各单位绩效考评打分，推荐区行政服务中心、西城工商分局为信息化应用优秀单位。

（陈秋怡）

【信息化项目全流程管理工作】年内，受理2016年追加申报的信息化项目，受理审查了区统计局人口分析系统二期等27家单位申报的

51个项目，经过主任办公会审议和专家论证，39个项目通过评审。完成2017年集中申报审查，7月组织2017年信息化项目申报培训，9月至12月共收到42家单位申报的217个项目。经过初审、主任办公会审议、多轮专家评审、专家复审，共有173个项目通过评审。受理了11个项目的变更申请。2016年度通过审批的项目共有99个完成项目验收。

（陈秋怡）

【重大项目软件测评、安全测评和监理工作】年内，完成区政府办等20家单位37个项目的安全测评招标工作，并推动开展测评工作。完成区卫计委等5家单位8个项目的软件测评招标工作，并推动开展测评工作。完成2017年区重大信息化项目监理入围招标工作，发布《关于公布全区重大信息化项目监理服务定点供应商的通知》（西科信文〔2016〕19号）和《全区重大信息化项目监理服务管理规定》。统筹区政府办、区统计局等9家单位31个项目监理服务，签订27个三方监理服务合同。

（陈秋怡）

【启动大数据中心建设工作】年内，启动西城区大数据中心建设工作，组织相关部门赴贵阳、深圳、佛山南海区等大数据发展典型地区，调研了解其经验、成效，以及推进工作的体制、机制和技术路径；针对数据采集、利用问题，组织调研了区内德胜、西长安街、牛街、广内、陶然亭等街道。在调研、学习的基础上，全面梳理，找出问题，理清思路，完善大数据工作实施意见，拟制西城区大数据中心组建工作方案，明确西城区大数据工作和大数据中心建设应用的总体思路、目标、体制机制、实现路径、重点内容和任务等。完成《西城区大数据中心建设方案（草案）》《大数据中心技术框架设计（草案）》的编制。

（陈秋怡）

【推进资源共享工作】年内，为区内重点业务应用和跨部门协同工作提供数据共享和整合服务，提升数据共享交换服务能力和信息资源开发利用水平。多年累计交换数据约9亿条；新开通数据共享服务节点6个，新增数据交换链路13条，完成区共享交换平台的升级改造工作；升级辅助决策支持系统，优化数据分析力度，为全响应区级平台等提供区基础情况、资源分布等情况综合分析服务。

（陈秋怡）

【提升网站服务质量】年内，先后8次对“北京西城”主站、各委办局和街道子网站、相关互联网应用系统及专题栏目开展了自查工作，并将自查出来的问题对46个相关单位进行了发文通报。所有相关单位均进行了问题整改工作。

（陈秋怡）

【升级区人口数据库与法人数据库】截至年底，共收录市民政社区人口数据134.3万条、残联残疾人数据38.6万余条、流管办流动人口35.2万余条。区法人库与市有关数据库进行了对接。共采集市法人核心库数据10万条，市质监组织机构代码库数据12万条，区工商分局数据1.63万条。

（陈秋怡）

朝阳区

【概述】朝阳区信息化工作办公室（简称区信息办）是全区信息化主管部门，负责指导、组织和实施辖区内信息化建设。下设综合管理科、电子政务与社会信息化科、软件与信息服务业科和信息网络中心（正科级纳入工资规范管理事业单位）。编制 29 人，其中公务员编 13 人，在编工作人员 12 人，事业编 16 人，在编工作人员 14 人。2016 年，信息办领导班子在区委、区政府的领导下，深入贯彻落实党的十八届六中全会精神，在巩固深化群众路线教育实践活动成果和“三严三实”专题教育成效的基础上，严格落实“两学一做”专题教育，以“智慧朝阳”全面建设为抓手，按照整体谋划、阶段推进、力求创新的工作思路，全面提升朝阳区信息化工作水平，进一步推进信息化与社会经济各领域的全面融合。全年主要完成以下 7 方面的工作：以核心功能定位为标准，大力推进信息产业的融合创新发展；以政治责任感为准绳，完成各类信息化保障任务；以“两学一做”为基础，全面推进“信息惠民”落地生根；以重点领域信息化建设为契机，全面提升城市管理和服务智能化水平；以脉络、区情为焦点，完成相关规划编制工作；以安全可控为底线，全面提升信息网络安全管理水平；以党建工作为引领，为信息化事业发展“保驾护航”。获“2015 朝阳区社会管理综合治理先进集体”“北京市朝阳区群众性精神文明创建工作规范化建设文明单位”“2015 年北京信息化年鉴优秀供稿单位”“2015 年北京市软件正版化工作评比第二名”。

（朝阳区信息办）

【完成“十三五”时期信息产业发展规划编制】6 月，朝阳区信息化工作办公室完成“十三五”时期信息产业发展规划编制工作。此规划作为朝阳信息产业发展的纲领性文件，顺应当前形势发展，对信息产业发展起到积极引导作用。同时，完成《朝阳区信息服务产业发展白皮书》，进一步用数据指明信息产业发展方向。

（朝阳区信息办）

【完成国家工业电子商务区域试点工作】年内，朝阳区信息化工作办公室完成国家工业电子商务区域试点工作。成立工业电子商务创新发展联盟，首批联盟会员由 40 余家企业构成，囊括电子商务、制造业、金融业、信息平台和商务服务等多领域。

（朝阳区信息办）

【安排高新技术产业资金】年内，朝阳区信息化工作办公室完成 2016 年度信息服务业方向支持项目资金安排工作，安排项目支持引导资金共计 1577 万元，支持 19 家重点企业，包括云计算、大数据、物联网、电子商务、基于互联网和移动互联网信息服务等产业项目，有效地发挥了产业扶持资金撬动作用。

（朝阳区信息办）

【促进信息服务业增长】年内，朝阳区信息化工作办公室实现信息服务业 10% 的增长率。全区信息传输、软件和信息技术服务相关企业共 416 家，实现营业收入 480.2 亿元，同比增长 13.2%，增速在重点行业中排在首位，占全区 GDP 的 7.1%。

（朝阳区信息办）

【完成信息化应急保障工作】年内，朝阳区信息化工作办公室完成全国两会、G20峰会、区两会以及“7·12”期间的各项保障工作，配合完成金盏焦沙路五金仓库起火、十里河建材市场仓库火灾等近10起突发事件的处置。全年保障市、区级视频会议200余场，确保各类会场信号畅通、图像清晰、视频会议系统正常运转，同时配合完成朝阳国土登记大厅、朝阳质量技术监督局、田华集团、金盏金融商务区委员会、中关村科技园朝阳园管委会、朝阳公园管理处、文创管委会、农经办、种养中心等10多家单位的视频会议系统建设工作。

（朝阳区信息办）

【信息化基础设施建设】年内，朝阳区信息化工作办公室完成全区160万户的铜缆光纤化改造任务。全面提升图像系统建设水平，编写《朝阳图像信息系统调研报告》，制定《朝阳图像建设运维工作计划》，统筹协调图像系统的规划、建设和运维工作。2016年度朝阳区建点位共计恢复7957个/次。朝阳图像总调中心全年提供日常巡检类服务约1500余次，外场技术支持服务211次，外场勘察调研10余次，全年召开图像会议40场，图像点位全年在线率96%。

（朝阳区信息办）

【推进民生实事】年内，朝阳区信息化工作办公室推进“-MyBeijing-”无线WiFi覆盖工作。2016年度上报申请无线WiFi覆盖的177个场所，已开通74个，累计开通AP331个，上网人次数49693人次，使用户访问朝阳区公众服务资源以及互联网公共资源、查询信息更加便捷，提升用户体验度，提高为民办事效率。推进政民互动平台升级改造。调研政民互动业务需求，制定改造方案，调整平台功能，设计系统原型，以政民互动平台实际运行情况为基础，以扩展平台新媒体应用渠道为目标，建立全区统一的互动交流渠道，及时传达群众意见、解决实际困难。

（朝阳区信息办）

【完成“智慧物业”试点工作】年内，朝阳区信息化工作办公室完成试点区域部分楼宇的3D采集和建模工作。启动“大数据处理中心”“智慧物业统一门户”“采集上报平台”“3D楼宇展示平台”“智慧物业App”“朝阳智慧物业微信服务号”“物业统一物业工作平台”和“宏观大数据分析”等子系统的开发，实现市民—物业—街乡以及相关职能单位之间的联动与协作。

（朝阳区信息办）

【制定完善一氧化碳中毒预警防控方案】年内，朝阳区信息化工作办公室制定并完善一氧化碳报警器预警防控运维方案、应急处置方案和宣传方案，要求运维单位每天报送运维情况，并由监理单位对运维执行情况进行统计、监督、抽查。同时，加强宣传工作，组织培训170余场，现场宣传28次。

（朝阳区信息办）

【完善朝阳服务体系】年内，朝阳区信息化工作办公室加快完善朝阳区服务体系：一是推动行政服务中心政务服务大厅信息化项目进展，整体二期工程已完成，业务综合管理平台已经正式上线运行。二是推进社会办社区公共服务综合信息平台建设。平台整体开发工作已全部完成，并在街道办事大厅正式运行。三是组织推进朝阳区1+3网格化体系建设工作。以“三网融合”工作为着力点，推进朝阳区“三网融合”街乡信息化建设各项工作，完成图像系统对接、基础网络建设、综治信息化系统技术审批等工作。四是会同区卫计委实施朝阳区精神卫生综合试点工作，完成精神卫生门诊费用结算支付一站式服务平台建设。五是完成“绿色智慧平安社区”信息化考核指标。六是按照区委宣传部要求，完成“朝阳群众”微博、微信、域名梳理申请工作。七是协调“智慧物业”对企业、对居民相关服务模块应用及微信公众号的申请管理工作。

（朝阳区信息办）

【实施人口大数据监测】年内，朝阳区信息化工作办公室制定《朝阳区“十三五”时期人口调控及服务管理规划》，深入研究三大通信运营商提供的相关数据及工作机制，每月向发改委、统计局提交朝阳区整体人口数据监控数据。同时、完成 43 个街乡、20 个个性化监控区域的边界及基站信息提取。

（朝阳区信息办）

【制定《朝阳区社区、村级网络建设建议书》】年内，朝阳区信息化工作办公室对全区社区、村级网络节点政务专网接入情况进行调研，全区有社区（村）554 个，四级节点 581 个，通过自建光纤方式开通的专线有 118 家、运营商专线方式 19 家，其余 444 家需要完成四级网络开通。依据调研结果，制定《朝阳区社区、村级网络建设建议书》，完成 2 ～ 3 个街乡的建设试点工作，为 2017 年后续四级网络建设做好准备。

（朝阳区信息办）

【推动使用软件正版化工作】年内，朝阳区信息化工作办公室推动使用软件正版化工作：一是完成国产办公软件的采购工作；二是制定下发《关于开展 2016 年朝阳区软件正版化检查工作的通知》，对全区 150 余家机关以及事业单位的计算机台账和软件使用情况进行摸底排查。三是在全区范围内组织召开国产办公软件推广使用培训会和朝阳区软件正版化工作培训会，得到市版权局的充分肯定。在 2016 年度全市软件正版化评比中，朝阳区排名第二。

（朝阳区信息办）

【参与朝阳区“十三五”信息化发展规划工作】年内，朝阳区信息化工作办公室参与朝阳区“十三五”信息化发展规划工作：一是修订完善《朝阳区“十三五”信息化发展规划》。多次召开规划意见听取会，邀请区内各相关委办局工作人员、企业代表、政协委员、人大代表、行业专家等对信息化“十三五”规划建言献策，并对《规划》进行多次重大调整，突出大数据、云计算等信息化技术在人口调控、城市管理、民生服务、生态环境建设、交通治理等领域的重要作用，明确人口调控、非首都功能疏解、智慧物业、智慧交通、智慧环保、智慧水务、智慧景区等重点任务。同时加强《规划》宣传工作，制作并发布规划白皮书、规划图解。二是完成“十三五”重点任务梳理分解，制定主要任务和重点工程分解表，确定分年度工作目标和工作计划，梳理责任科室和责任单位，明确责任部门、倒排实施工期，确保《规划》落实。

（朝阳区信息办）

【信息安全事件处置】年内，朝阳区未发生重大及较大信息安全事件。发生、处理“一般”级事件 38 件：由上级单位发现通报 28 件，区内自发现 10 件。其中漏洞隐患类事件占 53%，剩余安全事件中，网站相关的安全事件占比较大。区信息办将进一步加强网站的主动漏洞扫描分析追查工作，降低网站漏洞风险，扩展防篡改系统的部署范围，减少安全事件的发生。

（朝阳区信息办）

【完成信息网络安全检查工作】年内，朝阳区信息化工作办公室推动信息网络安全检查工作：一是开展朝阳区电子政务网络与信息系统安全检查与隐患排查工作，通过现场座谈和实地检查机房的形式，重点检查全区各单位信息安全工作开展情况，包括安全管理制度落实情况、信息安全保护工作开展情况、门户网站整合与安全防护情况、信息技术服务外包管理情况、应急管理工作情况、系统安全漏洞排查及整改情况等。二是开展关键信息基础设施网络安全检查工作，组织召开全区安全检查工作启动部署会；编制《朝阳区关键信息基础设施网络安全检查工作方案》；编写安全检查工作简报；完成各单位信息登记和报送工作，并组织各单位完成自查，信息办进行抽查，对发现问题的单位要求及时整改。三是开展多次安全教育培训工作，加强全区各部门信息网络安全意识，防止信息安全事件的发生。

（朝阳区信息办）

海淀区

【概述】年内，海淀区经济和信息化办公室（以下简称“区经信办”）作为智慧海淀建设工作领导小组办公室的主要成员，积极探索智慧城市管理的新模式。依据区委区政府会议通过的《2016年度智慧海淀项目建设库》，重点开展了信息基础设施、城市治理、民生服务、政务服务等项目的建设工作，同时也进一步加强了智慧海淀建设项目的审核和建设管理工作，提升统筹管理能力。2016年，智慧海淀专项资金安排2.5亿元，安排新建项目56个，资金1.77亿元；安排续建项目28个，资金0.73亿元。智慧教育资金2.45亿元，安排新建项目35个；智慧卫生资金0.35亿元，安排项目2个；街镇体制资金0.17亿元，安排项目2个；科技创安资金1.74亿元，安排项目4个。

（何建吾）

【统筹完善区政务云平台建设】年内，为区属单位提供应用系统部署环境。截至年底，共部署了56家单位163个业务系统。其中，使用云服务器422台、云数据库171个、云负载均衡29个，实际支出费用761.45万元，比自建模式节省480.41万元。

（何建吾）

【推进区无线网络建设】年内，全力推进2598个区域的无线网络覆盖，实现了公众在上述区域免费上网。包括政府公共服务区域396个、科技园区服务区域3个、社区公共服务区域1360个、商业服务区域17个、交通场站服务区域822个。全年累计注册人数31万、登录人次439万、上网流量55.5TB。

（何建吾）

【升级社会综合救助平台】年内，实现了社保所、民政科等对九大类146个救助事项的网上受理、审批全流程服务。截至年底，通过该平台救助5454人。

（何建吾）

【建设海淀区体育综合业务管理平台】年内，实现了公众通过该平台进行场馆在线查询/预订、专家预约及科学健身指导等。截至年底，共梳理入库体育场地2033块，包括学校场地233块、商业运营场地1800块，体育组织、协会1019个，社会体育指导员7688名，科学健身知识2467篇。

（何建吾）

【建设区突发事件预警信息发布系统】年内，实现了网格化区域预警信息分灾种、分区域、分群体、分时段发布。截至年底，共发布预警信号 120 次，发送短信 2348050 条，其中发送暴雨类短信 84812 条，雷电类短信 236495 条，大风类短信 112539 条，雾霾类短信 150052 条，其他类短信 1848964 条。

（何建吾）

【推进区政务光缆建设】年内，依托政务光缆网搭建了区政务外网专网、网格化图像系统专网、应急视频会议专网和电子政务内网，优化了政务光缆网结构，提升了区属委办局网络传输能力。截至年底，共敷设光缆总长度 1524.24 千米，覆盖区属单位（含二级以下单位）475 家，建设费用 3 年累计约 5236 万元，较租用同类同量光纤节省约 7814 万元。

（何建吾）

【搭建海淀区公共租赁住房租金补贴系统】年内，实现了海淀区公租住房补贴资格申请、变更、发放等功能。截至年底，已对接市级保障家庭 2196 户，区级保障家庭 470 户。

（何建吾）

【扩大重点公共区域的监控覆盖面】年内，实现重要区域 24 小时全天候图像监控服务。截至年底，已接入图像 9000 余路，包括标清摄像机 2700 路、HD–SDI 高清摄像机 1000 路、IP 高清摄像机 1600 路，联网重点社区摄像机 3000 余路。完成了区指挥中心、公安分局 2 个二级平台和 27 个三级平台的高清图像应用升级工作，已建成二级平台 6 个，三级平台 60 个。

（何建吾）

【搭建海淀区实时公众信息统计分析及决策服务平台】年内，为政府部门提供管理决策参考，带动区域经济的快速发展。截至年底，全区稳定居住人口 3635435 人，较 2015 年底同比减少 77348 人。

（何建吾）

【搭建区市政市容环境监控指挥系统】年内，实现对全区所有环卫车辆道路作业情况及区内垃圾楼、垃圾处理厂等环卫设施的远程监管，提升城市管理精细化水平。对海淀区环卫中心的 150 辆干路保洁车、296 辆垃圾运输车、50 辆粪便运输车、4 辆环卫作业检查车共 500 辆环卫作业车辆加装车载监控设备。

（何建吾）

【建设环境重大风险源与应急综合管理系统】年内，实现风险源企业风险信息摸底以及环境安全预防、预警、应急处置与事后评估全过程监管。包括录入 3000 多种常用危化品信息，284 种处理处置技术，495 种应急检测方法，2728 条应急预案文档记录，17000 多条安全生产基础数据。

（何建吾）

【智慧卫生建设推进】年内，智慧卫生项目一期取得实质性进展。完成了海淀医院、中关村医院、海淀妇幼保健院信息化系统上线，实施了 114 家社区卫生服务中心光缆铺设及 270 家社区卫生服务站等 VPN 接入，在人民医院、中关村医院和一个社区服务中心进行数据采集，并依托医联体平台扩大机构间的互联互通，为百姓提供更便捷的医疗服务

（何建吾）

【推进智慧教育统筹建设工作】年内，完成了教育光缆网（一期）、教育视频会议（一期）、无线网络班班通（一期）建设，为学校提供了稳定可靠的光缆传输和视频应急指挥调度，为教师学生提供免费无线网络服务。截至年底，81 所学校接入光缆网，占海淀区中小学校比例的 26%，36 所学校接入视频会议，占海淀区中小学比例的 12%，68 所学校实现无线网络全覆盖，占海淀区中小学比例的 22%。

（何建吾）

丰台区

【概述】2016年，是丰台区信息化建设的全面开展之年，信息化建设工作取得了一定的进展。

（贾中泽）

【开展信息化项目评审工作】7月，丰台区信息化项目管理平台通过最终验收，并正式投入使用，初步实现了丰台区信息化项目网上填报管理。年内，共开展日常评审12次，评审项目76个，通过评审项目65个；集中评审31次，评审项目约450个，通过评审项目291个（不含教育、公安类）。

（贾中泽）

【提升电子政务外网工程】年内，丰台区电子政务外网提升工程有较大的进展。一期光缆传输工程在经过设计变更、协调管道资源、召开街乡镇协调会、下发通知等程序后，于11月中旬完成工程施工部分。二期工程完成了路由勘察、变更设计、财政预算评审、公开招标等工作。二期工程进行了路由勘察和初步设计。

（贾中泽）

【对统一政务数据中心系统进行安全测评】丰台区统一政务数据中心于2015年10月正式投入使用。年内，为做好数据中心安全工作，组织开展丰台区信息系统安全测评项目，对统一政务数据中心及申请部署在数据中心的业务系统进行安全测评，保障进入数据中心的系统无任何安全隐患。为保障全区28家部署在区统一政务数据中心信息系统的运行环境，开展丰台区网络安全环境运维项目。丰台区统一政务数据中心运行平稳，未出现过任何安全事件。

（贾中泽）

【丰台区信息化“十三五”规划编制完成】年内，根据丰台区新形势对丰台区信息化“十三五”规划进行多次修改完善，最终经区政府审议后发布。

（贾中泽）

【社区村使用VPN方式接入政务外网】年内，北京市人大换届选举工作需通过政务外网进行选民登记，为做好丰台区人大换届选举的信息基础设施保障工作，确保丰台区400余家社区村登录完成选民登记，对全区社区、村的政务外网接入情况进行了摸底调研并制定解决方案，开展丰台区社区、村使用VPN方式接入政务外网项目，面向全区召开培训会，完成保障工作。

（贾中泽）

【完成信息与网络安全自查工作】年内，联合区公安分局，组织丰台区各级党政机关开展门户网站与日常办公使用的局域网、政务外网等信息化基础设施进行自查评估，摸底调查，保障各级机关部门业务正常推进。

（贾中泽）

【制定丰台区社会信用体系工作机制】年内，根据《北京市加强企业信用体系建设第二阶段行动计划（2016—2018年）》的通知，制定丰台区社会信用体系工作机制，落实“双公示”工作任务，梳理全区行政许可、行政处罚事项并在丰台区政府网站开设集中公示专栏；组织相关单位开展自查，53家单位提交自查报告，上传信息近1000条。

（贾中泽）

【推动北宫国家森林公园内部基站建设】年内，

为保障国家中医药健康服务创新试验区创建工作进行，同时提高试验区的服务效能，丰台区经济和信息化委积极推动北宫国家森林公园内部基站建设。公园内通信信号得到改善，基本实现三大运营商通信信号全覆盖。做好北宫中医药健康养生季活动现场临时 WiFi 网络信号保障工作。

（贾中泽）

【开展信息化培训工作】年内，组织 3 场信息化培训工作。5 月 31 日，组织丰台区信息化项目管理平台使用培训会，全区 93 名工作人员参加培训，初步实现信息化项目网上申报；8 月 31 日，组织丰台区社区、村使用 VPN 方式接入政务外网培训会，全区约 450 名工作人员参加培训，保障基层机构接入政务外网，更好地服务群众；10 月 25 日，组织丰台区信息安全培训，全区 100 名相关工作人员参加培训，了解了信息安全政策、重要性等知识。

（贾中泽）

石景山区

【概述】年内，石景山区顺应“互联网 +”时代发展新趋势，信息化工作以落实“互联网 +”行动计划为核心，结合区域实际，发布《北京市石景山区“互联网 +”三年行动计划（2016—2018 年）》，部署石景山区“互联网 +”在城市管理、民生服务、创新创业、经济发展和政务应用五大领域的总体建设思路。落实“宽带北京”行动计划，加快高速宽带网络建设提升网络速率，建成“全光网区”。以“强基础、促应用”为重点，统筹建设一批信息化项目，不断提升信息基础设施、城市运行管理、党政办公等方面的智慧化水平，推进政务信息公开和石景山区信用体系建设，打造“大众创业、万众创新”良好氛围。

（王继广）

【召开社会信用体系建设领导小组第一次联席会】7 月 25 日，石景山区召开社会信用体系建设领导小组第一次联席会。会上，北京市石景山区经济和信息化委员会总结了区社会信用体系建设相关情况，并对下阶段重点工作进行部署，区工商分局汇报了区企业信用体系建设工作方案，区金融办对区金融信用建设创新工作进行介绍。会议还研究落实了《石景山区社会信用体系建设工作方案（2015—2017 年）》相关工作。副区长司马红就做好该项工作提出 4 点要求：1. 各部门要充分认识信用体系建设工作的重要性，认真履行职责分工，主动研究相关问题，在各自领域有突破性地开展信用建设工作。2. 做好企业信用信息基础数据的归集和开发，强化对市场主体的信用监管力度，提升区域企业信用意识，共同营造良好的市场环境。3. 加强部门间的协同和信用信息的应用，推动建立守信联合激励和失信联合惩戒机制，形成“一处失信、处处受制”的联动机制。4. 重点做好行政许可和行政处罚信用信息双公示工作，根据已梳理目录清单情况做到“应归尽归、应示尽示”。区信用联席会 21 家成员单位参加了会议。

（张钦）

【加强无线电管理宣传】9月，北京市石景山区经济和信息化委员会以“自觉遵守无线电管理法规，维护首都空中电波秩序”为主题，开展无线电管理宣传月活动。重点从社会公众、无线电频率使用单位、学生等为宣传对象，充分发挥街道（社区）基层力量，搭建起了区级部门、街道办事处、通信运营商、大众媒体资源的四级立体宣传网络，进一步加强公众依法使用无线电频谱资源意识，增强无线电管理工作社会认可度。

（王宇寰）

【出台石景山区“互联网+”三年行动计划】年内，根据《国务院关于积极推进“互联网+”行动的指导意见》（国发〔2015〕40号）和《北京市人民政府关于积极推进“互联网+”行动的实施意见》的主要内容，结合石景山区域实际情况，石景山区发布《北京市石景山区“互联网+”三年行动计划（2016—2018年）》（石政发〔2016〕16号），并在光明网、新华网、网易等主流媒体公开发表。明确以推动“互联网+”数据统筹共享和信息基础设施为基础，以“互联网+”城市管理、“互联网+”民生服务、“互联网+”创新创业、“互联网+”经济发展、“互联网+”政务应用五大领域重点任务为支撑的“1+5”的石景山“互联网+”总体建设思路。

（闫金鹏）

【法人库服务平台正式升级上线】年内，升级改造后的法人库服务平台正式上线。升级后的法人库服务平台，实现了北京市法人基础信息共享服务系统提供法人数据的落地管理，支持对法人数据来源情况和法人数据变化情况的监督；同时，提供法人数据查询、比对等服务，提供了统一的法人数据标准，业务部门根据自身业务需求调用区法人库数据服务接口，减少了法人数据的重复采集，提高服务水平和效率。截至年底，石景山区法人库中的法人数据总量为36668条，其中，民办非企业150条、企业法人35911条、事业法人462条、社团法人86条、政府机关55条。

（邱君）

【加强全区信息化安全保障工作】年内，为维护石景山区电子政务外网安全稳定，北京市石景山区经济和信息化委员会组织了全网大检查，对区政府核心机房物理环境、重要信息系统、服务器平台等进行了全面系统检查工作。为加强石景山区应急通信保障工作，石景山区通信保障和信息安全应急指挥部组织开展了石景山区电子政务网络与信息安全应急演练，对现存风险点进行梳理。为强化石景山区信息安全和保密工作，区经济和信息化委联合保密局、石景山分局举办了2016年全区信息安全保密培训会，全区共有140余名网管人员和保密员参加了培训。

（张兰）

【建立链路资源动态监测机制】年内，北京市石景山区经济和信息化委员会基本建成全区电子政务外网链路资源动态监测机制，通过技术手段实时监测各单位政务外网接入链路带宽使用情况，结合业务需求对带宽资源进行动态调配，保障重要业务的带宽需求。同时，区经济和信息化委每季度对全区政务外网接入单位带宽使用情况进行综合分析，对链路使用趋势进行预判，并制定带宽升级计划。围绕石景山区深化城市管理体制改革、电子监察、治乱疏解等中心工作，结合带宽实际使用情况，6月，完成首批13家单位的带宽升级工作，链路带宽由原来的30M升级到了50M和60M，满足了各单位电子政务工作对网络带宽的需求。

（许致远）

【推进石景山区“两会”信息公开工作】年内，

为进一步推进石景山区“两会”信息公开工作，北京市石景山区经济和信息化委员会根据区委、区人大、区政府、区政协的实际需求，对区“人大议案建议政协提案管理系统”进行了完善，增加了建议、提案及办理意见是否公开的选项，实现系统与石景山区门户系统对接，实时公开建议和提案的办理意见。据统计，十五届六次人大会议会上共录入建议 113 件，可公开建议 94 件；九届五次政协会议会上共录入政协提案 191 件，可公开提案 189 件。

（由凡）

【启动政府门户网上办事平台二期项目】年内，根据《石景山区关于全面推进政务公开工作的实施意见》相关工作部署，北京市石景山区经济和信息化委员会正式启动区政府门户网站网上办事平台二期项目建设工作。该项目将在一期建设的基础上以区卫生计生委、区行政服务中心为试点，运用信息化手段逐步实现办事事项的网上预约、预审、申报、审批等功能。此次建设将实现区卫生计生委 14 个事项的梳理，其中有 8 个事项实现网上全流程办理，其余事项实现网上预审或预约；将实现行政服务大厅 23 个部门的 221 个事项的梳理及部分事项的网上预审或预约。

（邱君）

【启动地理空间基础库数据更新工作】年内，为进一步提升石景山区基础资源信息化建设水平，实现规范和整合的“一张图”数据服务和更新维护体系，满足各政务部门对地理空间数据的共享需求，北京市石景山区经济和信息化委员会组织开展了石景山区地理空间基础库数据更新工作。更新内容主要有：更新 2016 年石景山区卫星影像图，更新部分区域基础空间测绘数据，调制专题数据图层，专题数据图层包含对城市部件、社区一刻钟数据的补充及老年工作站数据更新等网格管理专题数据图层。

（许致远）

【电子政务内网二期项目通过初步验收】年内，石景山区电子政务内网二期项目通过初步验收，项目涉及光缆网建设、网络建设、安全建设和应用系统建设 4 个方面，标志着石景山区电子政务内网基础建设实施工作已经基本完成，为下一步与市电子政务内网对接和内网应用奠定了基础。

（王燕春）

【建成北京城六区首个“全光网区”】年内，石景山辖区内全部的居民区、商务楼宇、办公楼电话、宽带网络全部完成铜缆光纤化改造工作，提前半年完成市政府“宽带北京　光网城市”建设要求，成为北京市城六区中首个全光网行政区。

（王继广）

【驻区企业暴风集团获市级财政资金 1000 万元支持】年内，北京市石景山区经济和信息化委员会协助驻区企业暴风集团股份有限公司的“基于虚拟现实技术的智能移动终端及支撑平台的开发和产业化”项目，获得北京市 2016 年“高精尖”产业发展重点支撑项目 1000 万元财政资金支持。

（王继广）

【开通“-MyBeijing-”免费无线上网服务】年内，北京市石景山区经济和信息化委员会争取到由市财政统一出资在石景山区工商、地税和交通运输等单位的 6 个人流较为密集、窗口功能突出的行政服务办事大厅开通“-MyBeijing-”公众免费无线上网服务，为到窗口办事的企业和群众提供免费 WiFi 服务。

（王继广）

【与铁塔公司城西分公司签署合作框架协议书】年内，北京市石景山区经济和信息化委员会与中国铁塔北京城西分公司就石景山区区域内通信基站等基础设施的资源开放共享达成战略合作协议。石景山区域内现有基站及今后建成的塔、楼站将完全对石景山区各委办局开放共享。铁塔公司除提供空间高点支撑外，还可提供电力、巡查、网络等综合服务。政府相关城市管理、自然灾害预警监控、治安管理等业务部门可利用铁塔公司共享的基础设施和网络资源架设摄像头、传感器等设施，并综合运用物联网技术提升城市智慧管理和运行的水平。

（王宇寰）

【区政府网站正式发布“双公示”专栏】年内，石景山区政府网站正式发布“石景山区行政许可和行政处罚结果信息公示”专栏（简称“双公示”专栏）。公开公示行政许可和行政处罚等信用信息，是切实转变政府职能的有效手段，也是推进国家治理体系和治理能力现代化的必然要求。此次“双公示”专栏的发布将有助于行政许可和行政处罚信息七日公示制度的落实，同时有效推进石景山区社会信用体系建设相关工作。下一步将继续完善信息系统支撑，做好与市级公示门户的内容对接。

（张钦）

【信用信息基础设施建设工作取得新进展】年内，石景山区企业信用监管和服务平台进入试运行阶段，首批11家试点部门已纳入平台协同监管，具体开展监管职能及监管数据的采集试点工作。作为社会信用体系建设的重要组成部分，该平台既是一项促进社会诚信、优化营商环境的基础工作，也是政府在新形势下监管市场的重要手段，有利于实现市场主体失信行为的协同监管和联合惩戒，对于提升区域企业信用意识、提升区域综合竞争力具有重要意义。

（张钦）

门头沟区

【概述】年内，门头沟区经济和信息化委员会围绕门头沟区信息化重点任务和智慧城市试点建设任务指标，进一步推动信息化在各领域的应用。年内完成了门头沟区智慧城市顶层设计的编制工作，开展了公共信息平台二期、公共基础数据库二期、综合管网管理系统和石龙园区智能联网数字高清监控系统等重点项目建设，进一步整合城市各类公共信息资源，为智慧城市各项应用提供丰富的数据来源。在移动互联网领域，进一步推动信息化在民生和社会领域的广泛应用，打造便民服务平台，启动“门城通”项目建设，提高门头沟区服务公众的能力和水平。在安全保障方面，有序推进依法行政工作，加强区域网络与信息安全。

（刘力）

【对联通公司节前安全保障情况实地走访】2月3日，为保障春节期间网络运行安全稳定，门头沟区经济和信息化委员会主任李国庆带队到中国联通门头沟区分公司进行实地走访，重点对节前安全保障情况进行了检查。在节前会上，门头沟区经济和信息化委员会听取了联通公司节前安全保障工作，并对安全工作提出了要求，做好春节期间应急值守工作，一线保障人员应落实到位。此次实地走访进一步加强了门头沟区节前网络安全保障工作，增强了相关单位和人员的责任意识。

（刘力）

【科技部考察门头沟区智慧城市建设情况】 4月1日，科技部社会发展科技司参赞孙成永一行到门头沟区考察智慧城市建设情况。门头沟区委常委、副区长张永陪同考察。在听取相关工作汇报后，孙成永一行又参观了区为民服务中心和智慧照明项目。2014年9月，门头沟区启动了智慧城市试点整体申报工作，围绕“一带、两线、四点、多组团”的空间布局，进行五大重点项目15个子项目的智慧城市建设。其中，城市公共信息平台建设、网格化社会服务管理系统、全区视频监控等方面的建设工作取得了显著成效。2016年度门头沟区将围绕移动基站、无线城市和光网城市建设等方面的工作，推进智慧城市建设。

（刘力）

【《门头沟区智慧城市顶层设计》项目专家评审会和验收会召开】 4月8日和5月20日，门头沟区经济和信息化委员会分别召开了《门头沟区智慧城市顶层设计》专家评审会和专家验收会，来自国家信息化专家委员会等单位的专家对门头沟区顶层设计进行了评审和验收。与会专家一致认为，门头沟区顶层设计调研方式多样、调研内容翔实，提出了指导思想和发展目标，符合门头沟区经济社会发展，对指导下一步智慧城市建设具有重要意义。区经济和信息化委下一步将结合公众反馈意见，调整顶层设计并开展后续工作，助推服务型政府建设，实现智慧城市建设跨越式发展。

（刘力）

【举办电子政务办公平台电子签章系统培训会】 6月3日，为确保各单位及时了解和掌握系统使用方法，门头沟区经济和信息化委员会举办了电子政务办公平台电子签章系统培训会，全区共53家单位参加了培训。培训围绕电子签章系统的用途、安装和使用方法展开，并进行了现场演示。此次培训增强了各单位公文收发人员对电子签章系统的实际操作能力，保障了系统上线后的正常运行。

（刘力）

【开展第十三届北京百万家庭数字生活技能大赛培训工作】 7月28日，为促进信息新技术、新业务的应用，推动智慧北京建设，门头沟区经济和信息化委员会联合区科协开展了门头沟区2016年（第十三届）北京百万家庭数字生活技能大赛培训工作。讲座内容包含了互联网、新能源汽车和智能家居等方面的热点知识，同时也融入了生活中常见的物联网，手机通信，计算机软、硬件应用等方面的知识。为巩固所学知识，现场还安排了小测试，既为现场家庭普及了信息化知识，也为参赛打下良好的基础。

（刘力）

【完成2017年信息化项目征集工作】 8月，为继续深化、完善门头沟区信息化工作，做好门头沟区2017年信息化项目的征集工作，门头沟区经济和信息化委员会向全区32家政府部门征集2017年信息化项目，共收到14家单位反馈的19个信息化项目，项目包含民生、市政和政务服务等。门头沟区经济和信息化委员会将按照“国家智慧城市试点”建设重点任务要求，结合门头沟区实际，拟定2017年信息化项目，为门头沟区2017年信息化工作奠定基础。

（刘力）

【举行“智慧门城”建设战略合作框架协议签约仪式】 11月2日，门头沟区“智慧门城”建设战略合作框架协议签约，门头沟区委书记张贵林，区委副书记、区长付兆庚等出席签约仪式。

张贵林表示，门头沟区于2015年通过住建部和科技部审批，是北京市唯一一家以区级申报，成为国家智慧城市试点的单位。下一步，门头沟区将把推进新型智慧城市建设更好地融入地区发展大局，充分运用互联网、物联网、云计算和大数据等技术，实施智慧政务、智慧城管、智慧社区、智慧旅游、智慧教育文化、智慧医疗卫生等城市建设专项，构建服务不同类型群体的新型智慧应用体系，进一步提高城市精细化管理水平，打造透明高效的服务型政府。张贵林希望思源科技积极发挥自身优势，在智慧门城建设过程中提供理念、人才、技术等方面的大力支持。区委、区政府也会一如既往地为企业发展和项目推进提供便捷的服务。通过合作，把门头沟区打造在全市乃至全国有影响力的智慧城市建设新典范。区领导彭利锋、张兴胜出席签约仪式。

（刘力）

【门城通及便民服务应用服务项目评审会召开】12月1日，为进一步推进门头沟区智慧城市建设，打造便民服务平台，门头沟区经济和信息化委员会在区政府新北楼组织召开了门城通及便民服务应用服务项目评审会。专家组听取了项目技术方案汇报，审阅了相关文档，经过质询与讨论，形成了评审意见。门城通及便民服务应用服务项目，通过移动互联网技术，提高门头沟区服务公众的能力和水平，同时实现城市管理的精细化、智能化，全面提高人民群众的满意度和幸福感。

（刘力）

【开展实地走访和执法检查】年内，为保障网络运行安全稳定，依法推进行政执法工作，门头沟区经济和信息化委员会对辖区内电信运营商和有重要信息系统的委办局进行了定期检查，共开展了20余次实地走访和执法检查，检查内容包括应急值守、应急预案落实情况和机房保障等，进一步增强了相关单位的责任意识。

（刘力）

【完成重要会议和节假日期间网络信息系统、网站和无线电安全保障工作】年内，为确保重要会议和节假日期间门头沟区重要网络与信息系统、政务专网的安全运行及无线电的正常使用，按照“谁主管，谁负责；谁运营，谁负责”的原则，根据区委、区政府有关工作要求，门头沟区经济和信息化委员会高度重视，确保各单位网络与信息安全责任落实到位。向全区各单位下发了安全通知，要求各单位按照通知内容做好保障措施，确保门头沟区重要网络信息系统、网站的安全，年内无信息安全事件。

（刘力）

房山区

【概述】年内，全区信息化工作在区委、区政府的正确领导下，紧紧围绕中心工作思路，积极推进各项工作。一年来，努力推进全区政务信息化、社会信息化、经济信息化领域统筹协同发展，在“十三五”专项规划编制、支撑中关村南部创新城建设、信息化新增业务领域等方面取得了一定成效，确保信息化支撑全区各项事业发展。

（蔡亚男）

【确定智慧社区建设名单】 1月6日，按照市委社会工委（市社会办）的要求，房山区确定了2016年智慧社区建设名单，预计2016年全年新建星级智慧社区14个，升星32个，并结合北京市社会建设工作办公室、市经济和信息化委、市民政局联合印发的《北京市智慧社区认定管理办法》《2016年北京市社会建设信息化要点》等相关文件的要求，开展前期筹备工作，确保全年工作计划的实施。

（房山区社会办）

【开通“房山农经”微信公众号】 1月13日，房山区经管站官方微信号正式开通，公众只需搜索“房山农经”或通过二维码扫一扫即可关注。“房山农经”微信公众号是房山区经管站打造的新媒体宣传平台，立足“信息发布、政务服务、业务互动”的定位，紧贴经管工作职能，突出重点、聚焦热点、关注重点，及时、准确地发布经管部门服务农村经济发展、服务农民致富增收、深化农村改革、推进城乡一体化的相关信息。

（赵育嘉）

【筹划推进地区信息化建设】 1月14日，由市经济和信息化委、工业和信息化部电子科学技术情报研究所等举办的北京市两化融合成果交流展在亦庄举办。燕山经济和信息化委邀请燕山石化和北京中燕信息技术有限公司参加此次成果交流展。公司在会上展示了两化融合、大数据、智能工厂建设等方面具有的较成熟的经验和过硬的技术基础，显示出“燕山石化信息”在中国石化行业中的品牌影响力。

（燕山经济和信息化委）

【房山地税局后勤食堂食材配送系统正式上线】 1月20日，房山局基于WEB系统开发的后勤食堂食材配送系统正式上线。该系统实现了全部食材统一采购，提前一天按需订购，节约了人力、财力、物力，可更直观地对食材经费进行监管。

（房山区地税局）

【2015年房山区软件正版化检查验收工作会召开】 1月22日，2015年房山区软件正版化检查验收工作会在区文委二楼第一会议室召开。北京市新闻出版广电（版权）局作为检查单位和房山区使用正版软件工作领导小组牵头单位（区文委）、成员单位（区信息中心、区财政局）参加了会议。会上，房山区各参会成员单位将责任落实表、统采相关协议合同、软件资产管理制度等材料交付市局。同时，房山区迎检资料也一并上交。会议讨论了房山区2016年软件正版化工作可行性方案，并对检查工作进行了部署。

（张　雷）

【制定智能交通管控系统实施方案】 3月，房山交通支队在路口设备普查和交通管控系统梳理的基础上，制定完成《北京市房山区智能交通管控系统实施方案（代可行性研究报告）》。《实施方案》以提升道路交通管理综合指挥、应急处突、信息化能力为目标，主要建设内容包括进行道路交通管理科技设施新建、升级改造与信息资源整合、构建智能交通综合管控平台等。

（梁乙朝）

【启动农产品质量安全信息化监管平台建设项目】 3月，区农业局启动农产品质量安全信息化监管平台建设项目。该项目投入资金590万元，积极探索农产品质量安全信息化监管工作模式，构建房山区区级、乡镇和生产基地三级农产品质量安全信息化监管系统，通过相关软件开发和硬件设备配备，实现三级信息数据的实时传输，以实现对农产品生产与流通全过程的监管，逐步实现农产品质量安全监管数字化、信息化和便捷化，进一步提升农产品质量安全监管水平。项目已完成37家种植养殖基地和30家农资经营店的建设任务。

（郑宇）

【办公网络带宽升级】4月11日，房山区地税局实现了良乡办公区、CSD办公区办公网络带宽由4兆升级到12兆，阎村办公区、琉璃河办公区办公网络带宽由4兆升级到8兆，办公网络资源得到了明显改善。

（房山区地税局）

【工商登记信息资料查询系统上线运行】4月22日，工商登记信息资料查询系统在互联网地税局首页上线运行，实现税务部门对企业工商登记影像档案的在线查询、分卷浏览和导出下载等应用。

（房山区地税局）

【视频资源共享助交通管控能力提升】4月，十渡、张坊地区40路房山公安分局的高清视频资源接入房山交通支队万宁交通大队指挥室，实现了大队级的实时监控、动态部署警力的警务管理，在旅游黄金季节的交通疏堵中发挥了重要作用。与此同时，房山交通支队指挥控制中心实现了107路高清视频图像的接入，使支队指挥中心能够更好地掌控全区主要街道的交通动态，使交通态势预判、采取措施和警力调度上更加符合实际。

（梁乙朝）

【委托代征增值税系统正式运行】5月1日，房山区地税局营改增存量房交易和个人出租房委托代征增值税系统正式运行。

（房山区地税局）

【房山区文化活动中心数字化服务平台建成】5月12日，房山区文化活动中心在中心三楼会议室召开数字平台项目启动会。该项目涵盖核心大数据、服务平台建设和文化服务App程序开发等工作。8月20日，数字化服务平台开始建设，历时92天，12月15日正式完成，12月16日开始进行公测。通过该平台，可为群众提供场馆展示、图书远程借阅、活动预约、培训预约、网上报名、个人成果展示、文化动态资讯查询、线下线上联动等公共文化服务。

（周贺妍）

【昊远隆基OA系统建设正式启动】5月24日，昊远隆基协同办公系统（OA）项目一期召开启动会，随后乙方进场开始项目需求调研。基础模块、公文管理、行政管理、知识管理、移动办公实施已经完成，流程管理、人力资源、绩效管理还在按需调整中。其中，机房及综合布线项目于8月开始实施，已经完成验收，具体包括OA项目硬件系统建设、公司有线网络和无线网络建设。此次信息化项目建设进一步加强了企业内部管理、业务流程管理、成本管理、资金管理、销售管理、人力资源管理等；提高了各部门之间业务协同效率；同时无纸化办公也促进了绿色环保。网络规划设计结合实际，进行区域划分，增强了内部局域网的安全性。区域无线网络为日常办公提供便利的同时也提高了工作效率。

（王彦彬）

【金税三期系统实现双轨运行】6月1日，金税三期系统在房山局实现双轨运行，开展全面测试、全面验证和全面演练工作。

（房山区地税局）

【实施第五次宽带大提速工程】6月30日前，联通公司针对不同速率的宽带客户实施分批提速，提速后光纤客户接入最低速率为20M，最高速率可达200M。同时，针对移动用户适时下调流量标准资费，加大现有套餐所含流量，扩大“流量放心用”使用范围，推出创新无限流量产品，提升客户移动宽带使用感知。

（刘思洋）

【检查指导网格化体系建设工作】7月7日，市委社会工委委员、市社会办副主任陈建领，首都综治办基层处处长陈冲等带队市网格化工作联席会督导组到房山区进行检查指导。督导组首先调研了网格化区级平台运行情况，听取了区委社会工委关于网格化工作情况的汇报，查看了西潞街道苏庄三里社区、月华社区综合服务中心、拱辰街道北关东路社区的“网格化+”行动计划开展情况、网格队伍建设情况。

（房山区社会办）

【北京中关村南部（房山）科技创新城企业发展服务中心新网站建成】7月8日，北京中关村南部（房山）科技创新城企业发展服务中心（简称区企业发展服务中心）正式挂牌成立。为进一步提高知名度和影响力，特别是引导企业及时了解区域的政策信息和服务内容，对中心门户网站进行了开发建设，于9月23日正式投入使用。网站栏目涵盖机构信息、投资环境、招商资源、政策法规、工作动态、服务企业、企业风采、综合行政服务大厅、企业服务专厅、党务公开、互动交流等。

（房山区企业发展服务中心）

【金税三期系统在房山地税局单轨上线】8月8日8点40分，金税三期系统在房山区地税局单轨上线成功。区地税局12个税务所均登陆金税三期系统，可正常受理业务。

（房山区地税局）

【督导金税三期系统单轨上线工作】8月8日，市地税局督查组到房山区地税局督导金税三期系统单轨上线工作。查看了办税服务大厅金税三期系统单轨运行情况，并与窗口工作人员交谈了解情况和困难，随后听取了房山局关于金税三期系统单轨上线情况的工作汇报，查阅了相关资料。督查组对房山局金税三期系统上线工作的组织领导、税务干部和纳税人的培训辅导以及单轨运行首日采取的措施给予了肯定，并要求要继续发扬求真务实的工作作风，齐上阵、勇担当，有条不紊地落实好上线后续工作。

（房山区地税局）

【网上行为管理系统上线运行】8月17日，房山地税局网上行为管理系统成功上线运行。系统运行后规范了上网行为，保证了上网行为的安全性。

（房山区地税局）

【昊远隆基企业微信公众号正式发布】8月23日，“昊远隆基”企业微信公众号正式发布。下一步，将围绕公司战略和项目进一步完善框架内容。

（高磊）

【编制“智慧房山”总体规划纲要】8月，启动了房山智慧城市顶层设计方案编制工作。方案编制围绕全区经济社会发展主线，按照《房山区“十三五”发展规划》《房山区“十三五”时期信息化发展规划》关于城镇建设、产业发展、百姓民生、社会安保、生态布局、环境治理、安全管理等方面要求，结合全区政务领域、公共社会领域、基础设施建设领域、服务领域、民生领域等实际情况制定，重点突出精细化管理、智能服务、信息数据整合、资源共享，成立了由区经济和信息化委、区信息中心、易华录公司组成的智慧城市建设方案编制工作组，制定了阶段性工作方案。编制过程主要分为全区整体情况梳理、单位业务调研、调研成果梳理、方案编写、方案论证等阶段。共完成了对房山整体情况、发展规划和信息化主管部门以及28家单位信息化建设情况的调研，调研内容主要涵盖行业管理服务体系、信息化业务应用体系、基础设施建设与利用情况，调研方式以到单位现场调研和发放调研问卷的形式并行。10月底，完成了《智慧房山 科创新城“智慧房山”总体规划纲要（征求意见稿）》的编制；11月3日，召开有17家主要单位参加的研讨会；11月14日，总体规划纲要下发全区单位征求意见建议；12月初梳理各单位反馈的意见建议，并对规划纲要进一步修改完善，下一步将提请区政府常务会讨论通过并组织实施。

（张瑜　刘秀平）

【拍摄市农业信息化龙头企业宣传片】 9月8日，市城乡经济信息中心组织媒体记者，到区大石窝镇南河村南河北星公司、西潞街道利民恒华公司拍摄市农业信息化龙头企业宣传片。

（房山区农委）

【昊远隆基公司信息化建设再升一级】 10月，BIM正式落地长海御墅项目，意味着昊远隆基公司越来越专注于专业领域的发展。同时，随着公司OA办公系统、微信微博平台等逐步应用，昊远隆基的信息化建设得到了进一步增强。BIM是以三维数字技术为基础，集成了建筑工程项目各种相关信息的工程数据模型，对施工的质量、安全、进度等管理发挥着重要的作用，将为公司项目建设提供更加科学有效的全方位保障。

（高磊）

【开展电子政务内网及加密视频系统建设工作】 10—12月，配合区委办公室开展电子政务内网及加密视频系统建设工作，完成电子政务内网机房及加密视频会议室建设，并通过区委统一调试。

（房山区发改委）

【智慧社区建设任务完成】 11月24日，向市委社会工委（市社会办）上报2016年智慧社区建设的全部相关材料，并于12月通过市级单位的验收，完成了年度智慧社区建设计划。年内，新建智慧社区14个，升星32个。累计共有智慧社区107个，智慧社区覆盖率提高到80%。

（房山区社会办）

【区总工会电子政务内网及加密视频会议室建设】 11月，房山区总工会为落实区委要求建设电子政务内网及加密视频会议室的有关精神，结合工会实际情况在原有建设的基础上改造了机房和会议室并配备专业人员管理。机房属于接入机房，面积约4平方米，为确保视频会议的网络正常运行，采用专线供视频会议室使用。视频会议室面积约20平方米，为避免会议途中光照角度问题引起显示屏反光造成会议无法正常进行，视频会议室配备了遮光窗帘并采用非自然冷光源，以保证会议正常进行。经过区委对视频会议室的多次网络调试，已投入使用。

（房山区总工会）

【强化政务网站（群）建设与管理】 截至11月底，“房山信息网”网站月均浏览量达到6264107次（1—11月总量达到68905183次），发布政务信息7800余条，为市政府门户网站“首都之窗”“区县热点”栏目报送信息880余条；完成全区各项重要会议、重大活动、重点事件的专题制作以及2016年部门预算和决算的网上公开工作。认真推进政府信息公开工作，全区68个政府信息公开成员单位主动公开政府信息总数为101147条；政务服务平台共公布的区级政府部门办事事项3503件，平台上事项的申办总数为14137件，办结总数为14059件；政风行风热线平台共受理各类群众来信89105件，回复群众提出的热点问题86358件。

（张瑜）

【开展“互联网+”服务体验推广活动】 12月1日、15日、22日，中国联通房山分公司携手园区、政府及重要企业客户，连续举办3场“互联网+”服务体验推广活动，共有41家政府客户、58家重要企业客户参与活动。在推进地区信息化发展进程中，房山联通将持续以平台类及产业互联网为重点，在物联网、IDC、大数据、云计算等领域为客户提供一揽子信息化应用服务，为产业合作探索更为广阔的蓝海。

（刘思洋）

【房山区地税局完成 UPS 全面更新】 12 月 12 日，房山区地税局完成了 3 个办公区及局机关的 UPS 主机和电池的全面更新工作，进一步保障了断电后全局各项工作平稳运行。

（房山区地税局）

【社会信用体系建设工作取得显著成效】 年内，认真落实北京市社会信用体系建设联席会议办公室关于社会信用体系建设的相关要求，组织建立了房山区社会信用体系建设联席会议制度，成立了机构，制定了《房山区社会信用体系建设工作方案》，向全区社会信用体系建设联席会议成员单位下发了《北京市房山区行政许可和行政处罚等信用信息公示工作方案》《北京市房山区贯彻落实全国统一的信用信息共享交换平台建设工作座谈会精神任务分工》，转发了《北京市社会信用体系建设联席会议办公室关于转发〈国家发展改革委办公厅关于推荐守信激励和失信惩戒典型案例的通知〉的通知》。聘请专业公司在房山区门户网站上开设了“房山区社会信用体系建设”专栏，督促各成员单位在各自门户网站上建立相应的专栏，对社会信用体系建设情况进行及时公示，共有 36 家单位完成了专栏建设。

（刘秀平）

【推进“中关村南部创新城”智慧园区信息化建设】 年内，按照“中关村南部创新城”智慧园区建设工作计划，在 2015 年已经完成的全区 28 家重点园区、商务楼宇、创业空间和重要部门无线网络覆盖任务基础上，2016 年继续推进“试点建设公共区域无线网络覆盖”工作。在建设中，充分考虑创新创业主体建设环境、业务发展领域和信息化需求，在提供无线网络保障的基础上，努力助推高新产业、园区楼宇发展。建设任务涉及北京基金小镇、互联网金融安全示范区、现代农业示范区、三维六度众创空间等 9 个重点园区、产业基地和创业空间，截至年底已建设完成并通过区政府绩效考评。

（张瑜）

【启动信息化行政执法工作】 年内，按照北京市工作安排，房山区新增信息化行政执法工作，由区经济和信息化委、区信息中心共同开展，完成了执法人员岗位培训、证件申领等工作，3 人参加区行政执法考试并取得执法证。2016 年的执法工作主要以与信息化岗位工作相关联的业务进行宣教为主，在全区政府投资信息化项目评审、验收工作中，相关工作人员还利用自身执法人员的岗位特点，结合政府投资新建项目、以往建设运维项目等项目的评审验收工作，在信息化工程建设、网络信息系统安全、信息化应用系统运行维护等领域依照《北京市信息化促进条例》《北京市公共服务网络与信息系统安全管理规定》所规定的相关内容，对各单位、部门、岗位人员进行宣教与问题解答，同时查验相关项目承建单位的资质证明，从而推进房山区信息化建设各项工作安全、稳定开展，并为下一步全区信息化行政执法工作打好基础。

（张瑜）

【开展“两化融合”工作】 年内，组织区内企业参观北京市两化融合成果交流展，开展北京市第二批公共场所免费无线接入服务计划（2016）房山区项目征集、工业云平台软件服务试点用户征集、中关村科技园“互联网 +”典型案例与储备项目征集等活动。

（刘秀平）

【实施房山区政府网站群系统改造】 年内，根据房山区网络安全和政务网络平台建设工作会会议精神及《房山区党政机关、事业单位和国有企业互联网网站安全专项整治行动方案》（房网办文〔2015〕2号）文件要求，对区直各委办局、区直属事业单位、群团组织、乡镇政府的门户网站实现统一出口、统一后台、统一防护、统一管理，将分散在不同服务器上的政府网站进行组织、分类和优化，按不同部门、单位，实现全区政府网站统一整合、统一部署、统一管理、统一维护，共完成了69家单位的迁移工作并已上线运行。

（张瑜）

【认真落实全国政府网站普查工作】年内，推进全国政府网站信息内容建设有关工作，提高政府网站信息发布、互动交流、便民服务水平，组织区内58家政府网站参加国务院办公厅和市政府办公厅每季度、每月的监测考评并帮助督促及时整改。

（张瑜）

【完成机关软件正版化迎检工作】年内，根据北京市使用正版软件工作联席会议《关于开展2016年全市国家机关软件正版化检查工作的通知》（京正联〔2016〕31号）的有关要求，开展委内正版化软件采购及巡查工作，并通过市使用正版软件工作联席会议检查组现场随机抽查。

（房山区发改委）

【门户网站建设不断加强】年内，区国资委对门户网站进行了改版，于6月30日上线试运行。11月15日，网站后台移交至区信息中心网站建设科。区国资委门户网站设立了9个一级专栏、19个二级专栏，栏目设置更加合理，页面布局更加美观，方便了公众对国资委的机构职能、法规文件、业务动态、企业风采等信息进行浏览查询。同时，建立了与国务院国资委网站、北京市国资委网站、“首都之窗”和房山信息网的链接，为公众提供了便捷的浏览方式。

（房山区国资委）

【召开网格化服务管理体系建设乡镇工作会】年内，为进一步贯彻落实房山区网格化领导小组工作会议精神，按照强融合、重提升、补短板的工作要求，房山区召开网格化服务管理体系建设乡镇工作会。会上，就2016年网格化重点工作进行了部署，各街道（乡镇）围绕网格化领导体制、运行机制等问题进行了讨论。2016年网格化工作将在“三网”融合、系统建设、队伍建设、体系运转等方面下功夫，努力将网格化体系打造成为“领导决策的数据中心、服务群众的快捷平台、社会治理的有力抓手”。

（房山区社会办）

【模拟视频系统进行全面升级】年内，房山区委党校对模拟视频系统进行全面升级。更换、新增数字摄像头122个、立杆21根，布线近1万米，改造原有监控室，实现了视频监控系统高清数字化，无死角。工程具有以下特点：摄像头具有夜视功能，夜间视频效果更加清晰，实现24小时可视监控；在各楼新增高点球形摄像机，扩大了监控范围，提高了安全级别；在停车场、校园边界、楼门口、财务室、仓库等重点位置加强了监控力度；改造监控室，升级监控屏及操作台，通过操作台就可实现对球机的角度调整，实现监控录像“一键”备份。

（房山区委党校）

【加强信息安全监管】年内，房山区委党校按照国家三级标准，引进入侵检测及防御、上网审计、漏洞扫描等系统，加强网络流量管理，强化系统扫描，对异常的、可能是入侵行为的数据进行检测和报警，实时追踪，防止黑客，并提供相应的解决、处理方法。进一步加强计算机终端对网络使用的控制和管理，实现网页访问过滤、网络应用控制、带宽流量管理、信息收发审计、用户行为分析。信息安全系统从物理安全、系统安全、网络安全、应用安全4个层面，明确局域计算环境的安全机制配置，构建了立体安全防护网，提高了党校网络安防级别，加强了管理和防控，保障了党校教学、学员、会议等信息内容的安全。

（房山区委党校）

【完善会议支撑系统】年内，房山区委党校在各个会议室及教室门口安装30个电子班牌、会议楼大厅安装3个水牌，通过网络控制显示会议接待信息。通过信息发布系统打造了一个功能完备的信息交流与发布平台，为会议接待提供了一个“窗口前移，实时监控，统一管理，灵活应用”的工作模式。安装无线AP 70个，实现了新建会议楼、宿舍楼10个套间及15个标间的无线网络覆盖，满足了与会人员的网络需求。同时针对全区“两会”、安全保密会议等会议需求，在新楼报告厅安装3个手机信号屏蔽器、5个移动屏蔽器。

（房山区委党校）

【录播系统】年内，房山区委党校推动教育培训“互联网+”模式，安装4台固定摄像设备，配备3台移动摄像设备，购置两台小型摄像头和1台录播级摄像机，实现了名师教授、精品课程的录制及直播，为党校实现网络化教学打下了基础。

（房山区委党校）

【信息化设备升级改造】年内，房山区委党校更换电话交换机、办公楼原有电话线及网线，梳理各楼电话线路，统一外线进出口，规范内线号码规则，解决了串线、有杂音等问题。在教室安装8套控制板，更换教师计算机8台，搭建多媒体中控系统，脱离多遥控器时代，实现了投影机、幕布、信号源切换一键控制。

（房山区委党校）

【加强通信基础设施建设】年内，中国联通房山分公司投资立项7373.2万元，新建LTE基站534个、U900基站75个、4G楼宇室分514栋。实施光纤补点建设，投资1029万元，覆盖用户21206户。

（刘思洋）

【全力推进“光进铜退”网络升级工程】年内，中国联通房山分公司完成长沟、窦店、房山3个端局机房标准化改造，完成局所整合182个，通过对设备资源进行调整，提升网络的承载能力。同时，对机架分布进行合理规划，压缩空间，降低空调负荷，实现节能减排，年节省电量219.08万度。全年完成存量铜缆用户光改30029户，实现FTTH占比85%。

（刘思洋）

【完善燕山地区网络覆盖及服务转型】年内，中国联通房山分公司持续加大对燕山地区的移动网络建设力度，新建4G基站14个。根据燕化职工的使用需求，推出“燕山通”移动产品。通过与燕山电信事业部的合作，统一产品、资费与服务标准，在光纤改造和网络割接升级后，提升了燕山地区互联网接入品质，使政企客户和百姓感受到更加丰富、高速、稳定、便捷的通信网络服务。

（刘思洋）

【档案馆数字化利用平台服务能力显著提升】年内，对档案馆机房的4台服务器软硬件进行全面升级，其中软件包括4套正版操作系统、1套数据库管理系统，硬件包括增加数据库硬盘备份空间和8条运行内存。档案数字化利用平台软件运行效率明显提高，对外提供查阅服务的能力得到显著提升。

（房山区档案局）

【馆藏数字化数据备份全部完成】年内，档案局（馆）完成全部馆藏数据的硬盘备份和增量数据的光盘备份工作。档案局（馆）现有3套备份硬盘，单块硬盘容3TB，共计35块，保证数据安全，方便查考利用。根据房山区档案馆档案数字化原文刻录方案，在上年光盘备份的基础上，继续完成增量数据的光盘备份工作，年内共刻录蓝光光盘257张，数据容量约5100GB。

（房山区档案局）

【民生档案数据库不断优化】年内，针对民生档案数据库存在原文挂接错误，房山区档案局（馆）启动了对婚姻、土地档案数据库的全面清查工作，采用逐卷逐页的检查方式，对数据库原文逐一校对，及时修正原文挂接错误，对数据库中人名与对应原文不符的情况也进行了更正。共计检查婚姻登记档案6785卷、土地档案635卷，检查覆盖率达100%。确保民生档案数据的准确性，提高了对外提供查阅服务的效率。

（房山区档案局）

【扎实开展数字化档案接收工作】年内，房山区档案局（馆）共接收房山区司法局、西潞街道苏庄三里社区和长阳镇保合庄村3家单位的数字化档案。其中，文书档案4952卷、业务档案7卷，共数字化101757页，容量107.71GB。

（房山区档案局）

【为接入数字档案馆做准备】年内，房山区档案局（馆）为接入北京数字档案馆（北京电子文件中心）做好了前期相关准备工作。

（房山区档案局）

【石花洞旅游服务中心综合管理平台建设】年内，石花洞风景名胜区管理处委托天津市铧萃传媒技术有限公司对石花洞旅游服务中心的线下购票系统进行改造，同时开发了线上网站售票和微博微信运营推广平台，配合线下售票模式的改造，建立了一个综合管理平台。该平台采用先进的计算机网络、通信、数据库、IC卡等技术，实现对景区的管理，形成一个完整、高效、可靠的工作环境。线上通过网站、微博、微信平台进行宣传，及时更新景区的动态和新闻，完成了线上线下的整合宣传推广，智慧景区的构建初步完成。

（房山区石花洞风景名胜区管理处）

【举办2016年农村管理信息化村级培训班】年内，为配合北京市农经统计制度改革和农村“三资”监管平台升级改造，进一步提高房山区村级农村管理信息化人员业务水平，根据市农经办、市财政局的统一安排，5月23日—6月3日，房山区经管站对23个乡镇、466个村的信息员进行了业务培训，培训内容主要包括北京市农村“三资”监管平台和北京市低收入农户建档立卡信息系统的具体应用及操作。

（赵育嘉）

【完成“三资”监管平台升级改造的测试工作】年内，北京市以房山区为试点对“三资”平台进行了全面升级改造，通过制定方案、确定试点乡镇、组织培训、开展座谈、测试纠错等方式，于11月底完成了三资监管平台升级改造的测试工作。

（赵育嘉）

通州区

【概述】2016年，是“十三五”规划开局之年，通州区紧密围绕市委、市政府的重大战略部署，加快推进信息化建设，开创信息化工作跨越式发展新局面，用信息化全面支撑城市副中心建设，促进经济社会全面协调可持续发展，为做好“十三五”工作打下坚实基础。

（刘佳）

【政府网站普查和政务门户网站整改情况】年内，全区共26家网站参加了普查工作，区政务门户网站在网站资源丰富度、网站功能全面性、网站服务便捷性等方面都有了很大提升。依据政府网站普查指标，通过系统扫描和人工复核的方式，对区政务门户网站进行了监测检查，发现断链、错链及时整改。加强网站运维，对网站栏目进行调整、优化栏目及页面美术设计、网站栏目页面模板开发维护；对网站内容进行维护，包括内容收集整理、内容加工处理、内容信息录入等；对网站专题建设、网站系统及网站安全进行维护。

（刘佳）

【行政许可和行政处罚双公示工作】年内，按照有关要求在区政务门户网站开发建设双公示专栏，设置与双公示有关的55个部门的账户密码并及时准确发送到各单位。各单位双公示信息发布的账号密码与各单位在区政务门户网站发布信息的账号密码一致，一次登录即可发布双公示信息，也可以发布本单位其他信息。9月24日，分管信息化工作的副区长召开研究部署加快推进行政许可和行政处罚事项信息公示工作的紧急会议精神，各单位根据会议精神较好地完成了此项工作。

（刘佳）

【区政府网站群运维管理及建设工作】年内，利用统一的网站群管理平台，积极推进部门网站群的建设进度，构建“以政府门户网站为中心主站、以部门网站为分站”的网站群体系。进一步实现主网站和分站的内容信息整合、共享、转发；根据业务需求逐步完善门户网站应用功能；同时采用集中管理模式，把主网站及所有的分网站都在一套系统中进行管理，充分实现主网站和分站，以及分站之间的数据共享。在原关停并转10家分站的基础上，新增台湖高端总部基地、区纪委监察局、文化旅游区3家；同时新建或改版区教委、区科委、区卫生计生委、区外事办、区科协、区政协6家单位网站。无论关停并转到区政务门户网站建设专栏的单位，还是新建设改版的分站，在技术上实现区政务门户网站与各分站栏目对应关系，通过信息推荐机制解决单一信息源问题，保障区政务网站群各分站正常运行。做好网站群日常运维工作，定期巡检，保障系统的稳定运行。通过系统扫描和人工复核的方式，对各子站进行了监测检查，对于网站存在断链错链、空白栏目、信息更新不及时等及时提出整改建议。

（刘佳）

【政务专网运维管理工作】年内，有线政务专网和政务数据中心机房全年运行稳定，未发生重大网络与信息安全事件。日常故障解决情况：共解决网络故障1294次，数据中心机房巡检253次，排除隐患12次。2016年全年，新增政务专网接入点20个，迁移政务专网节点16个，撤销政务专网节点1个。政务专网总节点数777个，终端用户8000余台。完成了438个村级政务网接入交换机的更新工作，完成了村级政务网汇聚层线路的升级改造工作。把11个乡镇的村级政务网从百兆SDH环网升级成千兆光纤直连。800兆无线政务网管理情况：全年新申请终端用户数0，撤销终端数55台。协助区应急指挥中心完成了区会议中心区域800兆无线信号的增强工作。

（刘佳）

【区政务协同办公系统运维情况】年内，随着政府办、组织部等第一批试点单位的新增需求不断完善政务协同办公系统的优化和建设，完全实现了全区各单位的业务协同大循环，试点单位业务协同小循环，实现应用系统互联互通、政务信息资源共享的政务协同办公平台。形成各部门、各单位技术标准统一、安全的协同办公环境，实现网上办公、协同工作。协同办公系的各个子系统运行良好。

（刘佳）

【区通信保障和信息安全应急指挥部工作】年内，完成了区通信保障和信息安全应急指挥部的相关工作。完成区通信保障和信息安全应急指挥部办公室的800兆手台的更新工作，更新手台2部，固定台1部。完成了区应急视频会议系统的网络传输保障工作；完成G20峰会、中考、高考、成考、自考期间以及国庆、元旦等重要节假日的信息安全和应急通信保障工作。按照区应急办的工作要求，制定了《通州区2016年通信保障和信息安全应急演练计划》，并向中国联通、中国移动、中国电信、歌华有线下发应急演练工作通知。完成《通州区应急通信保障预案》的成员单位领导信息、应急物资、应急队伍等信息的更新汇总工作。

（刘佳）

【信息化规划编制相关工作】年内，按照规划工作安排，区经济信息化委与国家信息中心对接，做好规划编制过程中的沟通协调工作。3月，与国家信息中心签订了咨询服务合同。开展调研工作，向全区重点单位以及联通、移动、电信、歌华等通信运营商下发了智慧城市建设调查问卷。根据调查问卷，整理出区级信息化发展现状和“十三五”时期信息化发展需求，完成规划初稿和征求意见稿。在全区范围内下发了征求意见稿，进行了第一轮的征求意见。全区有50家单位反馈了意见，根据各单位的反馈意见，对征求意见稿进行了修改。12月，根据市区两级主要领导的最新讲话精神，以及《北京市“十三五”时期信息化发展规划》，对规划做相应调整和细化。

（刘佳）

顺义区

【概述】年内，顺义区促进信息化与工业化深度融合、服务业与制造业相配套。发展电子信息产业与信息服务业，促进数字电视、汽车电子、三网融合、物联网、云计算等新兴产业发展，搭建现代信息化物流网络，加快优势传统都市产业与信息产业融合升级，推动全区现代产业体系构建完善，促进信息化基础设施提档升级，提升城市信息化管理与服务水平，加速电子政务建设，推进信息化在重大民生领域、宜居城市建设中的深度应用。

（区经济和信息化委）

【“12380”短信举报平台开通】2月25日，为坚决整治选人用人上的不正之风，进一步加大选人用人监督力度，顺义区委组织部开通了“12380”短信举报平台。群众对发现的违反干部选拔任用工作政策法规选人用人以及领导干部政治、思想、作风、廉洁自律等方面的问题，可以编辑短信发送至13641238073进行举报，同时应注意写清楚问题发生的时间、地点、涉及人员、情节等基本信息。“12380”短信举报平台的开通，标志着顺义区信件、电话、网络、短信“四位一体”的“12380”综合举报受理平台正式建立，实现了多种举报渠道与广大群众全天候、全方位、无死角的对接。

（区委组织部）

【市经济和信息化委调研顺义】3月15日，市经济和信息化委主任张伯旭、副巡视员张兰青及相关处室负责人一行到顺义区调研工业稳增长及产业发展情况，并听取了顺义区1—2月规模工业总体情况、工业稳增长措施以及乐视移动、北汽股份北京分公司、富电科技等5家重点企业情况汇报。区委常委、常务副区长于庆丰主持会议。区委副书记、区长高朋在汇报中指出，要紧抓创建国家级临空经济示范区、中国制造2025示范区和扩大服务业试点建设的机遇，加大产业结构调整力度，加强智能化、总部化、绿色化发展，重点发展新能源汽车、新材料、高端医疗等产业，加快转型升级步伐。市经济和信息化委主任张伯旭强调，顺义区工业发展要聚焦重点产业，围绕新能源汽车等核心产业重点发力；政府部门要抓运行，落实稳增长会议精神，帮扶企业解决具体问题；要抓项目、抓投资，促进在谈在批项目尽早落地，在建项目早日完工，拉动全市工业经济增长。

（区经济和信息化委）

【天竺镇互联网移动办公平台上线】5月，顺义区天竺镇互联网移动办公平台上线。该平台根据“智慧天竺”发展规划，以物联网、移动互联网、云计算为核心技术打造，可通过手机App和电脑进行访问。平台初步利用大数据手段汇总分析各类数据，按场景分类呈现，为政务决策提供数据依据；实行全过程痕迹管理，使工作详情、处理结果、批示意见可通过手机终端随时查询，办事更规范。

（天竺镇）

【胜利街道办解决华玺瀚槟社区通信问题】9月初，经顺鑫佳宇房地产开发公司和电信、联通公司三方协商一致后，联通公司开展工程施工，9月底完成工程验收。华玺瀚槟社区实现联通信号全覆盖。居民可前往联通营业厅办理电话、宽带等相关通信业务。同时，社区居委会通过微信账号、电话告知以及张贴告示3种方式通知到每户居民。至此，华玺瀚槟社区2栋楼10个单元421户的通信问题得到解决。

（胜利街道办）

【中医院新农合直报患者实现支付宝扫码支付】11月，继开通医保、自费患者支付宝扫码缴费便民服务措施后，北京中医医院顺义医院又开通新农合直报患者的支付宝扫码付费功能。此举有效缩短了患者在医院的就诊时间，在方便患者的同时，优化了医院诊疗秩序，提高了服务效率。

（区信息中心）

【顺义区将构建大气环境自动监测网络】年内，顺义区为完整、精准地反映区域大气环境质量，找准大气污染防治突破口，全面构建大气环境自动监测网络。计划年度内新建3个空气质量自动监测站、25个PM2.5单项属地考核站、94个PM2.5小微站。奥林匹克水上公园（城市考核评价站点）、荣各庄村（农村环境站点）2个大气自动监测站已完成设备安装，杨镇工业区（工业污染监控站点）进行设备安装；25个PM2.5单项属地考核站点基本完成设备安装；94个PM2.5小微站已完成选址。

（区环保局）

【推进“智慧天竺”建设】年内，顺义区天竺镇采取3项措施稳步推进“智慧天竺”建设。一是提升硬件基础设施水平，完成机房升级改造，升级电子政务网络核心设备，并将村、社区接入电子政务网。二是智慧天竺互联网政务工作平台投入使用。平台设有文件传阅、通知公告、督查督办、消息中心等34个功能模块，涵盖政务办公的大部分流程，工作办理全程留痕，办事更规范。三是实现镇内公共区域WiFi覆盖，方便群众享受免费无线网络接入服务。

（天竺镇）

【启动2016年度第二次京卡信息核实工作】年内，为让职工享受“在职职工医疗互助保障计划”，顺义区总工会向各基层工会下发通知，启动“在职职工医疗互助保障计划”2016年度第二次京卡信息核实工作，要求各级工会根据《2016年第二季度互助金职工名单》，准确核实职工姓名、身份证号等基础信息，确保互助金返还到职工京卡中。自2012年“在职职工医疗互助保障计划”实施以来，全区受助职工231955人次，互助金额27465427.26元。此外，区总工会还与社会各界加强联系，赋予了京卡购物、就医、观影、法律咨询等优惠服务内容。

（区总工会）

【工商分局运用大数据和“互联网+”思维提升流通领域商品质量监管】年内，顺义工商分局运用大数据和“互联网+”思维，提升流通领域商品质量监管。开展舆情监测；利用大数据分析确定抽检商品种类；与检测机构共享商品质量检测信息。关注消费热点，根据全国工商部门反映出的“手机、汽车、预付卡”三大消费和投诉热点，组织力量对辖区相关行业经营者进行告诫、约谈、培训，加强行业自律。

（区工商分局）

【微信支付功能在自助挂号缴费机投入使用】年内，顺义区医院微信支付功能实现在自助挂号缴费机上投入使用。缴费时患者在支付界面选择微信支付，用手机扫取自助机上的二维码，就可使用微信进行缴费。患者缴费时可以看到需缴费的所有信息。扫码后，4G网速大约5秒即可完成一次支付。据顺义区医院人员介绍，患者在门诊各楼层共20台自助挂号缴费机，均可使用微信支付缴费。

（区卫计委）

【推进信息化基础设施建设】截至年底，为加快4G网络覆盖，顺义区新建基站158个，共享126个，累计建设基站978个；新发放高清电视机顶盒1.15万个，累计发放高清机顶盒17.29万户；光纤覆盖住户已达37.98万户，光覆盖比例达到100%；累计敷设光缆19982条公里；WiFi无线AP点共计5012个；电话（含宽带）用户数共计26.98万户，光纤业务比例为100%，移动用户数累计143万户。

（区经济和信息化委）

大兴区

【概述】年内，大兴区信息化工作紧紧围绕全区重点工作和“十三五”规划，重点从信息化规划编制发布、信息基础设施建设、智慧应用、两化深度融合4个方面推进“智慧大兴”建设，强化规范了信息化项目技术审查、通信保障应急、信息化绩效考核等多项工作，在工作推进方法、推进方向等方面有了新的突破，大兴区信息化水平进一步提升。

（任娟娟）

【进一步提高4G覆盖率】年内，大兴区加快4G网络建设，鼓励各驻区运营商加大投资，协调属地支持基站建设，提升全区4G网络覆盖率。经第三方机构检测，大兴城区4G信号覆盖率95%，农村地区达到90%以上。年内，全区移动基站（宏站）共4298个，其中4G基站2548个。

（王东）

【完成南九镇有线电视“村村通”设备更换】年内，南九镇有线电视“村村通”设备更换项目被列为区政府为民办实事工程。项目由区经济和信息化委牵头，北京歌华大兴分公司负责具体实施，更换“村村通”设备锈蚀的箱体，确保网络畅通。项目共涉及南九镇375个行政村，更换有线电视设备箱2.7万个、各类接插件4.75万个、同轴电缆17万米。11月，南九镇有线电视“村村通”设备更换项目按时按质全部完成。

（王东）

【完成世界月季洲际大会通信设施建设工作】年内，为保障2016年世界月季洲际大会通信畅通，区经济和信息化委组织各运营商成立了2016年世界月季洲际大会会时通信保障领导小组，制定了《2016年世界月季洲际大会暨第七届中国月季展通信保障方案》。围绕活动场馆，各运营商共建设铁塔10个，完成室内分布系统2个，开通基站16个，全面保障月季洲际大会主会场及周边园区的移动通信信号全覆盖。

（王东）

【协调新机场信息基础设施拆改移工作】年内，大兴区全力配合新机场开展信息基础设施拆改移工作，协调各运营商与机场建设集团、区机场办进行对接，解决了机场建设过程中的信息基础设施的拆、移问题，并保障了周边通信畅通。

（王东）

【发布《新区“十三五”时期信息化发展规划》】年内，大兴区组织召开新区“十三五”信息化发展规划专家研讨会，对规划进行论证。同时，向区领导、市经济和信息化委、全区100家单位以及开发区各单位征求了意见。11月9日，《新区“十三五”时期信息化发展规划》在大兴区政府65次政府常务会上通过，并以大兴区区发改委、大兴区经济和信息化委、开发区发改局、开发区信息办的名义联合印发。

（任娟娟）

【强化信息化统筹管理】年内，大兴区通过信息化项目审查工作，不断强化信息化的统筹管理和集约建设。通过项目技术审查，为各单位提供政务办公平台、空间地理信息平台、共享交换平台等公共服务平台，提供法人库、人口库、空间地理库等数据资源，推动全区信息化整合共享，实现节约建设。

（王颖）

【完善镇街信息化绩效考核工作】年内，大兴区结合信息化工作重点工作，对镇、街道下发了区级信息化建设绩效考核任务：一是提升4G覆盖率，二是提升网站内容建设水平。信息化绩效考核工作从面转变为重点任务考核，各单位信息化工作有的放矢，信息化绩效考核工作机制逐步完善。

（任娟娟）

【大兴信息网服务能力不断提升】年内，大兴信息网完成手机网站建设，实现Web站和手机站的自主切换、网站信息实时同步；完成网站无障碍功能建设，实现了所有网站的无障碍访问，方便盲人、老年人和文化低下人群通过语音命令操作来访问网站获取服务。大兴信息网年内发布各类信息12270条，月更新信息1022条；

与“首都之窗”各区热点栏目共享信息2880条，与市民主页大兴热点栏目共享信息956条。上报负面舆情信息427条，报送《近日信息》42期。

（雷青山）

【推广大兴区政务信息资源共享交换平台】年内，大力推广大兴区政务信息资源共享交换平台应用，完成了观音寺街道二级系统办公系统和大兴区网站留言板块的数据交换；完成大兴区科委、商委相关业务系统与大兴区法人库数据的交换；完成安定镇二级协同办公系统与12345非紧急救助系统的数据交换工作等，推动了大兴区政务数据的交换共享和归集。

（甘立涛）

【推广大兴区地理信息公共服务平台应用】大兴区空间地理信息公共服务平台为区内信息化应用系统提供地图服务。年内，完成区经济和信息化委“大兴区工业经济运行监测平台”、区绩效办“大兴区绩效管理信息系统”、区四有办“大兴区农村土地管理信息系统”、区社会办“大兴区社会服务管理信息系统”和区网格办“大兴区非紧急救助系统”等6个业务系统的GIS应用，进一步实现空间地理信息业务图层的共享，降低地理信息应用的建设费用，缩短开发周期，推动大兴区信息化统筹节约发展。

（雷青山）

【完成大兴区政务微信公共服务平台建设】年内，完成大兴区政务微信公共服务平台建设，整合全区各单位现有的政务微信，实现政务微信的集约建设和统一的开发部署、运维管理、安全保障，实现各单位政务微信的数据共享以及大数据的统计与深度挖掘，为全区政务微信的应用和管理工作提供便捷、可靠的服务。

（雷青山）

【完成大兴区一体化政务数据采集平台建设】年内，建设完成区一体化政务数据采集平台。在试运行中，选取了观音寺街道、区经济和信息化委作为项目运行试点单位，完成采集任务的定制、下发和填报，实现了数据一次采集、永久落地，避免了相同数据的重复填报。

（甘立涛）

【完成大兴区移动政务服务管理平台建设】年内，建设完成移动政务服务管理平台，接入区网格办、安监局、知识产权局的原有移动应用系统用户，提升了全区移动政务服务管理能力。

（甘立涛）

【完成大兴区政务办公视频通信系统建设】年内，建设完成大兴区政务办公视频通信系统，全区126家单位安装了视频通信终端设备，实现了多方即时沟通、视频通信等功能，提高了全区政务办公效率。

（董子文）

【推进两化融合管理体系贯标试点工作】年内，大兴区经济和信息化委组织全区规模以上工业企业申报了两化融合贯标试点，以岭药业、德中飞美、京诚凤凰工业炉3家企业被评为北京市试点，进一步加快了两化深度融合工作。

（任娟娟）

【推进大兴区“双公示”工作】年内，大兴区开展“双公示”工作，印发了《大兴区行政许可和行政处罚等信用信息公开公示的工作方案》（京兴经信委文〔2016〕2号），明确了各单位的责任和任务，组织全区55家单位召开了工作推进会。在区级政府网站大兴信息网建设开通了大兴区“双公示”专栏，公示了全区行政许可事项清单和行政处罚权力清单目录，以及各单位主动公开的结果信息。同时，全区55家单位在本单位网站建设了“双公示”专栏，同步公示本单位“双公示”事项目录和结果信息。

（任娟娟）

【开展信息化培训】年内，大兴区委组织部与区经济和信息化委联合组织了“区域经济发展和产业政策研究及信息化专题培训班”，对全区各单位科级以上领导干部进行了《国家信息化发展战略纲要》解读、《新区“十三五”信息化发展规划》解读、基于云计算的电子政务公共平台顶层设计等一系列信息化内容进行了培训，提高了全区各单位对信息化工作的进一步了解。

（任娟娟）

【完成各项通信应急保障任务】年内，区通信保障和信息安全应急指挥部保障了月季洲际大会的召开，调用移动通信应急车3辆、800兆应急车1辆，建设临时应急基站1个；完成了全国“两会”、党的十八届六中全会、国庆67周年等重大会议和活动的通信与信息安全应急保障工作。

（王东）

【完成通信应急处置任务】年内，大兴区共处理各类通信应急事件5起，建立了通信应急突发事件处理台账；完成区级应急演练2次；完成了“7·20”大雨通信应急抢修工作，组织各运营商第一时间修复24个受损的通信基站，及时恢复了通信。

（王东）

【加强网络与信息安全应急宣传】年内，按照市无线电管理局的工作要求，大兴区开展了无线电管理宣传活动。活动期间向公众共发放各类宣传手册和宣传品1000余份，普及了无线电管理法律法规，提升了公众对无线电管理的认知度。

（王东）

昌平区

【概述】年内，昌平区信息化紧密围绕“高端引领、创新驱动、绿色发展、开放包容”的发展方针，推进信息基础设施建设，以重大工程为核心推进各项智慧应用，发挥信息化在持续优化城市运行模式、创新社会服务管理、提高城市生活品质、增强自主创新能力等方面的作用，智慧昌平建设取得了明显的进展。

信息基础设施建设取得明显进展。开展“光进铜退”工作，加快推进老旧小区光纤改造，入户带宽可达100M，各类信息管道长度达到3000多千米。建立双进入工作机制，统筹推进基站建设，全区累计建设4G基站近3000个，无线宽带接入点累计达到2.7万以上。推进有线电视双向改造，高清交互数字电视用户达到35万户。

城市管理信息化建设实现突破。建成基于物联网的网格化大城管平台建设，有效提高了城市精细化管理水平。建设国土资源执法检查远程视频监控系统，实现违法用地“早发现、早制止、早查处”。完成污染源在线监控系统建设实现国控、市控污染源企业在线监控。开展视频高清联网图像平台系统建设，有效提升辖区治安水平。推进企业安全隐患自查自报系统建设，有效减少企业安全生产隐患。

社会公共服务信息化持续优化。推动网格化社会服务管理平台建设，提高了社会服务管理水平。加大智慧社区（村）建设力度，满足市民医疗、卫生、水电煤气使用、缴费等基本生活数字化需求，提高基层公共服务水平。加强电子病历和居民健康档案应用，全区16所社区卫生服务中心建立了电子健康档案150多万份。推进劳动保障信息化，发放社保卡50多万张，建设“一站式”就业服务体系。建立社会福利管理系统，提高了社会救助对象管理服务水平。推广数字化教育，促进教育资源的均衡发展。开展文化知识共享工程建设，通过共享图书、举办各类文化活动，丰富居民文化生活。优化完善“爱上昌平”旅游门户网站，有效宣传了昌平区旅游资源。

“三农”信息化建设迈上新台阶。开展农业物联网试点应用，为农业精细化生产和科学化管理起到应用示范作用。搭建了区域“三农”服务综合平台，向城乡居民传递了多种多样的农业信息。建成区农村地理综合信息系统，实现农村管理事务一张图综合管理。采用“一户一卡”的模式建成区生产农资流通与补贴精准管理系统，提高了服务效率。建成农村集体经济运行实时监控系统，实现农村集体资产管理、合同管理、资金管理、重大经济事项等实时在线监管。

政务信息资源共享取得初步成果。按照集约化、规范化的要求，完善政务信息资源共享平台，加强四大基础数据库数据资源的更新维护，做好服务资源目录整理和扩展工作。完善政务信息资源共享交换机制，推动跨部门协同应用系统建设，促进政务信息资源在公共服务和政府管理领域的深度应用，提升区域政务信息资源共享应用的整体水平，更好地为政府部门和社会公众服务。完成政府移动办公平台建设，实现随时随地的办公。建成区电子监察平台，实现对昌平区政府投资项目从审批、招标、建设到验收的全过程监控。启动了政务云服务中心建设。

大力培育发展新一代信息技术产业。推进中国移动信息港、中国电子昌平基地等重点项目建设，新一代信息技术产业发展初见成效。工业化信息化融合取得良好成效，昌平区深入贯彻北京市《推进两化融合促进经济发展的实施意见》，支持福田康明斯、北汽福田、三一重工、慧聪国际等典型企业开展网络化办公、网络协同设计制造、数字化经营管理等方面的示范，工业企业信息化正从单向应用向研发、制造和管理的集成应用阶段过渡。建设中小企业公共服务平台，有效提升了昌平区中小企业的信息化水平。建设了文化创意产业资源信息平台，推进文化创意产业高端发展。

（魏梓）

【昌平区发布政府投资信息化建设项目管理办法】6月17日，昌平区发布了政府投资信息化建设项目管理办法（试行）（昌政办发〔2016〕14号），进一步完善了昌平区信息化管理体制，将有效加强信息化统筹建设工作，规范各类信息化项目建设，解决多方投资、重复建设、网络不互通、资源不共享、标准不统一等问题，确保跨领域、跨部门、跨层级、跨学科重大信息化建设项目的技术方案得到充分论证和有效落实。

（魏梓）

【2016新一代互联网基础设施论坛召开】9月8—9日，由人民邮电报社、中国电信北京研究院联合主办的“2016新一代互联网基础设施论坛”在北京未来科技城南区中国电信北京信息科技创新园举行。此次论坛的主题为“新连接、新动力、新生态”，设“新网络、新运营”“新连接、新体验”“新云网、新动力”和“全光网、大视频”4个分论坛。来自政府主管部门、电信运营商、互联网企业、设备和解决方案厂商等业界各方的领导与专家共同探讨如何加强电

信运营商与互联网、ICT 产业界在新一代互联网基础设施领域的交流与合作，下一代互联网基础设施的发展和建设，共同推动信息通信关键技术和产业变革等热门话题。

（魏梓）

【百万家庭数字生活昌平站决赛举办】9 月 17 日，昌平区第十三届北京百万家庭数字生活技能大赛昌平站决赛在昌平区科协举行，活动主题是“互联网 + 我们家”。该届百万家庭数字生活技能大赛自 6 月份启动以来，昌平区共有 2.2 万余人参加了网上答题，昌平区科协组织专业人士经过网上评选，最终评选出 30 组家庭代表队参加决赛。比赛分为竞赛答题和朋友圈点赞两个环节，竞赛答题内容包括了知识答题、新媒体分享互动题和移动端制作参与等内容，评选出一等奖 1 名，二等奖 2 名，三等奖 27 名。通过大赛活动，提高了昌平区公众运用数字技术的能力，使每个家庭享有数字化便捷生活，从而进一步增强昌平区公众的科学素质。

（魏梓）

【昌平区发布“互联网 +”行动的实施方案】10 月 17 日，为全面贯彻国家及北京市关于推进“互联网 +”行动的文件精神，推进互联网的创新成果与昌平区经济社会各领域的深度融合，提高实体经济创新力和生产力，加快构建高精尖经济结构，昌平区发布了《昌平区积极推进“互联网 +”行动的实施方案》（昌政发〔2016〕22 号）。方案明确了“互联网 +”金融、“互联网 +”商务、“互联网 +”制造、“互联网 +”城市交通、“互联网 +”公共安全、“互联网 +”教育、“互联网 +”医疗等方面的发展任务，围绕“服务大局、融合创新、完善机制、安全可控”的原则，推进科技创新和“互联网 +”行动，建设国际一流的科教新区。

（魏梓）

【昌平区北京通居民健康卡项目启动】10 月 20 日，昌平区召开北京通居民健康卡项目启动会。居民健康卡是国家和北京市提出的一项信息惠民工程，昌平区卫生计生委依托与银行合作发行的居民健康卡，可实现持卡挂号、就诊，预约挂号、查询、缴费、报告打印等自助服务；共享个人基础信息、电子健康档案、电子病历等健康信息；提供各类支付、结算等金融服务；自动存储居民最后 5 次就诊信息等，并逐步推进在医疗救治、计划免疫、健康体检、家庭医生、慢病康复等方面贯穿个人全生命周期的近百项基本公共健康服务。方便居民通过多种渠道获取本人健康及诊疗信息，促进健康诊疗信息在各级医疗卫生机构的互联互通，保障患者诊疗信息安全。年内，昌平区北京通居民健康卡首发量达到 30 万张。

（魏梓）

【十三陵镇推动农村电商培训基地建设】11 月 1 日，十三陵镇政府、京东农村电商生态中心和昌平职业学校共同举办了“十三陵镇创建全域旅游示范镇暨京东农村电商生态中心电商培训会”。会上，“北京市昌平区新型职业农民培养示范基地”和“十三陵镇创建全域旅游示范镇共建单位”揭牌成立，拉开了京东农村电商生态中心与北京市昌平职业学校共建十三陵镇农村电商培训基地的序幕。培训基地以帮助十三陵镇村民树立“互联网 +”思维、掌握电商技能为基础，综合提升民俗旅游从业者的素质，培养电商型职业农民，以电商人才培养的方式促进十三陵镇迈向农村电商发展的新模式。

（魏梓）

【昌平区启动“虚拟学校”项目】12 月 28 日，昌平区“虚拟学校”项目在昌平一中正式启动实施。昌平区“虚拟学校”项目实施内容包括建立绿色高速移动互联专网、实现与云数据中心互联互通、虚拟学校平台建设运维等五方面内容，为昌平区所有中小学师生和家长提供校内外全覆盖式的个性化、终身化的精准教育指导和服务，实现互联互通的智慧化教育环境。目前，项目一期已完成示范班级选择、配套软硬件和网络环境建设工作，22所示范校、31个示范班级和58名示范教师已经进入应用探索阶段。

（魏梓）

【打造智慧旅游建设宜游昌平】年内，昌平区积极推进智慧旅游建设，成功入选首批国家全域旅游示范区创建单位。建成了昌平旅游中文官网、中英日韩文版商务网、“魅力乡村游”交互系统及手机、PC机客户端和网络营销平台的旅游公共信息服务体系，“爱上昌平”官方微博、微信关注人数已超过20万人。通过温泉文化节、苹果文化节以及农业嘉年华等系列活动，成功塑造了“爱上昌平”“昌平礼物”等旅游品牌。形成了“名胜古迹、自然风光、现代娱乐、康复疗养、休闲度假、知识博览、民俗风情、观光农业、温泉会展、农事体验”十大旅游产品体系，成为扩内需、调结构、惠民生、保增长的重要力量，在社会、经济、文化、民生等方面发挥了重要作用。

（魏梓）

【昌平区新增295套交通高清电子监控】年内，为确保昌平区道路的安全、畅通，昌平区新增295套高清电子监控，主要分布在昌平城区、南环路、回龙观以及天通苑主要道路和部分繁华商业场所周边。其中，包括200套违法监测设备和95套电视监控设备，不但能够全天24小时自动记录车辆的通行信息和违法行为，还可以对各路口的整体交通运行状况进行实时监控。昌平区违法监测和电视监控设备总数已达到近600套，基本实现了昌平区主要道路的全覆盖。

（魏梓）

【昌平区档案馆推进档案数字化】年内，昌平区档案馆对馆藏实物档案进行了数字化加工抢救。昌平档案馆此次对实物档案进行数字化，共涉及14个全宗、实物档案2893件。通过对实物档案进行数字化加工，更好地保护档案原件，将对社会各阶层研究历史、展望未来发挥重要作用。

（魏梓）

【支撑区网格平台建设工作】年内，基于2015年区政务信息资源平台共享服务拓展及应用平台成果，进一步扩充区网格化社会服务管理平台功能。以实现管理精细化、提高管理效能、降低管理成本为目标，基于区政务信息资源共享服务总体框架，利用地理信息技术手段，划分社会管理网格单元，对接各职能部门业务。

（魏梓）

【昌平区提出4个明确推进网格工作】年内，为进一步推进网格化工作，昌平区从体制机制、人员队伍、硬件设备、运行机制等方面提出4个“明确”，为“三网”融合工作的进一步推进提供了有力保障。一是明确领导小组，做到权责明晰。明确镇街的权责，要求镇街成立网格化机构，明确主管领导、科室负责人，责成专人负责此事。二是明确办公地点，完善基础设施。镇街设置网格中心办公地点，安排独立房间，并配备至少3台电脑与区级平台对接，进一步完善基础设施。三是明确专职人员，充实人员力量。所辖每个社区、村至少配备1台电脑与区、镇街平台对接，并有专人负责日常维护和管理，完善网格员管理，并按要求实名制注册。四是明确运行机制，搭建三级平台。区网格办负责全区网格平台的建设管理、运营维护，指导各镇街开展网格化工作。街镇分中心负责对上报问题进行任务分配和协调处置，实现街道（镇）“小循环”解决问题。社区、村中心为三级平台，负责网格内协调社区（村）、网格人员“微循环”解决社会产生的一般问题。

（魏梓）

【深化区政府门户网站服务，落实政务网站普查工作】年内，昌平区加大监督力度，完善网站管理制度。对区政府网站的监测范围和内容进行了扩展。采取以软件监测平台为主，人工监测相结合的形式，每月下发全区通报，明确要求强化定期检查制度，通过系统监测、人工月查、每日抽查等方式，发现问题及时纠正，遇到突发情况及时妥善处理，发现安全隐患及时消除并上报。

（魏梓）

【完善政府网站信息内容建设协调机制】年内，昌平区建立了政府网站信息员、联络员制度，各单位均安排专人负责本单位政府网站信息的收集、编写、发布及联络等工作，同时明确了分管领导、责任科室和责任人。

（魏梓）

【协助区政府办将网站内容建设情况纳入区政府绩效考核】年内，根据北京市政府网站年度考评内容，结合区委、区政府工作部署和各单位实际情况，昌平区制定《昌平区政府网站内容建设专项考评实施细则（试行）》，并将考评结果纳入区委、区政府对各镇（街道）、各镇（街道）、各部门、各单位绩效考核范畴。

（魏梓）

平谷区

【概述】年内，平谷区信息化工作在区委、区政府和市经济和信息化委的正确领导下，在全区各单位大力支持下，以科学发展观为指导，适应信息化要求，顺应信息化趋势，把信息社会建设作为平谷城市化和农业现代化发展的战略任务，全面推进经济和社会的信息化发展，不断深化信息技术在各领域的应用，促进平谷经济和社会的全面和谐发展。

（区经济信息化委）

【推进“十三五”时期信息化发展规划编制工作】3月，平谷区经济和信息化委员会组织相关单位向副区长李永生汇报了平谷区“十三五”时期信息化发展规划。区发展改革委、兴谷开发区、中关村平谷园、马坊物流基地、马坊工业园区、通航管委等单位参加，规划编制承担单位工业和信息化部电子一所汇报了规划编制情况，与会单位进行了充分讨论，对信息化发展方向及重点任务提出了修改建议和意见，副区长李永生肯定了规划编制的阶段成果，要求按照北京市及区委、区政府的最新要求，结合会议讨论情况进一步修改完善。

（区经济信息化委）

【调查研究推进政务网络建设】3月，为了更好地保障平谷区政务网络改造工作完成，平谷区信息化发展中心走访调研了区内50余家乡镇、街道和委办局。对上述单位的网络使用和业务系统情况进行了深入的调查研究，以便政务网络改造时更好地运用MPLS（多协议标记交换）

技术来服务平谷区多业务系统的使用。

（区信息化发展中心）

【支撑“第十八届国际桃花音乐节”】5月，平谷区举办北京国际流行音乐季期间，区经济信息化委提前半个月部署活动保障方案。网络保障共架设应急车通信车3辆，成功完成2G、3G组网，有效应用FDD和搭建TDD的D、F、E频段的4G多模式多频段组网，确保了现场用户无线上网和通话需求。在大风、降雨等恶劣天气及3天5万人次大负荷通信量下确保网络正常运转，为活动现场指挥部提供应急通信保障。同时还向现场媒体提供了200M带宽的有线互联网通信服务，全方位地保障了音乐季活动现场全部用户的通信需求。

（区经济信息化委）

【举行“北京通——居民健康卡”全市首发仪式】6月，“北京通——居民健康卡”全市首发仪式在平谷区医院举行。该项目在平谷区委、区政府的全力推动下，由农行北京分行作为首发的唯一承办单位，经平谷区卫计委、区经济和信息化委大力支持，得到了全区所有医疗单位包括4家中心医院、18家社区卫生服务中心和135个卫生服务站的共同参与。项目总投资金额2000万元，布放各类设备近600台，投入人力支持300余人，项目投产后将惠及全区所有行政村共20余万的新农合参保人员。

（区经济信息化委）

【启动远程互动教研视频会议系统】6月，平谷区教育信息中心组织远程互动教研视频会议系统应用培训及联合调试，各中小学、幼儿园、委直单位共计90余单位（含村完小及乡镇幼儿园）信息化建设负责人参加。会上介绍了视频会议系统设备的功能，演示了设备硬件操作，并搭建了网络环境模拟校间会议实操。在培训后开展为期两天的联合调试，要求各学校上线，有问题及时上报并解决，确保系统稳定运行。

（区教育信息中心）

【推进平谷区社会信用体系建设】7月，平谷区社会信用体系第二次联席会议在平谷区政府召开。会上，由联席会议办公室主任崔东辉汇报了上半年的工作总结，组织学习了《北京市加强企业信用体系建设第二阶段行动计划(2016—2018年)》。会议讨论通过了区工商分局牵头制定的《平谷区企业信用信息公示与失信企业联合惩戒机制》。领导小组副组长李永生进行了总结，并强调社会信用体系建设是一项长效联动的工作，需要每个成员单位共同努力，积极配合，区经济和信息化委做好统筹协调和督促检查，共同把平谷区社会信用体系建设工作做好做强。

（区经济信息化委）

【平谷区政务系统通过“信息系统安全等级保护”检查】7月，由北京市公安局统一部署，为提高信息安全保障能力和水平，对平谷区安全保护等级二级的政府门户网站、电子政务办公系统、政务外网进行检查。检查内容包括信息系统安全制度、信息系统安全保障措施、信息系统资产等3个大项，141个小项，经过严格检查，全部符合标准。为规范平谷区信息安全等级保护管理、推进信息安全等级保护起到了很好的促进作用。

（区信息化发展中心）

【推动三网融合一体化平台建设】7月，在前期调研的基础上，平谷区制定完成《平谷区三网融合一体化平台建设方案》。建设内容主要包括：1个网络平台、1个融合平台、1套网格体系、1套标准规范、1套数据库体系，支撑3个业务板块、对接2个市级系统。标准规范是编制三网融合业务、数据及技术标准规范；数据库集成整合三网融合相关的各类人、地、物、事、组织数据；支撑城市管理、社会服务、社会治安综合治理3个业务板块；对接两个市级系统分别是城市管理网格系统与首都综治办的综治系统。

（区信息化发展中心）

【开展全区电子政务网络与信息系统安全检查】 7—10月，平谷区组织开展电子政务网络与信息系统安全检查工作。为强化电子政务信息安全保障工作，提高电子政务网络与信息系统安全防护水平，依据《北京市经济和信息化委员会北京市密码管理局关于开展2016年北京市电子政务网络与信息系统安全检查工作的通知》（京经信委发〔2016〕29号）文件要求，组织实施检查工作。

（区经济信息化委）

【完成教育信息网总带宽提升工作】 8月，平谷区教育信息中心与中国电信、歌华、中国移动签订租赁新协议，将全区教育信息网总带宽提升至2500兆，提高了师生联网速度，加速了教育信息化进程。

（区教育信息中心）

【区政务核心机房内机要机房建设完成】 9月，为了加强平谷区机要机房的网络安全，消防安全管理，严格落实消防。结合单位实际情况，平谷区研究决定平谷区机要局在位于平谷区政务网核心机房附属机房内新建机要机房。

（区信息化发展中心）

【推进软件正版化工作】 年内，平谷区使用正版软件工作联系会议办公室组成检查组，对全区100家机关单位（含政府机关、政府机关以外的其他国家机关、直属事业单位、人民团体和免予登记的社会团体）的软件正版化工作进行了检查，此次检查采取听取汇报、查阅文件、核对采购合同及软件授权许可协议等资料、现场随机抽查计算机软件安装情况等方式。从检查情况看，各机关单位认真贯彻国务院和市、区有关软件正版化工作的部署要求，采取有力措施推进相关工作，取得了良好成效。

（区经济信息化委）

【完成全区政府网站自查和整改工作】 年内，按照北京市人民政府办公厅《关于开展全市政府网站自查和整改工作的通知》的要求，平谷区经济和信息化委员会高度重视网站自查工作，同区信息化发展中心对全区政府网站进行检查，从网站可用性、网站信息准确性、网站服务实用情况、网站互动回应功能、网站信息更新情况等方面进行检查，对存在问题的网站及时进行整改，对于长期不更新无人监管的网站进行关停，以保证全区网站的安全性、可用性、时效性。

（区信息化发展中心）

【政府投资项目招投标交易平台系统进入测试阶段】 年内，为了落实区委、区政府针对进一步规范平谷区政府投资工程建设和政府采购项目招标投标活动，平谷区信息化发展中心组织开发了“平谷区政府投资项目招投标交易平台系统”，对区招投标活动实现了统一、规范、实时的监控。该系统已进入了测试阶段，开发过程中，区信息化发展中心采用多种措施，不断优化系统功能，提高用户满意度，确保软件系统上线。

（区经济信息化委）

【完成移动政务项目】 年内，平谷区信息化发展中心完成平谷区移动政务办公平台建设。该平台具有“安全”“便捷”“及时”和“原笔迹保留”等亮点，可以充分利用工作和生活中的碎片时间进行文件查阅，及时有效处理紧急公文，实现随时随地办公提高办公效率。该项目被市经济和信息化委推荐为“工业和信息化部移动政务安全本应用试点”。

（区信息化发展中心）

【积极推进农村技防工程项目】年内，平谷区信息化发展中心与区公安局、政法委进行了反复沟通，形成了需求调研报告，完成了平谷区农村技防工程网络方案规划。具体工作内容包括图像管理平台、图像资源存储池、新增摄像头的规划设计工作。

（区信息化发展中心）

【完成平谷区综合行政服务平台建设】年内，平谷区完成建设区级的综合行政服务平台，为全区提供统一网上办事服务及监察管理。平台主要实现：外网提供业务受理服务，包括办事指南、网上申办、网上预审、收费服务、网上预约、网上评价等功能。内网提供审批流程、填报表单、审批权限等，各委、办、局自行管理各自的业务并为各局领导提供业务监督、绩效考核的手段，建设多证联办系统，整合行政部门资源，精简行政审批环节，优化审批工作流程，将企业设立环节涉及的工商营业执照、组织机构代码证、税务登记证等证照办理通过“一次告知、一表填报、一网申请、一窗受理、一次发放”实现多证联办，并在此基础上最大程度地压减办事环节，降低社会成本和行政成本。

（区经济信息化委）

【探索智慧乡村发展模式】年内，平谷区根据北京市《“十三五”时期北京市信息化发展规划（2016—2020年）》《平谷区“十三五”时期信息化发展规划》要求，以及区政府工作报告中提出的抓牢“生态立区”一条主线，紧扣“打造京津冀协同发展桥头堡和建设北京城市副中心后花园”两个定位，围绕“互联网＋美丽乡村”建设，在农村地区利用信息化技术和手段，完成“两个一公里”工程。一是信息化基础设施建设和信息化培训的前“一公里”工程，主要包括建立覆盖全区的光纤和WiFi网络，打造“互联网＋政务＋民生”；加强信息化技术和应用培训工作，实现让百姓有网用，会用网。二是打破信息壁垒，加快推进信息化应用建设，抓好便民服务的最后“一公里”工程，实现电子政务、电子事务、电子商务、电子财务、电子医务、电子法务、电子警务在全区广泛应用；力争“村村通WiFi，户户有终端，人人会应用，事事有服务”；实现“信息多跑路，百姓少跑腿”；实现城乡“零障碍，零距离，零时差”。

（区经济信息化委）

【推进教育资源平台建设】年内，平谷区教育委员会斥资500余万元建设区级教育资源平台，与中标公司签订了为期3年的合同。平台包含4部分：1. 教育资源平台：收集区内、社会优秀教育资源，与市教委资源平台对接，形成区内特色的综合教育资源平台；2. 人事管理系统：将各单位人事信息纳入统一管理，实现人员绩效发放、人员调配、定岗定编、人员流动等日常管理功能；3. 统一认证系统：通过开放不同的资源入口，为教师、管理人员、学生、家长间建立共享与沟通平台；4. 云平台环境搭建：建立稳定安全的运行环境，实现网络资源灵活配置，为将来系统扩展打下基础。各部门协调配合，提供必要的设备安装环境，确保项目的进行，实现信息化与学科深度融合，构建具有本区特色的专业化、系统化、多样化的资源平台，为师生提供符合课改要求、注重学生能力培养的教育资源。

（区教育信息中心）

【维护区域卫生信息平台】年内，平谷区卫计委对全区18家社区卫生服务中心及125家社区卫生服务站软硬件系统进行全面维护，保证区域卫生信息平台使用正常及信息资源的采集、交换与共享，为平谷区医疗信息的存储、共享、统计、监管、应急、决策等提供支持，为各级医疗单位节省大量的人力物力财力，为平谷区医疗资源共享打造了坚实基础。

（区卫计委）

【建立全新的区域医学影像系统】 年内，平谷区卫计委对已存在的医学影像系统进行更换，建立全新的医学影像系统，实现全区影像结果的互认及影像报告和图像的远程调阅。新区域影像系统以金海湖镇、马坊镇、平谷镇、马昌营镇、东高村镇、大华山镇、峪口镇7家社区为中心达到医疗服务能力辐射周边镇乡，区域内“全覆盖、无盲区”。减少病人重复检查、重复收费，降低百姓就医成本，实现就近就医。

（区卫计委）

【扩大医学影音互通范围】 年内，为扩大与市级三甲医院优势专科的协作范围，实现卫生体系内各级医疗机构之间资源共享。平谷区卫计委扩大了医学影音（影音中心）互通范围，医学影音互通系统已完成安装对接并进行正常使用。

（区卫计委）

怀柔区

【概述】 年内，怀柔区信息化建设按照创新驱动、转型发展的总体要求，以需求为导向，以支撑怀柔区发展战略为根本，信息化基础设施建设及覆盖长足发展。实现全区光纤网、无线通信网、视频监控网络、政务网络等全覆盖；信息化建设促进服务型政府转化，建设完善了重要城市管理信息安全监测应急预警平台，实现信息技术与城市管理深度融合，建立布局合理、资源共享、互联互通、安全可靠的公共信息服务网络；全面运行基层电子公共服务体系，继续提升政府公共服务能力。制定《怀柔区“十三五”时期信息化总体发展规划》；初步完成智慧怀柔顶层设计发展规划；积极推进智慧教育、智慧健康、智慧养老、智慧家居、智慧社区和智慧交通、智能安防、智能环保、智慧旅游等建设与应用示范。加强网络文化服务及监督体系建设，面向城乡居民提供广覆盖、多层次、高品质的公共服务。深化政务公开工作，加大政府行政办事及行政处罚透明度，实现依法行政与办事事项公开。初步形成以市民需求为中心、高效运行的政府整合服务体系。

（郑立勇）

【信息化基础设施建设】 截至年底，怀柔区全区互联网出口总带宽152G，累计建设各类信息管道706沟公里，年内新建各类信息管道29公里；全区光纤总里长21994皮长公里；全区累计实际光纤接入家庭住户总数144700户；其中2016年新增宽带接入家庭住户22275户。全区歌华宽带网实际接入家庭住户数累计8496户，其中2016年新增宽带网接入家庭住户数2249户。全区光纤接入网覆盖家庭住户数覆盖率达到100%，光纤入户率98%。无线通信网络已覆盖地区面积为2100平方千米，无线通信网络覆盖率为100%。全区固定电话累计106178部。2G基站数量累计1208个，2016年度完成70个；3G基站数量累计1192个，2016年度全年完成248个；4G基站数量累计1450个，2016年度全年完成649个；WLAN累计建设AP 3212个；2016年全年完成建设333个。

（郑立勇）

【有线电视与高清数字电视建设】截至年底，怀柔区累计有线电视注册用户 11.4 万户；其中高清数字电视用户为 89850 户；高清电视业务比率达到 78.8%。2016 年新增有线电视注册用户 3700 户；高清数字电视用户为 3176 万户。

（郑立勇）

【医疗卫生信息化建设】年内，怀柔区建设区域远程心电监护系统，完成远程心电监护系统建设、怀柔医院和怀柔区中医医院会诊端建设、怀柔区泉河社区卫生服务中心及下属卫生服务站心电设备接入工作。该系统能发挥社区医疗网络化协同诊断功能，通过网络技术，实现社区医疗机构和二级医院之间的心电图远程传输与诊断，加强社区医生对疑难病症的诊治能力，提高区域卫生医疗水平和工作效率，方便群众就医和就近享受更高品质的医疗卫生服务。通过建设区域远程心电监护系统，建设了以怀柔医院、怀柔区中医医院为主的专家会诊端，对于就诊患者的疑难心电图，社区医生可通过远程心电监护系统与二级医疗机构进行专家会诊，二级医疗机构可以远程监测疑难心电图数据，协助社区医疗机构完成诊断报告的书写。

（郑立勇）

【电子政务网络建设】年内，怀柔区政务互联网出口达到 2.16G；区政务网络平台在网单位数 473 个（行政事业单位 155 个，行政村 284 个，社区 34 个）；政务网络机房设备 247 台，网格化机房设备 60 台，低成本无线接入互联网行政村 37 个；农村“数字家园”40 个。接报处理各单位网络技术支持 3100 余次。

（刘伟）

【完成区电子政务平台核心机房迁移工作】年内，为解决原中心机房的物理环境局限，机房空间、用电负荷、制冷等问题，怀柔区进行了电子政务宽带网络平台核心机房的迁移工作。从 4 月中旬开始共进行了 10 余次设备集中迁移，搬迁设备总数达到 200 台以上，同时还完成了联通新机房基础设施建设，一楼新专网机房的改造装修，楼后新配电室、电池间的改造建设工作，三楼老机房配电改造，新 UPS 系统开机运行、热交换空调系统移机，政府办公楼网络配线调整等工作。租用了正规运营商标准机房以减轻了中心机房的各方面负载。同时实现怀柔区电子政务网络平台稳定运行及未来电子政务业务扩展的需要，消除消防安全风险，减少办公环境污染。

（刘伟）

【市区两级政务网络建设】年内，怀柔区完成了区农业局的市区两级应急 IP 视频电话会议系统的建设，协助北京市人民政府完成《关于市委市政府机关办公业务网整合至北京市电子政务内网》的相关工作，协助北京市政务网络管理中心完成《关于协助实施非区属三级医院接入市政务外网》的相关工作，完成《关于支持流管站接入区级政务外网》的相关工作。

（刘伟）

【区内各单位政务网建设】年内，怀柔区完成了区红十字会、区经管站、区财政局、区政法委、区文促中心等单位政务网迁移工作；同时完成了怀柔镇红螺镇村、桥梓镇口头村、龙山街道龙翔社区、泉河街道富乐社区、金台园社区等单位的村村通网络迁移和北房镇裕华园社区村村通网络接入工作。协助区委组织部完成了党员远程教育视频在线学习工作；协助完成了区民防局做好北京市民防业务信息系统部署工作。

（刘伟）

【视频会议建设和应用】年内，怀柔区网络视频会议系统覆盖全区各部、委办局、镇乡、街道、行政村、社区、重点企业等单位，区政法委、区司法局、区卫计委、区园林绿化局、区应急办、区安监局、区社会办、区水务局在区网络视频会议系统平台上建立本单位的视频会议系统。建设市委、市政府高清视频会议系统会议室 3 个，市应急高清加密视频会议系统会议室 2 个，市应急标清视频会议系统会议室 2 个。各个视频会议系统互联互通，组会灵活，实现在任何地点召开各种视频会议。全年，区委、区政府召开全国和北京市电视电话会议 68 次，区网络视频会议 28 次，应急会议调度 31 次。

（刘伟）

【怀柔信息网建设】年内，怀柔区对怀柔信息网主站进行全面改版和平台升级。怀柔信息网主站平台由 6.0 系统升级为 7.0 系统。按照国办 15 号文件《国务院办公厅关于开展第一次全国政府网站普查的通知》和《北京市人民政府办公厅关于贯彻落实国务院办公厅开展第一次全国政府网站普查工作的通知》要求，对怀柔信息网进行全面改版，通过对网站进行栏目梳理，共整理栏目 259 个。改版后最终确定一级栏目 9 个，分别是：首页、走进怀柔、政务公开、办事服务、政民互动、区长信箱、怀柔旅游、投资怀柔、百姓生活。完成怀柔信息网主站及 27 个分站的网站普查工作；完善网上办事事项的梳理；提升区长信箱回复速度，建设区政风行风热线栏目。

（刘伟）

【怀柔信息网宣传工作】年内，怀柔信息网紧扣区委、区政府中心工作和全区重大工作部署，跟踪报道区内重点工作、会议活动。加大对怀柔区委、区政府中心工作宣传。通过解读、访谈等多种形式，将怀柔区委、区政府确定的工作思想、目标、措施等内容及时发布。对区内的重点工作建立专题。在怀柔信息网开设了走向“十三五”、创建文明城区、怀柔榜样、2016 年怀柔区“放歌新怀柔”夏日文化广场 、2016 汤河川满族风情节、人大换届选举、第六届北京国际电影节、电影节嘉年华等专题和专栏，让百姓对怀柔的重点工作了解得更翔实。同时，将怀柔举办的各大活动和赛事第一时间发布到怀柔信息网，从文明、外事、区内重大活动等多角度宣传怀柔。网站管理人员将信息第一时间进行发布，尽量做到当天的政务信息当天发布。截至年底，怀柔信息网各栏目发布信息 8600 余条，其中自采信息 512 条，发布图片 887 张、视频 15 个。

（刘伟）

【网站群建设】年内，怀柔区本着资源共享、节约资金的原则，建设怀柔信息网网站群系统，满足区内单位建设网站需求，保障网站安全，实现信息中心网站群的统一管理，完成网站群平台升级及数据迁移工作；根据国办要求完成政务网站普查工作，保留区发改委、旅游委、环保局等单位网站 27 个。

（刘伟）

【建设无线宽带基础设施及应用示范工程】年内，怀柔区无线宽带基础设施及应用示范工程项目（一期）通过市发展改革委竣工决算评审 [京发改（审）〔2016〕294 号]，核定项目竣工决算总投资 1443.44 万元，市政府固定资产投资安排 786.58 万元，北京市联通集团公司怀柔分公司出资 656.86 万元。

（刘伟）

【怀柔区基础数据库建设】年内，怀柔区建成了比较完善的人口库、法人库和空间地理三大基础库数据。人口库是在多年系统建设基础上，形成了怀柔区较新的基础人口数据库，库中数据主要有两部分，建筑物数据约 11 万，人口数据约 31 万，人房匹配达到 90% 以上；法人库是协调市经济和信息化委，通过市共享交换平台，拿到法人数据，且数据实时更新，目前库中有数据3.6万余条；空间地理数采用北京市资源中心的基础地图，城区范围为1∶2000，山区为1∶10000，有包括建筑物、城市部件在内的共150多个图层，城市部件数据约9万余条。三大基础库目前都是在怀柔区政务地理信息共享应用平台基础上建设，平台开发了标准地图服务和接口，可以为有需要的单位提供基础数据服务。

（刘伟）

【网格化系统建设】年内，怀柔区网格化中心完成区网格化指挥调度平台升级改造，实现了对全区300多个网格立体化的管理，提升实时监控、社会动员等功能，并采取数据普查以及协调第三方单位的方式，对龙山街道、泉河街道24个城市社区及怀柔镇31个村（社区）的人口、房屋数据进行了集中采集、汇总、自检和入库，提升了系统数据库建设，为实现三网融合及数据的共建共享提供支撑。区中心通过严把案件签收关、强化疑难案件的协调解决和案件回访机制建设、完善系统功能、建立例会制度、为镇街及委办局配置录音电话等措施，做到一事一反馈一录音，每月一督查一上报一存档，全方位保障区综合便民服务平台的案件办结率、解决率、反馈率以及群众满意率。年内，怀柔区网格化信息系统共接到各类诉求60406件，解决59287件，解决率98.15%，电话反馈率82.74%，群众满意率64.56%。其中，闭合处置各类案卷15386件，服务管理台账45020件。在诉求案卷中，社会管理类33314件，社会服务类15397件，城市管理类7799件，社会治安类3896件。

（郑立勇）

【监管怀柔区投资监管平台】区许可办承担着怀柔区对接市投资项目在线审批监管平台使用监管任务。年内，为保障在线平台使用，区许可办主动与市政务服务中心、市信息中心等部门做好对接，积极与15家单位沟通情况，安排专人负责，每日登录平台，了解平台运行情况，做好监督管理，及时提示亮黄灯的事项办理单位按期办结，采取微信交流群，解答技术问题，交流使用情况，通过监管平台大数据的采集，分析怀柔区投资项目审批的进展情况。

（郑立勇）

【实现“一厅办理”】年内，怀柔区在全市率先实现国税、地税、工商事项“一厅办理”，纳税人“进一家门，办多家事”。通过技术手段，实现部门之间信息互通。办事人可通过微信平台预约取号；厅内开设24小时自助服务区，配置国税、地税、工商、银行等多家单位的自助业务终端，可实现发票领购、税款缴纳、个人完税证明打印等业务全天候自助办理，极大地方便了办事人。全年，联合服务厅共办理行政许可及服务事项26.7万件：工商登记26303件，其中新注册登记12177件，注册资金607亿元；国税局受理各类登记业务169158户，征收购置税应税车辆1687辆；地税局受理各类业务71618件，实现契税征收19802万元。

（郑立勇）

【交通信息化建设】年内，怀柔区交通局通过运营车辆GPS监管平台反映的相关数据，更好地掌握相关车辆违法违规情况，对易发生违法违规现象的地点和车辆加大执法力度。2016年，怀柔区运营车辆加装卫星定位装置情况：1. 公路营运的载客汽车合计521辆，其中旅游车辆47辆，汽油出租车辆24辆，电动出租车450辆。2. 化学危险品运输车辆63辆。3. 半挂牵引车以及重型载货汽车3654辆。

（郑立勇）

【环保信息化建设】年内，怀柔区建成区环保局电子办公信息化系统。该系统结合怀柔环境现状及特点，整合环境信息于一体，创建以污染源信息资源数据为支撑，以环保公众服务门户为窗口的监控系统和办公平台，对辖区整体环境状况全面把控，实现全辖区环境管理资源一体化目标。一是增加环境自动监测点位，精细化监控大气环境质量。与市环保局对接，在现有城区监测子站和喇叭沟门监测子站的基础上基于全区网格化平台安装空气质量传感器（主要监测 PM10、PM2.5），对全区 14 个镇乡、2 个街道主要点位空气质量进行实时监控，将数据与城区子站进行分析比对，提升环境管理精细化水平。二是完善现有污染源监控系统。做好与全区网格化系统、应急指挥系统等实现端口对接准备工作，为区领导决策提供数据和依据。

（郑立勇）

【推进城市管理水平】年内，怀柔区城管委一是结合各街道、镇乡执法力量和范围，有针对性配发信息化执法装备。配发非回传型执法记录仪、单警音频执法记录仪、城管执法终端机、摄像机、照相机等科技装备，满足执法人员使用需求的同时提高了规范化执法水平。根据实际需求为执法人员配发夜间执法装备和应急物品，试点安装执法记录仪采集站 2 台。二是软件系统构建城管执法大数据平台。整合城管综合巡查、勤务报备、96310 热线、执法装备管理、非法小广告警示、执法城管通掌端、视频监控及办公平台等软件系统的行政办公、执法工作数据，形成城管工作大数据，为日常管理、专项执法、行政办公及领导决策提供准确依据。三是技术支撑推进执法工作“五化”建设。按照“常态管理、日常检查、深入推进”的原则，对全局安装使用的操作系统、办公软件和杀毒软件进行检查和整改，提高办公设备使用的安全性、可靠性，测试调通了与市局互联的专用IP 地址和网络端口，为指挥中心安装了城管指挥调度系统；对执法队上报的市城管系统物联网监控点位进行逐一踏勘，配合建设安装了无线回传视频监控；对视频会议系统进行了调试升级，为下一步三级视频会议系统建设奠定了基础。

（郑立勇）

【旅游信息化建设】年内，怀柔区旅游信息化工作取得一定成效。一是利用怀柔旅游信息网及时准确上传各类旅游动态、重要节庆活动等宣传信息；全年网站累计发布新闻类信息 587 条。同时，按照旅游信息化建设要求，10 月初，新版网站正式上线运行，实现了政务与商务分离，网站由政府单一信息发布向旅游形象推广、相关政策发布、信息资讯提供、产品在线预订于一体的怀柔旅游门户网站的转型。二是新媒体应用拓宽宣传渠道。继续完善区旅游委官方微博、微信平台，加强微营销；根据全年旅游节庆活动和主题，制造网络微话题，发布旅游攻略信息，提高官方微博、微信知名度和美誉度，并开展“微信抢票”活动增加粉丝关注度。全年官方微博发各类信息 370 条；官方微信发 216 条图文信息。三是数据分析提供可靠依据。与中国移动通信集团北京有限公司合作，对进入怀柔 33 个区域（16 个 AAA 级以上景区和 17 个五星、四星旅游民俗村）的游客数据进行处理和分析，形成 4 个季度及 1 个年度的旅游市场数据分析报告。四是加强网络营销手段。与携程旅行网签订目的地营销合作协议，利用携程旅行网网络技术平台，对数据进行分析，形成了 4 个大数据报告，有效实现旅游资源的高效配置和市场深度融合。

（郑立勇）

【教育信息化建设】年内，怀柔区教委所属中小学幼儿园全部完成教学区域无线网络建设，覆盖全区5609名教师，30831名学生和幼儿，所有教学班级实现了优质资源班班通。完成了怀柔区教育系统各单位核心机房标准化升级工作。完成了怀柔区教育系统天擎终端安全管理系统部署工作。教育系统9600台计算机终端统一部署“360天擎杀毒终端”，实现了网络管理人员对网内所有终端机的集中管控，有效防止了非法接入的终端危害。完成了怀柔区教育系统门户网站群建设。为怀柔区31所中小学幼儿园建设了门户网站，并通过网站集群化管理，在保障网站安全的同时，加强了教育宣传、交流和互动。截至年底，怀柔一中、怀柔二中、怀柔五中、北房小学4所北京市数字校园实验校全部建设完成，并通过了市区级验收。分别建设了各具特色的数字校园系统，聚集课堂教学和学生个性化发展，在教与学、学生成长、教师发展、家校互动、学校管理等方面都实现了数字化管理。

（郑立勇）

【就业服务信息系统建设】年内，北京市、怀柔区两级政府出台了多项促进就业的惠民政策，用以加强促进就业资金的监管和维护资金安全，管好、用好促进就业资金对落实促进就业政策，促进辖区城乡劳动力实现充分就业。年内，怀柔区城镇新增就业7861人次，采集空岗信息11911个，通过“怀柔人力资源”微信平台共为507家单位发布2212个岗位，共招聘7501人次，发布各类信息172条；愿回乡就业未就业的1047名毕业生已经有1034名实现就业，就业率为98.8%（市级指标95%），其中家庭经济困难的17名毕业生已全部实现就业；年内，怀柔区市级岗补社补累计为2058家次、用人单位7070人次，全市登记失业人员和农村就业困难人员申请了岗位补贴1858.84万元和社会保险补贴5068.24万元，共计6927.08万元；为664家1141人申请区级岗补社补2176.47万元；为313家企业38783人申请稳岗补贴1019.84万元；审批申请享受灵活就业社会保险费补贴人员978人；实际累计拨付补贴资金2898.92万元，涉及补贴人员35374人次。

（郑立勇）

【建设城市安全视频监控网络】年内，由怀柔区公安分局对社会面视频监控、交通视频监控系统进行全面梳理，梳理社会面监控探头2139个、交通监控探头745个，进行了重新规划布局，对社会面视频监控探头统一接入到了宇视社会面高清监控二级平台中，形成了社会面监控的统一平台，并对该平台进行了功能升级，增加了行为分析、视频摘要检索等功能；对交通视频监控探头，按违章、超速等分类进行了规划，统一接入到机动车图像识别平台中，与机动车图像识别系统一体规划建设，统一平台开发，形成分局机动车号牌、机动车图像的一体化数据库。强化无人机实战应用效能。年内，区公安分局在无人机上配备了4G网络实时回传系统及热成像设备，提升无人机夜间侦查能力。同时，能够实现航拍图像实时回传至分局指挥中心，有效地服务了公安工作。

（郑立勇）

【建立机动车图像识别平台】年内，怀柔区公安分局在全区22个主要路口，建设了70个700万像素高清车辆卡口，初步实现了平原地区路口的视频监控全覆盖，该平台能够自动识别车牌数据1.87亿条。针对“113”平台功能单一的情况，对“113”图像数据进行了二次挖掘分析。7月份将“113”数据接入到机动车图像识别平台，对图像数据进行了分析，目前已经分析数据6219万条。

（郑立勇）

【建立人脸识别平台】年内，怀柔区公安分局一是在全区商场、医院等人流密集场所建设了24路固定人脸识别监控摄像头及2路临时人脸监控识别摄像头，并按照分局实际使用需要开发了人脸大数据分析平台、宾馆网吧人证合一数据采集、GIS人员轨迹分析、移动终端人脸比对、身份证OCR静态人脸比对等功能，实现自动识别比对。二是自主研发了移动警务终端应用系统。为提升信息化支撑警务实战工作的能力，分局经过与科技公司近一年的合作，自主研发了移动警务终端应用系统，采用功能模块的方式搭建系统架构，该终端采用具有自主知识产权的国产元心操作系统，具有移动指挥调度、实时定位、加密通话、视频直播、案件信息采集、移动OA办公、警讯通、信息查询等功能。民警能够根据工作需要建立警务群组，组员之间能够通过文字、语音、图片、视频进行交流。目前配发移动终端共计400部，并在20部巡逻车上安装了指挥调度专用平板电脑。

（郑立勇）

【视频联动作战中心建设】 年内，怀柔公安分局一是对区政府主导建设的公共区域图像资源和社会单位投资建设的社会单位图像资源进行摸底调查。已将区安监局、园林局、公路局、住建委、教委、卫计委及金融系统、加油站、燃气公司、自来水公司、供电公司、公交公司、大商市场、旅游景点、乡镇政府等社会单位共计14945个探头图像资源按行业进行统计、归类、备案，先后整合的九渡河镇政府、水长城景区等31家单位的视频图像资源。二是加快推进公共区域监控全覆盖和老旧设备升级改造项目实施。上半年，视频中心加快推进公共区域监控全覆盖和老旧设备升级改造项目实施，先后完成了龙山派出所居民小区154个监控点位视频监控系统改建项目、“113工程”14车道老旧设备升级改造项目和平原地区90个高清车辆卡口系统项目。三是服务实战，突出视频侦查效能。分局视频巡控力量以盗窃非机动车、撬砸机动车等高发案为重点，严格落实24小时视频巡控机制。分局二级平台严格落实工作制度，全面强化中心区及重点敏感地区的社会面防控工作，通过“发现、预警、联动、处置”四位一体的视频监控模式，积极组织开展视频天网地网联动，提升服务实战效能。四是密切关注早晚高峰勤务和周末期间主要道路，随时掌控社会面治安环境，能够对突出的治安问题提前发现，及时预警。

（郑立勇）

【公安信息化成果显著】 年内，怀柔区公安分局视频中心一是依托视频监控开展视频巡检19221次，通过视频录像共协破刑事案件192起，刑事拘留87人；协处治安案件62起，行政拘留46人，发现各类问题、可疑情况418件，服务群众求助咨询391人次，服务其他政府部门391次，提供可视化指挥调度535次，发现交通拥堵332起，完成两节、“两会”、北京电影节、“五一”、国庆等重大节日、敏感日的专项视频巡控任务。二是建立视频侦查室，引入大数据背景条件下图像识别、智能解析等前沿技术和手段，抽调分局专业技术人员开展工作，为打击破案提供技术保障。据统计，当前怀柔区通过视频监控手段刑事破案约占全部侦破案件的90%，治安破案约占76%，交通违章非现场处罚约占全部处罚的85%。为更好地服务实战，怀柔区公安分局正依托“大数据”整合工程，建立涉案视频信息库，实现涉案视频一站式统一调取、存储、图像处理、信息研判、提交查证和串并案等，探索视频侦查工作新模式。

（郑立勇）

【完善智能应急体系建设】 年内，怀柔区整合了全区应急资源、共享区图像信息共享交换平台的所有视频信息以及气象、水务等应对极端天气的数据信息资源，加强与专项应急指挥部、镇乡（街道）、相关单位应急指挥视频会议系统的对接，推进无线图像监控系统试点建设，部署800兆无线通信固定台、车载移动台、手持台，实现区应急委与市应急委、区属各单位的互联互通，提高了怀柔区预防和处置突发公共事件的能力，基本形成“横向到边，纵向到底”的应急预案体系，成为区领导应急决策的指挥平台。区政府建有两处应急指挥中心，分别为区政府三层应急指挥中心和区政府一层分指挥中心。两处应急指挥中心都建有应急指挥平台，集成市区两级应急视频会议系统，公安、园林、民防等图像监控系统，气象、水务等应急保障数据。区政府值班室部署有值守应急系统、800兆无线通信固定台，用于应急信息收发和值班通讯。怀柔区配备区应急移动指挥车一部，能够实现卫星、移动网络、800兆无线通信，召开视频会议，用于突发事件现场应急指挥；建有区突发事件预警信息发布中心，承担预警信息和重要提示性信息的发布工作，区内气象、水务、国土、林业、环保等部门的预警信息发布已接入区级平台。

（郑立勇）

【森林防火智能化监控水平显著提高】自2013年起，怀柔区森林防火智能化监控项目共计投资2558万元。其中：一期投资472万元建成的森林防火指挥中心平台系统已正式投入使用；二期投资2086万元建设的109个森林防火智能化前端监控系统，4个分控中心，现已全部建设完毕，9月通过初步验收，进入设备试运行阶段。该监控系统对区级森林防火监控指挥中心进行升级改造，监测范围达900平方千米，在杏树台梁头、黄坎歪山、牛角鞭、鱼水洞骆驼山、莱树店平安梁头、道德坑村西山建设6处差转基站机房，初步形成集森林火情监测、地理信息系统分析、远程指挥调度于一体的综合森林火灾处置系统，覆盖桥梓、九渡河、渤海、雁栖、怀北五镇的90%林区面积。

（郑立勇）

【林业有害生物监测测报系统】年内，怀柔区设置林业有害生物监测测报点500个，测报有害生物种类53种，监测测报点覆盖14个镇（乡）、11个有林单位，监测面积16.02万公顷，监测覆盖率100%。全年共收集监测测报报表2440份、测报数据86739个，对测报数据进行整理分析，发布中短期预报及防治信息14篇，科学指导林果生产。

（郑立勇）

【农业221信息平台建设】年内，怀柔区都市型现代农业221信息平台共采集农业生产、农产品加工、休闲观光等各类信息1万余条，平台信息总量达到15万条。地理空间数据库中的数据库表格涉及科委、种植中心、农业局、农机中心、园林绿化局以及水务局等单位，全部数据都是经过PDA进行采集，涉及相关联的业务数据达90多张表，10万多条数据。怀柔区221信息平台整合了水务系统数据自动生成的泥石流分布图等业务数据，加载了历年整建制搬迁600多户，共计1500多人的数据，利用平台系统功能，科学地为搬迁工作提供决策支持。完善“有线信息网络+信息机（农信机）+无线移动终端设备”建设运行模式，为农民提供“政务、气象服务、农产品价格、政策动态、农业科技”等多元化信息服务。

（郑立勇）

【开展农村微电商培训】年内，怀柔区农委列资10万元，开展农民电商培训工作。为了保证培训效果，一是做好培训前认真准备。通过开座谈、填写调查、走访等形式深入对38个村进行了调查摸底，了解农民对电商需求，有针对性地开展培训。在正式办班前，由培训老师作出课件，安排试讲，由农委、农广校、部分合作社成员参加，一同对课件提出修改意见，课件在进行3次修改后才进行正式培训。二是培训中根据实际情况及时调整培训内容和方式。培训班采取课堂面授为主，对实操部分，针对学员不同接受程度，采取面授 + 个别指导相结合的形式进行。三是培训后定期开展经验交流，互帮互学。每期培训班结束时将参加培训的人员建成微信群，成员之间可互相指导，交流学习。委托单位进行跟踪服务指导。全年培训30期，培训村民达1000余人次。通过培训的人员中70 %的人都学会了注册微信、微店、登陆网站，并且能够在网上卖自家的农产品，所卖的农产品近16个种类，共6.5万千克，收入达到58万元。

（郑立勇）

【营造科技创新环境】年内，怀柔首都科技条件平台工作站继续探索高效运行模式，不断提高服务效率，通过引导平台内科技资源与区内科技需求对接，共吸纳成员单位11家，梳理科技人才17人，征集科技需求22项，发放科技创新券22.5万元，支持6家企业开展专家咨询、检测等研发活动7项。组织企业与实验室对接6次，其中一对一对接2次，大型专场对接4次。怀柔区专利网络服务平台共发展成员321余人，其中专利服务机构6家，企业可在平台内及时了解政策信息，学习专利知识，以及在专利申请、专利分析、专利维权等方面的问题进行咨询。全年共为103个专利权人发放资助金77万元，涉及专利425件，资助3个发明专利转化项目共计60万元。

（郑立勇）

【国土综合监管平台建设】年内，怀柔国土分局继续强化北京市国土资源综合监管平台使用，一是根据监管平台使用及用户反馈情况，及时调整完善事务管理模块功能；二是监管平台“事务管理”模块共计录入外单位来文3162件，信息报送942件，发文审批253件，发送通知公告58件，收文环节基本实现无纸化；三是行政许可、行政服务、行政管理类办理367件。四是及时处理平台服务请求，共计302次。五是移动监管平台使用范围逐步推广，认可度进一步提高。

（郑立勇）

【地质灾害预警预报系统应用】年内，怀柔国土分局对国土所配置的移动监管平台设备进行了升级，应用界面进一步整合，操作逻辑更加合理，界面更加友好，提升了操作速度、操作体验以及使用稳定性。“地质灾害预警预报系统”在临汛期间，市国土局继续通过该系统发布巡查任务，工作人员接到任务后，到现场核实情况并拍照上传反馈。如通过巡查发现有不在地质灾害隐患点范围内的地质灾害隐患，可通过该系统进行速报。

（郑立勇）

【国土分局门户网站信息公开事项】年内，怀柔国土分局门户一是在网站共计发布信息1155条。在网站建设方面，进一步优化了门户网站栏目，增加了“闲置土地”“统计信息”“不动产登记”等栏目，尤其在社会公众关注度较高的征占地方面，怀柔国土分局依托市局信息中心支持，在征地批准文件、一书四方案、征地补偿安置协议、征地补偿安置公示、征地公告等信息实现了与监管平台同步公开，其意义是在内部办公平台中办理完毕后自动公开此类信息，提高了政府信息公开效率。二是怀柔国土分局不动产登记事务中心安装了宣传显示屏，包含一组4台矩阵液晶显示屏和3台独立显示屏，用于不动产登记事务中心政策宣传、信息公开等工作，方便办事群众。

（郑立勇）

【完善96156社区服务平台】年内，怀柔区社区服务中心共为北京市社区公共服务信息网录入信息1702条，完成96156小呼叫服务单770个、咨询单753个，居民满意率达100%。及时更新各单位办事指南，充分利用小呼叫的便利作用，让社区居民足不出户便可享受优质的社区服务，了解各项服务的办事细节。96156大课堂全年共开课80节次，在开展健康、生活等方面课程的同时，还联合社救科，邀请北京市的相关专家学者，专门开设了20节社区防灾减灾宣传大课堂，进一步做好防灾减灾知识的宣传工作。研究制定《怀柔区社区服务平台考评方案（试行）》并下发到街、镇社区，考评包括网站系统、社区志愿服务网站系统、社区管理系统等8个方面的内容。开展社区管理信息系统培训，进一步规范各社区工作人员对系统操作的准确性。

（郑立勇）

【加强公民自我教育与培训工作】年内，怀柔区农业局各科室、全区14个镇乡农业发展办公室、284个行政村的专属网络书屋共计325个继续使用，并开放部分博士论文访问权限，将最新最前沿的农业科学技术通过互联网直接输送到个人终端，方便农民24小时自主学习相关农业知识。利用中国移动短信平台进行农业科技知识普及。平台主要针对全区的种、养殖户，农技员，防疫员发送种养殖小知识、安全生产常识、灾情天气预警、会议通知等各类信息。全年共发送信息26000条，成为农技人员短而精的培训快餐。

（郑立勇）

【开展文化共建共享工程资源服务】年内，怀柔区图书馆完成对全区14个镇乡、2个街道，284个行政村、33个社区的基层图书室、数字文化社区和共享工程基层服务点的设备巡检和年底检查考核工作。在原有数字资源的基础上，对云图有声数字图书馆、国学宝典等数字资源进行补充，分别新增红色经典、“两学一做”等相关资源；新购置爱不释书、看展览等数字资源；新增数字资源1.5TB，丰富了读者的阅读资源。

（郑立勇）

密云区

【概述】年内，区经济和信息化委坚持以科学发展为主题、以加快转变经济发展方式为主线，统筹规划、重点突出，以信息化带动工业化，以工业化促进信息化，稳步推进信息化建设。

（尹志东）

【做好网络与信息安全工作】7月，通过自查和重点抽查方式，全面开展各部门、各单位信息安全检查，进一步强化全区电子政务信息安全保障工作。重点检查全区42个在用重要信息系统，包括安全管理制度落实、信息安全等级保护开展、门户网站整合与安全防护、信息技术服务外包情况和应急管理工作等情况，汇总撰写全区电子政务网络与信息安全自查报告并及时上报。

（尹志东）

【开展关键信息基础设施网络安全自查】10月19日，为贯彻落实习总书记“4·19”讲话精神，按照北京市委网信办的工作要求，组织全区20个镇街、58个党政机关，开展关键信息基础设施网络安全自查工作，指导各单位在线填报关键信息基础设施情况登记表和网络安全自查表，并按要求及时收集、刻录上报。

（尹志东）

【推进政务云平台建设】年内，软件建设已完成招标，正在组织研发；硬件建设及双核心双链路改造经多次论证，区政府已于12月上旬同意采取政府购买服务的建设模式，目前正按程序办理相关手续。

（尹志东）

【主动融入北京市公共安全视频监控联网体系】年内，完成全区公共区域图像资源和社会图像资源摸底调查工作，完成视频监控系统建设联网整合调研和预算，已主动融入北京市公共安全视频监控联网体系。

（尹志东）

【防汛、防恐等网络信息安全检查】年内，先后到中国电信密云分公司、中国联通密云分公司、中国移动密云分公司、中国铁塔密云分公司、歌华有线密云分公司，听取了企业防汛、防恐等网络信息安全工作开展情况汇报，检查了各项应急预案的制订和落实情况，并要求各基础电信运营企业加强应急演练，切实提高各种突发应急事件的处置能力和通信保障能力，认真做好公用通信网和互联网安全事件的预防、监测、报告和应急处置工作，为社会各类信息系统的正常运行提供基础网络保障和应急通信保障。

（尹志东）

【完成政府序列外机关软件正版化工作】年内，完成政府序列外机关软件正版化工作。一是研究制定工作方案。根据《北京市政府机关使用正版软件管理办法》和《北京市2016年全市国家机关软件正版化工作方案》的要求，结合密云区2015年检查验收中存在的具体问题，制发《北京市密云区2016年全区国家机关软件正版化工作方案》（密政办字〔2016〕27号），确定年度目标、工作范围、职责分工、实施步骤和具体工作要求。二是加强宣传培训和督促检查。9月14日，组织召开全区国家机关软件正版化工作会议，按照北京市使用正版软件工作联席会议的检查要求和标准，对软件正版化常态化检查进行再部署，指导并督促各单位认真建立软件安装管理台账和软件资产管理制度，对正版软件进行有效管理和使用，并对重点单位进行实地检查。三是纳入依法行政年度考核。与法制办积极沟通协调并经区政府同意，软件正版化工作纳入区政府对区级国家行政机关、镇街依法行政考核指标。四是认真收集整理迎检材料，迎接市级检查验收。对全区96家行政事业单位的768份软件正版化迎检材料进行收集、初审把关和汇总整理，各项迎检工作准备就绪。

（尹志东）

【无线电管理工作有序开展】年内，为纪念《中华人民共和国无线电管理条例》颁布23周年、普及无线电基础知识，进一步增强公众无线电管理法律法规意识，区经济和信息化委联合北京移动密云分公司，在檀城东区文化活动广场举行主题宣传活动。活动现场设置咨询台3个，发放无线电管理知识宣传册300余份、宣传品200余份。

（尹志东）

【推进行政许可和行政处罚等信用信息公示工作】年内，会同区编办、区法制办对249项行政许可和5093项行政处罚事项进行梳理和汇总；联合区编办、区法制办、区信息中心制发《北京市密云区行政许可和行政处罚等信用信息公示工作方案》;在“北京·密云”门户网站建设“密云区行政许可和行政处罚双公示信息栏”，并于9月28日上线试运行；组织32家职能部门召开专题会议，对行政许可和行政处罚等信用信息网上公示工作进行部署并提出具体要求。各相关单位按照工作方案和会议部署开展网上公示信息录入工作。截至2016年底，双公示信息栏已公示行政处罚信息1537条、行政许可信息4464条。

（尹志东）

【参加北京市区政府行政决策案例评审】年内，《“智慧密云”行动计划（2014—2018年）》被选中作为区政府行政决策典型案例参加2016年度北京市区政府行政决策案例评审会。认真撰写《“智慧密云”行动计划（2014—2018年）》主要情况介绍，整理汇总16项文件证明材料，按时按质完成材料上报。12月下旬正式参加评审。

（尹志东）

【启动两化融合管理体系贯标工作】年内，按照市经济和信息化委《关于继续做好两化融合管理体系贯标试点企业推荐工作的通知》要求，对全区规模以上工业企业开展两化融合基本情况摸底及调查征集；9月26日邀请工业和信息化部电子信息情报所和市经济和信息化委专家对全区70家重点企业进行现场培训。

（尹志东）

延庆区

【概述】年内，延庆区完成《北京市延庆区信息化“十三五”发展规划（2016—2020年）》，对全区未来5年的信息化建设指明了方向。“智慧延庆”建设稳步推进，信息基础设施取得长足发展，城乡管理、民生服务、政务服务智能化水平稳步提升，信息化促进产业发展初见成效。

（丁建军）

【《北京市延庆区信息化“十三五”发展规划（2016—2020年）》印发】年内，延庆区经过前期筹备、摸底调研、起草、征求意见等几个阶段工作，形成了《北京市延庆区信息化“十三五”发展规划（2016—2020年）》，并于8月印发。分析了“十三五”时期发展形势，明确发展目标和重点工程。

（丁建军）

【信息基础设施建设】年内，延庆区一是通过实施“网络瘦身、光进铜退”工程，实现区域“全光网络”，光纤宽带网络覆盖所有城区、376个行政村及所有政企用户，光纤宽带网络接入覆盖率达到100%。二是经过宽带网络提速，城区、376个行政村都具备100M宽带接入能力，政企用户具备1000M高宽带接入能力。三是协调推进新建物理基站100余个，目前延庆区2G网络有效面积覆盖率达到99.5%，覆盖范围城区、乡镇、行政村、自然村、高速及主要道路、景区等，3G网络有效面积覆盖率达到95%，覆盖范围城区、乡镇、行政村及主要道路、景区等，4G网络已基本覆盖城区、乡镇、行政村、高速及主要道路、重点景区等区域。

（丁建军）

【推进智能城市运行管理平台二期项目建设】年内，延庆区在智能城市运行管理平台一期项目的基础上，统筹推进二期项目建设。主要建设内容为校园内部及周边监控系统、乡镇政府所在地重点区域、城区高点监控系统等内容。依托图像智能共享交换平台累计整合城区重点部位、公安、教育机构等3200余路监控摄像头，形成了图像信息资源数据库，为综治、应急等50多个部门提供了图像共享服务。

（丁建军）

【完善行业信息化应用】年内，延庆区信息技术在教育、医疗、社保等多个部门得到广泛应用。教育系统全面开通“校校通”“班班通”“人人通”专网，建成管理和资源公共服务平台，并在全区近50所学校推广使用，教育等民生服务智慧化程度进一步提升，教育系统的专网及公共服务平台，为信息互联互通打下良好基础。医疗卫生系统利用卫生专网和医院信息管理系统（HIS）为居民建立健康档案和电子病历。社保部门依托北京社保卡服务网点系统推出了医疗、养老、工商、生育、失业等信息的记录卡，全区居民养老保险检测数据库入库率达100%；财政系统通过建设“金财”网实现了全区范围的工资统发；文化领域信息资源共享工程全面完工，基层服务点覆盖率100%，331个行政村建起了多功能数字影厅和图书馆，极大地丰富了人民群众的文化生活；公安系统的“金盾工程”建设发展迅速，公安网络覆盖全区，“警务信息综合平台”“警用地理信息平台”“情报信息研判平台”三大平台，成为支撑打击违法犯罪活动的重要手段。

（丁建军）

【产业发展智慧化应用不断深入】年内，北京北菜园农产品产销专业合作社等企业广泛构建智能配送体系，金果园老农等企业深入开展信息流程再造，景区景点积极采用智能预警监测等智慧技术。进一步开展了电商平台的推广工作，联通电商平台延庆专区借助宽带用户5.41万户、手机用户12.67万户的潜在消费群体和联通电子商务平台160万户的注册用户，打造具有延庆区特色的电子商务平台，目前已有195家企业入驻平台，促进农业、旅游业向“互联网+”行业方向转型，为农民增收提供便利条件。有效推动了产业与信息化的深度融合。

（丁建军）

【加强北京延庆门户网站群建设和管理】年内，延庆区加强网站群系统管理，确保网站群系统安全、稳定运行。同时积极配合宣传部做好网站内容管理工作，区热点栏目发布信息120条；发布咨询与建议催办单114份；供求信息共审核3900多条，切实提高了网站服务公众的能力。配合区委宣传部、文明办、区纪委等部门在网站开设“企业登记材料远程查询服务平台使用提示”“为北京榜样暨最美延庆人点赞”“四风监督举报公告”等在线调查活动，并配合开设“绿色生活美丽家园——园艺大讲堂”“创文明城区办百姓实事迎世界盛会”专栏。

（丁建军）

【政务网及应用系统稳定运行】年内，延庆区经济和信息化委员会加强责任意识，不断完善日常运维工作，认真做好政务内外网、应急视频会议专网、图像监控专网的网络运维，及重要信息系统运维保障工作。保障了150个部门、18个乡镇街道、30个社区、376个行政村政务网络畅通。同时保障了保障了12个专项应急指挥部及18乡镇街道应急视频会议专网稳定运行，有效保障了区委、区政府2016年共90余次应急视频会议的召开。

（丁建军）

【完成重点时期政务网络与信息系统应急保障】

年内，延庆区经济和信息化委员会加强重点时期应急保障工作，完成了元旦、春节、清明、“五一”、端午、中秋、国庆等节假日期间，及两会、G20峰会等重点时期的政务网络与重要信息安全保障。完善网络与信息安全应急响应预案及处置预案，储备各类应急物资，开展演练；对核心机房及各分中心机房进行设备状态巡检、重要数据备份。重点时期采取“封网”措施，并执行7×24小时三人三岗职守制度，对政务网络及图像共享交换平台等重要系统进行实时监控保障。确保了政务网络及重要应用系统安全、稳定运行。

（丁建军）

【完成区信用信息集中公示平台建设工作】年内，延庆区按照《北京市延庆区社会信用体系建设三年行动计划（2015—2017年）》要求，建立区信用信息集中公示平台，平台行政审批事项公示共涉及28家单位350项，行政处罚事项公示共涉及56家单位9264项。截至年底，平台归集公示信息3237条，其中行政许可1406条，行政处罚1831条。

（丁建军）

北京市信息化工作领导体系

北京市信息化工作领导小组

主　任

杨学山　工信部党组成员、副部长

副主任

周宏仁　国家信息化专家咨询委员会常务副主任

俞慈声　市经济和信息化委原副主任、宏观规划与电子政务专委会主任

侯云春　国务院发展研究中心副主任、两化融合与信息化推进专委会主任

王安耕　中信集团公司原总工程师、信息技术与新兴产业专委会主任

邬贺铨　中国工程院副院长、中国工程院院士、网络与信息安全专委会主任

方滨兴　北京邮电大学校长、中国工程院院士

委员　（按姓氏笔画排序）

王效杰　国家广播电影电视总局科技司司长

田　静　中国科学院高技术研究与发展局局长

石跃军　国家工商行政管理总局信息中心总工

刘纪平　中国测绘科学研究院副院长

刘铁民　中国安全生产科学研究院院长

吕卫锋　北京航空航天大学软件学院副院长

孙家广　清华大学信息科学技术学院院长兼软件学院院长、中国工程院院士

曲成义　中国航天工程咨询中心科技委员会原常务副主任

毕马宁　公安部信息安全等级保护评估中心副主任

吴世忠　中国信息安全测评中心主任

吴铸成　国家应用软件产品质量监督检验中心副主任

张　骥　东方正通科技有限公司董事长

李京春　国家信息技术安全研究中心高工

李俊峰　国家发改委能源研究所副所长

李德毅　总参谋部第六十一研究所研究员、中国工程院院士

杜跃进　国家网络信息安全技术研究所所长

汪玉凯　国家行政学院教授

陈　静　中国人民银行科技司原司长

陈全生　国务院参事室参事
单志广　国家信息中心信息化研究部首席工程师
周汉华　中国社科院法学所研究员
周成虎　中国科学院地理科学与资源研究所副所长
郑新立　中共中央政策研究室原副主任
侯欣逸　中国电子科技集团第十五研究所咨询审议委员会副主任
姜奇平　中国社会科学院信息化研究中心秘书长
贺志强　联想集团高级副总裁
赵国俊　中国人民大学信息资源管理学院院长
饶克勤　中华医学会党委书记
郭世泽　总参第五十四研究所副总工程师
高新民　中国互联网协会常务副会长
曹淑敏　工信部电信研究院院长
梁春晓　阿里巴巴集团副总裁
梅　松　市委宣传部副部长
程　旭　北京大学校长助理
董　扬　中国汽车工业协会常务副会长兼秘书长
詹榜华　北京市数字认证中心总经理
谭铁牛　中国科学院副秘书长
薛万国　解放军总医院医学信息情报所副所长

区信息化工作领导体系

2016年东城区信息化工作领导体系

东城区信息化领导小组作为框架的顶层机构。

东城区网络与信息安全协调小组、东城区互联网宣传管理工作领导小组和东城区党委系统信息化工作协调小组作为三个专业分支机构。

东城区信息化工作办公室作为区信息化工作领导小组的日常办公机构。

东城区信息化专家咨询委员会作为区信息化工作领导小组的决策咨询机构。

东城区信息化协会作为促进东城区数字内容产业、文化创意信息化领域和信息产业发展的组织机构。

2016 年西城区信息化工作领导体系

西城区科技和信息化委员会

党组书记　刘化杰

主　　任　杨　秋

副 主 任　向功英　刘晓鸥

纪检组长　秦迎花

调 研 员　宋国立

副调研员　蔺海波

西城区信息建设中心

副 主 任　刘　岩　谢凯强

2016年朝阳区信息化工作领导体系

朝阳区信息化与信息服务业发展领导小组

组　长	王　灏	区长
副组长	马继业	常务副区长
	李俊杰	副区长
成　员	赵海东	区政府办主任
	丰春秋	区委宣传部副部长
	邵建云	区商务委主任
	师　伟	区卫生计生委主任
	张克斌	区农委主任
	刘丽平	监察局局长
	王臻区	信息办主任
	于海春	区人力社保局局长
	陈庆华	区统计局局长
	金宏图	区保密局局长
	王雪梅	市规划委朝阳分局局长
	名建华	区国税局局长
	李国红	商务中心区管委会主任
	田巨清	奥林匹克公园管委会副主任
	张树宝	金盏金融服务园区管委会主任
	朱　晟	区发展改革委主任
	肖　汶	区教委主任
	冯守华	区科委主任
	宝月凤	区社会办主任
	赵　捷	区金融办主任
	欧晓勋	区财政局局长
	战春燕	区审计局局长
	马英晖	区投资促进局局长
	王华鑫	工商朝阳分局局长
	张　翅	区地税局局长
	苏向东	电子城科技园管委会常务副主任

丰春秋　北京朝阳国家文化产业创新实验区管委会主任
王　忠　望京综开公司总经理

朝阳区信息化工作办公室

主　任　王　臻
书　记　苏建华
副主任　李容珍

朝阳区信息网络中心

主　任　黄晓辉
副主任　李　京
副主任　赵莉莉

2016 年海淀区信息化工作领导体系

海淀区经济和信息化办公室

主　　　任　何建吾

副　主　任　曹　燕

信息中心主任　李忠志

2016 年丰台区信息化工作领导体系

丰台区信息化工作领导小组

组　长　冀　岩　区长

副组长　李　岚　区委常委、区委办主任

肖辉利　区委常委、副区长

周新春　副区长

2016年石景山区信息化工作领导体系

石景山区信息化工作领导小组

组　　长　夏林茂　区长
副 组 长　司马红　副区长
成　　员　李金克　区政府办公室主任
李元涛　区经济信息化委主任
岳林华　区发展改革委主任
房之炜　区科委主任
郝显军　区教委主任
韩孟荣　区监察局局长
陈　伟　区财政局局长
王雪颖　区保密局局长
王国强　区广电中心主任

石景山区经济和信息化委员会

李元涛　区经济和信息化委主任
吕志刚　区经济和信息化委副主任
彭春辉　区经济和信息化委副主任
王　惠　区经济和信息化委副主任

2016年门头沟区信息化工作领导体系

门头沟区信息化工作领导小组

组　长　张贵林　区委书记
付兆庚　区委副书记、代区长
副组长　陈国才　区委常委、常务副区长
张　永　区委常委、副区长
陈卫东　副区长
成　员　金秀斌　区委办公室主任
朱　凯　区政府办公室主任
马占军　区委宣传部常务副部长
杨武平　区住建委党组书记、主任
李世春　区科委主任
李国庆　区经济和信息化委主任
李永胜　区市政市容委主任
李　伟　区发改委主任
苗建军　区财政局局长
杜斌英　区人保局局长
李永生　区教委主任
刘握龙　区统计局局长
野京城　区卫生计生委主任
张旋里　区交通局局长
张翠萍　区民政局局长
韩瑞昌　区水务局局长
耿新民　区农委主任
王立宇　区商务委主任
刘贵清　区旅游委主任
贾　骥　区国土分局局长
周小洁　区规划分局局长
常　蓉　区文委主任
杨　璞　区投资促进局局长
王培兰　区社会办主任

刘志刚　区公安分局副局长
曹宝华　区城管执法监察局局长
马忠华　区为民服务信息平台建设工作领导小组办公室主任
宋　奇　区广电中心主任
徐鸿海　区委政法委副书记、区综治办主任
张振远　区公安分局交通支队支队长
吴建林　歌华有线门头沟分公司总经理
李秀霞　北京联通门头沟分公司总经理
马文雅　北京移动门头沟区域中心局长
孟　永　北京电信门头沟分公司总经理

2016 年房山区信息化工作领导体系

房山区信息化工作领导小组

组　长　陈　清　区委副书记

副组长　刘　兵　区委常委、区政府副区长

陈立新　区政府办公室主任

高武军　区经济和信息化委主任

成　员　（由下列单位的行政正职组成）

区委办、区政府办、区发改委、区教委、区经济和信息化委、区住建委、区市政市容委、区国资委、区科委、区文委、区旅游委、区农委、区人口计生委、区商务委、区社工委、区法制办、区财政局、区档案局、区人力社保局、区民政局、区水务局、区园林绿化局、区安监局、区卫生局、区统计局、区环保局、区交通局、区投资促进局、区国税局、区地税局、房山工商分局、房山规划分局、房山国土分局、房山公安分局、区保密局、区质监局、区信息中心、区广电中心、联通房山分公司、移动房山分公司、歌华房山分公司、电信房山分公司。

领导小组下设办公室，办公地点设在区经济和信息化委，负责领导小组日常工作。

办公室主任由区经济和信息化委主任高武军同志兼任。

2016年通州区信息化工作领导体系

通州区信息化工作领导小组

总 顾 问　王云峰　区委书记
组　　长　岳　鹏　区委副书记、区长
副 组 长　李玉君　区委副书记、政法委书记
　　　　　赵玉影　区委常委、统战部部长
　　　　　于世疆　区委常委、副区长
　　　　　崔志成　区委常委、常务副区长
　　　　　王杰群　区委常委、宣传部部长
　　　　　洪　波　副区长
　　　　　尚祖国　区委办公室主任
　　　　　王岩石　区政府办公室主任
　　　　　陈国庆　区经济信息化委主任
成　　员　甄　鹏　区委组织部常务副部长
　　　　　王立生　区委宣传部常务副部长
　　　　　王振成　区委统战部常务副部长
　　　　　孟繁虎　区纪委副书记、区监察局局长
　　　　　路长程　区委保密办主任、区国家保密局局长
　　　　　陈　宇　区编办主任
　　　　　刘贵明　区发展改革委主任
　　　　　张绍武　区教委主任
　　　　　田春华　区科委主任
　　　　　苏亚文　区民政局局长
　　　　　李永峰　区司法局局长
　　　　　张春良　区财政局局长
　　　　　杨连元　区人力社保局局长
　　　　　刘立新　区环保局局长
　　　　　贾君刚　区住房城乡建设委主任
　　　　　薄立军　区市政市容委主任
　　　　　姜富龙　区交通局局长
　　　　　刘雪峰　区农委主任

张冠启　区水务局局长
陈国增　区商务委主任
杜德久　区文化委主任
白玉光　区卫生局局长
刘美俊　区人口计生委主任
盛亚荣　区审计局局长
张玉震　区社会办主任
董维毅　区国资委主任
曹树常　区安监局局长
何志强　区体育局局长
潘月东　区统计局局长
刘庆生　区农业局局长
刘　卉　区园林绿化局局长
李金玺　区旅游委主任
张玉和　区民防局局长
刘青松　区法制办主任
程卫民　区信访办主任
孙士祥　市公安局通州分局副局长
赵斌市　工商局通州分局局长
杨　唯　市规划委通州分局局长
靳　京　市国土局通州分局局长
曲　峰　市交通委路政局通州公路分局局长
纪　晔　市药监局通州分局局长
杨希迁　区质监局局长
朱兴有　区地税局局长
刘祝轩　区国税局局长
聂玉泉　区政府园区管委常务副主任
朱志高　区新城中心区建管委主任
张全启　区行政服务中心主任
王志刚　区广电中心主任
阳波团　区委书记
冯利英　区妇联主席
杜　伟　区科协主席

陈宏毅　区残联理事长
安志江　区红十字会常务副会长
高德澍　区档案局局长
魏　欣　区委督查室主任
王　强　区政府督查室主任
邢志超　联通通州分公司总经理
赵　磊　移动通州分公司总经理
刘存明　歌华通州分公司总经理
李　铁　电信通州分公司总经理
张弘力　中仓街道办事处主任
滕永新　新华街道办事处主任
华　飞　北苑街道办事处主任
曹东波　玉桥街道办事处主任
邓忠义　永顺镇镇长
于立东　梨园镇镇长
柳德利　宋庄镇镇长
雷晓宁　潞城镇镇长
孙　伟　西集镇镇长
孝　军　漷县镇镇长
杨　利　张家湾镇镇长
倪德才　台湖镇镇长
王德松　马驹桥镇镇长
刘德昉　永乐店镇镇长
何海龙　于家务乡乡长

北京市通州区信息化工作领导小组下设办公室，办公室设在区信息中心，负责各项日常工作。

主　　任　陈国庆（兼）
常务副主任　侯康超　区经济和信息化委副主任、区信息中心主任
副 主 任　程行利　区监察局副局长
王　强　区政府督查室主任
谢振平　区编办副主任

2016 年顺义区信息化工作领导体系

顺义区信息化工作领导小组

组　　长　高　朋　区委副书记、区政府区长、天竺综保区管委会主任

副 组 长　霍光峰　区委常委、区政府常务副区长

初军威　区委常委、区政府副区长

贺亚兰　区委常委、宣传部部长

成员单位

区政府办公室、区政务信息化办公室、区发展改革委、区市政市容委、区住房城乡建设委、区经济和信息化委、区农委、区科委、区教委、区商务委、区财政局、区人力社保局、区档案局、市规划委顺义分局、区信息中心、歌华有线顺义分公司、北京联通顺义分公司、北京移动顺义分公司、北京电信顺义分公司

领导小组下设办公室，办公地点设在区经济和信息化委，办公室主任由区经济的信息化委主任胡小兵兼任。

2016 年大兴区信息化工作领导体系

大兴区信息化工作领导小组

组　长　崔志成　区委副书记、区长、开发区工委副书记

副组长　贺　锐　区委常委、常务副区长

杨蓓蓓　副区长

成　员

区委办主任、区政府办主任、区委组织部副部长、区委宣传部常务副部长、区发改委主任、区经济和信息化委主任、区农委主任、区住建委主任、区商务委主任、区国资委主任、区市政市容委主任、区文化委主任、区教委主任、区科委主任、区旅游委主任、区社会办主任、区财政局局长、区监察局局长、区审计局局长、区国税局局长、区地税局局长、区人力社保局局长、区环保局局长、区卫生局局长、区安监局局长、区质监局局长、区统计局局长、区档案局局长、区保密局局长、区国土分局局长、区规划分局局长、区工商分局局长、区公路分局局长、区公安分局副局长、区广电中心主任、歌华大兴分公司总经理、联通大兴分公司总经理、移动大兴分公司总经理、电信大兴分公司总经理。

区信息化工作领导小组办公室设在区经济和信息化委，办公室主任由区经济和信息化委主任胡宝琛兼任。

2016 年昌平区信息化工作领导体系

昌平区信息化工作领导小组

组　长　张燕友　区长
副组长　鲁　亚　区委副书记
　　　　贺　军　区委常委、区委办公室主任
　　　　周金星　区政府副区长
成　员　白向军　区政府办主任
　　　　孙士军　区委组织部部长、宣传部部长
　　　　张　华　区编办主任
　　　　刘宝君　区社会办主任
　　　　徐　萍　区监察局局长
　　　　宁　澈　区发展改革委主任
　　　　李成旺　区教委主任
　　　　董锦华　区农委主任
　　　　金东彪　区住房城乡建设委主任
　　　　郭玉清　区市政市容委主任
　　　　王志刚　区经济和信息化委主任
　　　　丁海军　区国资委主任
　　　　李雪红　区科委主任
　　　　云富勇　区商务委主任
　　　　刘全新　区文化委主任
　　　　赵海英　区人力社保局局长
　　　　沈树祥　区财政局局长
　　　　杨冬泉　区卫生计生委主任
　　　　汪少群　国土昌平分局局长
　　　　李　晋　规划昌平分局局长
　　　　李春玲　区统计局局长
　　　　陈玉起　区审计局局长
　　　　叶　放　区国税局局长
　　　　常海龙　区地税局局长
　　　　王国忠　工商昌平分局局长

高忠维　区质量技术监督局局长
牟少华　区环保局局长
茅　江　区园林绿化局局长
许正锋　区水务局局长
韩宝田　区民政局局长
叶国清　公安昌平分局局长
兰剑波　区安全监管局局长
袁丽民　区旅游委主任
崔　明　区投促局局长
赵丽君　区档案局局长
刘晓梅　区广播电视中心主任
刘　毅　区人民法院院长
韩索华　区人民检察院检察长
李自明　区公路分局局长
祝宝华　昌平交通支队队长、消防支队支队长
徐德清　区经管站站长
王春月　区综合行政服务中心副主任
张劲柏　中关村科技园区昌平园管委会副主任

区信息化主管部门

信息化工作办公室主任　王志刚
副主任　温海宁

区信息中心

信息中心主任　杨新赓
副主任　杨　扬

2016 年平谷区信息化工作领导体系

平谷区信息化工作领导小组

组　长　姚忠阳　区委常委、常务副区长

副组长　李永生　副区长

成　员　胡东升　区经济和信息化委主任

龚禹峰　区政府办主任

王　云　区信息中心书记

尉　新　区财政局局长

其他委办局主要领导

平谷区经济和信息化委员会

主　任　胡东升

副主任　屈卫东

平谷区信息中心

书　记　王　云

副主任　李　云

2016年怀柔区信息化工作领导体系

怀柔区信息化工作领导小组

组　长　常　卫　区长

副组长　朱家亮　区委常委、常务副区长

　　　　　任武军　区委常委、区委办主任

　　　　　王　䶮　副区长

成　员　高永革　区政府办主任

　　　　　刘柏林　区发展改革委主任

　　　　　李连鑫　区教委主任

　　　　　郭小卫　区科委主任

　　　　　周怀明　区经济信息化委主任

　　　　　田志兵　区农委主任

　　　　　夏占利　区文委主任

　　　　　邴秀海　区财政局局长

　　　　　张同发　区统计局局长

　　　　　果洪斌　区档案局（馆）局长

　　　　　马哲军　规划分局局长

　　　　　刘大伟　公安分局副局长

　　　　　刘　剑　区广播电视中心主任

领导小组办公室设在区经济和信息化委，负责领导小组日常工作，周怀明兼任办公室主任。

2016 年密云区信息化工作领导体系

密云区信息化工作领导小组

组　长　副区长

副组长　区经济和信息化委主任

成　员　区政府办主任

区委宣传部常务副部长

区发展改革委主任

区教委主任

区委农工委书记

区市政市容委主任

区科委主任、知识产权局局长

区住房城乡建设委主任

区商务委主任

区旅游委主任

区财政局局长

区人力社保局局长

区国税局局长

区地税局局长

区国土分局局长

区规划分局局长

区质量技术监督局局长

区民政局局长

区工商分局局长

区卫生局局长

区交通局党组书记

区政府机关事务办主任

区委办副主任、区保密局局长

区公安局副局长

区广电中心副主任

区信息中心主任

电信北京分公司密云电信局局长

联通密云分公司经理

移动密云分公司经理

歌华密云分公司经理

领导小组下设办公室，办公地点设在区经济和信息化委，办公室主任由区经济和信息化委主任兼任。

2016 年延庆区信息化工作领导体系

延庆区信息化工作领导小组

组　长　穆　鹏　区委副书记、区长
副组长　张　远　区委常委、常务副区长
　　祁金利　区委常委、宣传部部长、统战部部长
　　谢文征　区委常委、副区长
　　魏　怡　副区长
　　刘明利　副区长
　　刘瑞成　副区长

成　员　张留全　区政府办主任
　　张振宇　区委办副处级干部
　　王　磊　区宣传部常务副部长
　　郭永华　区发展改革委主任
　　魏旭斌　区教委主任
　　史绍全　区科委主任
　　祁增华　区经济和信息化委主任
　　张景军　区财政局局长
　　姜言泉　区旅游委主任
　　于申秀　区公安局副局长
　　王丽敏　区卫生和计划生育委员会主任
　　鲁世宽　区市政市容委主任
　　贺　利　区商务委主任
　　鲁振中　区社会办主任
　　程大庆　区农委主任
　　张立新　区人力社保局党组书记、副局长
　　焦万宏　区审计局党组书记、局长
　　吴连军　区统计局局长
　　段金明　区保密局副局长
　　邢　涛　区投资促进局局长
　　刘荣华　延庆规划分局局长
　　田素芬　延庆工商分局局长
　　张进宗　延庆国税局党组书记
　　王　竺　延庆地税局党组书记、局长
　　史建柱　区档案局局长
　　王　江　延庆经济开发区管理中心党委书记、主任
　　刘宗贤　八达岭经济开发区主任、管理中心主任
　　各乡镇乡镇长、各街道办事处主任

领导小组办公室设在区经济和信息化委，办公室主任由区经济和信息化委主任祁增华担任，办公室副主任由区经济和信息化委副主任、区信息中心主任王金福担任。

北京信息化年鉴

附录

产业提质增效成果显著，综合发展实力不断增强

- 产业规模稳健增长，发展质量与效益实现“双提升”；企业创新能力显著提升，国际竞争力明显增强。

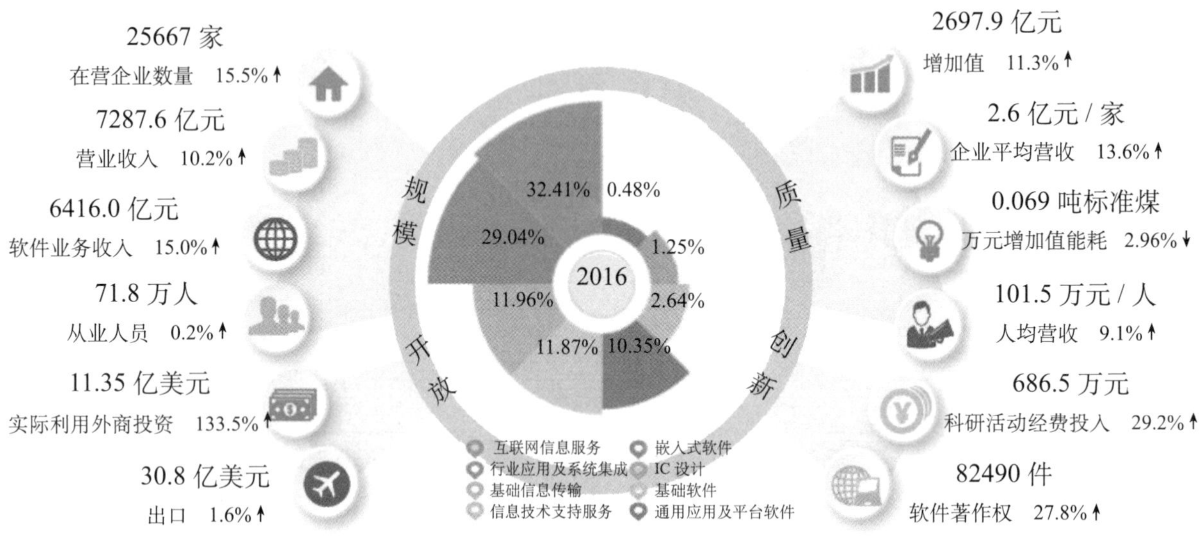

产业支柱地位更加巩固

- 2016 年，全行业实现增加值 2697.9 亿元，同比增长 11.3%；占全市 GDP 比重为 10.8%；产业支柱地位更加巩固；
- 全行业增加值占第三产业 GDP 比重为 13.5%，仅次于金融业。

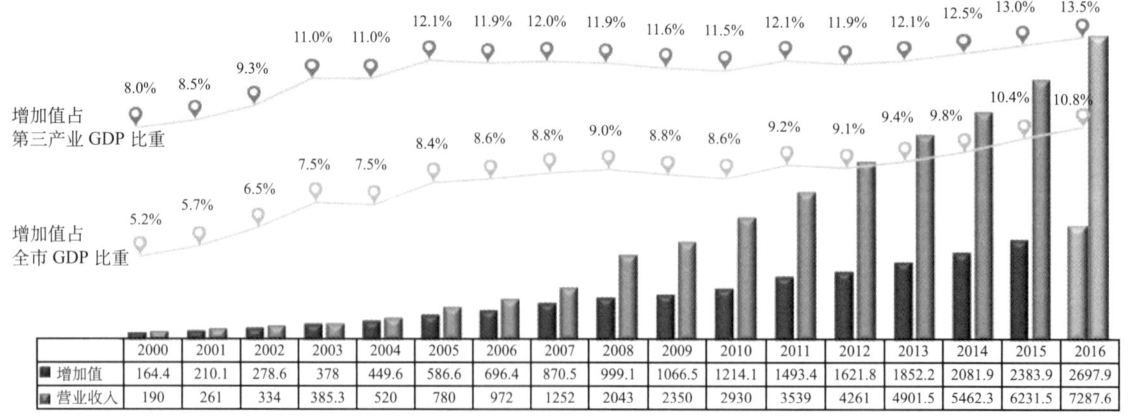

	2000	2001	2002	2003	2004	2005	2006	2007	2008	2009	2010	2011	2012	2013	2014	2015	2016
增加值	164.4	210.1	278.6	378	449.6	586.6	696.4	870.5	999.1	1066.5	1214.1	1493.4	1621.8	1852.2	2081.9	2383.9	2697.9
营业收入	190	261	334	385.3	520	780	972	1252	2043	2350	2930	3539	4261	4901.5	5462.3	6231.5	7287.6

2000—2016 年全行业增加值及营业收入变化（单位：亿元）

优势企业群引领产业发展，产业集中度持续提升

- 2016 年，百亿元以上企业营业收入占软件业务收入比重达 24%，较 2015 年提高 3.5 个百分点；
- 十亿元以上企业营业收入占软件业务收入比重为 58.9%，较 2015 年提高 2.2 个百分点；亿元以上企业占比为 88.6%。

骨干企业实力攀升，持续释放发展活力

- 在中国互联网企业百强、中国软件和信息技术服务综合竞争力百强、中国软件百家等各类榜单中，北京企业均处于全国领先地位。

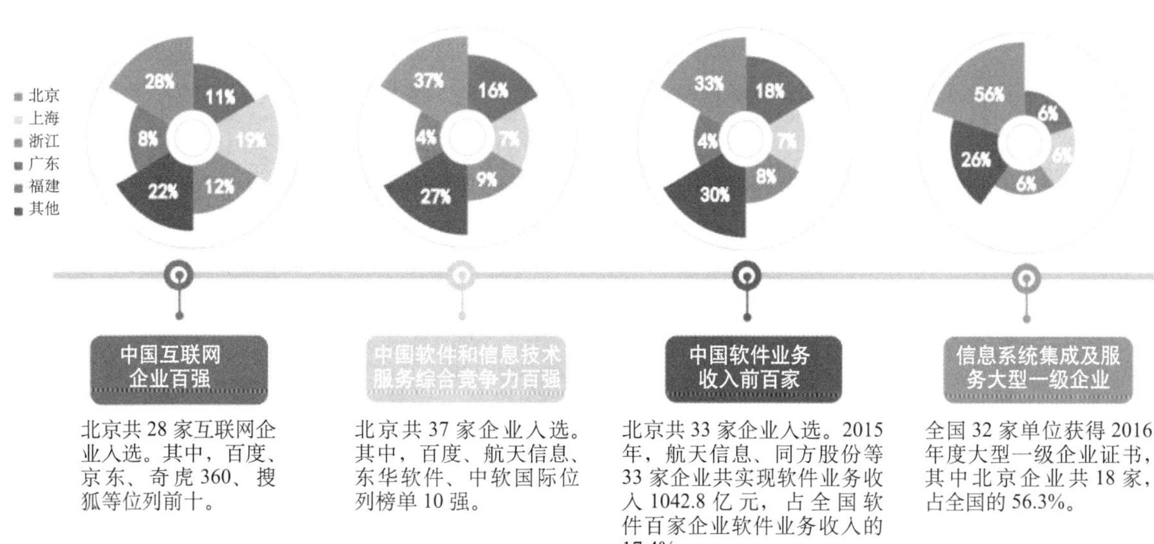

北京共 28 家互联网企业入选。其中，百度、京东、奇虎 360、搜狐等位列前十。

北京共 37 家企业入选。其中，百度、航天信息、东华软件、中软国际位列榜单 10 强。

北京共 33 家企业入选。2015 年，航天信息、同方股份等 33 家企业共实现软件业务收入 1042.8 亿元，占全国软件百家企业软件业务收入的 17.4%。

全国 32 家单位获得 2016 年度大型一级企业证书，其中北京企业共 18 家，占全国的 56.3%。

企业注重转型升级，构建新型产业生态圈

- 以用友、神州数码等为代表的行业应用和系统集成企业进入转型恢复期，利用云计算、大数据实现升级，布局互联网金融、企业互联网等领域；
- 以百度、京东、搜狗等为代表的传统互联网企业处于战略调整期，向人工智能转型；
- 以猎豹移动、58同城、完美世界、陌陌等为代表的内容生态成为行业变革的一大重点；
- 以美团、滴滴、今日头条等为代表的独角兽企业成为O2O、分享经济、信息分发领域的领军者。

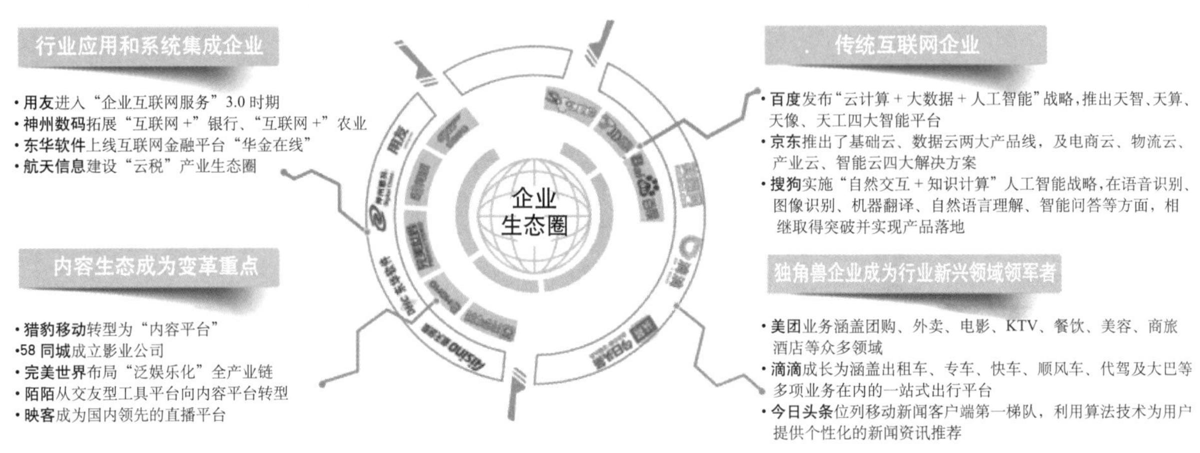

北京成为全国云计算创新中心、应用中心和产业高地

- 2016年北京云计算产业营业收入约603.9亿元，同比增长23%；
- 实施云计算“祥云工程”3.0版升级行动，围绕产业大数据、工业互联网、人工智能、自主可控技术创新等重点领域和方向推动重大应用项目落地。

2009—2016年北京云计算产业营业收入规模及增速（单位：亿元，%）

导航与位置服务产业逐步形成高精度全球服务能力

- 2016 年北京导航与位置服务产业实现收入约 198.7 亿元，同比增长 16.5%；
- 北京已完成 22 个北斗 CORS 参考站的建设，其中新建参考站 10 个；
- 形成了以合众思壮、四维图新、超图软件、北斗星通、千方科技、易华录等为代表的一批典型企业。

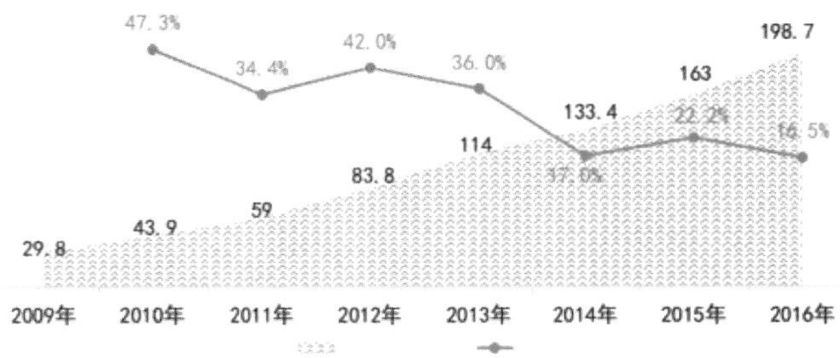

2009—2016 年北京导航与位置服务产业营业收入规模及增速（单位：亿元，%）

信息安全领域国产化成效显著

- 2016 年北京信息安全产业实现营业收入 456.8 亿元，同比增长 3.9%；
- 北京可信开放高端计算系统（TOP）产业链初具规模。TOP 新云服务器 2016 年实现营收 2.68 亿元。TOP 项目已获得软件著作权 22 项，13 项专利已经受理，其中包含 11 项发明专利。TOP 基金已完成多项重点企业投资。

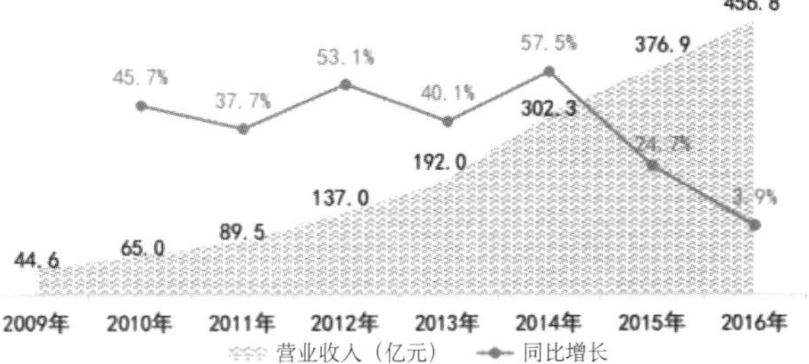

2009—2016 年北京信息安全产业营业收入规模及增速（单位：亿元，%）

从业人员规模持续扩大

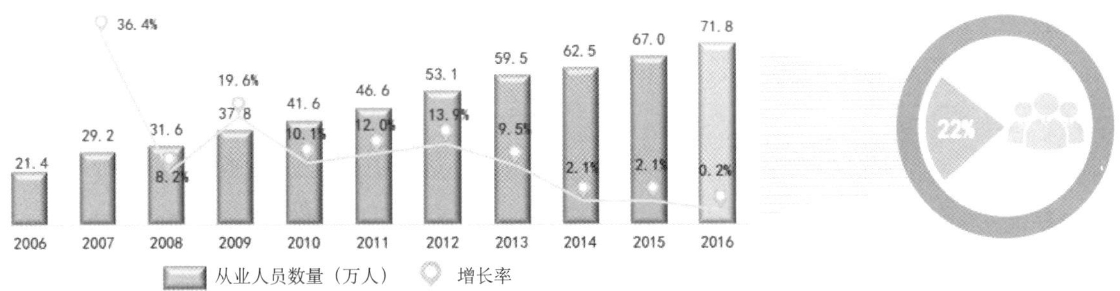

- 2016 年从业人员 71.8 万人，同比增长 0.2%；占第三产业从业人员比重的 22%；
- 规上企业的从业人员规模主要集中在 50 人以下，占比超三分之一；
- 百度、58、美团、文思海辉等 7 家企业从业人员数量逾万人。

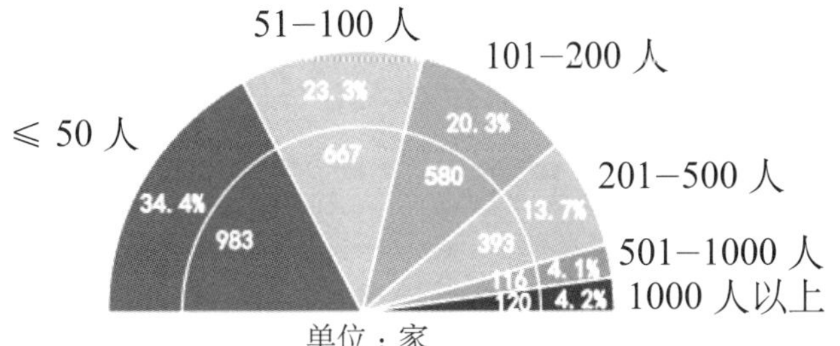

社会资本对行业的投入规模稳步扩增

- 2016 年，北京软件和信息服务业投融资总规模为 386.8 亿美元，同比增长 9.4%；
- 从结构来看，上市融资金额 15.2 亿美元，并购金额 111.3 亿美元，融资金额 226.8 亿美元，战略投资金额 33.5 亿美元。

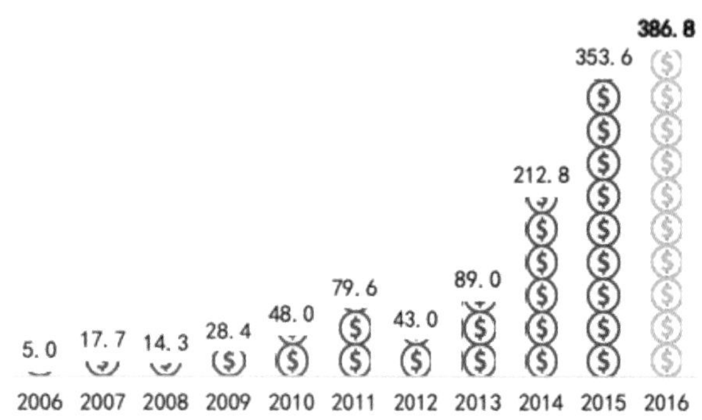

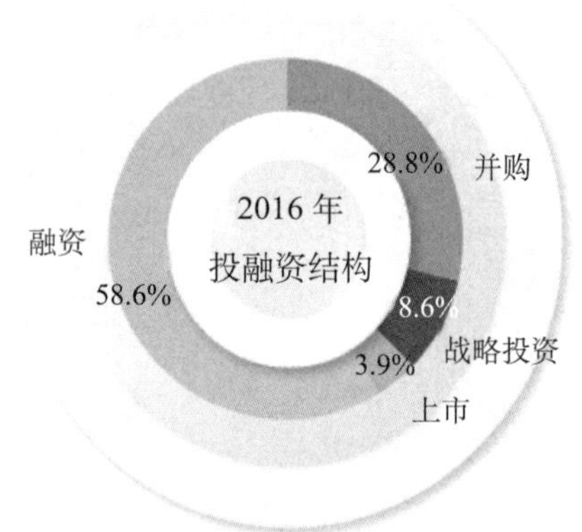

融资金额快速增长

- 2016 年，行业累计发生融资案例 799 起，同比增长 31.6%；融资总额达 1574 亿元，同比增长 82.3%；
- 从融资轮次看，以 A 轮和 B 轮为主，融资金额分别为 324.3 亿元、353.9 亿元；
- C 轮及以上融资案例主要集中在海淀区和朝阳区，融资案例数分别为 100 起和 61 起，金额分别达 735.4 亿元、92.8 亿元。

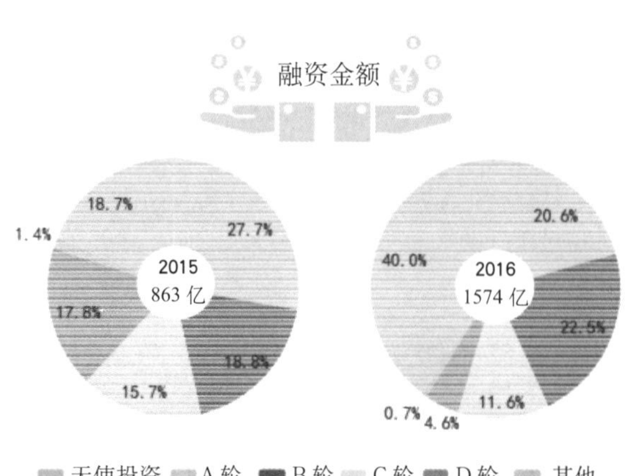

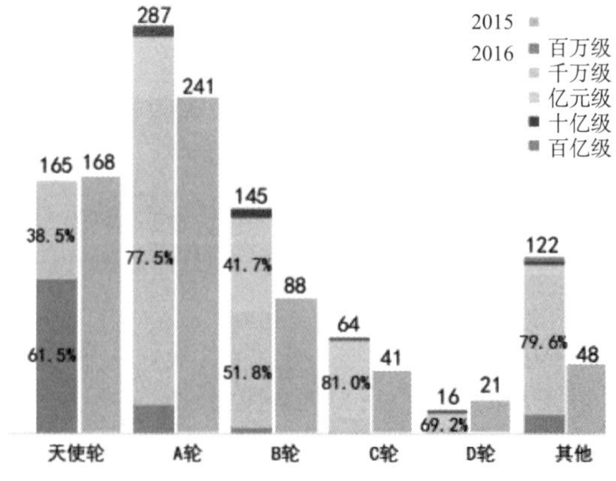

融资案例数与融资规模比重分布（单位：起）

北京是全国软件产品和技术创新集聚地

- 2016 年，北京软件著作权登记量为 82490 件，同比增长 27.8%，占全国 20.2%，位居前三甲（广东、北京、上海）；
- 2016 年，行业专利申请数量为 17499 件，同比增长 30%。其中发明专利申请量为 14138 件，授权量为 3787 件；
- 截至 2016 年，行业有效发明专利数 17784 件，每家企业拥有的有效发明专利数 5.5 件，万人有效专利数 260.4 件；
- 从保有量看，中国电信软件著作权登记量逾 3000 件，太极、方正国际、航天信息、神州泰岳等 51 家企业超过百件；联想专利授权数量近 6000 件，中国移动、百度在线、奇智软件、中国电信 4 家企业超千件。

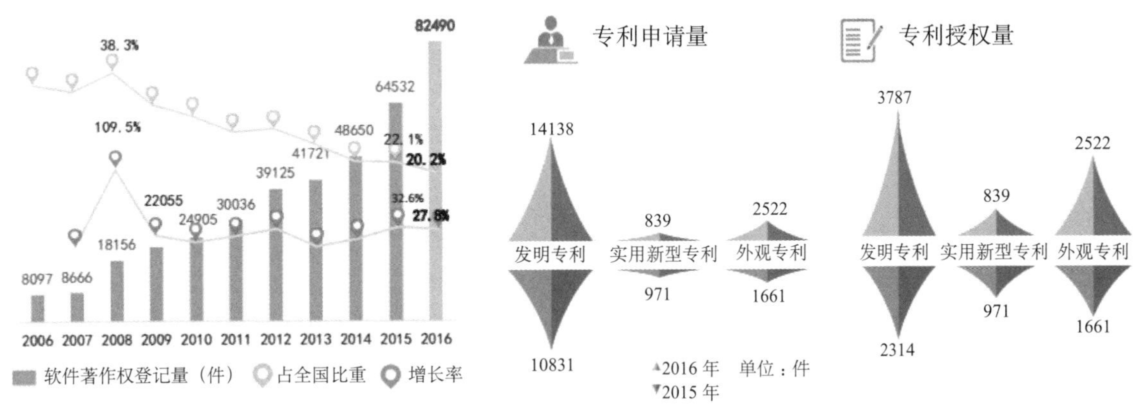

行业对津冀产业的资本辐射作用进一步增强

- 2016 年，北京软件和信息服务业对津冀两地出资额为 21.5 亿元，同比增长 44.5%，占对京外投资的 5%；
- 对津冀两地的出资主要流入科学研究和技术服务业及信息传输、软件和信息技术服务业，占比 43.7%。

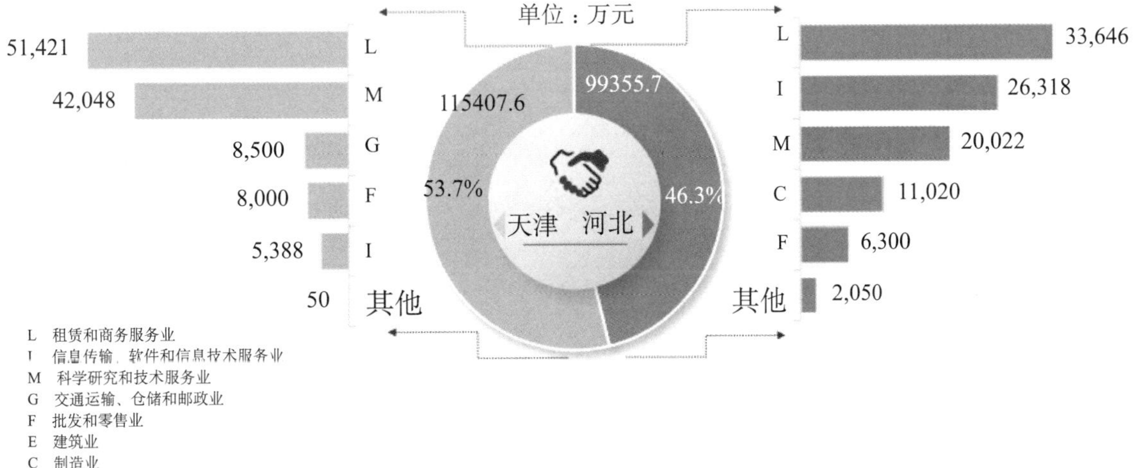

京津冀产业协同不断深化

- 京津冀三地不断加强产业协同，在云计算、大数据、北斗导航等领域取得阶段性成果。

通过推动三地产业对接合作、合理分工和联动发展，加速产业要素流动，促进产业资源共建共享，支持需求牵引下的协同创新与合作。

云计算

“中国数坝”：总投资200亿元的阿里巴巴集团张北数据中心1号园区、2号园区两个项目正式投入运营。

大数据

京津冀大数据综合试验区：京津冀大数据综合试验区正式获国家批复，打造国家大数据产业创新中心、大数据应用先行区、大数据创新改革试验区和全球大数据产业创新高地。三地共同设立大数据产业协同发展投资基金，建设大数据协同处理中心和应用感知体验中心。

北斗导航

京津冀北斗一体化协同发展：发布《京津冀协同推进北斗导航与位置服务产业发展行动方案（2017—2020年）》；组织北斗导航位置服务（北京）有限公司、中国电科卫星导航运营服务有限公司、天地图（天津）有限公司等三地企业签署《京津冀北斗导航位置服务合作协议》。

2016中国软件和信息技术服务综合竞争力百强企业名单

排名	企业名称
6	百度在线网络技术（北京）有限公司
7	航天信息股份有限公司
8	东华软件股份公司
9	中软国际有限公司
11	同方股份有限公司
12	太极计算机股份有限公司
13	中国软件与技术服务股份有限公司
14	神州数码系统集成服务有限公司
23	文思海辉技术有限公司
25	中国民航信息网络股份有限公司
26	中科软科技股份有限公司
29	软通动力信息技术（集团）有限公司
30	金山软件有限公司
31	亚信科技（中国）有限公司
34	北京小米移动软件有限公司
38	石化盈科信息技术有限责任公司
39	北京全路通信信号研究设计院集团有限公司
40	北京神州泰岳软件股份有限公司
44	北京中电普华信息技术有限公司
46	用友网络科技股份有限公司
51	大唐电信科技股份有限公司
52	北京京东尚科信息技术有限公司
55	北京华胜天成科技股份有限公司
63	博彦科技股份有限公司
69	博雅软件股份有限公司
71	北大方正集团有限公司
72	启明星辰信息技术集团股份有限公司
74	北京中油瑞飞信息技术有限责任公司
76	北京四方继保自动化股份有限公司
79	高德信息技术有限公司
80	广联达软件股份有限公司
81	北京易华录信息技术股份有限公司
83	北京四维图新科技股份有限公司
84	联动优势科技有限公司
85	北京华宇软件股份有限公司
89	北京神舟航天软件技术有限公司
95	北京中科金财科技股份有限公司
97	北京先进数通信息技术股份公司

2016 德勤高科技高成长中国 50 强榜单

排名	企业名称
3	北京字节跳动科技有限公司
4	宜人恒业科技发展（北京）有限公司
17	北京云测信息技术有限公司
22	北京博奥晶典生物技术有限公司
28	北京天地祥云科技有限公司
30	北京智象信息技术有限公司
31	北京乐融多源信息技术有限公司
32	北京蓝海讯通科技股份有限公司
34	玖富互金控股集团有限责任公司
40	北京大生知行科技有限公司

2016 中国自主可靠企业核心软件品牌企业名单

序号	企业名称
1	中软国际有限公司
2	东软集团股份有限公司
3	中国软件与技术服务股份有限公司
4	神州数码系统集成服务有限公司
6	中科软科技股份有限公司
7	方正国际软件（北京）有限公司
8	北京中电普华信息技术有限公司
10	北京神舟航天软件技术有限公司
11	启明信息技术股份有限公司
12	北京先进数通信息技术股份公司
16	北京超图软件股份有限公司
17	苍穹数码技术股份有限公司
19	北京拓尔思信息技术股份有限公司
20	北京慧点科技有限公司

2016年北京市集成企业名单一览表

序号	企业名称	资质证书编号	发证日期	证书有效期	资质等级
1	北京海鑫科金高科技股份有限公司	XZ1110020131438	12/9/2016	12/31/2020	一级
2	北京久其软件股份有限公司	XZ1110020131439	12/9/2016	12/31/2020	一级
3	北京佳讯飞鸿电气股份有限公司	XZ1110020131440	12/9/2016	12/31/2020	一级
4	北京太极信息系统技术有限公司	XZ1110020100439	11/22/2016	12/31/2020	一级
5	用友网络科技股份有限公司	XZ1110020100440	11/22/2016	12/31/2020	一级
6	北京金信润天信息技术股份有限公司	XZ1110020100441	11/22/2016	12/31/2020	一级
7	博雅软件股份有限公司	XZ1110020100445	11/22/2016	12/31/2020	一级
8	中盈优创资讯科技有限公司	XZ1110020060501	11/11/2016	12/31/2020	一级
9	联通系统集成有限公司	XZ1110020060500	11/11/2016	12/31/2020	一级
10	华迪计算机集团有限公司	XZ1110020060503	11/11/2016	12/31/2020	一级
11	北京中科大洋科技发展股份有限公司	XZ1110020070521	11/11/2016	12/31/2020	一级
12	高伟达软件股份有限公司	XZ1110020070522	11/11/2016	12/31/2020	一级
13	北京云星宇交通科技股份有限公司	XZ1110020162680	10/10/2016	10/9/2020	一级
14	北京市华铁信息技术开发总公司	XZ1110020162681	10/10/2016	10/9/2020	一级
15	北京时代凌宇科技股份有限公司	XZ1110020162683	10/10/2016	10/9/2020	一级
16	中软信息系统工程有限公司	XZ1110020162684	10/10/2016	10/9/2020	一级
17	中建电子工程有限公司	XZ1110020162685	10/10/2016	10/9/2020	一级
18	金航数码科技有限责任公司	XZ1110020162689	10/10/2016	10/9/2020	一级
19	大唐移动通信设备有限公司	XZ1110020162691	10/10/2016	10/9/2020	一级
20	北京数字政通科技股份有限公司	XZ1110020162692	10/10/2016	10/9/2020	一级
21	北京贝能达技术有限公司	XZ1110020162693	10/10/2016	10/9/2020	一级
22	北京通号国铁城市轨道技术有限公司	XZ1110020162694	10/10/2016	10/9/2020	一级
23	神华和利时信息技术有限公司	XZ1110020162696	10/10/2016	10/9/2020	一级
24	中国软件与技术服务股份有限公司	XZ1110020020290	9/8/2016	12/31/2020	一级
25	北京航天长峰科技工业集团有限公司	XZ1110020100252	7/15/2016	6/30/2020	一级
26	北京银信长远科技股份有限公司	XZ1110020130617	7/15/2016	6/30/2020	一级
27	北京锐安科技有限公司	XZ1110020130616	7/15/2016	6/30/2020	一级
28	北京四方继保自动化股份有限公司	XZ1110020100253	7/15/2016	6/30/2020	一级
29	北京世纪瑞尔技术股份有限公司	XZ1110020130615	7/15/2016	6/30/2020	一级
30	新奥特（北京）视频技术有限公司	XZ1110020100255	7/15/2016	6/30/2020	一级
31	石化盈科信息技术有限责任公司	XZ1110020060255	6/11/2016	6/30/2020	一级
32	北京神州泰岳软件股份有限公司	XZ1110020070257	6/11/2016	6/30/2020	一级
33	北京大唐高鸿数据网络技术有限公司	XZ1110020070256	6/11/2016	6/30/2020	一级
34	北京中电兴发科技有限公司	XZ1110020060257	6/11/2016	6/30/2020	一级
35	赞华（中国）电子系统有限公司	XZ1110020070260	6/11/2016	6/30/2020	一级

续表

序号	企业名称	资质证书编号	发证日期	证书有效期	资质等级
36	北京汉铭信通科技有限公司	XZ1110020060258	6/11/2016	6/30/2020	一级
37	北京全路通信信号研究设计院集团有限公司	XZ1110020060259	6/11/2016	6/30/2020	一级
38	中国电子工程设计院	XZ1110020070258	6/11/2016	6/30/2020	一级
39	北京赛迪时代信息产业股份有限公司	XZ1110020070259	6/11/2016	6/30/2017	一级
40	航天信息股份有限公司	XZ1110020020001	4/1/2016	6/30/2020	一级
41	通号通信信息集团有限公司	XZ1110020020003	4/1/2016	6/30/2020	一级
42	北京网御星云信息技术有限公司	XZ1110020020004	4/1/2016	6/30/2020	一级
43	北京市太极华青信息系统有限公司	XZ1110020020005	4/1/2016	6/30/2020	一级
44	中国电信集团系统集成有限责任公司	XZ1110020020006	4/1/2016	6/30/2020	一级
45	慧与（中国）有限公司	XZ1110020030001	4/1/2016	6/30/2020	一级
46	新晨科技股份有限公司	XZ1110020030002	4/1/2016	6/30/2020	一级
47	北京冠华宏鑫科技有限公司	XZ2110020140989	6/16/2017	6/30/2021	二级
48	北京华夏电通科技有限公司	XZ2110020140990	6/16/2017	6/30/2021	二级
49	北京高信达通信科技股份有限公司	XZ2110020131450	12/9/2016	12/31/2020	二级
50	北京华商科技有限责任公司	XZ2110020131451	12/9/2016	12/31/2020	二级
51	北京恒华伟业科技股份有限公司	XZ2110020131453	12/9/2016	12/31/2020	二级
52	建投数据科技股份有限公司	XZ2110020131454	12/9/2016	12/31/2020	二级
53	中科宇图科技股份有限公司	XZ2110020131455	12/9/2016	12/31/2020	二级
54	阳光雨露信息技术服务（北京）有限公司	XZ2110020131456	12/9/2016	12/31/2020	二级
55	北京讯飞京达来科技有限公司	XZ2110020131458	12/9/2016	12/31/2020	二级
56	北京合力亿捷科技股份有限公司	XZ2110020131460	12/9/2016	12/31/2020	二级
57	东软集团（北京）有限公司	XZ2110020131461	12/9/2016	12/31/2020	二级
58	北京浩丰创源科技股份有限公司	XZ2110020100462	11/22/2016	12/31/2020	二级
59	金名正元（北京）科技有限公司	XZ2110020162718	11/22/2016	12/31/2020	二级
60	中国通信建设集团设计院有限公司	XZ2110020162731	11/15/2016	11/14/2020	二级
61	北京鼎普科技股份有限公司	XZ2110020162736	11/15/2016	11/14/2020	二级
62	北京中铁信科技有限公司	XZ2110020162737	11/15/2016	11/14/2020	二级
63	北京联银通科技有限公司	XZ2110020162755	11/15/2016	11/14/2020	二级
64	北京瑞拓电子技术发展有限公司	XZ2110020162757	11/15/2016	11/14/2020	二级
65	北京中电万联科技股份有限公司	XZ2110020162760	11/15/2016	11/14/2020	二级
66	亿阳安全技术有限公司	XZ2110020162762	11/15/2016	11/14/2020	二级
67	北京市博汇科技股份有限公司	XZ2110020162764	11/15/2016	11/14/2020	二级
68	普天信息工程设计服务有限公司	XZ2110020162765	11/15/2016	11/14/2020	二级
69	北京鼎兴达信息科技股份有限公司	XZ2110020162767	11/15/2016	11/14/2020	二级
70	北京宏泰博业科技有限公司	XZ2110020162768	11/15/2016	11/14/2020	二级
71	中安网脉（北京）技术股份有限公司	XZ2110020162772	11/15/2016	11/14/2020	二级
72	北京亚洲卫星通信技术有限公司	XZ2110020162773	11/15/2016	11/14/2020	二级
73	北京蓝海华业科技股份有限公司	XZ2110020162774	11/15/2016	11/14/2020	二级

续表

序号	企业名称	资质证书编号	发证日期	证书有效期	资质等级
74	东方口岸科技有限公司	XZ2110020162775	11/15/2016	11/14/2020	二级
75	北京国网普瑞特高压输电技术有限公司	XZ2110020162776	11/15/2016	11/14/2020	二级
76	北京优炫软件股份有限公司	XZ2110020162777	11/15/2016	11/14/2020	二级
77	北京航天万达高科技有限公司	XZ2110020162778	11/15/2016	11/14/2020	二级
78	北京太格时代自动化系统设备有限公司	XZ2110020162779	11/15/2016	11/14/2020	二级
79	天闻数媒科技（北京）有限公司	XZ2110020162780	11/15/2016	11/14/2020	二级
80	北京数字智通科技有限公司	XZ2110020162781	11/15/2016	11/14/2020	二级
81	北京世纪德辰通信技术有限公司	XZ2110020162782	11/15/2016	11/14/2020	二级
82	北京品恩科技股份有限公司	XZ2110020162786	11/15/2016	11/14/2020	二级
83	北京智芯微电子科技有限公司	XZ2110020162787	11/15/2016	11/14/2020	二级
84	北京中青旅海天数码科技有限公司	XZ2110020162788	11/15/2016	11/14/2020	二级
85	北京航天福道高技术股份有限公司	XZ2110020162789	11/15/2016	11/14/2020	二级
86	中通服软件科技有限公司	XZ2110020162790	11/15/2016	11/14/2020	二级
87	北京驰骑中天网络工程技术有限公司	XZ2110020162791	11/15/2016	11/14/2020	二级
88	华洋海事中心	XZ2110020162793	11/15/2016	11/14/2020	二级
89	北京精英智通科技股份有限公司	XZ2110020162826	11/15/2016	11/14/2020	二级
90	北京国势通科技有限公司	XZ2110020162830	11/15/2016	11/14/2020	二级
91	北京信威通信技术股份有限公司	XZ2110020162831	11/15/2016	11/14/2020	二级
92	北京安泰伟奥信息技术有限公司	XZ2110020162832	11/15/2016	11/14/2020	二级
93	北京天融信网络安全技术有限公司	XZ2110020070547	11/11/2016	12/31/2020	二级
94	北京竞业达数码科技有限公司	XZ2110020070557	11/11/2016	12/31/2020	二级
95	中信国安信息科技有限公司	XZ2110020100426	11/11/2016	12/31/2020	二级
96	北京直真科技股份有限公司	XZ2110020131095	11/11/2016	12/31/2020	二级
97	北京合力金桥系统集成技术有限公司	XZ2110020162716	11/11/2016	12/31/2020	二级
98	北京万里红科技股份有限公司	XZ2110020030250	9/8/2016	12/31/2020	二级
99	北京大恒软件技术有限公司	XZ2110020131085	9/8/2016	12/31/2020	二级
100	北京科海致能科技有限公司	XZ2110020030254	9/8/2016	12/31/2020	二级
101	北京京天威科技发展有限公司	XZ2110020130628	7/15/2016	6/30/2020	二级
102	北京华创方舟科技股份有限公司	XZ2110020100269	7/15/2016	6/30/2020	二级
103	北京新媒传信科技有限公司	XZ2110020130630	7/15/2016	6/30/2020	二级
104	北京盈想东方科技股份有限公司	XZ2110020130632	7/15/2016	6/30/2020	二级
105	北京安达信通系统集成有限公司	XZ2110020130631	7/15/2016	6/30/2020	二级
106	北京中海纪元数字技术发展股份有限公司	XZ2110020100274	7/15/2016	6/30/2020	二级
107	北京汇金科技有限责任公司	XZ2110020100273	7/15/2016	6/30/2020	二级
108	信亦宏达网络存储技术（北京）有限公司	XZ2110020130636	7/15/2016	6/30/2020	二级
109	北京安信创业信息科技发展公司	XZ2110020130637	7/15/2016	6/30/2020	二级
110	普天和平科技有限公司	XZ2110020130638	7/15/2016	6/30/2020	二级
111	北京海量数据技术股份有限公司	XZ2110020130629	7/15/2016	6/30/2020	二级

续表

序号	企业名称	资质证书编号	发证日期	证书有效期	资质等级
112	北京坤腾世纪科技有限公司	XZ2110020100270	7/15/2016	6/30/2020	二级
113	煤炭科学技术研究院有限公司	XZ2110020130634	7/15/2016	6/30/2020	二级
114	广联达科技股份有限公司	XZ2110020130633	7/15/2016	6/30/2020	二级
115	苍穹数码技术股份有限公司	XZ2110020130626	7/15/2016	6/30/2020	二级
116	北京天华星航科技有限公司	XZ2110020130627	7/15/2016	6/30/2020	二级
117	北京中软融鑫计算机系统工程有限公司	XZ2110020100271	7/15/2016	6/30/2020	二级
118	北京航天爱威电子技术有限公司	XZ2110020161700	7/1/2016	6/30/2020	二级
119	北京中智润邦科技有限公司	XZ2110020161704	7/1/2016	6/30/2020	二级
120	北京中海通科技有限公司	XZ2110020161706	7/1/2016	6/30/2020	二级
121	恒安嘉新（北京）科技有限公司	XZ2110020161711	7/1/2016	6/30/2020	二级
122	北京慧图科技股份有限公司	XZ2110020161715	7/1/2016	6/30/2020	二级
123	北京华力创通科技股份有限公司	XZ2110020161718	7/1/2016	6/30/2020	二级
124	北京新水源景科技股份有限公司	XZ2110020161722	7/1/2016	6/30/2020	二级
125	北京至成恒业科技发展有限公司	XZ2110020161723	7/1/2016	6/30/2020	二级
126	北京中视广信科技有限公司	XZ2110020161724	7/1/2016	6/30/2020	二级
127	北京中科软科技有限公司	XZ2110020161725	7/1/2016	6/30/2020	二级
128	北京尚洋东方环境科技有限公司	XZ2110020161726	7/1/2016	6/30/2020	二级
129	北京北大软件工程股份有限公司	XZ2110020161727	7/1/2016	6/30/2020	二级
130	北京思维实创科技股份有限公司	XZ2110020161728	7/1/2016	6/30/2020	二级
131	北京万联讯通科技有限公司	XZ2110020161729	7/1/2016	6/30/2020	二级
132	北京思路创新科技有限公司	XZ2110020161730	7/1/2016	6/30/2020	二级
133	北京中科联通科技有限责任公司	XZ2110020161731	7/1/2016	6/30/2020	二级
134	软通动力信息技术（集团）有限公司	XZ2110020161733	7/1/2016	6/30/2020	二级
135	北京中盈安信技术服务股份有限公司	XZ2110020161738	7/1/2016	6/30/2020	二级
136	北京雨辰视美科技有限公司	XZ2110020161760	7/1/2016	6/30/2020	二级
137	北京益泰电子集团有限责任公司	XZ2110020161761	7/1/2016	6/30/2020	二级
138	北京北控电信通信息技术有限公司	XZ2110020130351	6/11/2016	6/30/2020	二级
139	北京金山顶尖科技股份有限公司	XZ2110020060273	6/11/2016	6/30/2020	二级
140	北京宝亮网智电子信息技术有限公司	XZ2110020100240	6/11/2016	6/30/2020	二级
141	中国交通信息中心有限公司	XZ2110020060286	6/11/2016	6/30/2020	二级
142	北京市天元网络技术股份有限公司	XZ2110020070305	6/11/2016	6/30/2020	二级
143	北京高阳金信信息技术有限公司	XZ2110020100002	4/1/2016	6/30/2020	二级
144	北京国安电气有限责任公司	XZ2110020030009	4/1/2016	6/30/2020	二级
145	北京惠讯时代企业科技有限公司	XZ2110020030015	4/1/2016	6/30/2020	二级
146	北京高阳圣思园信息技术有限公司	XZ2110020030020	4/1/2016	6/30/2020	二级
147	北京国都时代科技有限公司	XZ3110020140964	6/16/2017	6/30/2021	三级
148	北京电信通电信工程有限公司	XZ3110020140963	6/16/2017	6/30/2021	三级
149	北京富力通能源软件技术有限公司	XZ3110020140965	6/16/2017	6/30/2021	三级

续表

序号	企业名称	资质证书编号	发证日期	证书有效期	资质等级
150	北京东方红海科技发展有限公司	XZ3110020080093	5/13/2017	6/30/2021	三级
151	北京海石花实业开发公司	XZ3110020080089	5/13/2017	6/30/2021	三级
152	北京星网通信息技术有限公司	XZ3110020080085	5/13/2017	6/30/2021	三级
153	北京世纪安创科技有限公司	XZ3110020170481	4/1/2017	3/31/2021	三级
154	北京力创瑞和电子科技有限公司	XZ3110020170482	4/1/2017	3/31/2021	三级
155	北京北科博研科技有限公司	XZ3110020170485	4/1/2017	3/31/2021	三级
156	北斗导航位置服务（北京）有限公司	XZ3110020170211	4/1/2017	3/31/2021	三级
157	北京国科恒通科技股份有限公司	XZ3110020170212	4/1/2017	3/31/2021	三级
158	北京国信安信息科技有限公司	XZ3110020170213	4/1/2017	3/31/2021	三级
159	北京联创飞翔科技发展有限公司	XZ3110020170214	4/1/2017	3/31/2021	三级
160	北京威泰视信科技有限公司	XZ3110020170215	4/1/2017	3/31/2021	三级
161	北京中北金盾科技有限公司	XZ3110020170216	4/1/2017	3/31/2021	三级
162	北京侏罗纪软件股份有限公司	XZ3110020170217	4/1/2017	3/31/2021	三级
163	航天海鹰机电技术研究院有限公司	XZ3110020170218	4/1/2017	3/31/2021	三级
164	易通远见（北京）科技有限公司	XZ3110020170219	4/1/2017	3/31/2021	三级
165	北京赛尔汇力安全科技有限公司	XZ3110020170220	4/1/2017	3/31/2021	三级
166	博宇融通（北京）电气设备有限公司	XZ3110020170221	4/1/2017	3/31/2021	三级
167	北京东方森太科技发展有限公司	XZ3110020170222	4/1/2017	3/31/2021	三级
168	北京国能日新系统控制技术有限公司	XZ3110020170223	4/1/2017	3/31/2021	三级
169	北京泰阳和正科技发展有限公司	XZ3110020170224	4/1/2017	3/31/2021	三级
170	北京特衡控制工程有限责任公司	XZ3110020170225	4/1/2017	3/31/2021	三级
171	北京网安捷通科技发展有限公司	XZ3110020170226	4/1/2017	3/31/2021	三级
172	北京西普伟业科技发展有限公司	XZ3110020170227	4/1/2017	3/31/2021	三级
173	北京智敏科技发展有限公司	XZ3110020170228	4/1/2017	3/31/2021	三级
174	北京能为科技股份有限公司	XZ3110020170229	4/1/2017	3/31/2021	三级
175	北京智恒通联信息科技有限公司	XZ3110020170230	4/1/2017	3/31/2021	三级
176	宇博信诚（北京）信息技术有限公司	XZ3110020170231	4/1/2017	3/31/2021	三级
177	同方知网数字出版技术股份有限公司	XZ3110020170232	4/1/2017	3/31/2021	三级
178	北京有为信通科技发展有限公司	XZ3110020170233	4/1/2017	3/31/2021	三级
179	北京国富安电子商务安全认证有限公司	XZ3110020170234	4/1/2017	3/31/2021	三级
180	北京思源佳通科技有限公司	XZ3110020170235	4/1/2017	3/31/2021	三级
181	博雅数码科技（北京）有限公司	XZ3110020170237	4/1/2017	3/31/2021	三级
182	北京九天利建信息技术股份有限公司	XZ3110020170238	4/1/2017	3/31/2021	三级
183	北京博超时代软件有限公司	XZ3110020170239	4/1/2017	3/31/2021	三级
184	北京沐融信息科技有限公司	XZ3110020170240	4/1/2017	3/31/2021	三级
185	北京欧飞凌科技有限公司	XZ3110020170241	4/1/2017	3/31/2021	三级
186	北京招通致晟科技有限公司	XZ3110020170242	4/1/2017	3/31/2021	三级
187	北京东方博泰正通通信工程有限责任公司	XZ3110020170483	4/1/2017	3/31/2021	三级

续表

序号	企业名称	资质证书编号	发证日期	证书有效期	资质等级
188	北京紫荆捷控科技有限公司	XZ3110020170484	4/1/2017	3/31/2021	三级
189	北京立信伟业科技发展有限公司	XZ3110020170556	4/1/2017	3/31/2021	三级
190	北京中软泰和科技有限公司	XZ3110020170557	4/1/2017	3/31/2021	三级
191	北京金迈视讯科技发展有限公司	XZ3110020170236	4/1/2017	3/31/2021	三级
192	北京欣卓越技术开发有限责任公司	XZ3110020080061	3/14/2017	3/31/2021	三级
193	北京迪科远望科技有限公司	XZ3110020080062	3/14/2017	3/31/2021	三级
194	北京万集科技股份有限公司	XZ3110020080006	3/14/2017	3/31/2021	三级
195	北京广厦网络技术股份公司	XZ3110020110131	2/21/2017	3/31/2021	三级
196	华云信息技术工程有限公司	XZ3110020110137	2/21/2017	3/31/2021	三级
197	北京京师励耘教育科技有限公司	XZ3110020110125	2/21/2017	3/31/2021	三级
198	北京龙鼎源科技股份有限公司	XZ3110020110115	2/21/2017	3/31/2021	三级
199	北京太极华保科技股份有限公司	XZ3110020110146	2/21/2017	3/31/2021	三级
200	北京智控美信信息技术有限公司	XZ3110020110120	2/21/2017	3/31/2021	三级
201	北京东晨联创科技股份有限公司	XZ3110020110129	2/21/2017	3/31/2021	三级
202	北京瑞驰博通科技有限公司	XZ3110020110147	2/21/2017	3/31/2021	三级
203	北京京诚鼎宇管理系统有限公司	XZ3110020110124	2/21/2017	3/31/2021	三级
204	北京国电海通科技发展有限公司	XZ3110020163521	12/30/2016	12/30/2020	三级
205	北京联益合创科技股份有限公司	XZ3110020163523	12/30/2016	12/30/2020	三级
206	亿唐格信息科技（北京）有限公司	XZ3110020163525	12/30/2016	12/30/2020	三级
207	北京华视远大系统工程技术有限公司	XZ3110020163526	12/30/2016	12/30/2020	三级
208	华大天元（北京）科技股份有限公司	XZ3110020163527	12/30/2016	12/30/2020	三级
209	北京良安科技有限公司	XZ3110020163528	12/30/2016	12/30/2020	三级
210	北京德瑞塔时代网络技术有限公司	XZ3110020163529	12/30/2016	12/30/2020	三级
211	北京建投科信科技发展股份有限公司	XZ3110020163530	12/30/2016	12/30/2020	三级
212	北京昕辰清虹科技有限公司	XZ3110020163531	12/30/2016	12/30/2020	三级
213	北京中天博地科技有限公司	XZ3110020163532	12/30/2016	12/30/2020	三级
214	北京神州视翰科技股份有限公司	XZ3110020163533	12/30/2016	12/30/2020	三级
215	北京天奥银科科技发展有限公司	XZ3110020163534	12/30/2016	12/30/2020	三级
216	有谦软联（北京）信息技术有限公司	XZ3110020163535	12/30/2016	12/30/2020	三级
217	北京科讯华通科技发展有限公司	XZ3110020163536	12/30/2016	12/30/2020	三级
218	九次方大数据信息集团有限公司	XZ3110020163538	12/30/2016	12/30/2020	三级
219	北京四方继保工程技术有限公司	XZ3110020163539	12/30/2016	12/30/2020	三级
220	北京安达鼎盛科技发展有限公司	XZ3110020163540	12/30/2016	12/30/2020	三级
221	北京国铁华晨通信科技有限公司	XZ3110020163541	12/30/2016	12/30/2020	三级
222	北京东联网格科技有限公司	XZ3110020163543	12/30/2016	12/30/2020	三级
223	北京文思海辉金信软件有限公司	XZ3110020163544	12/30/2016	12/30/2020	三级
224	北京蓝色星际科技股份有限公司	XZ3110020163545	12/30/2016	12/30/2020	三级
225	北京富林思博石油科技有限责任公司	XZ3110020163546	12/30/2016	12/30/2020	三级

续表

序号	企业名称	资质证书编号	发证日期	证书有效期	资质等级
226	北京中安科创科技发展有限公司	XZ3110020163547	12/30/2016	12/30/2020	三级
227	中咨华科交通建设技术有限公司	XZ3110020163548	12/30/2016	12/30/2020	三级
228	北京数字天域科技有限责任公司	XZ3110020163549	12/30/2016	12/30/2020	三级
229	北京超图信息技术有限公司	XZ3110020163550	12/30/2016	12/30/2020	三级
230	北京帮安迪信息科技股份有限公司	XZ3110020163551	12/30/2016	12/30/2020	三级
231	北京诚志北分机电技术有限公司	XZ3110020163552	12/30/2016	12/30/2020	三级
232	航天神舟智慧系统技术有限公司	XZ3110020163554	12/30/2016	12/30/2020	三级
233	航天数字传媒有限公司	XZ3110020163555	12/30/2016	12/30/2020	三级
234	北京合力金智科技发展有限公司	XZ3110020163556	12/30/2016	12/30/2020	三级
235	华夏明科（北京）互联网技术股份有限公司	XZ3110020163557	12/30/2016	12/30/2020	三级
236	慧城（北京）科技有限公司	XZ3110020163558	12/30/2016	12/30/2020	三级
237	北京千松科技发展有限公司	XZ3110020163559	12/30/2016	12/30/2020	三级
238	北京世纪国源科技股份有限公司	XZ3110020163560	12/30/2016	12/30/2020	三级
239	网峰科技有限公司	XZ3110020163561	12/30/2016	12/30/2020	三级
240	北京信通安盟科技有限公司	XZ3110020163562	12/30/2016	12/30/2020	三级
241	北京用尚科技股份有限公司	XZ3110020163563	12/30/2016	12/30/2020	三级
242	北京北清视通信息技术有限公司	XZ3110020163565	12/30/2016	12/30/2020	三级
243	北京绿色苹果技术有限公司	XZ3110020163566	12/30/2016	12/30/2020	三级
244	航天科工智慧产业发展有限公司	XZ3110020163567	12/30/2016	12/30/2020	三级
245	北京亚信数据有限公司	XZ3110020163568	12/30/2016	12/30/2020	三级
246	北京柯莱特科技有限公司	XZ3110020163569	12/30/2016	12/30/2020	三级
247	嘉桓（北京）科技有限公司	XZ3110020163570	12/30/2016	12/30/2020	三级
248	北京丰瑞祥信息技术股份有限公司	XZ3110020163571	12/30/2016	12/30/2020	三级
249	中国华戎控股有限公司	XZ3110020163572	12/30/2016	12/30/2020	三级
250	北京易光达科技发展股份有限公司	XZ3110020163573	12/30/2016	12/30/2020	三级
251	北京中创万联电子技术有限公司	XZ3110020163574	12/30/2016	12/30/2020	三级
252	北京国控天成科技有限公司	XZ3110020163575	12/30/2016	12/30/2020	三级
253	北京旋极信息技术股份有限公司	XZ3110020163576	12/30/2016	12/30/2020	三级
254	北京国遥新天地信息技术有限公司	XZ3110020163827	12/30/2016	12/30/2020	三级
255	北京华科软科技有限公司	XZ3110020162398	12/30/2016	12/30/2020	三级
256	中国国际电子商务有限公司	XZ3110020162416	12/30/2016	12/30/2020	三级
257	北京昊普康科技股份有限公司	XZ3110020162420	12/30/2016	12/30/2020	三级
258	北京希安科电子系统工程有限责任公司	XZ3110020161245	12/30/2016	12/30/2020	三级
259	中国电建集团北京勘测设计研究院有限公司	XZ3110020163537	12/30/2016	12/30/2020	三级
260	绿盾征信（北京）有限公司	XZ3110020163542	12/30/2016	12/30/2020	三级
261	北京长征高科技有限公司	XZ3110020163577	12/30/2016	12/30/2020	三级
262	北京亚康万玮信息技术有限公司	XZ3110020163524	12/30/2016	12/30/2020	三级
263	北京月新时代科技股份有限公司	XZ3110020070738	12/28/2016	12/30/2020	三级

续表

序号	企业名称	资质证书编号	发证日期	证书有效期	资质等级
264	北京蓝卫通科技有限公司	XZ3110020070732	12/28/2016	12/30/2020	三级
265	北京东方金指科技有限公司	XZ3110020070659	12/28/2016	12/30/2020	三级
266	北京北科光大信息技术股份有限公司	XZ3110020060646	12/28/2016	12/30/2020	三级
267	北控软件有限公司	XZ3110020060645	12/28/2016	12/30/2020	三级
268	北京爱特泰克技术股份公司	XZ3110020060581	12/28/2016	12/30/2020	三级
269	北京北控电信通科技发展有限公司	XZ3110020162721	11/22/2016	12/31/2020	三级
270	北京中星世通电子科技有限公司	XZ3110020131104	11/22/2016	11/20/2020	三级
271	北京商务中心区通信科技有限公司	XZ3110020100480	11/22/2016	11/20/2020	三级
272	北京天川科技发展有限公司	XZ3110020100482	11/22/2016	11/20/2020	三级
273	北京东联世纪科技股份有限公司	XZ3110020100484	11/22/2016	11/20/2020	三级
274	北京康拓科技有限公司	XZ3110020100485	11/22/2016	11/20/2020	三级
275	北京阳光节点科技有限公司	XZ3110020100490	11/22/2016	11/20/2020	三级
276	易尚明天科技有限公司	XZ3110020100496	11/22/2016	11/20/2020	三级
277	北京市万力佳创网络技术有限公司	XZ3110020030534	11/22/2016	11/20/2020	三级
278	北京航天新概念软件有限公司	XZ3110020030537	11/22/2016	11/20/2020	三级
279	北京天鸿同信科技有限公司	XZ3110020100486	11/22/2016	11/20/2020	三级
280	北京星球数码科技有限公司	XZ3110020100501	11/22/2016	11/20/2020	三级
281	北京海澄华图科技有限公司	XZ3110020131128	11/22/2016	11/20/2020	三级
282	北京欧迈特科技股份有限公司	XZ3110020131129	11/22/2016	11/20/2020	三级
283	北京国网富达科技发展有限责任公司	XZ3110020131130	11/22/2016	11/20/2020	三级
284	北京鹏润鸿途科技股份有限公司	XZ3110020131132	11/22/2016	11/20/2020	三级
285	北京万维基业科技有限公司	XZ3110020131133	11/22/2016	11/20/2020	三级
286	北京中教美育科技有限公司	XZ3110020131138	11/22/2016	11/20/2020	三级
287	北京数码易知科技发展有限责任公司	XZ3110020131141	11/22/2016	11/20/2020	三级
288	北京东方天安科技有限公司	XZ3110020131142	11/22/2016	11/20/2020	三级
289	北方华录文化科技（北京）有限公司	XZ3110020131146	11/22/2016	11/20/2020	三级
290	北京博亚龙辉科技有限公司	XZ3110020131148	11/22/2016	11/20/2020	三级
291	北京恒昌华安信息技术有限公司	XZ3110020131149	11/22/2016	11/20/2020	三级
292	北京尚水信息技术股份有限公司	XZ3110020131150	11/22/2016	11/20/2020	三级
293	北京天行网安信息技术有限责任公司	XZ3110020131151	11/22/2016	11/20/2020	三级
294	北京天智祥信息科技有限公司	XZ3110020131152	11/22/2016	11/20/2020	三级
295	北京东润环能科技股份有限公司	XZ3110020131154	11/22/2016	11/20/2020	三级
296	北京太比雅科技股份有限公司	XZ3110020131156	11/22/2016	11/20/2020	三级
297	北京中核华辉科技发展有限公司	XZ3110020131157	11/22/2016	11/20/2020	三级
298	北京恒合智信系统集成科技有限公司	XZ3110020131159	11/22/2016	11/20/2020	三级
299	北京致远互联软件股份有限公司	XZ3110020131500	11/22/2016	11/20/2020	三级
300	北京大道信通科技股份有限公司	XZ3110020131502	11/22/2016	11/20/2020	三级
301	北京朗程科讯科技有限公司	XZ3110020131166	11/22/2016	11/20/2020	三级

续表

序号	企业名称	资质证书编号	发证日期	证书有效期	资质等级
302	北京青铜鼎软件科技开发有限公司	XZ3110020131504	11/22/2016	11/20/2020	三级
303	中水环球（北京）科技有限公司	XZ3110020131143	11/22/2016	11/20/2020	三级
304	艾迪艾思（北京）科技股份有限公司	XZ3110020131145	11/22/2016	11/20/2020	三级
305	青牛（北京）技术有限公司	XZ3110020131162	11/22/2016	11/20/2020	三级
306	北京美智医疗科技有限公司	XZ3110020131127	11/22/2016	11/20/2020	三级
307	北京麦格天宝科技股份有限公司	XZ3110020131126	11/22/2016	11/20/2020	三级
308	北京宽连十方数字技术有限公司	XZ3110020131167	11/22/2016	11/20/2020	三级
309	北京神讯信息科技有限公司	XZ3110020100481	11/22/2016	11/20/2020	三级
310	北京环亚时代信息技术有限公司	XZ3110020162719	11/11/2016	12/31/2020	三级
311	北京联信永益信息技术有限公司	XZ3110020162726	11/11/2016	12/31/2020	三级
312	北京派得伟业科技发展有限公司	XZ3110020070442	10/22/2016	11/20/2020	三级
313	北京长信泰康通信技术有限公司	XZ3110020060415	10/22/2016	11/20/2020	三级
314	北京和信日晟科技有限公司	XZ3110020060420	10/22/2016	11/20/2020	三级
315	北京神州同正科技有限公司	XZ3110020070512	10/22/2016	11/20/2020	三级
316	北京北控三兴信息技术有限公司	XZ3110020070515	10/22/2016	11/20/2020	三级
317	北京鸿合智能系统股份有限公司	XZ3110020070444	10/22/2016	11/20/2020	三级
318	北京希益丰科技有限公司	XZ3110020070514	10/22/2016	11/20/2020	三级
319	诺基亚通信系统技术（北京）有限公司	XZ3110020162347	9/30/2016	9/30/2020	三级
320	北京安氏领信教育科技有限公司	XZ3110020162348	9/30/2016	9/30/2020	三级
321	北京辰安信息科技有限公司	XZ3110020162350	9/30/2016	9/30/2020	三级
322	北京电信易通信息技术股份有限公司	XZ3110020162351	9/30/2016	9/30/2020	三级
323	北京华胜信安电子科技发展有限公司	XZ3110020162352	9/30/2016	9/30/2020	三级
324	北京嘉海鼎盛科技有限公司	XZ3110020162353	9/30/2016	9/30/2020	三级
325	北京铭润创展科技有限公司	XZ3110020162354	9/30/2016	9/30/2020	三级
326	北京锐驰瑞德信息系统工程股份有限公司	XZ3110020162355	9/30/2016	9/30/2020	三级
327	北京瑞华天健科技股份有限公司	XZ3110020162356	9/30/2016	9/30/2020	三级
328	北京唐合易成科技发展有限公司	XZ3110020162357	9/30/2016	9/30/2020	三级
329	北京星华永泰科技有限公司	XZ3110020162358	9/30/2016	9/30/2020	三级
330	北京智华信科技股份有限公司	XZ3110020162359	9/30/2016	9/30/2020	三级
331	北京智网科技股份有限公司	XZ3110020162360	9/30/2016	9/30/2020	三级
332	中电华瑞技术有限公司	XZ3110020162361	9/30/2016	9/30/2020	三级
333	中林信达（北京）科技信息有限责任公司	XZ3110020162362	9/30/2016	9/30/2020	三级
334	北京中天众达信息科技有限公司	XZ3110020162363	9/30/2016	9/30/2020	三级
335	北京匡恩网络科技有限责任公司	XZ3110020162364	9/30/2016	9/30/2020	三级
336	北京吉威时代软件股份有限公司	XZ3110020162365	9/30/2016	9/30/2020	三级
337	北京天晟通科技有限公司	XZ3110020162366	9/30/2016	9/30/2020	三级
338	北京中科模识科技有限公司	XZ3110020162367	9/30/2016	9/30/2020	三级
339	航天星图科技（北京）有限公司	XZ3110020162368	9/30/2016	9/30/2020	三级

续表

序号	企业名称	资质证书编号	发证日期	证书有效期	资质等级
340	北京亚信智慧数据科技有限公司	XZ3110020162369	9/30/2016	9/30/2020	三级
341	北京联创信安科技股份有限公司	XZ3110020162370	9/30/2016	9/30/2020	三级
342	北京爱可生信息技术股份有限公司	XZ3110020162371	9/30/2016	9/30/2020	三级
343	北京丹灵思科迪科技有限责任公司	XZ3110020162374	9/30/2016	9/30/2020	三级
344	北京多维视通技术有限公司	XZ3110020162375	9/30/2016	9/30/2020	三级
345	北京中电中天电子工程有限公司	XZ3110020162377	9/30/2016	9/30/2020	三级
346	博易智软（北京）技术股份有限公司	XZ3110020162378	9/30/2016	9/30/2020	三级
347	北京蓝深大业计算机网络有限公司	XZ3110020162381	9/30/2016	9/30/2020	三级
348	北京力天创科技有限公司	XZ3110020162382	9/30/2016	9/30/2020	三级
349	北京佳惠信达科技有限公司	XZ3110020162383	9/30/2016	9/30/2020	三级
350	北京国政科技有限公司	XZ3110020162384	9/30/2016	9/30/2020	三级
351	北京东迅通科技有限公司	XZ3110020162386	9/30/2016	9/30/2020	三级
352	北京吉山时代高新技术有限公司	XZ3110020162387	9/30/2016	9/30/2020	三级
353	北京神州普惠科技股份有限公司	XZ3110020162388	9/30/2016	9/30/2020	三级
354	北京鑫裕富华科技有限公司	XZ3110020162389	9/30/2016	9/30/2020	三级
355	北京卓成世纪科技发展有限公司	XZ3110020162390	9/30/2016	9/30/2020	三级
356	中科创达软件股份有限公司	XZ3110020162391	9/30/2016	9/30/2020	三级
357	北京东方嘉力信息科技有限公司	XZ3110020162392	9/30/2016	9/30/2020	三级
358	极致锐信（北京）科技有限公司	XZ3110020162393	9/30/2016	9/30/2020	三级
359	国信君和（北京）科技有限公司	XZ3110020162394	9/30/2016	9/30/2020	三级
360	北京恒信万通通信技术有限公司	XZ3110020162395	9/30/2016	9/30/2020	三级
361	北京天合数维科技有限公司	XZ3110020162396	9/30/2016	9/30/2020	三级
362	北京盛世政通软件发展有限公司	XZ3110020162397	9/30/2016	9/30/2020	三级
363	北京春秋永乐文化传播股份有限公司	XZ3110020162399	9/30/2016	9/30/2020	三级
364	北京融和创科技有限公司	XZ3110020162400	9/30/2016	9/30/2020	三级
365	北京中盛博方环保工程技术有限公司	XZ3110020162401	9/30/2016	9/30/2020	三级
366	北京尚优力达科技有限公司	XZ3110020162402	9/30/2016	9/30/2020	三级
367	北京天地玛珂电液控制系统有限公司	XZ3110020162404	9/30/2016	9/30/2020	三级
368	连山管控（北京）信息技术有限公司	XZ3110020162405	9/30/2016	9/30/2020	三级
369	北京德火新媒体技术有限公司	XZ3110020162406	9/30/2016	9/30/2020	三级
370	嘉迅源（北京）智能系统科技有限公司	XZ3110020162407	9/30/2016	9/30/2020	三级
371	联通时科（北京）信息技术有限公司	XZ3110020162408	9/30/2016	9/30/2020	三级
372	中电科唱（北京）科技有限责任公司	XZ3110020162409	9/30/2016	9/30/2020	三级
373	北京泰利思诺信息技术股份有限公司	XZ3110020162410	9/30/2016	9/30/2020	三级
374	北京国能信达能源工程技术有限公司	XZ3110020162411	9/30/2016	9/30/2020	三级
375	北京明生宏达科技有限公司	XZ3110020162413	9/30/2016	9/30/2020	三级
376	华录出版传媒有限公司	XZ3110020162414	9/30/2016	9/30/2020	三级
377	北京谷东网科技有限公司	XZ3110020162415	9/30/2016	9/30/2020	三级

续表

序号	企业名称	资质证书编号	发证日期	证书有效期	资质等级
378	北京国联视讯信息技术股份有限公司	XZ3110020162417	9/30/2016	9/30/2020	三级
379	北京海卓水信科技有限公司	XZ3110020162418	9/30/2016	9/30/2020	三级
380	北京恒信彩虹信息技术有限公司	XZ3110020162421	9/30/2016	9/30/2020	三级
381	北京华创维想科技开发有限责任公司	XZ3110020162422	9/30/2016	9/30/2020	三级
382	北京金风慧能技术有限公司	XZ3110020162423	9/30/2016	9/30/2020	三级
383	北京京诚瑞达电气工程技术有限公司	XZ3110020162424	9/30/2016	9/30/2020	三级
384	北京瞭望者科技有限责任公司	XZ3110020162426	9/30/2016	9/30/2020	三级
385	北京睿至大数据有限公司	XZ3110020162427	9/30/2016	9/30/2020	三级
386	北京赛佰特科技有限公司	XZ3110020162428	9/30/2016	9/30/2020	三级
387	北京数慧时空信息技术有限公司	XZ3110020162429	9/30/2016	9/30/2020	三级
388	北京思立达科技有限公司	XZ3110020162430	9/30/2016	9/30/2020	三级
389	北京索创思源科技有限公司	XZ3110020162431	9/30/2016	9/30/2020	三级
390	北京腾实信科技股份有限公司	XZ3110020162432	9/30/2016	9/30/2020	三级
391	北京同方时讯电子股份有限公司	XZ3110020162433	9/30/2016	9/30/2020	三级
392	北京微链国信系统集成有限公司	XZ3110020162434	9/30/2016	9/30/2020	三级
393	北京成城众信科技有限公司	XZ3110020162435	9/30/2016	9/30/2020	三级
394	亿水泰科（北京）信息技术有限公司	XZ3110020162437	9/30/2016	9/30/2020	三级
395	北京银都新天地科技有限公司	XZ3110020162439	9/30/2016	9/30/2020	三级
396	北京正阳基业科技有限公司	XZ3110020162440	9/30/2016	9/30/2020	三级
397	北京中科天成科技有限公司	XZ3110020162441	9/30/2016	9/30/2020	三级
398	北京中洲汇丰科技发展有限公司	XZ3110020162444	9/30/2016	9/30/2020	三级
399	北京百卓网络技术有限公司	XZ3110020162445	9/30/2016	9/30/2020	三级
400	北京安氏领信科技发展有限公司	XZ3110020162349	9/30/2016	9/30/2020	三级
401	北京文安智能技术股份有限公司	XZ3110020162373	9/30/2016	9/30/2020	三级
402	北京凡米物联科技有限公司	XZ3110020162379	9/30/2016	9/30/2020	三级
403	北京永信至诚科技股份有限公司	XZ3110020162380	9/30/2016	9/30/2020	三级
404	爱创容德（北京）科技有限公司	XZ3110020162385	9/30/2016	9/30/2020	三级
405	北京信达泰利科技有限公司	XZ3110020162412	9/30/2016	9/30/2020	三级
406	中国航空国际建设投资有限公司	XZ3110020162419	9/30/2016	9/30/2020	三级
407	北京乐卡仕技术有限公司	XZ3110020162425	9/30/2016	9/30/2020	三级
408	北京东昀汇通信息服务有限公司	XZ3110020162436	9/30/2016	9/30/2020	三级
409	益都智能技术（北京）股份有限公司	XZ3110020162438	9/30/2016	9/30/2020	三级
410	中网国金集团有限公司	XZ3110020162442	9/30/2016	9/30/2020	三级
411	北京数码彩通科技有限公司	XZ3110020162376	9/30/2016	9/30/2020	三级
412	北京图景佳科技有限公司	XZ3110020162372	9/30/2016	9/30/2020	三级
413	中电科技电子信息系统有限公司	XZ3110020131075	9/8/2016	12/21/2020	三级
414	北京国信博飞科技发展有限公司	XZ3110020060361	9/8/2016	12/21/2020	三级
415	北京双鑫汇在线科技有限公司	XZ3110020070409	9/8/2016	12/21/2020	三级

续表

序号	企业名称	资质证书编号	发证日期	证书有效期	资质等级
416	北京数字认证股份有限公司	XZ3110020100308	8/17/2016	12/21/2020	三级
417	北京华云星地通科技有限公司	XZ3110020100310	8/17/2016	12/21/2020	三级
418	北京永正信达数码科技有限公司	XZ3110020100315	8/17/2016	12/21/2020	三级
419	中国航空结算有限责任公司	XZ3110020100316	8/17/2016	12/21/2020	三级
420	北京方胜有成科技股份有限公司	XZ3110020130681	8/17/2016	12/21/2020	三级
421	北京新宏高科信息技术有限公司	XZ3110020130682	8/17/2016	12/21/2020	三级
422	北京瑞翔恒宇科技有限公司	XZ3110020130688	8/17/2016	12/21/2020	三级
423	北京北方博业科技发展有限公司	XZ3110020130689	8/17/2016	12/21/2020	三级
424	金舵时代（北京）科技有限公司	XZ3110020130690	8/17/2016	12/21/2020	三级
425	北京宏涛嘉业信息系统股份有限公司	XZ3110020130691	8/17/2016	12/21/2020	三级
426	北京众诚天合系统集成科技有限公司	XZ3110020130696	8/17/2016	12/21/2020	三级
427	北京同步科技有限公司	XZ3110020130697	8/17/2016	12/21/2020	三级
428	北京讯风光通信技术开发有限责任公司	XZ3110020130698	8/17/2016	12/21/2020	三级
429	北京银河万佳电子技术有限公司	XZ3110020130701	8/17/2016	12/21/2020	三级
430	北京大唐志诚软件技术有限公司	XZ3110020130702	8/17/2016	12/21/2020	三级
431	北京安普利信息技术有限公司	XZ3110020130703	8/17/2016	12/21/2020	三级
432	中科九度（北京）空间信息技术有限责任公司	XZ3110020130705	8/17/2016	12/21/2020	三级
433	北京圣世博泰科技股份有限公司	XZ3110020130708	8/17/2016	12/21/2020	三级
434	北京圣邦天麒科技有限公司	XZ3110020130712	8/17/2016	12/21/2020	三级
435	北京信利恒丰科技发展有限公司	XZ3110020130716	8/17/2016	12/21/2020	三级
436	北京爱创科技股份有限公司	XZ3110020130720	8/17/2016	12/21/2020	三级
437	北京华颖利达科技有限公司	XZ3110020130723	8/17/2016	12/21/2020	三级
438	北京蓝耘科技股份有限公司	XZ3110020130725	8/17/2016	12/21/2020	三级
439	北京大河茂源科技有限公司	XZ3110020130727	8/17/2016	12/21/2020	三级
440	北京博伟伟业科技有限责任公司	XZ3110020130728	8/17/2016	12/21/2020	三级
441	北京明通视讯创新技术有限公司	XZ3110020130730	8/17/2016	12/21/2020	三级
442	北京诺亚盛智信息科技有限公司	XZ3110020130737	8/17/2016	12/21/2020	三级
443	北京呈创科技股份有限公司	XZ3110020130742	8/17/2016	12/21/2020	三级
444	北京天润新禾信息技术有限公司	XZ3110020130744	8/17/2016	12/21/2020	三级
445	北京蓝拓扑电子技术有限公司	XZ3110020131057	8/17/2016	12/21/2020	三级
446	北京元鼎时代科技股份有限公司	XZ3110020131060	8/17/2016	12/21/2020	三级
447	北京广通信达软件股份有限公司	XZ3110020131069	8/17/2016	12/21/2020	三级
448	北京新思软件技术有限公司	XZ3110020131083	8/17/2016	12/21/2020	三级
449	北京鼎顺通信工程有限公司	XZ3110020130733	8/17/2016	12/21/2020	三级
450	北京航天理想科技股份有限公司	XZ3110020130713	8/17/2016	12/21/2020	三级
451	北京品傲光电科技有限公司	XZ3110020130684	8/17/2016	12/21/2020	三级
452	北京天华育鑫科贸有限公司	XZ3110020130726	8/17/2016	12/21/2020	三级
453	北京博达兴创科技股份公司	XZ3110020130741	8/17/2016	12/21/2020	三级

续表

序号	企业名称	资质证书编号	发证日期	证书有效期	资质等级
454	北京阳光金力科技发展有限公司	XZ3110020100407	8/17/2016	12/21/2020	三级
455	北京视通天地科技发展有限公司	XZ3110020130715	8/17/2016	12/21/2020	三级
456	迈锐数据（北京）有限公司	XZ3110020130680	8/17/2016	12/21/2020	三级
457	民航数据通信有限责任公司	XZ3110020130686	8/17/2016	12/21/2020	三级
458	北京润博星原科技发展有限公司	XZ3110020160638	7/15/2016	6/30/2020	三级
459	北京联合伟世科技股份有限公司	XZ3110020130662	7/15/2016	6/30/2020	三级
460	北京中鼎立天电子科技发展有限公司	XZ3110020161242	7/1/2016	6/30/2020	三级
461	北京麦迪克斯科技有限公司	XZ3110020161243	7/1/2016	6/30/2020	三级
462	中软恒信（北京）科技股份有限公司	XZ3110020161244	7/1/2016	6/30/2020	三级
463	北京华宇铭通科技有限公司	XZ3110020161246	7/1/2016	6/30/2020	三级
464	北京大唐高鸿软件技术有限公司	XZ3110020161247	7/1/2016	6/30/2020	三级
465	北京康威视通科技有限公司	XZ3110020161250	7/1/2016	6/30/2020	三级
466	北京蓝海达信科技有限公司	XZ3110020161251	7/1/2016	6/30/2020	三级
467	北京远为软件有限公司	XZ3110020161252	7/1/2016	6/30/2020	三级
468	世隆伟业（北京）科技有限公司	XZ3110020161253	7/1/2016	6/30/2020	三级
469	北京中科江南信息技术股份有限公司	XZ3110020161254	7/1/2016	6/30/2020	三级
470	溢彩阳光（北京）科技有限公司	XZ3110020161255	7/1/2016	6/30/2020	三级
471	北京宏鼎舟电子有限公司	XZ3110020161259	7/1/2016	6/30/2020	三级
472	中兴国通通讯装备技术（北京）有限公司	XZ3110020161262	7/1/2016	6/30/2020	三级
473	北京华路时代信息技术股份有限公司	XZ3110020161263	7/1/2016	6/30/2020	三级
474	北京国信华源科技有限公司	XZ3110020161264	7/1/2016	6/30/2020	三级
475	北京地星伟业数码科技有限公司	XZ3110020161265	7/1/2016	6/30/2020	三级
476	北京中航讯科技股份有限公司	XZ3110020161266	7/1/2016	6/30/2020	三级
477	北京百年树人远程教育有限公司	XZ3110020161267	7/1/2016	6/30/2020	三级
478	海丰通航科技有限公司	XZ3110020161268	7/1/2016	6/30/2020	三级
479	北京泰合佳通信息技术有限公司	XZ3110020161269	7/1/2016	6/30/2020	三级
480	北京东方鸿泰科技有限公司	XZ3110020161270	7/1/2016	6/30/2020	三级
481	北京创联致信科技有限公司	XZ3110020161271	7/1/2016	6/30/2020	三级
482	北京鑫万佳科技发展有限公司	XZ3110020161272	7/1/2016	6/30/2020	三级
483	北京中福通信工程有限公司	XZ3110020161273	7/1/2016	6/30/2020	三级
484	北京国通创安报警网络技术有限公司	XZ3110020161274	7/1/2016	6/30/2020	三级
485	北京盛龙驰科技发展有限公司	XZ3110020161275	7/1/2016	6/30/2020	三级
486	北京天海航天电子科技有限公司	XZ3110020161276	7/1/2016	6/30/2020	三级
487	北京应天海乐科技发展有限公司	XZ3110020161277	7/1/2016	6/30/2020	三级
488	元智科技集团有限公司	XZ3110020161278	7/1/2016	6/30/2020	三级
489	北京安赛克科技有限公司	XZ3110020161292	7/1/2016	6/30/2020	三级
490	北京安信华科技股份有限公司	XZ3110020161293	7/1/2016	6/30/2020	三级
491	北京傲盾软件有限责任公司	XZ3110020161294	7/1/2016	6/30/2020	三级

续表

序号	企业名称	资质证书编号	发证日期	证书有效期	资质等级
492	北京百纳友为科技有限公司	XZ3110020161295	7/1/2016	6/30/2020	三级
493	北大医疗信息技术有限公司	XZ3110020161296	7/1/2016	6/30/2020	三级
494	北斗航天卫星应用科技集团有限公司	XZ3110020161297	7/1/2016	6/30/2020	三级
495	北京北斗星地科技发展有限公司	XZ3110020161298	7/1/2016	6/30/2020	三级
496	北控捷通（北京）科技发展有限公司	XZ3110020161299	7/1/2016	6/30/2020	三级
497	北京博雅智学软件股份有限公司	XZ3110020161300	7/1/2016	6/30/2020	三级
498	博彦科技股份有限公司	XZ3110020161301	7/1/2016	6/30/2020	三级
499	北京巅峰美景科技有限责任公司	XZ3110020161302	7/1/2016	6/30/2020	三级
500	国富瑞数据系统有限公司	XZ3110020161303	7/1/2016	6/30/2020	三级
501	北京国际系统控制有限公司	XZ3110020161304	7/1/2016	6/30/2020	三级
502	北京国双科技有限公司	XZ3110020161305	7/1/2016	6/30/2020	三级
503	北京航天晨信科技有限责任公司	XZ3110020161307	7/1/2016	6/30/2020	三级
504	北京恒步永进系统集成有限公司	XZ3110020161308	7/1/2016	6/30/2020	三级
505	北京华锋富诚信息技术有限公司	XZ3110020161309	7/1/2016	6/30/2020	三级
506	北京慧萌信安软件技术有限公司	XZ3110020161310	7/1/2016	6/30/2020	三级
507	北京慧通顺恒技术服务有限公司	XZ3110020161311	7/1/2016	6/30/2020	三级
508	金交恒通有限公司	XZ3110020161312	7/1/2016	6/30/2020	三级
509	北京广电音视科技发展有限公司	XZ3110020161313	7/1/2016	6/30/2020	三级
510	北京康大诚泰通信技术有限公司	XZ3110020161314	7/1/2016	6/30/2020	三级
511	北京康科达成科技发展有限公司	XZ3110020161315	7/1/2016	6/30/2020	三级
512	北京立思辰新技术有限公司	XZ3110020161316	7/1/2016	6/30/2020	三级
513	北京联华盛麒智能信息技术有限公司	XZ3110020161317	7/1/2016	6/30/2020	三级
514	梅安森元图（北京）软件技术有限公司	XZ3110020161319	7/1/2016	6/30/2020	三级
515	北京乾邦科技发展有限公司	XZ3110020161320	7/1/2016	6/30/2020	三级
516	北京数立通科技有限责任公司	XZ3110020161321	7/1/2016	6/30/2020	三级
517	北京四维通联科技有限公司	XZ3110020161322	7/1/2016	6/30/2020	三级
518	北京鑫创思特科技有限公司	XZ3110020161323	7/1/2016	6/30/2020	三级
519	北京易联通达科技有限公司	XZ3110020161324	7/1/2016	6/30/2020	三级
520	北京银天科创信息技术有限公司	XZ3110020161325	7/1/2016	6/30/2020	三级
521	北京赢科天地电子有限公司	XZ3110020161326	7/1/2016	6/30/2020	三级
522	北京永恒信业科技有限公司	XZ3110020161327	7/1/2016	6/30/2020	三级
523	北京预前科技有限公司	XZ3110020161328	7/1/2016	6/30/2020	三级
524	智盛新纪（北京）科技发展有限公司	XZ3110020161329	7/1/2016	6/30/2020	三级
525	北京智云达科技股份有限公司	XZ3110020161330	7/1/2016	6/30/2020	三级
526	北京中诚佳合科技发展有限公司	XZ3110020161331	7/1/2016	6/30/2020	三级
527	中电普信（北京）科技发展有限公司	XZ3110020161332	7/1/2016	6/30/2020	三级
528	中科方德软件有限公司	XZ3110020161333	7/1/2016	6/30/2020	三级
529	北京中科朗思信息技术有限公司	XZ3110020161334	7/1/2016	6/30/2020	三级

续表

序号	企业名称	资质证书编号	发证日期	证书有效期	资质等级
530	北京中科盈联科技有限公司	XZ3110020161335	7/1/2016	6/30/2020	三级
531	北京新水京威水务工程有限公司	XZ3110020161336	7/1/2016	6/30/2020	三级
532	北京正通汇智科技股份有限公司	XZ3110020161337	7/1/2016	6/30/2020	三级
533	北京博大光通物联科技股份有限公司	XZ3110020161338	7/1/2016	6/30/2020	三级
534	北京九鼎图业科技有限公司	XZ3110020161339	7/1/2016	6/30/2020	三级
535	北京长久斯捷科贸有限责任公司	XZ3110020161340	7/1/2016	6/30/2020	三级
536	中译语通科技（北京）有限公司	XZ3110020161341	7/1/2016	6/30/2020	三级
537	北京润华信通科技有限公司	XZ3110020161342	7/1/2016	6/30/2020	三级
538	北京航天易联科技发展有限公司	XZ3110020161343	7/1/2016	6/30/2020	三级
539	惠德时代能源科技（北京）有限公司	XZ3110020161344	7/1/2016	6/30/2020	三级
540	北京筑龙信息技术有限责任公司	XZ3110020161345	7/1/2016	6/30/2020	三级
541	北京众谊越泰科技有限公司	XZ3110020161346	7/1/2016	6/30/2020	三级
542	北京中科同向信息技术有限公司	XZ3110020161347	7/1/2016	6/30/2020	三级
543	北京网梯科技发展有限公司	XZ3110020161348	7/1/2016	6/30/2020	三级
544	北京国金源富科技有限公司	XZ3110020161349	7/1/2016	6/30/2020	三级
545	北京安宏睿业科技有限公司	XZ3110020161350	7/1/2016	6/30/2020	三级
546	北京开云科技有限公司	XZ3110020161351	7/1/2016	6/30/2020	三级
547	北京华勤创新软件有限公司	XZ3110020161352	7/1/2016	6/30/2020	三级
548	奔讯电子科技（北京）有限公司	XZ3110020161353	7/1/2016	6/30/2020	三级
549	北京尚博信科技有限公司	XZ3110020161354	7/1/2016	6/30/2020	三级
550	中联佳裕科技（北京）有限公司	XZ3110020161355	7/1/2016	6/30/2020	三级
551	北京万寿伟业技术发展有限公司	XZ3110020161356	7/1/2016	6/30/2020	三级
552	北京天耀宏图科技有限公司	XZ3110020161358	7/1/2016	6/30/2020	三级
553	华夏明信（北京）科技有限责任公司	XZ3110020161359	7/1/2016	6/30/2020	三级
554	北京合创医信科技有限公司	XZ3110020161360	7/1/2016	6/30/2020	三级
555	北京云星宇科技服务有限公司	XZ3110020161361	7/1/2016	6/30/2020	三级
556	北京神威远通科技有限公司	XZ3110020161362	7/1/2016	6/30/2020	三级
557	北京京捷铭阳科技有限公司	XZ3110020161363	7/1/2016	6/30/2020	三级
558	讴开智慧医疗科技（北京）股份有限公司	XZ3110020161364	7/1/2016	6/30/2020	三级
559	北京博雅英杰科技股份有限公司	XZ3110020161365	7/1/2016	6/30/2020	三级
560	北京点聚信息技术有限公司	XZ3110020161366	7/1/2016	6/30/2020	三级
561	北京华盛海天科技发展有限公司	XZ3110020161367	7/1/2016	6/30/2020	三级
562	北京清大科越股份有限公司	XZ3110020161368	7/1/2016	6/30/2020	三级
563	北京安宁盈科软件系统技术有限公司	XZ3110020161369	7/1/2016	6/30/2020	三级
564	中科隆声科技有限公司	XZ3110020161371	7/1/2016	6/30/2020	三级
565	北京华云网际科技有限公司	XZ3110020161372	7/1/2016	6/30/2020	三级
566	中科成大（北京）科技有限公司	XZ3110020161375	7/1/2016	6/30/2020	三级
567	北京华盛天荣通信技术有限公司	XZ3110020161376	7/1/2016	6/30/2020	三级

续表

序号	企业名称	资质证书编号	发证日期	证书有效期	资质等级
568	随锐科技股份有限公司	XZ3110020161377	7/1/2016	6/30/2020	三级
569	北京天诚盛业科技有限公司	XZ3110020161378	7/1/2016	6/30/2020	三级
570	明博教育科技股份有限公司	XZ3110020161380	7/1/2016	6/30/2020	三级
571	北京爱狄特信息科技有限公司	XZ3110020161381	7/1/2016	6/30/2020	三级
572	北京东海岸技术开发有限责任公司	XZ3110020161382	7/1/2016	6/30/2020	三级
573	国科政信科技（北京）股份有限公司	XZ3110020161383	7/1/2016	6/30/2020	三级
574	亿恒讯通（北京）网络技术有限公司	XZ3110020161384	7/1/2016	6/30/2020	三级
575	北京博华信智科技股份有限公司	XZ3110020161385	7/1/2016	6/30/2020	三级
576	北京中建智能建筑系统集成有限公司	XZ3110020161775	7/1/2016	6/30/2020	三级
577	北京双龙智博科技开发有限公司	XZ3110020161370	7/1/2016	6/30/2020	三级
578	北京汉博信息技术有限公司	XZ3110020161241	7/1/2016	6/30/2020	三级
579	北京广行世纪科技有限公司	XZ3110020161248	7/1/2016	6/30/2020	三级
580	北京国研世纪科技发展有限公司	XZ3110020161249	7/1/2016	6/30/2020	三级
581	北京诺君安信息技术股份有限公司	XZ3110020161256	7/1/2016	6/30/2020	三级
582	北京旷视科技有限公司	XZ3110020161257	7/1/2016	6/30/2020	三级
583	北京科仪诚德科技有限公司	XZ3110020161258	7/1/2016	6/30/2020	三级
584	北京百信弘晟信息技术有限公司	XZ3110020161379	7/1/2016	6/30/2020	三级
585	北京环亚信通信息科技有限公司	XZ3110020100178	5/20/2016	5/19/2020	三级
586	北京纵横兴业科技发展有限公司	XZ3110020070325	5/20/2016	5/19/2020	三级
587	北京博维仕科技股份有限公司	XZ3110020130370	5/20/2016	5/19/2020	三级
588	北京星立方科技发展股份有限公司	XZ3110020130371	5/20/2016	5/19/2020	三级
589	北京嘉豪天地科技有限公司	XZ3110020130373	5/20/2016	5/19/2020	三级
590	铭基电子技术（北京）有限公司	XZ3110020130375	5/20/2016	5/19/2020	三级
591	北京新明星电子技术开发有限公司	XZ3110020130376	5/20/2016	5/19/2020	三级
592	北京创辉源科技发展有限公司	XZ3110020130377	5/20/2016	5/19/2020	三级
593	UT 斯达康（中国）股份有限公司	XZ3110020130378	5/20/2016	5/19/2020	三级
594	北京盈科通达信息技术有限公司	XZ3110020130379	5/20/2016	5/19/2020	三级
595	北京明源高科工程技术有限公司	XZ3110020130381	5/20/2016	5/19/2020	三级
596	北京富华宇祺信息技术有限公司	XZ3110020130382	5/20/2016	5/19/2020	三级
597	北京瑞华基业科技有限公司	XZ3110020130384	5/20/2016	5/19/2020	三级
598	北京平安力合科技发展股份有限公司	XZ3110020130385	5/20/2016	5/19/2020	三级
599	北京英诺威尔科技股份有限公司	XZ3110020130387	5/20/2016	5/19/2020	三级
600	北京星源辉煌技贸有限公司	XZ3110020130596	5/20/2016	5/19/2020	三级
601	北京智鑫安盾数字技术有限公司	XZ3110020130604	5/20/2016	5/19/2020	三级
602	北京连邦软件股份有限公司	XZ3110020130606	5/20/2016	5/19/2020	三级
603	北京资旗源信息技术股份有限公司	XZ3110020130607	5/20/2016	5/19/2020	三级
604	北京富通亚讯网络信息技术有限公司	XZ3110020100177	5/20/2016	5/19/2020	三级
605	北京伟通讯联科技股份有限公司	XZ3110020130391	5/20/2016	5/19/2020	三级

续表

序号	企业名称	资质证书编号	发证日期	证书有效期	资质等级
606	北京中电拓方科技股份有限公司	XZ3110020130386	5/20/2016	5/19/2020	三级
607	北京博望恒信智能系统工程有限公司	XZ3110020070232	4/18/2016	5/19/2020	三级
608	北京华杰博通科技有限公司	XZ3110020160019	3/18/2016	3/31/2020	三级
609	北京美飒格松柏科技发展有限公司	XZ3110020160020	3/18/2016	3/31/2020	三级
610	北京中仪普信教育科技有限公司	XZ3110020160022	3/18/2016	3/31/2020	三级
611	北京振中电子技术有限公司	XZ3110020160023	3/18/2016	3/31/2020	三级
612	北京华堂立业科技有限公司	XZ3110020160024	3/18/2016	3/31/2020	三级
613	国信司南（北京）地理信息技术有限公司	XZ3110020160025	3/18/2016	3/31/2020	三级
614	北京赛宝通科技发展有限公司	XZ3110020160026	3/18/2016	3/31/2020	三级
615	中国科学院信息工程研究所	XZ3110020160027	3/18/2016	3/31/2020	三级
616	北京行言柏尚科技股份有限公司	XZ3110020160028	3/18/2016	3/31/2020	三级
617	北京新学道教育科技有限公司	XZ3110020160029	3/18/2016	3/31/2020	三级
618	北京比林通信科技发展中心	XZ3110020160031	3/18/2016	3/31/2020	三级
619	北京天利弘远机电有限公司	XZ3110020160032	3/18/2016	3/31/2020	三级
620	北京斯普信信息技术有限公司	XZ3110020160033	3/18/2016	3/31/2020	三级
621	北京蓝力达科技有限公司	XZ3110020160034	3/18/2016	3/31/2020	三级
622	北京美科华仪科技有限公司	XZ3110020160035	3/18/2016	3/31/2020	三级
623	北京燕京科技有限公司	XZ3110020160036	3/18/2016	3/31/2020	三级
624	北京易用视点科技有限公司	XZ3110020160037	3/18/2016	3/31/2020	三级
625	北京慧诚金海利创科技发展有限公司	XZ3110020160038	3/18/2016	3/31/2020	三级
626	北京索云科技股份有限公司	XZ3110020160039	3/18/2016	3/31/2020	三级
627	北京华埠特克科技发展有限公司	XZ3110020160040	3/18/2016	3/31/2020	三级
628	金祺创（北京）技术有限公司	XZ3110020160041	3/18/2016	3/31/2020	三级
629	北京数字博文科技发展有限公司	XZ3110020160042	3/18/2016	3/31/2020	三级
630	北京国华云网科技股份有限公司	XZ3110020160043	3/18/2016	3/31/2020	三级
631	北京阳光浩普科技发展有限公司	XZ3110020160044	3/18/2016	3/31/2020	三级
632	北京数码创天科技有限公司	XZ3110020160045	3/18/2016	3/31/2020	三级
633	宝利信通（北京）软件股份有限公司	XZ3110020160046	3/18/2016	3/31/2020	三级
634	北京德昌祥科技有限公司	XZ3110020160047	3/18/2016	3/31/2020	三级
635	北京航管科技有限公司	XZ3110020160048	3/18/2016	3/31/2020	三级
636	北京华晟经世信息技术有限公司	XZ3110020160049	3/18/2016	3/31/2020	三级
637	北京金冠鸿远科技有限公司	XZ3110020160050	3/18/2016	3/31/2020	三级
638	京电云通（北京）科技有限公司	XZ3110020160051	3/18/2016	3/31/2020	三级
639	北京联海科技有限公司	XZ3110020160052	3/18/2016	3/31/2020	三级
640	华安奥特（北京）科技股份有限公司	XZ3110020160053	3/18/2016	3/31/2020	三级
641	北京七兆科技有限公司	XZ3110020160054	3/18/2016	3/31/2020	三级
642	北京世安立天科技发展有限公司	XZ3110020160055	3/18/2016	3/31/2020	三级
643	北京星网锐捷网络技术有限公司	XZ3110020160056	3/18/2016	3/31/2020	三级

续表

序号	企业名称	资质证书编号	发证日期	证书有效期	资质等级
644	长安通信科技有限责任公司	XZ3110020160057	3/18/2016	3/31/2020	三级
645	至通弘业信息技术（北京）有限公司	XZ3110020160058	3/18/2016	3/31/2020	三级
646	北京中航万通机电工程股份有限公司	XZ3110020160060	3/18/2016	3/31/2020	三级
647	北京航天天盾安防工程有限公司	XZ3110020160063	3/18/2016	3/31/2020	三级
648	北京翰海五洲电子技术有限公司	XZ3110020160064	3/18/2016	3/31/2020	三级
649	北京中移通信工程技术有限公司	XZ3110020160065	3/18/2016	3/31/2020	三级
650	北京航天科颐技术有限公司	XZ3110020160066	3/18/2016	3/31/2020	三级
651	北京天港惠达科技有限公司	XZ3110020160067	3/18/2016	3/31/2020	三级
652	北京东青互联科技有限公司	XZ3110020160068	3/18/2016	3/31/2020	三级
653	北京青科创通信息技术有限公司	XZ3110020160070	3/18/2016	3/31/2020	三级
654	北京仁歌科技股份有限公司	XZ3110020160071	3/18/2016	3/31/2020	三级
655	易慧创新（北京）智能科技有限公司	XZ3110020160072	3/18/2016	3/31/2020	三级
656	北京中成科信科技发展有限公司	XZ3110020160073	3/18/2016	3/31/2020	三级
657	中矿龙科能源科技（北京）股份有限公司	XZ3110020160074	3/18/2016	3/31/2020	三级
658	中润阳光国际信息技术有限公司	XZ3110020160075	3/18/2016	3/31/2020	三级
659	北京杰迈科技股份有限公司	XZ3110020160077	3/18/2016	3/31/2020	三级
660	北京神码在线教育科技股份有限公司	XZ3110020160078	3/18/2016	3/31/2020	三级
661	北京可信华泰信息技术有限公司	XZ3110020160079	3/18/2016	3/31/2020	三级
662	北京华如科技股份有限公司	XZ3110020160081	3/18/2016	3/31/2020	三级
663	北京国网盛源智能终端科技有限公司	XZ3110020160598	3/18/2016	3/31/2020	三级
664	北京卓越信通电子股份有限公司	XZ3110020160599	3/18/2016	3/31/2020	三级
665	中钰网络科技（北京）有限公司	XZ3110020160600	3/18/2016	3/31/2020	三级
666	北京城建勘测设计研究院有限责任公司	XZ3110020160601	3/18/2016	3/31/2020	三级
667	北京易豪伟业弱电系统工程技术有限公司	XZ3110020160602	3/18/2016	3/31/2020	三级
668	北京博锐尚格节能技术股份有限公司	XZ3110020160603	3/18/2016	3/31/2020	三级
669	北京人民在线网络有限公司	XZ3110020160604	3/18/2016	3/31/2020	三级
670	北京丰信达科技有限公司	XZ3110020160076	3/18/2016	3/31/2020	三级
671	北京中百信软件技术有限公司	XZ3110020160059	3/18/2016	3/31/2020	三级
672	华泰贝通软件科技有限公司	XZ3110020160080	3/18/2016	3/31/2020	三级
673	中科天宇软件有限公司	XZ3110020160062	3/18/2016	3/31/2020	三级
674	普康迪（北京）数码科技股份有限公司	XZ3110020160069	3/18/2016	3/31/2020	三级
675	北京天贝创通科技股份有限公司	XZ3110020160021	3/18/2016	3/31/2020	三级
676	北京中合实创电力科技有限公司	XZ3110020130014	3/4/2016	3/31/2020	三级
677	北京多研硅谷科技发展有限公司	XZ3110020130015	3/4/2016	3/31/2020	三级
678	北京天一众合科技股份有限公司	XZ3110020130017	3/4/2016	3/31/2020	三级
679	北京博略顺和科技有限公司	XZ3110020130018	3/4/2016	3/31/2020	三级
680	北京中交紫光科技有限公司	XZ3110020130019	3/4/2016	3/31/2020	三级
681	北京拓尔思信息技术股份有限公司	XZ3110020130020	3/4/2016	3/31/2020	三级

续表

序号	企业名称	资质证书编号	发证日期	证书有效期	资质等级
682	北京航天泰坦科技股份有限公司	XZ3110020130021	3/4/2016	3/31/2020	三级
683	恒银通信息技术有限公司	XZ3110020130023	3/4/2016	3/31/2020	三级
684	世纪五岳（北京）科技有限公司	XZ3110020130024	3/4/2016	3/31/2020	三级
685	北京安达斯信息技术有限公司	XZ3110020130025	3/4/2016	3/31/2020	三级
686	北京力鼎创软科技有限公司	XZ3110020130036	3/4/2016	3/31/2020	三级
687	北京亚太摩尔自动化设备有限公司	XZ3110020130037	3/4/2016	3/31/2020	三级
688	北京亿达网通科技发展有限责任公司	XZ3110020130038	3/4/2016	3/31/2020	三级
689	新锐英诚（北京）科技股份有限公司	XZ3110020130041	3/4/2016	3/31/2020	三级
690	九源天能（北京）科技有限公司	XZ3110020130042	3/4/2016	3/31/2020	三级
691	北京日立北工大信息系统有限公司	XZ3110020130044	3/4/2016	3/31/2020	三级
692	北京时尚百联科技有限公司	XZ3110020130046	3/4/2016	3/31/2020	三级
693	北京嘉友恒基资讯科技有限公司	XZ3110020130047	3/4/2016	3/31/2020	三级
694	北京朝昭恒晟科技有限公司	XZ3110020130048	3/4/2016	3/31/2020	三级
695	舜为科技有限公司	XZ3110020130049	3/4/2016	3/31/2020	三级
696	北京安捷工程咨询有限公司	XZ3110020130061	3/4/2016	3/31/2020	三级
697	北京双顺达信息技术股份有限公司	XZ3110020130329	3/4/2016	3/31/2020	三级
698	北京博望华科科技有限公司	XZ3110020130338	3/4/2016	3/31/2020	三级
699	北京万达兴业科技有限公司	XZ3110020130343	3/4/2016	3/31/2020	三级
700	北京煜邦电力技术股份有限公司	XZ3110020130058	3/4/2016	3/31/2020	三级
701	北京中科汇联科技股份有限公司	XZ3110020130346	3/4/2016	3/31/2020	三级
702	基康仪器股份有限公司	XZ3110020130348	3/4/2016	3/31/2020	三级
703	北京韦加航通科技有限责任公司	XZ3110020120581	3/4/2016	3/31/2020	三级
704	北京德威特力通系统控制技术有限公司	XZ3110020130043	3/4/2016	3/31/2020	三级
705	北京优士创新科技发展有限公司	XZ3110020130033	3/4/2016	3/31/2020	三级
706	华青融天（北京）技术股份有限公司	XZ3110020130035	3/4/2016	3/31/2020	三级
707	北京弗雷赛普科技发展有限公司	XZ3110020100016	2/6/2016	3/31/2020	三级
708	北京润成恒信科技有限公司	XZ3110020100026	2/6/2016	3/31/2020	三级
709	北京教育信息网服务中心有限公司	XZ3110020100027	2/6/2016	3/31/2020	三级
710	北京市万格数码通讯科技有限公司	XZ3110020100030	2/6/2016	3/31/2020	三级
711	北京众博达石油科技有限公司	XZ3110020100034	2/6/2016	3/31/2020	三级
712	北京宇信网景信息技术有限公司	XZ3110020100036	2/6/2016	3/31/2020	三级
713	北京环宇蓝博科技有限公司	XZ3110020100042	2/6/2016	3/31/2020	三级
714	国智恒北斗科技集团股份有限公司	XZ3110020100044	2/6/2016	3/31/2020	三级
715	北京华油信通科技有限公司	XZ3110020100045	2/6/2016	3/31/2020	三级
716	北京中庆现代技术股份有限公司	XZ3110020070154	2/6/2016	3/31/2020	三级
717	北京智腾泰达科技有限公司	XZ3110020090708	2/6/2016	3/31/2020	三级
718	联强科技发展有限公司	XZ3110020100047	2/6/2016	3/31/2020	三级

2016 北京市入选中国软件业务收入前百家企业名单

序号	企业名称	软件业务收入（万元）
10	航天信息股份有限公司	913412
12	同方股份有限公司	700372
14	金山软件有限公司	567611
15	东华软件股份公司	562014
18	北京中软国际信息技术有限公司	515709
21	文思海辉技术有限公司	490662
24	软通动力信息技术（集团）有限公司	476019
25	亚信科技（中国）有限公司	474037
29	大唐电信科技股份有限公司	426066
32	北京小米移动软件有限公司	386793
33	太极计算机股份有限公司	378327
35	中国软件与技术服务股份有限公司	360160
36	神州数码系统集成服务有限公司	348136
37	北京全路通信信号研究设计院集团有限公司	338128
39	中科软科技股份有限公司	327828
40	中国民航信息网络股份有限公司	318107
43	用友网络科技股份有限公司	296598
48	石化盈科信息技术有限责任公司	268077
49	北京神州泰岳软件股份有限公司	264654
51	北京中电普华信息技术有限公司	255798
52	北京京东尚科信息技术有限公司	251681
58	北京中油瑞飞信息技术有限责任公司	220172
64	北京华胜天成科技股份有限公司	202451
74	高德信息技术有限公司	172220
75	博彦科技股份有限公司	171809
84	广联达软件股份有限公司	153943
87	启明星辰信息技术集团股份有限公司	151411
88	北京四方继保自动化股份有限公司	151383
89	北京四维图新科技股份有限公司	150615
90	北京宇信科技集团股份有限公司	146778
92	北大方正集团有限公司	144628
93	博雅软件股份有限公司	141722
94	启明信息技术股份有限公司	138374
97	北京华宇软件股份有限公司	135167
100	北京易华录信息技术股份有限公司	133355

2016信息网络产业新业态创新企业遴选活动30新获奖名单

序号	企业名称	序号	企业名称
1	北京艾德思奇科技有限公司	16	北京星网宇达科技股份有限公司
2	北京爱狄特信息科技有限公司	17	北京亚信智慧数据科技有限公司
3	北京博雅英杰科技股份有限公司	18	北京元心科技有限公司
4	北京创业公社信息科技服务有限公司	19	北京远特科技股份有限公司
5	北京国电通网络技术有限公司	20	北京中科光谷蓝光科技有限公司
6	北京科能腾达信息技术股份有限公司	21	北京卓信智恒数据科技股份有限公司
7	北京蓝海讯通科技股份有限公司	22	博易智软（北京）技术股份有限公司
8	北京旅之星业新技术有限公司	23	国创科视科技股份有限公司
9	北京曼恒数字技术有限公司	24	海量信息技术有限公司
10	北京农信互联科技有限公司	25	乐视控股（北京）有限公司
11	北京启迪思创科技有限公司	26	天天艾米（北京）网络科技有限公司
12	北京市联创立源科技有限公司	27	武汉阿帕科技有限公司
13	北京视联动力国际信息技术有限公司	28	致生联发信息技术股份有限公司
14	北京特里尼斯石油技术股份有限公司	29	中信网络科技股份有限公司
15	北京天诚盛业科技有限公司	30	中译语通科技（北京）有限公司